千字文探源

上

万献初　著
郭帅华

中华书局

图书在版编目（CIP）数据

千字文探源/万献初，郭帅华著. —北京：中华书局，2021.6
（2025.6 重印）
（万献初解字讲经）
ISBN 978-7-101-15176-3

Ⅰ. 千… Ⅱ. ①万…②郭… Ⅲ. ①古汉语-启蒙读物②《千字文》-译文 Ⅳ. H194.1

中国版本图书馆 CIP 数据核字（2021）第 080075 号

书　　　名	千字文探源（全二册）	
著　　　者	万献初　郭帅华	
丛　书　名	万献初解字讲经	
责任编辑	张　可	
封面设计	周　玉	
责任印制	韩馨雨	
出版发行	中华书局	
	（北京市丰台区太平桥西里 38 号　100073）	
	http://www.zhbc.com.cn	
	E-mail:zhbc@zhbc.com.cn	
印　　　刷	三河市宏盛印务有限公司	
版　　　次	2021 年 6 月第 1 版	
	2025 年 6 月第 8 次印刷	
规　　　格	开本/880×1230 毫米　1/32	
	印张 31⅝　插页 5　字数 880 千字	
印　　　数	19001-21000 册	
国际书号	ISBN 978-7-101-15176-3	
定　　　价	118.00 元	

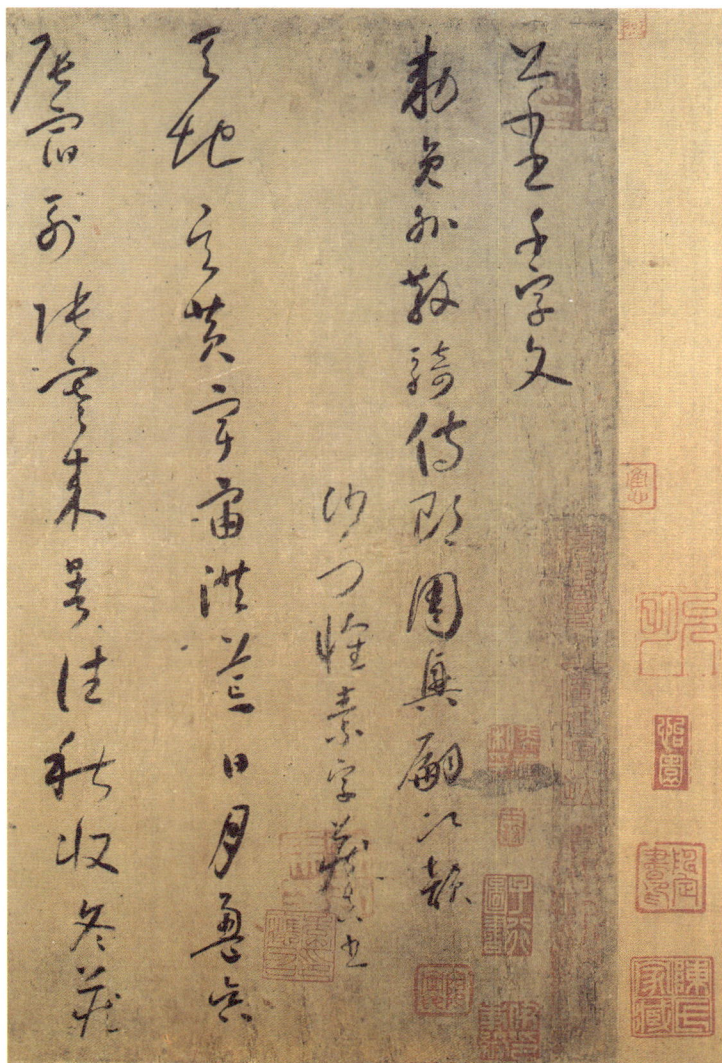

怀素小草

靈堂習聽禍曰惡積禍緣
善慶尺璧非寶寸陰是競
資父事君曰嚴與敬孝當
竭力忠則盡命臨深履薄
夙興溫凊似蘭斯馨如松

欧阳询行书

目　录

四、治家安身之理

前　言

问人姓氏，答"姓 zhāng"。什么 zhāng？弓长"张"，还行，把弓弦拉长，开弓为张。再问什么 zhāng？立早"章"，早晨站立在哪里？无语。《说文解字》："章，乐竟为一章。从音从十。""言"甲骨文作，是口吐舌头上出声之形，表示说话；"音"金文作，在"言"下口内加一画以区别，表示声音或音乐。人双手十个指头，"十"为整数。"章"指一段乐曲终止的完整章节，故从音从十，"音十为章"，章氏初封祖先当为音乐家。可是，数千年来正确解字的"音十章"，到文化传统被割断的近百年，变成胡乱拆字，十几亿人异口同声"立早章"，应该警醒了。了解文字构形，正确认识汉字，势所必然。

中华民族复兴，重在文化自信；文化根源于经典，经典用文字写成。文字构形蕴涵了先民生产生活的图景，故文字既是经典的载体，又是历史文化本身。语言和文字，是民族文化复兴的先导，文字的正解是准确解读一国文化最重要的凭借，能保证后人不受误导地读懂经典并认识历史。因而正确认读汉字，是民族复兴的必须，是文化自信的基础。

教儿童正确识字需要课本，回顾历代用于启蒙的识字课本，周代有《史籀篇》，秦代有李斯《仓颉篇》、赵高《爰历篇》、胡毋敬《博学篇》，汉代有司马相如《凡将篇》、扬雄《训纂篇》、史游《急就章》、贾鲂（fáng）《滂喜篇》、蔡邕《劝学篇》、李长《元尚篇》，三国有《埤（pí）苍》《广苍》《始学篇》等。这些蒙学识字课本集字为句诵读，其内容的系统性不够强，对后世的影响也不够大。南朝梁武帝时周兴嗣所编《千字文》，是一本集识字、书法和历史文化于一体的启蒙读物，以其突出的优势成为教育史上流传最广、影响最大的蒙学教材。宋明至清末，《千字文》与《三字经》《百家姓》《千家诗》并称"三百千千"，是最基础的蒙学经典，以解字识字为主体，再以背诵诗词名篇巩固所识之字,是传统蒙学的主要内容。《千字文》就是经久不衰的识字类蒙学经典。

一、《千字文》的内容与特点

《千字文》原名《次韵王羲之书千字》,是由一千个不重复的汉字组成的韵文,周兴嗣奉梁武帝之命编撰。《梁书·文学传》:高祖"使兴嗣韵为文,每奏,高祖辄称善,加赐金帛。"唐李绰《尚书故实》:"梁武教诸王书,令殷铁石于大王书中搨一千字不重者,每字片纸,杂碎无序。武帝召兴嗣谓曰'卿有才思,为我韵之',兴嗣一夕编缀进上,鬓发皆白,而赏赐甚厚。右军孙智永禅师自临八百本散与人间,江南诸寺各留一本。"梁武帝萧衍博通经史,精于诗文及音乐绘画,推崇王羲之书法,其《古今书人优劣评》谓"王羲之书字势雄逸,如龙跳天门,虎卧凤阙,故历代宝之,永以为训"。为教兄弟子侄识字学书法,梁武帝让殷铁石从王羲之墨迹中收集一千个不同的字,命周兴嗣编缀成内容丰富、通俗易懂的四言韵文。周兴嗣以绝妙才思一夜编成《千字文》,以致鬓发皆白。王羲之七世孙隋代智永和尚曾写真草《千字文》八百本分赠江南诸寺,《千字文》借助书法广泛流传。历代书家以多种书体书写《千字文》,唐褚遂良、孙过庭、张旭、怀素、欧阳询、梦英,北宋李建忠、米芾、王著、徽宗,元赵孟頫,明文征明,清张裕钊,近代章太炎、沈尹默、于右任等,皆有《千字文》书法传世,影响深远。《千字文》既是启蒙识字的教材,又是习书法的范本。

周兴嗣(470—521),字思纂,祖籍陈郡项(今河南周口市沈丘县)人,西汉太子太傅周堪后代,其先人于西晋永嘉南渡时迁江南姑孰(今安徽当涂)。周兴嗣十三岁游学齐京师建康(今南京),逐渐精通各种纪事文章作法。隆昌年间,齐吴兴(今浙江湖州)太守谢朏常与周兴嗣谈论文史,后荐举他任桂阳郡丞(今湖南省桂阳县)。502年,萧衍代齐建梁,周兴嗣上奏《休平赋》,受梁武帝重视,得任"安成王国"侍郎。梁天监七年(508),周兴嗣为梁武帝改建的光宅寺撰写碑文,文名日盛。此后,受命撰写《铜表铭》

《栅塘碣》《北伐檄》及《次韵王羲之书千字》等,每成一篇,必受梁武帝称赞与赏赐。天监九年(510),周兴嗣任新安郡丞,后复任员外散骑侍郎,协助编撰国史。天监十二年(513),周兴嗣升任给事中,主要为皇室撰写文稿。周兴嗣因患风疽(湿疹)及疠疾,导致左眼失明。梁武帝亲笔抄写秘方赐予以治病,但未能见效,梁普通二年(521),周兴嗣病故。周兴嗣著述甚丰,撰有《皇帝实录》《皇德记》《起居注》《职仪》等著作百余卷,另有文集十卷传世,其《千字文》流传最广,影响最大。

《千字文》集1000个不重复字,四字一句,共250句。两句一韵,对仗工整,声律协和,易诵易懂,便于初学。全文对偶句85组,多数组内两句对偶,如"寒来暑往,秋收冬藏""祸因恶积,福缘善庆"等,也有两组互为对偶的,如"仁慈隐恻,造次弗离;节义廉退,颠沛匪亏"等。

《千字文》通篇用韵,共换韵九次,每韵选一字作代表,依次是"黄(唐韵)、听(聽,清韵)、卑(支韵)、京(庚韵)、陟(职韵)、寥(萧韵)、箱(阳韵)、啸(啸韵)、也(马韵)",用《切韵》系通用读书音韵系。有的韵是舒声(平上去)相押,如平声清韵"听"与去声劲韵"政"相押;有的是临近韵相押,如庚韵去声映韵"映"与清韵去声劲韵"政"相押。《千字文》多用平声韵(唐阳庚清萧支),且阳唐韵居多。平声(舒声)韵宜于延展拖腔,洪音韵字(阳唐)元音开口度大,读来嘹亮通畅,适宜表现励志昂扬的基调和深远厚重的历史蕴涵。行文间用入声职韵表现文气转折,清越急促而铿锵有力。文末用去声啸韵渐收,既呼应前面平声萧韵,又与后面上声马韵声调相配合。全文用上声马韵"也"字收尾,悠远绵长,余味无穷。《千字文》音律优美,朗朗上口,便于诵读记忆,这是《千字文》胜于同类蒙学识字读本而经久流传的原因之一。

由清人汪啸尹纂辑、孙谦益参注的《千字文释义》,将《千字文》分为四章:第一章,第一句"天地玄黄"至三十六句"赖及万方",主要讲天地自然之道。第二章,三十七句"盖此身发"至一百零二句"好爵自縻",主要讲人伦修养之方。第三章,一百零三句"都邑华夏"至一百六十二句"严岫杳冥",主要讲文治武功之盛。第四章,一百六十三句"治本于农"至二百四十八句"愚蒙等诮",主要讲治家安身之理。最后以"谓语助者,焉哉乎也"作结,与前文实虚相应,首尾贯通。

《千字文》内容包含天文、地理、历史、政治、经济、伦理、礼制、祭祀、自然、建筑、园艺、农耕、衣食等社会生活的方方面面,大凡宇宙山川、名胜古迹、文臣武将、明道修身、伦常道德、饮食起居,包罗万象,应有尽有,称得上是古代百科全书式的蒙学经典。

总体看来,《千字文》文本内容渊懿典雅,收字精炼通用,适合童蒙教育的课业要求,历代作为识字明理的通行蒙学教材,僮习户诵,流传千古。《千字文》集百科知识于一身,思想连贯,脉络清晰,次第分明,言辞雅致,文采斐然,韵律畅美,堪称训蒙长诗,独领蒙学经典风骚。《千字文》被后人视为解读中华文化的钥匙,通向神灵和祖先的达道,隐现中华文明基因的图谱,可视为"中国文明简史"。《千字文》问世千百年来,培植根基,蒙以养正,历代学童在学习文化、探索自然、传承历史、担当使命、成家立业等方面都大有收益。清袁枚《随园诗话》有"牧童八九纵横坐,天地玄黄喊一年"诗句,正是对《千字文》重要性的生动写照。顾炎武谓"读者苦《三苍》之难,便《千文》之易,于是至今为小学家恒用之书"。

因《千字文》人人诵习而熟识,中古以来众多类书及书目编排采《千字文》为标目,明清以来官署号舍亦以《千字文》字句顺序编号题名。时至现代,《千字文》依然焕发着璀璨光辉。武汉大学珞珈山樱顶老斋舍学生公寓就是按"天地玄黄,宇宙洪荒,日月盈昃,辰宿列张"题名,樱花盛开的三月,各地游客都会在樱花大道老斋舍读到《千字文》。《千字文》作为影响广远的蒙学经典,还被翻译为日文、英文、拉丁文、意大利文等,传播世界各地。

二、本书的要点

不管《千字文》有多么深厚的文化积淀,其基本目的还是识字。要读懂蒙学经典,学会并使用通用字,必须了解文字的构形理据,用六书理论来分析字形,以明构字表词的原本意义。宋郑樵《通志·六书略》:"经术之不明,由小学之不振。小学之不振,由六书之无传。圣人之道,惟藉六经,六经之作,惟藉文言。文言之本,在于六书,六书不分,何以见义?"清戴震《六书论》:"六书也者,文字之纲领,而治经之津涉也。载籍极博,统之不外文字;文字虽广,统之不越六书。"清王筠《文字蒙求·自序》:"人之不识字也,病于不能分,苟能分一字为数字,则点画必不可以增减,且易记而难忘矣。苟于童蒙时先令知某为象形,某为指事,而会意字即合此二者以成之,形声字即合此三者以成之,岂非执简御繁之法乎?"可知六书是解说文字构形原理的主要方法,用象形、指事、会意、形声来分析字形构造,才是识字的根本途径。《说文叙》谓"周礼,八岁入小学,保氏教国子,先以六书",六书析字,成为近三千年学童形象识字的正确而快乐的教学传统。

"独体为文,合体为字",就六书构字法而言,《千字文》所收千字,象形、指事类的独体文不多,合体会意字有一部分,大量的则是合体的形声字。要全部清晰地分析这些合体字,尤其是形声字的构字意图,使读者从字形结构上准确理解这一千字的含义,是一种开创性的尝试,也是一项极为艰巨的任务。我们解字的依据,主要是《说文解字》。东汉许慎撰《说文解字》(简称《说文》),博采通人,信而有征,训释字义,分析字形,辨别读音,成为汉字规范的字源字典。《说文》创立五百四十部首据形系联的编排体系,阐明六书理论并用于构字理据的说解,使汉字的字形分析得以形义统一。这些,就是《千字文》解字所依傍的基本原则。《说文》对会意字的说解明白晓畅,如《说文》"林,平土有丛木曰林,从二木",双木为林是同体会意字。《说文》"杳,冥也。从日在木下",日落木下无光为杳是异体会意字。《说文》"名,自命也。从口从夕。夕者,冥也。冥不相见,故以口自名",晚上(夕)看不见人就要口呼(口)约定代号(名),才知道指谁,用"冥不相见,故以口自名"来解说会意字"名"从口从夕的构字意图,从而了解古人的生活情状和构字思想,透彻理解"名"字的构形理据及其文化内涵。《千字文》会意字的解说,力求达到许慎说解的明晰程度,使读者一目了然且印象深刻。

　　形声字的说解,问题极为复杂。《说文》"琀,送死口中玉也。从玉从含,含亦声",死者含玉口中为"琀","含"作"琀"声符,形声兼会意,很明白。《说文》"越,度也。从走戉声","戉"是阔刃长柄大斧形,"越"是大跨度走过,"戉"作"越"的声符,是声符有义。《说文》"笃,马行顿迟。从马竹声",马蹄踏实地发出"咚咚"(竹竹)声谓笃实,"竹"作"笃"的声符是模拟声音。上列诸例形声字的构字意图可以说清,但《说文》绝大多数形声字都只是简单地说"从某某声",要揭示其从某声的构字意图十分艰难。向来解说形声字者,一般只说形符表示某义类,声符只表示相同相近的读音,避而不谈"从某声"的缘由与理据。其实,形声字声符有义是历代文字学家反复研究并论证过的。

　　清代段玉裁《说文解字注》是注释《说文》最有成就的著作,段玉裁特别重视声符有义的分析,专设"形声兼会意"训释条例用于解字实践。《说文》金部"鏓,鎗鏓也。从金悤声",段玉裁注:"囱者多孔,葱者空中,聪者耳顺,义皆相类。凡字之义必得诸字之声者,如此。"示部"禛,以真受福也,从示真声",段玉裁注:"此亦当云从示从真,真亦声。不言者,省也。声与义同原,故谐声之偏旁多与字义相近,此会意、形声两兼之字致多也。"段注全书标明"形声兼会意"及"会意兼形声"者三十多处。再如鼓部鼖字下"凡贲声字多训大",女部娠字下"凡从辰之字皆有动意",木部柀字下"凡从皮之字皆有分析之意",鱼部鰕字下"凡叚声如瑕鰕騢等皆有赤色",衣部袗字下"凡参声字多为浓重",夕部夗字下"凡夗声宛声字皆取委曲意",马部甬字下"凡从甬声之字皆兴起之意",儿部兀字下"凡从兀声之字多取孤高之意",齿部齮字下"凡从奇之字多训偏",艸部芌字下"凡于声字多训大",肉部朐字下"凡从句之字皆曲物",羽部翑字下"凡从句者皆训曲",卩部夘字下"凡从多之字训大",衣部襛字下"凡農声字皆训厚",昌部脛字下"凡巠声之字皆训直而长者",艸部蘁字下"凡字从晶声者皆有郁积之意",水部溏字下"凡康之字皆训为虚",羹部羹字下"凡从非之字皆有分背之意",口部圅字下"凡从云之字皆有回转之义",人部优字下"凡光声之字,多训光大,无训小者",自部防字下"凡有理之字皆从力",土部埤字下"凡从卑之字皆取自卑加高之意",等等。

段玉裁"声符有义"的认识,不但在《说文解字注》中多方验证使用,也为后人所认可。清末劳乃宣《简字丛录·演说文》:"《说文》多从音训,戴、段皆由此入。不知声音之理,徒执形象以求,未有能悟之也。"章太炎《国故论衡·小学略说》高度评价段注:"凡治小学,非专辨章形体,要于推寻故言,得其经脉。不明音韵,不知一字数义所由生,此段氏所以为桀。"黄侃《音韵略说》:"盖文字赖以传者,全在于形。论其根本,实先有义,后有声,然后有形。"因此他认为《说文》"字从何声即从其义者,实居多数"。

我们据此认为,形声字由形符+声符构成,少数声符单纯模拟声音,如"笃"用声符"竹"拟声、"妈"用声符"马"拟声、"鸭"用声符"甲"拟声等。而多数形声字声符是有含义的,形符表示义类,声符表示核心义素,如"小、少"用点小亣表示细小,由小作声符的"肖"训小肉,儿子象父亲为"肖",父亲为大肉则儿子为小肉。再由"少、肖"作声符构成的多代形声字"沙、纱、秒、妙、砂、粆、眇、杪、纱、诮、莎、消、削、销、梢、绡、稍、艄、筲、霄、髾、鞘、蛸、弰、艄、霄、逍、涓、痟、逍、睄、莦、潲、渺、缈"等,形成一个音近义通的同源词族,这些形声字都含细微义,细小、微茫就是声符"小、少、肖"的核心义素。

"工"甲骨文作工,《说文》训"象人有规矩",像木匠划直线直角所用的工字尺形,用以表示人做工。以工作声符的形声字"攻、功、贡、巩、红、豇、玒、杠、缸、釭、扛"等,都含有人工、做工的核心义素,形成音近义通的同源词族。这类形声字的特点是:形符表义类,如"缶"旁表示陶器类;声符表示核心义素,如工声表人工。合为形声字"缸",就是人工制作的陶器,构字意图明晰。

于是就有疑问:"江"字以工作声符,江是人工做的吗? "江"的声符"工"不是只表示读音吗? 古代"江"本指长江,有 gong 这样的读音,左边形符从义类水(氵),右边声符是工。造字时,义类形符"水"+义素声符"工"=形声字"江"。如果这个声符"工"只表读音不表意义,那么公家的"公"、弓箭的"弓"也都读 gong 音,古今"工、公、弓"音同,长江造字为什么不用"公、弓"作声符呢?

弓,甲骨文作 ，像弯弓之形。"躬"是人身体弯曲鞠躬,似弓弯曲之形,故"躬"从弓得声,不用"工、公"作声符。公,《说文》"平分也。从八从厶。八,犹背也。韩非曰:背厶为公",厶即私,像手臂把别人的东西往己方搂,即"自环为厶";八表示分开,公与厶相反,是把东西平均分出去给众人,即"背厶为公"。"公"有公平、公正、公开、公众等义,主持公平分配之人多为德高年长者,故"公"用称尊长,转指最高爵位或官位。用作形声字声符,公平、尊长、德高、位重是"公"的核心义素。"讼"从公得声,强调诉讼公平;"颂"从公得声,强调敬赞尊长;"松"从公得声,强调松树品格的正直长青。"讼、颂、松"都不会用同音的"工、弓"作声符。

因此,"工"作声符,由工字尺义转有人工、做工的核心义素。"江"虽非人工所为,但长江是河流中运力最大、为人们做工最多的,又因其流域最长,后称"长江"。"江"因水运做工多而以"工"作声符,不会用同音的"公、弓"作声符,声符有义,不可忽视。

有上述论证作基础,我们解析《千字文》形声字的构字意图就有了准则和依傍。简单说"声符有义",可能会引起争议或非议。说"声符有来由",应该没有多大问题。《千字文》是教学童正确识字的,形声字占总字数的 95% 以上,如果只说形符从扌(手)的字跟动作有关而其声符只是表示读音,那么众多扌部形声字就没有区别了,等于没有讲解构字理据,无补于识字的深入理解。基于识字教学的可操作性需求,我们解释《千字文》形声字,先说清其形符、声符的构字意图,再以义类 + 核心义素合成该形声字的构字理据。这种探索很艰难,风险也大。经过反复的努力,我们对《千字文》所有形声字的构字意图都作了解析,"一个也不能少",使之最大限度地合乎许慎《说文》的字义说解。也许我们的解析,有的会引起争议,有的会受到批评,但绝大多数是可以信服并付诸实用的。有争议的形声字解析,至少我们提出了一种思路,可供讨论和修正,前修未密,后出转精,也是有价值的。

我国现行的文字学,有以《说文》为主的传统文字学,也有以甲骨金文为主的古文字学,二者应当相互结合,互为参证。只用《说文》而不用古文字研究成果,只考究古文字而否定《说文》,都有失偏颇,不利于文字的正确释读。我们解析《千字文》字形,先详引《说文》字形说解,据以解析构字意图,再引用甲骨文、金文及战国文字的研究成果,对《说文》说解进行佐证、补充或修正,这不同于仅依古文字形而轻言《说文》为错。对于《说文》众多注疏的字形说解,择善而从,精选最能简明扼要说清构字意图的,不以多列名家为要务。这些做法,合乎许慎"博采通人、今古文兼取"的客观态度。

构字意图的解析,往往表现的是造字表词阶段的本有词义,在漫长的历史发展中,一字所表词义会不断延展、引申和转移,造字本义与《千字文》文句所用的词义有时会不相对应,与现代汉语所用的众多义项更是难以联系。为适应今人一字多词义的教学、学习与应用,在解析各字的构字意图之后,对各字衍生的众多词义进行说明与梳理。主要选用《汉语大字典》《汉语大词典》等辞书的义项解释与书证例句,辅以历代文献中的相关字词用例,尽量通俗简明地勾勒出每一字所生义项的发展脉络,便于学习者整体把握与选择应用。

《千字文》文句的释义,力争顺应周兴嗣行文的逻辑思路,述说事例,明晰典故,揭示意蕴。《千字文》文句洋溢着饱满的热情和正气,蒙以养正,释义重在正心励志、明道修身与建功立业等方面展开述说,给学习者以正确的思想启示和积极的人生引导。

三、本书撰写的要义与体例

本书解析《千字文》1000 字的构字理据及其词义系统,涉及近 500 个构字部件(独体文)的形体分析,由被释字连带对 1000 字左右作类比性解释,以便对照使用。全书实际解字 1700 多个,今通行的国家标准 2500 常用字大多包含其中,可满足中小学语文课程的识字解字教学需要。本书实际上是学习通用汉字的基础教材,可与《说文解字十二讲》配合使用,一讲470 个独体文(字根),一讲 1000 多个合体字,相得益彰。本书对《千字文》

250个文句进行注音、翻译、释义和讲解,便于理解全文的思想内容。本书撰写凡例为:

1. 以《千字文》两句八个字为一个单位进行释义与解字。排列顺序为原文(加拼音)、译文、释义、解字。

2. 全书用简体字,但因分析说解字形的需要,被释字头及相关释语字用繁体字。避免简化导致异字合流的混淆,用繁体字,如山谷用"谷",稻谷有时用繁体字"穀"。

3. 一千被释字头列简化字,后加括号列其繁体、异体及相关字形,如张(張)、学(學斅教效覺)。

4. 被释字头下,按甲骨文、金文、小篆、隶书、楷书顺序列出各时期字体,呈现被释字由甲骨至楷书的历时变化过程,以便分析构字意图及书体演变。字形多寡视需要而定。各字形下注明文献出处、编号或作者,以明来源。《说文》重文、战国文字、陶文、帛书及行草书等,视需要选列,多少不限。

5. 对《千字文》被释字头作六书分类,主要标明"象形、指事、会意、形声"四类。若字形改变而六书随之而变,尽可能加以说明。

6. 字形解析,首引《说文》说解("凡某之属皆从某"省略),阐述许慎的解字思路和六书归类,力求契合许慎原意,从而明晰构字意图。《说文》说解简略,就选用《说文》四大家及古今《说文》注疏中解释简明扼要者,作为补充。然后,选用甲金文等古文字研究成果,作为《说文》说解之参证、补充、修正或备考。

7. 本书引用《说文》,以中华书局影印大徐本《说文解字》为底本,明显讹误处,吸收古今《说文》校勘成果,根据需要在解字中说明。引用《说文》注疏一般用简称,段玉裁《说文解字注》简称"段注",桂馥《说文解字义证》简称《义证》,王筠《说文解字释例》简称《释例》,朱骏声《说文通训定声》简称《通训定声》,徐灝《说文解字注笺》简称《注笺》。其他可省"说文解字"的注疏书名,皆省之。

8. 本书解字,首段解析被释字的构形意图,为"溯源"。然后推求、阐述该字所表词义(虚词意义从略)的扩展、转指、引申等义项,简要勾勒其发展脉络,以便知本达用,为"理流"。原则上,每一义项都征引用例,以《汉语大字典》等辞书为线索匹配书证,引用经史子集文献中的书证,出具书名、篇名,以便使用者查对。

9. 编制被释字音序索引,旁及类比分析用字。拆分合体字所得构字部件(独体文),在行文中都有构形说解,也视为被释字适当收入索引。这样,本书解析过的独体文、合体字都有索引可供查检,利于学习和运用。

《千字文探源》书稿的形成,由中正明德国学书院蔡红铮院长动议,开启"万献初源解《千字文》"项目,创建"千字文传习社",组织师资培训。高瑞芳老师制作"字字乾坤·万献初解字"抖音网络平台,大力推广,为本书的完善积累了丰厚的实践经验。

《千字文探源》初稿由郭帅华执笔,二稿由万献初改写,三稿由郭帅华充实,四稿由万献初统筹。成稿由刘会龙仔细通读校正,郭帅华核对文献,万献初修改定稿。五、六、七稿又反复修订。七载寒暑,七易其稿,开新求正,探源理流,筚路蓝缕,辛苦备尝。有时为求一个字的满意解释,无数次翻检众多资料,终得一解,喜不自胜。有时为想明白一个字的构形理据,挠首捻须,夙夜无眠,或有一得,终难满意。尽管艰难程度大大超过预想,但"说明构字理据,一个也不能少"的初衷始终没有放弃,坚持不懈的过程,有很多难以言表的苦楚与欢悦。难免有未尽人意之处,却也得苦中有乐之成。这样一本无前例可循的书稿,存在的问题必然不少,有劳中华书局的编辑做大量耐心细致的编校工作,方可成书。

在此,谨对参与本书的设想、撰写、校读、编辑和课程推广的同仁们,深致谢忱!愿我们一如既往,共同为《千字文》的推广、为国民文字素养的提高,作出更多更大的贡献!

万献初

2020 年 4 月于珞珈山东山头寓所

一、天地自然之道

【原文】　天地玄黄　宇宙洪荒
tiān dì xuán huáng　yǔ zhòu hóng huāng

【译文】　苍天有黑色幽远之象，大地有黄色博厚之德；宇宙初始之时，万物混沌蒙昧。

【释义】

开篇两句，讲天地始分和宇宙诞生，有提纲挈领之义，清汪啸尹《千字文释义》："言天地开辟之初，其时则草昧也。此一节，为下十二节之纲领。"《千字文》文字精炼，次第精当。古人著书，不仅在文内阐述自己思想，还有意通过书的体例、篇章、次第等，来系统体现当时社会的文化观念及其对宇宙人生的认识。如东汉许慎的《说文解字》，从"一"开始，结束于"亥"，"一"为天地万物之始，"亥"为十二地支之终，扩展为万物之终。许慎主观上把《说文》建立成一个完整的大系统，包含万事万物，正如《说文·叙》所言"万物咸睹，靡不兼载"，用之"以究万原，知化穷冥"。《说文》有五百四十部首，犹如《周易》有六十四卦、《老子》有八十一章，体现作者的系统性观念。《千字文》也是如此，作者有意把《千字文》建立成一个完整的系统。天地为万物之始，故开宗明义讲天地生成。这种观念在古代是惯例，如《春秋》首称"元"年、《尔雅》首称"始"、《释名》首列"天"等。

原始蒙昧的混一宇宙分出天、地，动物、植物、矿物相生，而人最为尊贵。由人延展出上古圣王的仁政、德行，再拓展出五伦、五常等人伦道德规范，引出修身、齐家、治国、平天下的儒家理想。由人与社会的关系，论及帝王与文臣武将，进而论及俊才、技艺、科技、发明、建筑、器物等内容，渐次构成全篇，脉络有序，次第井然。

"天地玄黄"出自《周易·坤》文言："夫玄黄者，天地之杂也，天玄而地黄。"此段调整《周易》的文字为"天地玄黄"，字序虽改，字义未变。

　　此句讲天地初分,天在上,有黑色之象,幽远不测、高明玄妙,故称"天玄"。地在下而色黄,博厚广大,故称"地黄"。古代农耕社会赖土地生存,(中原地区)黄河流域的土地多为黄色,庄稼成熟也多呈黄色。五行中央属土,颜色为黄,《史记》谓黄帝"有土德之瑞,故号黄帝"。《吕氏春秋·应同》言黄帝作帝王之前,见到蚯蚓、蝼蚁等昆虫从地而出,故谓"土气胜",土气胜则其色尚黄,其事重土。黄色色调显明宏大,在生存、文化上都有重要意义,故古人尊崇黄色。古代帝王的宫殿、服饰、器具多用黄色,以体现高贵。《礼记·中庸》:"博厚所以载物也,高明所以覆物也。""博厚配地,高明配天。"由此赋予"玄黄"高明、博厚之义,故"玄黄"不仅言天地之色,亦指天地之德性。

　　"宇宙"二字最早见于战国《尸子》"上下四方曰宇,往古来今曰宙"。"宇宙洪荒"出自《文子·自然》与《太玄经》,此句应上句天地之初分,讲宇宙生成初期混沌蒙昧的状态。"洪荒"指混沌、蒙昧的状态,借指远古时代。远古时期洪水泛滥,遍地荒野,故称"洪荒"。

【解字】

tiān
天

合 36535　乙 3008　合 22094　天父辛卣　说文小篆　熹平石经　褚遂良

　　象形字,一说指事字。《说文》:"天,颠也。至高无上,从一、大。"本指人的头顶、脑袋。"天"上古音为透纽真部,"颠"为端纽真部,二字声近韵同,为声训。声训又称音训,指通过声音相同或相近的字来解释词义,推求音义同源关系,以说明其命名的原由。章太炎《小学答问》:"天即颠耳。颠为顶,亦为额。""天、颠、顶"声近义通,都有头顶义。《山海经·海外西经》:"刑天与帝争神,帝断其首,葬之常羊之山。乃以乳为目,以脐为口,操干戚以舞。"刑天头被砍去,故以此特征名为"刑天"。"天"甲骨文、金文从大,以上部圆形示人之头部。卜辞中"天、大"多混用。甲骨文、金文又将表示头部的圆形线条化,变圆为横,小篆承之,隶书作**天**,将线条笔画化,又将表示两臂的曲笔变作横,为楷书所承。甲骨文又作合二二○五四、合二二〇九三，金文作 _{洹子孟姜壶}，为繁化之形，上横为繁化笔画。王国维《观堂集林·释天》："古文天字本象人形，殷虚卜辞或作 ，盂鼎、大丰敦作 ，其首独巨……《易·睽》六三'其人天且劓'，马融亦释天为凿颠之刑。是天本谓人颠顶，故象人形。卜辞、盂鼎之 、 二字所以独坟其首者，正特著其所象之处也。殷墟卜辞及齐侯壶又作 ，则别以一画记其所象之处，古文字多有如此者……此盖古六书中之指事也…… 、 为象形字， 为指事字，篆文之从一大者为会意字，文字因其作法之不同，而所属之六书亦异，知此可与言小学矣。"林义光《文源》："穹苍之天，类人顶之至高无上，故借 字为之。天既为借义所专，始复制颠字。""天"后以苍天为常用义，《六书故·人》："头之上为颠……凡高之所极皆曰颠。"

　　"天"也指古代在额头上刺字的刑罚，《周易·睽》："见舆曳，其牛掣，其人天且劓。"头位于人体最高处，天位于世界最高处，故又指天空，《诗经·唐风·绸缪》："绸缪束薪，三星在天。"又指天体、天象，《史记·太史公自序》："昔在颛顼，命南正重以司天，北正黎以司地。"天地自然形成，故又指自然，泛指客观必然性，《周易·系辞》："乐天知命，故不忧。"韩康伯注："顺天之化，故曰乐也。"又指自然的、天生的，《庄子·山木》："此木以不材得终其天年。"又指人或物的自然性质、天性，《吕氏春秋·本生》："天子之动也，以全天为故者也。"每人头顶一片天，故又特指某一空间，《汉书·西域传》："吾家嫁我兮天一方，远托异国兮乌孙王。"时令、季节主要通过天气体现，故又指时令、季节，如春天、秋天。又指天气、气候，《礼记·月令》："行秋令，则天多沉阴。"天昼明夜暗，日月运行形成有规律的昼夜，故又指一昼夜或从早到晚的时间，如今天、一天。古人认为天是由天帝主宰的，故又指天神、上帝、自然界的主宰者，《鹖冠子·度万》："天者，神也。"古以天为万物之尊，君为万民之尊，故又指君王、尊者，《诗经·大雅·荡》："天降滔德，女兴是力。"《诗经·鄘风·柏舟》："母也天只，不谅人只。"毛传："天谓父也。"又指宗教里神佛仙人及他们生活的世界，如天女散花。天为万物生存所依赖者，故又指所依存或依靠的对象，陆凯《上疏谏吴主皓不遵先帝二十事》："国以民为本,民以食为天,衣其次也。"又为凡高、凡上、凡大之称,如天价、天梯等。

dì 地　　陵篆　　侯马盟书　　郭·忠 5　　老子甲 27　　说文小篆　　熹平石经　　颜真卿

　　形声字。《说文》:"地,元气初分,轻、清、阳为天,重、浊、阴为地。万物所陈列也。从土也声。𡏡,籀文地从隊。"本义为大地,与"天"相对。许慎训释,阐述天地的形成、构成。《释名·释地》:"地,底也。其体底下,载万物也。"桂馥《义证》:"万物有形,重浊皆附于地;三光无质,清轻悉上于天。"土地承载万物而博厚广大,万物陈列于大地,故训"万物所陈列也"。"土"指土壤、泥土,"土"甲骨文作Ω前五·一〇·二,像土堆或土块形。也,《说文》:"女阴也。象形。"指女性生殖器。"也"同"匜",徐灏《注笺》:"戴氏侗曰:匜,沃盥器也,有流以注水,象形,亦作匜。借为助词,词助之用多,故正义为所夺,而加匚为匜。""也"金文作子仲匜,"它"金文作师遽方彝,二字形同,容庚《金文编》:"也、它为一字。""它、也"金文均像眼镜蛇形,为蛇的本字。后字形分别,名词为"也",代词为"它",本字加"虫"作"蛇、蚺","蛇、蚺"一字。盘蛇展开的动作是蜿蜒的,故从也之"迤、施、拖"等字都含展开、蜿蜒义。女子生殖器蜿蜒内伸,盥洗器匜倒水蜿蜒外展,故释"也"为女阴、为匜,均因形状或作用近于蛇行蜿蜒所致。地表的主要物质为土,段注:"地以土生物,故从土。"土地宽广平阔(也),故"地"从土也声。"地"籀文从隊(zhuàn)声作𡏡。季旭昇《说文新证》:"战国古文常见字形则作'墜',或叠加'它'声;或从立,它声;或从土,它声;秦系文字则从土,也声。豕、地、也、它,声均属舌头,韵则支歌旁转。"古谓清气上升为天,浊气下坠为地,故"墜"从土隊(隊)声。

　　"地"也指地球、地壳,如地貌、地质。又指陆地,如平地、高地。又指地面,如泥地,李白《静夜思》:"床前明月光,疑是地上霜。"又指土地、田地,如种地,《管子·权修》:"地之生财有时,民之用力有倦,而人君之欲无穷。"又指地点、处所,如目的地,《荀子·儒效》:"无置锥之地,而王公不能与之争名。"位置占一定地方,故又指地位,《孟子·离娄》:"禹、稷、颜子,易地则皆然。"地区有一定范围,故又指地区,如内地。人皆有一定的生存、生活区域,故又指位置、地盘,如留有余地,《韩非子·说难》:"有欲矜以智能,则为之举异事之同类者,多为之地。"各国皆有相应的领土,故又指疆土,《周礼·地官·大司徒》:"诸公之地,封疆方五百里。"地是万物赖以生存的根本,故又指质地、底子,《文心雕龙·定势》:"譬五色之锦,各以本采为地矣。"心意活动领域如地区般有范围,故也称"地",如见地、心地。路程是丈量土地所得,故又指路程,如五里地,李白《妾薄命》:"长门一步地,不肯暂回车。"

"地"又音 de,用为助词,用于状语后或补语前;或相当于"着"。

xuán
玄　　粹816　父癸爵　天策　老子甲94　系传古文　说文小篆　熹平石经　虞世南

依附象形字。《说文》:"玄,幽远也。黑而有赤色者为玄。象幽而入覆之也。8,古文玄。"义为赤黑色。或谓赤黑色由染丝六入而成,徐灏《注笺》:"盖取义于染丝也。"段注:"凡染,一入谓之縓,再入谓之赪,三入谓之纁,五入为緅,七入为缁。而朱与玄,《周礼》《尔雅》无明文。郑注《仪礼》曰:'朱则四入欤?'注《周礼》曰:'玄色者,在緅、缁之间,其六入者欤?'按:纁染以黑则为緅。緅,汉时今文《礼》作'爵',言如爵头色也。许书作'纔',纔既微黑,又染则更黑,而赤尚隐隐可见也。故曰'黑而有赤色'。至七入则赤不见矣。缁与玄通称,故礼家谓缁布衣为玄端。"《诗经·豳风·七月》:"载玄载黄,我朱孔阳。"毛传:"玄,黑而有赤也。"赤黑色非单纯色,色调较为幽暗,有一定模糊性、隐晦性,含幽深旷远之象,故训"幽远"。王筠《释例》:"玄字之在经文者,只'天玄而地黄'一义,许君于字形不能得此意,乃以后世幽深玄远之义冠之。""象幽而入覆之"言字形以明幽远义。"玄"小篆像"入"覆盖"糸"(糸之古文)形。糸为两节细丝,细丝微小,不易看清,上又有物覆盖,愈加幽暗难见。"玄"甲骨文、金文、徐锴《系传》古文,皆像束丝之形,同"糸、幺"。或许丝为微细之物,幽而难见,故取象于8

表幽微、黑之意,后在上加一横分化出"玄"字。

幽远即远,《庄子·天地》:"玄古之君天下,无为也,天德而已矣。"幽远有深、厚意,故"玄"引申指深厚,《楚辞·九章·惜往日》:"临沅湘之玄渊兮,遂自忍而沈流。"幽深处寂静,故又指寂静、清静,《淮南子·主术》:"天道玄默,无容无则。"玄妙的事理幽远难见,故又指神妙、深奥,《老子》一章:"玄之又玄,众妙之门。"道家以虚无为本,尚玄妙之道,故又指道家学说、道教,《文心雕龙·时序》:"自中朝贵玄,江左称盛,因谈余气,流成文体。"幽远、缥缈的事物多虚幻不真,故又指玄虚,如故弄玄虚。五行学说北方属水,颜色为黑,"玄"为赤黑色,故又用作北方之称,《淮南子·天文》:"北方曰玄天。"又泛指黑色,"玄端"即古代的一种黑色礼服,《尚书·禹贡》:"厥篚玄纤缟。"孔传:"玄,黑缯。"农历九月,阴气深侵,万物凋零,故又为农历九月的别称,郝懿行《尔雅义疏》:"《诗·何草不黄》正义引李巡曰:'九月万物毕尽,阴气侵寒,其色皆黑。'孙炎曰:'物衰而色玄也。'引《诗》曰:'何草不玄。'"又指天,《释名·释天》:"天,又谓之玄。"毕沅疏证:"玄者,以色名之也。"

huáng 黄	合 32509	合 595 正	合 3475	✿黄簋	黄尊	说文小篆	西狭颂	欧阳询

会意兼形声字。《说文》:"黄,地之色也。从田从茨,茨亦声。古文黄。"为五色之一,指像中原地区土地一样的颜色。《周易·坤》:"天玄而地黄。"孔颖达疏:"天色玄,地色黄。"《尚书·禹贡》分九州之土为三等九级,位于中部地区的雍州属黄色土壤,性质柔和,称"厥田上上",列为第一。中原土色为黄,故以黄为中央之色,《论衡·验符》:"黄为土色,位在中央。"《礼记·郊特牲》谓"黄者中也",故有"黄中"一词。"黄"为地之色,田即地,段注:"土色黄,故从田。"饶炯《部首订》:"黄为土之色,而其字从田者,盖田亦土。""茨"为古文"光",火苗(火)上空的光(廿)多为黄白色,光、黄音近义通,《释名·释采帛》"黄,晃也,犹晃晃象日光色也",《风俗通·皇霸》引《尚书大传》"黄者,光也,厚也,中和之色也",故"黄"从田从茨,茨

亦声。于省吾《说卜辞的焚巫尪与作土龙》："甲骨文里过去被认作'交'的字，可能多数是'黄'字……唐兰先生认为'黄字古文象人仰面向天，腹部膨大，是《礼记·檀弓》"吾欲暴尪而奚若"的"尪"的本字'。这是很精辟的见解。'黄'、'尪'音近，《吕氏春秋·明理》高诱注：'尪，短仰者也。'同书（《吕氏春秋》）《尽数》注：'尪，突胸印向疾也。'尪人突胸凸肚，身子显得特别粗短，🜚字表示的正是这种残废人的形象。"谓像得黄肿病的残疾人形。郭沫若《金文丛考》："黄即佩玉……后假为黄白字，卒至假借义行而本义废，乃造珩若璜以代之。"

　　草木至秋枯黄，故"黄"也指枯萎、变黄，《诗经·小雅·何草不黄》："何草不黄，何日不行。"朱熹注："草衰则黄。"谷熟则色黄，故又指成熟，庾信《奉和夏日应令》："麦随风里熟，梅逐雨中黄。"谷物黄熟丰收是美好之事，故又指美好，《诗经·大雅·生民》："荏厥丰草，种之黄茂。"毛传："黄，嘉谷也。"又为黄帝的简称，如炎黄，《史记》载轩辕氏有土德之瑞，故称黄帝，《论衡·自然》："贤之纯者，黄、老是也。黄者，黄帝也；老者，老子也。"草木枯萎色黄是衰败之象，故又指事情失败或计划不能按预想实现，如这件事办黄了。黄河流经晋陕峡谷挟带大量泥沙而河水浑黄，故又指黄河，如黄泛区。又用作姓氏，《广韵》唐韵："黄，姓。出江夏。陆终之后，受封于黄，后为楚所灭，因以为氏，汉末有黄霸。"

宇

史墙盘　五祀卫鼎　说文小篆　说文籀文　李孟初神祠碑　褚遂良

　　形声字。《说文》："宇，屋边也。从宀于声。《易》曰：'上栋下宇。'🜚，籀文宇从禹。"本义为屋檐。段注："宇者，言其边，故引伸之义又为大。《文子》及《三苍》云：'上下四方谓之宇，往古来今谓之宙。'上下四方者，大之所际也。"《诗经·豳风·七月》："七月在野，八月在宇。"陆德明释文："宇，屋四垂为宇。《韩诗》云：宇，屋霤也。"宀（mián），《说文》："交覆深屋也。象形。"本指人字形顶的房屋。"宀"甲骨文作🜚乙五八四九，小篆作🜚，像房屋侧剖面形。从宀之字，皆与房屋有关，如"家、宅、室、宣"等。亏（于）（yú），《说文》："於也。象气之舒亏，从丂从一。一者，其气平之也。"语气助词。段注："然则以於释亏，亦取其助气。""于"小篆作亐，像语气平舒长延形。丂（kǎo），《说文》："气欲舒出，丂上碍于一也。丂，古文以为亏字，又以为巧字。"段注："丂者，气欲舒出之象，一，其上不能径达。""亏"字构形指气之舒畅，"丂"为气欲舒出貌，"一"像气出平舒，"一者，其气平之也"，桂馥《义证》"乎从丿，故声越扬。亏从一，故气平"，故"亏"从丂从一。屋（宀）檐舒展开阔（亏），为房屋最大的边际，故"宇"从宀于声。五祀卫鼎从宀禹声，为籀文𡩡由来。

"宇"由屋檐扩展指房屋，《楚辞·招魂》："高堂邃宇。"屋为人所居，故又指住处，《诗经·大雅·绵》："爰及姜女，聿来胥宇。"器宇如屋般能容物，故又指器宇、风度，《庄子·庚桑楚》："宇泰定者，发乎天光。"疆土为一国所有，如屋宇所覆为一屋范围，故又指疆土、国境，《左传·昭公四年》："或多难以固其国，启其疆土；或无难以丧其国，失其守宇。"杜预注："于国则四垂为宇。"屋宇覆盖整个房屋，故又指上下四方整个空间，《庄子·庚桑楚》："有实而无乎处者，宇也；有长而无本剽者，宙也。"郭象注："宇者，有四方上下，而四方上下未有穷处。"作动词指扩大，《荀子·非十二子》："矞宇嵬琐。"屋檐覆盖房屋，故又指覆庇，《国语·晋语》："今君之德宇，何不宽裕也。"

zhòu
宙

乙 763　　续甲 3233　　说文小篆　　孔宙碑　　颜真卿

形声字。《说文》："宙，舟舆所极覆也。从宀由声。"本义为栋梁。段注："然则宙之本义谓栋，一演之为舟舆所极复，再演之为往古来今。"徐灏《注笺》："宙字从宀，其本义自谓宫室。"《淮南子·览冥》："而燕雀佼之，以为不能与之争于宇宙之间。"高诱注："宇，屋檐也；宙，栋梁也。"极，至；覆，反。舟舆所极覆，段注："谓舟车自此至彼而复还此，如循环然。"桂馥、王筠、徐灏等以为当从"舟舆所极，覆也"断句，徐灏《注笺》："许意谓舟车所至无不覆帱也。"王筠《句读》:"'舟舆所极'即舟车所至,'覆也'者,犹言天之所覆,又加此句者,为字从宀也。"《说文》无"由"字,学者多谓"甾"即"由"。甾(zī),《说文》:"东楚名缶曰甾。象形。𤮴,古文。"指盛酒浆的陶器。段注:"缶下曰:'瓦器,所以盛酒浆。秦人鼓之以节歌。象形。'然则缶既象形矣,由复象形……此象缶之颈少杀。""甾"甲骨文作𤮴甲三六九〇,金文作𤮴旬簋,小篆作𤮴,像竹编筐形盛器,或谓像㐁口缶形。编筐、作瓦器胚,都是由底下逐渐往上行,故"由"有由此往彼义。"宙"指屋(宀)之栋梁,横梁、立梁(柱)都是由大至小,如编筐由下至上,有由此至彼意,徐灏《注笺》"'舟车所至'释从由之义,'覆'释从宀之义",故"宙"从宀由声。宇宙是空间无限阔大和时间无限延长的总和。以具象表抽象,用房屋最大空间的屋檐(宇)表示空间的无边无际,用循环不息的舟车或贯彻房屋的栋梁(宙)表示时间的无始无终,于是时间、空间的总和称为"宇宙"。

舟车往复不息如时间无始无终,故"宙"引申为无限时间的总称,段注:"由今溯古,复由古沿今,此正如舟车自此至彼、复自彼至此,皆如循环然。"《淮南子·齐俗》:"往古来今谓之宙,四方上下谓之宇。"天空在上如栋梁在屋顶,故又指天空,《南齐书·乐志》:"功烛上宙,德耀中天。"又为地质学名词,地质年代划分的最大单位,根据生物的发展和演化以及在地层中发现化石的情况,整个地质年代可以划分为隐生宙和显生宙两个单位。

hóng
洪　　潚　洪　洪　洪
　　　说文小篆　魏封孔羡碑　王羲之　颜真卿

形声字。《说文》:"洪,洚水也。从水共声。"本义指大水。"洚"指洪水,洪、洚上古音声近韵同,为声训,二字也是同源字。共,《说文》:"同也。从廿、廾。𦫳,古文共。"本义为共同。徐灏《注笺》:"共,古拱字,亦古供字。供给、供奉皆共之引申。""廿"小篆为二十相并,"廾"为两手相拱,皆有共同义,故"共"从廿、廾。朱骏声《通训定声》:"或曰廾亦声。""共"古文作𦫳,像四手共合形,王筠《释例》:"𦫳具四手,是两人也。两人之手而相连,是共为一事之状也。""共"甲骨文作𦥑合二七九五正,像两手奉物形,与供、恭同。张舜徽《约注》:"今湖湘间谓两人共持物而向上举,曰拱上去,当以此为本字。""洪"指众水汇聚(共)而成的大水,故"洪"从水共声。

由水大泛指大,《尚书·洪范》:"帝乃震怒,不畀洪范九畴。"孔传:"不与大法九畴。"两水交会处水流较大,故又指两水交会处,陆容《菽园杂记》:"蜀人谓水口为洪。梓潼水与涪江合流如箭,故有射洪县。"水流大则流速湍急,故又指湍急的水流,苏轼《次韵颜长道送傅倅》:"如今别酒休辞醉,试听双洪落后声。"又为语气词,用于句首,《尚书·大诰》:"洪惟我幼冲人。"又用作姓氏,《通志·氏族略》:"洪氏,本共氏,因避仇改为洪。豫章有弘氏,因避宋朝讳,亦改为洪。"

huāng
荒　　蒿　　荒　　茀　　荒
中山王壶　说文小篆　石门颂　颜真卿

形声字。《说文》:"荒,芜也。从艸巟声。一曰艸淹地也。"指田地生草,无人耕种。《礼记·曲礼》:"地广大,荒而不治。"郑玄注:"荒,秽也。""艸"为草本植物的总称,后作"草"。巟(huāng),《说文》:"水广也。从川亡声。《易》曰:包巟,用冯河。"本义为水广大。今本《周易》作"荒"。"亡"小篆作𠃊,饶炯《部首订》"盖人之逃而去者,灭踪入𠃊,不有其人,与无一例",谓𠃊像人逃到(入)隐曲处(乚)隐蔽不见,表示逃亡、失去等义。"川"为大水,人、物被大水淹没则亡失不见,故"巟"从川亡声。远古洪水泛滥,大洪水过后,百物皆亡,惟荒草丛生。"荒"指杂草广袤,故从艸巟声。

田荒芜则杂草滋长而覆盖地面,故"荒"引申为掩、覆盖,《诗经·周南·樛木》:"南有樛木,葛藟荒之。"草覆盖地犹囊括地面,故也指包括、据有,《诗经·鲁颂·閟宫》:"奄有龟蒙,遂荒大东。"田地弃耕则荒芜,故也指荒废、弃置,《尚书·盘庚》:"无荒失朕命。"沉溺于玩好则荒废正业,故又指沉溺、迷乱,如荒淫无度,《尚书·五子之歌》:"内作色荒,外作禽荒。"孔颖达疏:"好色好田则精神迷乱,故迷乱曰荒。"田荒则无收成,凶年无收成,故又指收成不好、凶年，《韩诗外传》："三谷不升谓之馑，四谷不升谓之荒。"荒年粮食缺乏，故又指事物严重缺乏，如煤荒、菜荒。荒芜是衰败之象，故又指败亡，《逸周书·大明武解》："靡敌不荒，阵若云布，侵若风行。"田荒芜则唯有荒草而无余物，故又指虚空，《诗经·大雅·桑柔》："哀恫中国，具赘卒荒。"郑玄笺："皆见系属于兵役，家家空虚。"古人重视农耕，田地荒芜被视为不合理，故又指不合情理，如荒谬、荒诞，《晋书·祖逖传》："中夜闻荒鸡鸣。"偏远地带多荒芜，故又指离国都最远的地方，《尚书·禹贡》把王都以外的地方分为"甸、侯、绥、要、荒"五服，荒服最远，《尚书·禹贡》："五百里荒服。"孔传："要服外之五百里言荒。"又泛指边远之地，如四荒、八荒、大荒等。荒野偏僻荒凉，故又指偏僻、冷落，如荒郊野外。又指扩大、开拓，《诗经·周颂·天作》："天作高山，大王荒之。"或谓大义是"亢"之引申义，段注："引申为凡广大之称。《周颂》：'天作高山，大王荒之。' 传曰：'荒，大也。'凡此等皆叚荒为亢也。荒，芜也。荒行而亢废矣。"荒芜则环境杂乱，惊慌则心神杂乱，故又指惊慌、急迫，后作"慌"，卢藏用《陈子昂别传》："将欲害之，子昂荒惧，使家人纳钱二十万。"

【原文】 rì yuè yíng zè　chén xiù liè zhāng
日 月 盈 昃　辰 宿 列 张

【译文】 太阳有正斜交替，月亮有圆缺往复；辰宿有序排列，分布于浩瀚天空。

【释义】

两句为古代天文学内容，《千字文释义》："天地既开辟，则有日月星辰垂象于上矣……列，陈也。张，布也。谓辰宿陈布于天也。""日月盈昃"讲日月的运行规律。"盈"指月亮盈满，每月农历十五月亮圆满，古人称为"望"。"昃"指太阳偏西时日影斜仄。太阳过正午则西落，月满后逐渐亏缺，所谓"日中则昃，月满则亏"。

"辰宿列张"出自《淮南子·泰族》"天设日月，列星辰，调阴阳，张四时"，指各星宿在天空的分布，犹如张网般有序排列。古人把地球绕太阳一周形成的视运动轨道称为"黄道",月亮绕地球一周形成的视运动轨道称为"白道"。古代为了量度日、月、行星的运动位置,沿黄道将周天等分为十二等分,配以子丑寅卯等十二地支,称为"十二辰",与二十八宿星座有一定的对应关系。一年日月会合十二次,分为黄道十二段,对应十二星辰方位,叫做"十二星次",简称"十二次",或径称"星次"。《汉书·律历志》载十二星次是:星纪、玄枵、诹訾、降娄、大梁、实沈、鹑首、鹑火、鹑尾、寿星、大火、析木。它们按赤道经度等分,并与二十四节气相联系。

古代天文家根据日、月、五行(金木水火土)等"七政"在黄道上运行的情况,分黄道上的恒星为四区二十八星团,称为"四象二十八宿"。按星宿相连形状,命为"东苍龙、西白虎、南朱雀、北玄武"四兽之象,每象各领七宿。东方苍龙七宿:角、亢、氐、房、心、尾、箕;北方玄武七宿:斗、牛、女、虚、危、室、壁;西方白虎七宿:奎、娄、胃、昴、毕、觜、参;南方朱雀七宿:井、鬼、柳、星、张、翼、轸。

十二星次罗列周天,四象二十八宿分布四方,排列井井有条,故谓"辰宿列张"。

【解字】

合20905　合26769　佚425　日癸簋　瘐钟　说文小篆　熹平石经　颜真卿

象形字。《说文》:"日,实也。太阳之精不亏。从口、一。象形。⊖,古文,象形。"本义为太阳。《诗经·卫风·伯兮》:"其雨其雨,杲杲出日。"太阳精光盛实,常满不亏,故训"实",《释名》:"日,实也。光明盛实也。"日、实上古音同为质韵,为声训。"太"指极大,段注:"后世凡言大而以为形容未尽则作太。"日为三光之首,是阳之极,故又称"太阳"。"日"古文或作⊖,中间"乙"形,实际为⊖中短横所变,古人谓为三足金乌,《春秋元命苞》:"日中有三足乌。乌者,阳精。"日为阳,三为奇数,奇数为阳,故为三足。徐灏《注笺》:"泰西戴进贤《七政图》:'日中有小黑点数十横亘如带,以远镜目

验实然。'日字中画象之,古人造字之精如此。相传日中有乌者,以黑点如
群乌飞耳。"甲骨文、金文皆像圆满的太阳之形,圆形不易契刻,故形状各
异,中间的短横或点,或谓为区别于口(甲骨文丁)、〇而加,是区别符号。
罗振玉《增订殷虚书契考释》:"日体正圆。卜辞中诸形,或为多角形,
或正方者,非日象如此,由刀笔能为方,不能为圆故也。""从口、一"言
日形由小篆口、一之形构成,非言字义,徐灏《注笺》:"《说文》通例凡象形
文多析其字画言之,如云日'从口、一。象形',舍'从人、中,象屋也;口象
筑也',矢'从入,象镝栝羽之形',皆就小篆之体指以示人,非谓当从所析
之字义也。"

　　日出则为白昼,故"日"又指白天,《孟子·离娄》:"仰而思之,夜以继
日。"一昼夜为完整的一天,故也指地球自转一周时间、一昼夜,《尚书·洪
范》:"五纪:一曰岁,二曰月,三曰日,四曰星辰,五曰历数。"孔颖达疏:"从夜
半以至明日夜半,周十二辰为一日,所以纪一日也。"太阳每天起落,永无止
息,故又指每天、一天天地,《大学》:"苟日新,日日新,又日新。"由每日转指
记日单位,特指一个月内的日子,《尚书·舜典》:"正月上日,受终于文祖。"孔
传:"上日,朔日也。"古代立圭表,测日影以定时、节,故又指光阴、时间,《汉
书·郊祀志》:"旷日经年,靡有毫厘之验,足以揆今。"已过的时日则为往日,
故又指往日、从前,《左传·文公七年》:"日卫不睦,故取其地。"又指他日、改
天,《列子·汤问》:"日以俱来,吾与若俱观之。"古谓时日有相应的吉凶禁忌,
故又指日辰禁忌,《论衡·讥日》:"世俗既信岁时,而又信日。举事若病、死、
灾、患,大则谓之犯触岁、月,小则谓之不避日禁。"又为日本国的简称。

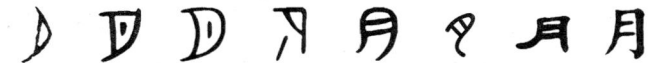

yuè
月　　　🌙　　　　　　　　　　　　　　月　　月
　　　合 94 正　甲 3914　卯其卣　玺汇 1723　睡 10.4　说文小篆　韩仁铭　颜真卿

　　象形字。《说文》:"月,阙也。太阴之精。象形。"本义指月亮、月球。
《诗经·小雅·十月之交》:"彼月而食,则维其常。"月的常态是缺而不满,故
训"阙",徐锴《系传》:"十五稍减,故曰阙也。""月"上古音为疑纽月部,

"阙"为溪纽月部,声近韵同,为声训。《释名》:"月,缺也。满则缺也。"月为阴之极,故又名"太阴",《甘石星经》:"月者,阴宗之精也。"段注:"象不满之形。"徐灏《注笺》:"古文作 ☽,见明篆下,钟鼎文作 ☾,象上下弦之形。日象圆形,故月象其阙也。小篆相承作 ☾,取字形茂美耳。"张舜徽《约注》:"月之形阙多圆少,故汉人以阙解之。其初形盖本作),后以图绘繁难,乃外作 ☽形,中注一点为 ☽以象之。其字形变易之迹,与日同例。"甲骨文、金文皆像亏缺不满的弯月之形,中间或无点或有点。秦系文字"月"作 ☽、☾,月的缺口朝下,月中短竖及表示边沿的竖线变作两横,为隶、楷所承。小篆"月、肉"字形相近,作偏旁多有混用的情况,如"肝、脏、胃、肾"等字皆从肉。《正字通》肉部:"月,肉字偏旁之文。本作肉,石经改作月,中二画连左右,与日月之月异。"

古代以月计时,故"月"也为计时单位,古人分一年为十二个月。农历从朔至晦为一月。大月三十日,小月二十九日,三年加一闰月。阳历大月三十一日,小月三十日;二月平为二十八日,闰则为二十九日。农历置闰于月,阳历置闰于日。月相在不同的日子称呼不同,第一日为"朔",二日为"死魄"或"旁死魄",三日为"哉生明"或"月出",八日为"恒"或"上弦",十四日为"几望",十五日为"望",十六日为"既望"或"生魄、哉生魄",十七日为"既生魄",廿二、廿三日为"下弦",最后一天为"晦"。朔后月明渐增,月魄渐减,故谓之死魄。反之,望后月明渐减,月魄渐生,故谓之生魄。《尚书·尧典》:"以闰月定四时,成岁。"孔传:"一岁十二月,月三十日,正三百六十日,除小月六为六日,是为一岁有余十二日,未盈三岁,足得一月,则置闰焉。"月月相续不断,故又指每月,《孟子·滕文公》:"月攘一鸡,以待来年,然后已。"月借助日发光,故又指月色、月光,杜甫《梦李白》之一:"落月满屋梁,犹疑照颜色。"又指像月一样的颜色或形状,《史记·封禅书》:"太一祝宰则衣紫及绣。五帝各如其色,日赤,月白。"

yíng
盈　　盈　盈　盈　盈　盈
　　石鼓　老子乙前59　说文小篆　魏元丕碑　赵孟頫

　　会意字。《说文》：“盈，满器也。从皿、夃。”本义为盛满、充满。《说文》：“满，盈溢也。”盈、满互训。《周易·比》：“有孚盈缶。”皿，《说文》：“饭食之用器也。象形。”本指碗碟杯盘等器皿。“皿”甲骨文作，甲二四七三、燕七九八，小篆作，皆像器皿形，后“皿”扩展为一切器皿之称。夃(gǔ)，《说文》：“秦以市买多得为夃。从乃从夂，益至也。《诗》曰：我夃酌彼金罍。”本义为买卖多得利，秦人语。桂馥《义证》：“买，当为卖。”徐灏《注笺》引戴侗说：“乃，古文及字。”“夂”有至义，买卖多得利，则钱财滚滚而来(至)，因训“益至”。“夃”为钱财相及(乃)而至(夂)，段注：“乃夂者，徐徐而益至也。”故“夃”从乃从夂。《玉篇》：“夃，今作沽。”买卖多得利，则钱袋会盈满。满则多，徐铉等注：“夃，益多之义也。古者以买物多得为夃，故从夃。”物多则器皿满(夃)，故“盈”从皿、夃。

　　充盈则饱满，故“盈”引申指丰满、饱满，宋玉《神女赋》：“貌丰盈以庄姝兮，苞温润之玉颜。”圆则盈满，故又指圆满，《礼记·礼运》：“和而后月生也，是以三五而盈，三五而阙。”孔颖达疏：“盈，谓月光圆满。”食物满器则丰盛，故又指盛、旺盛，《左传·庄公十年》：“彼竭我盈，故克之。”器满则足，故又指足够、满足，《左传·襄公三十一年》：“且年未盈五十，而谆谆焉如八九十者，弗能久矣。”器中物不断添加则盈满，故又指长、增加，《史记·范雎蔡泽列传》：“进退盈缩，与时变化，圣人之常道也。”器满则溢，人满则骄，故又指骄傲、自满，《周易·谦》：“人道恶盈而好谦。”通“赢”，富余、有余，如盈利，蔡邕《樊惠渠歌》：“泯泯我人，既富且盈。”

zè
昃　　昃　昃　昃　昃　昃　昃
　　合20421　合4415　乙32　滕侯昃戟　说文小篆　三体石经　智永

　　形声字。《说文》：“昃，日在西方时，侧也。从日仄声。《易》曰：日昃之离。”本指太阳偏西。段注：“日在西方则景侧也。”太阳过中西落，则日影斜长而偏于一侧,故训"侧"。昃、侧上古音皆属庄纽职部,为声训。《周易·离》:"日昃之离,何可久也。"仄,《说文》:"侧倾也。从人在厂下。"本义为倾斜。厂(hǎn),《说文》:"山石之厓岩,人可居。象形。厈,籀文从干。"本义为山崖。王筠《句读》:"籀文渐趋于繇,故加干为声。"段注:"厓,山边也;岩者,厓也;人可居者,谓其下可居也。""厂"小篆作厂,像山崖形。段注:"谓象嵌空可居之形。"高鸿缙《中国字例》:"厂字本象石岸之形。周秦间或加干为声符作厈,后又或于厈加山为意符作岸,故厂、厈与岸实为一字。"山洞多狭小低矮,人居其下须倾头侧身,篆文仄像人侧、屈身体委于崖岸(厂)形,故"仄"从人在厂下。太阳偏西则日影斜长倾侧(仄),故"昃"从日仄声。罗振玉《增订殷虚书契考释》谓甲骨文"昃":"从日在人侧,象日厢之形。"叶玉森《说契》谓日旁人形"象人影侧,日昃则人影侧也"。董作宾《殷历谱》:"《说文》作㫷,易会意为形声矣。卜辞昃为纪时专字,约当今下午二三时顷也。"

"昃"扩展指倾斜,方干《陪王大夫泛湖》:"蜜炬烧残银汉昃,羽觞飞急玉山倾。"

chén
辰　𣆪　𣆪　𣆪　𣆪　辰　辰

合 1402　合补 6954　后 1.18.7　矢方彝　说文小篆　熹平石经　颜真卿

象形字。《说文》:"辰,震也。三月阳气动,雷电振,民农时也。物皆生,从乙、匕,象芒达;厂,声也。辰,房星,天时也。从二,二,古文上字。𣆪,古文辰。"本指震、振动。《广雅·释言》:"辰,振也。"王念孙疏证:"《律书》云:辰者,言万物之蜄也。"《晋书·乐志》:"辰者,震也,谓时物尽震动而长也。"徐灏《注笺》:"许意谓民农时,雷电振,物皆生,故从乙,象艸木芒达。从匕,即𠤎化字,谓化生也。从厂,盖抴引之意。从古文上,指房星在上也。""辰"甲骨文像手持大蚌壳翻地形,为"蜃"的初文,吴绍珣《释辰》:"顾铁僧教授曰:辰即蜃本字。𠂆盖像蜃壳,𠃜盖像蜃肉伸出蜃壳外作运动之状。"远古无金属农具,蜃壳坚硬尖利,初民用蜃壳翻地、除草,故从又(手)持蜃会操作之意。郭沫若《甲骨文字研究》："余以为辰实古之耕器,其作贝壳形者,盖蜃器也。《淮南·泛论训》曰:'古者剡耜而耕,摩蜃而耨。'其作磬折形者,则为石器……于贝壳石片之下附以提手,字盖象形。其更加以手形或足形者,则示操作之意……其为耕作之器者则为辰,后变而为耨,字变音亦与之俱变。其为耕作之事则为辱,辱者,蓐与农之初字也……要之,辰本耕器,故农、辱、蓐、耨诸字均从辰。星之名辰者,盖星象于农事大有攸关,古人多以耕器表彰之……辰与蜃在古当系一字,蜃字从虫,例当后起。"古时耕种,在春雨润泽、万物震生之时,故"辰、蜃、震、振"音义同源。商承祚《说文中之古文考》:"辰,象以手振岩石,乃振之初字。"谓"辰"为"振"之初文。备考。"辰"古文字构形本用蚌壳翻地表示震、振动,凡从辰字多有动义:身动(孕)为娠,雷动(击)为震,手动(救)为振,财动(富)为赈,口动为唇,心动(耻)为辱,足动为踬,蛤动(大)为蜃,肉动(祭)为祳,诸字音义同源。

　　"辰"借作地支的第五位,用以纪年、月(农历三月)、日、时(上午七至九时),《尔雅·释天》:"太岁在寅曰摄提格,在卯曰单阏,在辰曰执徐。"黄庭坚《和师厚栽竹》:"根须辰日斸,笋要上番成。"农历三月雷电大震,是雨水多的月份,古人认为龙能治水,故"辰"在十二生肖中属龙。"辰"也为十二地支的通称,《周礼·秋官·硩蔟氏》:"十有二辰之号。"郑玄注:"辰,谓从子至亥。"古以"辰"计时,故又指时,段注:"引申之,凡时皆曰辰。"《仪礼·士冠礼》:"吉月令辰,乃申尔服。"《汉书·叙传》:"盍孟晋以迨群兮?辰倏忽其不再。"《诗经·大雅·桑柔》:"我生不辰,逢天僤怒。"孔颖达疏:"我之生也,不得时节,正逢天之厚怒。"农耕社会,天象、星象主要为农时服务,因用"辰"表示星辰,故又为星名,1. 心宿,二十八宿之一,又称"商星、大火、大辰",《尔雅·释天》:"大火谓之大辰。"郭璞注:"大火,心也。在中最明,故时候主焉。"2. 北极星,即北辰,《尔雅·释天》:"北极谓之北辰。"又为日、月、星的统称,《左传·桓公二年》:"三辰旂旗,昭其明也。"又指日月的交会点,即夏历一年十二个月的月朔时,太阳所在的位置,《左传·昭公七年》:"公曰:'多语寡人辰,而莫同。何谓辰?'对曰:'日月之会是谓辰。'"杜预

注:"一岁日月十二会,所会谓之辰。"通"晨",《诗经·齐风·东方未明》:"不能辰夜,不夙则莫。"

xiù
宿

花东60　合27805　合29351　宿父尊　说文小篆　熹平石经　颜真卿

　　形声字。《说文》:"宿,止也。从宀㐁声。㐁,古文夙。"本指过夜、夜晚睡觉,音 sù。徐灏《注笺》:"夜宿乃此字本义。"人夜宿则身体不动,故训"止",东方朔《七谏》:"块兮鞠,当道宿。"王逸注:"夜止曰宿。"甲骨文或从人从囗,会人在席上止宿意。商承祚《说文中之古文考》:"此作㐁、㐁,实宿之初字。""囗"为"簟"之初文,本义为席,甲骨文作🔲甲一〇六,像席形,中像竹编的簟席纹理。《周易·系辞》"上古穴居而野处,后世圣人易之以宫室",故从宀,示人在屋内止宿。人在屋(宀)中夜宿(㐁),故"宿"从宀㐁声。

　　人多在居住地睡觉,故"宿"引申指居住,《诗经·豳风·九罭》:"公归不复,于女信宿。"也指住宿之地,《周礼·地官·遗人》:"十里有庐,庐有饮食。三十里有宿,宿有路室。"郑玄注:"宿,可止宿,若今亭有室矣。"又指栖宿的鸟,《论语·述而》:"子钓而不纲,弋不射宿。"古代帝王、官吏等夜宿,有兵士守卫安全,故又指守、安,《左传·昭公二十九年》:"官宿其业,其物乃至。"杜预注:"宿,犹安也。"夜宿则身体停留不动,故又指停留,《论语·乡党》:"祭于公,不宿肉。"何晏集解:"归则班赐,不留神惠。"夜宿多是一整晚,时间较长,久则旧,故又指旧的,曹叡《长歌行》:"坏宇何寥廓,宿屋邪草生。"前一夜是旧的时间,故又指隔夜、前一夜,《汉书·韩信传》:"师不宿饱。"又指前一年,《礼记·檀弓》:"朋友之墓有宿草,而不哭焉。"郑玄注:"宿草,谓陈根也。"老是年龄久,故又指老的、久于其事的,《汉书·翟方进传》:"是时宿儒有清河胡常,与方进同经。"有名望的多是年高(久)德勋者,故又指有名望的人,苏轼《与杨君素》之二:"里中尊宿,零落殆尽。"由久引申指素来、积久,《汉书·徐乐传》:"而天下无宿忧。"

　　"宿"又音 xiù,指星辰、星座,《释名》:"宿,宿也,星各止宿其处也。"

《论衡·祀义》：“天有列宿，地有宅舍。”徐灏《注笺》：“因之日月五星所舍谓之二十八宿，亦曰舍。”

“宿”又音 xiǔ，用作量词，一夜为一宿，李肇《唐国史补》：“然方暑而熟，经宿则败。”

liè　列（剡）

诅楚文　说文小篆　北海相景君铭　颜真卿

形声字。《说文》：“列，分解也。从刀歺声。”本义为分解、分开，后作“裂”。张舜徽《约注》：“列训分解，乃分裂本字。本书衣部‘裂，缯余也’，与列音同义异。今则通用裂为分解字，而列专为行列字矣。”《荀子·哀公问》：“两骖列，两服入厩。”杨倞注：“列与裂同。”岁（liè），《说文》：“水流岁岁也。从川，列省声。”本为水分流的样子。毛际盛《述谊》：“水流岁岁，谓水流之分解也。”徐锴《系传》作“歺省声”，徐铉等注：“列字从岁，此疑误，当是从歺省。”歺（è），《说文》：“列骨之残也。从半冎。”本义为剔去肉后的残骨。“歺”甲骨文作 乙八八二八，小篆作 ，像分解骨肉后的残骨形。川水分流则细小，分解后的残骨（歺）碎小，故“岁”从川，歺省声。刀用以分解物，物分则少，如水分流（岁）而细小，故“列”从刀歺声。或谓“列”以刀割肉留骨（歺）会分解意，亦可通。

分解的过程、结果排列有序，故“列”引申指行列，《左传·僖公二十二年》：“（楚人）既济，而未成列。”由行列引申为肆，古代市中不同行业排定的经营地区，《汉书·食货志》：“商贾大者积贮倍息，小者坐列贩卖。”颜师古注：“列者，若今市中卖物行也。”物分解后多是有序陈列，故又指陈列、布置，韩愈《乌氏庙碑铭》：“乌氏，著于《春秋》，谱于《世本》，列于《姓苑》。”言语当有次序条理，故又指陈述、说明，《汉书·司马迁传》：“拳拳之忠，终不能自列。”又指排列位次，《论语·季氏》：“陈力就列，不能者止。”何晏集解引马融注：“言当陈其才力，度己所任，以就其位。”序列是依次叙述、排列，故又指序列，《太玄·玄摛》：“列敌度宜之谓义也。”数量多才能成行列，故也泛指群体，如列位，《左传·庄公十一年》："列国有凶，称孤，礼也。"类别不同则分开排列，故又指类，如不在此列。又用作量词，指成行列的东西，如一列火车。又用为数学名词，矩阵中的横排叫"行"，纵排叫"列"。又用作姓氏，《通志·氏族略》："列，亦作烈。神农之世有烈山氏焉，子孙为列氏。郑有隐者列御寇。"

zhāng
张（張）

張　張　張　張　張
诅楚文　九年将军张戈　说文小篆　曹全碑　柳公权

繁体作"張"，形声字。《说文》："張，施弓弦也。从弓长声。"本指把弦绷在弓上，即拉紧弓弦，与"弛"相对。段注："张弛，本谓弓施弦解弦。"《诗经·小雅·吉日》："既张我弓，既挟我矢。"弓，本义为射箭或打弹的兵器，多用坚韧的木条弯成弧形，两端系弦，张弦发射。张舜徽《约注》："古金文有作ξ，甲文有作ξ者，则弛之之象也；金文亦有作ξ，甲文亦有作ξ者，则张之之象也。""長"甲骨文作ξ合一七〇五五正、ξ林二·二六·七，像长发老人拄杖形，以寿长、发长表示长。拉紧弓弦则弓体拉长张大，故"張"从弓长声。

"张"也指开弓，《老子》七十七章："天之道其犹张弓与？高者抑之，下者举之。"张弓则弓体拉长变大，故又指广大，《诗经·大雅·韩奕》："四牡奕奕，孔修且张。"张贴、张挂是将物品展开、拉直似张弓，故又指张贴、张挂，如张灯结彩，李白《安吉崔少府翰画赞》："张之座隅，仰止光彩。"开弓是逐渐加力把弓张满，故又指增强、扩大，《左传·昭公十四年》："臣欲张公室也。"又指夸张、夸大，皇甫谧《三都赋序》："虚张异类，托有于无。"开弓则弓体张开，故又指张开、伸展，如张口，《老子》三十一章："将欲歙之，必固张之。"张弓则弓满力足，故又指布满、充满，《三国志·吴书·周瑜传》："烟炎张天。"张弓则弓弦和弓体分离很远，故又指离开、分开，《颜氏家训·风操》："我年已老，与汝分张，甚以恻怆。"弦绷在弓上是力量最强的状态，故又指强盛，《辽史·萧陶苏斡传》："自执我叛人萧海里，势益张。"琴瑟等乐器有弦如同施弦张弓，故又指乐器上弦，《礼记·檀弓》："琴瑟张而不平。"

张弓射箭是为了射中目标,故又指设罗网机关以捕取鸟兽,《公羊传·隐公五年》:"百金之鱼,公张之。"由设机关捕鸟兽扩展为设置、布置,《史记·高祖本纪》:"又与秦军战于蓝田南,益张疑兵旗帜。"张弓射箭则专注于目标,力求射中,故又指主张,《西游记》五十一回:"行者这才是以心问心,自张自主。"看、望如同射箭般有一定目标,故又引申为看、望,如东张西望。弓箭拉开则弓体呈现平铺张开状,故又用作量词,指薄平的、可以在平面上铺张开的物品,如一张桌子、两张纸,《左传·昭公十三年》:"子产以幄幕九张行。"由开引申指商店开业,如开张。又用作姓氏,《通志·氏族略》:"张氏,世仕晋。晋分为三,又世仕韩。此即晋之公族以字为氏者。"又为星名,二十八宿之一,南方朱雀七宿的第五宿,有星六颗,《广雅·释天》:"张谓之鹑尾。"

　　"张"又音 zhàng,由扩大转指骄傲自大,《左传·桓公六年》:"汉东之国,随为大。随张,必弃小国。"肚子鼓胀则变大,故又指鼓胀,后作"胀",《左传·成公十年》:"(晋侯)将食,张,如厕,陷而卒。"帷幕如同弓箭一样要张开使用,故又指帐幔、帷幕,后作"帐",《史记·高祖本纪》:"高祖复留止,张饮三日。"

【原文】 hán lái shǔ wǎng　　qiū shōu dōng cáng
　　　　　　寒 来 暑 往　　秋 收 冬 藏

【译文】　冬天到来而夏天过去,寒暑往复不息;秋季收割庄稼,冬天储藏粮食。

【释义】

　　"寒暑"总言气候变化,"秋冬"总言四季轮换。"寒来暑往"出自《周易·系辞》"寒往则暑来,暑往则寒来,寒暑相推而岁成焉"。一年中,季节、气候不断变化,人们当顺应季节来从事相应的农业生产和生活。

　　上古时期我们的祖先生活在中原(今河南、山西、陕西)一带,中原四季分明,人们观察自然,根据中原地区的气候变化,把一年分为春夏秋冬四个季节。寒暑是季节中最明显的变化,这里举冬寒夏暑,春秋两季也包含在内。一年四季更迭,循环不息,这是气候变化的总规律。《周易》六十四卦,末卦是未济卦,表示终而复始,与宇宙规律相合。

中国文化讲求天人合一,人们的生产、生活,要顺应天地自然之道和万物运行规律,才能顺利吉祥。顺应四季的自然规律来调整我们的生产活动,庄稼才能随季节和谐生长。如小麦秋季下种,在地里经历寒冷的冬季,下雪可以滋养小麦生长所需的水分,气温寒冷可以使小麦不受病虫之患,来年才能有好收成。夏天炎热,万物生发,树木繁茂,也是瓜果成熟的季节。

"秋收冬藏"出自《史记·太史公自序》"夫春生夏长,秋收冬藏,此天道之大经也"。言"秋收冬藏",也包含"春生夏长"在内。中国自古为农耕社会,农作物的生长与季节、气候息息相关。农耕特别要遵循农时,不同的谷物何时播种,何时收割,不同的气候会导致何种收成,古来积累了丰富而详尽的经验。如"清明前后,种瓜点豆""冬天麦盖三层被,来年枕着馒头睡"等,这类农谚正是历代先祖的智慧总结。为适应农耕的需要,按不同的气候、季节进行相应的农田管理,促使先祖很早就开始天文、历法的研究。早在夏、商、周三代,我国的天文学已有完备的系统,《史记》有《天官书》,专门记载天文学方面的学问。此后历代都设置掌管天文的官职,称司天台、司天监。周秦时期确立的二十四节气与农耕紧密相关,至今还在应用。如小满,指小麦等夏收农作物颗粒饱满,但还没有成熟;芒种,指此时适合有芒谷物的播种,若过了这个季节再播种,就难成熟了。顾炎武《日知录》:"三代以上,人人皆知天文。'七月流火',农夫之辞也;'三星在天',妇人之语也;'月离于毕',戍卒之作也;'龙尾伏辰',儿童之谣也。"

"春生夏长,秋收冬藏"也指天地万物的运行规律,古人提倡人的生活起居、待人处事也要遵循这个规律。春天是万物生发的季节,这时人也要顺应春天生发的规律,多到室外活动,感受大自然的美妙。《吕氏春秋·孟春纪》讲,春天之时当禁止砍伐树木,禁止破坏鸟巢,禁止伤害小动物,不可以兴起战争,称兵必有天殃。告诫世人要顺应春天生发的规律,不可以违逆,否则就会导致不吉祥。《说文》:"祠,春祭曰祠。品物少,多文词也。从示司声。仲春之月,祠不用牺牲,用圭璧及皮币。"古代重视祭祀,春天万物生发而忌杀伐,故祭品不用牺牲,用圭璧及皮币,也是顺应春天生发的规律。宜多写、多念祭文,表达人的诚心。因是"多文词",故春祭命名为"祠",用声训表明得名由来。

同样,秋收不仅指粮食的收藏,也指秋天的收敛肃杀之气。古时处罪犯以死刑,要顺应四时的规律。汉代法律规定,刑杀只能在秋冬进行。此后历代都有秋后问斩的惯例,正是顺应秋天收敛肃杀之气的做法。冬藏也不仅指储藏粮食,冬天万物有闭藏之象,树木凋零,气候寒冷,河水结冰,动物蛰伏过冬,都是具体表现。《黄帝内经》称冬天为"闭藏",指导人们顺应冬天的闭藏规律,早些休息,晚些起床,不要有剧烈的活动,以免耗散体内的阳气,所谓"冬气之应,养藏之道也"。

【解字】

hán 寒　　合 28873　屯 4000　寒姒鼎　克鼎　说文小篆　熹平石经　褚遂良

会意字。《说文》:"寒,冻也。从人在宀下,以茻荐覆之,下有仌。"本义为寒冻、寒冷。桂馥《义证》:"'以茻荐覆之'者,茻当为艸,上艸为覆,下艸为荐。本书:'宛,屈艸自覆也。'"冻则冷,寒比冷更冷,《尚书·洪范》:"曰燠,曰寒。"孔颖达疏:"寒是冷之极。"茻(mǎng),《说文》:"众艸也。从四屮。"本指众草。朱骏声《通训定声》:"经传草茻字皆以莽为之。"屮为一棵小草形,茻为众草,故"茻"从四屮。仌(bīng),《说文》:"冻也。象水凝之形。"本指冰冻。"仌"金文作 ⩔(甾文,小篆作 ⩗,像水冻凝结后冰凌重叠堆积而有裂缝形。徐灏《注笺》:"水凝成仌,有坼文,故象其坼裂之形。""冰"(níng)为"凝"之本字,后世以"冰"替代"仌",别制"凝"字代替"冰","仌"则用为构字形旁作"冫"。从冫的是冰冷类字,如"冷、冻、凉、寒"等,从氵的是水类字,如"河、湖、泠、流"等。"寒"小篆像寒冬时人在陋室(宀)里,仅以草(茻)垫、盖取暖,底下有冰(仌)。以此体现寒冷,俨然一副贫苦人家过冬的写实画面。张舜徽《约注》:"寒、宛两篆,皆所以状贫者之居也。说详宛下。寒篆会意,尤逼真矣。今通称家贫为寒,乃本义也。许君以穴、寒比叙,意即在此。"故"寒"从人在宀下,以茻荐覆之,下有仌。"寒"甲骨文从宀从人,人旁小点像冰,会寒冻之意。金文从宀,人在茻中,会寒冻之意。克鼎下加两横(何琳仪谓是饰笔),为小篆圐由来。

我国北方冬季寒冷,故"寒"引申指寒冷的季节,用指冬天,与"暑"相对,《周易·系辞》:"寒往则暑来,暑往则寒来,寒暑相推而岁成焉。"也指感到冷,《左传·宣公十二年》:"师人多寒。"贫苦者冬天易受冻,故又指贫困,《史记·范雎蔡泽列传》:"范叔一寒如此哉!"贫困者多被视为身份低微,故又指卑微、微贱,《晋书·刘毅传》:"是以上品无寒门,下品无势族。"又以卑微、卑贱义用作谦辞,如光临寒舍,《镜花缘》十一回:"如蒙赏光,寒舍就在咫尺,敢劳玉趾一行。"人恐惧则内心有寒凉感,故又指恐惧、战栗,《战国策·秦策》:"若是,王以十成郑,梁氏寒心。"人、动物恐惧则声音亦随之凄凉悲怆,故又指声音凄凉,潘岳《秋兴赋》:"蝉嘒嘒而寒吟兮,雁飘飘而南飞。"草木至寒冷季节则凋零、枯萎,故又指凋零、枯萎,汉崔寔《农家谚》:"黄梅寒,井底干。"寒冬草枯萎则停止生长,故又指终止,《左传·哀公十二年》:"若可寻也,亦可寒也。"杜预注:"寒,歇也。"孔颖达疏:"若可重温使热,亦可歇之使寒。"又为中医术语,1. 外感"风、寒、暑、湿、燥、火"六淫之一,寒属阴邪,易伤阳气而影响气血活动,《素问·疟论》:"夫寒者,阴气也。"2. 病名,由寒邪引起的机能衰退病症,《孟子·公孙丑》:"有寒疾,不可以风。"又用作姓氏,《通志·氏族略》:"寒氏,夏时诸侯寒浞之后,或言周武王子寒侯之后,且寒浞为夏诸侯矣。周无寒国,今潍州东二十三里寒亭是也,其后以国为氏,望出寻阳。"

lái
来(來麥)　　　　合22164　合24610　合1422　乍册般甗　宰甫卣　说文小篆　孔龢碑　褚遂良

繁体作"來",象形字。《说文》:"來,周所受瑞麦来麰。一来二缝,象芒束之形。天所来也,故为行来之来。《诗》曰:诒我来麰。"本义为小麦。小麦为嘉谷，是中原地区主食，可口而养人，故谓"瑞麦"。古人称"来"为瑞麦，称"禾"为嘉谷，体现了古人对农作物的感念之情。徐灏《注笺》："来本麦名。《广雅》曰：'大麦，䴥也。小麦，麳也。'是也。古來麥字只作來，假借为行来之来，后为借义所专，别作䅘、秣，而来之本义废矣。"《天工开物·乃粒》："凡麦有数种，小麦曰來，麦之长也；大麦曰牟、曰穬。"段注："自天而降之麦，谓之来䴥，亦单谓之来，因而凡物之至者皆谓之来。"张舜徽《约注》："黍稷乃上世常食之谷。麦则至周之后稷，始教民种之。民颂其德，至比之如天所降。《思文》篇既称'贻我来牟'，《臣工》篇又云'于皇来牟'，皆言后稷之功，以此为大耳……来为小麦之名，而用为行来之来者，盖古人就周土而言，此麦种得自外来，与黍稷之为西土所固有者不同，而行来之义出焉。《淮南子·地形篇》云'渭水多力而宜黍'，又云'西方宜黍'，而《诗》篇中言及黍者凡二十余见，大氐皆周《诗》，可知西土民食，以黍为主，而来与麦又屡见于殷虚卜辞，则中原之地，原自有麦。周之祖先，盖始得麦种于此，教民播殖，故《大雅·生民》篇又以'诞降嘉种'颂之也。""来"小篆像一棵麦穗形，故言"一来"，中间竖画像麦秆；"二缝"之"缝"同"夆、锋"，像麦穗两面麦子上部尖锐锋利形；上之出头像麦芒形，麦为芒谷，故言"象芒束之形"；下左右两垂者，像麦熟下垂之叶。饶炯《部首订》："盖象一來二夆在茎之形。二夆者，谓一穗两面实结成夆，即俗所谓人字路也。"甲骨文像长有麦穗芒刺的麦子形，上部斜画像麦穗下垂（或省斜画，以上竖表麦穗直立），两旁像叶，下像根。罗振玉《增订殷虚书契考释》："卜辞中诸来字皆象形。其穗或垂或否者，麦之茎强，与禾不同……假借为往来字。""来"甲骨文又作 ✦ 铁二四·二，商代金文作 ✦，石鼓文作 ✦，表麦穗的斜画变平下移，为小篆由来。

"麦"之繁体作"麥"，形声兼会意字。《说文》："麥，芒谷，秋种厚薶，故谓之麦。从來，有穗者。从夂。"本指麦子。段注："有芒束之谷也。"秋天种麦是将其深埋土里，上古音"麦"为明纽职部，"薶（埋）"为明纽之部，声同韵近，为声训。"秋种厚埋，故谓之麦"，《淮南·地形训》："麦秋生夏死。"

高诱注:"麦,金也。金王而生,火王而死也。""來、麥"一字,"夊"指行走,古谓"瑞麦天来",麦种从天上来,或鸟衔飞掉下来,周人麦种或从殷商传来,故加"夊"表天来、外来意,徐铉等注:"夊,足也。周受瑞麦来麰,如行来,故从夊。"故"麦"从来从夊。后分工,名词麦子用"麦",动词行来用"来"。"麦"甲骨文作✦花东一四九、✦合一一〇〇五正,从来从夊,罗振玉《增订殷虚书契考释》:"象自天降下,示天降之义。"或谓"夊"像麦根,李孝定《甲骨文字集释》:"来、麦当是一字。夊本象到(倒)止形,于此但象麦根。以来假为行来字,故更制繁体之麦以为来麰之本字。"

"来"由行来扩展指由彼至此、由远到近,与"去、往"相对,《论语·学而》:"有朋自远方来。"也指招致、招之使来,《论语·季氏》:"故远人不服,则修文德以来之。"邢昺疏:"使远人慕其德化而来。"既来则来时已成过往,故也指以往、过去,《诗经·大雅·文王有声》:"匪棘其欲,遹追来孝。"又指未来、将来,如来年、来日方长,《荀子·解蔽》:"不慕往,不闵来。"又指某一时间以后,《孟子·公孙丑》:"由周而来,七百有余岁矣。"又表某段时间,杜甫《送李校书二十六韵》:"小来习性懒,晚节慵转剧。"由"来"的动作转指干、做,如胡来。又放在另一动词前表行动,如我来示范。用在动词后表示估计或着眼于某方面,如看来容易、说来话长,苏轼《满庭芳》:"蜗角虚名,蝇头微利,算来着甚干忙。"又用作助词,表示比况、约数、列举等。又用作语气词。

"来"又音 lài,勤勉、劝勉,《礼记·中庸》:"凡为天下国家有九经……来百工也。"王引之《经义述闻》:"来读劳来之来,谓劝勉之也。"

暑 shǔ

暑　暑　者　暑
说文小篆　三公山碑　王羲之　颜真卿

形声字。《说文》:"暑,热也。从日者声。"本义为炎热,主要指湿热,故有"小暑大暑,上蒸下煮"之谚。段注:"暑与热浑言则一,故许以热训暑,析言则二……暑之义主谓湿,热之义主谓燥,故溽暑谓湿暑也。《释名》曰:暑,煮也,如水煮物也。热,爇也。如火所烧爇也。"朱骏声《通训定声》:

"暑近湿如蒸,热近燥如烘。"《周易·系辞》:"日月运行,一寒一暑。""暑"为炎热,夏季日在正午时最热;"者"为别事词,炎热的夏季区别于春、秋等温度适宜的季节,故"暑"从日者声。"者"金文作者炯爵,或谓像下部器皿(日)积聚蒸汽腾升米之形,是"煮"之本字。"煮、暑、都、堵"等从者声字都有区别一般的特殊义。或谓"暑"从日,煮省声,以日晒加烧煮会湿热意。

夏日气候炎热,故"暑"引申为炎热的季节,即夏季,《淮南子·人间训》:"民春以力耕,暑以强耘,秋以收敛,冬间无事,以伐林而积之。"也为节气名,如大暑、小暑。又为中医病因"六淫"之一,以为暑是阳邪,多在夏季致病,《素问·热论》:"先夏至日者为病温,后夏至日者为病暑。"王冰注:"阳热大盛,寒不能制,故为病曰暑。"

往 wǎng　　坒　坒　坒　徃　徍　徏　徃　往

合 20534　合 492　闕卣　吴王光鉴　说文小篆　说文古文　熹平石经　颜真卿

形声字。《说文》:"往,之也。从彳坒声。徏,古文从辵。"本义是去、到,与"来、返"相对。《尔雅·释诂》:"之,往也。"《周易·系辞》:"寒往则暑来,暑往则寒来。"彳(chì),《说文》:"小步也。象人胫三属相连也。"本义指小步行走。王筠《句读》:"行,人之步趋也。彳得其半,故曰小步。"饶炯《部首订》:"如依《尔疋》言之,则彳较行缓,故彳象又足三属微动,以为小步字。"马叙伦《六书疏证》:"杨桓曰:'彳,道之隘而半于行者,象半行之形。'……'行'字金甲文作�,㣖象四达之道形。彳为行之省,本部字皆与从行者义无歧别。"从彳字均与行走有关,如"往、後、復、循、徐"等。坒(huáng),《说文》:"艸木妄生也。从之在土上。读若皇。"本义为草木蓬勃生长。"之"小篆作屮,像草木(屮)出地(一)滋长形。王筠《句读》:"'之在土上'者,犹言出于土上也。"故"坒"从之在土上。古人来往多是走路前往,"坒"是草木往上快速生长,往上、往外义近,故"往"从彳坒声。甲骨文㞢坒为"往"之初文,季旭昇谓从止从土,会从土上长出意;学者多谓从止王声。

人出外多与人交往,故"往"也指交际、来往,《礼记·檀弓》:"非兄弟,虽邻不往。"人到目的地后,出发前往的时间已成过去,故又指昔时、过去,《周易·系辞》:"夫《易》,彰往而察来。"将要行往的路程是以后要走的路,故又指以后,《周易·系辞》:"过此以往,未之或知也。"人死如昔时不可复,故又指死者,《左传·僖公九年》:"送往事居。"杜预注:"往,死者;居,生者。"又指外,超过某种限度或范围,《史记·廉颇蔺相如列传》:"召有司案图,指从此以往十五都予赵。"人往行则有一定的目的、归向,故又指归向,《老子》三十五章:"执大象,天下往。"又用作介词,表示动作行为的方向,相当于"朝、向",如人们往东边走了。

qiū
秋　　營　　　　　　　秌　秋
　　合 7343　合 11540　合 32854　亚龏爵　说文小篆　熹平石经　颜真卿

形声字。《说文》:"秋,禾谷孰也。从禾,𤇾省声。𥤛,籀文不省。"本义为庄稼成熟。张舜徽《约注》:"《尔雅·释天》云'秋为收成',《太史公自序》云'夫春生、夏长、秋收、冬藏,此天道之大经也',是古人多以收说秋,谓百谷自此成熟,可以收取耳。"《尚书·盘庚》:"若农服田力穑,乃亦有秋。"𤇾(jiāo),《说文》:"灼龟不兆也。从火从龜。《春秋传》曰:龜𤇾不兆。"本义为龟烧焦而不显兆纹。龟(龜),《说文》:"旧也。外骨内肉者也。从它,龟头与它头同。天地之性,广肩无雄;龟鳖之类,以它为雄。象足甲尾之形。"龟为爬行纲龟科动物。生命力强,寿可至百岁以上。龟、旧上古音同属之部,为声训。旧,久也,龟寿久长,故训"旧"。"龟"甲骨文作𩇵花东四四九、𩇵合一七五九一,小篆作𩇵,像龟之头、足、甲、尾,为侧视形。金文作𩇵龟父丙鼎,《说文》古文作𩇵,为正视形。秋天禾谷成熟,段注:"其时万物皆老,而莫贵于禾谷,故从禾。""𤇾"有焦义,焦为黄、黑色,禾谷成熟则色黄如焦,故"秋"从禾,𤇾省声。"秋"甲骨文前二形,郭沫若《殷契粹编考释》:"字形实象昆虫之有触角者,即蟋蟀之类。以秋季鸣,其声啾啾然。故古人造字,文以象其形,声以肖其音。更借以名其所鸣之节季曰秋。"谓以秋虫表示秋。第三形,季旭昇谓"象以火烧蟲,以绝虫害"。战国文字作秌晋·侯马三:三,从禾从火,为小篆由来;又作晋·玺汇四四三三,从禾从火从日。

"秋"也指一年四季中的第三季,农历七月至九月,《诗经·卫风·氓》:"将子无怒,秋以为期。"庄稼春种秋收,一年多是一次,故也指年,《史记·梁孝王世家》:"千秋万岁后将传于王。"又指时期,如多事之秋,诸葛亮《出师表》:"此诚危急存亡之秋也。"又指飞貌、腾跃貌,《荀子·解蔽》:"凤凰秋秋,其翼若干,其声若箫。"杨倞注:"秋秋,犹跄跄,谓舞也。"秋天草木凋零,万物收敛而气温转凉,故又指凄凉忧愁,杜甫《登高》:"万里悲秋常作客,百年多病独登台。"古代五行以金为秋,五色以白为秋,方位以西为秋,五音以商为秋。又用作姓氏,《通志·氏族略》:"秋氏,《姓苑》:古有秋胡子。宋中书舍人秋富。望出天水。"

shōu
收　　战　　　　收　　收
　　说文小篆　三体石经　曹全碑　颜真卿

形声字。《说文》:"收,捕也。从攴丩声。"本义为逮捕、拘押。王绍兰《段注订补》:"手部'捕,取也',此谓收为捕取辠人也。'叔'字解云'拾也。汝南名收芋为叔',则凡拾取亦谓之收。"《诗经·大雅·瞻卬》:"此宜无罪,女反收之。"毛传:"收,拘收也。"攴(pū),《说文》:"小击也。从又卜声。"本指轻击。"又"指右手,"卜"指手持之小棒,后为"攴"之声符。"攴"甲骨文作摭续一九〇,小篆作,像手(又)执棍棒扑打形。攴为责罚用具,责罚是以教育为目的,轻轻击打而不伤害人身,故训"小击"。丩(jiū),《说文》:"相纠缭也。一曰瓜瓠结丩起。象形。"本为相纠缠。"丩"甲骨文作乙三八〇五反,小篆作,像二物相纠缠形,后加糸作"纠"。"收"为逮捕、拘押,多是手持器具(攴)缠缚(丩)犯人,故"收"从攴丩声。

被捕者多是聚集一处关押,故"收"也指收集、聚集,如收藏,《诗经·周颂·维天之命》:"假以溢我,我其收之。"收集之物归己有,故也指获取、占取,《史记·项羽本纪》:"(项梁)使人收下县,得精兵八千人。"又指收获、收割,《史记·太史公自序》:"夫春生夏长,秋收冬藏,此天道之大经也。"又指收回、取回，《战国策·齐策》："谁习计会，能为文收责（债）于薛者乎？"
又指接受、收容，如收留，《左传·昭公十四年》："长孤幼，养老疾，收介特。"
杜预注："介特，单身民也，收聚不使流散。"又指收殓，《左传·僖公三十二
年》："必死是间，余收尔骨焉。"被拘捕则受约束、控制，故又指约束、控制，
《礼记·学记》："夏楚二物，收其威也。"郑玄注："收谓收敛整齐之。"被捕则
抓捕过程结束，故又指结束、停止，如收工，《礼记·月令》："是月也，日夜分，
雷始收声。"

dōng
冬　ㅅ　ㅅ　ㅅ　骨　炎　奠　冬　冬

合 20729　合 21897　颂簋　陈璋壶　说文小篆　说文古文　熹平石经　褚遂良

会意兼形声字。《说文》："冬，四时尽也。从仌从夂。夂，古文终字。
奠，古文冬从日。"本义为一年四季的最后一季，农历十月至十二月。"时"
指季节，冬为四季终尽的季节，故训"四时尽也"。《尚书·尧典》："月短星
昴，以正仲冬。""冬"甲骨文在绳头或丝弦两端打结表示终结。叶玉森谓
像枝垂叶落，上有二硕果形，以此表示冬象。郭沫若《金文丛考》："冬字多
见，但均用为终。"冬为四季之终，"夂"为"终"字古文，中原及北方地区冬
季天寒地冻，河、水结冰，王筠《释例》"四时之终，恒有仌也"，故"冬"从仌
从夂。段玉裁、王筠皆谓"夂亦声"，"冬"战国金文作骨，从日，表示冬季之
时，为《说文》古文奠之由来。

"冬"也指冬月，农历十一月的俗称。古"冬、终"同字，故也指最后、终了，
后作"终"，《释名·释天》："冬，终也，物终成也。"《老子》五十五章"终日号而
不嗄"，马王堆帛书《老子》乙本作"冬日号而不嗄"。

cáng
藏（臧）　臽　藏　藏　藏

兆域图铜板　说文新附　晋太公吕望表　颜真卿

形声字。《说文新附》："藏，匿也。"指收存、储藏。徐铉等注："《汉书》
通用臧字，从艸后人所加。"钮树玉《新附考》："汉碑已有藏字，知俗字多起
于分隶。"《荀子·王制》："春耕，夏耘，秋收，冬藏。"臧（zāng），《说文》："善

也。从臣戕声。㦂，籀文。"义为善、好。《诗经·邶风·雄雉》："不忮不求，何用不臧。"毛传："臧，善也。"戕（qiāng），《说文》："枪也。他国臣来弑君曰戕，从戈爿声。"本指杀害。段注："枪者，距也。距谓相抵为害。《小雅》曰：'予不戕。'传曰：'戕，残也。'此戕之正义。"《周易·小过》："弗过防之，从或戕之。"李鼎祚集解引虞翻注："戕，杀也。"爿（qiáng）乃劈爿为二的左半边，"戈"为杀伐兵器，以兵器劈木表杀戮，故"戕"从戈爿声。"臧"甲骨文作㿱 合三二九七反、㿱 合六四〇四反，金文作㿱 白臧父鼎，从戈刺目，战争中俘获奴隶，刺瞎其眼以防止逃脱，称为"臧获"。杨树达《释臧》："盖臧本从臣从戈会意，后乃加爿声……甲文臧字皆象以戈刺臣之形，据形求义，初义不得为善。以愚考之，臧当以臧获为本义也。"《汉书·司马迁传》："且夫臧获婢妾犹能引决。"颜师古引晋灼："臧获，败敌所被虏获为奴隶者。"张舜徽《约注》："臧之本义为奴隶，而许君释之为善者，盖谓其性驯善可役使也。此与臣字训牵意近。"作为私产的奴隶藏于各家，草丛能隐藏人、猎犬（莽）等，故"藏"从艸臧声。段注："凡物善者必隐于内也，以从艸之藏为臧匿字始于汉末。"物品储藏则隐匿不见，故也指隐匿，《论语·述而》："用之则行，舍之则藏。"怀藏之物隐而不见，故也指怀、蓄，《周易·系辞》："君子藏器于身，待时而动。""藏"战国金文作㿱，从宀从酉，会酒（酉）藏于室（宀）意，爿声。章太炎云"本谓臧获，引申为守藏"。

"藏"又音 zàng，宝物多隐藏于相应之地，故也指宝物及其储处，如宝藏，《史记·平准书》："山海，天地之藏也。"物被埋则隐藏不见，故又指埋葬，《荀子·礼论》："舆藏而马反，告不用也。"内脏藏于体内，故又指内脏，后作"脏（臟）"，《周礼·天官·疾医》："参之以九藏之动。"郑玄注："正藏五，又有胃、旁胱、大肠、小肠。"贾公彦疏："'正藏五'者，谓五藏：肺、心、肝、脾、肾，并气之所藏。"又指佛教经典的总集，后也称道教的经典，如大藏经、道藏，慧皎《高僧传》："出家修道，博晓经藏。"又为我国少数民族名，主要分布在西藏、四川、青海、甘肃、云南等地区。又为西藏自治区的简称。

"藏"又音 zāng，善，《诗经·小雅·隰桑》："中心藏之，何日忘之。"

【原文】 　rùn yú chéng suì　　lǜ lǚ tiáo yáng
　　　　　　闰　余　成　岁　　律　吕　调　阳

【译文】 　积三年左右剩余的时间合成一个月，形成闰年；以六律和六吕来调节阴阳历法，用以定乐律正四时。

【释义】

　　"闰余成岁"是古代历法的内容，语出《尚书·尧典》"以闰月定四时成岁"。我国历法用的是阴阳合历。阳历，又称太阳历，是以地球绕太阳公转的运动周期为基础而制定的历法。太阳历的历年近似于回归年，一年12个月，这个"月"与朔望月无关。阳历的月份、日期都与太阳在黄道上的位置相符合。根据阳历的日期，一年中可以明显看出四季的寒暖变化，但在每个月中，看不出月亮的朔、望、两弦。当今世界通行的公历是阳历的一种，平年365天，闰年366天，每四年一闰，每满百年少闰一次，到第四百年再闰，即每四百年中有97个闰年。公历的历年平均长度与回归年只有26秒之差，累积约3300年才差一日。

　　阴历，在天文学中主要指按月亮的月相周期来安排的历法。月球绕行地球一周（以太阳为参照物，实际月球运行超过一周）为一月，即以朔望月作为确定历月的基础。朔望月的长度是29日12小时44分2.8秒，即29.530587日，两个朔望月大约相当于地球自转59周，所以阴历规定大月30日，小月29日，12个月为一年，共354日。由于两个朔望月比一大一小两个阴历月约长0.061日（约88分钟），一年多出8个多小时，三年多出26个多小时，即一日多一点。为了补足这个差距，规定每三年中有一年安排7个大月5个小月。这样，阴历每三年19个大月17个小月，共1063日，同36个朔望月的1063.10113日，只相差2小时25分37.632秒。

　　阴历年与地球绕太阳公转关联不大。由于它的一年只有354日或355日，比回归年短11日或10日多，三年加起来就差了33天，多出一个月，这样历法与物候节律就不符了。我国古代历法用置闰法巧妙地把二者调和得当，《左传·文公六年》"闰以正时"，即指置闰法。

置闰的方法是逐步完善起来的。商周时期三年一闰,战国时已经知道
19年7闰的闰周,一闰周共235个朔望月。按中国古代大多数历法采用的
"四分历"的岁实和朔策(朔望月的长度),19个回归年同235个朔望月相
等,其关系为:19×(365 + 1/4) ≈ 235×(29 + 499/940) ≈ 6939.75。阳历的19
年等于阴历的19年,阴阳历基本能够调和相应。

闰月在西汉中叶以前都放在年末,如殷周叫"十三月",秦与西汉初叫
"后九月"。自汉武帝施用太初历开始,就规定闰无中气之月。农历把一
年分为十二个节气和十二个中气,中气为:雨水、春分、谷雨、小满、夏至、大
暑、处暑、秋分、霜降、小雪、冬至、大寒。节气为:立春、惊蛰、清明、立夏、芒
种、小暑、立秋、白露、寒露、立冬、大雪、小寒。中气、节气又合称"二十四节
气",在农历中的日期是逐月推迟的,于是有的农历月份中气落在月末,下
个月就没有中气。农历就规定把没有中气的那个月作为上一个月的闰月,
此法一直沿用到今天。19年7闰法是我国古代历法的主要特点之一。另
外,阳历也同样设闰,365天为一个自然年,但一个回归年(岁)是365天又
5小时48分46秒,多出的5个多小时,四年累计到24小时了,就多出一
天,必须设闰将其消化掉。故阳历每四年一闰,将多出的一天放在二月份,
即平年二月28天,闰年二月29天。

"律吕调阳"指古代用律吕来校订音律、协调阴阳,《汉书·律历志》:
"律十有二,阳六为律,阴六为吕。律以统气类物,一曰黄钟,二曰太族,三
曰姑洗,四曰蕤宾,五曰夷则,六曰亡射。吕以旅阳宣气,一曰林钟,二曰南
吕,三曰应钟,四曰大吕,五曰夹钟,六曰中吕。有三统之义焉。其传曰,
黄帝之所作也。黄帝使泠纶,自大夏之西,昆仑之阴,取竹之解谷生,其窍
厚均者,断两节间而吹之,以为黄钟之宫,制十二箫以听凤之鸣。其雄鸣为
六,雌鸣亦六,比黄钟之宫,而皆可以生之,是为律本。"传说黄帝的乐官伶
伦(《汉书》作"泠纶")是发明律吕据以制乐的始祖。《吕氏春秋》载,伶伦
取长三寸九分之竹吹响,以它的声音作基本音,定为"黄钟之宫",以此为标
准制成长度不同的十二个管,分成六阴、六阳两组。六根单数的属阳,叫六

律;六根偶数的属阴,叫六吕。六律之首为黄钟,六吕之首为大吕,故音乐有"黄钟大吕"之称。其中最长的黄钟为九寸,九是阳之变,有穷究万物之意,九代表天,黄钟也代表天,故长九寸。《后汉书·律历志》:"候气之法,为室三重,户闭,涂衅必周,密布缇缦。室中以木为案,每律各一,内庳外高,从其方位,加律其上,以葭莩灰抑其内端,案历而候之。气至者灰动。其为气所动者其灰散,人及风所动者其灰聚。殿中候,用玉律十二。惟二至乃候灵台,用竹律六十。候日如其历。"候气之法,是按长短次序将竹管排列好,上面的管口平齐,下边长短不一,然后插到土里。竹管是空的,里面灌满用苇子膜烧成的灰。这种飞灰最轻,叫葭莩。把这些管埋在西北的阴山,拿布幔子遮蔽起来,外面盖上房屋,以确保不被风吹到,用它来候地气,到了冬至时就起变化了,所谓"冬至一阳生"。阳气一生,首位九寸长的管子里的灰就自己飞出来了,发出一种"嗡"声。这种声音叫黄钟,这个时间为子时,节气是冬至。用这种声音来定调,相当于现代音乐的 C 调。中国古代音乐有五音,即宫商角徵羽,这是五个全音,再加上两个半音,一个是4,一个是7,一共七个音。这七音是一个八度的自然音阶,没有音高,也就是没有定调,这时就要用律吕来给它定调,"律吕"指定调用的律管和吕管。

【解字】

rùn
闰(閏)

|元年闰戈|楚帛书|说文小篆|张迁碑阴|颜真卿|

　　繁体作"閏",会意字。《说文》:"閏,余分之月,五岁再闰。告朔之礼,天子居宗庙,闰月居门中。从王在门中。《周礼》曰:闰月,王居门中,终月也。"本为历法术语。地球公转一周的时间为 365 天 5 时 48 分 46 秒,农历把一年定为 354 天或 355 天,所余的时间约每三年积累成一月,加在一年里,这种方式叫作"闰"。张舜徽《约注》:"盖周代有此礼制,因造此字耳……王国维谓闰字见于《尧典》,然龟板文有十三月,是闰法起于周之证。其说是也。"据周制,明堂有十二室,天子每月居一室听政,闰月时无所居,则阖明堂

左扉(门),居于其中。周制天子闰月居门中,《周礼·大史》:"闰月,诏王居门终月。"郑司农:"《月令》十二月分在青阳、明堂、总章、玄堂左右之位。惟闰月无所居,居于门。故于文,王在门谓之闰。"故"閏"从王在門中。

"闰"也指偏、副,对"正"而言,《汉书·王莽传》:"紫色蛙声,余分闰位。"颜师古注引服虔:"言莽不得正王之命,如岁月之余分为闰也。"

余(餘)

yú

余(餘)　　馀　餗　螽余　餘
　　　　老子乙前2　说文小篆　史晨碑　颜真卿

有余之"余",繁体作"餘",形声字。《说文》:"餘,饶也。从食余声。"本义为丰足、富饶。徐灏《注笺》:"食之饶曰余。引申为凡有余之称。"《战国策·秦策》:"今力田疾作,不得煖衣余食。"高诱注:"余,饶。"食,《说文》:"一米也。从皀人声。或说人皀也。"本义为饭食。段注:"人,集也,集众米而成食也。"皀为谷之馨香,故"食"从皀人声。"食"甲骨文作△乙六三八六反,像食器形,上像其盖。或谓像人张口(人)就簋(皀)进食形。余,《说文》:"语之舒也。从八,舍省声。△,二余也,读与余同。"用为语气词,后用为第一人称代词。语气分散方能平舒,"八"有分散义;房舍四平八稳,梁柱分散受力,亦有平舒意;故"余"从八,舍省声。"余"甲骨文作中邺初下·九·四,金文作中何尊,像梁柱撑起屋顶的房舍形,与"舍"同义,梁柱上撑房顶转指语气上出舒展义。"餘"指饮食丰足,"余"有舒意,宽裕、有余方能舒展,故"餘"从食余声。餘、余本是两字,今"餘"简化作"馀",又作"余"。

财物丰饶则储备、余留多,故"余"引申指剩、多出来,如余粮,《诗经·秦风·权舆》:"今也每食无余。"剩余之物多零散不全,故也指残剩、零散,《左传·成公二年》:"请收合余烬,背城借一。"剩余者是本体以外的,故又指其他的、以外的,《史记·高祖本纪》:"与父老约,法三章耳:杀人者死,伤人及盗抵罪。余悉除去秦法。"又指末,《尚书·禹贡》:"导弱水,至于合黎,余波入于流沙。"财物丰饶则使用时间长,故又指长久,《老子》五十四章:"修之于家,其德乃余;修之于乡,其德乃长。"又指整数后余计的零数,

《孟子·公孙丑》："由周而来,七百有余岁矣。""餘"也用作代词,表示第一人称,同"余",《史记·屈原贾生列传》："定心广志,餘何畏惧兮？"司马贞索隐:"《楚辞》餘并作余。"

chéng
成

合 8984　　合 27511　　成王鼎　　沇兒镈　　春成侯壶　　说文小篆　　熹平石经　　颜真卿

　　形声字。《说文》："成,就也。从戊丁声。䧾,古文成从午。"本义为完成、实现。《诗经·周南·樛木》："乐只君子,福履成之。"毛传:"成,就也。"戊,《说文》："中宫也。象六甲五龙相拘绞也。戊承丁,象人胁。""戊"在甲骨文中就已借作天干的第五位,后为此义专用字。江藩《六甲五龙说》:"予谓天数五,地数五,自甲至戊其数五,居十之中。《汉书·律历志》'五六者,天地之中合',故曰'戊,中宫也'。""戊"甲骨文作䒑乙八六五八,金文作䒑司母戊鼎,小篆作戊,郭沫若《甲骨文字研究》："戊象斧钺之形,盖即戚之古文。"丁,《说文》："夏时万物皆丁实。象形。"本义指钉子。徐灏《注笺》:"疑丁即今之钉字,象铁弋形。钟鼎古文作●,象其铺首(钉头),↑则下垂之形也。""丁"甲骨文作□花东四二七,像钉子钉入墙上留下的钉帽形。三体石经作↑,像钉子竖立形。许慎谓↑象草木干上有果实下垂形。"成"指成就,"戊"为斧钺兵器,为战功成就所依赖,戊位中央而属土,庄稼赖土而有成,徐锴《系传》:"戊,中宫,成于中也。"钉定则牢实,壮实为成就之象,徐灏《注笺》:"戊古读曰茂,茂盛者,物之成也。丁壮亦成也。"故"成"从戊丁声。古文"成"从午作"䧾",徐锴《系传》:"午,南方,亦物成之义。""成"甲骨文、金文从戊丁声。李孝定《甲骨文字集释》:"此(甲文)从戊从丁,金文亦从戊从丨……沇儿钟作戌,从戊从丁,而于丁字下垂长画中着一点,状似从午,为许书古文所本。"春秋金文作戌,表示钉子的竖画(中间圆点为饰笔)与上部表示斧钺类兵器侧面的横相连,形似"午",为古文䧾由来,《说文》遂谓䧾从午,小篆则省中竖圆点作成。

　　"成"也指成就、成绩,《史记·刘敬叔孙通列传》："夫儒者难与进取,可与守成。"也指成为、变成,《礼记·学记》:"玉不琢,不成器。"又指成熟、茂盛,《吕氏春秋·明理》:"五谷萎败不成。"又指成全、助之使成功,《论语·颜渊》:"君子成人之美,不成人之恶。"人、事和解则美成,故又指和解、媾和,《左传·隐公六年》:"郑伯请成于陈,陈侯不许。"又指既定的、现成的,《荀子·解蔽》:"一家得周道,举而用之,不蔽于成积也。"杨倞注:"成积,旧习也。"又指重、层,《周礼·秋官·司仪》:"将合诸侯,则令为坛三成。"郑玄注引郑司农:"三成,三重也。"成则盛大,又指大,《左传·襄公十四年》:"成国不过半天子之军。"杜预注:"成国,大国也。"奏乐一曲为一成,《尚书·益稷》:"箫韶九成,凤皇来仪。"孔传:"备乐九奏。"

suì 岁（歲）

合 9659　合 1575　花东 490　花东 114　利簋　说文小篆　张景碑　颜真卿

　　繁体作"歲",形声字。《说文》:"歲,木星也。越历二十八宿,宣遍阴阳,十二月一次。从步戌声。《律历书》名五星为五步。"本为星名,即木星。岁星走遍阴阳十二辰,走一辰(次)为一年,即一岁。徐锴《系传》:"自子至巳为阳,午至亥为阴。"郭沫若《甲骨文字研究》:"岁星之运行约十有二岁而周天,古人即于黄道附近设十二标准点以观察之,由子至亥之十二辰是也。"戌,《说文》:"灭也。九月阳气微,万物毕成,阳下入地也。五行,土生于戌,盛于戌。从戊含一。"义指消灭。五行学说,戊己为土,一指阳气,一在戌中,即阳气灭而下入地中,有成就完毕意,故"戌"从戊含一。"戊"甲骨文作 ⌐(撰续一七四)、⌐(京津四一五八),像长柄宽刃兵器形。"歲"之声符"戌"本为"戊",郭沫若《金文丛考》:"就子和子釜歲字以觇之,实乃戊之象形文。"季旭昇《说文新证》:"古人以为岁星不祥,因此甲骨文'歲'字借用'戊'形,可能属于引申用法。后来加点为分化字,加'步'则为义符,因为古人把五大行星叫做'五步'。春秋以后,'戊'形遂渐讹变为'戈'或'戌'形,'止'形与'戊'形合并讹变声化为'杀'声(参吴振武《"歲"字的形音义》)。楚文字把'步'下半的'止'形改换成义符'月',以示岁月之义,《望山》一形

‘月’或作‘日’，取义与‘月’相同。五大行星中最早被人认识的是木星，大概是因为它在一年中可以看到的时间特别长久而且较亮的缘故（参陈遵妫《中国古代天文学简史》93页）。它十二年绕天一周，每年东移一次（三十度），夏人以之推算历法，所以一年叫一岁；殷周人很重视它，用来占卜人事的吉凶，后代阴阳五行的‘太岁’，当由此而出。”岁星跨越十二辰，戉有跨越义，后加“走”为义符作“越”。简化字“岁”变上部“止”为山，下“夕”表示岁月。

“岁”也指年，周代以前称年为岁，取岁星运行一次之意，后用为年的通称，《尚书·尧典》：“期三百有六旬有六日，以闰月定四时，成岁。”又指岁月、时光，《论语·阳货》：“日月逝矣，岁不我与。”又指年龄，《北史·柳遐传》：“遐幼而爽迈，神彩嶷然，髫岁便有成人之量。”又用作量词，表示年龄的单位，《诗经·鲁颂·閟宫》：“万有千岁，眉寿无有害。”又为一年的农事收成、年景，如丰岁，《左传·哀公十六年》：“国人望君，如望岁焉。”

lǜ
律

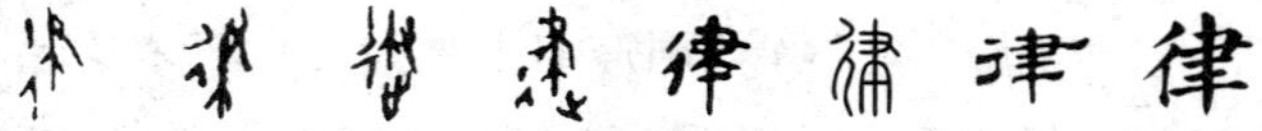

合28953　怀827　怀1581　[illegible]律鼎　睡23.1　说文小篆　史晨碑　颜真卿

形声字。《说文》：“律，均布也。从彳聿声。”指法律、法令。《说文》“建，立朝律也，从聿从廴。”建从聿而律从聿声，彳、廴皆有行义，是建、律二字形义相近，“建”既训“立朝律也”，“律”自当为法律、法令。张舜徽《约注》：“治民者即以法律为驭下之本。子产相郑而铸刑书，萧何佐汉作律九章，皆所谓立朝律也。其事必以笔草创之，故建字从聿，聿即笔（筆）也。律既定矣，期于永行，故又从廴耳。”法律制定后要均布于天下以遵行，故训“均布”。《尔雅·释诂》：“律，常也。”邢昺疏：“律者，常法也。”《周易·师》：“师出以律。”孔颖达疏：“律，法也……使师出之时，当须以其法制整齐之。”聿，《说文》：“所以书也。楚谓之聿，吴谓之不律，燕谓之弗。从聿一声。”本义为笔，后作“筆”。“不律”为“笔”之合音，“弗”古音近“笔”。聿（niè），《说文》：“手之疌巧也。从又持巾。”手（又）持巾（巾）做事，表示灵巧。聿、聿一字，饶炯《部首订》：“（聿）即聿、筆之最初古文。古者篆书用

漆,以竹梃为筆,🖊 即象其所制竹梃上劲直下柔歧之形,而加'又'以著其
所以书也。其义当如'聿'下云'所以书也',此言'手之恚巧',乃申释从
'又'之意。聿则从聿加声,笔更从聿加意。""聿"甲骨文作🖊合二二〇六三、
🖊合二八一六九,像以又(手)持笔形。春秋金文作🖊者汈钟,在🖊下加短横作区
别符号(或为饰笔),为小篆🖊所承,《说文》以"一"为声符。"尹、聿"形音
相近,裘锡圭谓"尹、聿"为一字分化。"彳"指行走,法律、法令制定要以笔
书写,颁行天下使人遵行,"律"犹用笔写下来规定人要走的路,故"律"从
彳聿声。"律"甲骨文从彳聿声,表示所书写的法律推行,或加义符"止",
亦表示推行。或谓"律"本义为校正乐音标准的管状仪器,以管的长短来
确定音阶,从低音算起,成奇数的六个管叫律,成偶数的六个管叫吕,统称
十二律。然十二律所正之音当以笔记录,是音律、乐律所应遵行的标准,也
合于"律"的构形理据,可通。

　　"律"也指音律、乐律,古人按乐音的高低分为六律和六吕,合称十二
律,《尚书·舜典》:"声依永,律和声。"法律、音律皆有规则,故又指规律、规
则,《淮南子·览冥》:"以治日月之行律。"法律有制约作用,故又指约束,如
严以律己,《韩非子·难》:"五伯兼并,而以桓律人,则是皆无贞廉也。"人当
遵守法律,故又指遵守、效法,《礼记·中庸》:"上律天时,下袭水土。"又指
依法治理、处治,《尚书·微子之命》:"弘乃烈祖,律乃有民。"孔传:"以法度
齐汝所有之人。"又为"律诗"的简称,如五律、七律、排律。又指佛教专守
戒律的宗派,如律宗。

吕(膂)　乙1980　乙8978　貉子卣　说文古文　说文小篆　礼器碑　颜真卿

　　象形字。《说文》:"吕,脊骨也。象形。昔太岳为禹心吕之臣,故封吕
侯。🖊,篆文吕从肉从旅。"本义为脊骨。饶炯《部首订》:"脊骨,谓人背正
中节骨,数凡二十四,篆但象其两节者,亦'手之列多略不过三'之意,与叠二
文、三文为篆例皆取众多义同。"《急就篇》:"尻髋脊膂腰背吕。"颜师古注:

"吕,脊骨也。"甲骨文、金文、《说文》古文皆像两节脊骨相连形,以局部表整体。段注:"吕本古文,以古文为部首者,因躳从吕也。"徐灏《注笺》:"吕之言旅也,众也,谓自项已下脊骨累累然也。"商承祚《说文中之古文考》:"脊骨颗颗相承而有联系,吕字正象之。""吕"小篆从肉旅声作"膂",为形声字。

"吕"也为古代乐律中阴律的总称,《汉书·律历志》:"律十有二,阳六为律,阴六为吕。"又为古国名,故地在今河南省南阳市西,周时赐姓姜,春秋初年为楚所灭,《国语·周语》:"祚四岳国,命以侯伯,赐姓曰姜,氏曰有吕,谓其能为禹股肱心膂,以养物丰民人也。"又用作姓氏,《通志·氏族略》:"姜姓,侯爵,炎帝之后也。虞、夏之际,受封为诸侯。或言伯夷佐禹有功,封于吕,今蔡州新蔡即其地也……又晋有吕氏,出于魏氏,未知其以字以邑与?汉有单父吕公,女为高帝后,封临泗侯。又后魏有比邱氏,改为吕氏。"

tiáo
调(調)

調　調　調　調

说文小篆　嘉祥画像石题记　王羲之　颜真卿

繁体作"調",形声字。《说文》:"調,和也。从言周声。"本义指和谐、协调、适合。《周礼·地官·调人》:"掌司万民之难而谐和之。"郑注:"谐犹调也,调犹和合也。"《诗经·小雅·车攻》:"决拾既佽,弓矢既调。"郑玄笺:"调,谓弓强弱与矢轻重相得。""調"字构字意图指以言语调解纠纷、疑难,"周"指密,贾子《道术》"合得周密谓之调",故"調"从言周声。

"调"也指调试,调和音调,《礼记·月令》:"调竽笙竾簧,饬钟磬柷敔。"又指调配,《礼记·内则》:"凡和,春多酸,夏多苦,秋多辛,冬多咸,调以滑甘。"又指调理、治疗,《新语·道基》:"调气养性,仁者寿长。"又指训练、畜养,《史记·秦本纪》:"佐舜调驯鸟兽。"又指嘲弄、调戏,《世说新语·排调》:"康僧渊目深而鼻高,王丞相每调之。"

"调"又音 diào,指选拔或提拔官吏,《汉书·张释之传》:"十年不得调,亡所知名。"也指调动,《史记·袁盎晁错列传》:"然袁盎亦以数直谏,不得久居中,调为陇西都尉。"又指征收、调集,《史记·夏本纪》:"食少,调有余补不足,徙居。"又指戏曲或歌曲的乐律,《淮南子·泛论》:"事犹琴瑟,每终改调。"又指歌曲的谱子,白居易《琵琶行》:"转轴拨弦三两声,未成曲调先有情。"又指说话、读书的腔调,如南腔北调。又指字音的高低升降,如高平调、高升调。又指人的风格才情,如格调、雅调,《晋书·王接传》:"才调秀出,见赏知音。"

yáng 阳(陽)

$$朙\quad 昜\quad 陽\quad 陽\quad 陽$$
前 5.42.5　　虢季子白盘　　说文小篆　　熹平石经　　颜真卿

繁体作"陽",形声字。《说文》:"陽,高明也。从阜昜声。"义为明亮、显明。段注:"暗之反也。"《楚辞·九歌·大司命》:"壹阴兮壹阳,众莫知兮余所为。"王逸注:"阳,明也。"山的南面、水的北面日照多而明,故谓"山南水北为阳"。《玉篇》阜部:"阳,山南水北也。"阜(fù),《说文》:"大陆,山无石者。象形。"本指土山崖,同"阜"。"阜"小篆作𨸏,段注:"象土山高大而上平,可层累而上,首象其高,下象其三成也。"甲骨文作𨸏甲三九三六、𨸏菁三·一,李孝定《甲骨文字集释》:"字之初谊,自阜殆并为山之象形,字与山丘谊同。及后孳乳为数字,乃以丘山象山之数峰并峙,自阜象山之阪级峻峭崚嶒。"《尔雅·释地》:"大陆曰阜。"邢昺疏引李巡:"土地高大名曰阜。"《释名·释山》:"土山曰阜。"昜(yáng),《说文》"开也。从日、一、勿。一曰飞扬,一曰长也,一曰强者众皃。"义指阳光、光明。桂馥《义证》:"开谓明也。""昜"为"陽"之初文,段注"此阴阳正字也。阴阳行而昜昜废矣",甲骨文作昜合三三八七、昜合八五九二,像日(⊙)之光(彡)洒在地(一)上,李孝定谓从日在丂(柯之初文)上,像日初升之形。金文作昜宅簋、昜旟叔鼎,增二、彡表示日光普照。日光强劲而长养万物,故"昜"有飞扬、长养、光明诸义。"昜"为"陽"之本字,人依山阜而居,房屋坐北朝南,山(阜)的南面朝阳,日照长而光明(昜),段注"山南曰阳",故"陽"从阜昜声。简化字"阳"只留"阜、日"构形。

"阳"也指向阳的部分,《周礼·考工记·轮人》:"凡斩毂之道,必矩其阴阳。阳也者,积理而坚。阴也者,疏理而柔。"向阳处因日照而明显,故也指显露、外露,《庄子·达生》:"无入而藏,无出而阳。"由阳光转指太阳,《诗经·小雅·湛露》:"湛湛露斯,匪阳不晞。"太阳能带来温暖,故又指温暖,《诗经·豳风·七月》:"春日载阳,有鸣仓庚。"大多数动植物因阳光照射才能存活,故又指活、复苏,陶潜《杂诗》之三:"日月有环周,我去不再阳。"由存活引申指人世,如还阳。又指我国古代哲学认为宇宙中通贯物质和人事的两大对立面之一,与"阴"相对,《周易·系辞》:"一阴一阳之谓道。"在表面则明显,故又指假装、表面上,如阳奉阴违,《韩非子·说难》:"所说阴为厚利而显为名高者也,而说之以名高,则阳收其身,而实疏之。"

【原文】 yún téng zhì yǔ　　lù jié wéi shuāng
云 腾 致 雨　　露 结 为 霜

【译文】 地气腾升至天而为云,遇冷下降而成雨;寒露之后为霜降,露水夜晚遇冷凝结成霜。

【释义】

《千字文释义》:"阴阳之气既调,于是阳气则蒸而为云雨,阴气则凝而为霜露……此言四时之中,有阳气为云雨,以生万物;有阴气为霜露,以成万物。而后岁功乃成。上句言阳,下句言阴也。""云腾致雨"言雨水形成的过程,深一层意思是讲天气的转换。云由大地、山川的水气腾升而形成,是水气在空中凝结形,也就是积雨云。云里的水气遇冷而凝结成水滴下落,就形成了雨。地气上腾而为云,雨水下降而润物,故"云腾致雨"也体现了阴阳协和、天地交泰的祥明景象。风雨调和,阴晴适中,则利于万物生长,反之则为灾害。

"露结为霜"字面意思是露水结成了霜,深层意思是讲节气的转换。吴澄《月令七十二候集解》:"霜降,九月中,气肃而凝露结为霜矣。""露"又指寒露,为二十四节气中的第十七位,属于九月的节气。九月之时,天气寒冷,露水即将凝结,所以称"寒露"。"霜"又指霜降,为二十四节气中的第十八位，属于九月的中气。寒露之后即是霜降，随着气候的继续变寒，加上晚上气温更低，露水就结成了白色的霜。四季分明、节气有序，则适宜农作物的成长、丰收，反之则为灾年。

《千字文》从开始到"露结为霜"阐述天道，先言天地始分，接着讲日月星辰、天文历法、季节气候，都是天道的范畴，皆为天道"神明"而化育万物的体现。《淮南子·泰族》："天设日月，列星辰，调阴阳，张四时，日以暴之，夜以息之，风以干之，雨露以濡之。其生物也，莫见其所养而物长；其杀物也，莫见其所丧而物亡。此之谓神明。"

【解字】

yún
云（雲）　　合 21021　合 21324　合 13418　说文小篆　说文古文　说文古文　西狭颂　颜真卿

象形字，云彩之云后作"雲"，形声字。《说文》："雲，山川气也。从雨，云象雲回转形。　，古文省雨。　，亦古文雲。"本义为云朵，悬浮在空中由大量水滴、冰晶或兼由两者组成可见的聚合体，主要由水气在空中冷却凝结所致。徐灏《注笺》："《释名》曰'雲，运也；运，行也'，古文　、　并象云气回转之形。"王筠《释例》："　所谓'画成其物，随体诘屈'者。"饶炯《部首订》："云为山川湿气所生。其形在下，散而为气；其形在上，敛而为云。雲篆从古文云而加雨者，谓'云行雨施'，云有雨，而其形义尤明也。"《诗经·小雅·白华》："英英白云，露彼菅茅。"云遇冷凝结则为雨，故谓"云行雨施"，《说文》"雨，水从云下也"，故"雲"从雨云声。"云"甲骨文像云在天上（一、二）回环重叠形，云气在天，故云上之一或二表示天。中原地区冬天寒冷，人言说则口里有白气（如云）冒出，说话不绝若吞云吐雾，故"云"用作曰、言之义。又增雨作"雲"为本义通行字。古籍中"云"为曰、言义，"雲"为白云义之专字。简化字"云"用古文初形。

"云"也指形状像云者，杜甫《月夜》："香雾云鬟湿，清辉玉臂寒。"云高悬在天，故又比喻高，《后汉书·光武帝纪》："云车十余丈，瞰临城中。"李贤

注:"云车即楼车。称云,言其高也。"又为云南省的简称,如云贵川。又用作姓氏,《通志·氏族略》:"云氏,缙云氏之后也。"

téng
腾(騰)

騰 騰 騰 騰

睡·封14　说文小篆　尹宙碑　颜真卿

繁体作"騰",形声字。《说文》:"騰,传也。从馬朕(朕)声。"本指传递(邮驿)。《淮南子·缪称》:"子产腾辞,狱繁而无邪。"高诱注:"腾,传也。"马,《说文》:"怒也,武也。象马头髦尾四足之形。"家畜之一,单蹄食草大型哺乳动物,性温驯而善走,能负重远行。甲骨文作 合一九八一三正,合五八四正甲,小篆作 ,均像马形。朕,《说文》:"我也。"用为第一人称。《尔雅·释诂》:"朕,我也。"郭璞注:"古者贵贱皆自称朕。"《尚书·皋陶谟》:"皋陶曰:朕言惠,可厎行。"段玉裁谓"朕"之本义为舟缝,泛指缝隙:"按朕在舟部,其解当曰'舟缝也,从舟㑸声',何以知为舟缝也?《考工记·函人》曰'视其朕,欲其直也',戴先生曰'舟之缝理曰朕,故札续之缝亦谓之朕'……本训舟缝,引伸为凡缝之称。""㑸"(zhuàn)为火种,双手(廾)举火(火)形,舟有缝需要火熏粘胶以修补,故"朕"从舟㑸声。"朕"甲骨文作 花东一一九,像两手(廾)持工具(丨)填补船(舟)缝状,叶玉森《说契》谓"象两手奉火以釁舟之缝",引申为缝隙、朕兆,后同音借用为第一人称代词。古驿道邮传急件,须快马奔腾速递,马奔腾时四蹄踏地发出"朕朕"之声,故"腾"从马朕声。

驿马传递贵快捷,故"腾"引申指奔驰,如万马奔腾,《楚辞·大招》:"腾驾步游。"马奔驰时遇障碍则跳跃而过,故又指跳跃,《庄子·山木》:"王独不见夫腾猿乎?"跳跃是往上跃起,故又指升、登,如腾云,《礼记·月令》:"天气下降,地气上腾。"马跳跃跨过障碍物,故又指超越,《楚辞·离骚》:"路修远以多艰兮,腾众车使径待。"又指骑乘,慧琳《一切经音义》:"《韩诗》云:腾,乘也。"骑在马上则身体超过马,故又指凌驾,《诗经·鲁颂·閟宫》:"不亏不崩,不震不腾。"郑玄笺:"震、腾,皆谓僭逾相侵犯也。"又指挪移、使空，如腾房间。又指抄写，《睡虎地秦墓竹简》："遣识者以律封守，当腾，腾皆为报，敢告主。"

zhì
致　致　致　致
睡 10.11　说文小篆　华山庙碑　颜真卿

会意兼形声字。《说文》："致，送诣也。从夂从至。"本义为送去、送到。《汉书·武帝纪》："其遣谒者巡行天下，存问致赐。"颜师古注："致，送至也。"夂（suī），《说文》："行迟曳夂夂，象人两胫有所躧也。"本指行走迟缓，后作"绥"。徐灏《注笺》："谓缓步而行夂夂然，若有所曳也。故通作绥。""夂"小篆作，像人两腿有所拖曳形，王筠《句读》："象两胫，象所躧。"段注："行迟者，如有所扡曳然，故象之。"甲骨文作乙二——〇，李孝定《甲骨文字集释》："古文从夂之字皆作若，象到止形，意与止同，均所以示行动。"至，《说文》："鸟飞从高下至地也。从一，一犹地也，象形。不，上去；而至，下来也。，古文至。"本义为到、来到。小篆作，像鸟高飞落地形。甲骨文作乙七七九五、粹一〇〇四，金文作盂鼎，罗振玉《雪堂金石文字跋尾》："乃矢之倒文，一象地，象矢远来降至地之形。"小篆取象自然之飞鸟落地，甲骨文取象人事之矢落地，取象虽异，其到、抵达的构字意图相同。"夂"指行走，"至"指到达，"致"是将物品送（运行）去、送到，故"致"从夂从至。"至"也为声符，朱骏声《通训定声》："至亦声。"

"致"也指达到，《荀子·性恶》："故圣人者，人之所积而致也。"又指传达，《诗经·小雅·楚茨》："工祝致告，徂赉孝孙。"郑玄笺："祝以此故致神意，造主人，使受嘏。"又指施行、执行，《商君书·修权》："数如严令而不致其刑，则民傲死。"又指招引、引来，《周易·需》："需于泥，致寇至。"又指求得、取得，《论语·子张》："君子学以致其道。"又指委、给予，《周易·困》："君子以致命遂志。"归还是将物送至物主，故又指归还，《礼记·王制》："五十而爵，六十不亲学，七十致政。"郑玄注："致政，还君事。"穷尽是到达极致，故又指竭尽、穷尽，《论语·子张》："人未有自致者也，必也亲丧乎？"又指详审、推究，《礼记·乐记》：“致乐以治心。”志向是希望达到的，故又指志向、目标，《周易·系辞》：“天下何思何虑？天下同归而殊途，一致而百虑。”又指意态、情趣，如兴致、情致，《三国志·吴书·周瑜传》“性度恢廓”，裴松之注引《江表传》：“干还，称瑜雅量高致。”又指精密、周密，后作“緻”，今又为“緻”的简化字，《礼记·月令》：“毋或作为淫巧以荡上心，必功致为上。”又用作副词，极其，《荀子·荣辱》：“志意致修，德行致厚，智虑致明，是天子之所以取天下也。”

yǔ 雨　𠕲　𠕲　𠕥　𧇂　雨　雨　雨

合 20975　合 12340　合 27958　子雨己鼎　帛乙 3.12　说文小篆　熹平石经　褚遂良

象形字。《说文》：“雨，水从云下也。一象天，冂象云，水霝其间也。𧇂，古文。”本指从云层中降向地面的水滴。空气中的水蒸气上升到天空中遇冷凝成云，再遇冷聚集成水点，降下来就是雨。《诗经·小雅·甫田》：“以御田祖，以祈甘雨。”饶炯《部首订》：“山川湿气，上结而为云。天阳下降，与云相郁，蒸而为雨。《易》曰‘云行雨施’是也。篆象油然作云、沛然下雨之形。”桂馥《义证》：“‘冂象云’者，垂覆之象。”甲骨文皆像雨从天（一）而降形；𠕲为省体，像雨水降落形；又作𧇂，为繁体，上横为饰笔。战国楚系文字承此形作𠕲，秦系文字作雨，为隶、楷所承。

雨能润泽万物，故“雨”也比喻教泽，像雨一样润泽大地万物，简文帝《上大法颂表》：“泽雨无偏，心田受润。”雨滴分散落下，故又指离散，祢衡《鹦鹉赋》：“何今日之雨绝，若胡越之异区。”

“雨”又音 yù，作动词指降雨，《诗经·小雅·大田》：“雨我公田，遂及我私。”又指自上而下，像雨一样地降落，《诗经·邶风·北风》：“北风其凉，雨雪其雱。”雨点多密集，故又指密集地射击或投掷，《墨子·备蛾傅》：“烧答覆之，沙石雨之。”雨润泽万物，故又指润泽，《说苑·贵德》：“吾不能以春风风人，吾不能以夏雨雨人。”雨能灌溉田地，故又指灌溉，孟郊《终南山下作》：“山村不假阴，流水自雨田。”

lù
露

露　露　露　露

说文小篆　五十二病方　西狭颂　颜真卿

　　形声字。《说文》："露，润泽也。从雨路声。"《玉篇》："露，天之津液，下所润万物也。"本义为露水，空气中水汽因冷而凝结于地面或物体表面的水珠。《诗经·小雅·湛露》："湛湛露斯，匪阳不晞。"露珠与雨滴形同，皆能润泽物，露水附于草木，在外表而显明，道路在外显而易见，故"露"从雨路声。

　　露能滋润物，故"露"引申指润泽，《诗经·小雅·白华》："英英白云，露彼菅茅。"陈奂传疏："是鲜润之白云下露，润彼菅之与茅，使之得长。"在物为润泽，在人为恩泽，故又喻荫庇、恩泽，《国语·晋语》："知子之道善矣，是先主覆露子也。"王引之《经义述闻》："露与覆同义。"露水显露在物表，故又指显露，《礼记·孔子闲居》："庶物露生。"露水暴露在外，故又指暴露，《楚辞·九章·涉江》："露申辛夷，死林薄兮。"又指露天、在屋外，《史记·平准书》："太仓之粟陈陈相因，充溢露积于外，至腐败不可食。"事物泄露则明显，故又指泄露，《后汉书·皇甫嵩传》："角等知事已败，晨夜驰敕诸方，一时俱起。"机密泄露则会坏事，故也指败坏、破坏，《荀子·富国》："入其境，其田畴秽，都邑露。"羸弱是身体败坏的体现，故又指羸弱、疲惫，《左传·昭公元年》："于是乎节宣其气，勿使有所壅闭湫底，以露其体。"露水润物而珍贵，故又指芳冽的酒，又指用花、果、药材等蒸馏成的饮料或在蒸馏水中加入药料、果汁等制成的饮料，如果子露。又指稀酒精中加香料制成的化妆品，如花露水。

　　"露"又音lòu，显现出来，如露光、露马脚。

jié
结（結）

結　結　結　結

睡·法84　说文小篆　校官碑　颜真卿

　　繁体作"結"，形声字。《说文》："結，缔也。从糸吉声。"本义为打结，使条状物相交联形成疙瘩或用这种方式制成物品。徐灏《注笺》："凡以绳屈之为椎,谓之结。"《周易·系辞》:"上古结绳而治,后世圣人易之以书契。"糸(mì),《说文》:"细丝也。象束丝之形。读若覛。🐍,古文糸。"本义为细丝。张舜徽《约注》:"细丝谓之糸,犹粟食谓之米,木上谓之末,眉发谓之毛,分枲谓之麻,艸之初生者谓之苗,皆双声语转,并有细义。""糸"甲骨文作🐍乙一二四,小篆作🐍,像束丝之形。罗振玉《增订殷虚书契考释》:"丫象束余之绪,或在上端,或在下端,无定形。""糸"后作织丝类字的偏旁,简化作"纟"。吉,《说文》:"善也。从士、口。"本义为善、吉祥。士人修道尊礼,口出善言而不道恶语,言皆有理而得体,徐灏《注笺》:"从士、口,所以异于野人之言也。《小雅·都人士》篇:彼都人士,出言有章。""吉"甲骨文作🔨合五二四七反,🔨合五二六三,于省吾《双剑誃殷契骈枝三编》:"象置勾兵于荟庐之上,本有保护坚实之意。故引申之为吉善、吉利也。"古人以丝绳(糸)打结,结绳而治求记事的完备牢固,与他人缔结盟约也是求友善关系牢固,缔结、交结皆有吉善之意,故"结"从糸吉声。

　　"结"也指结子或像结子一类的块状凸出物,如喉结、蝴蝶结,《左传·昭公十一年》:"衣有襘,带有结。"绳结能束缚物,故又指束缚、缠扎,《史记·扁鹊仓公列传》:"乃割皮解肌,决脉结筋。"绳结有阻隔之用,故又指箝制、闭住,《史记·淮南衡山列传》:"结九江之浦,绝豫章之口。"打结则两绳交错相连,有构建意,故又指结构、建造,陶潜《饮酒》:"结庐在人境,而无车马喧。"结是两绳相交,故又指交接、连接,《吕氏春秋·勿躬》:"车不结轨,士不旋踵。"结为团状,故又指团聚、联合,《史记·吴王濞列传》:"吴王犹恐其不与,乃身自为使,使于胶西,面结之。"又指结交,《周礼·春官·典瑞》:"琬圭以治德,以结好。"打结则绳子相连,故又指缔结、组织,如结婚,《左传·隐公七年》:"齐侯使夷仲年来聘,结艾之盟也。"又指凝结,江淹《丽色赋》:"鸟封鱼敛,河凝海结。"上古结绳之时,打结或表示一事完成,故又指结尾、终局,《淮南子·缪称》:"故君子行斯(期)乎其所结。"又指总束、了结,如结账、结业。打结则形成结,故又指形成,如结仇、结怨,《汉书·礼乐志》:"登蓬莱,结无极。"打结则绳子缠绕在一起,故又指屈曲、盘结,《礼记·月令》:"(仲冬之月)蚯蚓结。"

"结"又音 jì,头顶发髻,通"髻",《楚辞·招魂》:"郑卫妖玩,来杂陈些。激楚之结,独秀先些。"又指系,江淹《别赋》:"君结绶兮千里,惜瑶草之徒芳。"

"结"又音 jiē,指植物生长果实,如结果、结瓜。又指坚硬、牢固,如结实。

wéi
为（爲）　　　[甲骨文字形]　[甲骨文字形]　[甲骨文字形]　[金文字形]　[金文字形]　[小篆字形]　[隶书字形]　[楷书字形]

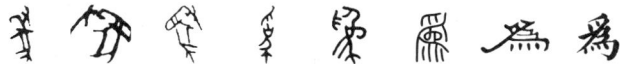

合 2953　合 15179　英 1707　智鼎　曾伯陭壶　说文小篆　曹全碑　颜真卿

繁体作"爲",会意字。《说文》:"爲,母猴也。其为禽好爪。爪,母猴象也。下腹为母猴形。王育曰:'爪,象形也。'[古文字形],古文爲。象两母猴相对形。"许慎据小篆字形作母(猕)猴解,徐灏《注笺》:"母猴犹言猕猴,猴性好动,故爲字从爪,象猴形。"许慎"母(猕)猴"之训必有所承,构形亦与"爲"字作为义相合。凡劳作、作为,人则多用手,兽则多用爪,故古人以爪体现作为,而猕猴最为好爪好动,故"爲"从爪。"为"甲骨文从又牵象,会役象劳作之意,本义为作为。罗振玉《增订殷虚书契考释》:"为字古金文及石鼓文并作[字形],从爪从象,绝不见母猴之状,卜辞作手牵象形。知金文及石鼓从[字形]者,乃[字形]之变形,非训覆手之爪字也。意古者役象以助劳,其事或尚在服牛乘马以前。"张舜徽《约注》:"远古我国中原一带本为产象之地,故今河南省境古称豫州。豫者,大象也。证以殷墟遗物中有镂象牙礼器及象齿甚多,卜辞中亦有获象之语,知在殷世,象犹盛产于中原,古人役使之,若后世之用牛马然,理或有之。为字从手从象,亦犹牧字从攴从牛,驭字从又从马耳。"以猕猴好动爪子表示多作为,以手牵象表示大作为,都合构字意图,不必以此非彼。"为"战国楚系文字作[字形]包山二·一六、[字形]铸客鼎,为《说文》古文[字形]由来。简化字"为"由草书楷化而成。

"为"也指制作、创作,《周礼·春官·典同》:"典同掌六律六同之和,以辨天地四方阴阳之声,以为乐器。"也指治理,《论语·为政》:"为政以德,譬如北辰居其所而众星共之。"又指治疗,《左传·成公十年》:"公疾病,求医于秦,秦伯使医缓为之。"又指学习、研究,《论语·阳货》:"人而不为《周南》《召南》,其犹正墙面而立也与?"又指设置、建立,《商君书·君臣》:"民众而奸邪生,故立法制,为度量以禁之。"又指谋求,《孟子·尽心》:"鸡鸣而起,孳孳为利者,跖之徒也。"又指演奏、吟唱,《汉书·杨敞传》:"家本秦也,能为秦声。"又指办、行,《尚书·益稷》:"予欲宣力四方,汝为。"郑玄注:"布力立治之功,汝群臣当为之。"又指充当、担任,《论语·雍也》:"子游为武城宰。"又指变成、成为,《荀子·劝学》:"冰,水为之,而寒于水。"又指行为,《国语·晋语》:"诸侯之为,日在君侧,以其善行,以其恶戒,可谓德义矣。"又指用,《左传·桓公六年》:"在我而已,大国何为?"又指施、给与,《老子》八十一章:"圣人不积,既以为人己愈有,既以与人己愈多。"朱谦之校释引严可均:"'既以为人'御注作'与人'。"又指有,《孟子·滕文公》:"夫滕,壤地褊小,将为君子焉,将为野人焉。"赵岐注:"为,有也。虽小国,亦有君子,亦有野人。"又表判断,《论语·微子》:"夫执舆者为谁?"又指使,《周易·井》:"井渫不食,为我心恻。"又用作代词,表示第三人称,相当于"其"。又用作介词,相当于"被,于、在、对、向、与、同"。又用作连词,相当于"和,则、就、如、若,抑、或、与"。又用作助词和语气词。

"为"又音 wèi,指佑助、帮助,《诗经·大雅·凫鹥》:"公尸燕饮,福禄来为。"又用作副词,表将要。又用作介词,表示原因或对象。

shuāng
霜　霜　霜　霜　霜
说文小篆　三体石经　石门颂　颜真卿

形声字。《说文》:"霜,丧也。成物者。从雨相声。"本义为自然界的霜,指靠近地面的空气在温度降到0℃以下时,所含水汽的一部分附着在地面上或靠近地面的物体上,凝结成的白色结晶体。朱骏声《通训定声》:"土气津液从地而生,薄以寒气,则结为霜。""霜、丧"上古音皆为阳部,声近韵同,为声训。《释名》:"霜,丧也。其气残毒,物皆丧也。"《京房气候》:"霜成就万物。"张舜徽《约注》:"霜、雪皆有杀伤之力,凡为患禾稼之害虫,至是始尽,而后来年可望丰收。故古人云'雪兆丰年',又曰'丰年之冬,必有积雪',皆即此理。许训霜为丧,又申之曰成物者,亦斯意耳。"《诗经·秦风·蒹葭》:"蒹葭苍苍,白露为霜。"毛传:"白露凝戾为霜,然后岁事成。"霜、雨皆是水汽凝结而成,霜附着于地面,"相"有辅佐、辅助、附着等义,故"霜"从雨相声。

　　霜是白色晶体,故"霜"引申指白色,杜甫《古柏行》:"霜皮溜雨四十围,黛色参天二千尺。"又指像霜的东西,苏轼《送金山乡僧归蜀开堂》:"冰盘荐琥珀,何似糖霜美。"霜洁净无染,故又指志行高洁,陆机《文赋》:"心懔懔以怀霜,志眇眇而临云。"李善注:"怀霜、临云,言高絜也。"由肃杀义引申指严厉,《南史·陆慧晓传》:"王思远恒如怀冰,暑月亦有霜气。"又比喻锋利,左思《吴都赋》:"钢镞润,霜刃染。"李善注引刘逵:"霜刃,言其杀利也。"又为年岁的代称,杜甫《风疾舟中伏枕书怀奉呈湖南亲友》:"十暑岷山葛,三霜楚户砧。"

【原文】　金生丽水　玉出崑冈
　　　　　jīn shēng lì shuǐ　　yù chū kūn gāng

【译文】　黄金盛产于云南丽江,美玉广出于昆仑山岗。

【释义】

　　《千字文》从"金生丽水"至"鳞潜羽翔"讲的是地道。地道指物质层面,如动植物赖大地生存,黄金、玉石等矿物有形并产于地下,与地的重、浊、阴的特性相合。《说文》:"地,元气初分,轻清阳为天,重浊阴为地。"古谓轻、清、阳的物质上升形成天,重、浊、阴的物质下沉形成地。上文的日月星辰自然是在天上,天文历法、季节气候是无形的,也与天的轻、清、阳的特性相合。

　　两句讲物产,说明黄金和玉石的主要产地。黄金、玉石皆贵重,故先说黄金、玉石,黄金是百金之王,现代科学证明它的抗氧化作用很强,能长久保存,经久不变色,恒久不变质,也是最贵重的流通货币。古代帝王的日常用具多用黄金制作,故黄金为人所重。中国最有名的沙金产地在云南的丽江。当地的土人都在江边筛沙沥金,丽江因为出金沙,自古就被称为"金沙江"。或谓丽水指浙江省南部的瓯江中游,《韩非子·内储说上》:"荆南之地,丽水之中生金,人多窃采金。"梁元帝《与萧咨议等书》:"化为金案,夺丽水之珍;变同珂雪,高玄霜之彩。"又一说,指长江上游自青海省玉树县巴塘河口至四川省宜宾市的一段,以水中产金沙得名。宋应星《天工开物·黄金》:"水金多者,出云南金沙江,此水源出吐蕃,绕流丽江府,至于北胜州,回环五百余里,出金者有数截。"赵翼《哭果毅阿公病殁于军》:"太息金沙江畔路,将星寒落浪花堆。"杨慎《宿金沙江》:"江声月色那堪说,肠断金沙万里楼。"均指金沙江。

玉是珍贵的物产,为古今所重。《礼记·聘义》:"子贡问于孔子曰:'敢问君子贵玉而贱碈者,何也?为玉之寡而碈之多与?'孔子曰:'非为碈之多故贱之也,玉之寡故贵之也。夫昔者君子比德于玉焉。温润而泽,仁也。缜密以栗,知也。廉而不刿,义也。垂之如队(坠),礼也。叩之,其声清越以长,其终诎然,乐也。瑕不掩瑜,瑜不掩瑕,忠也。孚尹旁达,信也。气如白虹,天也。精神见于山川,地也。圭璋特达,德也。天下莫不贵者,道也。《诗》云:言念君子,温其如玉。故君子贵之也。'"《白虎通·瑞贽》:"玉者,有象君子之德,燥不轻,湿不重……是以人君宝之。"《说文》中玉部字多达126个,可见玉和古人生活紧密关联。《说文》:"冈,山脊也。"崑冈即昆山,昆仑山的简称,为押韵而改为"崑冈"。昆仑山,又称昆仑虚、昆仑丘或玉山,为中国第一神山,是亚洲中部的大山系,也是中国西部山系的主干。西起帕米尔高原东部,横贯新疆、西藏间,延伸至青海境内,西窄东宽,全长约2500公里,平均海拔5500—6000米,宽130—200公里,总面积达50多万平方公里。昆仑山在中华民族的文化史上具有万山之祖的显赫地位,古人称昆仑山为中华龙脉之祖。昆仑山是著名的玉石产地,自古就是玉石的主要来源,最著名的是新疆和田昆仑山麓出产的和田玉,直到今天,依然有人在当地专门从事采玉工作。另外,古代传说中的王母娘娘就居住在昆仑山上,因昆仑山位于我国西北边陲,故王母娘娘又称"西王母"。

【解字】

| jīn 金 | 麦鼎 | 师袤鼎 | 说文小篆 | 说文古文 | 娄寿碑 | 颜真卿 |

形声字。《说文》:"金,五色金也。黄为之长,久埋不生衣,百炼不轻,从革不违。西方之行。生于土,从土;左右注,象金在土中形;今声。 ,古文金。"本义为金属总名。古代分黄金、白金(银)、青金(铅)、赤金(铜)、黑金(铁)等五金,故训"五色金",张舜徽《约注》:"金本五金大名,即今语所称金属也。金属质坚,因谓之金。金之言紧也,物之紧者无逾于此也。"《尚书·舜典》:"金作赎刑。"孔颖达疏:"古之金、银、铜、铁总号为金。"黄为之长,言黄金为五金之首领,故黄金独称为金。《史记·平准书》:"黄金为上,白金为中,赤金为下。""久埋不生衣,百炼不轻",言黄金久埋于地而不生锈,百炼而不损耗减轻,段注:"此二句言黄金之德。""从革不违"言金可顺人意变革成各种器具,段注:"谓顺人之意以变更成器。虽屡改易而无伤也。五金皆然。"《尚书·洪范》:"金曰从革。"孔安国传:"金可以改更。"孔颖达疏:"此亦言其性也……'可改更'者,可销铸以为器也。木可以揉令曲直,金可以从人改更,言其可为人用之意也。""西方之行"者,《白虎通·五行》:"金在西方。西方者,阴始起,万物禁止,金之为言禁也。"金生于土,黄金历久如新,时时如今而不变,故"金"从土今声。金文左边或左右的点像取自土中含金的矿石块,两点、三点、四点不等,其余是形符土及今声。或说 为采矿器具,持器采矿石以炼金属,备参考。

"金"后为黄金的专称,古多以金、铜等金属制造钱币,故也指钱财、货币,《战国策·秦策》:"以季子之位尊而多金。"又用作量词,古代计算货币的单位,或以一镒为一金,或以一斤为一金,因时而异,《史记·平准书》:"米至石万钱,马一匹则百金。"裴骃集解引臣瓒:"秦以一镒为一金,汉以一斤为一金。"又指金属制的器物,《孟子·离娄》:"抽矢扣轮去其金。"赵岐注:"叩轮去镞。"《庄子·列御寇》:"为外刑者,金与木也。"《法言·孝至》:"带我金犀。"李轨注:"金,金印;犀,剑饰。"王祯《农书》:"耧车,下种器也……一云耧犁,其金似镜而小。"即犁铧尖。苏轼《寒具》:"夜来春睡浓于酒,压褊佳人缠臂金。"乃钏、镯一类饰品。"金"又为八音之一,指钲、钟一类金属打击乐器,《周礼·春官·大师》:"皆播之以八音:金、石、土、革、丝、木、匏、竹。"郑玄注:"金,钟镈也。"又为五行之一,五行学说中,金颜色为白,方位属西,季节秋。中医以肺为金。又特指钟鼎,如金文,《吕氏春秋·求人》:"故功绩铭乎金石。"金玉贵重,故又比喻贵重,扬雄《剧秦美新》:"懿律嘉量,金科玉条。"李善注:"金科玉条,谓法令也。言金玉,贵之也。"金坚固,故又比喻坚固,《汉书·蒯通传》:"皆为金城汤池,不可攻也。"又指金色的,《诗经·小雅·车攻》:"赤芾金舃,会同有绎。"郑玄注:"金舃,黄朱色也。"又为星名,金星的简称。又为朝代名,女真族完颜部首领阿骨打创建金朝。又用作姓氏,《通志·氏族略》:"金氏,金天氏之后也。黄帝之子玄枵,亦为少昊氏,曰少昊挚,亦为青阳氏,己姓。后为赢姓,鸟官。《汉·功臣表》有金安上。望出渤海。"

shēng
生

| 合 5165 | 粹 1.131 | 害鼎 | 尹姞鬲 | 鲁内小臣床生鼎 | 说文小篆 | 史晨碑 | 颜真卿 |

象形字。《说文》:"生,进也。象艸木生出土上。"本指长出、生长。段注:"下象土,上象出。此与屮、出、宋以类相从。"草木芽从地面往上生长,描绘活生生的植物生长进展状态,故训"进"而言"象艸木生出土上"。《诗经·大雅·卷阿》:"梧桐生矣,于彼朝阳。""生"甲骨文作 、 合二一九二八、 合二一一七二,金文作 ,像草木(屮)生出地(一)上;甲骨文又作 ,金文作 ,中竖加·为饰笔;金文又作 史墙盘、 ,中间饰笔变作横,为小篆 所承。

"生"也指人生育,《诗经·大雅·生民》:"不康禋祀,居然生子。"生子则要养育,故又指养育,《周礼·天官·大宰》:"以八柄诏王驭群臣……五曰生,以驭其福。"郑玄注:"生,犹养也。贤臣之老者,王有以养之。"又指出生,如生辰,《尚书·舜典》:"舜生三十征庸。"又指产生、发生,如生效,《左传·成公二年》:"义以生利,利以平民。"又指制造,《诗经·大雅·桑柔》:"谁生厉阶? 至今为梗。"又指生产(财物),《礼记·大学》:"生财有大道。"财物是生存的基础,故又指财物、生计,《国语·周语》:"若积聚既丧,又鲜其继,生何以殖?"又表示状态活,与"死"相对,《诗经·邶风·击鼓》:"死生契阔,与子成说。"又指生存、生活,《左传·襄公二十二年》:"生于乱世。"又指生命,《荀子·王制》:"水火有气而无生,草木有生而无知。"又指有生命的东西,《宋史·食货志》:"其或昆虫未蛰,草木犹蕃,辄纵燎原,则伤生类。"又指天生的、固有的,《论语·季氏》:"生而知之者,上也;学而知之者,次也。"有生命的东西鲜活,又指新鲜的,《诗经·小雅·白驹》:"生刍一束,其人如玉。"生长表示还未成熟,故又指未经烧煮或烧煮未熟的,如生菜、生饭,《荀子·礼论》:"饭以生稻,唅以槁骨。"又指未经加工或锻制的,韩愈《与陈给事书》:"《送孟郊序》一首,生纸写,不加装饰。"又指生疏、不熟悉,如生手,王建《村居即事》:"因寻寺里薰辛断,自别城中礼数生。"又指年长有学问、有德行的人,《史记·儒林列传》:"言《尚书》自济南伏生,言《礼》自鲁高堂生。"司马贞索隐:"云'生'者,自汉已来儒者皆号'生',亦'先生'省字呼之耳。""生"后为读书人的统称,旧指弟子、门徒,今指学生,韩愈《进学解》:"国子先生晨入太学,招诸生立馆下。"中国戏曲以扮演男子的角色称"生",如老生。生物比熟物硬,故又指生硬、勉强,如生搬硬套。也指使柴、煤等燃烧,如生火、生炉子。又指本性,后作"性",徐灏《注笺》:"生,古性字。书传往往互用。"《荀子·劝学》:"君子生非异也,善假于物也。"王念孙《读书杂志》:"生,读为性,《大戴记》作性。"

丽(麗)　　𠀋　𠀋　𣥠　𪊪　𪋝　麗　麗

合 1487　合 34098　辑佚 576　元年师旋簋　说文小篆　熹平石经　颜真卿

繁体作"麗",形声字。《说文》:"麗,旅行也。鹿之性,见食急则必旅行。从鹿丽声。《礼》:'麗皮纳聘。'盖鹿皮也。𠀋,古文。𪊪,篆文麗字。"

指结伴而行。王筠《句读》:"旅,俗作侣。《说苑》:麒麟不旅行。"桂馥《义证》:"服虔《左传注》:'鹿得美草,呦呦相呼。'《毛诗草虫经》:'鹿饮食则皆鸣相召,志不相忌也。'"鹿,《说文》:"兽也。象头角四足之形。"本为哺乳纲鹿科动物的通称。"鹿"小篆作,像鹿形,饶炯《部首订》:"上象枝角,次象头及身尾,下象四足。"甲骨文作合一〇二六八、英一八二六、合一〇九五〇,像头有两歧角的鹿形,鹿以歧角为典型特征,故突显之。"丽"甲骨文作,像两人并行之形,上加横线为区别符号(区分于"从"),本义为偶、两,为《说文》古文、小篆由来。《小尔雅·广言》:"丽,两也。"《周礼·夏官·校人》:"丽马一圉,八丽一师。"郑玄注:"丽,耦也。""麗"甲骨文又作,金文作,像鹿头上著两角形。鹿性好旅(侣),行则相随(并行),食则相呼,"丽"指偶、两,故"麗"从鹿丽声。鹿角美丽而对称,故"麗"引申有华丽、俪偶义,俪偶义后加人作"儷",夫妇称"伉儷"。综上,"丽、麗"本为二字,简化字省作"丽"。

"丽"也指并排驾两匹牲口,《诗经·鄘风·干旄》:"素丝组之,良马五之。"孔颖达疏引王肃:"夏后氏驾两谓之丽,殷益以一骖谓之骖。"鹿多结伴而行,多依附在一起,故又指附着,《周易·离》:"离,丽也。日月丽乎天,百谷草木丽乎土。"附着则相连,故又指连接,《周易·兑》:"丽泽兑。君子以朋友讲习。"孔颖达疏:"两泽相连,润说之盛。"附着物由外而加,故又指施、加,《荀子·宥坐》:"官致良工,因丽节文。"王念孙《读书杂志》:"丽者,施也,言因良材而施之以节文也。"又指中、正着目标,《左传·宣公十二年》:"麋兴于前,射麋丽龟。"并行则聚集在一起,故又指系、缠缚,《尚书·吕刑》:"惟时苗民,匪察于狱之丽。"又指橡柱之类,后作"欐",《庄子·秋水》:"梁丽可以冲城,而不可以窒穴,言殊器也。"成玄英疏:"丽,屋栋也。"郭庆藩集释:"《列子·汤问篇》:'雍门鬻歌,余音绕梁欐,三日不绝。'梁欐即此所云梁丽也……柱偶曰丽,梁栋相附着亦曰丽,正谓橡柱之属。"鹿角对称而美丽,鹿皮用于纳聘而有祥瑞之意,故又指美好、美妙,《楚辞·招魂》:"被文服纤,丽而不奇些。"又指华丽,《尚书·毕命》:"敝化奢丽,万世同流。"又指光华，扬雄《甘泉赋》："云飞扬兮雨滂沛，于胥德兮丽万世。"

shuǐ
水　　　　　　　　　　　　　　　　　　　水 水

合 10152　合 33349　合 33356　沈子它簋　包237　说文小篆　熹平石经　颜真卿

象形字。《说文》："水，准也。北方之行。象众水并流，中有微阳之气也。"本义指水流，又指无色无味的透明液体，分子式为 H_2O。《管子·水地》："水者，万物之准也。"段注："准古音追上声，此以叠韵为训，如'户，护''尾，微'之例。《释名》曰：'水，准也；准，平也。天下莫平于水，故匠人建国必水地。'"《白虎通·五行》："水位在北方。北方者阴气在黄泉之下，任养万物。水之为言准也。"段注："火，外阳内阴。水，外阴内阳。中画象其阳，云'微阳'者，阳在内也，微犹隐也。水之文与☵卦略同。"甲骨文、金文、小篆像水（河流）蜿蜒流动之形。中流水充足，两边有岸而水少，故中线连续，两旁作数点（短竖）表示水断续状。饶炯《部首订》："水篆象众水并流，中象深处波涛平易，浑然流行之形。两旁象浅处，波涛汹涌，时断时连之形，故中连旁断。今视川流，适如其象。"

"水"也泛指某些液态物，如药水，《史记·孝武本纪》："其牛色白，鹿居其中，戋在鹿中，水而洎之。"张守节正义："水，玄酒也。"水多在河流中，故也指河流，《诗经·卫风·竹竿》："泉源在左，淇水在右。"又为江、河、湖、海的通称，《尚书·微子》："今殷其沦丧，若涉大水，其无津涯。"也指用水测平，《周礼·考工记·匠人》："匠人建国，水地以悬。"郑玄注："于四角立植而悬以水，望其高下。高下既定，乃为位而平地。"贾公彦疏："欲置国城，当先以水平地。欲高下四方皆平，乃始营造城郭也。"又指游水，《荀子·劝学》："假舟楫者，非能水也，而绝江河。"又指洪水、水灾，《尚书·舜典》："咨禹，汝平水土，惟时懋哉！"又为五行之一，五行学说，水颜色为黑，方位为北，季节为冬。中医学以肾为水。又指水星，也名"辰星"，是太阳系八大行星之一，《左传·庄公二十九年》："火见而致用，水昏正而栽，日至而毕。"

yù
玉

甲 3642　合 11364　合 7053　乙亥簋　包 2.3　说文小篆　史晨碑　颜真卿

象形字。《说文》："玉，石之美。有五德：润泽以温，仁之方也；䚡理自外，可以知中，义之方也；其声舒扬，専以远闻，智之方也；不桡而折，勇之方也；锐廉而不忮，絜之方也。象三玉之连。｜，其贯也。古文玉。"本为一种细密、温润而有光泽的美石，多呈乳白色，一般用作高级工艺品或装饰品。王筠《句读》、朱骏声《通训定声》作"石之美者"。饶炯《部首订》："玉生于山，出自方外，与石同类，而质理独美，五德咸具，乃天地茂郁之气所结也。"张舜徽《约注》："古人以玉比德，恒称玉有五德。许书所称五德，与《礼记·聘义篇》《管子·水地篇》《荀子·法行篇》文字有异，要皆相承旧说传闻异辞，不必尽同也。"《诗经·召南·野有死麕》："白茅纯束，有女如玉。"甲骨文像一串玉佩之形，绳头或出或不出，玉或三片或四五片，泛指多玉。商承祚《说文中之古文考》："象丝组贯玉后露其两端。"马叙伦《说文解字六书疏证》："玉有体质，本可象形，然图画之，天然之玉与石不殊，则疑于石也。"独玉难像，易与他物相混，玉主用于佩戴，故取象于系玉之形表示玉。金文简作｜贯三（多）玉之形，为小篆所承。战国楚系文字作 、 望一卜、 清贰·系五九， 中笔画是为别于"王"字而加的区别符号， 为《说文》古文 由来， 为隶书 所承，楷书承隶书作"玉"。

　　"玉"也指瑞玉，古代圭、璧一类的礼器，《尚书·舜典》："修五礼，五玉、三帛、二生、一死贽。"孔传："五等诸侯执其玉。"孔颖达疏引郑玄注："执之曰瑞，陈列曰玉。"又指佩玉，《礼记·曲礼》："君无故玉不去身。"孔颖达疏："玉，谓佩也。君子于玉比德，故恒佩玉，明身恒有德也。"又指玉制乐器，磬，陆机《文赋》："惧蒙尘于叩缶，顾取笑乎鸣玉。"李善注："缶，瓦器而不鸣，更蒙之以尘，故取笑乎玉之鸣声也。"又泛指玉制品，《老子》九章："金玉满堂，莫之能守。"玉石温润精美，为人所贵，故又指精美的、珍贵的，如玉酒，俞樾《群经平议》："古人之词，凡所甚美者，则以玉言之。《尚书》之'玉食'、

《礼记》之'玉女'、《仪礼》之'玉饰',皆是也。"《尚书·洪范》:"惟辟玉食。"陆德明释文引张晏《汉书注》:"玉食,珍食也。"玉晶莹洁白,故也喻晶莹洁白,《楚辞·离骚》:"驷玉虬以乘鹥兮,溘埃风余上征。"又用作敬辞,尊称对方的身体或言行,《左传·昭公七年》:"今君若步玉趾,辱见寡君。"

chū
出

合 20045　　合 6696　　合 6093 正　　颂壶　　石鼓文　　说文小篆　　熹平石经　　颜真卿

　　象形字。《说文》:"出,进也。象艸木益滋上出达也。"本义为外出,与"进、入"相对。小篆取象草木滋生长出形,故言"象艸木益滋上出达也",段注:"引伸为凡生长之称。又凡言外出为内入之反……艸木由才而中而中而出,日益大矣。"《说文》"出"与"中、才、之、生"等字,皆取象于自然中草木之形以言其义,为许慎部首系统性之体现,朱骏声《通训定声》:"才、屯、乙、甲、中、之、生、崇、出、丰、朱、生、毛、巫十四文,草木生长之叙。"《诗经·郑风·出其东门》:"出其东门,有女如云。""出"甲骨文像脚(止)从半穴居室内(凵)向外迈出形,取象于人事,孙诒让《名原》:"古出字取足行出入之义,不象草木上出形。"李孝定《甲骨文字集释》:"古人有穴居者,故从止从凵,而以止之向背别出入也。"草木从土里往外长出,人脚板从室内向外走出,构字意图不矛盾。

　　出外则离开此地,故"出"引申指离开,《诗经·小雅·宾之初筵》:"既醉而出,并受其福。"物出则显现,故又指出现、显露,如出名、水落石出,《庄子·天地》:"至言不出,俗言胜也。"出产犹所产之物出现,故又指产生、出产,《周易·说卦》:"万物出乎震。"又指出仕、做官,《周易·系辞》:"君子之道,或出或处。"又指逾越、超出,《周易·艮》:"君子以思不出其位。"又指到、临,如出席,《汉书·霍光传》:"筑神道,北临昭灵,南出承恩。"驱逐是被赶出,故又指驱逐,《史记·宋微子世家》:"文公尽诛之,出武、缪之族。"又指发出、发泄,《论语·泰伯》:"君子所贵乎道者三……出辞气,斯远鄙倍矣。"制作则出产物品,故又指制作,《礼记·月令》:"命有司,大难旁磔,出土牛,以送寒气。"又指往外拿、拿出,《史记·陈丞相世家》:"(陈平)常出奇计,救纷纠之难,振国家之患。"

kūn
崑(昆)

昆疕王钟　古玺　说文小篆　说文新附　智永

"崑"是形声字。《说文新附》:"崑,崑崙,山名。从山昆声。"本义为山名,与"崙"构成联绵词"崑崙",也作"昆仑",即昆仑山,《山海经·海内西经》:"海内昆仑之墟,在西北,帝之下都……河水出东北隅。"

"昆"是会意字。《说文》:"昆,同也。从日从比。"本义为会同。《太玄·摛》:"理生昆群,兼爱之谓仁也。"范望注:"昆,同也。"比,《说文》:"密也。二人为从,反从为比。𣬉,古文比。"指亲密、紧密。段注:"其本义谓相亲密也。""从"小篆作𠈌,像二人相随形。"比"作𠤎,为𠈌的反面,像二人侧身紧密相挨形,故训"密"。《说文》"比"古文像二大(人)正立相并形。"从"训"相听",相听则和顺,有从容之义。从容反面为"比",有紧迫、紧密义。物之齐同者则易相亲比,所谓方以类聚、人以群分,故比有会同义,日光普照,天下同受其光,徐锴《系传》:"日日比之,是同也。"段注:"从日者,明之义也,亦同之义也。从比者,同之义。今俗谓合同曰浑,其实当用昆、用梱。"故"昆"从日从比。或谓"昆"金文像昆虫形,昆虫多而紧密相依,有会同义。崑崙为山名,"昆"指同,盖昆仑山区域广大,所属群山皆是昆仑山,亦有众、相同之意,故"崑"从山昆声。

gāng
冈(岡)

冈鼎　说文小篆　相马经　文征明　颜真卿

繁体作"岡",形声字。《说文》:"岡,山脊也。从山网声。"本义为山脊、山梁。《尚书·胤征》:"火炎昆冈,玉石俱焚。"孔传:"山脊曰冈。"山,《说文》:"宣也。宣气散,生万物,有石而高。象形。"为地面上由土石构成的隆起部分。徐锴《系传》:"山出云雨,所以宣地气。"徐灏《注笺》:"《艺文类聚》引《春秋说题辞》曰:山之为言宣也,含泽布气,调五神也。""山"

有宣散、产生之用，故训"宣"。"山、宣"上古音同属元部，声近韵同，为声训。张舜徽《约注》引宋育仁："山者，地之有石而积高者。其命之曰山，以其能宣气散生万物。古人语轻，山、宣之读，固为一音。"山地广大，物产丰富，能够产生动物、植物、矿物，《释名》："山，产也，产生物也。""山、产"声同韵近，亦为声训。《礼记·中庸》"今夫山，一卷石之多，及其广大，草木生之，禽兽居之，宝藏兴焉"，故训"生万物"。"有石而高"指山之构成及外形。王筠《句读》："丘部云：'土之高也。'与此对文。无石曰丘，有石曰山，高则所同也。郑注《地官司徒》曰：积石曰山。"

"山"甲骨文作 𝖒 甲三六四二，金文作 𝖒 父丁觚、𝖒 父壬鼎，像群山耸立形。金文又作 𝖒 克鼎，𝖒 善夫山鼎，山峰线条化。小篆作 山，徐锴《系传》："象山峰并起之形。""网"为用绳线织成的捕鱼或鸟兽的工具，甲骨文作 𝖒 合一〇七五四、𝖒 乙五三二九，罗振玉《殷虚书契考释》："象张网形。"长而高的山脊向四面分散，众多分支坡梁如网状分布，故"冈"从山网声。简化字"冈"是草书楷化而成。

"冈"引申指山坡、斜坡，左思《招隐》："白云停阴冈，丹葩曜阳林。"也泛指山岭或小山，王逸《九思》："览高冈兮峣峣。""冈"后增偏旁山作"岗"，又作"罡"，"冈、岗、罡"音义同。

【原文】 剑号巨阙　珠称夜光
jiàn hào jù què　zhū chēng yè guāng

【译文】 最著名的宝剑名叫"巨阙"，最宝贵的明珠号为"夜光"。

【释义】

讲古代的两件奇珍巨阙剑与夜光珠。巨阙剑是古代名剑之一，相传为春秋战国之交的铸剑大师欧冶子受越王勾践之父越王允常之命所铸。"阙"通"缺"，残缺。沈括《梦溪笔谈·器用》："剑之钢者，刃多毁缺，巨阙是也。"此剑坚硬无比，号称天下至尊，其他宝剑不敢与之争锋。袁康《越绝书·越绝外传》："欧冶乃因天之精神，悉其伎巧，造为大刑三、小刑二：一曰湛卢，二曰纯钧（亦称纯钩），三曰胜邪（又名盘郢和毫曹），四曰鱼肠，五曰巨阙。"或谓"三长两短"的成语出于此,后世用作意外灾祸之称。五剑各有特色:湛卢毫无杀气,剑身无锋,却有其浩然剑气,称为钝剑。纯钧则是最好的佩剑。巨阙的特点是巨剑。胜邪每铸一寸,邪长三分,故只铸半截,就已邪气凛然,成为残剑。鱼肠剑是一柄短剑,刺客专诸用来刺杀吴王僚,因吴王僚爱吃鱼,专诸就假扮厨师,把短剑藏于鱼肚子里,在献鱼之时趁机刺杀了王僚,因为短剑藏于鱼肚,故名。此外,承影剑、纯钧剑、鱼肠剑、泰阿剑、湛卢剑、龙渊剑、工布剑,与巨阙剑合称"八荒名剑"。

珍珠光润皎洁,自古受人珍爱。古谓珠能抵御火灾,《国语·楚语》:"珠足以御火灾,则宝之。"韦昭注:"珠,水精,故以御火灾。""金银珠宝"合称,说明珍珠与金银、玉石,都是珍宝。古代最著名的珍珠是夜光珠,但历史上没有详细记载,记载详细的是随侯珠。《搜神记》载,春秋时随侯出行,见大蛇被打成两段,觉得此蛇有些灵异,便命随行者用药救治,蛇就立即爬行了。因此就命此处为"断蛇丘"。一年以后,蛇衔明珠来报答随侯,"珠盈径寸,纯白,而夜有光明,如月之照,可以烛室,故谓之随侯珠,亦曰灵蛇珠,又曰明月珠"。《淮南子》载有"蛤蟹含珠,与月盛衰"的故事,"蛤蚌育珠",月圆之夜,皓月高悬,海面风平浪静。这时,蛤蚌的壳打开,对着月亮开合收放,吸收月华之光,久而久之,贝壳里面的珠会慢慢长大,成为珍贵的月光宝珠。

【解字】

jiàn

剑（劍劒）

徐锴尹祉	睡 36.84	说文小篆	说文籀文	熹平石经	颜真卿

繁体作"劍",《说文》小篆作"劒",形声字。《说文》:"劒,人所带兵也。从刃佥声。劒,籀文劒从刀。"本指古代兵器,两面有刃,中间有脊,有短柄。王筠《句读》:"五兵之长短,各有定制,惟桃氏之为剑也,各称其身之长短,则以时常佩带,取其便也。"剑之尤短者,谓之匕首。《左传·僖公十年》:"（里克）伏剑而死。"刃,指事字,《说文》:"刀坚也。象刀有刃之形。"本义为刀口、刀剑等的锋利部分。王筠《句读》:"刀坚者,谓刀坚利之处

也。"刃"小篆作 刃，王筠《释例》："有形不可象，转而为指事者，乃指事之极变，刃字是也。夫刀以刃为用，刃不能离刀而成体也。顾 刃 之为字，有柄有脊有刃矣。欲别作刃字，不能不从刀而以、指其处，谓刃在是而已，刃岂突出一锋乎？"刀，《说文》："兵也。象形。"为用于切、割、砍、削的器具的总名，也用作兵器名。佥（ qiān ），《说文》："皆也。从亼从吅从从。"本义为皆、都。二人（从）二口（吅）集合（亼），三者都有皆义，故"佥"从亼从吅从从。"佥"简化作"金"。剑身两边都有刃，两面都有脊，故"劒"从刃佥声。刀、刃形义相近而形符互用，故籀文从刀作"劍"，隶变作"劍"，为常用字。"劒"作"劍"，犹"刅"作"創"。"劒"金文从金作"鐱"。

"剑"也指剑术、剑法，《管子·七臣七主》："吴王好剑，而国士轻死。"也指用剑杀人，潘岳《马汧督诔序》："有司马叔持者，白日于都市，手剑父仇。"古人佩剑挟在胁下，故又指挟在胁下，《礼记·曲礼》："负剑辟咡诏之。"郑玄注："负，谓置之于背；剑，谓挟之于旁。"孔颖达疏："剑，谓挟于胁下，如带剑也。"

hào
号（號）　　湋　　韩　　號　　號　　號
十三年壶　老子甲后391　说文小篆　夏承碑　颜真卿

繁体作"號"，会意兼形声字。號（ háo ），《说文》："呼也。从号从虎。"本义为呼叫。王筠《句读》："呼当作嘑。"张舜徽《约注》："呼、嘑、謼三字固各有专义，然古人多通用呼。许书以推明本义为主，而说解中不必皆用本字也。號训为呼，呼犹叫也，谓兽叫之声。兽声以虎哮最大，故从虎。此与口部噑之或体獟从犬同意，犬亦叫声最厉者。"《诗经·魏风·硕鼠》："乐郊乐郊，谁之永号。"毛传："號，呼也。"号（ háo ），《说文》："痛声也。从口在丂上。"本义为大声哭叫。段注："凡嘑號字古作号。口部曰'嘑，号也'，今字则號行而号废矣。丂者气舒而碍，虽碍而必张口出其声，故口在丂上，号咷之象也。""丂"下"乛"为气出，上"一"为阻碍，口中气出受阻当用力呼叫，故"号"从口在丂上。"號"泛指呼叫，"号"指痛呼，高呼如虎咆哮，段注"嘑号声高,故从号;虎哮声厉,故从虎。号亦声",故"號"从号从虎,号亦声。简化字作"号"。

"号"引申指动物鸣叫,阮籍《咏怀诗》之一:"孤鸿号外野,翔鸟鸣北林。"风声如号,故又指风发出声音,杜甫《茅屋为秋风所破歌》:"八月秋高风怒号,卷我屋上三重茅。"又指大声哭,《左传·宣公十二年》:"申叔视其井,则茅经存焉,号而出之。"

"号"又音 hào,指召唤、呼唤,《左传·襄公十九年》:"冬,十一月,齐侯围之,见(夙沙)卫在城上,号之,乃下。"又指号令、发令,《周易·夬》:"孚号有厉。"呼声宣扬于外而使人知,故又指扬言、宣称,《汉书·高帝纪》:"羽兵四十万,号百万。沛公兵十万,号二十万,力不敌。"颜师古注:"兵家之法,不言实数,皆增之。"称谓是以名称使人知晓,故又指称谓、给以称号,《左传·昭公四年》:"未问其名,号之曰'牛'。"又指名称,如国号、年号,《周礼·春官·大祝》:"辨六号。"郑玄注:"号,谓尊其名,更为美称焉。"又指别号,名字以外的别名,陶潜《五柳先生传》:"先生不知何许人也,亦不详其姓字,宅边有五柳树,因以为号焉。"又指标志、记号,《礼记·大传》:"易服色,殊徽号。"又为乐器名。又指用号吹出表示一定意义的声音,如起床号。又指排定的次序或等级,如挂号、编号。又用作量词,表示人数或次序,如来了几十号人、六号文件。又特指一个月里的日子,如十月一号。又为中医术语,切脉称号脉。

jù 巨　　　　　　　　　　　　　　　　
伯矩盉　　伯矩盘　　卫盉　　鄘侯簋　　说文小篆　　说文或体　　张迁碑阴　　颜真卿

象形字。《说文》:"巨,规巨也。从工,象手持之。 ,巨或从木、矢。矢者,其中正也。 ,古文巨。"本义为规矩,木工的方尺,音 jǔ,后作"矩"。《管子·宙合》:"成功之术,必有巨镬。"赵守正注:"巨镬,规矩。"段注:"规矩二字犹言法度,古不分别。"戴侗《六书故·工事》:"巨,工所用以为方也。"张舜徽《约注》:"巨之本义,盖即今木工所持方尺。凡作器之时,取材正倾，皆必以此为准，所谓不以规矩不能成方圆也。古初之矩，形制甚大，工必持之以行。”“巨”金文作、、伯矩卣、伯矩鬲、，像人（大、夫）持矩（工）形，、则加手（又），示人以手持矩。“工”为直角曲尺，即工字尺。“巨”或体作，从木矩声，巨以木制，故加木；《说文》析其构形为“从木、矢”，“矢”乃金文中“夫”之讹，《说文》既谓从矢，乃说其形符取意谓“矢者，其中正也”，谓矢有正直义，巨能画方直的角线，故“榘”从矢。小篆省、之“大、人”作，像手（⊃）持巨（工）形。“巨”战国文字作燕·陶汇四·三三、楚·巨茝王鼎，中间斜画为手（又）之讹形，为《说文》古文由来。高鸿缙《中国字例》：“工象榘形，为最初文，自借为职工、百工之工，乃加画人形以持之……后所加之人形变为夫，变为矢，流而为矩，省而为巨。后巨又借为巨细之巨，矩复加木旁作榘，而工与巨复因形歧而变其音，于是人莫知其朔矣。”演变过程：工→巨→矩→榘。今工作用“工”，巨大用“巨”，规矩用“矩”。

“巨”也指大，《墨子·非乐》：“三者，民之巨患也。”扩展指最、极，曹植《辩道论》：“言不尽于此，颇难悉载，故粗举其巨怪者。”

què 阙（闕）

说文小篆　　曹全碑　　怀素　　褚遂良

繁体作“闕”，形声字。《说文》：“闕，门观也。从門欮声。”宫门外两边的楼台，中间有路。徐锴《系传》：“盖为二台于门外，人君作楼观于上，上员下方。以其阙然为道谓之阙，以其上可远观谓之观，以其悬法谓之象魏，象悬书名也。”朱骏声《通训定声》：“凡平地四方而高者为台；不必方而高者为观；其在门左右者，中央空隙为路则谓之阙，亦曰两观，即《周礼》之象魏也。”《释名》：“阙，缺也。在门两旁，中央缺然为道也。”《左传·庄公二十一年》：“郑伯享王于阙西辟。”“欮”为“瘚”之或体，《说文》：“瘚，屰气也。从疒从屰从欠。欮，瘚或省疒。”本义为气逆，俗称岔气。也作“厥”。《释名·释疾病》：“瘚，逆气从下厥起，上行入心胁也。”屰（nì），《说文》："不顺也。从干下屮。屰之也。"本义指不顺。段注："后人多用逆,逆行而屰废矣。""屰"甲骨文作 𭅊 乙三九三九,为倒人之形,以倒人表示违逆、不顺,为"逆"的本字。"瘚"为气逆,气逆为疾病之一,徐锴《系传》:"屰,逆也。""欠"甲骨文作 𝒽 明一八八〇,人张口出气打哈欠。岔气为气逆行,故"欮"从屰从欠。阙为宫门外两边楼台之中间空缺,留道路而通大门,故"闕"从門欮声。

"阙"也指石阙,神庙、坟墓之前砌立的石雕,如太室阙,汉佚名《祀三公山碑文》:"东就衡山,起堂立坛,双阙夹门,荐牲纳礼。"也指宫殿,江淹《诣建平王上书》:"升降承明之阙,出入金华之殿。"又为帝王居地的统称,《庄子·让王》:"身在江海之上,心居乎魏阙之下。"又指两山如双阙对峙,《史记·司马相如列传》:"出乎椒丘之阙,行乎洲淤之浦。"两座门观中间是空的,故又指空缺、豁口,《论语·卫灵公》:"吾犹及史之阙文也。"又指欠,应给而不给,《左传·襄公四年》:"敝邑褊小,阙而为罪。"空缺、亏缺犹不足,故又指过失、弊病,《诗经·大雅·烝民》:"衮职有阙,维仲山甫补之。"又为剑名,《荀子·性恶》:"桓公之葱,太公之阙……此皆古之良剑也。"

"阙"又音 quē,指损害,《左传·僖公三十年》:"阙秦以利晋,惟君图之。"又指亏缺、残破,也作"缺",《礼记·礼运》:"三五而盈,三五而阙。"孔颖达疏:"谓月光亏损。"

zhū 珠   珠 珨 珠 珠

睡 53.32   说文小篆 仓颉庙碑 颜真卿

形声字。《说文》:"珠,蚌之阴精,从玉朱声。《春秋国语》曰:'珠以御火灾。'是也。"本指蚌壳体内所生的珍珠,圆形小颗粒,有光泽,可入药,也可做装饰品。《尚书·禹贡》:"泗滨浮磬,淮夷蠙珠暨鱼。"朱,《说文》:"赤心木,松柏属。从木,一在其中。"本义为红心木。王筠《句读》:"谓松柏之类,皆赤心之木也。《礼器》曰:松柏有心。"段注:"赤心不可像,故以一识之。""朱"金文作 𣎳 毛公鼎,木中一点表示赤心。"朱"由赤心木转指大红色。

古人重玉，物之贵美者多冠以玉名，珍珠温润如玉，故珠玉连称，珠在蚌壳中如赤心在朱木中，故"珠"从玉朱声。徐锴《系传》："珠之在蚌腹，与月亏全。今人以美珠以缯帛包之，灼之以火而帛不焦，故王孙圉云'以御火灾'。"

　　"珠"也指似珠的宝石，《尚书·禹贡》："厥贡惟球琳琅玕。"孔传："琅玕，石而似珠。"又指珠状的东西，如露珠、汗珠，苏轼《六月二十七日望湖楼醉书》："黑云翻墨未遮山，白雨跳珠乱入船。"通"朱"，指朱砂，《后汉书·袁安传》："朝廷以逢尝为三老，特优礼之，赐以珠画特诏秘器。"李贤注："《音义》云：'以朱沙画之也。'珠与朱同。"

chēng
称（稱）　　菁1　　卫盉　　说文小篆　　史晨碑　　颜真卿

　　繁体作"稱"，形声字。《说文》："稱，铨也。从禾爯声。春分而禾生，日夏至，晷景可度。禾有秒，秋分而秒定。律数：十二秒而当一分，十分而寸。其以为重：十二粟为一分，十二分为一铢。故诸程品皆从禾。"本义为称量，测物的轻重。段注："铨者，衡也。《声类》曰'铨所以称物也，稱俗作秤'。按爯，并举也。偁，扬也。今皆用稱，稱行而偁废矣。""爯、偁、稱、秤"本一字。《周易·谦》："称物平施。"孔颖达疏："称此物之多少均平而施。"爯（chēng），《说文》："并举也。从爪，冓省。"本为手举物，后作"稱"。甲骨文作合六一六二、合七四二三，李孝定《甲骨文字集释》："契文爯字象以手挈物之形，自有举义，但不能确言所挈何物耳。"或为初民分鱼时用手（爪）掂量鱼的重量。从渔猎进入农耕社会，主要是称量谷物，故"量"甲骨文作合一九二二、合三一八二三，从日从東，表示白日称量装在袋（東）中的谷物。冓（gòu），《说文》："交积材也。象对交之形。"指相遇、交接，后作"構"。"交积材"指架积木材，段注："高注《淮南》曰：'构，架也，材木相乘架也。'按：结冓当作此。今字構行而冓废矣。"王筠《句读》："对，谓 廿廾 两相对也；交，谓丨以连其 廿廾 也……交者，屋材结构必相交也；积者，架屋必积众材而成也。""冓"小篆作冓，徐灏《注笺》："象材木纵横相交之形。"甲骨文

作 合一五八、 合一二五七一，像两物（李孝定谓像两鱼）对交之形，以两物对交会遭遇、交接之意。"爯"指以手（爪）提物称量，"菁"像相同两物对交，有均等、对称意，称物讲求准确、均衡，亦有均等、对称意，故"爯"从爪，菁省。"稱"指称量禾谷，"爯"为"稱"之初文，故"稱"从禾爯声。简化字由草书楷化为"称"。

"称"也泛指衡量、揣度，《晏子春秋·内篇问》："称财多寡而节用之。"称谓多是名实相副、恰如其分，如衡量般平准，称谓为大多数人认可施行，如认可称量标准，故又指称谓、名号，赵岐《孟子章句题辞》："子者，男子之通称也。"又指称为、叫做，《尔雅·释亲》："妇称夫之父曰舅，称夫之母曰姑。"称量标准为众人所认同、称许，故又指祝贺、颂扬，《论语·宪问》："骥不称其力，称其德也。"人公认称量标准，有宣扬意，故又指显扬、显名，《论语·卫灵公》："君子疾没世而名不称焉。""爯"本含举义，而颂扬、显扬有抬举、高升意，故又指：1. 并举、托举，《尚书·牧誓》："称尔戈，比尔干，立尔矛。"2. 举行，《尚书·洛诰》："王肇称殷礼，祀于新邑。"3. 举事，《左传·襄公八年》："女何故称兵于蔡？"4. 荐举、推举，《尚书·周官》："举能其官，惟尔之能；称匪其人，惟尔不任。"又指称贷、借债，《孟子·滕文公》："又称贷而益之，使老稚转乎沟壑，恶在其为民父母也。"朱熹集注："称，举也。贷，借也。取物于人，而出息以偿之也。"

"称"又音 chèn，指平衡、适当，如称心如意，《荀子·礼论》："贵贱有等，长幼有差，贫富轻重皆有称者也。"称心是心意随顺，故又指随，《礼记·檀弓》："子游问丧具，夫子曰：称家之有无。"孔颖达疏："称，犹随也。言各随其家计丰薄有无也。"适当则美善，故又指好、美好，《管子·幼官》："收天下之豪杰，有天下之称材。"章炳麟《管子余义》："称，好也……好材，犹言美材也。"

"称"又音 chèng，测定物体轻重的器具，后作"秤"，《孙子算经》："称之所起，起于黍。十黍为一絫，十絫为一铢，二十四铢为一两，十六两为一斤。"

ye
夜　　术　变　或　夜　夾　夜
　　　西周 H11:56　效卣　伯晨鼎　说文小篆　淮源庙碑　颜真卿

　　形声字。《说文》："夜,舍也。天下休舍也。从夕,亦省声。"本义指天黑到天亮一段时间,与"日、昼"相对。段注："休舍犹休息也。舍,止也。"徐灏《注笺》："夜之言舍也,夜与亦一声之转。"万物至夜晚而息止,故训"天下休舍也"。《春秋·庄公七年》："夏四月辛卯夜,恒星不见。"孔颖达疏："夜者,自昏至旦之总名。""亦"为"腋"本字,指人的腋窝,小篆作夾,从大,大即人,以两点(八)指出人(大)两臂下腋窝所在。"亦"借为虚词,再造形声字"腋"。"夕"指夜晚,腋窝位于上肢下凹部分,被两臂所夹而不见,夜晚暗不见物,如腋夹于臂而不见,故"夜"从夕,亦省声。

　　黄昏如夜晚昏暗,属于夜晚范畴,故"夜"也指黄昏,《诗经·召南·行露》："岂不夙夜,谓行多露。"郑玄笺："行事必以昏昕。"孔颖达疏："夙即昕也,夜即昏也。"凌晨天色犹黑,是夜晚的尽头,又指凌晨、天快要亮的时候,《周礼·春官·鸡人》"大祭祀,夜嘑旦,以叫百官",郑玄注："夜,夜漏未尽,鸡鸣时也。"夜晚昏暗,故又指昏暗,《潜夫论·赞学》："是故索物于夜室者,莫良于火;索道于当世者,莫良于典。"

guāng
光　　　　　　　　　焱　　光　光
　　　合 4486　合 22043　宰甫簋　楷伯簋　包 268　说文小篆　孔宙碑　颜真卿

　　会意字。《说文》："光,明也。从火在人上,光明意也。焱,古文。英,古文。"本义为光明。通常指照在物体上使人能看见物体的那种光亮,如太阳光、火光、灯光等。徐灏《注笺》："《释名》云'光,晃也,晃晃然也。亦言广也,所照广远也'。《广雅》曰'光,照也'。灏按,光从人持火,盖本义以火烛物,故稚让训为'照',因之为光明之称。"《左传·庄公二十二年》："光,远而自他有耀者也。"古文"英",下为火苗(火),上为映入空中的火光(廿)。古文"焱",是火光(英)之上再加火光(炎)。"光"甲骨文、金文、小篆从火在人上,会火高照光明意。或谓"光"会人持火炬于头上照明之意,张舜徽

《约注》"凡以火照物者,恒伸手高举其火。光字从火在儿(人)上,谓火光高出头上,非谓人头之上有火也",故"光"从火在人上。

日、月、星最为光亮,故"光"引申指日、月、星辰等天体,《尚书·顾命》:"昔君文王、武王,宣重光。"陆德明释文引马融注:"重光,日、月、星也。"也指明亮、发光,《汉书·晁错传》:"日月光。"光彩照人如日光明亮,故又指光采、风采,如容光焕发。光荣犹名誉的光亮,故又指光荣、荣耀,如为国争光,《诗经·大雅·韩奕》:"不显其光。"与人恩惠如给人带来光亮,故又指恩惠、好处,如沾光,《汉书·礼乐志》载《安世房中歌》:"下民之乐,子孙保光。"光亮明耀,所照之处亦明显,又指照耀、显耀,《尚书·洛诰》:"惟公德明,光于上下,勤施于四方。"景色赖光亮而显扬,景色美丽如光,故又指景色,如风光,王禹偁《黄冈新建小竹楼记》:"远吞山光,平挹江濑。"又用作敬辞,如光临,曹植《七启》:"不远遐路,幸见光临。"又指光滑,王嘉《拾遗记·秦始皇》:"其土石皆自光澈,扣之则碎。"

【原文】　果珍李柰　菜重芥姜
　　　　 guǒ zhēn lǐ nài　cài zhòng jiè jiāng

【译文】　水果中珍贵的是李子和柰子,蔬菜里受推崇的是芥菜和生姜。

【释义】

说植物,以李、柰、芥、姜作代表。李,蔷薇科落叶乔木,春季开白色五瓣花,所结果实如球形。果皮有紫红、青绿或黄绿等颜色,果肉含磷、铁、钙等微量元素。李子味甘酸,性凉,具有清热生津、泻肝涤热、活血解毒、利水消肿等功效。饭后食李,能增加胃酸,帮助消化。暑热时食李,有生津止渴、去暑解热的功效。但不可多食,孙思邈说李子"不可多食,令人虚"。柰子俗称沙果,是蔷薇科苹果属的一种水果。性平,味酸甘。入心、肝、肺经。有止渴生津、消食化滞等功效。

芥菜,十字花科芸苔属一年或二年生草本植物,是中国的特产蔬菜,多分布于长江以南各省。芥性辛热,可入药,除肾邪,利九窍,明耳目,宣肺豁痰,温中利气。芥菜虽好,也不可久食,《本草纲目》说芥菜"久食则积温成

热,辛散大盛,耗人真元,肝木受病"。姜,姜科姜属,多年生草本植物,也称
"生姜",食用部分是肥大的根茎。原产于中国,可一种二收,早秋收嫩姜,
深秋收老姜。姜是一种极为重要的调味品,又是一味重要的中药,药用
价值很广。

【解字】

guǒ
果　　合 28128　续乙 960　续甲 1215　果篡　　玺汇936　说文小篆　唐公房碑　颜真卿

依附象形字。《说文》:"果,木实也。从木,象果形在木之上。"本义为
植物所结的果实。徐锴《系传》:"树生曰果,故在上也。"罗振玉《增订殷
虚书契考释》:"象果生于木之形。卜辞中娉字采字从此。"金文、战国文字
之田省作田,小篆承之。果形圆而易与他物相混,故加木于下,表示生于
木上之果。此类附加相关或同类物形之象形字,为依附象形字,"石、眉"
等字皆属此类。

植物多先开花后结果,果实是最终的呈现,故"果"引申指事情的结
局、结果,与"因"相对,如前因后果,《大唐西域记》:"灵鉴潜被,愿求多
果。"又指实现、信实,凡事与预期相合的称果,不合的称不果,《韩非子·外
储说左下》:"君谋欲伐中山,臣荐翟角而谋得果。"决断是结果的呈现,故
又指有决断,《论语·雍也》:"由也果,于从政乎何有?"果实多圆实饱满,
故又指饱足,如果腹,《庄子·逍遥游》:"适莽苍者三飡而反,腹犹果然。"又
用作副词,表示结果。又用作连词,表示假设,相当于"如果、假若"。通
"娉",女侍,《孟子·尽心》:"及其为天子也,被袗衣,鼓琴,二女果,若固有
之。"赵岐注:"果,侍也。"《说文》女部引作"娉"。

zhēn
珍　　甲 3585　续 5.23.2　说文小篆　礼器碑　颜真卿

形声字。《说文》:"珍,宝也。从玉㐱声。"本义为珠玉之类的宝物。
《说文》:"宝,珍也。"二字互训。戴侗《六书故·地理》:"珍、宝、玩、弄皆从

玉,莫贵于玉也。"《楚辞·招魂》:"室中之观,多珍怪些。"王逸注:"金玉为珍。"彡(zhěn),《说文》:"稠发也。从彡从人。《诗》曰:彡发如云。"本义为头发黑而密,彡指头发,故"彡"从彡从人。古人贵玉,珍贵之物多从玉或冠以玉名,"珍"为珠玉之类的宝物,"彡"为发黑而密,黑密之发亮丽柔顺而珍贵,故"珍"从玉彡声。罗振玉《增订殷虚书契考释》:"⊘⊘从勹贝,乃珍字也。篆文从王(玉),此从贝者,古从玉之字或从贝,如许书玩亦作贩,是其例也。勹贝为珍,乃会意。篆文从玉彡声,则变会意为形声矣。"张舜徽《约注》:"古者以玉贝为货币,故珍字取象焉。许训为宝者,犹后世铸铜为钱,通名为宝也。盖珍之言中也,犹宝之言勹也,皆谓藏在内也。"

珍宝稀有而为人所贵,故"珍"引申指宝贵的、稀有的,《尚书·旅獒》:"珍禽奇兽,不育于国。"珍宝精美,故也指精美的,《管子·乘马》:"君有珍车珍甲而莫之敢有。"又指珍贵精美之物,《周礼·地官·司市》:"凡治市之货贿、六畜、珍异,亡者使有,利者使阜,害者使亡,靡者使微。"又特指稀有精美的食品,《后汉书·章帝纪》:"身御浣衣,食无兼珍。"珍宝为人所重,故又指重视、慎重,《左传·文公八年》:"书曰'公子遂',珍之也。"

后 2.13.7　　五祀卫鼎　　玺汇 2475　　包 182　　说文小篆　　熹平石经　　颜真卿

形声字。《说文》:"李,果也。从木子声。杍,古文。"本义为果名。比较而言,果为果在木上,较大;李为子在木下,较小。子有小义,则垂吊的小果实为李。李一度泛指果实,后来"果"用为果实通名,"李"成为一种果实的专名。张舜徽《约注》:"李之本义为果名,种类甚多。果可生食,或为李脯;果仁、根皮并供药用。"或谓"李"本为果树名,盖"李、奈、桃"等字,一名兼二义,其果为李、奈、桃,其木亦为果名。《诗经·大雅·抑》:"投我以桃,报之以李。"李树所结李果似杏而脆,果实较小,故"李"从木子声。古文作"杍",为左右结构。

"李"也指果树名,蔷薇科,落叶乔木,叶倒卵形,花白色,果实球形,果皮紫红、青绿或黄绿，果可生食或制蜜饯。核仁、根、叶、花、树胶可供药用，《孟子·滕文公》："井上有李，螬食实者过半矣。"通"理"，段注："古李、理同音通用，故'行李'与'行理'并见，'大李'与'大理'不分。"1.古时法官的名称，《管子·法法》："舜之有天下也，禹为司空，契为司徒，皋陶为李。"2.星名，《史记·天官书》："左角，李；右角，将。"又用作姓氏，《通志·氏族略》："李氏，嬴姓。高阳氏生大业，大业生女华，女华生皋陶，字庭坚，为尧大理，因官命族为理氏。夏商之季有理征……以直道不容，得罪于纣，其妻契和氏携子利真逃于伊侯之墟，食木子而得全，遂改理为李氏。"

nài 奈

　テ　　テ　　芊　　斎　　崇　　奈　　奈

合15664　合15663　合25371　包239　说文小篆　熹平石经　颜真卿

　　形声字。《说文》："奈，果也。从木示声。"本义为奈果，林檎类，是蔷薇科苹果属的一种水果。王筠《句读》："奈有青、白、赤三种。"张舜徽《约注》："《本草纲目》云：'奈与林檎，一类二种。实似林檎而大，一名频婆。'《学圃余疏》谓频婆即苹果，然则今俗所称苹果，即古之所谓奈也。味甘美，多产北方。今俗所称花红或沙果者，即古之所谓林檎也。形与奈相似而有不同，或以花红、沙果当奈，误矣。凡言奈何，犹云如何也。如字声在日纽，古读归泥，与奈双声，故相通假。《礼记·曲礼》：'奈何去社稷也。'疏云：'犹言如何也。'是已。奈何二字急言之则为那，故《广雅·释言》云：'奈，那也。'"示，《说文》："天垂象，见吉凶，所以示人也。从二。三垂，日月星也。观乎天文，以察时变。示，神事也。"指天（二）用日月星（小）显现出某种征象，向人垂示休咎祸福。段注："言天悬象箸明以示人，圣人因以神道设教。""示"甲骨文作丁后上一二，像祭祀的牌位形。"奈"为奈树之果，《洛阳伽蓝记·报德寺》："奈味甚美，冠于京师。"盖奈果鲜美，可供祭祀，故"奈"从木示声。"奈"甲骨文与"祟"同形，当为"祟"之分化字。

　　"奈"也指奈树，与林檎同类，曹植《谢赐奈表》："即夕殿中虎贲宣诏，赐臣等冬奈一奁。"又指茉莉、茉莉花，宋庠《庄献太后挽词》："灾生织女奈,魂断濯龙车。"同"奈",《淮南子·兵略》:"为鱼鳖者,则可以网罟取也;为鸿鹄者,则可以缯缴加也。唯无形者,无可奈也。"

cài
菜　芈　芊　芽　菜　菜　菜

格白簠　格白簠　上·孔17　说文小篆　娄寿碑　颜真卿

　　形声字。《说文》:"菜,艸之可食者。从艸采声。"本义为蔬菜。采,《说文》:"捋取也。从木从爪。"本义指摘取。爪,《说文》:"丮也。覆手曰爪,象形。"指人的爪、指甲,也指鸟兽的脚趾或趾甲。"采"甲骨文作⚬合一三三七七、⚬合一一七二六、⚬合一二八一一,罗振玉《增订殷虚书契考释》:"象取果于木之形,故从爪果,或省果从木。取果为采,引申而为樵采及凡采择字。""采"是以手(爪)摘取树上的果或花、叶,徐灏《注笺》"木成华实,人所采取",故"采"从木从爪。菜初为可食用的草,人采而食之,故"菜"从艸采声。菜最初为野生,后经人培育而能人工种植,方成为专门的菜。《说文》无"蔬"字,经传多用"蔌",《尔雅·释器》:"菜谓之蔌。"郭注:"蔌者,菜茹之总名。"《诗经·大雅·韩奕》:"其蔌惟何? 惟笋及蒲。"毛传:"蔌,菜肴也。"又《尔雅·释天》:"谷不熟为饥,蔬不熟为馑。"可知草可食者不只供肴膳,也能够救灾荒。明人朱橚著《救荒本草》罗列可以救荒之菜数百种之多。古代又以采为菜,段注:"古多以采为菜。"《周礼·春官·大胥》:"春入学,舍采合舞。"郑玄注:"舍即释也,采读为菜。始入学,必释菜礼先师也。"

　　"菜"也为肴馔的总称,如川菜,《北史·胡叟传》:"饭菜精洁,醯酱调美。"

zhòng
重　𣎳　𣍁　𣍄　重　重　重　重

村中南483　村中南483　重鼎　井侯簋　㐱卒铎　说文小篆　曹全碑　颜真卿

　　形声字。《说文》:"重,厚也。从壬東声。"本义为厚重。段注:"厚者旱也,厚斯重矣,引伸之为郑重、重叠。"《周易·系辞》:"夫茅之为物薄,而用可重也。"壬(tǐng),《说文》:"善也。从人、士。士,事也。一曰象物出地挺生也。"本义为挺立。"壬"甲骨文作⚬后二·三八·一、⚬合一九一○七,像人挺立土上形，本义为挺立，为"挺"之初文。西周金文作 𡈼 金文编，加·为饰笔，后变作横，合下横为"土"，篆文承之作 𡈼，徐铉等注："人在土上，壬然而立也。"人挺立则挺拔英俊，身姿修长而美善，故训"善"，张舜徽《约注》："人之挺立于地而训为善，此与亚篆象人局背之形而训为丑，义实相反。可悟壬之训善，乃谓人躯干之美也。東，《说文》："动也。"指东方。五行中东方属木，季节属春。春季万物萌动生发，故训"动"。"東"甲骨文作 𣏟 合一〇四〇五反、𣏟 合六九〇六，金文作 𣏟 父乙尊、𣏟 保卣，徐中舒《甲骨文字典》："象橐中实物以绳约括两端之形，为橐之初文。甲骨文、金文俱借为东方之东，后世更作橐以为囊橐之专字。""重"指厚重，人承担重担必当挺立，甲骨文、商代金文从人负東，東亦声，会人背负重物（東）之意，本义为沉重，引申为厚重。西周早期金文作 𡍸，变作上下结构，"人、東"共用中竖；战国文字作 𡍸，加"土"作义符（土地最厚重，故加土），为篆文所本。综上所述，"重"之形符"壬"为"人"之变。

物厚则分量大，故"重"引申指分量大，与"轻"相对，《尚书·大禹谟》："罪疑惟轻，功疑惟重。"又指重量、分量，《周礼·考工记·栗氏》："其耳三寸，其实一升，重一钧。"郑玄注："重三十斤。"味重则浓，故又指浓厚，《吕氏春秋·尽数》："凡食，无强厚味，无以烈味重酒，是以谓之疾首。"深则厚，故又指深，《礼记·檀弓》："子之哭，壹似重有忧者。"物厚则大，故又指大，《礼记·儒行》："引重鼎，不程其力。"又指贵重，《仪礼·觐礼》："重赐无数。"重要是事之重，故又指要紧、重要，《论语·泰伯》："任重而道远。"也指着重、重视，《礼记·缁衣》："臣仪行，不重辞。"威望是名之重，故又指威重、威望，《史记·汲郑列传》："顾淮阳吏民不相得，吾徒得君之重，卧而治之。"端庄是仪之重，故又指悼重、端庄，《论语·学而》："君子不重则不威，学则不固。"负重则行动迟缓，故又指迟缓，《礼记·玉藻》："足容重。"谨慎是心态、处事之重，故又指慎重、谨慎，许慎字叔重，名、字之义相合，《荀子·议兵》："重用兵者强，轻用兵者弱。"事物增加则厚重，故又指增加，《吕氏春秋·制乐》："今故兴事动众以增国城，是重吾罪也。"担当犹任之重，又指担当、负责,《孟子·万章》:"其自任以天下之重如此,故就汤而说之以伐夏救民。"权力如地位之重,故又指权力、权势,《荀子·臣道》:"有能抗君之命,窃君之重,反君之事,以安国之危,除君之辱。"又指载重车、辎重,《左传·宣公十二年》:"楚重至于邲。"

"重"又音 chóng,物重积则厚重,故又指重复、重叠,《周易·乾》:"重刚而不中。"孔颖达疏:"上下俱阳,故重刚也。"物重则累人,故又指拖累、牵连,《诗经·小雅·无将大车》:"无思百忧,只自重兮。"物多则重,故又指多,《左传·成公二年》:"重器备,椁有四阿,棺有翰桧。"由重复引申指两个、成双的,《诗经·鲁颂·閟宫》:"二矛重弓。"又指加上,表示更进一层,《楚辞·离骚》:"纷吾既有此内美兮,又重之以修能。"怀孕如人中有人,有重意,故又指怀孕,《诗经·大雅·大明》"大任有身"毛传:"身,重也。"又用作副词,表示动作行为的重复,相当于"再次、又",《古诗十九首》之一:"行行重行行,与君生别离。"又用作量词,相当于"层,种、件,周(指六十年),阶、级"。

芥 jiè

芥　芥　芥　芥　芥

古玺　　睡 16.126　说文小篆　西陲简 47.9　颜真卿

形声字。《说文》:"芥,菜也。从艸介声。"本义为芥菜。芥菜为十字花科,一年或二年生草本。有叶用芥菜(如雪里红)、茎用芥菜(如榨菜)和根用芥菜(如大头菜)等。种子可榨油或制芥辣粉(芥末)。《礼记·内则》:"脍,春用葱,秋用芥。"介,《说文》:"画也。从八从人。人各有介。"指疆界、界限,后作"界"。《诗经·周颂·思文》"无此疆尔界",陆德明释文"界"作"介"。"八"指分别,"介"小篆作介,八在人左右,区分人左右界限,故"介"从八从人。"介"甲骨文作介(合八一六、介合二一六四、介合一六二三反),罗振玉《增订殷虚书契考释》:"象人着介形。介联革为之,或从𠆢者,象联革形。"张舜徽《约注》:"介之为物,分片相联,如鳞虫之有鳞介,故其字从𠆢。其作介者,乃省体也。故称介胄,即甲胄也。因之甲虫亦称介虫。"芥菜为草本植物,性热而味辛辣,作用强大如介,与清淡蔬菜介然有别,故"芥"从艸介声。

"芥"也指小草,段注:"借为草芥、纤芥字。"《左传·哀公元年》:"其亡也,以民为土芥。"又指芥蒂、梗塞,王士祯《梅厓诗意序》:"若人世荣辱得丧,一无足芥其中者。"

jiāng
姜(薑䕬)　　**薑　薑　薑　薑**

说文小篆　武威医简 52　居延简甲 1962　颜真卿

姜蒜之"姜",繁体作"薑",《说文》作"䕬",形声字。《说文》:"䕬,御湿之菜也。从艸彊声。"本指生姜。姜科,多年生草本作物,根茎肥大,呈不规则块状,有辛辣味,可作蔬菜、调料,并供药用。姜性辛热,主要功用为祛湿,故训"御湿之菜也"。《论语·乡党》:"不撤姜食,不多食。"朱熹集注:"通神明,去秽恶,故不撤。"彊(qiáng),《说文》:"弓有力也。从弓畺声。"本义为硬弓。畺(jiāng),《说文》:"界也。从畕,三,其界画也。疆,畺或从彊、土。"本义为国界、边界。畕(jiāng),《说文》:"比田也。从二田。"段注:"比田者,两田密近也。""畕"小篆作田田,像二田相连形。田相连则中间相连处为疆界,故"畕"有疆界义,徐灏《注笺》:"田相比则畺界生焉,故从二田。""畕"为"畺"之初文,加"三"像其疆界,故"畺"从畕。"畺"为国土边界,故或体从土彊声作"疆",为通行字。"畺"甲骨文作田田 库四九二、田田 后下四·七,金文作疆 盂鼎、疆 墙盘,罗振玉《增订殷虚书契考释》:"从弓,从畕……此古者以弓纪步之证。"疆界义上"畕、畺、疆"同,今以"疆"为通用字。"彊"本以弓量地分界,由弓彊转指彊壮有力,再后用从虫的"强"取代"彊"作强壮、强盛、坚强的通行字。䕬为草本植物,"彊"为弓有力,姜辛而甘温,可去邪辟恶,利益众多而功能强大,故"䕬"从艸彊声。"䕬"后省弓作"薑",汉字简化后文字合流,以"姜"代"薑"。

姜,形声字。《说文》:"神农居姜水,以为姓。从女羊声。"本为水名及姓。《帝王世纪》:"神农氏,姜姓也。长于姜水,以火承木,位在南方,故谓之炎帝。"姜水即今陕西宝鸡南部流入渭水的清姜河,《通志·氏族略》:"姜氏,姓也。炎帝生于姜水,因生以为姓。其后太公封于齐,世与周鲁为婚姻,历二十九世为田氏所灭。"《诗经·大雅·生民》:"厥初生民,时维姜嫄。"毛传:"姜,姓也。"女,《说文》:"妇人也。象形。"本义为女子、妇女。羊,《说文》:"祥也。从丷,象头角足尾之形。"甲骨文作 ❤甲二九〇四,像正面羊头形。羊性温良而肉鲜美,有吉祥美善之意,故引申为吉祥,后作"祥"。徐灏《注笺》:"钟鼎款识,多有大吉羊之文。蠢、义等字从羊者,祥也。""姜"为姓,姓为女所生,生子为吉祥之事,亦或姜姓所居之地多羊,故"姜"从女羊声。

"姜"本为姓氏、水名用字,简化字同音并用,才表示植物薑、薑。

【原文】 hǎi xián hé dàn　　lín qián yǔ xiáng
海 咸 河 淡　　鳞 潜 羽 翔

【译文】 海水的味道苦咸,河水的味道清淡;鱼儿在水里自在潜游,鸟儿在空中逍遥飞翔。

【释义】

讲河海的特性及其中生物,《千字文释义》:"至于水之大者,则有河海。而虫鱼鸟兽不可胜举,总以见地之广生也。"海水咸是因为海水中含有3.5%左右的盐,其中大部分是氯化钠,还有少量的氯化镁、硫酸钾、碳酸钙等,这些盐使海水变得苦涩而难以入口。古谓海水咸与五行相关,是大自然的表现。

"鳞潜羽翔"出自《诗经·大雅·旱麓》"鸢飞戾天,鱼跃于渊。岂弟君子,遐不作人",言圣人之德,犹鸟飞于天、鱼游于水般上下明察。《千字文》变换《诗经》语句,改为"鳞潜羽翔",意思相同。"鳞"代表一切鱼类,也为水中动物的代称。"羽"代表一切飞禽走兽,也为地上动物的代称。

从"天地玄黄"到"鳞潜羽翔",为第一大段,讲了天、地两道。其间又可分为两小段。从"天地玄黄"到"露结为霜"为第一小段,讲的是天道。从造分天地开始,引出日月星辰、天文历法、节气物候,虽然只列举几类典型的事物,却代表了天道的一切。第二小段从"金生丽水"到"鳞潜羽翔",讲的是地道。首讲自然矿物,以金、玉为代表,引出世间宝物、植物、动物及河海等,包含地道的一切。《老子》四十二章:"道生一,一生二,二生三,三生万物。"至此,天地已经讲完,下面一段开始讲"人道"。由此可见,《千字文》次第有序,章法谨严且意蕴典奥。

【解字】

hǎi
海　小篆謎簋　小篆謎簋　包2.147　老子甲后308　说文小篆　熹平石经　颜真卿

形声字。《说文》:"海,天池也。以纳百川者。从水每声。"本义指承受大陆江河流水的最大水域,后指邻接大陆而小于洋的水域。《玉篇》海部:"海,大也,受百川,万谷流入。"段注:"凡地大物博者皆得谓之海。"《释名·释水》:"海,晦也,主承秽浊,其水黑如晦也。""每"甲骨文作𦱳合二二四五七、𦱳合二七一一五、𦱳合二八四一〇,从女,在头上加ㄧ、ㅅ等头饰,表示(服饰)盛美,引申为凡盛之称。"每"甲骨文偶从母作𦱳合二九一八五,并以母为声,遂以此为定形。海汇聚百川之水,广深盛大(每),故"海"从水每声。海域广大,海水晦暗,海域偏远,故"海"有大、晦、远等核心义素,其引申义多由此而出。

"海"也指海水,《汉书·晁错传》:"吴王即山铸钱,煮海为盐。"古谓荒远之地远离华夏,无礼仪教化而晦昧无知,如海水晦暗,故又指荒远之地,《尔雅·释地》:"九夷、八狄、七戎、六蛮,谓之四海。"郭璞注:"九夷在东,八狄在北,七戎在西,六蛮在南,次四荒者。"又指从海外、外国传进来的,《本草纲目·果部》:"海棠梨,时珍曰:按李德裕《草木记》云:凡花木名海者,皆从海外来,如海棠之类是也。又李白诗注云:海红乃花名,出新罗国甚多。则海棠之自海外有据矣。"又指大湖,如洱海、里海。又指苑囿内的水池,如北海。海巨大深广,故又指人或事物积聚众而且广,如学海、云海。又为上海的简称。又用作姓氏,《姓觿》贿韵:"海,《姓源》云:'黄帝庶子禺阳裔孙,世居南海为海司,因氏。'《千家姓》云:'薛郡族。'又夷姓。《金史》有海里。"

xián
咸（鹹）

鹹　鹹　鹹　鹹
三体石经　说文小篆　智永　颜真卿

咸淡之"咸"繁体作"鹹"，形声字。《说文》："鹹，衔也。北方味也。从卤咸声。"本指像盐那样的味道，与"淡"相反。鹹、衔上古音同为匣纽侵部，为声训。王筠《句读》："鹹味长，故衔而咀味之。"汉代五行学说，以五色、五味、五方匹配五行，咸味配北方，故言"北方味也"。《尚书·洪范》："润下作鹹。"卤(lǔ),《说文》："西方鹹地也。从西省，象鹽形。安定有卤县。东方谓之斥，西方谓之卤。"指盐碱地，也指盐，又称盐卤。其地为卤，所产之盐亦称卤，后加声符"监"作"鹽"。段注："鹹地仅产盐。""卤"甲骨文作 𠧴 合七〇二二、𠧴 合二一四二八、𠧴 合二七五三，金文作 𠧴 兔盘，像盐粒在容器或盐池形，戴侗《六书故·地理》："卤，内象盐，外象盛卤器，与卣同。"甲骨文点外之形与"西"同，或谓从西，"卤"为西方咸地，故从西，也像盛盐容器。盐细小而易与他物相混，故以盐在器中之象表示。咸，《说文》："皆也，悉也。从口从戌。戌，悉也。"甲骨文作 𢧁 合二〇〇九八、𢧁 合一二四八正、𢧁 屯七三七，从戌从口，戌为斧钺类兵器。上古战争多，部族竖立武器(戌)呼集(口)全体部落男子参加，有皆、悉义，故"咸"从口从戌。为副词，表示范围，相当于"都、全"。"鹹"指盐味，盐为"卤"，咸盐味是最普遍、基础之味，饮食不可缺少，故"鹹"从卤咸声。简化字省卤作"咸"。

咸味太重则苦，故"咸"也指苦，《尔雅·释言》："咸，苦也。"

hé
河

河　河　河　河　河　河　河　河
合776正　怀1420　合30427　同篡　玺汇124　说文小篆　曹全碑　颜真卿

形声字。《说文》："河，水。出焞煌塞外昆仑山，发原注海。从水可声。"本义指黄河。王筠《系传·校录》："大徐'敦'讹'焞'。"张舜徽《约注》："徒以上游穿行黄土高原，挟泥沙以至平原，故水性重浊，终年浑黄，因又名曰黄河。经传则但称河，河固黄河之专号耳……河本此水专名，因引申为凡水之通称。"黄河在先秦文献中皆只称"河"，北源出于青藏高原巴颜喀拉山脉查哈西拉山南麓的扎曲，南源出于巴颜喀拉山支脉各姿各雅山北麓的卡日曲，西源发源于星宿海西的约古宗列曲，故云"出焞煌塞外昆仑山"。由西向东流经青海、四川、甘肃、宁夏、内蒙古、陕西、山西、河南及山东九省区，于山东省北部入渤海，全长约 5464 公里。自河南省孟津县以下，历史上黄河多次改道。华夏先祖最初在黄河流域生活，孕育出华夏文明，故黄河被称为母亲河。"何"指担、挑，甲骨文作 𠂤（合二○二三九）、𠂤（合二七四二四）、𠂤（合六七八七）、𠂤（合四九五五四），像人以肩荷戈或负担形；又作 𠂤（怀九六一），像负者歌于途或回顾之形；西周晚期金文作 𠂤（廻毁），在戈（或担）下加口，遂类化或声化作"可"，变作从人可声的形声字；战国文字作 𠂤（齐·陶汇三·六六八）、𠂤（晋·十六年载）、𠂤（楚·仰二五·三），人、可左右分离，为小篆 𠂤 所承。"河"甲骨文作 𠂤（合一四五二○正），从水丂声；又作 𠂤、𠂤、𠂤（明藏四五五）、𠂤（屯二四四）、𠂤（花东三六），从水何声。金文作 𠂤，从"何"之 𠂤 形。战国文字作 𠂤（上为饰笔）齐·陶汇三·八五六、𠂤，声符"何"省作"可"，为小篆所承，《说文》遂谓"从水可声"。"河"所从"可声"或当为"何省声"。河、何上古音皆属歌纽匣部，声同。先民初依黄河而居，黄河提供水源，是人赖以生存的根本，担当重任；黄河水量浩大，流经黄土高原的晋陕峡谷，冲刷汇入大量黄土泥沙，是负荷最重的水流；黄河浩大流水声"何何"不息，故"河"从水，何省声。张舜徽《约注》："此水最大且长，而必名之为河者，盖河之言㗅（huò）也，乃惊异之词。初民见此泛滥湍急之水，川流不息，因呼为河，犹见扶渠叶大惊人，而呼之为荷也。"备参考。

　　"河"扩展为水道的通称，如河流、运河，《汉书·司马相如传》："罢池陂陁，下属江河。"颜师古注引文颖："南方无河也。冀州凡水大小皆谓之河，诗赋通方言耳。"天空呈现的银白色的光带如河，故又指银河，谢朓《暂使下都夜发新林至京邑赠西府同僚》："秋河曙耿耿，寒渚夜苍苍。"李善注："秋河，天汉也。"通"何"，表疑问，《诗经·商颂·玄鸟》："景员维河。"郑玄笺："河之言何也。"陆德明释文："河，本或作何。"

dàn
淡 　　𣸱　　𤁗　　淡　　淡
　　　　老子乙250　说文小篆　衡方碑　赵孟𫖯

　　形声字。《说文》:"淡,薄味也。从水炎声。"本义为味道不浓。段注:"醲之反也。酉部曰:醲,厚酒也。"《老子》三十五章:"道之出口,淡乎其无味。"炎,《说文》:"火光上也。从重火。"本义为火光升腾,《尚书·洪范》:"火曰炎上。"孔颖达疏引王肃:"火之性,炎盛而升上。"火光升腾则上下皆是火,故"炎"从重火。火光盛大是大火,故引申有旺盛、盛大义。"淡"指味道轻薄,水味最淡,淡味最长久、盛大,《汉书·扬雄传》"大味必淡,大音必希",颜师古注:"淡,谓无至味也。"故"淡"从水炎声。

　　盐少则味淡,故"淡"也指含盐分少或无盐,同"咸"相反,《荀子·正名》:"甘、苦、咸、淡、辛、酸、奇味,以口异。"粗劣的饮食味道多淡薄,故又指伙食(简陋),如粗茶淡饭,进而转指清苦的生活。又指淡泊,《庄子·山木》:"且君子之交淡若水,小人之交甘若醴。君子淡以亲,小人甘以绝。"冷淡是人情的淡,故又指冷淡、不热情,刘克庄《黄檗山》:"早知人世淡,来往退居寮。"闲适是心性的淡,故又指安静、闲适,白居易《睡起晏坐》:"淡寂归一性,虚闲遗万虑。"又指生意不兴旺,如淡季、淡月。又指颜色浅,如淡红、淡墨,苏轼《饮湖上初晴后雨》:"欲把西湖比西子,淡妆浓抹总相宜。"

lín
鳞(鱗)　　𩼊　　鱗　　鱗　　鱗
　　　　　　说文小篆　孔褒碑　王羲之　颜真卿

　　繁体作"鱗",形声字。《说文》:"鱗,鱼甲也。从鱼粦声。"本义指鱼类动物密排于身体表层的薄片状组织,泛指动物身上的鳞片。鱼鳞似铠甲有保护作用,故训"鱼甲",《楚辞·九歌·河伯》:"鱼鳞屋兮龙堂,紫贝阙兮朱宫。""鱼"指水生脊椎动物,甲骨文作🐟明藏七二六,商代金文作🐟凤鱼鼎,像鱼全体之形。粦(lín),《说文》:"兵死及牛马之血为粦。粦,鬼火也。从炎、舛。"指磷火,后作"磷"。徐锴《系传》:"《博物志》:战斗死亡之处,其人马血,积年化为粦,著地及草木,皆如霜露不可见。有触者,着人体后有

光,拂拭即散无数,又有咤声如炒豆。"舛(chuǎn),《说文》:"对卧也。从夊
干相背。"指两人相对而卧。段注:"谓人与人相对而休也。引伸之足与足
相抵而卧亦曰舛。""舛"为两人相对卧而脚板相对,故"舛"从夊干相背。
"粦"为磷火,"炎"为火光升腾,徐锴《系传》:"舛者,人足也。言光行著
人。"磷火升腾(炎)而四散(舛),故"粦"从炎、舛。鱼鳞片片排开而层累反
光,若磷火四散(粦),故"鱗"从魚粦声。

　　"鳞"也为鱼的代称,《史记·司马相如列传》:"鳞集仰流。"也泛指有鳞
甲的动物,《周礼·地官·大司徒》:"二曰川泽,其动物宜鳞物。"

qián
潜(潛)　　　　古玺　　说文小篆　淮源庙碑　颜真卿

　　《说文》作"潛",形声字。《说文》:"潛,涉水也。一曰藏也。一曰汉水
为潛。从水朁声。"本指涉水或没水游渡。段注:"《邶风》传云:由膝以上为
涉。然则言潜者,自其膝以下没于水言之,所谓泳也。"《庄子·达生》:"至
人潜行不窒,蹈火不热。"朁(cǎn),《说文》:"曾也。从曰兓声。《诗》曰:朁
不畏明。"义为曾、竟,用作副词表示出乎意料之外。今本《诗》写作"憯"。
"曰"指言说,甲骨文作![字形]合二三八〇五、![字形]合六〇八一,口前加"一"作指事符号,
表示张口言说。兓(jīn),《说文》:"朁朁,锐意也。从二先。"尖锐之意。先
(zēn),《说文》:"首笄也。从人,匕象簪形。![字形]俗先从竹从朁。"古人用来
绾住发髻或连冠于头发的用品,后专指妇女插髻用的首饰。段注:"竹部曰:
'笄,簪也。'二字为转注。古言笄,汉言先,此谓今之先即古之笄也。"《韩
非子·内储说上》:"周主亡玉簪,令吏求之,三日不能得也。""先"小篆作
![字形],像簪(匕)插入人发之形。簪初以竹制,故俗字从竹朁声作"簪"。张舜
徽《约注》:"先为初文,簪乃后起俗体,而汉世通行已久,故许书兼存之。"
徐锴《系传》:"先,锐利也,故二先为锐意。""兓"是"尖"的本字,段注:
"凡俗用鐵尖字即兓字之俗。""朁"为发语词用在句子之前,"兓"指锐意,
簪、针等尖锐部分在前,故"朁"从曰兓声。"潛"为涉水或没水游渡,盖人

涉水或没水游渡,若簪插入、没入头发,故"潜"从水朁声。

　　潜入水中则隐藏不见,故"潜"也指隐藏,《周易·乾》:"潜龙勿用。"又指暗中,秘密地,《新唐书·王世充传》:"潜与楚谋。"深处适合隐藏,故也指深处,曹植《洛神赋》:"抗琼珶以和余兮,指潜渊而为期。"又指测量、探测,《尔雅·释言》:"潜、深,测也。"潜则伏藏不出,有持守、专一意,故又指专一,《汉书·董仲舒传》:"仲舒遭汉承秦灭学之后,《六经》离析,下帷发愤,潜心大业。"古代积柴水中称"潜",使鱼栖其中,便于围捕,《诗经·周颂·潜》:"潜有多鱼。"陆德明释文:"《小尔雅》云:鱼之所息谓之潜。潜,椮也,谓积柴水中,令鱼依之止息,因而取之也。"

yǔ
羽

前 4.29.6　铁 60.4　佚 226 背　宰椃角　包 260　说文小篆　熹平石经　欧阳询

　　象形字。《说文》:"羽,鸟长毛也。象形。"本为鸟翅上长而扁的毛。段注:"长毛,别于毛之细缛者。"王筠《句读》:"谓异于背上之毛、腹下之毳也。"饶炯《部首订》:"鸟长毛者,谓鸟翅之长毛也,篆象两翼未舒之形。""羽"甲骨文作、,像鸟羽排列之形,方向左右不定;又作、,拾八·一四,像团状聚集的鸟羽,为正面形。战国秦系文字作上白羽壶,羽朝左,字形茂密而在中间加一横,为小篆所承。战国楚系文字与后世隶、楷字形相近。《左传·隐公五年》:"皮革、齿牙、骨角、毛羽,不登于器。"孔颖达疏:"鸟翼长毛谓之为羽。""羽"也通指鸟类特有的羽毛,有护体、保温、飞翔等作用。成鸟的羽,通常分为正羽、绒羽和毛羽三种。

　　"羽"扩大指鸟类的翅膀,《诗经·邶风·燕燕》:"燕燕于飞,差池其羽。"郑玄笺:"差池其羽,谓张舒其尾翼。"孔颖达疏:"舒张其尾翼,实翼也,而兼言尾者,以飞时尾亦舒张故也。"鸟类皆有羽,故又为鸟类的代称,《周礼·考工记·梓人》:"天下之大兽五:脂者、膏者、赢者、羽者、鳞者。"又为古代文舞所执的雉羽,《周礼·地官·舞师》:"教羽舞,帅而舞四方之祭祀。"郑玄注:"羽,析白羽为之,形如帗也。"又指箭翎,装饰在箭杆尾部,用以保持方向，《释名·释兵》："(矢)其旁曰羽，如鸟羽也。鸟须羽而飞，矢须羽而前也。"《周礼·考工记·矢人》："参分其长而杀其一，五分其长而羽其一。"郑玄注："羽者，六寸。"又指羽扇，朱淑贞《喜雨》："倾盆势歇尘点无，衣袂生凉罢挥羽。"又指钓丝上的浮子，《吕氏春秋·离俗》："鱼有小大，饵有宜适，羽有动静。"又为旌旗的代称，《国语·晋语》："被羽先升，遂克之。"羽翼在两旁护于鸟身，羽呈团聚状，党羽相互依附而聚集，故又指党羽、朋友，《韩非子·外储说右上》："立有间，时季羽在侧。"陈奇猷集释引尹桐阳注："季羽，谓张季党也。"又为古代五声音阶的第五音，相当于工尺谱的"五"，现代简谱的"6"，《周礼·春官·大师》："皆文之以五声宫、商、角、徵、羽。"

xiáng 翔

翔　翔　翔　翔
说文小篆　北海相景君铭　教官碑　颜真卿

　　形声字。《说文》："翔，回飞也。从羽羊声。"指鸟展翅旋飞而翅不扇动。桂馥《义证》："'回飞也'者，旋飞也。"《慧琳音义》"翱翔"注引《字统》："飞不动翅曰翔。"段注："高注《淮南》曰：'翼上下曰翱，直刺不动曰翔。'"《周易·丰》："丰其屋，天际翔也。"鸟以羽飞翔，鸟盘旋而上若羊角回旋卷曲，《庄子·逍遥游》"抟扶摇羊角而上者九万里"，成玄英疏："旋风曲戾，犹如羊角。"故"翔"从羽羊声。

　　"翔"扩展为飞，张衡《西京赋》："翔鹍仰而不逮，况青鸟与黄雀。"又指行走时张开两臂，像鸟张开翅膀，《礼记·曲礼》："室中不翔，并坐不横肱。"鸟翱翔时安闲自在，故又指悠闲自在地行走，《穆天子传》："六师之人，翔畋于旷原。"鸟回飞时翅展开不动如同止息，故又指飞后停息，《淮南子·览冥》："凤皇翔于庭，麒麟游于郊。"由鸟回飞引申指回顾、观望，《周礼·考工记·矢人》："前弱则俛，后弱则翔。"通"祥"，吉祥，《论衡·是应》："翔风起，甘露降。"

【原文】　**lóng shī huǒ dì　niǎo guān rén huáng**
　　　　　龙 师 火 帝　鸟 官 人 皇

【译文】　伏羲号龙师，炎帝称火帝；鸟官为黄帝之子少昊金天氏，远古时代的天地人三皇之一有人皇。

【释义】

从这两句开始讲人道。《千字文释义》:"上言天地变化,无不具备。于是人生其间,备三才之位。自洪荒之世,三皇五帝,传至三代,而后为极盛也。"人与天地并称"三才",古谓人要遵天道、守人伦、修道德、循法度,才不负"最贵者"之名,不然就失去了为人的根本。人伦指儒家的"五伦、五常、四维、八德"。五伦即"父子有亲,君臣有义,长幼有序,夫妇有别,朋友有信";五常即"仁、义、礼、智、信";四维即"礼、义、廉、耻";八德即"孝、悌、忠、信、礼、义、廉、耻"。

古人论述人事物,多追根溯源,高远其所从来,示不忘本,故人道从三皇之首的伏羲开始。

"龙师"指三皇之首的太皞伏羲氏,是传说中的中华民族人文始祖,因伏羲是文献记载中最早的帝王,故首言伏羲。伏羲在古籍中又写作"宓羲、庖牺、包牺、伏戏、伏牺",亦称"牺皇、皇羲、太昊",又称青帝,是五天帝之一。史书记载,伏羲氏,风姓,生于陇西成纪,都于陈,今河南省淮阳县有太昊陵,被尊为天下第一陵,每年二月二龙抬头之日,当地人都要在太昊陵祭拜人祖,即"人祖古会"。伏羲生有圣德,观象于天,观法于地,始画八卦,开创中华文明。传说伏羲氏时,有龙马衔图之瑞,乃以龙名其百官师长,如青龙官、赤龙官、黄龙官等,故称龙师。《左传·昭公十七年》谓"大皞氏以龙纪,故为龙师而龙名"。《竹书纪年》:"太昊伏羲氏,风姓之祖也,有龙瑞,故以龙命官。"司马贞《三皇本纪》谓"(庖牺氏)有龙瑞,以龙纪官,号曰龙师"。中国人称为龙的传人,当源于此。据史书记载,伏羲主要有以下贡献:一,发明渔网用于渔猎,同时教民驯养野兽,开创了远古畜牧时代。二,创画八卦,开启了中华民族的文化之源。三,变革婚姻习俗,倡导男聘女嫁的婚俗礼仪,使血缘婚改为族外婚,结束了长期以来子女只知其母不知其父的原始群婚状态。四,以龙纪官,统一天下,创立了龙的原始崇拜。五,始养六畜,创始熟食,结束了茹毛饮血的野蛮生活。六,正姓氏,自姓为风,命定众多姓氏。七,作甲历,定四时,纪年不乱,纪月不易。八,造书契,用于记事,取代了以往结绳记事的方式。九,治屋庐,去巢穴。十,斫桐为琴,丝桑为瑟,均土为埙,发明音乐。

"火帝"指炎帝神农氏,《周易·系辞》:"神农氏作,斫木为耜,揉木为耒,耒耨之利,以教天下。"司马贞《三皇本纪》:"炎帝神农氏,姜姓。母曰女登,有蟜氏之女,为少典妃。感神龙而生炎帝,人身牛首,长于姜水,因以为姓。火德王,故曰炎帝,以火名官。斫木为耜,糅木为耒,耒耨之用,以教万人。始教耕,故号神农氏。于是作蜡祭。以赭鞭鞭草木,始尝百草,始有医药。又作五弦之瑟。教人日中为市,交易而退,各得其所。遂重八卦为六十四爻。初都陈,后居曲阜。立一百二十年崩,葬长沙。神农本起烈山,故左氏称'烈山氏之子曰柱'。亦曰厉山氏,礼曰'厉山氏之有天下'是也。"炎帝发明农具耒、耜,教民烧荒垦地耕种,"始教天下种谷",开创古代的农业文化,所以号为神农。炎帝族"耕而种之,然后五谷兴助,百果藏实",有了储备和分工,"男耕而食,妇织而衣",男子管理农田耕地,女子管家庭纺织手工业,解决吃饭穿衣问题。炎帝以农业生产为基础,把粮食分类定名为稻、麦、粱、黍等,并教民按时种植、收割、储藏,将农业推向全新的发展阶段。长江中下游不少稻谷遗址的发现,证明了炎帝作为农业始祖的巨大贡献。《太平御览》引《周书》佚文谓"神农耕而作陶",炎帝制造陶具,供储粮、盛水及炊煮之用,用火促进熟食,饮食结构的改善加速了华夏文明的进步。炎帝是中国农业文明的开拓者和奠基人,为进入文明社会积累了物质基础,奠定了中华民族以农业为主的国情,男耕女织,这时已有了丝绸手工业,妇女被定位于家中,奠定了家庭纺织手工业的基础。山西出土的新石器时代半个蚕茧即可证明。先民从穿兽皮衣进化到穿丝绸衣的阶段,为黄帝之正妻螺祖养蚕缫丝的纺织业大发展打下了基础,故《周易·系辞》云"黄帝、尧、舜垂衣裳而天下治"。可见在服饰的形成、发展过程中,炎帝处于承上启下的地位。此外,众多南方新石器时代遗址出土的彩陶、木器、玉器、漆器,也反映了炎帝时手工业的巨大发展。从河姆渡不用钉子的南方木式结构房屋遗址,到今天仍然使用卯榫结构的木构建筑,体现了炎帝时期住房建筑高超的技艺。其时一夫一妻制的父系家庭,定居用水,炎帝亲自考察水泉的甘苦,以决定住处,"由是民居安食力,无夭札之患,天下宜之"。炎帝神农氏还亲自"尝百草之滋味",发明了用药草治病,在医药发展上作出了重要的贡献。传说湖北的神农架就是炎帝采药的重点地区。医药书《本草》,当是汉代人对炎帝神农氏以来的药物学所作的总结,被后世尊称为"医药鼻祖",为后来奠定中医理论的《黄帝内经》撰写打下了坚实的基础。

"鸟官"指上古五帝中的少昊氏,又作"少暤、少皓、少颢",是黄帝的长子玄嚣,又称"青阳氏、金天氏、穷桑氏、云阳氏",或称"朱宣",被后世道教尊为"大华夏显宗康皇帝"或"白帝",为五天帝之一。《史记·五帝本纪》:"黄帝二十五子,其得姓者十四人。黄帝居轩辕之丘,而娶西陵之女,是为嫘祖。嫘祖为黄帝正妃,生二子,其后皆有天下。其一曰玄嚣,是为青阳,青阳降居江水;其二曰昌意,降居若水。"玄嚣在位期间修少昊之法,故称"少昊"。少昊勤修德行,治国有方,致天下太平,所以感召凤凰飞至,所属文武百官都用"五鸟、五鸠、五雉"等鸟类来命名,如有凤鸟官、玄鸟官、青鸟官等。《左传·昭公十七年》:"我高祖少暤挚之立也,凤鸟适至,故纪于鸟,为鸟师而鸟名。凤鸟氏,历正也;玄鸟氏,司分者也;伯赵氏,司至者也;青鸟氏,司启者也;丹鸟氏,司闭者也;祝鸠氏,司徒也;鴡鸠氏,司马也。"因此称少昊为"鸟官",即以鸟为图腾。《历代帝王年表》:"少昊金天氏,黄帝子,初居江水,邑于穷桑,己姓,以金德王,居曲阜。凤鸟至,以鸟纪官。乐曰《大渊》,在位八十四年崩。"

五帝的说法有几种,主要有:黄帝、颛顼、帝喾、尧、舜(《大戴礼记》);庖牺(伏羲)、神农、黄帝、尧、舜(《战国策》);太昊、炎帝、黄帝、少昊、颛顼(《吕氏春秋》);黄帝、少昊、颛顼、喾、尧(《资治通鉴外纪》)。第三种说法最流行,意指东西南北中五个方位的天神,东方太昊,南方炎帝,西方少昊,北方颛顼,中央黄帝。《史记》所载五帝关系为:少昊为玄嚣,又名青阳,是黄帝的儿子。颛顼为高阳,是玄嚣的侄子。帝喾为高辛,是玄嚣的孙子。帝喾之子有挚、放勋,挚先为帝,但能力太弱,后传位于放勋,放勋就是尧,又称唐尧。尧后来禅让给舜,称虞舜,故五帝又为:少昊、颛顼、喾、唐、虞。

"人皇"指传说中天地初立之时的"天皇、地皇、人皇"三皇之一。《千字文释义》:"言人皇而不及天、地,举一以该其二也。"明李廷机《五字鉴》:"乾坤初开张,天地人三皇。天形如卵白,地形如卵黄。五行生万物,六合运三光。天皇十二子,地皇十一郎。无为而自化,岁起摄提纲。人皇九兄弟,寿命最延长。各万八千岁,一人兴一邦。分长九州地,发育无边疆。"司马贞《三皇本纪》载,人皇有九个头,乘着云车,驾着六只大鸟,兄弟九人,分掌九州,各立城邑。一共传了一百五十代,合计四万五千六百年。但是,关于三皇,既无文字记载,也无考古发掘,姑当作传说看待。

【解字】

lóng
龙(龍)

合 29990　合 9552　龙母尊　邵钟　玺汇 538　说文小篆　熹平石经　颜真卿

繁体作"龍",象形字。《说文》:"龍,鳞虫之长。能幽能明,能细能巨,能短能长;春分而登天,秋分而潜渊。从肉,飞之形,童省声。"指传说中的神异动物,身长,有鳞爪,能兴云降雨。《左传·昭公二十九年》:"虫莫知于龙。"《礼记·礼运》:"麟凤龟龙,谓之四灵。""龍"甲骨文像高冠(角)、巨口、长身卷曲的龍形。罗振玉《殷虚书契考释》:"龍,卜辞或从*,即许君所谓'童省',从*,象龍形,*其首,即许君误以为从肉者,*其身矣。或省*,但为首角全身之形。"小篆之*本像龙角,许慎声化作"童省声",*本像龍之头、口,形与小篆"肉"同,《说文》遂谓"从肉",*本像龍身,与*(小篆飞)左边相似,亦像龙飞腾之形,遂谓"飞之形",右三横,盖像龙身火焰状鬃毛形。简化字"龙"由草书楷化而成。

龙为鳞虫之长,帝王为万民之君,故"龙"也为古代君主或皇帝的象征,《论衡·纪妖》:"祖龙死,谓始皇也。祖,人之本;龙,人君之象也。"龙为灵兽而多能,故又比喻英雄才俊,《三国志·蜀书·诸葛亮传》:"诸葛孔明者,卧龙也。"又指像龙的长形物,如水龙、车水马龙。又指骏马,《周礼·夏官·廋人》:"马八尺以上为龙。"又为星名,1. 东方七宿,《左传·桓公五年》:"龙见而雩。"孔颖达疏:"天官东方之星,尽为苍龙之宿。"2. 岁星,《左传·襄公二十八年》:"蛇乘龙。"3. 太岁,周密《癸辛杂识·后集》:"王莽《铜权铭》'岁在大梁,龙集戊辰'者,以岁为岁星,龙为太岁也。"又为古代传说中的官名,《左传·昭公十七年》:"大皞氏以龙纪,故为龙师而龙名。"杜预注:"有龙瑞,故以龙名官。"古代堪舆家以山势为龙,《埤雅·释鱼》:"《葬书》以龙言山,以虎言水。六龙九虎是也。"又为水草名,即荭草,也作"茏",《诗经·郑风·山有扶苏》:"山有乔松,隰有游龙。"孔颖达疏引陆玑:"一名马蓼,叶大而赤白色,生水泽中,高丈余。"又用作姓氏,《广韵》钟韵:"龙,姓,舜纳言龙之后。"

师(師) shī

H11:4	令鼎	大簋	石鼓	说文小篆	尹宙碑	颜真卿

　　繁体作"師",会意字。《说文》:"師,二千五百人为師。从帀从自。自,四帀众意也。𡴆,古文師。"指古代军队编制的一级,以二千五百人为师。《诗经·小雅·采芑》:"陈师鞠旅。"郑玄笺:"二千五百人为师,五百人为旅。"帀(zā),《说文》:"周也。从反之而帀也。"本义为环绕,后作"匝"。徐灏《注笺》:"本谓往复而遍,即回环之义,故云周也。"《后汉书·仲长统传》:"沟池环帀,竹木周布。""之"甲骨文作 ↓ 散盘,像草出地往上生长形。帀是把屮翻倒下来,用转 360 度表示环绕周遍义,段注:"反屮谓倒之也,凡物顺屮往复则周遍矣。"自(duī),《说文》:"小𨸏也。象形。"本指小土山,同"堆"。段注:"小𨸏,自之小者也……其字俗作堆,堆行而自废矣。"饶炯《部首订》:"自为土山之小者,阜为土山之大者。""自"小篆作 𠂤,徐灏《注笺》:"𠂤本 ⋀⋀ 之侧体,小篆变而方之,其上为曲笔,皆取字形茂美耳。"李孝定《甲骨文字集释》:"自、𨸏字并当横看作 ◡◡、⋀⋀,即丘、山之竖书者。自

为小阜，丘为小山，以峰之多少别其大小也。卜辞皆假为师。"二千五百人为师，人员众多，孔广居《疑疑》："自，俗作堆，积聚也。聚则众，散则寡，故自有众义。帀，俗作匝，周遍也。众则周，寡则不周，故帀亦有众义。""師"用"自"的积聚和"帀"的周遍表示众人聚集的军旅，故"師"从帀从自。

　　"师"引申指军队，《诗经·秦风·无衣》："王于兴师，修我戈矛，与子同仇。"师为众人所聚，故又指众，《诗经·大雅·韩奕》："溥彼韩城，燕师所完。"都邑人民众多，故又指都邑，《尚书·洛诰》："予惟乙卯，朝至于洛师。"又为古官名，1. "太师"的省称，周代辅佐国君的官，《尚书·君奭》："召公为保，周公为师，相成王为左右。"2. "师氏"的省称，周代教民的官，《周礼·天官·大宰》："三曰师，以贤得民。"郑玄注："师，诸侯师氏，有德行以教民者。"贾公彦疏："谓诸侯以下立教学之官为师氏，以有三德三行使学子归之，故云以贤得民。民则学子是也。"3. 军事长官，《左传·成公十八年》："旅不偪师。"杜预注："师，二千五百人之帅也。"4. 古代凡专掌一职之官皆称"师"，《周礼·天官·追师》："追师，掌王后之首服。"5. 特指乐官，《左传·襄公十年》："舞师题以旌夏。"又指掌握专门知识或精通某种技艺的人，如厨师、工程师，《孟子·告子》："今有场师。"赵岐注："场师，治场圃者。"又指先生、老师，韩愈《师说》："师者，所以传道受业解惑也。"又指榜样，《战国策·赵策》："前事之不忘，后事之师。"作动词指效法、学习，《尚书·皋陶谟》："百僚师师。"孔传："师师，相师法。"又为对僧、尼、道士的尊称，如法师、禅师，孟浩然《秦中寄远上人》："北土非吾愿，东林怀我师。"又为卦名，卦形为☵☷，《周易·师》："象曰：地中有水，师，君子以容民畜众。"孔颖达疏："所以象称地中有水，欲见地能包水，水又众大，是容民畜众之象。"又用作姓氏，《通志·氏族略》："师氏，《风俗通》：'师，乐人瞽者之称。'晋有师旷，鲁有师乙……望出琅邪、平原、太原。"同"狮"，"狮"古本作"师"，一师人数众多，故引申指众，众则必有所长，故又指长官，狮子威服百兽，犹众兽之长，故用"师"指狮子，狮子为动物，故又加犬作"狮"，为专字，《汉书·西域传》："巨象、师子、猛犬、大雀之群食于外囿。"

huǒ
火　　　合 2874　　合 11550　　合 30774　　明藏 599　　货系 3393　　说文小篆　　衡方碑　　颜真卿

　　象形字。《说文》："火，燬也。南方之行，炎而上。象形。"为物体燃烧时所产生的火焰。《说文》："燬，火也。"二字互训。火、燬上古音皆为晓纽微部，为声训。南方之行，桂馥《义证》引《子华子》："南方阳极而生热，热生火。"王筠《句读》："炎者，火光盛也。上者，其性上行，不能下也。"《玉篇》："火，焜也。"《释名·释天》："火，化也，消化物也。亦言毁也，物入中皆毁坏也。"火训"燬"强调火的销毁性质，训"焜"当是对鸟尾带火烧毁树林的描述。《尚书·盘庚》："若火之燎于原，不可向迩，其犹可扑灭。"五行火配南方，南方夏季炎热，热能生火，《周易·说卦》"离为火"，离卦☲，像火外实中虚、外明内暗之象，饶炯《部首订》："盖火象离卦，而中画耦以象之；水象坎卦，而中画奇以象之。其实火外实而中虚，外画故奇；水中实而外虚，外画故耦。耦者虚象也，奇者实象也。"可知八卦虽非文字，其取物象以表物义，则与文字相同，故许慎谓书契之作肇于画卦，自有深意。饶炯《部首订》："象火上炎，光焰旁达之形。"甲骨文 火 、火 像火炎上（熊熊燃烧）之形，是全体象形字。又 火 、火 ，两点像火星迸裂形，战国文字省作 火 、火 晋·玺汇三三六四，为小篆 火 所承。

　　火能烧毁物品，故"火"作动词指烧毁，《礼记·王制》："昆虫未蛰，不以火田。"又指用火将食物烹熟，《庄子·山木》："孔子围于陈、蔡之间，七日不火食。"成玄英疏："七日不起火食。"火能照明，故也指火把或灯烛等照明用具，《庄子·天地》："厉之人夜半生其子，遽取火而视之。"又指枪炮弹药，如军火、火力。又比喻战争，如交火、开火。火为红色，故又形容像火一样的颜色，一般指红色，如火红，李白《送程刘二侍御》："天外飞霜下葱海，火旗云马生光彩。"火燃烧时迅疾猛烈，故又比喻紧急，《庄子·天地》："方且尊知而火驰。"成玄英疏："驰骤奔逐，其速如火矣。"又为唐代兵制单位，十人为"火"，《通典·兵》："五人为列，二列为火，五火为队。""火伴"为军队中同一火的人。火又为五行之一,季节属夏,方位属南,颜色属赤。又为星名,1. 大火,又名心宿,《尚书·尧典》:"日永星火,以正仲夏。" 2. 行星之一。古人以金木水火土为五大行星,火星又名"荧惑",《史记·天官书》:"火犯守角,则有战。"又用作姓氏,《姓觿》哿韵:"火,国初有火贞,封同安侯。或夷姓也。"

dì 帝

合 14312　合 14204　合 34147　卯其卣　秦公簋　说文小篆　石门颂　褚遂良

形声字。《说文》:"帝,谛也。王天下之号也。从丄朿声。𢂶,古文帝。古文诸丄字皆从一,篆文皆从二。二,古文上字。辛示辰龍童音章皆从古文丄。"指君主、皇帝,《尚书·尧典》:"曰若稽古帝尧。""谛"指审谛,"帝、谛"上古音皆属端纽锡部,为声训。朱骏声《通训定声》:"《风俗通》:帝者任德设刑以则象之,言其能行天道,举错审谛。"朿(cì),《说文》:"木芒也。象形。读若刺。"指草木芒刺。甲骨文作𣏟乙八七二三,像木上有刺形,后作"刺"。段注:"芒者,草端也。引伸为凡鐵锐之称。今俗用锋锗字古只作芒,朿今字作刺,刺行而朿废矣。"吴大澂、马叙伦等谓"帝"甲骨文像花蒂形,王国维谓像花萼全形,为"蒂"之本字。帝王为万民之本(根蒂),故引申为帝王。备参考。

古谓天神为万物之主,故"帝"引申指天神,古人或宗教徒称宇宙的创造者和主宰者为帝,如上帝、天帝,《周易·益》:"王用享于帝。"《公羊传·宣公三年》:"帝牲不吉。"帝王主宰天下,故又指主体,《庄子·徐无鬼》:"药也,其实堇也,桔梗也,鸡廱也,豕零也,是时为帝者也。"王先谦集解:"药有君臣,此数者视时所宜,迭相为君。"古代据有天下称"帝",扬雄《剧秦美新》:"(汉祖)自武关与项羽戮力咸阳,创业蜀汉,发迹三秦,可项山东而帝天下。"

niǎo 鸟(鳥)

合 20354　合 22441　合 11498　鸟鱼鼎　子之弄鸟尊　说文小篆　石经论语残碑　颜真卿

繁体作"鳥",象形字。《说文》:"鳥,长尾禽总名也。象形。鳥之足似匕,从匕。"义指尾羽长的飞禽,为飞禽的统称。段注:"厹部云'禽,走兽总名'，此不同者，此依《释鸟》'二足而羽谓之禽'也。短尾名隹，长尾名鸟。析言则然，浑言则不别也。"《玉篇》鸟部："鸟，飞禽总名也。"《尚书·舜典》："畴若予上下草木鸟兽？"徐灏《注笺》："象形绝肖。鸟二足，侧视，故见其一也。鸟足似匕，鱼尾似火，皆似其字之形。"甲骨文、商代金文像鸟有喙、头、羽、尾、足之形，形态各异。李孝定《甲骨文字集释》："盖商时文字犹未完全定型，尤以象形文字为然。作书者于偏旁位置、笔画多少、形态动静、花纹繁简，每多任意为之，不拘一格。""隹"甲骨文作〔合五二四五〕、〔合五○四五〕，字形多勾勒出鸟轮廓，较为简单；"鸟"则具体、形象。

　　"鸟"也指有翼能飞的昆虫，《大戴礼记·夏小正》："丹鸟羞白鸟。丹鸟者，谓丹良也；白鸟者，谓蚊蚋也……有翼者为鸟。"又为星座名，古称南方朱鸟七宿，《尚书·尧典》："日中，星鸟，以殷仲春。"

guān
官　　官　　官　　官　　官　　官　　官　　官　　官
合 4576　合 28033　傅卣　颂鼎　睡·效 2　说文小篆　鲁峻碑　颜真卿

　　会意字。《说文》："官，吏事君也。从宀从𠂤，𠂤犹众也。此与师同意。"义指官员、官吏。《周易·系辞》："百官以治，万民以察。""宀"指官员办公场所，"𠂤"有众义，办公场所官吏众多，故"官"从宀从𠂤。或谓本义为馆舍，徐灏《注笺》："《汉书·贾谊传》：'及太子少长，则入于学。学者，所学之官也。'颜注：'官谓官舍。'此官之本义。《周礼·司常》云：'官府各象其事，州里各象其名，家各象其号。'《礼记·曲礼》云：'在官言官，在库言库，在朝言朝。'此以官府与库、朝、家及州里对言，则官为官舍益明矣。从宀在𠂤上，象其高于阛阓也，因之在官之人谓之官。""官"甲骨文从宀从𠂤，会众人（官吏）在馆舍之意，为"馆"之初文。俞樾《儿笘录》："官者，馆之古文也。以宀覆𠂤，正合馆舍之义。食部：'馆，舍也。从食官声。'此乃后出字，古字止作官。"杨树达《增订积微居小学金石论丛》引何子贞曰："校官者，学舍也。官字从宀，凡从宀之字皆以屋室为义，官字下从𠂤，盖象周庐列舍之形，谓臣吏所居，后乃引申为官职之称。《周礼》官、府、都、鄙并称,是其本义也。"

　　"官" 转指官署、任所,《礼记·玉藻》:"在官不俟屦,在外不俟车。"也指官职、职位,《尚书·皋陶谟》:"九德咸事,俊乂在官。"又指使为官、任命别人为官,《尚书·皋陶谟》:"知人则哲,能官人。"又指官府、政府,《隋书·南蛮传》:"若婚毕,财物入官。"官府代表公家,故又指公,与 "私" 相对,《汉书·盖宽饶传》:"五帝官天下,三王家天下。家以传子,官以传贤。"《史记·孝文本纪》司马贞索隐引此句注:"官,犹公也,谓不私也。"官员皆有其职责,故又指职责,《国语·鲁语》:"勤其官而水死。"韦昭注:"勤于其职而死于水也。"官员应尽职守则,故又指尽职、守职分,《荀子·解蔽》:"以正志行察论,则万物官矣。"杨倞注:"官,谓各当其任无差错也。"又指职业、行业,《商君书·去强》:"农、商、官三者,国之常官也。"又指取法、效法,《礼记·礼运》:"其官于天也。"器官皆有相应功用,故又指器官,《孟子·告子》:"耳目之官不思而蔽于物。"赵岐注:"官,精神所在也,谓人有五官六府。"

rén
人　　合21099　合28012　合1085　散盘　令簋　说文籀文　礼器碑　智永

　　象形字。《说文》:"人,天地之性最贵者也。此籀文。象臂胫之形。"本义指人、人类。古称天、地、人为三才,认为人是万物之灵。《尚书·泰誓》:"惟天地万物父母,惟人万物之灵。"甲骨文像人侧立之形,或朝左或朝右,后以朝左者为定形。有两种写法,是表示手臂的斜画接于表示身体的中线的中上部,为籀文所承;是斜画表示上身及手臂,表示下身的笔画接于上之斜画中部,为战国文字及隶、楷所承。《说文》籀文左边短画像臂,右边长画像头、身躯与腿。徐灏《注笺》:"'大' 象人正视之形,象侧立之形。侧立,故见其一臂一胫。"廖廷相《释人》:"下象臂胫,上象俯首,乃鞠躬致敬形也。人非礼不立,鞠躬致敬者,所以明礼。"说亦可参。张舜徽《约注》:"许云 '此籀文' 者,明此形不自小篆始也,而篆文固亦仍用之耳。"

　　"人" 也指某人、某种人或某些人,如工人、主持人,《左传·襄公三十一年》："人谓子产不仁,吾不信也。"又指别人、他人,《尚书·秦誓》："人之有技,若己有之。"又指人人、每人,如人手一册,《史记·平准书》："民则人给家足。"又指自己,如文如其人,《古诗十九首·行行重行行》："思君令人老,岁月忽已晚。"又指人才,《左传·文公十三年》："子无谓秦无人。"又指人的品性行为,《孟子·万章》："颂其诗,读其书,不知其人,可乎?"又指人情事理,《荀子·解蔽》："庄子蔽于天而不知人。"又指人为的,《庄子·秋水》："牛马四足,是谓天;落马首,穿牛鼻,是谓人。"又指伴侣,《庄子·大宗师》："彼方且与造物者为人,而游乎天地之一气。"王先谦集解引王引之："为人,犹言为偶。"也指果仁,后作"仁",《尔雅·释木》："桃李丑,核。"段注："果人之字,自宋元以前,《本草》方书,诗歌纪载,无不作人字。自明成化重刊《本草》,乃尽改为仁字。"唐代避太宗李世民讳,以"人"代"民",《尚书·尧典》:"敬授人时。"通"仁",仁爱、怜悯,《吕氏春秋·举难》:"故君子责人则以人,责己则以义。"俞樾《平议》:"下人字当读作仁。责人则以仁,与下文自责则以义正相对。"

huáng
皇

合 6354　　合 6960　　作册大方鼎　　趞鼎　　秦公簋　　说文小篆　　徐美人墓志　　颜真卿

　　会意兼形声字。《说文》:"皇,大也。从自。自,始也。始皇者,三皇,大君也。自,读若鼻,今俗以始生子为鼻子。"本义为大。"从自"段注作"从自、王"。古以三皇为大君,王筠《句读》:"言上古无王,其有王者,则自三皇始也……以上三句解字从自王而训为大之故。""三皇"所指说法不一,《世本》以伏羲、神农、黄帝为三皇,《尚书大传》以燧人、伏羲、神农为三皇,《风俗通义》《春秋元命苞》以伏羲、女娲、神农为三皇,《白虎通义》以伏羲、祝融、神农为三皇,《春秋纬》又以天皇、地皇、人皇为三皇,《史记·秦始皇本纪》称为天皇、地皇、泰皇。其中以《世本》所说流传最广,段玉裁、桂馥则主《尚书大传》之说。《尚书·洪范》:"建用皇极。"孔传:"皇,大。极,中。凡立事当用大中之道。""自"本义指鼻子,甲骨文作甲三九二,像鼻形。"自"有初始义，"王"指君王而有大义，三皇是最早(自)的帝王，故"皇"从自、王。朱骏声《通训定声》："王亦声。""皇"甲骨文像火光辉煌形，朱芳圃《殷周文字释丛》："皇即煌之本字。"又作，加"王"(侧立形)作声符，"皇"本指火光盛大，"王"有大义，故从王声。西周早期金文作、，形符、声符共用一竖，作上下结构。西周晚期金文作，形符与声符分离而各自成体。春秋金文作，火炬光焰形与"白(自)"形相近，小篆承之，上部变作"自"，《说文》遂谓"从自、王"，并对字形作理据构建。吴大澂《古籀补》："皇，大也。日出土则光大，日为君象，故三皇称皇。"林义光《文源》："象日光芒出地形。"王国维、张舜徽等亦主此说。孙海波《甲骨金文研究》："象王者箸冕之形，从，象冕形，王亦声。《礼记·王制》：有虞氏皇而祭。"汪荣宝、陆宗达亦谓"皇"之本义为冕。始王、火炬、日出土上、王冕，都有煌煌而大之义，可以互参。

古代以天为大，故"皇"引申指天，《楚辞·离骚》："陟升皇之赫戏兮，忽临睨夫旧乡。"又指天神，《楚辞·九歌·东皇太一》："吉日兮辰良，穆将愉兮上皇。"古谓天为万物主宰，故又指君主，如皇后、女皇，《楚辞·离骚》："岂余身之惮殃兮，恐皇舆之败绩。"又为古时对王朝的敬称，陆机《吊魏武帝文》："接皇汉之末绪，值王途之多违。"又为对祖先或去世亲人的敬称，《礼记·曲礼》："祭王父曰皇祖考，王母曰皇祖妣，父曰皇考，母曰皇妣，夫曰皇辟。"郑玄注："更设称号尊神，异于人也。"又为皇考的省称，《楚辞·离骚》："皇览揆余初度兮，肇锡余以嘉名。"大、天、皇、王等皆有盛大意，故又指辉煌、庄盛，后作"煌"，《诗经·小雅·采芑》："服其命服，朱芾斯皇。"盛大则美善，故又指美，《诗经·大雅·文王》："思皇多士，生此王国。"盛大的人事物受人赞许，故又指赞美、嘉许，《诗经·周颂·执竞》："不显成康，上帝是皇。"又指黄白色，《诗经·豳风·东山》："之子于归，皇驳其马。"又为冠名，上面画有羽饰，《礼记·王制》："有虞氏皇而祭。"又指传说中的雌凤，后作"凰"，《尔雅·释鸟》："凤，其雌皇。"通"况"，作连词，表示更进一层，《尚书大传·甫刑》："君子之于人也，有其语也，无不听者；皇于听狱乎？"

【原文】 始 制 文 字　　乃 服 衣 裳
shǐ zhì wén zì　　nǎi fú yī cháng

【译文】 （黄帝史官仓颉）初创文字，（黄帝臣子胡曹）创制衣裳。

【释义】

　　两句讲黄帝的功绩，以创造文字、初制衣裳为代表。《说文·叙》："黄帝之史仓颉，见鸟兽蹄迒之迹，知分理之可相别异也，初造书契。"仓颉见鸟兽足迹各有不同而受启发，知道符号可分类别异，据此创造文字，被尊为"造字圣人"。史籍多有仓颉造字的记载，《淮南子·本经》："昔者仓颉作书，而天雨粟，鬼夜哭。"言文字含天地之道，承载文明，有了文字，人类进入了文明时代，天地也为之震动，故有"天雨粟"之祥瑞；另外，创造了文字，人们就可以通过文字认识世界，开启智慧，鬼魅就无法再蒙蔽人了，故有"鬼夜哭"之说。这些传说，目的是说明创造文字的重要性。

　　建于汉代的仓颉庙内立有一块清人刻的《仓圣鸟迹书碑》，黑色石碑上刻着 28 个符号，相传是仓颉所造象形文字的本形。这些鸟迹书由小的图形和画面组成，宋代王著《淳化阁帖》破译为"戊己甲乙，居首共友，所止列世，式气光名，左互义家，受赤水尊，戈矛釜芾"。其实，"仓颉造字"并不是说仓颉一个人完成了汉字系统的发明创造，《荀子·解蔽》谓"好书者众矣，而仓颉独传者，壹也"，文字的创造演变，是由少及多、由简而繁的漫长过程，汉字系统不可能出于一人之手，也不可能出于一时一地，进行文字整理工作也非仅有仓颉一人，或许因仓颉的成果最佳，或许因仓颉是当时整理文字的领导者，对文字有整齐划一之功，故以仓颉为造字的代表。

　　嫘祖，一作"累祖"，西陵氏之女，为黄帝轩辕氏元妃，据说是养蚕缫丝方法的创造者，北周以后被祀为"先蚕"（蚕神）。唐赵蕤《嫘祖圣地》碑文称："嫘祖首创种桑养蚕之法，抽丝编绢之术，谏净黄帝，旨定农桑，法制衣裳，兴嫁娶，尚礼仪，架宫室，奠国基，统一中原，弼政之功，殁世不忘。是以尊为先蚕。"

　　胡曹是黄帝之臣，来自上古胡人部落，擅于制衣，最初发明衣裳。"衣、裳"古有分别,上为衣,下为裳。《吕氏春秋》《淮南子》均谓胡曹制衣。衣裳的创制,是华夏礼乐文明的重要体现,我国古称"华夏",与衣裳有关,孔颖达《春秋左传正义》:"中国有礼仪之大,故称夏;有服章之美,谓之华。"

　　早期衣裳形成后来"汉服"的基本形制,主要特点是交领右衽。衣襟交叉于胸前,形成领口的交叉,叫做"交领"。交领的两线相交于衣中线,左右对称,显示出中正气韵,表示做人要不偏不倚。一般认为汉服体现了"天人合一"的思想,交领方正代表地,也代表人道的方与正;袖子是圆袂,代表天圆。"天圆地方"在汉服上的表现,也是中国古代文化与自然融合的一种体现。"右衽"就是左侧的衣襟压住右侧的衣襟,外观上表现为 y 字形,形成整体服装向右倾斜的效果。衽即衣襟,左前襟掩向右腋系带,将右襟掩覆于内。右衽体现了华夏文化"以右为尊"的思想,代表正统;反之为左衽,是违背正统的服饰。

【解字】

者婳尊　　叔簋　　老子甲58　说文小篆　孔龢碑　颜真卿

　　形声字。《说文》:"始,女之初也。从女台声。"本义为初、开始。《尚书·吕刑》:"蚩尤惟始作乱。""台"(yí)之本义为喜悦,为"悦"字初文。"台"金文作邔侯库簋,像人喜悦时言笑、声气从口而出形,"兑"甲骨文作甲六二六,构形与"台"相似,皆像声气从口发出形。许慎训"始"为"女之初",盖谓女人生子之初,女子得胎(受孕)则是喜悦之事(台),故"始"从女台声。《尔雅》:"胎,始也。"《礼记·檀弓》:"君子念始之者也。"郑注:"始犹生也。"始、胎皆与生子相关,女子初孕为始,既孕成体为胎,十月胎成而生。传统以虚岁记龄,从母怀胎至子生出近一岁,古人乃以怀孕作为新生命开始。

　　"始"引申指生,《释名·释言语》:"始,息也,言滋息也。"《礼记·檀弓》:"丧礼,哀戚之至也。节哀,顺变也,君子念始之者也。"郑玄注:"始,犹生也。念父母生己,不欲伤其性。"也指治理,《诗经·大雅·灵台》:"经始灵台，经之营之。”又用作副词，相当于“初时、当初，刚刚、正，只、仅，方才，尝、曾”等。

zhì
制(製)

合 7938　制鼎　王子午鼎　子禾子釜　两诏椭量　说文小篆　华山庙碑　颜真卿

会意字。《说文》：“制，裁也。从刀从未。未，物成有滋味，可裁断。一曰止也。，古文制如此。”义指裁断、切割。《淮南子·主术》：“贤主之用人也，犹巧工之制木也。”高诱注：“制，裁也。”未，《说文》：“味也。六月，滋味也。五行，木老于未。象木重枝叶也。”义指滋味，后作“味”。“未”小篆作，“木”上加一曲画，表示枝叶重叠。甲骨文作后一·一〇·五、存二七三四，李孝定《甲骨文字集释》：“契文亦象木重枝叶之形。”木上加一画，表示树梢，“未”与“末”本一字。木长老而枝叶厚重，其木头味也就加重，后加口作“味”。以刀裁断木末(未)，止其生长，相当于后代修剪枝条制作盆景。张舜徽《约注》：“许君以裁训制者，以木为器，必先裁成章段，犹之为衣者，必先裁其布帛也。制为裁木之名，裁木所以作器，因引申为一切制作之称。”刀可断物，故“制”从刀从未。“制”甲骨文、商代金文从刀断木，本义指裁断。战国文字作，“木”繁化作“未”形，为小篆所承。秦系文字作，为突显断木义，将“未”断作三截。《说文》古文增彡像斫木之文，段注：“从彡者，裁断之而有文也。”《说文》：“製，裁也。从衣从制。”徐锴《系传》作“制声”。本义指剪裁。简化字用“制”表示一切制造、制作、制裁。

“制”引申指制作、制造，《诗经·豳风·东山》：“制彼裳衣，勿士行枚。”又指规划、制订，如因地制宜，《周易·节》：“君子以制数度，议德行。”物被截断则停止生长、运行，故又指禁止、抑制，《商君书·画策》：“衣服有制，饮食有节，则出寡矣。”又指约束、控制，《尚书·盘庚》：“相时憸民，犹胥顾于箴言，其发有逸口，矧予制乃短长之命？”又指决断、裁决，《淮南子·泛论》：“行无专制。”又指形制、式样，陶潜《桃花源诗》：“俎豆犹古法，衣裳无新制。”又指帝王的命令，也指法令，《礼记·曲礼》：“士死制。”

wén
文

合 1090　合 4611　合 4889　旂鼎　㝬钟　说文小篆　熹平石经　颜真卿

象形字。《说文》:“文,错画也。象交文。”义指纹理、花纹。纹理多交错,故训“错画”。朱骏声《通训定声》:“象形、指事谓之文,会意、形声谓之字,故许君自标其书曰《说文解字》。”《谷梁传·哀公十三年》:“祝发文身。”范宁注:“文身,刻画其身以为文也。”“文”含纹理、花纹与刻画花纹二义,表动作与结果,张舜徽《约注》:“文之言分也,谓资此以分别万物也。举凡日月星云,山川陵谷,鸟兽之毛羽,草木之花叶,人之长短肥瘦,物之大小方圆,莫不各有差异,以交错于天地之间。此乃自然之文,与物俱生者也。必具万殊之文,而后能定万殊之名,故文者,所以区辨万物者也。本书《叙篇》云‘见鸟兽蹄迒之迹,知分理之可相别异也’。分理,犹纹理耳。”段注:“像两纹交互也。”徐灏《注笺》:“象分理交错之形,因以为文字之称。”“文”甲骨文像身体交错之人,身上或有交文,高鸿缙《中国字例》:“以错画表纹,纹不拘何物也。兹以错画表其通象而已。”学者多谓像有纹身之人,本义为纹身,朱芳圃《殷周文字释丛》:“文即文身之文,象人正立形,胸前之/、×……即刻画之文饰也。”“文、纹、彣”一字,今“文”表示文字、文章、文化,“纹”表花纹,“彣”少用。

“文”也指最初所造的象形、指事等独体的文,后泛指文字,《左传·昭公元年》:“于文,皿虫为蛊。”又指言辞、文辞,《国语·楚语》:“文咏物以行之。”又指文章,《汉书·贾谊传》:“年十八,以能诵《诗》《书》属文称于郡中。”又指韵文,与“笔”(散文)相对,《文心雕龙·总术》:“今之常言,有文有笔,以为无韵者笔也,有韵者文也。”又指书籍,《论语·学而》:“行有余力,则以学文。”又指非军事的,与“武”相对,如文人、文武全才,《国语·周语》:“武不可觌,文不可匿。”又指自然界或人类社会某些带规律性的现象,《周易·贲》:“观乎天文,以察时变;观乎人文,以化成天下。”又指礼乐仪制,《论语·子罕》:“文王既没,文不在兹乎!”朱熹注:“道之显者谓之文,盖礼乐制度之谓。"又指法令条文,《国语·周语》:"明利害之乡,以文修之,使务利而避害,怀德而畏威。"又指美、善,《礼记·乐记》:"礼减而进,以进为文;乐盈而反,以反为文。"又指华丽,与"质"相对,《论语·颜渊》:"君子质而已矣,何以文为?"又指美德,《尚书·文侯之命》:"追孝于前文人。"孔传:"使追孝于前文德之人。"又特指周文王,《诗经·大雅·下武》序:"下武,继文也。"郑玄笺:"继文者,继文王之王业而成之。"又用作量词,计算铜币的基本单位,南北朝以来,铜钱圆形,中有方孔,一面铸有文字,故称钱一枚为一文,如分文不取。又为文言的省称,与"白话文"相对,如半文半白。又指社会科学,与理、工科相对,如文科。又用作姓氏,《通志·氏族略》:"文氏,姬姓。《风俗通》云:周文王支孙,以谥为氏。"

字

字父己觯　善夫吉其毁　睡·封86　说文小篆　乙瑛碑　颜真卿

会意兼形声字。《说文》:"字,乳也。从子在宀下,子亦声。"本义为生育、孵化。段注:"人及鸟生子曰乳,兽曰𤜜。引申之为抚字,亦引申之为文字。"《山海经·中山经》:"其上有木焉,名曰黄棘,黄华而员叶,其实如兰,服之不字。"郭璞注:"字,生也。"女人在屋(宀)中生子,故"字"从子在宀下,子亦声。

有孕方能生子,故"字"引申指怀孕,《周易·屯》:"女子贞不字,十年乃字。"人、动物皆爱其子,故又指爱,《尚书·康诰》:"于父不能字厥子,乃疾厥子。"生则必养之,故又指抚育、养育,《诗经·大雅·生民》:"诞置之隘巷,牛羊腓字之。"生养则必教之,故又指治理、教育,崔寔《政论》:"旧制万户以上,置大县令,以表其能字人之力也。""字"初指会意、形声等合体的字,后泛指文字,许慎《说文·叙》:"仓颉之初作书,盖依类象形,故谓之文。其后形声相益,即谓之字。字者,言孳乳而浸多也。"杜甫《贻阮隐居》:"识字用心苦。"又指人的表字,《左传·隐公八年》:"诸侯以字为谥,因以为族。"杜预注:"诸侯位卑不得赐姓,故其臣因氏其王父字。"又指许嫁、出嫁,《正字通》子部："字,女子许嫁曰字。"文字有不同体势,故又指字体,如篆字、草字、颜字,《晋书·卫恒传》:"(程)邈所定乃隶字也。"书法是文字书写的艺术,故又指书法、书法作品,王明清《挥麈三录》:"又有李元中,字画之工,追踪钟王。"字有读音,故又指字音,如字正腔圆,明沈宠绥《度曲须知·四声宜忌总诀》:"顿字者,一出字即停声。"书信由文字记录,故又指书信,杜甫《登岳阳楼》:"亲朋无一字,老病有孤舟。"又指作为凭据的签名或书写记号,元佚名《货郎旦》二折:"文书写的明白了也,你都画了字。"

nǎi
乃　　　　　　　　　　　　　　　　　　　　　　　　　　　　　　　　　

合 21339　合 7150　合 10405　乃孙作祖己鼎　睡 25.39　说文小篆　史晨碑　颜真卿

象形字。《说文》:"乃,曳词之难也。象气之出难。乁,古文乃。乃,籀文乃。"语助词,表转折。段注:"曳有矫拂之意。曳其言而转之,若而、若乃皆是也。乃则其曳之难者也。《春秋·宣八年》:'日中而克葬。'《定十五年》:'日下昃乃克葬。'《公羊传》曰:'而者何?难也。乃者何?难也。曷为或言而?或言乃?乃难乎而也。'何注:'言乃者内而深,言而者外而浅。'按乃、然、而、汝、若,一语之转,故乃又训汝也。"徐灏《注笺》:"古或用为转语,或为发语。许云'曳词之难',足以包举众义。"饶炯《部首订》:"语词字,多取象于气,如兮、之、曰、乎是也。故乃为曳词,亦象气出之屈曲。"《尚书·大禹谟》:"乃圣乃神,乃武乃文。"小篆屈曲盘绕而不能直达,像气出之难形,王筠《句读》:"《埤雅》:气自下而上,至上而不得达,所以为气出之难也。"林义光谓"乃"甲骨文像曳引之形;郭沫若谓"乃"为"奶"之初文;朱芳圃谓是"绳"之初文,像绳索之形。

"乃"用于判断句中,《史记·高祖本纪》:"吕公女乃吕后也。"又指竭尽,《逸周书·祭公》:"俾百僚乃心,率辅弼予一人。"又指如、好像,《汉书·扬雄传》:"昔人之辞,乃玉乃金。"又用作人称代词、指示代词。又用作副词,表示时间、转折、反问、意料不到的语气、范围。又用作连词,表示并列、选择、递进、假设等关系。

服（字形）　服（字形）　服　服　服

合 36924　　大盂鼎　　睡 62　　说文小篆　曹全碑　颜真卿

　　形声字。《说文》："服，用也。一曰车右騑，所以舟旋。从舟㞋声。𦚢，古文服从人。"指使用、服事。《楚辞·天问》："何恶辅弼，谗谄是服。"舟，《说文》："船也。古者，共鼓、货狄刳木为舟，剡木为楫，以济不通。象形。"本义指船。朱骏声《通训定声》："古以自空大木为之曰俞，后因集板为之曰舟，又以其沿水而行曰船也。""舟"甲骨文作（字形）合九七七二、（字形）合四九二八乙，像舟之形。《诗经·邶风·二子乘舟》："二子乘舟，泛泛其景。"㞋(fú)，《说文》："治也。从又从卪。卪，事之节也。"本义为治、从事，后作"服"。"㞋"甲骨文作（字形）合七五三、（字形）合七一〇，从又按卪，以手（又）按跽跪之人（卪）项背，会制服之意，为"服"之初文。"凡"甲骨文作（字形）合二八九四五、（字形）合二九三八三，像高圈足的盘形，上像盘体，下像圈足，为"盤"字初文。"舟、凡"形相近而多混用。"服"甲骨文从凡㞋声，西周晚期金文作（字形）驹父盨盖，春秋金文作（字形）秦公镈，"又"移于"卪"下，"凡"变作"舟"，为小篆所承。

　　"服"也指从事，《论语·为政》："有事，弟子服其劳。"使用、从事即事情的施行，故又指实行，《尚书·召诰》："越厥后王后民，兹服厥命。"孔颖达疏："谓继世之君及其时之人皆服行其君之命。"又指承受（刑役），《尚书·吕刑》："五罚不服。"孔传："不服，不应罚也。"又指职事、职位，《尚书·酒诰》："越在外服，侯甸男卫邦伯；越在内服，百僚庶尹、惟亚惟服宗工、越百姓里居，罔敢湎于酒。"杨树达《积微居小学述林》："外服内服，即外职内职，犹后世言外官京官也。"又指事情，《礼记·学记》："不学杂服，不能安礼。"俞樾《平议》："杂服者，杂事也。洒扫应对，无一非礼，故必学杂事然后能安礼。"又指服从、顺从，《论语·为政》："举直错诸枉，则民服；举枉错诸直，则民不服。"又指信服、佩服，《吕氏春秋·顺说》："惠盎趋而出，宋王谓左右曰：辩矣，客之以说服寡人也。"又指畏服、慑服，《韩非子·二柄》："夫虎之所以能服狗者，爪牙也。"古指王畿以外的地方为"服"，《尚书·皋陶谟》：

"弼成五服,至于五千。"又指穿戴,《孝经·卿大夫章》:"非先王之法服不敢服。"又指古代装箭、刀、剑等的套子,后作"箙",《诗经·小雅·采薇》:"四牡翼翼,象弭鱼服。"又为古代对衣服、宫室、车马、器物等的泛称,《周礼·春官·都宗人》:"正都礼与其服。"又指丧服,《礼记·檀弓》:"齐谷王姬之丧,鲁庄公为之大功。或曰,由鲁嫁,故为之服姊妹之服。"又指居丧期,《史记·魏其武安侯列传》:"会仲孺有服。"又指整、治理,《诗经·周南·葛覃》:"为絺为绤,服之无斁。"古代一车驾四马,居中的两匹叫服,《诗经·郑风·大叔于田》:"两服上襄,两骖雁行。"郑玄笺:"两服,中央夹辕者,襄驾也。"又指练习、熟悉,《礼记·孔子闲居》:"君子之服之也,犹有五起焉。"郑玄注:"服,犹习也。君子习读此诗,起此诗之义,其说有五也。"又指习惯、适应,《楚辞·九章·橘颂》:"后皇嘉树,橘徕服兮。"王逸注:"言皇天后土生美橘,树异于众木,来服习南土便其性也。"又指得,《老子》五十九章:"夫唯啬,是谓早服。"又指吞服(药物),《礼记·曲礼》:"医不三世,不服其药。"又指思念,《诗经·周南·关雎》:"求之不得,寤寐思服。"

　　"服"又音 fú,通"负",1. 车箱,《周礼·地官·山虞》:"凡服耜,斩季材,以时入之。"孙诒让正义:"郑司农云:'牝服,谓车箱。服,读为负。'《既夕礼》注:'服,车箱。'是牝服可省称服,即大车较间木。"2. 载负,《诗经·小雅·大东》:"睆彼牵牛,不以服箱。"俞樾《平议》:"传、笺释服字皆未合,服当读为负。服、负一声之转。"又用作量词,用于中药剂量,一剂为一服。

　　"服"又音 bì,〔服臆〕也作"腷臆",心气郁结或内心悲痛的样子,《史记·扁鹊仓公列传》:"言未卒,因嘘唏服臆。"

yī
衣　　　　　　　　衣

甲 337　　佚 940　　天亡簋　　此鼎　　望 2　　说文小篆　魏上尊号奏　颜真卿

　　象形字。《说文》:"衣,依也。上曰衣,下曰裳。象覆二人之形。"指人身上所穿,用以蔽体御寒的东西,用布帛、皮革或各种纤维做成。衣服用以遮身护体,为人所依,故训"依"。衣、依上古音相同,为声训。《诗经·邶风·绿衣》："绿兮衣兮,绿衣黄裳。"毛传："上曰衣,下曰裳。"后用为服装的通称,《诗经·秦风·无衣》："岂曰无衣,与子同袍。"张文虎《舒艺室随笔》："𠆢象领,从象两袖左右襟相掩及裾下垂之形。""象覆二人之形"言小篆像𠆢覆盖从(像小篆二"人")形,非言字义或构形从二人,朱骏声《通训定声》："释字形如之,犹曰反从为比、反后为司,非说其义也。"许书于象形字如"鸟、鹿"下言"从匕"、"日"下言"从口一"、"易"下言"从勿"等,"兔"下言"兔头与龟头同"、"虎"下言"虎足象人足"、"禽"下言"禽、离、兕头相似"等,是许慎"据形立说"的体现,皆言二者小篆之形相似,以求字形稳定统一,合于部首系统性、一贯性,便于书写传播,非言所从之字及其义。"衣"甲骨文、金文像上衣形,罗振玉《殷虚书契考释》："此盖象襟衽左右掩覆之形。"

　　"衣"也指下裳,《诗经·桧风·素冠》："庶见素衣兮,我心伤悲兮。"又指蔽于人体外部的罩子,《说文》冃部："冃,小儿蛮夷头衣也。"外罩遮物如衣,故又指器物的外罩,《礼记·檀弓》："赴车不载櫜韔。"郑玄注："韔,弓衣。"又指蒙覆在食物或器物表面的东西,苏轼《次韵刘贡父李公择见寄》之二："何人劝我此间来,弦管生衣甑有埃。"鸟羽在外如衣,故又指鸟羽,庾信《鹤赞》："笼摧月羽,弋碎霜衣。"通"殷",商朝,《礼记·中庸》："壹戎衣而有天下。"郑玄注："衣读如殷,声之误也。齐人言殷声如衣。"陆德明释文："依注衣作殷,于巾反,谓一用兵伐殷也。"

　　"衣"作动词读 yì,指穿戴,《论语·子罕》："衣弊缊袍,与衣狐貉者立而不耻者,其由也与?"又指覆盖,《周易·系辞》："古之葬者,厚衣之以薪。"

cháng
裳(常)　　常　常　裳　裳　裳
　　　　子犯编钟　说文小篆　说文或体　熹平石经　颜真卿

　　"常"是形声字。《说文》："常,下帬也。从巾尚声。裳,常或从衣。"本指下身的裙子。王筠《句读》："汉谓裳为帬,而冠之以下者,帬亦为在上者之名,故言下以别之。"张舜徽《约注》："常之言长也,谓下直而垂,其形甚长也。帬本围绕之名,其在下者谓之常,故许云下帬也。凡语称恒常、纲常、经常,皆借常为长。"《逸周书·度邑》:"叔旦泣涕于常,悲不能对。"尚,《说文》:"曾也,庶几也。"义指增加。徐灏《注笺》:"尚者,尊上之义,向慕之称……尚之言上也,加也。曾犹重也,亦加也。故训为曾、庶几。""尚"西周周原甲骨作 ⌂ H一一·二、⌂ H一一·二三,构形、本义不明,上两横或表示增加、重叠、在上之意。一说画两横(⌣⌣)在城门顶(冋)表示在上方,同上。"巾"甲骨文作 巾 合一六五四六,林义光《文源》:"象佩巾下垂形。"中国为礼仪之邦,有华服之美,服饰体现威仪、礼制,为人所尚,衣服遮身蔽体,保有人的尊贵与高尚;衣裳为布帛所制,丝麻制品及布制品的字多从巾,徐锴《系传》"裳下直而垂,象巾,故从巾",由上(尚)垂下,故"常"从巾尚声。"常"为下衣,故或体从衣作"裳",为衣裳之"裳"专字,段注:"今字裳行而常废矣。"

"裳"扩展指衣服,《水经注·江水》:"巴东三峡巫峡长,猿鸣三声泪沾裳。"

"裳"又读轻声 shang,"衣裳"即衣服。

【原文】　推 位 让 国　　有 虞 陶 唐
　　　　　tuī wèi ràng guó　yǒu yú táo táng

【译文】　尧帝陶唐氏禅让王位于圣君虞舜,舜帝有虞氏让国政于贤人大禹。

【释义】

两句讲上古尧舜时期的禅让制,《礼记·大同》所谓选贤与能。尧、舜实行禅让制,到夏代,大禹的儿子夏启得位,开启了家天下世袭制,此后历代沿用,直到清朝灭亡。

陶唐指尧帝,上古时期部落联盟的首领,姓伊祁,名放勋,号陶唐,谥曰尧。因尧为古唐国人,曾为陶唐氏首领,故称唐尧。相传尧出生于高辛(伊祁山),帝喾之子,母陈锋氏庆都为帝喾次妃。尧十三岁辅佐兄长帝挚,封于陶地,十五岁改封于唐地,合称陶唐氏。尧十八岁代挚为天子,都于蒲阪,在位七十年。尧知道自己的儿子丹朱凶顽不可用,就与四岳商议,请他们推荐人选。四岳推荐了舜,言其很有孝行,尧听后决定先行考察,再做定夺。

尧把自己的两个女儿娥皇、女英嫁给舜,通过女儿考察舜的德行和治理能力。舜与娥皇、女英住在沩水边,依礼而行事,二女对舜十分敬重。尧就派舜负责推行德教,舜教臣民以"五典",用"父义、母慈、兄友、弟恭、子孝"五种美德来指导自己的行为,臣民乐意听从他的教诲,普遍依照"五典"行事。尧又让舜总管百官,处理政务,百官都服从舜的指挥,百事振兴,无一荒废,有条不紊。尧还让舜在明堂的四门负责接待四方来朝的诸侯,舜与诸侯相处很好,也使诸侯之间和睦友好,远方来的诸侯宾客都很敬重他。最后,尧让舜独自去山林中经受大自然的考验,舜在暴风雷雨中不迷失方向,坚持前行,显示出很强的生活能力。经过三年的多方考察,尧觉得舜无论说话办事都很成熟可靠,能够建树业绩,就决定将帝位禅让于舜。尧于正月上日(初一)在太庙举行禅位典礼,正式让舜接替自己登上天子之位。

尧退位避居,二十八年后去世,"百姓悲哀,如丧父母,三年,四方莫举乐,以思尧",可见人民对他的怀念情意深挚。尧开创了禅让制,被尊为上古五帝之一。

有虞指舜帝,姓姚,名重华,字都君,谥曰舜,为上古五帝之一,奉为"华夏至圣"。因封国名"虞",故又称虞舜。他是帝颛顼的六世孙,自五世祖穷蝉起都是平民。舜从小受后母和后母所生之子象的迫害,屡经磨难,仍坚持和善相对,孝敬父母,爱护异母弟象,故深得百姓赞誉。舜曾辛勤耕稼于历山(今山东济南),渔猎于雷泽(今山东菏泽),在黄河之滨烧制陶器,在寿丘(今山东曲阜)制作日用杂品,在顿丘(今河南浚县)、负夏(今山东兖州)一带经商。因品德高尚、勤勉刻苦,在民间声望卓著。如他在历山耕田,当地人就不再争田界,互相谦让。人们皆愿同舜住在一起,聚集的人越来越多,《史记·五帝本纪》"一年而所居成聚,二年成邑,三年成都"。

舜选贤任能,举用"八恺、八元"来治理民事,放逐"四凶",任命禹治水,完成了尧未完成的事业。传说舜巡狩四方,整顿礼制,减轻刑罚,发明度量衡。在舜的精心治理下,政教大行,八方宾服,四海咸颂舜功,故《史记·五帝本纪》称"天下明德皆自虞帝始"。舜年老时,认为自己的儿子商均不肖,就选定当时威望最高的禹为继任人,且由禹来摄行政事。舜在位

三十九年,巡守南方时,死于苍梧之野,葬于九疑山(今湖南永州),其陵墓
又称为"零陵"。

【解字】

tuī　推　撺　䍿　推　推
孙膑216　说文小篆　苍山画像石题记　颜真卿

　　形声字。《说文》:"推,排也。从手隹声。"本指向前用力使物体移动。
玄应《一切经音义》引《苍颉篇》:"推,前也。"《左传·襄公十四年》:"夫二
子者,或挽之,或推之,欲无入得乎?"隹,《说文》:"鸟之短尾总名也。象
形。"为短尾鸟或鸟的总名。"隹"甲骨文作 合五二四五、 合五〇四五,像鸟侧
立之形。罗振玉《殷虚书契考释》:"隹、鸟古本一字,笔画有繁简耳。"鸟
(隹)足能进而不能退,故"进"从辵从隹。"推"是以手着力使物体往前移
动,像隹般跳跃前行,故"推"从手隹声。

　　"推"也指使工具向前移动进行工作,如推头(理发),《五灯会元·叶县
归省禅师》:"碓捣东南,磨推西北。"人、物被推则前行,故又指推行,《淮
南子·主术》:"夫推而不可为之势,而不修道理之数,虽神圣人不能以成其
功。"物经推动则往前进展,故又指扩充、扩展,《孟子·公孙丑》:"推恶恶
之心。"人推物或是为了将其清除,故又指排除、除去,《诗经·大雅·云汉》:
"旱既太甚,则不可推。"郑玄笺:"旱既不可移去,天下困于饥馑。"物经推
动则迁移,故又指顺随、迁移,《周易·系辞》:"寒暑相推而岁成焉。"推选如
把人推向所举之位,故又指荐举、推选,《尚书·周官》:"推贤让能。"受人尊
崇方能被推举,故又指尊崇、赞许,《晋书·刘寔传》:"天下所共推,则天下士
也。"计算是推演数字,故又指计算,《淮南子·本经》:"星月之行,可以历推
得也。"人让物则常将物推给对方,故又指让给别人,《史记·淮阴侯列传》:
"(汉王)解衣衣我,推食食我。"被推之人非主动前行,不情愿前进,故又指
推诿、假托,如推脱。又指刺,《晏子春秋·内篇杂》:"曲刃钩之,直兵推之,
婴不革矣。"于省吾《新证》:"自外向内挽之曰钩,自内向外刺之曰推。"

wèi
位（立）

乙6964　粹1218　比簋　说文小篆　曹全碑　颜真卿

会意字。《说文》:"位,列中庭之左右谓之位。从人、立。"义指朝廷中群臣的位列,即人所立的位置。段注:"中廷犹言廷中,古者朝不屋,无堂阶,故谓之朝廷。"《尔雅·释宫》:"中庭之左右谓之位。"郭璞注:"群臣之侧位也。"邢昺疏:"位,群臣之列位也。"《周礼·春官》:"小宗伯之职,掌建国之神位。"郑注:"故书位作立。郑司农云:'立读为位,古者立、位同字。古文《春秋经》"公即位"为"公即立"。'"立,《说文》:"住也。从大,立一之上。"本义指站立。立则住(止)于地,故训"住"。张舜徽《约注》:"宋育仁曰:住犹止也。立与行对,故说立为住。""立"甲骨文作▲合二〇一九六,金文作▲立面父丁卣,小篆作▲,像人(大亣)正立于地(一)之形。人站在地上的动作是"立",所立的位置是"位",徐灏《注笺》"人所立处谓之位",故"位"从人、立。甲骨文、金文"立、位"同字,"位"是后出加形分化字,饶炯《部首订》:"人立于前,因名其处亦曰立,后始加人以为位字。"

"位"也指所在的位置,如座位、席位,《周礼·夏官·太仆》:"掌正王之服位。"有官爵、职位方能在朝廷中有位,故又指职位、官爵,《孟子·公孙丑》:"贤者在位,能者在职。"官职有等级,朝廷按官位等级排位,故又指爵次、等列,《孟子·万章》:"天子一位,公一位,侯一位,伯一位,子男同一位,凡五等也。"又特指君王或诸侯之位,如即位、篡位,《尚书·尧典》:"朕在位七十载。"人皆居其位,故又指居、处,也指使安于其所,《周易·系辞》:"卑高以陈,贵贱位矣。"又指祭祀时设立的灵位、神位,或指冢位,《周礼·春官·小宗伯》:"成葬而祭墓为位。"又用作对人的敬称,如诸位、列位。又指算术上的数位,即一个大数中每个数码所占的位置,如个位、十位。

ràng
让（讓）

古陶　说文小篆　史晨碑　颜真卿

繁体作"讓",形声字。《说文》:"讓,相责讓。从言襄声。"本义为责备。《小尔雅·广义》:"诘责以辞谓之让。"《左传·僖公五年》:"夷吾诉之,公使让之。"杜预注:"让,谴让之。"襄,《说文》:"汉令:解衣耕谓之襄。从衣𡡾声。𧟁,古文襄。"义为解衣耕地。"襄"金文作𧟁䣄甫人匜,像人耕地前侧身伸两手解衣形。解衣耕田体现奋发向上的做事状态,故"襄"有上、高、举、大等义素。或谓"解衣耕"是一种耕种方法,先扒开硬地表层,在下面湿润土层播种撒子,再用表层土覆盖,待其发芽成长,即保持墒情。责备之言声气高大(襄),故"讓"从言襄声。简化字"让"从言上声。

"让"又指谦让、辞让,为常用义,段注:"经传多以为谦攘字。"《尚书·尧典》:"(尧)允恭克让,光被四表。"又指避让、退让,《孙膑兵法·威王问》:"威王曰:'敌众我寡,敌强我弱,用之奈何?'孙子曰:'命曰让威。'"由谦让引申指邀请,《儒林外史》十回:"两公子见这般说,竟不违命,当下让到书房里。"又指推辞、拒绝,李斯《谏逐客书》:"泰山不让土壤,故能成其大。"又指把好处让予别人,《吕氏春秋·行论》:"尧以天下让舜。"又为古代一种礼节仪式,举手平衡状,《仪礼·聘礼》:"宾入门皇,升堂让。"又指以一定代价将东西的所有权转给他人,如出让、转让。又用作介词,在被动式里引进主动者,相当于"被",如衣服让雨给淋了。

国(國或) guó

后下39.6　班簋　保卣　录卣　国差罈　说文小篆　史晨碑　颜真卿

繁体作"國",形声字。《说文》:"國,邦也。从囗从或。"义指古代王、侯的封地。徐锴《系传》作"从囗或声"。国、或上古音皆属职部。段注:"邑部曰:'邦,国也。'按:邦、国互训,浑言之也。《周礼注》曰:'大曰邦,小曰国,邦之所居亦曰国。'析言之也。"《周易·师》:"开国承家,小人勿用。"孔颖达疏:"若其功大,使之开国为诸侯。"囗(wéi),《说文》:"回也。象回帀之形。"指围绕、包围,为围(圍)之初文。囗、回上古音声近韵同,为声训。段注:"回,转也。按围绕、周围字当用此,围行而囗废矣。"徐灏《注笺》:"囗、围古今字。凡物回帀之形及围绕之,皆曰囗。古文盖作圆形,小篆变为方体。"□"小篆作〇，像四周围绕的有定区域，学者多谓"□"之本义为城邑。或(yù)，《说文》："邦也。从口从戈，以守一。一，地也。域，或又从土。"指范围有定的邦国、封国。"或"又加土分化出"域"字，表示地域、区域。高鸿缙《中国字例》："國之初字，从口，一为地区之通象，合之为有疆界之地区之意为通象，故为象意而属指事符；益之以戈声，故为指事符加声之形声字。周时借用为或然之或，乃加口为意符作國。"封地、封国是一块有定区域，先用〇表示；进而加外围线加戈守卫作𢧄，"或"后用为连词，本义又加口作國。徐灏《注笺》："邦谓之國，封疆之界谓之域，古但以或字为之。其后加口为國，加土为域，而别为二字二义。"在封国义上"□、或、國"同，故"國"从口或声。简化字"国"由草书楷化而成，非从玉。

"国"也指都城、城邑，朱骏声《通训定声》："国者，郊内之都也。"《左传·隐公元年》："先王之制，大都不过参国之一。"又指国家，如国法、为国争光，《诗经·小雅·节南山》："秉国之均，四方是维。"又指地方、地域，《周礼·地官·掌节》："山国用虎节，土国用人节，泽国用龙节。"作动词指建国、建都，《史记·鲁周公世家》："其三月，周公往营成周雒邑，卜居焉，曰吉，遂国之。"又指属于本朝的，曹植《求自试表》："今臣无德可述，无功可纪，若此终年，无益国朝。"又指中国的，如国产、国画。又指代表国家的，如国旗、国徽。又指在某方面为全国最突出的，如国手、国色。

yǒu
有

| 乙 6664 | 粹 13 | 索谌爵 | 侯马 16:36 | 睡 77 | 说文小篆 | 张迁碑 | 颜真卿 |

形声字。《说文》："有，不宜有也。《春秋传》曰'日月有食之'。从月又声。"指不当有而有。古以日蚀月蚀为不祥之兆，故言"不宜有"，此许慎本其师贾逵之说。王筠《句读》："《春秋·桓四年》：'有年。'贾逵云：'桓恶而有年丰，异之也，言有非其所宜有。'……许君既用师说，以有为不宜有，乃不引'有年'而引此者，彼隐而此显也。""有"甲骨文作𠂇，借"又"为"有"；又作屮，季旭昇《说文新证》："黄锡全以为由'牛'分化而来……先

秦以有牛羊为有,故其字从'牛'缩短末笔分化出来。"金文、小篆从又持肉,会持有、拥有之意。徐灏《注笺》:"古者未知稼穑,食鸟兽之肉,故从又持肉为有也。"张舜徽《约注》:"上世田猎,食肉衣皮。持肉为有,犹持皮为求耳。田猎而得肉,乃常有之事,故有字复含再义又义。古又、有通用,金文、甲文多以又为有,经传中复以有为又。"

　　"有"也指拥有,与"无"相对,1. 表示存在,《诗经·小雅·信南山》:"中田有庐,疆埸有瓜。"2. 呈现、产生、发生,《荀子·宥坐》:"七日不火食,藜羹不糁,弟子皆有饥色。"3. 领有、具有、专有、拥有,《礼记·坊记》:"父母在,不敢有其身,不敢私其财。"又指取、获得,《尚书·盘庚》:"若农服田力穑,乃亦有秋。"又指保存、保护,《礼记·哀公问》:"古之为政,爱人为大,不能爱人,不能有其身。"丰收则获有粮食,故又指丰收,《诗经·鲁颂·有駜》:"自今以始,岁其有。"毛传:"岁其有,丰年也。"又指多、富裕,《诗经·大雅·公刘》:"爰众爰有。"朱熹集传:"有,财足也。"又指有结果,与"空、无"相对,《后汉书·西域传》:"详其清心释累之训,空有兼遣之宗,道书之流也。"李贤注:"不执著为空,执著为有。"又为中国哲学用语,与"无"相对,指可感觉的实物,最普遍的存在,《老子》四十章:"天下万物生于有,有生于无。"又表示确定的、可计数的,《荀子·宥坐》:"今生也有时,敛也无时,暴也。"又(连用)表示一部分,《荀子·强国》:"威有三:有道德之威者,有暴察之威者,有狂妄之威者。"又表示不定指,《论语·学而》:"有朋自远方来,不亦乐乎。"又用于某些动词前组成套语,表示客气,如有请、有劳。又用作助词,多用在国名、族名、物名之前作名词词头,或用在谓词前。又相当于"或、为、于"。通"域",表州域,《诗经·商颂·玄鸟》:"方命厥后,奄有九有。"毛传:"九有,九州也。"又通"友",表相亲爱,《诗经·小雅·四月》:"尽瘁以仕,宁莫我有。"又用作姓氏,《尚友录》:"有,有巢氏之后。"《广韵》有韵:"有,姓,孔子弟子有若。"

　　"有"又音 yòu,1. 表示重复连续,《诗经·邶风·终风》:"终风且曀,不日有曀。"郑玄笺:"有,又也。"2. 用于整数与零数之间,《尚书·尧典》:"期,三百有六旬有六日。"

虞 (yú)

散盘　　虞司寇壶　　说文小篆　　华山庙碑　　欧阳询

形声字。《说文》:"虞,驺虞也。白虎黑文,尾长于身。仁兽,食自死之肉。从虍吴声。《诗》曰:于嗟乎,驺虞。"本为驺虞,兽名,虎类,白身黑纹。段注:"驺虞之仁何也? 以其不食生物,食自死之肉也。"虍(hū),《说文》:"虎文也。象形。"指虎皮上的斑纹。甲骨文作 合四六二正、合一五五〇六,像突出巨口、利齿的虎头形,为"虎"之省体。"虍、虎"一字,从虍与从虎同,皆与虎相关。"虍"从虎省而指虎文,与"丷"从羊省而指羊角同例。孔广居《说文疑疑》:"此即虎之省文,而以为偏旁之用者。"吴(吴),《说文》:"姓也,亦郡也。一曰吴,大言也。从矢、口。"本义指大声说话。段注:"大言即谓哗也……大言者,吴字之本义也。引伸之为凡大之称。"《诗经·周颂·丝衣》:"不吴不敖,胡考之休。"毛传:"吴,哗也。""矢"指倾侧,言出于口,大言(口)偏而无当(矢),段注"大言非正理也",故"吴"从矢、口。"吴"引申指大,大则显著。虎为山兽之君,驺虞为仁兽,犹显其大,白虎黑文则显著,故"虞"从虍吴声。

"虞"也指猜度、料想,《尚书·大禹谟》:"儆戒无虞,罔失法度。"事能提前料想则会早做准备,故也指准备、戒备,《国语·晋语》:"过卫,卫文公有邢、翟之虞,不能礼焉。"人有忧患意识方能提前准备,故又指忧虑、忧患,《左传·昭公四年》:"君若苟无四方之虞。"又指候望,《左传·桓公十一年》:"且日虞四邑之至也。"又指欺诈,《左传·宣公十五年》:"我无尔诈,尔无我虞。"又指亲爱、友好,《诗经·大雅·云汉》:"昊天上帝,则不我虞。"又指惊,《周易·系辞》:"悔吝者,忧虞之象也。"又指贻误,《诗经·鲁颂·閟宫》:"无贰无虞,上帝临女。"孔颖达疏:"无有贰心,无有疑误。"又为古官名,西周始置,掌管山泽禽兽之事,春秋战国时或称"虞人",《尚书·舜典》:"帝曰:俞! 咨益,汝作朕虞。"又为远古部落名,舜为虞族之长,居于蒲坂(今山西永济市附近),《孟子·万章》:"唐、虞禅,夏后、殷、周继,其义一也。"也为古国名,1. 西虞,传说为舜祖先封地,故城在今山西省平陆县东北。周武王克殷,封虞仲于此。春秋时晋侯假道于虞以伐虢,回师时灭虞。2. 夏禹封舜之子商均于虞,地在今河南省虞城县。夏少康自有仍奔虞,即此地。又用作姓氏,《通志·氏族略》:"虞氏,姚姓,舜之建国也。舜以天下授禹,禹封舜之子商均于虞城为诸侯,后世国绝,以国为氏。又周太王之子、太伯之弟仲雍,是为虞仲,嗣太伯之后于句吴。武王克商,封舜之后胡公满于陈,封虞仲之庶孙于虞城,以为虞仲后。虞仲国于吴。其支庶封于此,故亦谓之西吴。此姬姓之虞也。"

táo
陶

| 合 5788 | 合 8844 | 不嬰簋 | 齐鞄氏钟 | 说文小篆 | 礼器碑 | 赵孟頫 |

　　形声字。《说文》:"陶,再成丘也,在济阴。从𨸏匋声。《夏书》曰:'东至于陶丘。'陶丘有尧城,尧尝所居,故尧号陶唐氏。"本指两重的山丘,后为地名专称,在今山东省菏泽市定陶区,定陶因有陶丘而省称陶。张舜徽《约注》:"地之以陶称者,亦以其地有陶丘而得名耳。"《后汉书·明帝纪》:"陶丘之北渐就壤坟,故荐嘉玉絜牲,以礼河神。"李贤注引孙炎:"形如累两盂也。"郭璞注:"今济阴定陶城中有陶丘。"匋,《说文》:"瓦器也。从缶,包省声。古者昆吾作匋。"本指用陶土烧制的器皿,后作"陶"。段注:"今字作陶,陶行而匋废矣。"缶,《说文》:"瓦器。所以盛酒浆,秦人鼓之以节歌。象形。"本义为大腹小口的瓦器,有盖。"缶"用以盛酒、水,也为打击乐器。"缶"甲骨文作 🔲合一〇二四一、🔲合七五六,像大腹小口的缶形。春秋晚期金文作 🔲蔡侯缶,"口"形省作"凵",中横为饰笔,小篆承之作 🔲,徐灏《注笺》:"下器体,上其盖也。""匋"金文作 🔲能匋尊,杨树达《积微居金石说》:"匋字实从勹声,而读与缶同……而宝字实从缶声,故铭文假匋为宝尔。"谓"匋"字勹、缶皆兼声。林义光《文源》:"从人持缶。"谓像人屈身(勹)制作陶器(缶)形。"陶"为两重的山丘(𨸏),古称陶丘,像两陶器(缶或盂)翻转覆盖

形，故“陶”从𨸏匋声。陶丘有尧城遗址，尧曾经居于此，后封于唐，因称尧为“陶唐氏”。陶丘出土很多陶器，或许上古其丘土制陶器最多，故“陶”代“匋”为陶器义之通行字。

“陶”指瓦器，《礼记·郊特牲》：“器用陶匏，以象天地之性也。”作动词指制作瓦器，《孟子·告子》：“万室之国，一人陶，则可乎？”又指化育，《太玄·玄告》：“岁岁相荡，而天地弥陶。”又指培养，《太玄·玄摛》：“资陶虚无而生乎规。”又指喜悦、快乐，《礼记·檀弓》：“人喜则斯陶，陶斯咏。”郑玄注：“陶，郁陶也。”孔颖达疏：“郁陶者，心初悦而未畅之意也。”又指畅茂，枚乘《七发》：“陶阳气，荡春心。”又用作姓氏，如陶渊明，《急就篇补注》：“陶氏，于事，巫、卜、陶、匠，是也。”

“陶”又音 yáo，通“窑”，烧制瓦器的窑灶，《诗经·大雅·绵》：“陶复陶穴，未有家室。”郑玄笺：“复者，复于土上；凿地曰穴，皆如陶然。”

táng
唐（啺）

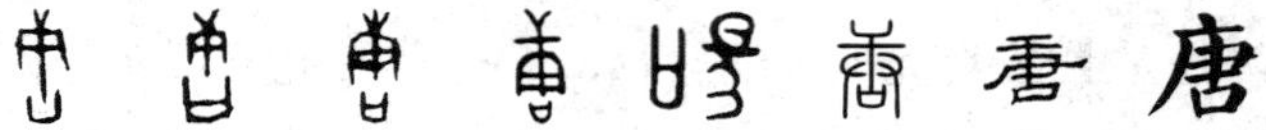
合 300　合 1294　合 28114　祖乙爵　玺汇 147　说文小篆　孔龢碑　颜真卿

形声字。《说文》：“唐，大言也。从口庚声。，古文唐从口、昜。”本义为大话。《庄子·天下》：“庄周闻其风而悦之，以谬悠之说，荒唐大言，无端崖之辞，时恣纵而不傥，不以觭见之也。”陆德明释文：“荒唐谓广大无域畔者也。”庚，《说文》：“位西方，象秋时万物庚庚有实也。”庚为天干第七位，五行为西方配秋季，此时万物收成丰实。《礼记·月令》郑玄注：“庚之言更也，辛之言新也。万物皆肃然改更，秀实新成。”“庚”甲骨文作合二二二二六、合五三六，高亨《文字形义学概论》谓是筛糠器，“庚、康”形音义相近，为同源字。谷物经筛，谷皮为“康”，谷实为“庚”，谷物颗粒饱满，故谓“庚庚有实”，段注：“庚庚，成实貌。”郭沫若《甲骨文字研究》：“观其形制，当是有耳可摇之乐器；以声类求之，当即是钲。”“唐”字甲骨文、金文、小篆皆从口庚声。“唐”指大言，言从口出，秋季万物丰实大熟，为盛大之事，谷物“庚庚有实”而有大意，故“唐”从口庚声。战国齐系文字作，从口昜

声，为《说文》古文所承。

　　"唐"由大言引申为广大貌，《论衡·正说》："唐、虞、夏、殷、周者，功德之名，盛隆之意也。故唐之为言荡荡也。"大话虚夸不实，故也指空、虚空，段注："又为空也。如梵书云：福不唐捐。"池塘空虚而用以盛水，故又指拦水大堤，后作"塘"，段注："凡陂塘字古皆作唐，取虚而多受之意。昌部曰：隄，唐也。"刘向《九叹》："枉玉衡于炎火兮，委两馆于咸唐。"王逸注："咸唐，咸池也。"又指道路，《诗经·陈风·防有鹊巢》："中唐有甓。"乃庭院中的道路。《尔雅·释宫》："庙中路谓之唐。"指宗庙中的路。又为草名，菟丝草，也称"蒙、唐蒙"，《诗经·鄘风·桑中》："爰采唐矣，沫之乡矣。"又为朝代名，1. 传说中上古帝尧政权的称号，《玉篇》口部："尧称唐者，荡荡道德至大之貌。"《尚书·五子之歌》："惟彼陶唐，有此冀方。"2. 李渊所建唐。历二十帝二百九十年。3. 五代十国之一，923 年李存勖建，国号唐，史称后唐，历四帝十三年。4. 五代时十国之一，李升建，国号唐，史称南唐。共历三帝三十九年。又为古国名，1. 相传为祁姓，尧的后代，在今山西省翼城县西，为周成王所灭，后作其弟叔虞的封地。2. 周所建，姬姓，在今湖北省随州市西北唐县镇，公元前 505 年为楚所灭。又用作姓氏，《广韵》唐韵："唐，亦姓。唐尧之后，子孙氏焉，出晋昌、北海、鲁国三望。"《通志·氏族略》："尧初封唐侯，其地中山唐县是也……成王灭唐，故子孙为唐氏。此晋之唐也。《(左氏)·宣十二年传》'楚子使唐狡与蔡鸠居告唐惠侯，使潘党率游阙四十乘，从唐侯为左拒'，其地在今随州唐城县，此楚之唐也。"

【原文】　吊民伐罪　　周发商汤
　　　　　diào mín fá zuì　　zhōu fā shāng tāng

【译文】　商王成汤讨伐夏桀，体恤民众，使四方安定；周武王姬发讨伐纣王，安抚百姓，使天下太平。

【释义】

　　两句言上古"三王"，即夏禹、商汤、周武王，以商汤王和周武王为代表。上古各代君王称谓不同，夏代称"后"，亦称"帝"，商代也称"帝"，周代始称

"王"。《史记·殷本纪》："于是周武王为天子,其后世贬帝号,号为王。"司马贞索隐："夏、殷天子亦皆称帝,代以德薄不及五帝,始贬帝号,号之为王,故《本纪》皆帝,而后总曰'三王'也。"

"商汤"指成汤,商部族首领主癸之子,商朝的建立者。成汤为河南商丘人,子姓,名履,又名天乙,殷墟甲骨文称成、唐、大乙,宗周甲骨与西周金文称成唐。《史记·殷本纪》载,夏末自孔甲始,荒淫无度,国力渐衰,至桀时更甚。商族从始祖契到汤,先后迁居八次,至汤定居于亳,得以稳固,为伐桀灭夏创造了有利条件。汤初置伊尹、仲虺二相共理国事,又陆续灭掉邻近的葛国以及夏的联盟韦、顾、昆吾等部落或方国,成为当时的强国。而后,汤作《汤誓》伐夏,举行三千诸侯大会,被推为天子。统兵与夏桀战于鸣条之野,一举灭夏。然后在亳建立商朝,成为中国继夏之后的第二个王朝。

汤建国后,作《汤诰》,要求其臣属"有功于民,勤力乃事",否则将"大罚殛汝"。对亡国的夏民,仍保留"夏社",并封其后人。《礼记·大学》载商汤在盆上刻勉励自己的铭文"苟日新,日日新,又日新",不断变革,探求更好的新政。其仁德不仅遍及百姓,亦化及禽兽。《史记》载其"网开三面",不让捕尽鸟兽,显示他的仁德与宽厚。在他统治期间,各阶层矛盾较为缓和,社会较为稳定,国力日益强盛。汤在位十三年后去世,因其长子太丁早殇,由次子外丙继承王位。

"周发"指周武王,兼及文王。周文王(前1152—前1056),姬姓,名昌,生于西岐,殷商封为西伯,又称周侯。文王是周朝奠基者,周太王古公亶父之孙,季历之子。"姬昌"之称,东汉时期才开始用,后世因之。西伯治国于岐山,积善行仁,百姓拥戴。商纣王残暴无道,人神共愤。因崇侯虎进谗言,纣王囚西伯于羑里。西伯被囚期间,对伏羲氏所画八卦进行深入研究,演绎成为《周易》。七年得释放归国,更加努力施行仁政,天下诸侯多归从。西伯在位五十年,死后被追尊为文王。

周武王(约前1087—前1043),西周的建立者,周文王次子,姬姓,名发,谥号武王,庙号世祖。他继承王位后,以姜尚为军师,以南宫括为元帅,武吉为将军。命其弟周公旦为辅佐,任用召公、毕公等为助手。牧野大战,纣王逃回殷都后自焚于鹿台。姬发灭商后,建都镐京,改国号为大周,在位不久崩,葬于咸阳周陵,谥号"武",史称周武王。周武王继承文王施行仁政的传统,成为西周开国之君和历史上一代明君。

两句言商汤与周文王、周武王在夏、商末世动乱中,施仁义抚慰百姓,兴王师讨伐暴君,建立新朝。这两次朝代更迭,史称"汤武革命",广受后世赞扬,《周易·革》象辞称"汤武革命,顺乎天而应乎人",言三王的革故鼎新是应天顺民心之举。

【解字】

diào
吊（弔）　　合 4227　合 31807　合 6636　量器　陵叔鼎　说文小篆　刘贤墓志　颜真卿

《说文》作"弔",会意字。《说文》:"弔,问终也。古之葬者,厚衣之以薪。从人持弓,会驱禽。"本义是追悼死者。段注:"谓有死丧而问之也。"《玉篇》人部:"弔生曰唁,弔死曰弔。"《庄子·至乐》:"庄子妻死,惠子吊之。"段注:"《吴越春秋》:'陈音谓越王曰:弩生于弓,弓生于弹,弹起古之孝子。古者人民朴质,饥食鸟兽,渴饮雾露,死则裹以白茅,投于中野,孝子不忍见父母为禽兽所食,故作弹以守之。故歌曰:断竹续竹,飞土逐肉。'按:孝子驱禽,故人持弓助之,此释弔从人、弓之意也。仓颉造字,当黄帝时,既易之以棺椁矣,而葬文犹取衣薪,弔文犹依逐肉,反始不忘本也。""弔"小篆像人持弓之形,指来吊唁之人持弹弓一类的工具协助孝子驱赶禽兽,防备禽鸟食尸体,徐锴《系传》:"弔丧有助,故从人持弓也。"故"弔"从人持弓。楷书变"弔"作"吊",从口、巾。甲骨文从人负矰,会人缴射飞鸟之意,当为"缴"之初文。周法高《金文诂林》:"弔字象人持矰缴之形,非弓矢形也,乃繳之本字。""弔"甲骨文又作𝄜乙四八一〇,金文作𝄜弔父丁簋,"人"简作丨。商代金文作𝄜弔龟爵,在丨上作装饰性图案,不表义。甲骨文又作𝄜合三一八〇八,金文作𝄜弔簋,"人"类化作缯,像两缯缠绕形,表缴射义。

吊唁亡者是表达慰问，故"吊"引申指慰问，《左传·庄公十一年》："宋大水，公使吊焉。"吊唁时心情悲痛，故也指伤痛、怜悯，《诗经·桧风·匪风》："顾瞻周道，中心吊兮。"又指善，《诗经·小雅·节南山》："不吊昊天，乱靡有定。"又指凭吊、伤怀往事，陆游《沈园》："犹吊遗踪一泫然。"又指提取、求取，《论衡·自纪》："不鬻智以干禄，不辞爵以吊名。"又用作量词，旧时货币单位，一千文为一吊，明何良俊《四友斋丛说》："是日十三位道长，每一个马上人要钱一吊。一吊者千钱也。"由钱串转指吊挂义。

"吊"又音 dì，至、来，后作"遆"，《诗经·小雅·天保》："神之吊矣。"

民　　　合 20231　合 13629　　盂鼎　　何尊　　帛乙 5.2　　说文小篆　史晨碑　颜真卿

象形字。《说文》："民，众萌也。从古文之象。𣀈，古文民。"指人、大众。段注："萌，犹懵懵无知貌也。"王筠《句读》："萌，冥昧貌也，言众庶无知也。"《贾子·大政篇》："夫民之为言萌也，萌之为言盲也。"梁启超《太古及三代载记》："因其冥昧，亦谓之民。"段注《说文》古文："盖象萌生緐庑之形。"饶炯《部首订》："𣀈即萌芽本字，从母，义取能生育，上下象萌以指事，后借其字为黎民，而别制萌篆以专萌芽义。"张舜徽《约注》谓民字"象种子初化句屈之形。亦有作𣀈作𣀈者，则其下有根矣。《礼记·月令》：'句者毕出，萌者尽达。'郑注云：'句，屈生者；芒而直，萌。'盖草木始生之状如此。验之植物种子吐芽，皆始屈而后直也。既直而后有萌之名，古初但作民，因借以称人"。谓"民"为"萌"之初文，民众代代繁衍生息，如草木萌芽生生不息。"民"甲骨文、金文像以锐物刺左目之形，表示被俘获的奴隶。郭沫若《甲骨文字研究》："（甲骨文民）均作一左目形，而有刃物以刺之……周人初以敌囚为民时，乃盲其左目以为奴征。"远古战争俘获对方人众以为奴隶，为防其逃脱而刺瞎其左眼，并以此为特征。至周代大量解放奴隶为自耕农后，这些"民"才成为自由人的民众。"民"多承无眼珠的字形，春秋早期金文作𣀈秦公簋，左眼内眦处下垂右钩，后往右延伸而成乚，小篆承此而整齐化,作𰀁,为隶、楷所承。如前所述,"臧"指战争中被俘获为奴隶的人,甲骨文作𰀁（合六四〇四反）,从戈刺目,构形与"民"相似。

　　"民"也指百姓,古代指有别于君主、群臣百官和士大夫以上各阶层的庶民,与"君、臣、人"相对,《诗经·大雅·假乐》:"宜民宜人,受禄于天。"朱熹注:"民,庶民也。人,在位者也。"现代"民"指有别于军人和政府工作人员的人民群众,如能官能民、拥政爱民,故也指民间的,《礼记·王制》:"命太师陈诗,以观民风。"

fá 伐　𰀁　𰀁　𰀁　𰀁　𰀁　𰀁　伐　伐

合248　合20505　大保簋　南疆鉦　十七年春平侯钺　说文小篆　衡方碑　颜真卿

　　会意字。《说文》:"伐,击也。从人持戈。一曰败也。"本义是砍杀、击刺。段注:"《诗》'是伐是肆'笺云:'伐谓击刺之。'按:此伐之本义也,引伸之乃为征伐。"《尚书·牧誓》:"夫子勖哉,不愆于四伐五伐六伐七伐,乃止齐焉。"孔传:"伐,谓击刺。"戈,《说文》:"平头戟也。从弋,一横之。象形。"本为古代兵器,长柄横刃,盛行于殷周。《小尔雅·广器》:"戈,钩子戟也。""戈"甲骨文作𰀁（珠四五八）,金文作𰀁（戈卣）,李孝定《甲骨文字集释》:"中竖象柲(柄),中长横画,一端象刃,他端象内(插入柄的部分)。直画下端或作𰀁,象其鐏(柄下形锐的铜套,可以插入地内)。横画一端或从𰀁,象垂缨。""伐"甲骨文从戈击刺人颈,会砍头、击杀之意。又省戈柄作𰀁（合七〇八四）、𰀁（合三二二五八）,像戈刃断人头之形。春秋金文作𰀁,人、戈左右分离,为小篆所承,许慎据此而析形为"从人持戈",表示人持戈击刺。

　　以斧断木如同以戈砍头,故"伐"也指砍伐,《诗经·魏风·伐檀》:"坎坎伐檀兮,寘之河之干兮。"敲击是向下用力,与击刺的动作相似,故又指敲击,《诗经·小雅·采芑》:"钲人伐鼓。"以戈砍杀用于征伐、战争,故又指攻打、征伐,《诗经·商颂·殷武》:"奋伐荆楚。"郑玄笺:"有钟鼓曰伐。"砍杀是除去人,伐树是砍掉树,故又指除去,《尚书·盘庚》:"无有远迩,用罪伐厥死,用德彰厥善。"孔颖达疏:"死刑不用,是伐去其死道。伐若伐树然,言止而不复行用也。"人被砍杀则死亡,故又指败坏、损伤,《诗经·小雅·宾之初筵》:"醉而不出,是谓伐德。"战场杀敌、王者征伐为有功之举,故又指功劳,《左传·庄公二十八年》:"且旌君伐。"有功则受赞誉而有荣耀,故又指夸耀,《左传·襄公十三年》:"小人伐其技以冯君子。"同"戟",盾牌,《诗经·秦风·小戎》:"蒙伐有苑。"陆德明释文:"本或作戟,音同,中干也。"

zuì 罪(辠)

辜　　　　辠　　　辠　　　罪　　　罪
中山王鼎　说文小篆　说文小篆　熹平石经　颜真卿

罪犯之"罪",本字作"辠",会意字。《说文》:"辠,犯法也。从辛从自,言辠人蹙鼻苦辛之忧。秦以辠似皇字,改为罪。"本义指作恶或犯法的行为。《周易·解》:"君子以赦过宥辠。"孔颖达疏:"辠谓故犯。"辛,《说文》:"秋时万物成而孰;金刚,味辛,辛痛即泣出。从一从辛。辛,辠也。"本为施黥刑的刑具。从辛之字多与罪相关,如"宰、辟、辜"等字,饶炯《部首订》:"辛之本义为辠,凡从辛皆取辠义可证。""辛"甲骨文作✝️后一·一八·三,金文作✝️司母辛鼎,郭沫若《甲骨文字研究》:"辛、辛实本一字……字乃象形,由其形象以判之,当系古之剞劂。《说文》云:剞劂,曲刀也。""自"本义为鼻,甲骨文作𦣻前六·五八·一,像鼻形。因"自"用指自己,后加声符"畀"作"鼻",为通行字。"辠"战国金文从自从辛,会犯罪劓鼻之意。许慎谓罪人常感叹苦辛,因苦痛导致鼻酸而常蹙鼻,故"辠"从辛从自。朱骏声《通训定声》谓"从辛自声"。段注:"罪本训捕鱼竹网,从网非声。始皇易形声为会意。而汉后经典多从之,非古也……《文字音义》云:'始皇以辠字似皇,乃改为罪。'按经典多出秦后,故皆作罪。"罪,《说文》:"捕鱼竹网。从网、非。秦以罪为辠字。""网"甲骨文作⊠合一○七五四,像张网形。"非"金文作⫴班簋,像鸟翅相背、排开形。网排开、散开(非)才能捕鱼,故"罪"从网、非,非亦声。张舜徽《约注》:"鱼网以结绳为主,亦有编竹为之者,其形如帘,竖立水中围取之,湖湘间多用此捕鱼。《孟子》云:'及陷于罪,然后从而刑之,是罔民也。'可知古人言及刑罚,恒取譬于罗罔,故《小疋》《大疋》之'罪罥',皆用本字本义。"网也用以网罗罪人,所谓"网罗罪名""天网恢恢疏而不漏",故用网罥之"罪"代替罪行之"辠"。

"罪"也指过失、错误,《孟子·公孙丑》:"此则寡人之罪也。"作动词指惩罚、治罪,《尚书·舜典》:"流共工于幽州,放驩兜于崇山,窜三苗于三危,殛鲧于羽山,四罪而天下咸服。"又指归罪,《左传·庄公十一年》:"禹、汤罪己,其兴也悖焉;桀、纣罪人,其亡也忽焉。"犯罪会导致灾祸,故又指灾祸,《老子》四十六章:"罪莫大于可欲,祸莫大于不知足,咎莫大于欲得。"

zhōu
周　　合 6825　合 1086　H11:82　献侯鼎　七年赵曹鼎　说文小篆　史晨碑　颜真卿

会意字。《说文》:"周,密也。从用、口。周,古文周字从古文及。"本指言语周密、谨严。《左传·昭公四年》:"其藏之也周。"杜预注:"周,密也。"人的条理周密,首先体现在言语上,曾国藩谓"若要看条理,全在语言中",段注"善用其口则密,不密者皆由于口",故"周"从用、口。"周"甲骨文从田,中间四点像庄稼稠密形,以庄稼稠密表示周密之义。李孝定《甲骨文字集释》:"田正象密致周帀之形。"甲骨文作田合六六五七正、田合八四七二正甲,省中间四点,为与田字区分,两旁或三竖下延。西周甲骨文作甹,西周早期金文作甹,始加口,表示方国名。战国文字作周晋·玺汇四二三、周楚·郭·缁四二、甹睡·日甲二一背,田因形似讹作"用",遂作"从用、口"的会意字,为小篆所承。金文又作用盂爵、周格白簋,口省作 V 形,《说文》古文承之而屈曲。周人从始祖后稷开始,以农业耕作为主,故农业兴盛,盛产禾麦,因此以"周"为族名,后为其国名和朝代名。田禾稠密适度,言语周密完善,构字意图都合周密义,可互参。

物紧密相连则牢固,故"周"引申指紧密、牢固,《周礼·考工记·函人》:"橐之而约,则周也。"亲密是人情、关系的密,又指亲密,《论语·为政》:"君子周而不比,小人比而不周。"何晏注:"孔曰:忠信为周,阿党为比。"事物调和则周密,故又指和调、适合,《楚辞·离骚》:"虽不周于今之人兮,愿依彭咸之遗则。"周密、紧密是密的极致,故又指至、极端的,《诗经·小雅·鹿鸣》:"人之好我,示我周行。"孔颖达疏:"示我以先王至美之道也。"终是到达极点,故又指终、到底,《左传·昭公二十年》:"子行事乎,吾将死之,以周事子。"孔颖达疏:"终不泄子言,是终事子。"周密是全体皆密,故又指遍、周遍,《周易·系辞》:"知周乎万物,而道济天下。"又指完备,韩愈《原毁》:"古之君子,其责己也重以周。"环绕则周全,故又指环绕,《国语·晋语》:"齐师大败,逐之,三周华不注之山。"又用为时间名词,古时称一年为一周,《南史·谢灵运传》:"在郡一周,称疾去职。"今指七天,即一个星期,如周末。由遍转指旁,《诗经·唐风·有杕之杜》:"有杕之杜,生于道周。"又指援助、周济,后作"赒",《诗经·大雅·云汉》:"靡人不周。"郑玄笺:"周,当作赒。王以诸臣困于食,人人赒给之,权救其急。"又为古部族名,始祖后稷,原居邰(今陕西省武功县),一度迁于豳(今陕西省彬县),古公亶父时始定于周(今陕西省岐山县)。又为朝代名,1. 公元前 11 世纪周武王建立,建都镐京(今陕西西安市南),史称平王东迁以前为西周,后为东周,公元前 256 年为秦所灭,共历三十四王八百多年。2. 南北朝时,宇文觉代西魏称帝,国号周,史称北周,为隋所灭。3. 唐时,武则天临朝执政,改国号为周。4. 五代时,郭威继后汉称帝,国号周,史称后周,960 年为宋所灭。"周"也用作姓氏,《通志·氏族略》:"(周)赧王为秦所灭,黜为庶人,百姓号曰周家,因为氏焉。又平王之子别封汝南者,亦为周氏。"

fā
发(發)

合 593　　合 10405　　弜鼎　　工戲大子剑　　珍秦 171　　说文小篆　　张景碑　　颜真卿

出发之"发",本作"發",形声字。《说文》:"發,射发也。从弓癹声。"本义指发射,《史记·李将军列传》:"其射,见敌急,非在数十步内,度不中不发,发即应弦而倒。"癹(bá),《说文》:"以足蹋夷艸。从癶从殳。"指用脚蹋除草。癶(bō),《说文》:"足剌癶也。从止、少。"指两足分张,行而不顺。"癶"小篆作 𣥠,像两脚(止少)向外分张的"剌癶"脚,即卓别林式的外八字。徐锴《系传》：“两足相背不顺，故剌𣥠也。”饶炯《部首订》：“剌𣥠，古语，谓足动止不自由，形容其行不前貌也。”殳，《说文》：“以杸殳人也。从又几声。”为古兵器名，以竹、木制成，一端有棱，《释名·释兵》：“殳，殊也，长丈二尺而无刃，有所撞挃于车上，使殊离也。”殳有殊离之用，故训“以杸殳人也”。“殳”在古代立于前驱兵车，长丈二尺，用以撞击、驱离靠近的敌人。“殳”甲骨文作𝚁合二一八六八、𝚁乙一一五三，林义光《文源》：“象手持殳形，亦象手有所持以治物。故从殳之字与又、攴同意。”“癹”甲骨文作𝚁合八〇〇六、𝚁合九〇八五，从攴从𣥠，𣥠亦声。“發”甲骨文作𝚁合二六八九，从弓，弓弦处的短线或小点表示发箭后弓弦颤动形。又作𝚁合三一一四五、𝚁簠人八三，加“攴、又”，表示手持箭引弓发射。春秋金文作𝚁，加“𣥠”作声符。秦系文字作𝚁、𝚁睡八·一三，形符“攴”变作“殳”，小篆承之，《说文》遂谓“从弓癹声”。综上，𝚁为指事字，𝚁为会意字，𝚁为形声字，𝚁为声符讹变的形声字。可见文字的构形规则（六书），随不同时期而不断演变发展，是动态的，并非一成不变。简化字“发”由草书楷化而成。

　　发射则箭离弓射向外，故“发”引申指离去、启行，《诗经·齐风·东方之日》：“在我闼兮，履我发兮。”派遣是使人外出办事，故又指派遣，《战国策·齐策》：“王何不发将而击之。”物送出犹箭射发，故又指送出、交付，《史记·廉颇蔺相如列传》：“大王欲得璧，使人发书至赵王。”出、生是物向外、向上发出，故又指出、生，如发芽、发电，《诗经·大雅·生民》：“实发实秀。”孔颖达疏：“发者，穗生于苗。”发箭是箭运行的起始，故又指发端、开始，《楚辞·九章·思美人》：“开春发岁兮，白日出之悠悠。”举事是做事之始，故又指行、举事，《吕氏春秋·音律》：“林钟之月，草木盛满，阴将始刑，无发大事，以将阳气。”启动为运行之始，故又指启动、震动，《老子》三十九章：“地无以宁将恐发。”开启是察看、使用之始，故又指开启、打开，《战国策·齐策》：“齐王使使者问赵威后，书未发，威后问使者曰：岁亦无恙耶？”征集是行动之始，故又指征召、征集，《汉书·韩安国传》：“若是，则北发月氏可得而臣也。”启发是开启、引出智慧，故又指启发、阐明，《论语·述而》：“不愤不启，不悱不发。"箭发后向外射出，故又指发布、公布，《尚书·冏命》："发号施令，罔有不臧。"散发亦是向外扩散，故又指散发，《尚书·武成》："散鹿台之财，发巨桥之粟。"孔传："纣所积之府仓皆散发，以赈贫民。"箭发则猛烈迅疾，有兴盛意，故又指兴起、兴旺，《孟子·告子》："舜发于畎亩之中。"箭发则威猛，有显扬意，故又指高扬，《礼记·乐记》："其喜心感者，其声发以散。"出、生则不断扩展、长大，故又指张大、扩大，如发展、发育。物膨胀则变大，故又指食物因发酵或水浸而膨胀，如发面。事经揭露则显明，故又指揭露，《韩非子·制分》："发奸之密、告过者，免罪受赏。"又指显现、呈现，《诗经·周南·关雎》序："情发于声。"箭发则能损毁物品，故又指毁坏，《左传·襄公二十八年》："陈无宇济水，而戕舟发梁。"发箭则箭离弓射出，故又指卸下、解开，《汉书·萧何传》："夫猎，追杀兽者狗也，而发纵指示兽处者人也。"颜师古注："发纵，谓解绁而放之也。"发痒犹产生痒，故又指感到不适，如发痒、发晕。又用作量词，计量某些行动发生或作物种植生长的次数或计量箭或枪弹、炮弹的枚数。

shāng
商（賓）

合 32968　花东 494　合 964　商妇甗　秦公镈　说文小篆　曹全碑　颜真卿

形声字。《说文》："商，从外知内也。从㕯，章省声。，古文商。，亦古文商。，籀文商。"义指估量，引申指计议、商量。徐灏《注笺》："度也，量也。"《周易·兑》："商兑未宁。"陆德明释文引郑玄注："商，隐度也。"张舜徽《约注》："商之本义，盖起于估计，故许君以从外知内释之。远古以物易物，在度量衡制度未立之时，盖多以估计出之，故引申为商贾。贝部之賓，则后起字也。估计意有不谐，则彼此重加比议，于是商量之义出焉。"㕯（nè），《说文》："言之讷也。从口从内。"指说话迟钝，同"讷"，也作"呐"。"从内"《系传》作"内声"。"内"是人或物进入内在区间（冂），木讷者言在口内而难说出，故"㕯"从口内声。桂馥《义证》："'章省声'者，《汉书·律历志》：商之为言章也。""商"甲骨文作，从丙从辛，季旭昇谓本义可能是裁制。又作 合三三一二八、花东二四七，在丙内加口，乃通行字形，大抵为金文、战国文字、小篆、隶、楷所承。甲骨文又作花东四四一、合二九四〇，或谓像酒器形，斟酌饮酒，有估量义。甲骨文又作合补一一二九九反，金文作亚乍父乙尊、，加两个或四个，像星星，高田忠周、朱芳圃谓本义为商星。《说文》籀文承而省，古文也省。"商"字古今字形变化多端，异说纷纭，构形、本义难以确定。契封于商（商洛）而后汤建商朝（亳），商人重视商旅，"商"因有经商、议价、商量等义。商业之商，后换口为贝作"賣"，但仍以"商"为通用字。

"商"用指行商、做买卖，与"贾"（gǔ，坐商）相对，后用为商业通名，段注："賣俗作賣，经传皆作商，商行而賣废矣。浑言之则賣贾可互称，析言之则行贾曰賣。行贾者，通四方之珍异以资之。"《白虎通·商贾》："行曰商，止曰贾。商之为言章也，章其远近，度其有无，通四方之物，故谓之商。"《周易·复》："商旅不行，后不省方。"又指商人，如客商，《周礼·地官·司市》："凡市，伪饰之禁，在民者十有二，在商者十有二，在贾者十有二，在工者十有二。"又为古代五声音阶的第二音，相当于工尺谱上的"四"，现代简谱上的"2"。古人从阴阳五行学说出发，有各种附会比况的解释，《白虎通·礼乐》："五声者，何谓也？宫、商、角、徵、羽。"《风俗通·声音》引刘歆《钟律书》："商，五行为金，五常为义，五事为言，凡归为臣。"古谓商声属秋，故称秋为"商"，《礼记·月令》："孟秋之月，其音商。"又为星宿名，二十八宿中的心宿，又叫"辰、大火"，《左传·昭公元年》："迁阏伯于商丘，主辰。商人是因，故辰为商星。"又为古地名，1. 传说中商始祖契的封地，今陕西省商洛市商州区境。2. 战国时秦地名，今河南省淅川县境。"商"也为古国名，成汤灭夏桀后建立的奴隶制国家，初都于亳（今河南省商丘市西南），公元前14世纪盘庚迁殷（今河南安阳），改国号为商，称殷商，传至纣，被周武王攻灭。共历十七代三十一王。宋人为商人后裔，宋国位于商丘，故商为春秋时宋国的别称，《列子·仲尼》："商太宰见孔子。"张湛注："商，宋国也。宋都商丘，故二名焉。"又用作姓氏，《通志·氏族略》："商，子姓……舜命契为司徒,封于商,十四世至汤,放桀,又三十世至纣,武王灭之,子孙以国为氏……又秦有卫鞅,本卫公子也,封为商君,子孙亦以商氏焉。"

tāng
汤（湯）

師汤父鼎　　长汤匜　　说文小篆　　熹平石经　　颜真卿

　　繁体作"湯",形声字。《说文》:"湯,热水也。从水易声。"本义为热水、沸水。《论语·季氏》:"见不善如探汤。"刘宝楠正义:"探汤者,以手探热。""易"为日(日)之光(勿)洒在地上(一),为"陽"初文,太阳火热,"湯"指热(易)水,故"湯"从水易声。张舜徽《约注》:"湖湘间称人为火及热水所伤曰汤,亦读去声。今俗作'燙',不见许书。"简化字"汤"由草书楷化而成。

　　"汤"也指中药加水煎出的液汁,中医称为"汤剂",《史记·扁鹊仓公列传》:"齐中大夫病龋齿,臣意灸其左大阳明脉,即为苦参汤,日嗽三升,出入五六日,病已。"扩展指一切汤水,如菜汤、面汤等。又为"汤池"的简称,指护城河,也比喻严密的防御工事,《后汉书·光武帝纪》:"金汤失险,车书共道。"又为商王朝开国君主名,又叫成汤,原为商族部落首领,灭夏桀而建立商王朝,《诗经·商颂·长发》:"帝命不违,至于汤齐。"毛传:"至汤与天心齐。"又用作姓氏,《通志·氏族略》:"汤氏,子姓。夏、商之前未有谥法,尧、舜、禹、汤皆名也。"

　　"汤"又音 tàng,指用沸水烫熟食物或用热水暖物,人以火烫、煮食物,故后加火作"烫",《山海经·西山经》:"汤其酒百樽。"郝懿行疏:"汤读去声。今人呼温酒为汤酒本此。"

　　"汤"又音 shāng,〔汤汤〕水流盛貌,《尚书·尧典》:"汤汤洪水方割,荡荡怀山襄陵,浩浩滔天。"

　　"汤"又音 yáng,〔汤谷〕即"旸谷",也作"阳谷",传说中日出之处,《楚辞·天问》:"出自汤谷,次于蒙汜。"洪兴祖补注:"《书》云:'宅嵎夷,曰旸谷。'即汤谷也。《说文》云:'旸,日出也。'或作汤,通作阳。"《山海经·海外东经》："下有汤谷。汤谷上有扶桑,十日所浴。"郭璞注:"谷中水热也。"

【原文】 zuò cháo wèn dào　chuí gǒng píng zhāng
坐 朝 问 道　垂 拱 平 章

【译文】 （圣王）身坐朝堂就可以治理国家,（明君）垂衣拱手就能平治天下。

【释义】

上古君王治理国政,重在立德修身与举荐贤臣。果能做到,便无须事必躬亲。

坐朝,指君王与大臣商议国事的礼制。夏、商、周时期,国君与大臣都是站着处理政务,那时国土疆域不大,事务不多,短时间就可完成,故站立即可。至秦始皇时,疆域扩大,事务繁多,短时间处理不完,故君臣开始坐着商量国事。唐朝五代以来,皇帝与大臣议事,会给宰相一级的大臣安排位置就座。宋太祖赵匡胤第一天上朝,宰相范质等大臣仍像以前一样坐着,赵匡胤看着奏折,突然抬起头说:"我眼睛有点花,你们上前来给我说说这奏折上的事吧。"等大臣们上前把奏折上的事汇报完回到原地时,才发现所有的座位都被侍卫悄悄撤掉了。从此,无论大臣官位大小,上朝都得站着议事,改"坐朝"为"立班"。《千字文》著于南北朝时,君臣临朝沿用秦汉旧制,故称"坐朝问道"。

问道,商讨治国之道。古人重视修身,《礼记·大学》谓"自天子以至于庶人,壹是皆以修身为本",谓君子立德修身,则能逐步齐家治国平天下,故明君圣王皆强调正心修身,由此得贤臣辅佐、百姓信赖、异族归附,进而实现治国平天下的目的。

"垂拱"出自《尚书·武成》:"惇信明义,崇德报功,垂拱而天下治。""垂拱"即垂衣拱手,孔颖达注疏:"谓所任得人,人皆称职,手无所营,下垂其拱。"是说周武王知人善任,贤才各司其职,武王无为而治,仅拱手下垂就可以平治天下了。

　　"平章"出自《尚书·尧典》"九族既睦,平章百姓",言尧帝能和睦九族,然后百姓蒙化而皆有礼仪,昭然而明显,进而协和万邦。"平"通"辨","章"即"彰","平章"即辨明与彰显,指百姓辨明礼仪,并使之昭明显著。

【解字】

zuò
坐　　🐾　🐾　𡊄　🐾　🐾　坐　坐
　　合 1779 正　合 5357　包 243　睡 82　说文小篆　熹平石经　颜真卿

　　会意字。《说文》:"坐,止也。从土,从畱省。土,所止也。此与畱同意。🐾,古文坐。"为人的止息方式之一,古人席地而坐,两膝着地,臀部压在脚跟上。椅、凳出现后,臀部着于椅、凳支持身体重量者为坐。"坐"则身留止于坐处而能止息,故训"止"。《左传·昭公二十七年》:"执羞者坐行而入,执铍者夹承之。"杜预注:"坐行,膝行。"畱,《说文》:"止也。从田丣声。"本义指停留、停止。古代男主外而用力于田,田为众人留止处;"田"也指土地,动植物皆留止于土地;故"畱"从田。林义光《文源》谓《说文》古文:"象二人对坐土上形。""坐"甲骨文像人踞坐席上之形。"卩"甲骨文作🐾合一三二二〇正、🐾合二二二五八,像人踞坐之形。"坐"战国楚系文字作𡊄,从卩在土上,会人踞坐地上之意。战国秦系文字作🐾,从二卩相对,从土,像二人对坐于地之形。《说文》古文承之,二卩变作二人,为楷书来源。两卩相对形与小篆🐾(丣)相同,遂讹作"丣",而"丣"与"坐"义无涉,《说文》遂对字形作理据构建。许慎在面对已然讹变的文字,又在缺乏古文字材料的前提下,只能是首先找寻有此形体的文字,其次选出字义与原字相同相近的字,改为"从某省"作为形符;找寻字形中有讹变形体、声音与原字相同相近的字,尽可能选出声义与原字相关的字,改为"某省声"作为声符。今天来看,这些改造虽不符合文字发展的实际情况,却合于理据而自成系统。在甲骨文、金文、战国文字等未出土的东汉,许慎的处理(或继承)是较好的方式。

　　坐则身体留守于所坐之处,故"坐"也指守、留守,《左传·桓公十二年》：“楚人坐其北门，而覆诸山下。”搭乘交通工具多坐于其上，故又指搭乘，如坐火车、坐飞机。又指房屋等背对着的方向，如坐北朝南。席位供人安坐，故又指席、席位，后作“座”，《韩非子·外储说左下》：“郑人有欲买履者，先自度其足而置之其坐。”古称法庭辩讼为“坐”，《左传·襄公十年》：“王叔之宰与伯舆之大夫瑕禽坐狱于王庭。”又指由某获罪、定罪，如坐死、连坐，玄应《一切经音义》：“坐，罪也，谓相缘罪也。”《韩非子·定法》：“公孙鞅之治秦也，设告相坐而责其实。”又用作量词，也作“座”，如一座山。又用作副词，相当于“自，正、恰、遂、顿，聊、且，将，渐，甚、殊，空、徒然”。又用作连词，表示原因或结果。

cháo
朝（翰）　　𠦝　𠦝　朝　𣎺　𣎤　𠦝　朝
　　　　　合 33130　合 23148　孟鼎　陈侯因𬥲錞　说文小篆　熹平石经　颜真卿

　　形声字。朝（zhāo），《说文》：“翰，旦也。从倝舟声。”本义指早晨。《尔雅·释诂》：“朝、旦，早也。”《诗经·小雅·何草不黄》：“哀我征夫，朝夕不暇。”倝（gàn），《说文》：“日始出，光倝倝也。从旦𠣌声。”指日始出而光辉闪耀。𠣌（yǎn），《说文》：“旌旗之游，𠣌蹇之貌。从屮，曲而下，垂𠣌相出入也。𡃀，古文𠣌字。象形及象旌旗之游。”指旌旗飞扬貌。徐灏《注笺》：“𠣌者，旌旗飞扬之貌，而非旗游之名也，故造字即象旗形而为诸旗之建类焉。”“𠣌”甲骨文作𐀀合四九三四、𐀁合六九四八，左像旗杆，右像旗游飘扬状。罗振玉《增订殷虚书契考释》：“𐀂象杠与首之饰，𐀃象游形。”“旦”指早晨，构形指日初出地面。“倝”为日初出时光辉闪耀，日光闪耀若旌旗之游飞扬，故“倝”从旦𠣌声。“倝”战国文字作𠦝燕·玺汇二八〇七、𠦝䣄王壶，从易𠣌声。“舟”往返两岸，有周遍意，《说文》“𦨶”从舟而训“币遍”。“朝”为早晨日始出（倝）时，早晨日出而天下皆明，日光普照大地，故“朝”从倝舟声。罗振玉《增订殷虚书契考释》：“此朝暮之朝字，日已出草中，而月犹未没，是朝也……古金文作𣊾、𣊸，从𣎺媂，从𐀄、𐀅，象百川之接于海，乃潮汐之专字，引申为朝庙字。”日始出而光明灿烂，日出草而月尚未入，从不同角度解释"朝"的构形理据。

　　早晨为一日之始,故"朝"引申指初,《荀子·礼论》:"然后月朝卜日,月夕卜宅,然后葬也。"日日皆有早晨,故又指日、天,《诗经·卫风·氓》:"夙兴夜寐,靡有朝矣。"郑玄笺:"无有朝者,常早起夜卧,非一朝然,言己亦不解惰。"早晨太阳从东方升起,故又指东方,《周礼·地官·大司徒》:"日西则景朝,多阴。"通"昭",《庄子·大宗师》:"已外生矣,而后能朝彻。朝彻而后能见独。"高亨新笺:"奚侗曰:《说文》'朝,旦也'。旦,明也。朝彻,明彻也。亨按:奚说甚合庄旨,但余谓朝当读为昭。"

　　"朝"又音 cháo,作动词指访、见,《谷梁传·桓公九年》:"诸侯相见曰朝。"又专指卑见尊,《尚书·舜典》:"群后四朝。"陆德明释文:"郑云:四朝,四季朝京师也。"《史记·项羽本纪》:"项羽晨朝上将军宋义。"《礼记·内则》:"男女未冠笄者……昧爽而朝。"则是子、媳向父母、公婆请安。上朝是臣会聚于君处,故又指召、会聚,《礼记·王制》:"耆老皆朝于庠。"上朝犹臣归向于君,故又指归、归附,《尚书·禹贡》:"江汉朝宗于海。"又指朝廷,古代君臣议事之处,《礼记·曲礼》:"在朝言朝。"又指古代官府厅堂,《礼记·檀弓》:"遇诸市朝,不反兵而斗。"又指处理朝政、政事,《论语·微子》:"齐人归女乐,季桓子受之,三日不朝。"又指朝服,古代君臣朝会时所穿的衣服,《诗经·桧风·羔裘》:"羔裘逍遥,狐裘以朝。"也指朝代,整个王朝或某一皇帝的执政时期,杜牧《赤壁》:"折戟沉沙铁未销,自将磨洗认前朝。"又指宫室,《老子》五十三章:"大道甚夷而民好径,朝甚除,田甚芜,仓甚虚。"

^{wèn}问(問)　　明 813　　睡·日乙 239　　说文小篆　　张迁碑　　颜真卿

　　繁体作"問",形声字。《说文》:"問,讯也。从口門声。"本义是询问。《说文》:"讯,问也。"二字互训。《论语·泰伯》:"以能问于不能,以多问于寡。"询问须以口言说,"门"是沟通内外的通道,古代有所询问多登门拜访,或问人于门,张舜徽《约注》"门下有口,见问询之意焉",故"問"从口門声。

"问"也指论难、探讨,《周易·乾》:"君子学以聚之,问以辩之。"又指考察、过问,《诗经·小雅·节南山》:"弗问弗仕,勿罔君子。"郑玄笺:"不问而察之,则下民末罔其上矣。"又与否定副词"不"结合组成"不问",犹"不管",韩愈《送殷员外序》:"凡四方万国,不问海内外,无小大,咸臣顺于朝。"又指审讯,如审问、问案,《诗经·鲁颂·泮水》:"淑问如皋陶,在泮献囚。"郑玄笺:"善听狱之吏如皋陶者。"又指责问、追究,《左传·僖公四年》:"昭王南征而不复,寡人是问。"又指打听、寻访,《礼记·曲礼》:"入竟而问禁,入国而问俗,入门而问讳。"又为中医术语,即询问病人的自觉症状及病史等,如望闻问切。又为周代诸侯国间一种相互访问的礼节,《诗经·大雅·绵》:"肆不殄厥愠,亦不殒厥问。"郑玄笺:"小聘曰问。"孔颖达疏:"《王制》注云:'小聘使大夫,大聘使卿。'彼对文耳,散则聘、问通。"又指馈赠,《诗经·郑风·女曰鸡鸣》:"知子之顺之,杂佩以问之。"又指慰问、探望,杜甫《北征》:"杜子将北征,苍茫问家室。"通"闻",1. 告诉,《战国策·齐策》:"或以问孟尝君。"2. 音讯、信息,《左传·庄公八年》:"期戍,公问不至。"3. 名声,《墨子·非命》:"必使饥者得食,寒者得衣,劳者得息,乱者得治,遂得光誉令问于天下。"

dào
道　貉子卣　散盘　石鼓文　说文小篆　说文古文　礼器碑　颜真卿

形声字。《说文》:"道,所行道也。从辵、首。一达谓之道。○,古文道从首、寸。"本义为道路。道路为人所行,故言"所行道也"。徐灏《注笺》:"'首'下脱'声'字。"上古音,"道"为定纽幽部,"首"为书纽幽部,二字声近韵同。《诗经·小雅·大东》:"周道如砥,其直如矢。"辵(chuò),《说文》:"乍行乍止也。从彳从止。"指步履踌躇。桂馥《义证》:"犹彳亍也。"表示行走,草写楷化作"辶"。从辵之字多与行走有关,如"巡、过、适"等。"首"本义为头而有朝向义,人在道路行走,头皆朝向所往的方向,故"道"

从辵首声。"寸"指法度,道路宽窄皆有法度,故古文从首、寸作"𨗠",或谓是"導"之古文。

又指取道、经过,《史记·魏世家》:"若道河内,倍邺、朝歌,绝漳滏水,与赵兵决于邯郸之郊。"又指水道、河道,《史记·河渠书》:"延道弛兮离常流,蛟龙骋兮方远游。"司马贞索隐:"言河之决,由其源道延长弛溢,故使其道皆离常流。"又指呼吸排泄等孔窍,《管子·君臣》:"四肢六道,身之体也。"尹知章注:"六道谓上有四窍,下有二窍也。"又指种类、门类,《礼记·檀弓》:"哭有二道:有爱而哭之,有畏而哭之。"又指行辈、辈分,《仪礼·丧服》:"其夫属乎父道者,妻皆母道也;其夫属乎子道者,妻皆妇道也。"方法犹如做事的路径,故又指方法,《商君书·更法》:"治世不一道,便国不必法古。"又指技术、技艺,《周礼·春官·大司乐》:"凡有道者,有德者,使教焉。"又指宇宙万物的本原、本体,《周易·系辞》:"一阴一阳之谓道。"韩康伯注:"道者,何无之称也,无不通也,无不由也,况之曰道。"又指事理、规律,《周易·说卦》:"是以立天之道曰阴与阳,立地之道曰柔与刚,立人之道曰仁与义。"又指政治主张或思想体系,《论语·卫灵公》:"道不同,不相为谋。""道"在古代也指好的政治局面或政治措施,《左传·成公十二年》:"天下有道,则公侯能为民干城。"又指道德、道义,《左传·桓公六年》:"所谓道,忠于民而信于神也。"又指道家,古九流十家之一,《史记·太史公自序》:"道家无为。"又指道教或道士,《三国志·魏书·张鲁传》:"学道鹄鸣山中,造作道书以惑百姓。"又指神仙、仙术,《汉书·张良传》:"乃学道,欲轻举。"又指佛教或佛教徒,《魏书·释老志》:"诸服其道者,则剃落须发,释累辞家……总谓之僧。"又指说、讲述,《诗经·鄘风·墙有茨》:"中冓之言,不可道也。"又指施行、实行,《荀子·议兵》:"遇敌决战,必道吾所明,无道吾所疑。"又用作量词,用于条形物,门、墙,命令、题目等。

"道"又音 dǎo,同"導(导)",指疏通,《尚书·禹贡》:"九河既道。"又指引导,《楚辞·离骚》:"乘骐骥以驰骋兮,来吾道夫先路。"又指开导、教导,《庄子·田子方》:"其道我也似父。"又指治理,《论语·学而》:"道千乘之国,敬事而信，节用而爱人，使民以时。”又用作介词，从、由，《管子·禁藏》：“故凡治乱之情，皆道上始。”

chuí
垂（𠂹）

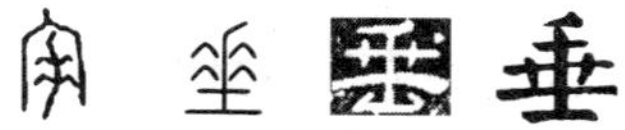

先秦货币　说文小篆　乙瑛碑　颜真卿

形声字。《说文》：“垂，远边也。从土𠂹声。”本指边疆、边际，后作“陲”。朱骏声《通训定声》：“书传皆以陲为之。”边陲位于国土最远的边界，故训“远边”。𠂹（chuí），《说文》：“艸木华叶𠂹。象形。”本义为下垂，后作“垂”。徐灏《注笺》：“今皆借边垂字为之，而边陲字又增作陲。”《周易·系辞》：“尧舜垂衣裳而天下治。”“𠂹”小篆作，饶炯《部首订》：“中象枝，左右象华、叶，皆屈曲以指其下垂意。”“𠂹”甲骨文作拾三·六、乙八四六三、前一·三四·六，李孝定《甲骨文字集释》：“字从𠂹从土，于小篆当于土部之垂，象华木生土上而华叶下𠂹之形，去土存𠂹亦足以见意。𠂹、垂古只是一字。”边疆、边界位于国土最外最远处，物下垂则垂于边沿而远离本处，张舜徽《约注》“凡物下𠂹，引申之，自有远边义。是犹衣末为裔，引申之则远边亦谓之裔也”，故“垂”从土𠂹声。段注：“俗书边垂字作陲，乃由用垂为𠂹，不得不用陲为垂矣。”

“垂”也指堂边檐下靠阶的地方，《尚书·顾命》：“立于东垂。”又指旁边，王粲《咏史》：“妻子当门泣，兄弟哭路垂。”又指靠近，《汉书·爰盎传》：“千金之子不垂堂。”颜师古注：“垂堂，谓坐堂外边。”又指自上缒下、物一端向下垂挂，如垂挂、垂柳。也转指时间往后留传，如名垂后世、千秋永垂，《尚书·蔡仲之命》：“尔乃迈迹自身，克勤无怠，以垂宪乃后。”物垂则低，故又指低、低下，如垂头丧气，《庄子·说剑》：“吾王所见剑士，皆蓬头突鬓垂冠。”液体下垂则流下，故又指液体流下、滴下，如垂涎三尺，《战国策·燕策》：“士皆垂泪涕泣。”又用作敬辞，用于尊称别人的行动，犹言“俯、惠”，《越绝书·外传纪策考》：“寡人垂意，听子之言。”又指将近、将及，如功败垂成，《后汉书·隗嚣传》：“吾年垂四十。”

gǒng
拱

说文小篆　武梁祠画像题字　王羲之　颜真卿

形声字。《说文》:“拱,斂手也。从手共声。”本义为抱拳,或两手在胸前相合,表示敬意。《尚书·武成》:“垂拱而天下治。”孔颖达疏:“谓所任得人,人皆称职,手无所营,下垂其拱。”抱拳则两手共合为一,故“拱”从手共声。

两手持物则如拱,故“拱”也指执持,《尔雅·释诂》:“拱,执也。”两臂围拢树木而两手指相扣,若拱手前推,故又指两手合围或两手合围的粗度,《左传·僖公三十二年》:“中寿,尔墓之木拱矣。”拱手则两手臂呈弧形,故又指建筑物成弧形的,如拱桥、拱门,何晏《景福殿赋》:“栾拱夭蟜而交结。”拱手则两手向上、向外抬起相合,故又指向上或向前顶掀、向里或向外钻,杜甫《北征》:“鸱鸟鸣黄桑,野鼠拱乱穴。”

píng
平

都公平侯鼎　弔之仲子平钟　𬭚羌钟　睡·效35　说文小篆　孔龢碑　颜真卿

会意字。《说文》:“平,语平舒也。从亏从八。八,分也。爰礼说。,古文平如此。”以语气平舒表平坦、不倾斜,如平地。《周易·泰》:“无平不陂,无往不复。”“语平舒”是训释“平”的构字意图,非本义。亏,许慎谓“象气之舒亏”,表示语气舒展,《说文》亏部字,皆和语气、语词相关,如:“虧,气损也。”“粤,亏也,审慎之词者。”“吁,惊语也。”“平”亦从亏,故训“语平舒也”。“亏”小篆作,像语气平舒形。“亏”后用作语气助词。“八”指分,气分散(八)舒展(亏)则平舒,段注“分之而匀适则平舒矣”,故“平”从亏从八。春秋早期金文作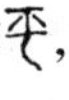,上横像语气平舒形。春秋晚期金文作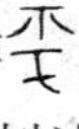,下加横作饰笔,后作饰笔的下横断开作两点,为《说文》古文由来。杨树达《积微居小学述林》:“平之构造当与‘乎’字相似,字盖从兮,上一平画,象气之平舒,此犹乎之上画象声上越扬也。”杨说有据。。

平静是内心的平和安舒,故“平”引申指宁静、安舒,《周易·观》:“观其生,志未平也。”平原地势平坦,故又指平原、平地,《尔雅·释地》:“大野曰平。"又指太平,《礼记·大学》:"国治而后天下平。"又指平定、平息,《诗经·大雅·江汉》:"四方既平,王国庶定。"平则齐等,故又指齐一、均等,《周易·乾》:"云行雨施,天下平也。"平则端正,故又指端正、公正,《国语·郑语》:"正七体以役心,平八索以成人。"平正为普遍的标准,故又指一种衡量的标准,《淮南子·主术》:"衡之于左右,无私轻重,故可以为平。"平则不险不奇,生活中平常事最多,故又指平常、普通,《尚书·吕刑》:"蚩尤惟始作乱,延及于平民。"人心平气和方能和睦,故又指媾和、和睦,《左传·隐公六年》:"盟于艾,始平于齐也。"事得其平、准,是成就的体现,土经治理则平,故又指治、成,《尚书·大禹谟》:"地平天成。"孔传:"水土治曰平。"孔颖达疏:"平、成义同。"又指免除、宽恕,《荀子·富国》:"轻田野之税,平关市之征,省商贾之数。"又指汉语声调中的平声,《南齐书·文学传》:"(沈)约等文皆用宫商,以平上去入为四声。"

zhāng 章　畬　軍　章　章　章

大篆　孙膑154　说文小篆　熹平石经　颜真卿

会意字。《说文》:"章,乐竟为一章。从音从十。十,数之终也。"本指完整的一段音乐。段注:"歌所止曰章。"十,《说文》:"数之具也。一为东西,丨为南北,则四方中央备矣。"本为数词,九加一的和。人类算数用十进制,可能与人有两手十根手指有关,以整数"十"表示数字完备。戴侗《六书故·数》"十,数之成也",故"十"有完备、周全、终尽诸义。"十"甲骨文作|合一〇五一四,金文作 ▮小臣守簋、丨大史申鼎战国文字作十晋·古币五,于省吾《甲骨文字释林》:"'十'字初形本为直画,继而中间加肥,后则加点为饰,又由点挚化为小横。数至十复反为一,但既已进位,恐其与'一'混,故直书之。""十"是十进位数的尾数,用以表示终止、完备,"十,数之终也","章"为乐曲(音)终止的完整章节(十),故"章"从音从十。

乐章的设置、旋律有规则,法规、章程由若干章节组成,故"章"也指法规、章程,如宪章,《诗经·大雅·抑》:"夙兴夜寐,洒扫庭内,维民之章。"郑玄笺:"章,文章法度也。"法规、章程可细分为若干条目,故又指条目,《史记·高祖本纪》:"与父老约,法三章耳。"乐章、章程皆有条理,故又指条理,韩愈《送孟东野序》:"其为言也,乱杂而无章。"乐章旋律高低、快慢交错,花纹、文采杂错而美丽,故又指花纹、文采,《尚书·皋陶谟》:"天命有德,五服五章哉。"孔传:"尊卑彩章各异。"花纹、文采突出而显明,故又指显露、显著,《周易·姤》:"天地相遇,品物咸章也。"表彰是使显明,故作动词指表彰,《荀子·正名》:"章之以论,禁之以刑。"又指显赫功业,《左传·宣公十二年》:"夫武,禁暴、戢兵、保大、定功、安民、和众、丰财者也,故使子孙勿忘其章。"徽章显著而有章明作用,故又指标记、徽章,如肩章、领章,《尉缭子·经卒令》:"卒有五章:前一行苍章,次二行赤章,次三行黄章,次四行白章,次五行黑章。"旌旗显明而有指挥作用,故又指旌旗,《国语·晋语》:"变非声章,弗能移也。"印章是显明的取信之物,故又指印章,陆机《汉高祖功臣颂》:"跨功逾德,祚尔辉章。"大木材显著昭彰,故又指大木材,《史记·货殖列传》:"山居千章之材。"昭明则能明辨,故又指辨别、区分,《孔子家语·曲礼子贡问》:"季氏之妇可谓知礼矣,爱而无私,上下有章。"又为文体名,指臣下的奏章,蔡邕《独断》:"凡群臣上书于天子者有四名:一曰章,二曰奏,三曰表,四曰驳议。"《文心雕龙·章表》:"章以谢恩,奏以按劾,表以陈情,议以执异。"又为章草的省称,流行于东汉章帝时的一种字体,孙过庭《书谱》:"虽篆、隶、草、章,工用多变,济成厥美,各有攸宜。篆尚婉而通,隶欲精而密,草贵流而畅,章务简而便。"同"彰",彰明,朱骏声《通训定声》:"假借为彰。"《尚书·尧典》:"平章百姓。"又为木名,后作"樟",《史记·司马相如列传》:"其北则有阴林巨树,楩楠豫章。"又用作姓氏,《通志·氏族略》:"章氏,即鄣国之后也,姜姓。齐太公支孙封于鄣,为纪附庸之国。今密州有古鄣城,为齐所灭,子孙去邑为章氏……望出豫章。"

"章"又音 zhàng,同"障",《礼记·杂记》:"疏布鞼,四面有章。"陆德明释文:"章,本或作鄣,音同,注亦同。"

【原文】　<ruby>爱<rt>ài</rt></ruby> <ruby>育<rt>yù</rt></ruby> <ruby>黎<rt>lí</rt></ruby> <ruby>首<rt>shǒu</rt></ruby>　　<ruby>臣<rt>chén</rt></ruby> <ruby>伏<rt>fú</rt></ruby> <ruby>戎<rt>róng</rt></ruby> <ruby>羌<rt>qiāng</rt></ruby>

【译文】　（圣王）慈爱穷苦百姓，教化民众；（明君）善待各族民众，德治感化外族称臣。

【释义】

　　"爱育黎首"指三代君王以仁义治国，泽被百姓。《千字文释义》："此言其德泽之及于人者。"黎首，黎民，百姓的代称。《尚书·尧典》："黎民于变时雍。"孔传："黎，众。"《礼记·祭义》："明命鬼神，以为黔首则。"郑玄注："黔首，谓民也。"孔颖达疏："黔首，谓万民也。黔，谓黑也。凡人以黑巾覆头，故谓之黔首。"汤、文、武等古圣王皆以仁义治天下，仁爱百姓，从而获得百姓爱戴及天下诸国的归服。

　　"臣伏戎羌"指古圣王仁德进一步扩充，感化戎羌等少数民族归附。臣伏，悦服称臣，《管子·四称》："外内均和，诸侯臣伏，国家安宁，不用兵革。""戎羌"是"南蛮北狄、西戎东夷"等四方少数民族的简称。"南蛮"古居长江以南地带，南方气候炎热，空气湿润，树木繁茂，多有蛇虫出没，《说文》："蛮，南蛮，蛇种。"南方蛇多，故"蛮"从虫，古人据地域特征命名为"蛮"。《说文》："狄，赤狄，本犬种。"狩猎为主的部族犬比较多，故"狄"从犬。狄族主要居住于北方，故名"北狄"。"西戎"在今甘肃、青海一带，以游牧与战争掠夺为主，应劭《风俗通义》："戎者，凶也。"《诗经》中多有周朝与西戎战争的记录，如"赫赫南仲，薄伐西戎"。周朝中期，西戎入侵中原，曾迫使周平王向东迁都洛阳，开启了东周的历史。"羌"也是西部的少数民族之一，后与汉族融合，定居务农，属中国五十六个民族中的一员，羌和戎有时指同一个地方，《说文》："羌，西戎牧羊人也。"因当地羊多，故"羌"从羊。"东夷"是古代汉人对东部各民族的统称，《说文》："夷，平也。从大从弓。东方之人也。"段注："惟东夷从大。大，人也。夷俗仁，仁者寿，有君子不死之国。按天大，地大，人亦大。大象人形，而夷篆从大。"故《论语·子罕》载孔子愿居九夷。

【解字】

ài
爱(愛)

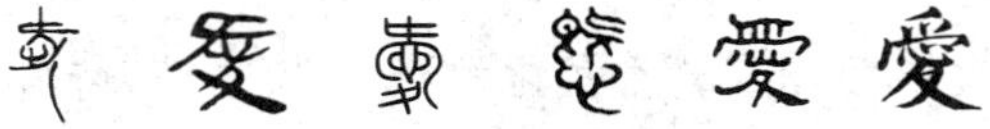

中山王壶　睡·日甲83　说文小篆　说文古文　夏承碑　颜真卿

繁体为“愛”,形声字。《说文》:“愛,行皃。从夊㤅声。”本指徘徊流连的样子。徐锴《系传》:“古以㤅为慈爱,故以此为行貌。”段注:“今字假愛为㤅而㤅废矣。”张舜徽《约注》:“爱训行貌,盖谓行之欲进不前,滞疑若有所待也。亦即仿佛之意。”“愛”之构形为舍不得所爱(㤅)者而流连忘返地行走(夊),故“愛”从夊㤅声。仁爱之“愛”本字为“㤅”,《说文》:“㤅,惠也。从心旡声。”本义为慈惠、仁爱。徐锴《系传·通论》:“心㤅之,欲惠之也。”旡(jì),《说文》:“㱃食气屰不得息曰旡。从反欠。,古文旡。”指饮食气逆哽塞。徐灏《注笺》:“饮食气屰盖哽咽之义。气申为欠,气屰为旡,故从反欠。”“旡”甲骨文作合一八〇〇六,徐中舒《甲骨文字典》:“象人跽而口向后张之形,为旡之初文,旣字从此。人食既每致屰气,故以此象屰气之形。”马叙伦谓为“飽”之初文,以人跽而扭头向后,会饱不欲食之意。可备一说。“㤅”小篆作,从古文“旡”,徐灏《注笺》:“旡之反体不便书,故皆作旡。”饮食气逆哽塞,有稽留意,爱是将慈惠、仁爱之心留止(旡)在所爱之人事物上,故“㤅”从心旡声。再加倒止的夊于㤅下,表示徘徊行走,楷化为“愛”。后“愛”取代“㤅”为通行字。简化字“爱”由草书楷化而成。

人对所爱者感情深,故“爱”指对人或事物怀有很深的感情,《左传·隐公三年》:“父慈,子孝,兄爱,弟敬。”人多有喜好之事,故又指喜欢、爱好,如爱读书,白居易《对火玩雪》:“平生所心爱,爱火兼怜雪。”又特指男女间的情爱,如爱人,《战国策·齐策》:“孟尝君舍人有与君之夫人相爱者。”喜爱则珍惜,转指怜惜、爱惜,《左传·僖公二十二年》:“若爱重伤,则如勿伤;爱其二毛,则如服焉。”心爱之物多舍不得给人,故又指吝惜、舍不得,《孟子·梁惠王》:“百姓皆以王为爱也。”人常思念所爱者,也多和所爱的人见面,故又指容易发生,如铁爱生锈。父母皆爱儿女,故也用作对别人女儿的尊称,如令爱。通"蔓",隐蔽貌,《礼记·礼运》:"故天不爱其道,地不爱其宝,人不爱其情。"王引之《述闻》:"不爱,谓不隐藏也。字或作蔓。"

yù
育(毓)

合 14125　怀 1369　毓且丁卣　班簋　说文小篆　说文或体　曹全碑　颜真卿

形声字。《说文》:"育,养子使作善也。从去肉声。《虞书》曰:'教育子。'毓,育或从每。"本指产子生育。《周易·渐》:"夫征不复,妇孕不育。"去(tū),《说文》:"不顺忽出也。从到子。《易》曰:'突如其来如。'不孝子突出,不容于内也。亦,或从到古文子,即《易》突字。"指突然出现,后作"突",泛指一切反常逆理变化的出现。生产前多困难缓慢,分娩时较为迅速,婴儿能快速生出,故训"不顺忽出也"。正常人出生时是头先出,头后出、突然出现都违反常理,故"去"泛指一切反常逆理变化的出现,段注:"谓凡物之反其常,凡事之㐦其理,突出至前者,皆是也。""子"古文作𠫓,或体从倒古文子作亦,朱骏声《通训定声》:"子生,首先出。惟到乃顺。故育字、流字皆从之。""去"甲骨文作𠫓合二七六四三,从倒子,指倒子、忽出。姚孝遂、曾宪通、季旭昇等谓"去"为"毓"之省体。"育"指产子生育(去),人为血肉之躯,故"育"从去肉声。人出生则必养育、长养,徐灏《注笺》:"《尔雅·释诂》曰:'育,长也。'育之本义但为长养,许因《书》有'教育子'之文,故以'作善'为说耳。"教育以德为本,启蒙教育的重点在教孩童修德、行正、为善,《周易·蒙》"蒙以养正,圣功也",故训"养子使作善也",从教育、培养角度训释,为引申义。《周易·蒙》:"君子以果行育德。"王弼注:"育德者,养正之功也。"段注:"《虞书》当作《唐书》,《尧典》文,今《尚书》作'胄子'。"或体从每从㐬作"毓",养育、培育义二字皆可用,后生育义只能用"育"。"育(毓)"甲骨文作𣫭合一四〇二一正、毓毓甲八四二、毓合三二七六三,从女(或从人、每)从亦,像母(每)产子(亦)形,本义为产子生育,甲骨文借用为"后、後"。甲骨文或在亦周围加几个点,像产子时的体液(羊水)。西周金文毓固定为三点并置于头下,遂与亦同形,亦像头发。据甲骨文字形,先有"毓"字，后省作"云"，又加肉声作"育"。罗振玉《增订殷虚书契考释》引王国维："此字变体甚多。从女从☖，或从母从☖，象产子之形。其从∥、∵者，则象产子时之有水液也。从人与从母从女意同。以字形言，此字即《说文》育字之或体毓字，毓从每（即母字）从㐬（即倒子）……故产子为此字之本谊。""云、㐬、毓、育"同源，皆以产子构形。

　　所生之子经抚养会逐渐成长，故"育"引申指成长，《诗经·大雅·生民》："载生载育，时维后稷。"

　　"育"又音 zhòu，同"胄"，后嗣，《尚书·盘庚》："我乃劓殄灭之，无遗育。"王引之《述闻》："无遗育即无遗胄。"

宁沪 3.76　　睡 24.76　　说文小篆　　孔宙碑　　颜真卿

　　形声字。《说文》："黎，履黏也。从黍，称省声。称，古文利。作履黏以黍米。"古时用黍米作糊，用以粘鞋子。徐锴《系传》："履以黐黏之也。黍，黏也。"段注："《释诂》曰：'黎，众也。'众之义行而履黏之义废矣。古亦以为黧黑字。"张舜徽《约注》："许以履黏训黎，以其语原近也。湖湘间称以黐黏履曰贴鞋底，即其事已。经传中黎训众者借为齐，训黑者借为骊。"《尔雅翼·释草》："古人作履，黏以黍米，谓之黎。""利"甲骨文作合二六九八、屯二二九九，从刀（或勿）割禾，会铦利之意。《说文》"和然后利……《易》曰：利者，义之和也"，故"利"引申有和谐、顺畅义。黍米黏性大，古多用以粘物，古代以糯米浆和石灰砌墙。"黎"指黍米（禾）做糊，用以粘合（利）鞋子，故"黎"从黍，称省声。

　　"黎"由粘糊转指众多，《尚书·益稷》："万邦黎献，共惟帝臣。"孔传："献，贤也。万国众贤共为帝臣。"也为殷代诸侯国名，在今山西省长治市西南，也作"耆"，《说文》："殷诸侯国，在上党东北……《商书》：西伯戡耆。"段注："今《商书》'西伯戡黎'……许所据古文《尚书》作耆。"通"骊"，黑色，后作"黧"，《尚书·禹贡》："厥土青黎，厥田惟下上。"《史记·夏本纪》作

"骊"。又通"迟",朱骏声《通训定声》:"黎,假借为邌,为迟。"1. 等到、比及,《史记·高祖本纪》:"于是沛公乃夜引兵从他道还,更旗帜,黎明,围宛城三币。"司马贞索隐:"黎,犹比也,谓比至天明也。"2. 慢慢地,傅毅《舞赋》:"黎收而拜,曲度究毕。"李善注:"言舞将罢,徐收敛容态而拜,曲度于是究毕。"又指古高辛氏、颛顼氏的火官,即火神,《汉书·郊祀志》:"命南正重司天以属神,命火正黎司地以属民。"又用作姓氏,《通志·氏族略》:"黎氏,子姓,侯爵,商时诸侯。《风俗通》云:'九黎之后。'《尚书》:'西伯戡黎。'亦见《毛诗》……又齐有大夫黎弥、黎且者,即齐之黎邑也,此以邑命氏者。又有素嵇氏,改为黎,虏姓也。"

shǒu 首

花东 304　合 6032　沈子簋　师酉簋　说文古文　孔龢碑　颜真卿

　　象形字。《说文》:"首,百同。古文百也。巛象发,谓之鬒,鬒即巛也。"指动物头颅。《周易·未济》:"濡其首。"段注:"不见首于百篆之次者,以有从首之篆,不得不出之为部首也。今字则古文行而小篆废矣。"商承祚《说文中之古文考》:"其字从古文者多,篆文者少,又肖其形,遂篆废而古文行矣。"徐灏《注笺》:"巛象发,与山川之川形同义异。"百(shǒu),《说文》:"头也。象形。""百"小篆作𦣻,像人头正面形。"首、百"本一字而繁简有别,"百"之作"首",与"子"之作"𡿧"、"𠫓"之作"𠔼"同例。甲骨文"首、百"同形,像人头形,字或繁或简,形或正或侧,发或有或无。

　　头位于身之颠而统领全身,故"首"引申为首领,如首长,《周易·乾》:"见群龙无首,吉。"首领在前,时间、事情在前者为初始,故又指初始、开端,如岁首,《老子》二十八章:"夫礼者,忠信之薄而乱之首。"在前的时间、事情最早发生,故又指首先、最早,《礼记·月令》:"首种不入。"孔颖达疏:"首即先也,种在百谷之先也。"最前者位居第一,故也指第一,如首届,《汉书·匡衡传》:"孔子著之《孝经》首章,盖至德之本也。"头是人体重要部位,首领为团体核心人物,故又指要领,《尚书·秦誓》:"予誓告汝群言之首。"孔传:"众言之本要。"重要者、在前者最显著,故又指标明、显示,《礼记·间传》:"所以首其内而见诸外也。"陈澔集说:"首者,标表之义,盖显示其内心之哀痛于外也。"又指有罪自陈或出面告发,如自首。头面皆朝向一定的方向,故又指向、朝着,《楚辞·九章·哀郢》:"鸟飞返故乡兮,狐死必首丘。"又用作量词,用于诗、文、歌曲或旗帜。

chén
臣

合 20354　　合 620　　臣辰父癸鼎　　玺汇 3826　　说文小篆　　熹平石经　　颜真卿

象形字。《说文》:"臣,牵也;事君也。象屈服之形。"指官吏。"臣、牵"上古音均属真部,为声训。臣受君牵制,官吏奉事君王,故训"牵也;事君也"。桂馥《义证》:"牛之从牵者,皆柔谨也。"孔广居《疑疑》谓小篆:"象拜服之形。⊃象首与背,⊏象肩袖二手形。自右视之,不见其足,故无足。"《庄子·人间世》:"擎跽曲拳,人臣之礼也。"成玄英疏:"擎手跽足,磬折曲躬,俯仰拜伏者,人臣之礼也。"徐锴《系传》:"稽颡,服之甚也。肉袒,服之尽也。"杨树达《臣牵解》:"臣之所以受义于牵者,盖臣本俘虏之称……盖因俘人数不一,引之者必以绳索牵之。名其事则曰牵,名其所牵之人则曰臣矣。"《礼记·少仪》:"臣则左之。"郑玄注:"臣,谓囚俘。"张舜徽《约注》:"古代之遇奴隶如牛马然,故许君以牵训臣。"《尚书·费誓》:"臣妾逋逃。"孔传:"役人贱者,男曰臣,女曰妾。""臣"甲骨文多作竖目形,表事君屈服之臣,或向左或向右,瞳仁或有或无;间有作横目形,取象于俯首下视,以下视之目表俯身之人。郭沫若《甲骨文字研究》:"臣、民均古之奴隶也……均象一竖目之形。人首俯则目竖,所以'象屈服之形'者殆以此也。古人造字,于人形之象征,目颇重要。如頁字、夒字、首字等,均以一目代表一人或一头首,此以一目为一臣,不足为异。"

"臣"转指君主制时的官吏,《诗经·周颂·臣工》:"嗟嗟臣工,敬尔在公。"也指国君所统属的众民,《尚书·泰誓》:"受有臣亿万,惟亿万心。予有臣三千,惟一心。"又为古人自称,1. 对君,《左传·隐公元年》:"欲与大叔,臣请事之;若弗与,则请除之。" 2. 对父,《史记·高祖本纪》:"始大人常以臣无赖。" 3. 对一般人,表自谦,《史记·高祖本纪》:"臣少好相人。"臣为君之属下,君为主而臣为附,故又泛指物的配属,《周易·蹇》:"王臣蹇蹇,匪躬之故。"虞翻注:"观乾为王,坤为臣。"又用作动词,表示尽臣本分,《论语·颜渊》:"君君,臣臣,父父,子子。"臣受君役使,故又指役使、统属,《左传·昭公七年》:"故王臣公,公臣大夫,大夫臣士,士臣皂,皂臣舆,舆臣隶,隶臣僚,僚臣仆,仆臣台。"

fú
伏　　食　伏　伏　伏　伏
　　史伏尊　老子甲后340　说文小篆　史晨碑　颜真卿

会意字。《说文》:"伏,司也。从人从犬。"本义为守候、伺候。段注:"司今之伺字。凡有所司者必专守之,伏伺即服事也。引伸之为俯伏,又引伸之为隐伏。"王筠《句读》:"应劭解张良椎击秦皇帝曰:狙,伺也;一曰:伏,伺也。狙之伺物,必伏而候之,故今云狙候。"《慧琳音义》引《说文》作"伺也,犬伺人也"。犬为家畜中与人最近者,家犬以守门为职,常伏于门防外人侵扰,见生人则起而吠、咬,段注:"'犬司人也'四字小徐本有。犬司人,谓犬伺人而吠之……伏篆以明人事,非说犬也。"徐灏《注笺》:"犬之守也,恒蹲伏,见人则起而吠之。"故"伏"从人从犬。"伏"金文像犬伏人后伺机袭人形。或谓猎犬(犬)与猎人(人)一同埋伏于草莽伺机袭击猎物,可通。

伏则身俯而面朝下,故"伏"引申为俯伏、面向下卧,《礼记·曲礼》:"寝毋伏。"伏则身靠于地,故又指身体前倾靠在物体上,如伏案,《庄子·渔父》:"孔子伏轼而叹。"伏于洼地、草丛等处,身体隐蔽而难被发现,故又指藏匿、隐蔽,《老子》五十八章:"祸兮福之所倚,福兮祸之所伏。"士兵多伏地以伺机袭敌,故又引申为伏兵、伏击,《左传·庄公十年》:"夫大国,难测也,惧有伏焉。"人屈服则多伏于地,故又指屈服、顺服,《尚书·汤诰》:"罪人黜伏。"蔡沈集传:"故夏桀窜亡而屈服。"制服人、动物多将其按于地,故又指降服、制伏,《西游记》三十三回:"伏虎降龙,大闹天宫。"伏则身低,故又指低、低下去,如此起彼伏,韩愈《南海神庙碑》:"日光穿漏,波伏不兴。"伏地捕猎、击敌时,身体要长久保持一种姿势,故又指守、保持,《楚辞·离骚》:"伏清白以死直兮。"伏地则隐蔽不见如去除,故又指去、除掉,《国语·晋语》:"宵静女德,以伏蛊慝。"人多在居处躺卧休息,故又指居处、居住,《左传·定公四年》:"寡君越在草莽,未获所伏。"伏地下拜体现恭敬,故又作敬辞,用于下对上,枚乘《七发》:"伏闻太子玉体不安,亦少闲乎?"又为中医脉象之一,是指脉搏沉下如伏,重按着骨才能得到,故而名"伏"。古谓伏天时阴气迫于阳气而伏藏,故又指伏天、伏日,指夏至后第三个庚日起至立秋后第二个庚日前一天止的一段时间,分为初伏、中伏、末伏,统称三伏,约相当于阳历七月中旬至八月下旬,《资治通鉴》"岁时伏腊",胡三省注:"《释名》曰:'伏者,金气伏藏之日也。金畏火,故三伏皆庚日。'《历忌》曰:'四时代谢,皆以相生。至于立秋,以金代火。金畏火,故庚日必伏。'"又为电势差、电位差和电压单位"伏特"的简称。

"伏"又音 fù,鸡趴窝孵卵,《庄子·庚桑楚》:"越鸡不能伏鹄卵。"

róng
戎

合 21252　屯 2286　孟鼎　鄡生盨　峄山碑　说文小篆　张迁碑　颜真卿

《说文》作"戜",会意字。《说文》:"戜,兵也。从戈从甲。"本义为兵器。段注:"兵者,械也。《月令》:'乃教于田猎,以习五戎。'注:'五戎谓五兵,弓矢、殳、矛、戈、戟也。'"《周易·萃》:"君子以除戎器,戒不虞。"李鼎祚集解引虞翻:"戎,兵也。""戎"为兵器,"戈"为进击兵器,"甲"为防护兵器,最初的甲盾可能是手执横直交叉的木棍(十),后围缠藤条为"甲",故"戜"从戈从甲。兵士持戈执甲(盾)作战,故"戎"也指兵士,徐灏《注笺》:"戎者,军旅之事也,故于文被甲持戈为戎。"张舜徽《约注》:"被甲持戈者人也。"《周易·同人》:"伏戎于莽。""戎"甲骨文作甲戜合五二三七,从戈从盾,盾即甲。又作甲戜合二七九九七、甲戜前八·一一三,金文作甲戜,盾皆省作"十"形,罗振玉《增订殷虚书契考释》:"卜辞与古金文从戈从十。十,古文甲字。今隶戎字尚从古文甲,亦古文多存于今隶之一证矣。"徐中舒《甲骨文字典》:"🀄乙八一四四象左持盾而右执戈之形……此字与金文🀄且丁尊形同,当会威武之义,疑即戎之初文。"

兵车用于作战,用同兵器,故也指兵车,《左传·僖公三十三年》:"梁弘御戎,莱驹为右。"军队为士兵、兵器聚集处,故又指军旅、军队,《国语·周语》:"故制戎以果毅。"军队用以作战、征伐,故又指征伐,《尚书·泰誓》:"戎商必克。"士兵执兵器杀敌,故又指敌寇,《周易·夬》:"莫夜有戎。"古戎族善用戈甲而武力强悍,中原诸国多受其侵袭,应劭《风俗通义》"戎者,凶也",故又泛指我国西部的少数民族,《尔雅·释地》:"九夷、八狄、七戎、六蛮,谓之四海。"《大戴礼记·千乘》:"西辟之民曰戎。"军队兵士、兵器众多,规模宏大,故又指扩大,《诗经·周颂·烈文》:"念兹戎功,继序其皇之。"兵器助兵士杀敌,故又指相助,《诗经·小雅·常棣》:"每有良朋,蒸也无戎。"郑玄笺:"犹无相助己者。"又用作代词,表第二人称,相当于"你、你们",朱骏声《通训定声》:"戎、汝、若、而,皆一声之转。"《诗经·大雅·民劳》:"戎虽小子,而式弘大。"

qiāng
羌　　🔆　🔆　🔆　🔆　🔆　🔆　羌　羌

合 163　　合 27978　　羌尊　郑羌伯鬲　说文小篆　说文古文　赵宽碑　王献之

会意兼形声字。《说文》:"羌,西戎牧羊人也。从人从羊,羊亦声。南方蛮闽从虫,北方狄从犬,东方貉从豸,西方羌从羊,此六种也。西南僰人、僬侥,从人;盖在坤地,颇有顺理之性。唯东夷从大;大,人也。夷俗仁,仁者寿,有君子不死之国。孔子曰:'道不行,欲之九夷,乘桴浮于海。'有以也。🔆,古文羌如此。"本指西戎,古代西部民族,分布在今甘肃省、青海省、四川省一带,以游牧为主。王绍兰《段注订补》:"六种当为四种。蛮闽皆从虫,为一种;狄为一种;貉为一种;羌为一种。故云此四种也。古文四作🔆,篆文六作🔆,形近致讹。""僰(bó)人"指春秋前后居住在以僰道为中心的今川南及滇东一带的少数民族。"僬侥"指西南人,较矮小,《国语·鲁语》:

"仲尼曰:僬侥氏长三尺,短之至也。"王绍兰《段注订补》:"坤有顺义,其位又在西南,正当僰、焦侥之地耳。"戴侗《六书故·动物》:"戎狄之人,生于深山豽虎之乡,故狄貃玃犾从犬从豸;蛮越之人,生于虫蛇之乡,故闽蛮巴蜀皆从虫;犹荆楚以草木名也。"张舜徽《约注》:"四裔之名,各有取义。古之造字者,莫不因其土宜习尚,随物立文。西方产羊,人以牧羊为俗,故羌字象之。南方多蛇,人擅捕蛇之术,故闽蛮二字象之。推之北方及东北习狩猎,此狄貉所由得名;南方及西南皆短人,此僬侥所由立号……且《风俗通》已云:'羌本西戎卑贱者也,主牧羊,故羌字从羊人,因以为号。'所言与许书合,皆汉师旧义也。"西戎以牧羊为俗,徐灏《注笺》"其地产羊,故牧羊者众,而造字因之",故"羌"从人从羊,羊亦声。"羌"甲骨文作 ⌒、⌒ 合一九九,从人从羊,羊亦声。又作 ⌒、⌒ 合二七九八〇,李孝定《甲骨文字集释》:"象身加缧绁之形……古文作 半,盖即 ⌒ 之形讹。"季旭昇《说文新证》:"据甲骨文,羌在商代是西方的一个大国,和商敌对,因此商人常把捕获的羌人作为祭祀的牺牲,或加糸旁,即表示羌人被俘虏累系之形。"

　　"羌"也为我国少数民族名,今主要分布在四川省茂县、汶川县、理县、松潘县、北川县境内。西方游牧民族尚武强健,故又通"强",《广雅·释诂》:"羌,强也。"又用作连词,表示假设、转折、并列等关系,相当于"乃、反而",《楚辞·离骚》:"余以兰为可恃兮,羌无实而容长。"又用作助词,用于句首,《广韵》阳韵:"羌,发语端也。"《楚辞·离骚》:"羌内恕己以量人兮,各兴心而嫉妒。"

【原文】　遐迩一体　率宾归王
　　　　　 xiá ěr yī tǐ　shuài bīn guī wáng

【译文】　圣王教化天下人民,无论远近皆和谐一体;四海大众心悦诚服,各处都归顺圣王。

【释义】

　　"遐迩一体"出自汉司马相如《难蜀父老》"以偃甲兵于此,而息讨伐于彼。遐迩一体,中外提福,不亦康乎"。《千字文释义》:"遐,远也,承上文

'戎羌'而言。迩,近也,承上文'黎民'而言。"圣王治理国家,视远近之人为一体,四海人民皆归顺圣王教化,所谓"德不孤,必有邻"。

"率宾归王"出自《诗经·小雅·北山》"溥天之下,莫非王土;率土之滨,莫非王臣"。毛传:"溥,大。率,循。滨,涯也。"郑玄笺:"此言王之土地广矣,王之臣又众矣。"《说文》"王,天下所归往也",君王仁政爱民,则能得到天下人的归往。

【解字】

xiá
遐

說文新附　魏封孔羨碑　王羲之　祝允明

形声字。《说文新附》:"遐,远也。从辵叚声。"本指距离远。徐铉等注:"或通用假字。"《尚书·太甲》:"若升高,必自下。若陟遐,必自迩。"叚(jiǎ),《说文》:"借也。"指借,后作"假"。"叚"金文作 [字形] 师袁簋、[字形] 盠尊,林义光《文源》:"象二手相付形,从石省……即古藉字。叚者,藉人所有,为己之用,故谓之借。"朱芳圃《殷周文字释丛》:"字象厂下取石,两手相付之形……瑕即叚也。"两手(爪又)在崖(厂)下取石,含借用他山之石意。季旭昇谓会以石磨刀之意,义为砺石,为"碬"之初文。借人物为己用、借山石制器物、刀借砺石打磨,皆有假借之义。"遐"为距离远,古人远行多徒步,必借助干粮及善行之足,《荀子·劝学》"君子生非异也,善假于物也",故"遐"从辵叚声。

疏远为人际关系的远,故"遐"也指疏远、离绝,《尚书·胤征》:"俶扰天纪,遐弃厥司。"蔡沈集传:"远弃其所司之事也。"长久为时间的远,故又指长久、久远,《诗经·小雅·鸳鸯》:"君子万年,宜其遐福。"又指已,也作"假",《尚书·召诰》:"天既遐终大邦殷之命。"孙星衍疏:"遐,俗字,当为'假'。《释诂》云:假,已也。"通"胡",何,《诗经·大雅·下武》:"受天之祐,四方来贺,于万斯年,不遐有佐。"朱熹注:"遐、何通。"马瑞辰通释:"'不遐'即'遐不'之倒文。凡《诗》言'遐不'者,遐、胡一声之转,犹云胡不也。"

ěr 迩（邇）

说文小篆　说文古文　谯敏碑　徐美人墓志　蒲宗孟

　　繁体作"邇",形声字。《说文》:"邇,近也。从辵爾声。古文邇。"本义为(距离、时间)近。《礼记·中庸》:"行远必自迩,登高必自卑。"爾(尔 ěr),《说文》:"丽爾,犹靡丽也。从冂从㸚,其孔㸚,尒声。此与爽同意。"〔丽爾〕疏朗空明。徐锴《系传》:"丽爾,历历然希疏点缀见明也。"段注:"丽爾,古语;靡丽,汉人语。"严可均《校议》:"'靡麗'当作'麗廔',据下文'其孔㸚'知之。"杨树达《积微居小学述林》"爾从冂者,窗牖之外匡,㸚其交文,交文之间则孔也",窗牖孔(冂)格(㸚)透亮,疏朗闿明。尒(ěr),《说文》"词之必然也",明则的然显著(尒),故"爾"从冂从㸚,尒声。爽,《说文》:"明也。从㸚从大。"本义为明亮。疏窗㸚孔大而闿明光亮,徐锴《系传》"㸚孔历历然,大,其中隙缝光也",徐灏《注笺》"从㸚,取疏窗通明之意",故"爽"从㸚从大。"爾、爽"皆从㸚而取疏窗闿明意,故谓"此与爽同意"。明亮则确然无隐,故用为虚词表示必然如此。"爾"甲骨文作 合三二九七正、合一八四七一,像窗牖孔格(交文)疏朗闿明形。金文作 何尊,林义光谓为"欄"之初文,像络丝架上丝线纠绕形,由丝线密而转指近。张亚初《古文字源流疏证释例》:"爾及从爾的濔、彌等字都有遍与满的涵意。"物紧密相连(近)则遍、满,亦有近意。《周礼·地官·肆长》:"实相近者相爾也。"郑玄注:"爾,亦近也。"古人远近距离多是步行(辵),窗牖交文靠近,光入则内外光亮接近(爾),故"邇"从辵爾声。

　　"迩"也指接近,《尚书·仲虺之诰》:"惟王不迩声色,不殖货利。"又指浅近,《诗经·小雅·小旻》:"维迩言是听,维迩言是争。"

yī 一

合 9950　段簋　说文小篆　说文古文　孔龢碑　颜真卿

　　独符指事字。《说文》:"一,惟初太始,道立于一,造分天地,化成万物。弌,古文一。"本为数词,最小的正整数。戴侗《六书故·数》:"一,数之始也。"徐灏《注笺》:"造字之初,先有数而后有文。一二三三,画如其数,是为指事,亦谓之象事也。"《尚书·文侯之命》:"彤弓一,彤矢百。""一"甲骨文、金文、小篆皆以抽象的一横画表示一的概念。许慎说解,是据汉人的哲学思想来解释其文化含义,言天地万物之由来,体现汉代人的宇宙观。"一"指天地未分的浑一状态。太始,徐锴《系传》作"太极"。"初、太、始"是时间、空间、事件的发端。《说文》据形系联,以"一"居首,统领全书,"一"是一切的原始、万物的开端、规律的起点,也是文字的起笔,故曰"惟初太始,道立于一"。《说文》古文从弋,是战国文字,罗振玉《增订殷虚书契考释》:"古金文一二三字均与此同。《说文解字》一二三之古文作弌弍弎,乃晚周字,钱先生大昕《汗简跋》云:作字必先简而后繁,有一二三,然后有从弋之弌弍弎,而叔重注古文于弌弍弎之下,以是知许所言古文之别字,非弋古于一也。"张舜徽《约注》:"一二三乃最初古文,而为小篆所沿用者,故列为正篆。弌弍弎乃后出古文而为小篆所废弃者,故仍名曰古文耳。"

一为一个整体,故"一"又指全、满,如一屋人,《左传·宣公十四年》:"一国谋之,何以不亡?"一体则无差别,故也指相同、一样,《诗经·曹风·鸤鸠》:"其仪一兮,心如结兮。"毛传:"言执义一则用心固。"一则不杂,故又指纯一、纯正,《周易·系辞》:"天下之动,贞夫一者也。"孔颖达疏:"言天地日月之外、天下万物之动,皆正乎纯一也。"纯一则不二,故又指专一,《尚书·大禹谟》:"惟精惟一。"孔颖达疏:"将欲明道,必须精心;将欲安民,必须一意。"一为最小的整数,故又指少许,如一点儿、一知半解,《左传·僖公三十三年》:"且吾不以一眚掩大德。"又指每、各,范成大《春日田园杂兴》之七:"一年一度游山寺,不上灵岩即虎丘。"一体则完整,故又指统一、划一,《孟子·梁惠王》:"孰能一之? 对曰:不嗜杀人者能一之。"一体则均等如一,故又指均、平,《荀子·成相》:"事业听上,莫得相使,一民力。"协同则一心一意,故又指协同,《尚书·大禹谟》:"尔尚一乃心力,其克有勋。"孔颖达疏:"汝等庶几同心尽力,以从我命,其必能有大功勋。"又为古代哲学概念,1. 指万物的本源,即"道",《淮南子·诠言》:"一也者,万物之本也,无敌之道也。" 2. 指由 "道" 派生的原始浑沌之气,《老子》四十二章:"道生一,一生二,二生三,三生万物。" 又指自身,《老子》十章:"载营魄抱一,能无离乎?" 高亨注:"一,谓身也。抱一,犹云守身也。身为个体,故《老》《庄》或名之曰一。" 又相当于 "某",如一次、一天。又用作副词,相当于 "都、一概、一旦、一经、乃、竟然、忽而、甚、极" 等,或表示时间的短暂或前后动作的紧接、突然的动作或现象、动作是短暂的或尝试性的、事物的某个方面。又用作连词,相当于 "或"。又用作助词,用以加强语气。

体(體) tǐ

禮　體　體　體

中山王壶　说文小篆　熹平石经　颜真卿

繁体作 "體",形声字。《说文》:"體,总十二属也。从骨豊声。" 本指身体,为全身的总称。段注:"十二属许未详言,今以人体及许书核之。首之属有三:曰顶,曰面,曰颐。身之属三:曰肩,曰脊,曰屍。手之属三:曰厷,曰臂,曰手。足之属三:曰股,曰胫,曰足。合《说文》全书求之,以十二者统之,皆此十二者所分属也。" 骨,《说文》:"肉之覈也。从冎有肉。" 为人和脊椎动物体内支持身体、保护内脏的坚硬组织。饶炯《部首订》"骨之于体,外肉内覈,如果之有核",故训 "肉之覈也"。"冎" 甲骨文作𠂤合三二三六、𠂤合一八八三七,于省吾《释冎》:"象骨架相支撑形,其左右小竖画象骨节转折处突出形,后来冎字孳乳为骨,遂成为从肉冎声的形声字。" 骨(冎)坚硬而外有肉包裹,骨肉相连,故 "骨" 从冎有肉。豊(lǐ),《说文》:"行礼之器也。从豆,象形。" 本为古代祭祀用的礼器,后作 "禮"。"豊(禮)" 甲骨文作𬚗甲一九三三、𬚗前五·五·四,像豆中盛满玉或谷穗等物祭祀形,王国维《观堂集林》:"象二玉在器之形,古者行礼以玉。" 甲骨文豊、豐同字,李孝定《甲骨文字集释》:"豆实豐美,所以事神。以言事神之事则为禮,以言事神之器则为豊,以言牺牲玉帛之腆美则为豐。其始实为一字也。" 身体由骨骼支撑,包含十二属,如豆中盛物丰备(豊),故 "體" 从骨豊声。金文从身,可见 "體" 指全身。简化字 "体" 从人从本。

"体"引申指肢体,身体的某一部分,《论语·微子》:"四体不勤,五谷不分。"身体分十二属,故又指区分,《周礼·天官》:"体国经野。"体有形象,故又指形体,如固体,《周易·系辞》:"故神无方而《易》无体。"卦象有形,故又指占卜时的兆象,《诗经·卫风·氓》:"尔卜尔筮,体无咎言。"有形者皆有相应的表现,故又指表现、体现,《周易·系辞》:"阴阳合德,而刚柔有体,以体天地之撰。"孔颖达正义:"天地之内,万物之象,非刚则柔,或以刚柔体象天地之数也。"人以身为本,故又指事物的本体、主体,《汉书·贾谊传》:"曰安且治者,非愚则谀,皆非事实知治乱之体者也。"形体、本体皆有相应的本质,故又指本性、本质,《吕氏春秋·情欲》:"万物之形虽异,其情一体也。"本质是核心的准则,故又指准则、法式,《管子·君臣》:"君明、相信、五官肃、士廉、农愚、商工愿,则上下体。"尹知章注:"上下各得其体也。"准则为人所效法,故又指依照、效法,《管子·君臣》:"衣服緷絻尽有法度,则君体法而立矣。"又指舞蹈的表演形式、文字的书写形体、文章的体裁风格等,陆机《文赋》:"体有万殊,物无一量。"李周翰注:"文体有变,故曰万殊。"身体不断运行生长,故又指生长,《礼记·中庸》:"体物而不可遗。"身体容纳四肢百骸,故又指包含、容纳,《周易·乾》:"君子体仁,足以长人。"孔颖达疏:"言君子之人体包仁道,泛爱施生,足以尊长于人也。"身体须体贴爱护,故又指体贴、体谅、体恤,《礼记·中庸》:"敬大臣也,体群臣也。"朱熹注:"体,谓设以身处其地而察其心也。"人以身体做事,故又指亲身,《后汉书·班彪列传》:"体行德本,正性也。"身体与人最亲近,又指亲近、连结,《礼记·学记》:"就贤体远,足以动众,未足以化民。"又指几何学上具有长宽厚三度的形体,如长方体、立方体、圆锥体。

shuài
率(帥)

| 合 95 | 合 3327 | 盂鼎 | 毛公鼎 | 说文小篆 | 耿勋碑 | 颜真卿 |

"率"是依附象形字。《说文》:"率,捕鸟毕也。象丝罔,上下其竿柄也。"为古代捕鸟的长柄网。段注:"毕者,田网也,所以捕鸟。亦名率。"王

筠《句读》:"毕,田网也。其小而仅可捕鸟者谓之率。""率"小篆为长柄网,像丝网,上部为竿,下部十为柄,王筠《句读》:"有竿撑之,有柄持之也。"戴侗《六书故·工事》:"率,大索也。上下两端象所用绞率者,中象率,旁象麻枲之余。"罗振玉《增订殷虚书契考释》:"但象丝网形。卜辞或从,象丝网之绪余。"率领之"率"本字作"遃",《说文》:"遃,先道也。从辵率声。"本义为导引,段注:"道,今之導字。遃,经典假率字为之。"张网捕鸟,须牵引网绳拢聚不使逃走,故"率"有牵引义。先导、牵引都是在前引导,故"遃"从辵率声。将帅之"帅",本字作"衛",《说文》:"衛,将卫也。从行率声。"段注:"将帅字古只作将衛,帅行而衛又废矣。帅者,佩巾也。衛与辵部遃音义同。"将帅亦是在前领军,亦须行路,故"衛"从行率声。"帅"甲骨文作合二一三七四、合八九四七正、合一八五八九,像两手持巾(丨)拭物或佩带形。西周中期金文作五祀卫鼎,加"巾"作义符,强化佩巾之义,战国以后,自讹作自,《说文》遂作"从巾自声",为形声字。"率、遃、衛、帅"义通,"衛、遃"由"率"分化出,为后起加形分化字,但经典仍用本字。后以"率"为率领义常用字,就借"帅"为将帅义常用字。

在前者为表率,故"率"引申为榜样、表率,《史记·平津侯主父列传》:"夫三公者,百寮之率,万民之表也。"带领者在前,故又指带领,《诗经·周颂·噫嘻》:"率时农夫,播厥百谷。"首领在前,故又指首领、将领,《荀子·富国》:"将率不能则兵弱。"杨倞注:"率,与帅同。"收网取物,须按顺序进行,故又指循、沿着,《诗经·大雅·绵》:"率西水浒,至于岐下。"后人遵循前人带领,故又指遵循、顺服,《诗经·大雅·假乐》:"不愆不忘,率由旧章。"在前开拓者艰辛勇敢,故又指勉力,《论衡·率性》:"论人之性……其恶者,故可教告率勉,使之为善。"长柄网、丝网使用时多直来直往,操作相对简单,简易则不精细,故又指轻易地、不精细,如草率,《论语·先进》:"子路率尔而对。"丝网捕鸟后直线迅速收回,故又指坦率、直爽,戴叔伦《怀素上人草书歌》:"神清骨竦意真率。"又用作副词,相当于"皆、都,大约、通常"。

"率"又读lǜ,指总算、概率,《汉书·高帝纪》:"令诸侯王、通侯常以十月朝献,及郡各以其口数率,人岁六十三钱,以给献费。"比率,两个相关数在一定条件下的比值,如百分率、增长率。通"律",法度、标准,《孟子·尽心》:"羿不为拙射变其彀率。"

bīn
宾(賓)

合 32 正　　合 22630　　二祀卲其卣　般觥　　说文小篆　说文古文　熹平石经　颜真卿

繁体作"賓",形声字。《说文》:"賓,所敬也。从貝宀声。,古文。"本义为宾客、客人。宾客为主人所敬,故训"所敬也"。《尚书·益稷》:"虞宾在位。"孙星衍注引《尚书大传》:"舜为宾客,而禹为主人。"宀(miàn),《说文》:"冥合也。从宀丏声。读若《周书》'若药不瞑眩'。"本义为吻合。段注:"冥合者,合之泯然无迹。今俗云吻合者当用此字。"丏,《说文》:"不见也,象壅蔽之形。"遮蔽不见。桂馥《义证》:"四面皆蔽也。""丏"小篆作,饶炯《部首订》:"丏篆次于面下,当是象面壅蔽之形。""宀"为冥合,合之则泯然无迹,"丏"指遮蔽不见,人、物在屋内则外面看不见,故"宀"从宀丏声。"宀"甲骨文作甲一二二二、前一·四六·五,从宀从人,林义光、商承祚谓即"賓"之初文。来宾多有礼物相赠,戴侗《六书故·动物》"以礼币来宾也","貝"指礼物,朱骏声《通训定声》"从貝者,宾礼必有贽","宀"为"賓"之初文,又指吻合,宾主相见,亦有相合意,故"賓"从貝宀声。"賓"甲骨文像主人在家迎接从外而至的宾客。王国维《观堂集林》:"上从屋,下从人从止,象人至屋下,其义为賓,各、客二字从夂意皆如此。金文及小篆易从止为从貝者,乃后起之字。古者賓客至,必有物以赠之……故其字从貝。"罗振玉《增订殷虚书契考释》:"卜辞中賓字变形至多,或省,或省。"叶玉森《殷虚书契前编集释》:"卜辞賓字讹变孔多,其初文当为,象足迹在室外,主人跽而迎宾,与客字构造法同。""賓"是从外至(止丏)家(宀)的客人,或带有礼物(貝)。简化字"宾"从宀兵声。

宾客为主人所敬,故"宾"引申为恭敬,《周礼·地官·乡大夫》:"乡老及乡大夫帅其吏,与其众寡,以礼礼宾之。"又指以客礼对待,《淮南子·泛论》:

"乃矫郑伯之命,犒以十二牛,宾秦师而却之。"宾是做客的人,故又指作客、客居,《礼记·月令》:"鸿雁来宾。"郑玄注:"来宾,言其客止未去也。"又为古代官名,掌诸侯的朝觐,《尚书·洪范》:"八政……七曰宾。"宾客多为主人敬服,故又指服从、归顺,《尚书·旅獒》:"明王慎德,四夷咸宾。"孔传:"言明王慎德以怀远,故四夷皆宾服。"通"傧",引导、迎接宾客,《尚书·舜典》:"宾于四门,四门穆穆。"

归（歸）guī

合 34122　合 21659　矢方彝　说文小篆　说文籀文　熹平石经　颜真卿

　　繁体作"歸",会意兼形声字。《说文》:"歸,女嫁也。从止,从妇省,𠂤声。婦,籀文省。"指女子出嫁。桂馥《义证》:"隐二年《公羊传》:'妇人谓嫁曰归。'何云:'妇人生以父母为家,嫁以夫为家,故谓嫁曰归。'"《周易·渐》:"女归,吉。"孔颖达疏:"女人生有外成之义,以夫为家,故谓嫁曰归也。"徐锴《系传》:"止者,止于此也。"段注:"妇止者,妇止于是也。""歸"指女子出嫁而止于男家,女嫁人则为婦,"婦"为女子(女)持巾帚(帚)做家务;"𠂤"同"堆",指小土山,小土山由众土会归而成,女嫁男会归成家,故"歸"从止,从妇省,𠂤声。李孝定《甲骨文字集释》:"契文婦作 𢁛,则 𠂤 是从婦不省,以𠂤为声……(金文)大抵从婦𠂤声,与契文同……或从辵,或从彳,无单从止者,辵、彳、止,本通用无别。"季旭昇《说文新证》:"疑甲骨文'歸'字从'𠂤'本与军旅有关,从'帚'则与战争有关,在战争中以军队扫除敌人乃归,可能是'歸'的本义。"简化字"归"由草书简笔而成。

　　外出归家为返回,故"归"也指返回,如归家,《诗经·小雅·出车》:"执讯获丑,薄言还归。"还物如物返回主家,故也指归还,《孟子·尽心》:"久假而不归,恶知其非有也。"人多归于向往之处,故又指向往、归附、归依,《诗经·曹风·蜉蝣》:"心之忧矣,于我归处。"女子出嫁则为夫家之人,故又引申为归属、专任,《荀子·王制》:"虽王公士大夫之子孙也,不能属于礼义,则归之庶人。"女嫁则以夫家为归宿,故又指结局、归宿,《周易·系辞》:"天下同归而殊涂。"旨意为意义所归,故又指旨意,《史记·老子韩非列传》:"喜刑名法术之学,而其归本于黄老。"众望所归者能得到赞扬,故又指称赞,曹植《名都篇》:"观者咸称善,众工归我妍。"又用作姓氏,《通志·氏族略》:"归氏,姓也。未详得姓之始。《左传》胡子国,姓归,为楚所灭。子孙或以国为氏,或以姓为氏。以姓为氏者世居吴郡。"

"归"又音 kuì,通"馈",赠送、给予,《左传·闵公二年》:"归公乘马。"又通"愧",惭愧,《战国策·秦策》:"面目犁黑,状有归色。"高诱注:"归,当作愧。愧,惭也。"

wáng 王

合 21305　合 1072　拾遗 627　小臣系卣　颂簋　说文小篆　华山庙碑　颜真卿

会意字。《说文》:"王,天下所归往也。董仲舒曰:'古之造文者,三画而连其中谓之王。三者,天、地、人也,而参通之者王也。'孔子曰:'一贯三为王。'古文王。"本为古代最高统治者的称号,上古或称皇、或称王、或称帝,秦始皇以后改称皇帝。《尚书·洪范》:"天子作民父母,以为天下王。"王、往上古音同属匣纽阳部,为声训。古代帝王统领天下,百姓须依附而听命,故谓"天下所归往也"。下引董仲舒及纬书孔子之言,诠释汉代人对"王"的理解。徐锴《系传》:"王者则天之明,因地之义,通人之情,丨而贯之。丨,一也。一以贯之,故于文丨贯三为王。"这代表了汉人对君王的定义与期许。"王"甲骨文作 🔺、🔺合二一四七一反、🔺、🔺合三三一二五、🔺合五,像宽身、曲刃、刃朝下的钺形,上横为中上部装柄处,或像管銎钺两端突出(出身)的管銎,或像内装钺中上部平齐处。又作 🔺合三三三八四、🔺合二七一〇七、🔺合二七〇八九,在🔺上部加一横表示钺顶,商代金文王最相似。商代钺作 管銎钺、🔺、🔺、🔺 内装钺,甲骨文及商代金文正像其形,钺装柄后之形为 🔺、🔺 商代铜器上用钺斩首铭文。又简作 🔺、🔺 拾遗六二七,字形线条化,但仍突出宽厚、圆曲的钺刃。又简作 🔺五三六六、🔺五五五〇,金文作 🔺,钺刃简作横,遂成一竖贯三横之形。西周金文又作 🔺 穽鼎、🔺 麤殷、🔺 王子午鼎,线条化后,仍突出月牙形钺刃,刃两边夸张上翘,为《说文》古文所承。钺的顶部与装柄处距离近,故表示装柄处与钺顶的上两横,直至小篆,皆距离相近。隶书多作三画距离均等形,为楷书所承。钺在夏商周之际为最高统帅权的象征,基本为王者专用,古以君为天,故钺又称天钺,《史记·殷本纪》载汤王伐夏桀时"汤自把钺以伐昆吾,遂伐桀",《尚书·牧誓》言武王伐纣时"左杖黄钺,右秉白旄以麾",故"王"取象于钺,示王者至高至大的权威。

钺由斧发展而来,早期的钺如斧,装柄处即为钺顶,"王"甲骨文偶作 合二〇四六三反、合二一四〇五、合二一九七四,即像初期钺形。商代发展成熟的钺,装柄处居上中部,其上收窄突出而上平,如 、、、 已如其形,上端加横之、更为完整,遂为定形,后期演变不过符号化而已,是知最上之横指钺顶而为钺之组成部分。

"王"也为汉代以后封建社会的最高封爵,《正字通》玉部:"王,天子伯叔兄弟分封于外者亦曰王。"作动词指朝谒天子,《诗经·商颂·殷武》:"莫敢不来享,莫敢不来王。"君王为天下之首,故又指首领、同类中最突出者,《老子》六十六章:"江海所以能为百谷王者,以其善下之,故能为百谷王。"君王权位最大,故又指大,《周礼·天官·腌人》:"春献王鲔。"郑玄注:"王鲔,鲔之大者。"又为古代对祖父母辈的尊称,《尔雅·释亲》:"父之考为王父,父之妣为王母。王父之考为曾祖王父,王父之妣为曾祖王母。曾祖王父之考为高祖王父,曾祖王父之妣为高祖王母。"又用作姓氏,《通志·氏族略》:"王氏,天子之裔也。所出不一:有姬姓之王,有妫姓之王,有子姓之王,有虏姓之王。"

"王"又音 wàng,作动词,指统治、领有一国或一地,《诗经·大雅·皇矣》:"王此大邦,克顺克比。"又指成王业、做皇帝、称王,《商君书·开塞》:"周不法商,夏不法虞。三代异势,而皆可以王。"王者权位胜过臣民,故又指胜过,《庄子·德充符》:"彼兀者也,而王先生,其与庸亦远矣。"通"旺",兴盛、旺盛,《庄子·养生主》:"泽雉十步一啄,百步一饮,不蕲畜乎樊中,神虽王,不善也。"

【原文】　　míng fèng zài zhú　　bái jū shí cháng
　　　　　　鸣　凤　在　竹　　白　驹　食　场

【译文】　　凤凰在竹林中欢鸣,预兆祥瑞;白马在草场上畅食,感召吉祥。

【释义】

　　两句讲圣王以仁义治国,尊贤爱民,致使天下和谐、万物祥瑞,从而感召凤凰、白驹等珍禽瑞兽现身,昭示天下太平安宁。《千字文释义》:"此言其德泽之及于物者。鸟出声曰鸣。凤,灵禽也,有道则见。《孔演图》云:'凤非竹实不食。'驹,马之小者。白,言其色。场,治谷之地。""鸣凤在竹"语出《诗经·大雅·卷阿》"凤皇鸣矣,于彼高冈。梧桐生矣,于彼朝阳",郑玄笺:"凤皇鸣于山脊之上者,居高视下,观可集止,喻贤者待礼乃行,翔而后集。"《诗》以"凤"喻贤者,贤者待圣君而用,若凤以祥瑞而出、梧桐以朝阳之地而生。传说黄帝时出现过凤凰,《春秋合诚图》:"黄帝游玄扈雒水上,与大司马容光等临观,凤凰衔图置帝前,帝再拜受图。"《国语·周语》"周之兴也,鸑鷟鸣于岐山",韦昭注:"三君云:鸑鷟,凤之别名也。《诗》云:'凤皇鸣矣,于彼高冈。'其在岐山之脊乎?"可见凤凰只有在太平盛世才会出现,凤凰鸣于岐山,预兆周朝将兴盛昌隆、安宁和谐。

　　"白驹食场"出自《诗经·小雅·白驹》"皎皎白驹,食我场苗"。白马驹在菜园中安闲地吃豆苗,以喻马放南山而天下无事,赞美太平盛世的祥和如意。

【解字】

míng
鸣（鳴）
合四 155　　合 17366　　花东 53　　王孙钟　　说文小篆　　孔宙碑　　颜真卿

　　繁体作"鳴",会意字。《说文》:"鳴,鸟声也。从鸟从口。"本指鸟的叫声。段注:"引伸之凡出声皆曰鳴。""鳴"为鸟声,声从口出,故"鳴"从鸟从口。甲骨文从鸟从口,会鸟以口鸣叫之意。或从雞作　　合四七二二、　　合四七二三,从雞从口,鸡为家禽而司晨,故以鸡鸣会鸣叫之意。

　　"鸣"扩展指鸟兽昆虫叫,《诗经·小雅·鹿鸣》:"呦呦鹿鸣,食野之苹。"又扩展为发出声响,《篇海类编·鸟兽类》鸟部:"鸣,凡出声者皆曰鸣。"《荀子·天论》："星坠、木鸣，国人皆恐。"叫喊为大声鸣叫，故又指叫喊，《汉书·息夫躬传》："痛入天兮鸣呼，冤际绝兮谁语！"呼唤也为大声叫，故又指呼唤，《列子·黄帝》："饮则相携，食则鸣群。"言说也是口发出的声音，故又指言说、称说，《庄子·德充符》："天选子之形，子以坚白鸣。"鸣声源于内心情感的抒发，故又指发表（意见）、抒发（感情），如百家争鸣、一鸣惊人。鸣叫则声音远闻，故又指闻名、著称，《周易·谦》："鸣谦，贞吉。"

fèng
凤（鳳朋）　　𢁅　𢁅　𢁅　鳳　鳳　鳳

合21019　合28673　南宫中鼎　说文小篆　曹全碑　颜真卿

　　繁体为"鳳"，形声字。《说文》："鳳，神鸟也。天老曰：'凤之象也，鸿前麟后，蛇颈鱼尾，鹳颡鸳思，龙文虎背，燕颔鸡喙，五色备举。出于东方君子之国，翱翔四海之外，过昆仑，饮砥柱，濯羽弱水，莫宿风穴。见则天下大安宁。'从鳥凡声。𦿆，古文鳳。象形。鳳飞，群鸟从以万数，故以为朋党字。𪁗，亦古文鳳。"古代传说中的神鸟，雄的叫凤，雌的叫凰，统称为凤凰或凤。段注："天老，黄帝臣。"王筠《句读》："思同鰓。弱，水部作溺。"《诗经·大雅·卷阿》："凤皇于飞，翙翙其羽。"毛传："凤皇，灵鸟，仁瑞也。雄曰凤，雌曰皇。"段注古文"鳳"："象其首及羽翼。"古文又作"鵬"，隶变作"鹏"，《庄子·逍遥游》："化而为鸟，其名为鹏。"陆德明释文："崔音凤，云：鹏即古凤字，非来仪之凤也。《说文》云朋及鹏皆古文凤字也。朋鸟象形。凤飞，群鸟从以万数，故以鹏为朋党字。"张舜徽《约注》："古人称稀见之物谓之神物，稀见之鸟谓之神鸟。凤之为物，诸书所载，或言高六尺，或言高八尺，或言高丈二，语虽异辞，其视为大鸟则一。《韩诗外传》卷八载黄帝问天老凤象何如，而天老为言其状。孔子亦有凤鸟不出之叹，可知远在古代，此鸟已稀。汉世偶有出见，史必具书，年必改元。人皆神而灵之，视为祥瑞。故言其形状性德者，语多增饰，事涉虚罔，要亦不可徵信也。许书首言此鸟前后颔喙之状，盖本《韩诗外传》。惟《外传》无'鹳颡鸳思'四字，龟背作龟身，斯为异耳。下文又参取他书之辞以续申之，今既无由实睹其物，语亦未可质言。学者于此等处,正不必详辨异同广加考索也。"鳳"甲骨文像凤鸟高冠、花翎、长尾、斑眼之形,或在风身周围加若干小点表示风尘,后加"凡"作声符,或加"兄"为声符。罗振玉《殷虚书契考释》:"龍字从Ɣ,鳳字所从亦与龍同……考卜辞中诸鳳字,谊均为风。"商承祚《甲骨文字研究》:"凤飞群鸟从以万数,有习习风声,故借为风。"季旭昇《说文新证》:"张政烺以为鳳字有鳳皇二音,后来象形字形声化,造字者重视前音(鳳),故加'凡'为声符,也有人重视后音(皇),遂加'兄'为声符,鳳、鸛实为一字二音。"多本为鳳的象形字,许慎谓因凤飞众鸟群集朋随,遂用"朋"表示朋党字。"凡"为概括、总要义,凤为百鸟之长而有统领义,故造从鸟凡声的后出形声字"鳳",为通用字。"凤"字始见于清代刊行的《目连记弹词》,为草书楷化而成,为今所通用。

或谓朋党之"朋"非"凤"假借而有本字,徐灏《注笺》:"《汉书·食货志》:'为大贝十朋。'苏林曰:'两貝为朋。'此朋之本义。钟鼎文貝作貝,或作貝,两之为朋,隶变作朋,引申为凡相对之称。""朋"甲骨文作 甲七七七,金文作 中作且癸鼎,王国维《释珏朋》:"殷时玉与贝皆货币也……其用为货币及服御者,皆小玉小贝,而有物焉以系之。所系之贝、玉,于玉则谓之珏,于贝则谓之朋。"近代学者多从王说。

古谓凤出而天下太平,圣人能治国安邦,故把"凤"比喻为有圣德之人,《论语·微子》:"凤兮凤兮,何德之衰!"何晏注引孔安国:"比孔子于凤鸟。"帝王身份尊贵,如凤之不常见,故也借喻帝王,李商隐《梦令狐学士》:"右银台路雪三尺,凤诏裁成当直归。"雄凤雌凰,故又指婚姻关系中的男方,凰指女方,司马相如《琴歌》:"凤兮凤兮归故乡,遨游四海求其凰。"

zài
在　　甲214　合371　英1989　盂鼎　盂鼎　说文小篆　华山庙碑　颜真卿

形声字。《说文》:"在,存也。从土才声。"本义为在、存在。段注:"在之义,古训为存问,今义但训为存亡之存。"《论语·学而》:"父在,观其志;

父没,观其行。"才,《说文》:"艸木之初也。从丨上贯一,将生枝叶。一,地也。"以草木初出土表初始义。"才"小篆作才,像草木萌芽初出土形。"在"为存在,草木初出土则形始可见,存于地上,土地承载万物,万物赖土而存,故"在"从土才声。李孝定《甲骨文字集释》:"契文不从土,假才为之,与金文同。"季旭昇《说文新证》:"甲骨文、早期金文介词'在'均作'才',大盂鼎、高卤盖、乍册魃卤、中鼎、中甗均'才'、'在'同出,'在'应释为'察'。春秋时代枞氏壶、郑公孙班镈'在'字开始作介词用,与早期'才'同。战国中山国器衾壶'贤在良佐','在'读为'士',可证'在'应从'士'不从'土'。""才"作副词表示刚刚、才出,"在"加土区别作动词表出土就已存在。

　　人常在所居之处,故"在"引申为居于、处于,《周易·乾》:"是故居上位而不骄,在下位而不忧。"也指由于、取决于,表示事物的原因和目的,《尚书·皋陶谟》:"在知人,在安民。"又指存问、问候,《左传·襄公二十六年》:"二三子皆使寡人朝夕闻卫国之言,吾子独不在寡人。"由存问引申为省视、观察,《尚书·舜典》:"在璇玑玉衡,以齐七政。"又用作副词,表示动作、行为的现在时间,《诗经·周颂·闵予小子》:"闵予小子,遭家不造,嬛嬛在疚。"郑玄笺:"在忧病之中。"又用作介词,表示动作、性状所涉及的处所、时间、范围等,相当于"于",《论语·述而》:"子在齐闻《韶》,三月不知肉味。"

zhú
竹

合 4748　　屯 4317　　亚竇乡宁鼎　中山王圆壶　说文小篆　衡方碑　颜真卿

　　象形字。《说文》:"竹,冬生艸也,象形。下垂者,箁箬也。"指竹子,禾本科多年生常绿植物,茎中空,有节,可供建筑和制器物用,也可作造纸原料,枝叶经冬不凋。《诗经·小雅·斯干》:"如竹苞矣。"徐锴《系传》:"冬生者,冬不死。箁箬,竹皮箨之属。"王筠《释例》:"艸竹皆丛生,故两之以象其形,不似木二便为林也。""箁箬"指苞笋之壳。小篆构形与艸、林同。许慎谓中间两竖像竹或笋,两边曲线像竹皮或笋壳下垂形。徐灏谓像竹竿有叶形,朱骏声谓像竹叶形,饶炯谓像竹两旁对枝叶形。甲骨文像相连的两竹枝,上有竹叶下垂形。叶玉森《说契》:"契文象二小枝相连,上有个叶形。"战国文字在"竹"下加"二"为饰笔。草枝叶上达,故字形作 𣏟 合六六九〇、𣎳 齐·陶汇;竹枝叶下垂,故字形作 𠂤、𣎳,可见古人文字构形之精确。

"竹"也为古代八音之一,指箫笛一类竹制管乐器,《周礼·春官·大师》:"皆播之以八音:金、石、土、革、丝、木、匏、竹。"竹简用竹做成,故又指竹简,《墨子·尚贤》:"古者圣王,既审尚贤,欲以为政,故书之竹帛,琢之盘盂。"符节最初用竹制,故又指竹符,谢灵运《过始宁墅》:"剖竹守沧海,枉帆过旧山。"

bái
白

合 20075　　叔卣　　说文小篆　说文古文　白石神庙碑　颜真卿

象形字。《说文》:"白,西方色也。阴用事,物色白。从入合二。二,阴数。𦥑,古文白。"指像霜雪一样的颜色。汉代五行说,西方属金,颜色为白,故训"西方色"。《论语·阳货》:"不曰白乎,涅而不缁。"何晏注:"孔曰:至白者,染之于涅而不黑。"段注:"出者阳也,入者阴也,故从入。"二为阴数,物入阴处被包裹而多呈白色,徐锴《系传》"物入阴,色剥为白",故"白"从入合二。朱骏声《通训定声》:"蒋骥曰:'字从日,上象日未出,初生微光。'按日未出地平时,先露其光,恒白。今苏俗语昧爽曰'东方发白',是也。"徐灏《注笺》:"皀部曰:'皀,谷之馨香也。象嘉谷在裹中之形,匕所以扱之。'是 𣅀 之上体 𦥑,正象米粒,即白字也。白者西方之色,故取象于谷之成熟矣。"张舜徽《约注》:"白之言勹也,凡物外有皮裹之者,其中多白。"商承祚《说文中之古文考》:"从日锐顶,象日始出地面,光闪耀如尖锐,天色已白,故曰白也。"郭沫若《金文余释》:"余谓此实拇指之象形……拇为将指,在手足俱居首位,故白引申为伯仲之伯,又引申为王伯之伯。其用为白色字者乃假借也。"日初出的白光,日将出未出时东方发白,谷物壳内(入)的白仁,米粒之白,都是以具象表抽象的思路来表示白色,构形意图不矛盾。

白色素淡,为古代丧服的颜色,故"白"也为丧事的代称,如白事,《周礼·春官·保章氏》:"以五云之物,辨吉凶、水旱降丰荒之祲象。"郑玄注引郑司农:"青为虫,白为丧,赤为兵荒,黑为水,黄为丰。"白色洁净无染,故又指洁净,如洁白,《周易·说卦》:"巽为木,为风,为长女,为绳直,为工,为白,为长。"孔颖达疏:"为白,取其风吹去尘,故絜白也。"白则亮,故又指明亮,与"暗"相对,如白昼,《礼记·曾子问》:"当室之白,尊于东房,是谓阳厌。"郑玄注:"当室之白,谓西北隅得户明者也。"明亮则显耀,故又指彰明、显赫,《荀子·荣辱》:"身死而名弥白。"明亮则看得清楚,故又指清楚、明白,如真相大白,《荀子·王霸》:"三者,明主之所谨择也,仁人之所务白也。"表述是把内心所想表明,故又指表明、陈述,如表白、辩白,《楚辞·九章·惜诵》:"情沉抑而不达兮,又蔽而莫之白也。"报告是讲明白事情,故又指报告、禀报,《史记·滑稽列传》:"巫妪弟子是女子也,不能白事,烦三老为入白之。"又特指戏曲中的说白,也叫宾白,如道白、独白,徐渭《南词叙录》:"唱为主,白为宾,故曰宾白,言其明白易晓也。"白色作为底色,空无所有,故又指空白、空无所有,《新唐书·苗晋卿传》:"奭持纸终日,笔不下,人谓之'曳白'。"徒然指白费功夫,故又指徒然、平白地,如白费力气。又指没有功名,没有官职,刘禹锡《陋室铭》:"谈笑有鸿儒,往来无白丁。"银子为白色,故又指银子,《汉书·淮南王刘安传》:"言神仙黄白之术。"颜师古注引张晏:"黄,黄金。白,白银也。"又指白话,与文言相对。又为我国少数民族名,自称"白子"或"白尼",主要聚居于云南省大理白族自治州,并散居于周围地区和四川省西南、贵州省西部及湖南省西部等地。又用作姓氏,《通志·氏族略》:"白氏,芈姓。楚白公胜之后也……秦大夫白乙丙,武安君白起。"

jū
驹(駒)　　牍簋　九年卫鼎　说文小篆　孔彪碑　颜真卿

　　繁体作"駒",形声字。《说文》:"駒,马二岁曰驹,三岁曰駣。从馬句声。"本指两岁的小马,泛指少壮的马。徐灏《注笺》:"驹虽为二岁马,浑言之则为儿马方壮之称。"王筠《句读》:"盖駣字篆佚而说存,写者附之驹下也。"《诗经·周南·汉广》:"之子于归,言秣其驹。"毛传:"五尺以上曰驹。"孔颖达疏："五尺以上，即六尺以下。"句(gōu)，《说文》："曲也。从口丩声。"本义为曲、弯曲。段注："凡曲折之物。侈为倨、敛为句……凡地名有句字者皆谓山川纡曲，如句容、句章、句余、高句骊皆是也。凡章句之句亦取稽留可钩乙之意。古音总如钩，后人句曲音钩，章句音屦，又改句曲字为勾。""丩"甲骨文作 δ 合八五九四反，像两物纠缠形，后作纠。王筠《句读》："古无章句，亦有语句，故从口也。语必委折，故得曲义，丩缭亦曲，声亦兼义，因之凡曲皆曰句。"故"句"从口丩声。朱骏声《通训定声》作"从丩口声"。"句"之弯曲义读 gōu，后作"勾"。古书无句读，阅读时一个完整语段打一勾，后称"句"，读 jù。"句"指弯曲，"驹"为初长成的少壮马，身体柔软而能屈伸自如(句)，故"驹"从马句声。

"驹"扩展指幼兽，《尸子》："虎豹之驹，未成文而有食牛之气。"又指少年，《汉书·楚元王传》："德字路叔，修黄老术，有智略。少时数言事，召见甘泉宫，武帝谓之千里驹。"又指骏马，《诗经·小雅·皇皇者华》："我马维驹，六辔如濡。"

shí
食

合 20134　合 1163　合 19504　牧共簋　仲义昌鼎　说文小篆　史晨碑　颜真卿

形声字。《说文》："食，一米也。从皀亼声。或说亼皀也。"本指饭食。《周礼·天官·膳夫》："膳夫掌王之食饮膳羞。"桂馥《义证》："'一米也'者，谓不似饲之杂也。"钱桂森《段注钞案》："一字疑当作壹，篆刻讹作一耳。《礼·玉藻》'壹食之人'，注云：'壹犹聚也。'此处盖谓聚米为食。"皀(bī)，《说文》："谷之馨香也。象嘉谷在裹中之形。匕，所以扱之。或说皀，一粒也。"指稻谷的香气。段注："许书谓禾为嘉谷。虋芑苗禾一物也。连裹曰谷、曰粟。去裹曰米。米之馨香曰皀。裹者，禾部所谓秠也、稃也、糠也、谷皮是也。""匕，所以扱之"，段注："说下体从匕之意。匕部曰：匕，所以比取饭。一名柶。扱者，收也。""皀"甲骨文作 甲八七八、 前五·四八·二，李孝定《甲骨文字集释》："象嘉谷在簋中形。"段注："亼，集也，集众米而成食也。"

饭食集聚（亼）馨香之米（皀）而成，故“食”从皀亼声。“食”甲骨文从亼（倒口）从皀（簋之初文），会人张口（亼）就簋（皀）进食形。商承祚《甲骨文字研究》：“此象器中有黍稷，可食者也。黍稷宜温，故上施盖。”

粮食做成饭食供人食用，故“食”也指粮食，《诗经·卫风·氓》：“自我徂尔，三岁食贫。”扩展指食物的统称，如美食，《尚书·益稷》：“暨稷播，奏庶艰食鲜食。”孔颖达疏：“与稷播种五谷，进于众人，难得食处，乃决水所得鱼鳖鲜肉为食也。”作动词指吃，《论语·述而》：“发愤忘食。”粮食被吃则消化，故又指消灭、背弃（诺言），《尚书·汤誓》：“尔无不信，朕不食言。”王引之《述闻》：“食言者，言而不行，则为自食其言。食者，消灭之义。”食用佳肴是享受其美味，故又指享受，如自食其果，《墨子·天志》：“何以知兼爱天下之人？以兼而食之也。”孙诒让《间诂》：“食，谓享食其赋税物产。”由受引申为接受、采纳，《盐铁论·相刺》：“贤圣不能正不食谏诤之君。”官员靠俸禄买粮或以粮食为俸禄，故又指俸禄，《论语·卫灵公》：“君子谋道不谋食。”食物可以食用，故又指使用，《周易·井》：“井泥不食。”祭祀要呈食物献祭，故又指祭献、享祀，《管子·轻重甲》：“昔尧之五吏、五官无所食。”进食则食物不断减少，故又指亏损，后作“蚀”，《周易·丰》象曰：“月盈则食。”

“食”又音 sì，后作“飤（饲）”，给人吃、供养，《诗经·小雅·绵蛮》：“饮之食之，教之诲之。”又指喂养（动物），韩愈《杂说》：“食马者，不知其能千里而食也。”

“食”又音 yì，人名用字，《广韵》志韵：“食，人名。汉有郦食其。”

cháng 场（場）

古玺　　说文小篆　　华山庙碑　　颜真卿

繁体作“場”，形声字。《说文》：“場，祭神道也。一曰田不耕；一曰治穀田也。从土易声。”本指古代祭神用的平地。张舜徽《约注》：“场之言长也，谓其地广远也。凡祭神之道、治谷之地皆较长，今语所称广场，是已。”《孟子·滕文公》：“子贡反，筑室于场，独居三年，然后归。”赵岐注：

"场,孔子冢上祭祀坛场也。""易"为"陽"之初文,甲骨文作 ⊙合三三八七、⊙合八五九二,像日光下照地之形,李孝定谓从日在亏(柯之初文)上,像日初升之形。金文作 ⊙宅簋、⊙旆弔鼎,增 二、彡,像日光遍洒形。祭神用的平地宽旷通畅,日光明朗普照,故"場"从土易声。

"场"也指用于收打庄稼、翻晒粮食的平坦场地,古代与园圃同地,后世农村多辟有专用场地,《诗经·豳风·七月》:"九月筑场圃,十月纳禾稼。"也泛指进行某种活动的场所(今读 chǎng),朱骏声《通训定声》:"今闱场,谓春秋试士之所,必有平坦大庭以容众,故曰场。"场地有一定范围,故又指某种领域,如名利场。又用作量词,常指事件的过程,如一场大雪。

"场"又音 chǎng,指众人会聚进行某桩事情、事件发生的处所,如会场、商场。舞台场地宽阔,故又指舞台,如上场、粉墨登场。又指戏剧作品中故事情节的段落,或表演的一个片段,如分场、场次。又用作量词,用于(在场上的)文娱体育活动,如一场比赛。

【原文】　　huà bèi cǎo mù　　lài jí wàn fāng
　　　　　　化 被 草 木　　赖 及 万 方

【译文】　　圣君的教化福泽遍及自然界的草木虫兽,惠及普天下的人民。

【释义】

　　两句讲圣王的教化恩泽遍及自然界与天下子民。"化"指德化。"草木"代指自然界的一切动植物。"赖"指利益,恩泽。"万方"代指天下众生。

　　从"龙师火帝"到"赖及万方"为一段,讲的是人道,讲述上古五帝三王的美德、智慧及其发明创造。在圣王仁德的治理之下,贤臣在位而各司其职,百姓安康而爱戴君王,感召四方诸侯诚心归附,连大自然的草木鸟兽也都蒙受恩泽。呈现出一派和谐、安宁、吉祥的盛世景象。

　　从"天地玄黄"到"赖及万方"为第一章,共十三节。《千字文释义》:"此章言天地人之道,为《千字文》之发端。首节从天地初辟之时说起,见自有天地之由来。第二节至第四节,承首节天道而言。天有日月星辰、云雨霜露,以成四时二气,见天道之大也。第五节至第七节,承首节地道而言。地之生物,有金玉珠宝之异、山川草木之盛、鸟兽虫鱼之繁,见地道之广也。第八节至第十三节,承首节宇宙而言。洪荒以来,三皇、五帝、三王,开物成务,以前民用,仁民爱物,以广德泽,见人事之盛也。"

【解字】

huà
化　　彳　彳　北　化　化　化
　　　乙 2268　续存 2251　中子化盘　说文小篆　曹全碑　颜真卿

　　会意兼形声字。《说文》:"化,教行也。从七从人,七亦声。"义为教化,指感化、转变人心风俗。段注:"教行于上,则化成于下。"徐灏《注笺》:"教化者,移风易俗之义。"《礼记·学记》:"君子如欲化民成俗,其必由学乎!"七(huà),《说文》:"变也。从到人。"本义为变化,经传作"化"。段注:"凡变七当作七,教化当作化,许氏之字指也。今变七字尽作化,化行而七废矣。"《周易·恒》:"日月得天而能久照,四时变化而能久成。""七"小篆作乚,以头朝下的倒人表示变化。变化莫大于倒转,故"七"从倒人。朱骏声《通训定声》"倒子为去,生也;倒人为七,死也",王筠《释例》"人不可到,到之则是化去矣",谓"七"取象于人死,以人倒而死表示化去。中国自古崇文重教,教育能使人增进德学、变化气质,能移风易俗、化民成俗,段注"上七之而下从七谓之化。化篆不入人部而入七部者,不主谓七于人者,主谓七人者也",故"化"从七从人,七亦声。朱芳圃《殷周文字释丛》:"化象人一正一倒之形,即今俗所谓翻跟头。"

　　随顺教化则能改变提升,故"化"引申为随顺、效仿,《吕氏春秋·大乐》:"天下太平,万物安宁,皆化其上。"又指古代统治者统治人民的理论、措施,《诗经·周南·关雎》序:"南,言化自北而南也。"教化可移风易俗,故又指风俗、风气,《盐铁论·本议》:"散敦厚之朴,成贪鄙之化。"变化、教化产生新的改变,故又指生、产生,《礼记·乐记》:"乐者,天地之和也……和,故百物皆化。"生死为最大的变化,故又指死,《孟子·公孙丑》:"且比化者,无使土亲肤。"朱熹注:"化者,死者也。"变化、教化是新的消融旧的,故又指消化、消融,杨万里《庸言》:"学而不化,非学也。"乞讨是将财物化为己用,故又指募化、乞讨,张元干《满庭芳》:"三十年来,云游行化,草鞋踏破尘沙。"又作词缀,用在名词或形容词后面,以构成动词,如绿化、美化。

"化"又音 huò,同"货",用货币将此地物品化为彼地商品,《商君书·农战》:"国有事,则学民恶法,商民善化。"

bèi
被

战国秦虎符　　老子乙186　　说文小篆　　北海相景君铭　　颜真卿

形声字。《说文》:"被,寝衣,长一身有半。从衣皮声。"指睡觉盖的被子。"长一身有半"指被子的长度为身体的一又二分之一(1.5 倍)。朱骏声《通训定声》:"卧衣曰被,大被曰衾。"宋玉《招魂》:"翡翠珠被。""皮"甲骨文作𦼭花东五五○,像用手剥兽皮形。衣、被皆在外而为人昼夜所依,被盖在身外,如皮位于体表,故"被"从衣皮声。

皮在表,表居侧,侧则不正,故从皮声字,多有不正意:头不正(偏斜)为颇,足不正(偏倚)为跛,人不正(偏邪)为佊,地不正(倾仄)为陂,土不正(倾侧)为坡,水不正(涌流)为波。皮处外而包于内,故从皮声字,亦多有由外而加意,故裙在外穿为帔,此之外对为彼,寝衣外盖为被,鞍辔外套为鞁,假发外戴为髲。《说文》:"剥取兽革者谓之皮。"剥取则必分析,故从皮声字,又多有分析意:言分析(辩论)为诐,手分析(分开)为披,石分析(碎裂)为破,羽分析(开张)为翍,物分析(予人)为贩。

被盖于身,故"被"作动词为覆盖,《楚辞·招魂》:"皋兰被径兮斯路渐。"盖被则被与身相连(及),故又指及、到达,《尚书·尧典》:"光被四表。"被从上从外加盖于身,故又指施加,《诗经·大雅·既醉》:"天被尔禄。"被盖于身如身受被覆盖,故又指受、遭,《礼记·礼运》:"食味、别声、被色而生者也。"又用作介词,用于被动句引进行为的主动者,《世说新语·言语》:"祢衡被魏武谪为鼓吏。"

"被"的覆盖义又读 pī,后造"披"来分担此义,《左传·襄公十四年》:

"乃祖吾离被苫盖,蒙荆棘。"孔颖达疏:"言无布帛可衣,唯衣草也。"

"被"又音 bì,假发,后作"髲",《诗经·召南·采蘩》:"被之僮僮,夙夜在公。"朱熹集传:"被,首饰也,编发为之。"通"彼",指示代词,相当于"那",《荀子·宥坐》:"还复瞻被九盖皆继,被有说邪? 匠过绝邪? "杨倞注:"被,皆当为彼。"

草(艸) cǎo

合 6690　　陶汇　　说文小篆　　说文小篆　　孔彪碑　　颜真卿

草木之"草"本字为"艸",会意字。《说文》:"艸,百芔也。从二屮。"本为草本植物的总称,后作"草"。张舜徽《约注》:"卉亦艸之通称。古言百卉,犹今云百艸也。艸之色青,故苍菜翠青诸字,皆与艸双声语转,由此而孳乳相生者也。"《广韵》皓韵:"草,《说文》作艸,百卉也。经典相承作草。"《周礼·秋官·庶氏》"以嘉草攻之",陆德明释文作"艸",云:"艸,音草,本亦作草。"阮元校勘记:"据此知经中草木皆本作艸也。""艸"后仅用作偏旁,简化作"艹"。屮(chè),《说文》:"艸木初生也。象丨出形,有枝茎也。古文或以为艸字。读若彻。"构字意图为草木初生。"屮"甲骨文作🌿佚八四,金文作🌿屮盂,一茎两芽叶,像草木初生形。古文以屮为艸,在甲骨文偏旁中,屮即与艸、木形义相近而通用。商承祚《说文中之古文考》:"《石经·春秋经》:'陨霜不杀艸。'艸之古文作屮。案:屮、艸本一字。初生为屮,蔓延为艸。"小艸丛生,二屮表示丛生的艸,故"艸"从二屮。《论衡》:"艸初生为屮,二屮为艸,三屮为卉,四屮为茻,言其生之繁芜也。"季旭昇《说文新证》:"象枝茎柔弱的植物之形,即'艸/草'字的象形初文。"

荒野多草,故"草"引申指荒野,《韩非子·外储说左下》:"垦草仞邑,辟地生粟。"草枝叶参差,荒草地杂乱粗劣,故也指粗劣、草率、简略,《战国策·齐策》:"食以草具。"草常见而为人所轻,故又指微贱,如草民,《敦煌变文集·鹔子赋》:"赖值凤凰恩泽,放你一生草命。"由卑贱义用作谦辞,如姓某为"草字某某"。凡事起始多简略、粗疏,故又指创始、起稿,《论语·宪问》："为命,裨谌草创之。"最初的稿子为底稿,故又指底稿、稿子,杜甫《晚出左掖》："避人焚谏草,骑马欲鸡栖。"又为汉字形体的一种,即草书,汉代初期已流行,特点是笔画相连,书写便捷,如章草、狂草,潘岳《杨荆州诔》："草隶兼善,尺牍必珍。"

草又音 zào,《说文》："草斗,栎实也。一曰象斗子。从艸早声。"本义为栎实,栎树(又叫橡树、柞树)的果实,可作黑色染料。段注："陆玑云:栩今柞栎也。徐州人谓栎为杼,或谓之栩,其子为皂,或言皂斗。其壳为汁,可以染皂。今京洛及河内多言杼汁,或云橡斗。""草"后代"艸",为艸木之"艸"通行字,则另造"皂"代草斗之"草",徐铉等注:"今俗以此为艸木之艸,别作皂字为黑色之皂。"今作"皂"。

合 32806　合 27817　英 530　木工鼎　父丁爵　说文小篆　西狭颂　颜真卿

象形字。《说文》："木,冒也。冒地而生,东方之行。从屮,下象其根。"本指树,为木本植物的通称。木、冒上古音皆属明母,声同韵近,为声训。木冒地往上生长,故训"冒"。"冒地而生"申说"冒"义。《说文》:"屮,冒也。二月万物冒地而出。"说解与"木"同意,皆就冒地出土言。《释名·释天》"木,冒也,华叶自覆冒也",乃就木体枝叶蒙覆言。汉代五行学说,东方属木,故训"东方之行"。徐锴《系传》:"东方,阳气所起,主生,木亦渐生。东方主仁,仁者柔,木亦柔,故《诗》曰'荏苒柔木'。木盛于东,成于西,故药用木,多取东引枝根也。"《周易·离》:"百谷草木丽乎土。""木"甲骨文、金文、小篆皆像木全体之形,戴侗《六书故·植物》:"上出者,中为干,旁为支;下达者,中为氐,旁为根。根、氐通曰本。"王筠《释例》:"木固全体象形字也。丨象干,上扬者枝叶,下注者根株。"

树皆有叶,故"木"引申指树叶,杜甫《登高》:"无边落木萧萧下,不尽长江滚滚来。"也指木本的,如木棉、木槿。树经砍伐加工则为木材,故又指木材、木料,《论语·公冶长》:"朽木不可雕也。"又指某些木制的器物,《庄子·列御寇》"为外刑者,金与木也",郭象注:"木谓捶楚桎梏。"木可做乐器,故又为古代八音之一,《周礼·春官·大师》:"皆播之以八音:金、石、土、革、丝、木、匏、竹。"郑玄注:"木,柷敔也。"又为五行之一,中医以木为肝,《灵枢经·热病》:"索肉于脾,不得索之木。木者,肝也。"又为木星的简称,文天祥《赠叶大明》:"我生有命殊六六,木孛循环相起伏。"树木多实心,实则呆板不灵活,故又指呆、楞,指人头脑不灵活、呆板,如木头木脑。身体麻木则不灵活,故又指麻木,如脚冻木了。平实、厚道体现质朴,故又指质朴、朴素,《论语·子路》:"刚毅木讷近仁。"

lài
赖（賴）

赖　頼　頼　赖

说文小篆　孔宙碑　西狭颂　颜真卿

繁体作"賴",形声字。《说文》:"賴,赢也。从贝剌声。"本义为盈利、利益。段注:"《(汉书)·高帝纪》:'始大人常以臣亡赖。'应曰:'赖者,恃也。'晋(灼)曰:'许慎云:赖,利也。无利入于家也。或曰江淮之间谓小儿多诈狡狯为亡赖。'按今人云无赖者,谓其无衣食致然耳。"张舜徽《约注》:"有恃以为生,则曰赖,无恃以为生,则曰无赖。今俗称无业游民为无赖,正以其无恃以为生耳。赖、利双声,故古人多以利训赖。"《国语·齐语》:"相语以利,相示以赖,相陈以知贾。"韦昭注:"赖,赢也。"剌(là),《说文》:"戾也。从束从刀。刀者,剌之也。"本义为违戾、违背。束,《说文》:"缚也。从口、木。"本义为捆缚。徐锴《系传》:"束薪也。口音围,象缠。""束"小篆作束,以绳束(口)柴薪(木)表捆缚义,故"束"从口、木。"束"甲骨文作 甲二二八九,李孝定《甲骨文字集释》:"象囊橐括其两端之形……引申以为凡束缚之称。""剌"指违戾,徐锴《系传》"束而相乖害者莫若束刀",王筠《句读》"盖刀性坚强,虽束之,不能互相附属如薪也",徐灏《注笺》"窃谓以刀破束,即是剌之本义",故"剌"从束从刀。"赖"指盈利,"贝"指财货、利益,剌指违戾,钱财难赚,盈利须辛苦经营劳作,有违戾困难意,故"赖"从贝剌声。

　　钱财为人生活所需,故"赖"引申为依靠、恃仗,《左传·襄公十四年》:"王室之不坏,繄伯舅是赖。"人依靠工作获取利益,故也指取、获取,《庄子·让王》:"若伯夷、叔齐者,其于富贵也,苟可得已,则必不赖。"人因利发生纠纷,多有毁约拖欠之事,故又指毁约取利、拖欠,《老残游记》十九回:"我家有的是钱,从来没赖过人的账。"毁约是抵赖行为,故又指抵赖、不承认有其事,《三国演义》二十三回:"你回避了众人,六人在一处画字,如何赖得?"又指诬赖,把错误推给别人,《红楼梦》五十九回:"倒被宝玉赖了他好些不是。"又指无赖的作风和行为,汤显祖《牡丹亭》:"本院自有禁约,何处寒酸,敢来胡赖?"无赖为不善之举,故又指不好、坏,《儒林外史》四十四回:"其风俗恶赖如此。"又用作副词,相当于"幸而、幸亏"。又用作姓氏,《通志·氏族略》:"赖氏,子爵,今蔡州褒信有赖亭即其地也,昭四年为楚所灭,子孙以国为氏。汉有交趾太守赖先。蜀有零陵太守赖文。唐有光禄少卿赖文雅……望出南康、颍川、河南。"

　　合 11559　合 21414　保卣　说文小篆　说文古文　曹全碑　颜真卿

　　会意字。《说文》:"及,逮也。从又从人。乀,古文及。《秦刻石》'及'如此。弓,亦古文及。𨔤,亦古文及。"本义为追上、触及。《说文》:"逮,唐逮,及也。"二字互训。徐锴《系传》:"及前人也。"徐灏《注笺》:"戴氏侗曰:'从人而又属其后,追及前人也。'灏按:此与隶同意。又古文𨔤,疑是逮字。"《论语·季氏》:"见善如不及,见不善如探汤。""及"小篆像后面人用手(又)抓到前人(人),故"及"从又从人。罗振玉《增订殷虚书契考释》:"象人前行而又及之。""及"金文又作𢎴郑虢仲簋,商承祚《甲骨文字研究》:"从彳,示行意也。"罗振玉《读碑小笺》:"许书从无一字既为古文又为小篆者,必有讹,且峄山、碣石两碑,均秦刻文,内'及'字皆篆�704,不作乀,当是秦石刻六字本在�704注,后人错列乀注耳。"张舜徽《约注》:"罗说是也。说解原文,当云:'�704,逮也,从又从人。《秦刻石》及如此。乀,古文及。'传写者乱之耳。逮、隶、及三字义同,而及为最古。盖上世奴隶有逃亡者,从后追至而捕止之,故及字从又从人。今人称拘执罪人为逮,古则谓之及也。"

"及"字构形指后人抓到前人,故引申指到达,如力所能及,《诗经·小雅·皇皇者华》:"骁骁征夫,每怀靡及。"追上则两人相连,故又指连累、关连,《左传·隐公六年》:"长恶不悛,从自及也。"由追上引申指比得上、如,《战国策·齐策》:"君美甚,徐公何能及君也。"相连则接续,故又指继、接续,《荀子·儒效》:"周公屏成王而及武王以属天下。"兼顾是兼及二者,故又指兼顾,《墨子·公孟》:"国士战且扶人,犹不可及也。"又用作副词,表示反问,相当于"岂"。又用作介词,相当于"乘、趁着,直到、等到,与、同"。又用作连词,表示并列或假设。

wàn
万(萬)

乙 1215　前 3.30.5　董卣　颂簋　说文小篆　张景碑　千万均　颜真卿

繁体作"萬",象形字。《说文》:"萬,虫也。从厹,象形。"本指蝎子,后作"蠆(虿)"。徐灏《注笺》:"萬即蠆字。讹从厹,此古文变小篆时所乱也。因为数名所专,俗书又加虫作蠆,遂歧而为二。"蠆(chài),《说文》:"毒虫也。象形。"指蝎子一类的毒虫。"蠆"小篆作 🦂 ,像蝎子形。段注:"蠍之毒在尾。《诗》笺云:虿,螫虫也。尾末捷然,似妇人发末上曲卷然。"厹(厹,róu),《说文》:"兽足蹂地也。象形,九声。《尔疋》曰:'狐狸貜貉丑,其足蹞,其迹厹。'……篆文从足柔声。"指兽足蹂地,同"蹂"。刘钊《古文字构形学》:"实际文字系统中并无'厹'字,《说文》单独列出'厹',只是因为《说文》已不明禽、离、萬、禹等字的下部所从,于是才分离出'厹'形以统属禽、离、萬、禹等字,而实际上'厹'形并不是一个独立的字,它不过是由文字形体的一部分加饰笔变来的。"季旭昇《说文新证》:"厹(厹),是'萬'、'禽'、'离'、'禹'等字的繁化后所造成的部件,其字形演变是↓(或丨)→ 古 → 屮。至于其读音,则可能是由'畾(罳)'字简省分化,同时也继承了'罳'(畾,即獸之分化字)的读音。""萬"小篆下与厹形同,故言"从厹"。"萬"甲骨文像蝎子之形,上像二螯,中像身,下像尾。后🐝尾逐渐变作🐚,隶书将蝎螯变作"艸",楷书简作"艹",遂作"萬"。蝎子出来成千上万,蝎毒极大,故"萬"后借为数词万,"萬"先秦货币文作🐚三六,取🐚之尾部形;"萬"金文又作🐚单瓿讨戈,截取🐚横线以下尾部之形略变而成。蝎以长尾毒刺为特点,故取蝎尾形作"万",今用为简化字。

十千为万,数量众多,故"万"引申为众多、极多,如万物、万事,《尚书·尧典》:"协和万邦,黎民于变时雍。"由极多之数转指极大、倍,《诗经·小雅·南山有台》:"乐只君子,万寿无期。"由极大数引申为极、绝对,如万幸,《汉书·韩彭英卢吴传》:"我之取天下可以万全。"又指古代一种大型舞蹈,以人众多而得名,《诗经·邶风·简兮》:"简兮简兮,方将万舞。"孔颖达疏:"万者,舞之总名,干戚与羽籥皆是。"又用作姓氏,《通志·氏族略》:"万氏,姬姓,毕万之后。一云芮伯万之后。孟轲门人万章,汉有万攀。又有吐万氏改万氏。"

合 19777　　合 14302　　合 20436　　说文小篆　说文或体　熹平石经　颜真卿

象形字。《说文》:"方,併船也。象两舟省总头形。🐚,方或从水。"构意指头相并的两条独木舟,义指并。王筠《句读》:"许许言船,为字从两舟省也。"《仪礼·乡射礼》:"不方足。"郑玄注:"方,犹并也。"段注:"下象两舟併为一,上象两船头总于一处也。"王筠《句读》:"🐚象两舟省,两故併也。🐚在其上,是总摄其头也。"舟行于水,故或体从水作"沴"。徐中舒《耒耜考》:"象耒的形制……上短横象柄首横木,下长横即足所蹈履处,旁两短画或即饰文……古者秉耒而耕,刺土曰推,起土曰方……古者耦耕,故方有并意。又《仪礼》柄皆作枋,耒为曲柄,故声得转为柄。"叶玉森谓"方殆象架上悬刀形",朱芳圃谓"方当为枋,若柄之初文",季旭昇谓"亡(锋芒之芒的本字)的分化字,用以表示'方圆'之'方'"。张舜徽《约注》:"方字古读重唇,则音如旁。加人为傍,加彳为徬。本书:'傍,近也。''徬,附行也。'皆与併船义近。推之二人密近为比，或为竝，或为夶，二骨相连为骭，二马同驾为骈，俱语声之转，其义近也。凡言比方，乃引申义。方圆则借为匚，方闻借为旁，四方借为傍，借义行而本义废矣。”“方”为两舟并头，或二人耦耕，有比附、旁近义。后用表四方而取代表方形的“匚”，方位义得以常用。

　　同类物相并则平齐，故也指齐等、相当，《周礼·考工记·梓人》：“梓人为侯，广与崇方。”由并列引申为比拟，《礼记·檀弓》：“服勤至死，方丧三年。”孔颖达疏：“方，谓比方也，谓比方父丧礼以丧君。”同类、同辈相比并，故又指品类、辈类，《礼记·缁衣》：“故君子之朋友有乡，其恶有方。”又指方形，跟“圆”相对，《周礼·考工记·舆人》：“圜者中规，方者中矩。”古谓“天圆地方”，故又指大地，《淮南子·本经》：“戴圆履方。”方形、方体的线（面）皆朝向一个正的方位，故又指方位、方向，《周易·未济》：“君子以慎辨物居方。”又指一边或一面，如双方，《诗经·秦风·蒹葭》：“所谓伊人，在水一方。”边境是国土最远的方位，故又指边境，《史记·孝文本纪》：“朕既不明，不能远德，是以使方外之国或不宁息。”又为殷、周称邦国之辞，《尚书·多方》：“告尔四国多方，惟尔殷侯尹民。”杨树达《积微居小学述林》：“方者，殷、周称邦国之辞……故干宝云‘方，国也’，是也。”每地皆有一定的方位、区域，故又指地方、区域，《论语·学而》：“有朋自远方来，不亦乐乎？”每个地方有一定的面积，故又指方圆、周围，《孟子·梁惠王》：“地方百里而可以王。”古代书写用的木板为方形，故也称“方”，《仪礼·聘礼》：“百名以上书于策，不及百名书于方。”药方书写载体多为方形，故又指单方、药方，《庄子·逍遥游》：“客闻之，请买其方百金。”古代也指医卜星相等方术，《庄子·天下》：“惠施多方，其书五车。”无规矩不成方圆，故又指法度、准则，《诗经·大雅·皇矣》：“万邦之方，下民之王。”法则合乎道理，故又指义理、道理，《礼记·乐记》：“乐行而民乡方。”孔颖达疏：“方，犹道也，而民归乡仁义之道也。”法则、道理常行而固定，故又指常法、定规，《孟子·离娄》：“汤执中，立贤无方。”焦遁正义：“惟贤则立，而无常法。”物方则正、直，故又指方正、正直，《老子》五十八章：“是以圣人方而不割，廉而不刿。”法则是做事的途径，故又指方法、办法，《韩非子·扬权》："上有所长，事乃不方。"俞樾《平议》："谓不得其方也。"又指占有、依托，《诗经·召南·鹊巢》："维鹊有巢，维鸠方之。"每个方位、方向皆不同而有区别，故又指辨别，《国语·楚语》："民神杂糅，不可方物。"通"谤"，讥评、规谏，《论语·宪问》"子贡方人"，陆德明释文："郑本作谤，谓言人之过恶。"又用作副词，表示时间或情态方式，相当于"一并"。又用作量词，用于方形的物体，也用于计量面积或体积。又用作姓氏，《通志·氏族略》："方氏，周大夫方叔之后，以字为氏。《风俗通》云：方雷氏之后。"

"方"又音 fáng，违、逆，《尚书·尧典》："方命圮族。"蔡沈集传："方命者，逆命而不行也。"

"方"又音 fǎng，同"仿（倣）"，仿效、模拟，《荀子·劝学》："方其人之习君子之说，则尊以遍矣，周于世矣。"

二、人伦修养之方

【原文】 盖(gài) 此(cǐ) 身(shēn) 发(fà)　四(sì) 大(dà) 五(wǔ) 常(cháng)

【译文】 人的身体共分地、水、火、风"四大",言行举止符合仁、义、礼、智、信"五常"。

【释义】

从"盖此身发"到"好爵自縻",为《千字文》第二大段,讲人伦之道与修身之方。《孟子·滕文公》:"夏曰校,殷曰序,周曰庠,学则三代共之,皆所以明人伦也。"清儒陈宏谋《养正遗规》:"学也者,所以学为人也。天下无伦外之人,故自无伦外之学。"都是告诉我们,人要遵守伦常道德,重视五伦关系:君臣有义,父子有亲,夫妇有别,长幼有序,朋友有信。古往今来,世上任何人都离不开这五伦关系。

两句言构成人身体的物质有四大元素,而精神层面则应遵循五常关系。"四大"是指"地、水、火、风"四大元素,是古印度用以分析和认识物质世界的传统方法,之后被佛教用作对世界本质的基本认识。在佛教理论体系中,由于四大的和合而有诸般色相,则成为"色"。如果四大失调,便成为"病"。如果缺少任何一样,必成为"死亡"。最后四大分散,终究归之于"空",因此色与空,只是聚合与离散的现象而已。该句用"身发"来概括人的整个肉身,一般认为:"地"是物质现象,包括人身体的骨骼等,具有坚劲的体性。"水"是波动现象,如人的血液、汗水等,具有流湿的体性。"火"是能量现象,如人的精神、体温等,具有温热的体性。"风"是运动状态,如人的呼吸,具有轻动的体性。中国古人认为构成世界的物质元素为"木火土金水"五行。要注意的是,"四大"与"五行"都不是指具体的地、木、水等实在物质,而是一种能量现象。

"五常"即"仁义礼智信",是调整"君臣、父子、夫妇、昆弟、朋友"五种伦理关系的准则,是人应遵循的五种常用伦理道德,故名"五常"。《孟子·公孙丑》:"无恻隐之心,非人也;无羞恶之心,非人也;无辞让之心,非人也;无是非之心,非人也。恻隐之心,仁之端也;羞恶之心,义之端也;辞让之心,礼之端也;是非之心,智之端也。人之有是四端也,犹其有四体也。"

【解字】

gài
盖（蓋葢）　　盦　葢　蓋　葢　盖　盖
　　　　　　楚王酓忎鼎盖　睡 10.10　秦公簋　说文小篆　曹全碑　颜真卿

　　繁体作"蓋",《说文》作"葢",形声字。《说文》:"葢,苫也。从艸盍声。"本指盖屋的茅苫,泛指用白茅等编的覆盖物。徐灏《注笺》:"苫谓之盖,引申为凡盖覆之称。"邵瑛《群经正字》:"今经典多作蓋……俗又作盖。"《尔雅·释器》:"白盖谓之苫。"郭璞注:"白茅苫也,今江东呼为盖。"《左传·襄公十四年》:"乃祖吾离被苫盖,蒙荆棘,以来归我先君。"孔颖达疏:"被苫盖,言无布帛可衣,唯衣草也。"盍(hé),《说文》:"覆也。从血、大。"本义为覆盖。段注:"皿中有血而上覆之,覆必大于下,故从大。"故"盍"从血、大。金文"盍(蓋)"作盦,像器上有顶盖形,为覆蓋之"蓋"初文。茅苫是草属(艸),用于覆盖(盍)房屋,故"葢"从艸盍声。

　　"盖"也指器物上部有遮蔽作用的东西,如锅盖,《礼记·少仪》:"器则执盖。"也专指车盖,《史记·鲁仲连邹阳列传》:"有白头如新,倾盖如故。"伞遮覆如盖,故又专指伞,《淮南子·兵略》:"暑不张盖,寒不被裘,所以程寒暑也。"作动词指搭盖,如盖房子,王褒《僮约》:"治舍盖屋。"盖从外加于物上,故又指加在上面,如盖章,《墨子·备穴》:"盆盖井口,毋令烟上泄。"盖用以遮盖,故又指遮蔽、掩盖,《楚辞·九章·悲回风》:"万变其情,岂可盖兮。"盖覆在器上,故又指高过、胜过,《北史·王勇传》:"气盖众军,所当必破。"又用作副词,表示揣测、推断,相当于"大概",《论语·里仁》:"我未见力不足者。盖有之矣,我未之见也。"盖与所盖物相连,故又用作连词,承接上文,表示原因和理由,《论语·季氏》:"有国有家者,不患寡而患不均,不患贫而患不安。盖均无贫，和无寡，安无倾。”又用作语气词，用于句首或句中。通“盍”，相当于“何、何不”。

“盖”又音 gě，用作姓氏，《古今姓氏书辩证》盍韵：“盖氏，出自齐大夫食采于盖，以邑为氏。”

cǐ 此

合 27389　合 31188　此牛尊　说文小篆　夏承碑　颜真卿

会意字。《说文》：“此，止也。从止从匕。匕，相比次也。”指止于此处，用作代词，表示近指，相当于“这、这个”，与“彼”相对。徐锴《系传》：“匕，近也，近在此也。”段注：“于物为止之处，于文为止之词。”桂馥《义证》：“彼此对言，即匕次意。”张舜徽《约注》：“此之对则为彼。以地言，则彼远而此近；以时言，则彼古而此今。”《尔雅·释诂》：“兹，此也。”邢昺疏：“此者，对彼之称。言近在是也。”《诗经·周颂·振鹭》：“在彼无恶，在此无斁。”匕（bǐ），《说文》：“相与比叙也。从反人。匕，亦所以用比取饭。一名柶。”义为并列、比较，同“比”。段注：“比者，密也。叙者，次弟也。”徐灏《注笺》：“匕，相与比叙也；比，密也，密即比叙之义。凡比例、比次、比校，皆比叙也。”王筠《句读》：“比叙者，比校而次叙之也……比叙则非一人，故曰‘相与’。”两人（人与反人）相对，则有比叙意，故“匕”从反人。“匕”也指古代的一种取食的器具，长柄浅斗，形状像汤勺。王筠《释例》：“匕字盖两形各义……比叙之匕从反人，其篆当作，部中‘𠤎、𡿺、印、卓、艮’从之。一名柶之匕，盖本作，象柶形，与勺篆作相似。其物本相似也，勺之柄在下，之柄在上耳。部中‘匙、𠣔、頃’从之。它部之从之者，‘此’用比叙义，‘皀’下云：‘匕，合也。’亦同意。‘旨、皀、𣪘’皆柶义。”止为足，足相比并（匕）则止而不前，物相比则近，故“此”从止从匕。徐灏、朱骏声等以为“匕”当为声符。甲骨文从人从止，会人脚（止）止于此处之意。林义光《文源》：“即人之反文。从人止。此者，近处之称，近处即其人所止之处也。”何琳仪《战国古文字典》：“会以足蹋人之意，跐之初文。”人脚止

处为此,两脚(止)比次不动(匕)为此,从不同角度说明构字意图。

"此"也相当于"如此、这般",《诗经·小雅·苕之华》:"知我如此,不如无生。"又表时间,相当于"今",李白《去妇词》:"及此见君归,君归妾已老。"又用作副词,相当于"乃、则",《礼记·大学》:"有德此有人,有人此有土,有土此有财,有财此有用。"

shēn
身

| 合 822 | 合 13666 | 怀 504 | 献簋 | 班簋 | 说文小篆 | 曹全碑 | 颜真卿 |

形声字。《说文》:"身,躬也。象人之身。从人厂声。"本指人的躯体。《诗经·小雅·何人斯》:"我闻其声,不见其身。"段注:"吕部曰:'躬,身也。'二字为互训。躬必入吕部者,躬谓身之伛,主于脊骨也。"张舜徽《约注》:"二字析言之,则有曲直之别。盖身之言伸也,自有直义;躬之言弓也,自有曲义矣。许书身、躬二篆互训,浑言不别耳。《释名·释形体》云:'身,伸也,可屈伸也。'是已。""厂声"《韵会》引作"申省声",桂馥、王筠、朱骏声等从之。申、身上古音相同,皆为书纽真部,桂馥《义证》"申,籀文作昌,省作㠯",《白虎通》:申者,身也","申"用闪电表示伸展,身体可以屈伸,故"身"从人申省声。"身"甲骨文作㐁、㐅,像人隆腹之形,腹部为躯体主要部分,故以突出的腹部指出身躯所在。甲骨文又作㐋、㐌合一三七一三正、㐎H一一:六四,在腹内加指事符号,指出身躯所在。马叙伦、高田忠周、郭沫若等皆谓㐁、㐌像妇女怀孕而身躯增大形,本义指身孕。李孝定《甲骨文字集释》:"契文从人而隆其腹,象人有身之形,当是身之象形初字。"

"身"也指颈以下大腿以上的部分,《论语·乡党》:"必有寝衣,长一身有半。"王引之《述闻》:"颈以下股以上,亦谓之身……以今尺度之,中人颈以下股以上,约有一尺八寸,一身之长也。再加九寸,为一身之半,则二尺七寸矣。"又指头以下的部分,《楚辞·九歌·国殇》:"带长剑兮挟秦弓,首身离兮心不惩。"又指物体的主干或主体部分,《尔雅·释木》:"枞,松叶柏身。桧,柏叶松身。"人赖身体而有生命,故又指生命,《楚辞·离骚》："鲧婞直以亡身兮,终然殀乎羽之野。"妇女怀孕而身(肚)大,故又指身孕、胎,《诗经·大雅·大明》："大任有身,生此文王。"身体跟随人一生,故又指毕生、一辈子,《史记·李将军列传》："终广之身,为二千石四十余年。"身体属于自己,故又指自身、自己,《楚辞·九章·惜诵》："吾谊先君而后身兮,羌众人之所仇也。"又用作代词,为第一人称,相当于"我",《尔雅·释诂》："身,我也。""朕、余、躬,身也。"人以身体做事,故又指亲自,如身临其境,《墨子·号令》："伍有罪,若能身捕罪人,若告之吏,皆构之。"人以身体体验、实践,故又指体验、实行,《孟子·尽心》："尧、舜,性之也;汤、武,身之也;五霸,假之也。"赵岐注:"身之,体之行仁,视之若身也。"人皆有一定的身份,故又指身份,《论语·微子》："不降其志,不辱其身。"品德体现在视听言动等身体行为上,故又指品德、才能,《墨子·非儒》："远施周偏,近以修身。"又用作量词,法显《佛国记》："夹道两边,作菩萨五百身。"

fà 发(髪)

召卣2　说文小篆　说文或体　说文古文　魏封孔羡碑　颜真卿

繁体作"髪",形声字。《说文》："髪,根也。从髟犮声。𩠜,髪或从首。𩠐,古文。"本指头发。慧琳《一切经音义》引《说文》作"顶上毛也"。《尚书·秦誓》："虽则云然,尚猷询兹黄发,则罔所愆。"人头有发,若草木有根,故训"根"。桂馥《义证》："根也者,本书'芨'从犮,云:'艸根也。'犮声者,《释名》:'髪,拔也,拔擢而出也。'"严章福《校议议》:"'根'疑'拔'之误,髪、拔同声见义。《释名》《广雅》皆言'拔也'。"张舜徽《约注》:"天地之物,草木以本为首,故去本必萎;人以头为首,故去头必死。草木之首在下,人之首在上,此即《大戴礼记·曾子天圆篇》所云'天之所生上首,地之所生下首'也。人之头上有发,亦犹草木之本下有根。许以根释发,盖古训矣。人之根为发,亦犹草之根为芨耳。人以首为本,以发为根,故手足得四支之名,犹木之有枝也;手足又各有指,犹枝之有条也。倒立之,其形自见。"髟(biāo),《说文》："长发猋猋也。从长从彡。"为长发下垂貌。饶炯

《部首订》："焱焱者,形容长发之词,谓发长而垂,其形焱焱然也。""髟"从长从彡,为长发下垂貌。"髟"指头发,"髟"为长发下垂貌,"发"之言拔,发有根而从头上拔擢而出,高田忠周《古籀篇》"盖有根而上出者,即拔出之义也",故"髮"从髟发声。发生于首,故或体从首作"𩑣"。高鸿缙《中国字例》:"金文🐾及或体𩑣,皆从首发声。"开弓射箭之"發"草书楷化为简体"发",头髮之"髮"同音简化也作"发",两字繁体构形完全不同。

草木细长如发,故"发"引申指草木,《庄子·逍遥游》:"穷发之北有冥海者,天池也。"陆德明释文:"李云:'发,犹毛也。'司马云:'北极之下无毛之地也。'案:毛,草也。《地理书》云:'山以草木为发。'"又用作长度单位,尺的万分之一,《新书·六术》:"十毫为发,十发为氂,十氂为分,十分为寸,十寸为尺。"

| sì 四 | 合 33042 | 盂鼎 | 邵钟 | 说文小篆 | 说文籀文 | 说文古文 | 北海相景君铭 | 颜真卿 |

指事字。《说文》:"四,阴数也。象四分之形。𦉭,古文四。三,籀文四。"本为数词,三加一的和。《周易·系辞》:"两仪生四象。"奇数为阳,偶数为阴,四是偶数,故训"阴数"。象四分之形,段注:"谓囗像四方,八像分也。"甲骨文、金文、籀文皆积四画表示数字四,为"四"之初文,孙诒让《名原》:"考金文、甲文皆作☰……要以积画为最近古,金文甲文未必皆出于史籀后,窃疑☰当为古文本字,𦉭或当为籀文。许书传写多误,容互易耳。"金文四,为"呬"之初文,后加水作"泗",本指鼻涕,"四、呬、泗"同。张舜徽《约注》:"四与三本为二字二义。计数之字,自以积画为最先。至于四字,乃呬之初文,与自字为鼻之初文,其意正同。古金文四字作四作𦉭,或作𦉭作𦉭,皆象鼻息下出之形。本书所收之𦉭,其形尤肖。徒以四三音同,故先民恒借四为三,如借壹贰参之为一二三耳。自借义行而本义废,四既为计数专字,于是乃复造从口之呬以代之。本书所云'东夷谓息为呬'是也。证之四岁牛为牭,四马为驷,则造字时已有借四为三者。约定俗成,由

来已旧。许君合而为一,不足怪也。"数字"四"本用积画"亖"表示,或因字形过繁过长,音借鼻息、鼻涕的"四"代替,再加形分化作"呬、泗","呬"表鼻息出气,"泗"表鼻涕流出。

"四"也为工尺谱记音符号之一,表示音阶上的一级,《辽史·乐志》:"大乐声:各调之中,度曲协音,其声凡十,曰:五、凡、工、尺、上、一、四、六、勾、合。"通"驷",古代一车四马称"驷",《韩非子·爱臣》:"人臣处国无私朝,居军无私交……是故不得四从,不载奇兵。"王先慎集解引孙诒让:"'四'与'驷'通,谓驷乘也。"

dà
大　　𡗕　　𡗕　　大　　大　　大　　大
　　　合 5034　合 14206　大保鼎　师同鼎　说文小篆　孔龢碑　颜真卿

象形字。《说文》:"大,天大、地大、人亦大。故大象人形,古文大也。"本指大、尊大。古谓人是天地之性最贵者,与天地并称三才而皆大。人有尊贵、尊大意,故借正立张手足之"大(人)"表示大、伟大。王筠《释例》:"此谓天地之大,无由象之以作字,故象人之形以作大字,非谓大字即是人也。"徐灏《注笺》:"大象正视,𠊟象侧立,其形最肖……人在天地间最贵,故以为尊大字。"饶炯《部首订》:"凡物象,敛则小,侈则大;少则小,多则大。造字者故象人正面形,而扬其两手、张其两足,以指事。"段注:"天之文从一大,则先造大字也。"甲骨文、金文、小篆皆像正立之人张大两手两足形。

"大"泛指在面积、体积、容量、数量、力量、强度、年龄、重要性等方面超过一般的对象,与"小"相对,《诗经·大雅·行苇》:"酌以大斗,以祈黄耇。"又指在程度、规模、声势、时间等方面超过所比对象,《庄子·知北游》:"天地有大美而不言。"又指(思想、品德)高尚,(知识、著作等)渊博,(技艺、技巧等)精湛,《周易·乾》:"见龙在田,利见大人。"孔颖达疏:"有人君之德,故称大人。"大则多受推重,故又指尊重、推崇,《荀子·性恶》:"大齐信焉而轻货财。"又用作敬辞,如尊姓大名,《诗经·小雅·宾之初筵》:"大侯既抗,弓矢斯张。"又指极、很,《诗经·鲁颂·閟宫》:"奄有龟蒙,遂荒大东。"郑玄笺:"大东,极东,海邦近海之国也。"又指称年辈较长或排行第一的人,《史记·外戚世家》:"武帝下车泣曰:嘻! 大姊,何藏之深也! "又指夸大、自夸,《史记·高祖本纪》:"刘季固多大言,少成事。"又指再,如大前天、大后日。用在时间或节令前表示强调,如大热天、大年初一。又用作副词,大体上、大约,《史记·卫将军骠骑列传》:"时已昏,汉匈奴相纷挐,杀伤大当。"司马贞索隐:"以言所杀伤大略相当。"

"大"又音 dài,山大王、大夫(医生)中的"大"读 dài。

"大"又音 tài,通"太",江沅《说文释例》:"古只作大,不作太,亦不作泰。《易》之大极,《春秋》之大子、大上……《史》《汉》之大上皇、大后,后人皆读为太,或经改本书作太及泰。由浅人以大为不足尽之,因创说太尊于大。凡人称祖曰大父,未有称太父者,则自乱其例之甚矣。"

wǔ
五　　花东178　　花东32　　前1.44.7　　小臣艅犀尊　　侯少子簋　　说文小篆　　曹全碑　　颜真卿

指事字。《说文》:"五,五行也。从二,阴阳在天地间交午也。乂,古文五省。"本义为数词,四加一的和。徐灏《注笺》:"乂者,交错之形,自一至九,五居其中,故乂为五数,小篆从二而交错其中,义益显矣。"《淮南子·原道》:"音之数不过五。"许慎用汉代附于数字的阴阳五行学说作训释,段注:"古之圣人知有水、火、木、金、土五者,而后造此字也。""二"指天地,故谓"阴阳在天地间交午",段注:"此谓乂也,即释古文之意。水火木金土相克相生,阴阳交午也。"孙诒让《名原》:"丁子尊云:'又五𢒸日。'因重五字,别作𢒸,积画与三同,亦古文之变也。"古人计数之字,多以积画为之,"五"作三,与一、二、三、三同例。人手足均为五指,五以内的数易数,故初作三。积画太多则不易识,当思变化,三积四画,已为繁多,五画更繁,故五、六、七、八、九变积画为交叉,五居个位数中位,遂以错画之乂、㐅代替。高田忠周、杨树达、于省吾等谓乂为㐅之初文,后作㐅,而无确证。"五"甲骨文多作㐅,偶作乂,林义光《文源》:"五,本义为交午,假借为数名。二象横平，乂象相交，以二之平见乂之交也。"丁山《数名古谊》谓"五"字本义为收绳器，是"䇖"之初文，可备一说。

　　"五"像错画形，故也指纵横交错，《周礼·秋官·壶涿氏》："若欲杀其神，则以牡橭午贯象齿而沈之。"郑玄注："故书橭为梓，午为五。"从五构形之字多有交叉意："吾"是对你称我，"语"是交错问答之言，"捂"是交互掩护等。又为工尺谱记音符号之一，表示音阶上的一级，《宋史·乐志》："大吕、太簇、夹钟清各用五字。"通"伍"，1. 古代军队编制，五人为伍，《商君书·画策》："行间之治，连以五。" 2. 二五为十，故又指偶、相类，《墨子·节葬》："妻与后子死者，五皆丧之三年。"

子犯编钟　信阳楚简　老子甲123　说文小篆　说文或体　衡方碑　颜真卿

　　形声字。《说文》："常，下帬也。从巾尚声。裳，常或从衣。"本指下身的裙子。王筠《句读》："汉谓裳为帬，而冠于以下者，帬亦为在上者之名，故言下以别之。"张舜徽《约注》："常之言长也，谓下直而垂，其形甚长也。帬本围绕之名，其在下者谓之常，故许云下帬也。凡语称恒常、纲常、经常，皆借常为长。"《逸周书·度邑》："叔旦泣涕于常，悲不能对。"中国为礼仪之邦，有华服之美，服饰体现威仪、礼制，为人所尚，衣服遮身蔽体，保有人的尊贵与高尚，衣裳为布帛所制，丝麻制品及布制品的字多从巾，徐锴《系传》"裳下直而垂，象巾，故从巾"，故"常"从巾尚声。或体从衣作"裳"。"常"借为经常、时常字，则"裳"用为衣裳之"裳"专字，段注："今字裳行而常废矣。"

　　衣裳常穿在身，故"常"引申指常规、常法，《周易·系辞》："初率其辞，而揆其方，既有典常。"伦常为人伦常道，故又指伦常，《尚书·君陈》："狃于奸宄，败常乱俗，三细不宥。"规律常行不变，故又指规律，《荀子·天论》："天行有常，不为尧存，不为桀亡，应之以治则吉，应之以乱则凶。"常法亘古通行，故又指永久、固定不变，《尚书·咸有一德》："天难谌，命靡常。"常则多见而不特别,故又指普通、平常,《史记·商君列传》:"常人安于故俗,学者溺于所闻。"《世说新语·规箴》:"此老生之常谈。"日常事务常做,故又指日常的,《世说新语·政事》:"望卿摆拨常务,应对共言。"用作副词,经常、常常,《庄子·天地》:"三患莫至,身常无殃,则何辱之有?"又为古代长度单位,八尺为寻,两寻为常,《小尔雅·广度》:"四尺谓之仞,倍仞谓之寻,寻,舒两肱也,倍寻谓之常。"又为古旗帜名,上绘日月图形,为天子之旗,《尚书·君牙》:"厥有成绩,纪于太常。"又为木名,指棠棣,《诗经·小雅·采薇》:"彼尔维何,维常之华。"通"长",《史记·屈原贾生列传》:"宁赴常流而葬乎江鱼腹中耳。"司马贞索隐:"常流,犹长流也。"又通副词"尝",曾经,《荀子·天论》:"夫日月之有蚀,风雨之不时,怪星之党见,是无世而不常有之。"王先谦集解:"《群书治要》常作尝,是也。"又通"尚",《墨子·非命》:"上帝不常,九有以亡。"孙诒让《间诂》:"常当读为尚,尚,右也。"又用作姓氏,《通志·氏族略》:"常氏,姬姓,卫康叔支孙,食邑于常,因以为氏。或言黄帝臣常先之后。"

【原文】 恭(gōng)惟(wéi)鞠(jū)养(yǎng)　岂(qǐ)敢(gǎn)毁(huǐ)伤(shāng)

【译文】 身体是父母所生,应当恭谨爱护,不敢毁坏损伤,(否则就会让父母担忧)。

【释义】

出自《孝经·开宗明义章》"身体发肤,受之父母,不敢毁伤,孝之始也"。《千字文释义》:"恭,敬也。惟者,专辞。鞠,即养也。岂敢,犹云不敢。毁,坏也。伤,损也……言此身发乃父母所鞠养,而不敢损坏也。此将言修身之事,故先言身之至重,以见其不可不修。外而形体,则有四大;内而心性,则有五常。修身者惟修其五常之德,而后能不亏四大之体。盖不敢毁伤者,在四大;而所以不毁伤者,在修其五常也。"中国自古崇尚孝道,谓孝是立德之本、百行之先,故《千字文》在讲人伦的第二段,先彰显孝道。今传《孝经》是今文经,共十八章,南宋后被列为《十三经》之一,历代都受重视,是必读的基础经典,被看作是"孔子述作,垂范将来"的典范,李隆基曾为之作注,在序中引汉代纬书《孝经钩命决》谓"子曰:吾志在《春秋》,行在《孝经》"。

孝敬父母,先要恭敬、爱护自己的身体,使自己身心健康,是尽孝的第一步。人由父母生养,从小到大,倾注了父母全部心血,在成长的路上,父母念念挂怀的首先是子女的身体健康。《礼记·祭义》:"身也者,父母之遗体也。"子女的身体是父母生命的延续,故当自尊自爱,不可毁伤身体。

【解字】

gōng 恭　　　前 4.29.3　颂鼎　　先秦货币　说文小篆　张迁碑　颜真卿

形声字。《说文》:"恭,肃也。从心共声。"本义为肃敬、恭敬。段注:"肃者,持事振敬也。《尚书》曰:'恭作肃。'此以肃释恭者,析言则分别,浑言则互明也。"《论语·子路》:"居处恭,执事敬。""共"指共同,甲骨文作 合二七九五正,像二手捧物形。恭敬生于心,徐锴《系传·通论》:"《语》曰:'恭在貌,敬在心。'《洪范》:'貌曰恭。'《书》曰:'接下思恭。'恭者,取其供用。敬者,取其自警……恭者,龚悫其事……见恭者貌,行恭者心。""共"有恭敬义,两手捧物为恭敬之举,也是敬事的体现,故"恭"从心共声。"恭"下部之"小",为"心"的变形。"恭"甲骨文从龍廾声,"龔"后作"龚",为姓氏用字"龚"。

奉于上当恭敬,故"恭"引申为事奉、奉行,《尚书·甘誓》:"今予惟恭行天之罚。"心敬则身端,故也指端正,《礼记·玉藻》:"手容恭,目容端。"郑玄注:"高且正也。"

wéi 惟　　　宰桃角　陈侯因资锌　说文小篆　郙阁颂　颜真卿

形声字。《说文》:"惟,凡思也。从心隹声。"本指思考、想。王筠《句读》:"凡者,最括而言也……惟则思之统词,不拘一端,故曰凡。"段注:

《方言》曰：'惟，思也。'又曰：'惟，凡思也。虑，谋思也。愿，欲思也。念，常思也。'许本之曰：'惟，凡思也。念，常思也。怀，念思也。想，冀思也。'思部：'虑，谋思也。'凡许书分部远隔，而文理参五可以合观者视此。凡思，谓浮泛之思。"《诗经·大雅·生民》："载谋载惟，取萧祭脂。"郑玄笺："惟，思也。"隹（鸟）高飞于空，故有高意，从隹声字亦多有高意：《说文》："雀，高至也。从隹上欲出门。"本义为极高，从隹（鸟）高飞欲出门（远界或天界）会极高之意。《说文》："崔，大高也。""崖，高也。""陮，陮隗，高也。""睢，仰目也（高视）。"《汉书·司马相如传》"激堆埼"，颜师古注："堆，高阜也。""崔、崖、陮、睢、堆"并从隹声而皆有高义。人以心思考，"隹"有高意，高则广大，"惟"是思考的总称，总称则有广大意，《说文》"思，容也"，心思广大，无所不容，故"惟"从心隹声。戴侗《六书故·人》："钟鼎文凡惟皆作𢥄（隹）。""隹"与"惟、维、唯"通用。"惟"从心，本义指思考，"思维、恭维、伏维、追维、谋维"等"维"，皆指思、想，当以"惟"为正字。人思考时多专注，每次思考多是集中在一方面，《六书故·人》"惟，思之专也"，故引之为专、独之义，故"惟"引申为只有、唯独，如惟一、惟独、惟有，"唯独、唯一、唯物、唯利是图"等"唯"，当以"惟"为正字。"维"从纟，本义指系物之绳，如维系、维持、纲维。"唯"从口，本义为应答声，如唯诺、唯唯。《王力古汉语字典》："在'思'的意义上，'惟'与'维'通用；在'只'的意义上，'惟'与'唯'通用；在语气词上，三个字都通用。"

　　所思者存于心，故"惟"也指有，《礼记·缁衣》："自周有终，相亦惟终。"又指为、是，《尚书·益稷》："万邦黎献，共惟帝臣。"思考为心思所在，故又指在、在于，《尚书·大禹谟》："德惟善政，政在养民。"又指随、从，司空图《诗品·疏野》："惟性所宅，真取弗羁。"又用作副词，与"唯、维"通用，相当于"只有、只是、又、犹、还"，或用在句首，表希望、祈使。又用作连词，也作"唯、维"，表示并列、顺承、让步关系。又用作介词，相当于"以、由于"，也作"唯、维"。又用作助词，也作"唯、维"，用在句首或句中。

jū
鞠

说文小篆　说文或体　景北海碑　颜真卿

形声字。《说文》:“鞠,蹋鞠也。从革匊声。,鞠或从簐。”本指古代一种革制的皮球。鞠以踢、蹋为运动方式,故训“蹋鞠”,徐锴《系传》:“蹋鞠以革为圜囊,实以毛,蹵蹋为戏,亦曰蹋鞠。”徐灏《注笺》:“鞠、毬一声之转。戴氏侗曰:鞠之义有为曲者,为穷者,皆以其声通也。”张舜徽《约注》:“古之所谓鞠,即今之所谓毬也。古称蹋鞠,今称打毬,其事一也。古之鞠实以毛,今之毬输以气,形同而制异。盖鞠之为言曲也,以形圜曲得名。”革,《说文》:“兽皮治去其毛,革更之。象古文革之形。”本义为加工去毛的兽皮。徐灏《注笺》:“盖象兽皮之形,上下,头尾;二画象四足;中,其体也。”“革”甲骨文作花东四九一,像治好撑开的整张兽皮形。匊,《说文》:“在手曰匊。从勹米。”本义为满握、满捧,后作“掬”。王筠《释例》:“叉手曰臼,是徒手也。在手曰匊,是手中有物也。”段注“米至散,两手兜之而聚”,故“匊”从勹、米。匊之言曲,手必圆曲方能匊物,故“匊”引申有曲义。手必尽力撑大撑圆,方能满捧,故又有穷尽义。鞠以革为圆囊,将毛包裹在其中而通体圆曲(匊),故“鞠”从革匊声。

皮球为圆形而周身环曲,故“鞠”引申为弯曲,《论语·乡党》:“入公门,鞠躬如也。”母亲怀子则身体弯曲,故又指生、养、爱护,《诗经·小雅·蓼莪》:“父兮生我,母兮鞠我。”生、养是父母慈爱子女的体现,故又指爱,《世说新语·夙惠》:“鞠爱过于所生。”幼儿尤须关爱,故又引申为幼稚,《尚书·康诰》:“兄亦不念鞠子哀,大不友于弟。”通“鞫”,1. 审问,《史记·李斯列传》:“于是群臣诸公子有罪,辄下高,令鞠治之。”2. 穷困,《尚书·盘庚》:“尔惟自鞠自苦。”3. 穷尽,卢肇《宣州新兴寺碑铭》:“故有崇基广厦,文甓雕甍,鞠为土梗。”

yǎng
养(養)

粹 1589　敖又罍　说文小篆　说文古文　武威医简 15　孔宙碑　颜真卿

繁体作“養”,形声字。《说文》:“養,供养也。从食羊声。”义为供养、奉养。《古今韵会举要》漾韵："养，下奉上曰养。"《论语·为政》："今之孝者，是谓能养。"奉养首先要保证衣食等生活所需，《玉篇》食部："养，具珍羞以供养尊者也。"甲骨文、金文、《说文》古文从羊从攴，会牧羊之意，羊亦声。本义为牧养、饲养，《周礼·夏官·圉人》："圉人，掌养马刍牧之事。"商承祚《说文中之古文考》："读作牧，象以手持鞭而牧羊，牧牛则字从牛，羖羊则字从羊也，后以从牛之字为牧，而以羖为養矣。"李孝定《甲骨文字集释》："字象手执杖以驱羊，与牧同意……古多分别字，于牛为牧，于羊则为養。"张舜徽《约注》："養字当以牧養为本义，故古文从羊从攴。金文甲文，形亦相近。上世游牧，必有人饲养其牲畜。畜类不一，举羊以概其余，亦犹牧字从牛耳。由畜之饲养而引申为人之供养，故从食之養，乃后起字。""牧、羖"皆指牧养，后以"牧"为牧养义专字，"羖"则侧重于人之供养、奉养，人之供养不以鞭策而以饮食为主，故去攴从食，以饮食体现供养义。简化字"养"由草书楷化而成。

　　"养"也指鞠养、长养，《尚书·大禹谟》："德惟善政，政在养民。"养子包含教育，故又指教育、培养，《周礼·地官·保氏》："养国子以道，乃教之六艺。"生之才能养之，故又指生育，《礼记·大学》："未有学养子而后嫁者也。"修养要养成，故又指修养、涵养，《周易·蒙》象："蒙以养正，圣功也。"孔颖达疏："能以蒙昧隐默自养正道，乃成至圣之功。"牧养的牲畜会逐渐长大，故又指增长、助长，《左传·昭公二十年》："私欲养求，不给则应。"养植物要培植，故又指培植，《管子·牧民》："藏于不竭之府者，养桑麻，育六畜也。"牧养、养育皆要长时保持，故又指信守、保持，《荀子·礼论》："龙旗九斿，所以养信也。"又指养护，《左传·成公十三年》："敬在养神，笃在守业。"又指治疗、调养，《周礼·天官·疾医》："以五味、五谷、五药养其病。"又指使，《晏子春秋·内篇问》："养民不苛，而防之以刑辟。"又指取，《诗经·周颂·酌》："于铄王师，遵养时晦。"又为古时役卒的通称，《史记·秦始皇本纪》："虽监门之养，不觳于此。"

qǐ
岂（豈）　　　　豈　豈　豈　豈　豈　豈
　　　　　　　古陶文　　玺汇 2850　睡·为 10　说文小篆　魏封孔羡碑　颜真卿

　　繁体作"豈"，形声字。《说文》："豈，还师振旅乐也。一曰欲也，登也。从豆，微省声。"指古代军队得胜归来所奏的乐曲。"豈"后借为副词，本义加形分化作"凯"（kǎi）。段注："《公羊传》曰：'出曰祠兵，入曰振旅。'《周礼·大司乐》曰：'王师大献，则令奏恺乐。'注曰：'大献，献捷于祖。恺乐，献功之乐。'郑司农说以春秋晋文公败楚于城濮，传曰：'振旅恺以入于晋。'按经传岂皆作恺。""豆"当为"壴"，饶炯《部首订》："初以为从壴，从旗省会意。"朱骏声谓"从豆"当作"从壴省"，桂馥、王筠、朱骏声以为当作"散省声"。"壴"为"鼓"之初文，甲骨文作 合九六五〇、合一七三九一、合三四四七七，小篆作壴，像鼓在架上有装饰形，音乐易使人欢喜，闻乐则喜，故"喜"从壴。"豈"战国文字作豈，小篆作豈，形与"壴"相似，"豈、壴"形义相近，故"豈"当是"壴"的分化字，将"壴"上饰物 山 形斜置作 ㄷ，以作区分。"岂"音与微（散）近，故将"豈"上 ㄷ 形作为"微（散）省声"；除去 ㄷ，其余之形与"豆"同，故《说文》以"豆"为形符。"豈"指恺乐，"壴"为鼓，代表乐器，军队得胜归来奏乐（壴）庆祝胜利，上下欢喜和乐（恺），人闻之亦乐，故"壴"分化出"豈"。朱骏声《通训定声》"闻乐则乐，故从壴；乐形于谭（谈）笑，故从口"，故"喜"从壴从口。"喜、豈"形音义近，为同源字。

　　人闻乐则乐，故"岂"同"恺"，音 kǎi，指和乐，《诗经·小雅·鱼藻》："王在在镐，岂乐饮酒。"又用作副词，表示反诘、推测、期望或命令。又通"觊"，希冀，东方朔《七谏》："追悔过之无及兮，岂尽忠而有功。"

gǎn
敢　　　　　　　　合 6537　京津 1451　合 6571　井侯簋　说文小篆　孔彪碑　颜真卿

　　《说文》小篆作"敢"，形声字。《说文》："敢，进取也。从受古声。敢，籀文敢。敢，古文敢。"本义为勇于进取，指有勇气、有胆量，如勇敢、果敢。《荀子·非十二子》："刚毅勇敢，不以伤人。""敢"甲骨文为会意字，像手持单(捕猎工具)猎捕野猪(豕)状,豕头朝向猎叉,表示被捕获。或单手或双手,豕或在前或在后,形或繁或简。野猪强悍,必有胆气勇力方能追赶、捕获到,故有勇敢、进取义。西周早期金文作 、 旃作父戊鼎,狩猎工具 省(亦音化)作"甘","豕"简化而略存轮廓;西周中期金文作 录伯簋、 趩觯,侯马盟书作 , 省作"口","口"形与上面横竖笔画结合,渐讹作"古",《说文》以为声符;"豕"讹作"彐",又变作"爪",《说文》将"爪"与下"又"合作"爫",用作形符,为小篆由来。战国楚系文字作 包一五、 包八五,"又"与上部笔画结合,讹作"攴",为《说文》古文由来;战国秦系文字作 新郪虎符,虎符用于军事,"殳"为兵器,"攴、殳"形近,故新郪虎符有意写作"殳",后左下"甘"形下两竖出头,渐成"月"形,为《说文》籀文由来。

　　"敢"由捕猎野猪转指有胆量做某种事情,如敢想、敢说,《尚书·益稷》:"谁敢不让。"也用作谦辞,自言冒昧,如敢情,《仪礼·士虞礼》:"敢用絜牲刚鬣。"贾公彦疏:"凡言敢者,皆是以卑触尊不自明之意。"又指不敢、岂敢,《左传·庄公二十二年》:"敢辱高位,以速官谤。"又指冒犯、侵犯,《国语·吴语》:"吴王夫差既胜齐人于艾陵,乃使行人奚斯释言于齐,曰:寡人帅不腆吴国之役,遵汶之上。不敢左右,唯好之故。"

huǐ
毁　　　　　　　　　　毁

鄂君启车节　老子乙前44　说文小篆　说文古文　颜真卿

　　形声字。《说文》:"毁,缺也。从土,毇省声。,古文毁从壬。"本义为破坏、毁坏。段注:"缺者,器破也,因为凡破之称。"《左传·文公十八年》:"毁则为贼,掩贼为藏。"杜预注:"毁则,坏法也。"孔颖达疏:"有人毁法则者是为贼,言其贼败法也。"毇(huǐ),《说文》:"米一斛春为八斗也。从臼从殳。"指春米使精。徐锴《系传》"米"上有"糲"字。段玉裁、桂馥皆曰"八斗"当作"九斗"。徐灏《注笺》:"臼训春糗,故从臼,此但取春意。"臼(jiù),《说文》:"春糗也。从臼、米。"本义为春成的熟干米粉。段注"米麦已熬,乃春之而箆之成勃,郑所谓捣粉也,而后可以施诸饵餈。曰亦声",指熟米在臼中舂成米粉,故"臬"从臼、米。"毇"指持杵(殳)舂米(臬)使精,段注"从臼、米者,谓舂也;从殳者,殳犹杵也",故"毇"从臬从殳。"毁"指器皿破毁,器皿最初多由陶土烧制而成,舂米时杵碰撞陶器,不免毁缺,故"毁"从土,毇省声。

　　物被破坏则亏缺不全,故"毁"引申指减损、亏缺,《论衡·偶会》:"月毁于天,螺消于渊。"物毁坏则多废弃,故又指撤除、废弃,《礼记·杂记》:"至于庙门,不毁墙,遂入。"诽谤是对人名声的毁伤,故也指诽谤,《论语·卫灵公》:"吾之于人也,谁毁谁誉?"毁坏近于败坏,故又指败坏,韩愈《进学解》:"业精于勤荒于嬉,行成于思毁于随。"悲伤过度会损害身体,故也指哀毁,旧指居丧时因悲哀过度而损害健康,《孝经·丧亲》:"毁不灭性,此圣人之政也。"唐玄宗注:"哀毁过情,灭性而死,皆亏孝道。"

　　"毁"又音 huì,指儿童乳齿脱换,旧齿脱掉(毁)而长出新牙,《白虎通·嫁娶》:"男八岁毁齿,女七岁毁齿。"

shāng 伤(傷)　傷 傷 伤 傷

说文小篆 北海相景君铭　王羲之　颜真卿

　　繁体作"傷",形声字。《说文》:"傷,创也。从人,𥏡省声。"本指创伤、皮肉破损处。徐锴《系传》作"𥏡省声"。段注:"刃部曰:'刅,伤也。'二字为转注。"郑注《礼记·月令》:"创之浅者曰伤。"张舜徽《约注》:"今俗谓体肤受破损有痕迹者皆曰伤。"《庄子·人间世》:"咶其叶,则口烂而为伤。"《说文》无"𥏡"有"𥏡",二字同。𥏡(shāng),《说文》:"伤也。从矢昜声。"本义为伤。段注:"谓矢之所伤也,引伸为凡伤之称。""昜"为"陽"之初文,甲骨文作 合三三八七,像日光下照地之形,有显明、外露之义,"𥏡"为矢之所伤,伤口外露而显明,故"𥏡"从矢昜声。桂馥《义证》:"此𥏡当作𥏡,从矢从入,昜声。""傷"指创伤,"𥏡(𥏡)"为矢之所伤,故"傷"从人,𥏡(𥏡)省声。简化字"伤"简写"昜"为"力"。

　　"伤"作动词指伤害、使受伤,《孟子·公孙丑》:"矢人惟恐不伤人。"创伤是身体的损害，故又指损害，《周易·节》："节以制度，不伤财，不害民。"诋毁是以言语伤人，故又指诋毁、中伤，《吕氏春秋·举难》："人伤尧以不慈之名。"受伤妨害健康，故又指妨害、妨碍，《论语·先进》："何伤乎？亦各言其志也。"忧思、悲痛过度会伤身，故又指忧思、悲痛，《诗经·周南·卷耳》："维以不永伤。"通"丧"，人死，《战国策·秦策》："生命寿长，终其年而不夭伤。"

【原文】　女慕贞洁　男效才良
　　　　　nǚ mù zhēn jié　nán xiào cái liáng

【译文】　女子要思慕贞善净洁的淑女，男子要效法正直善良的贤才。

【释义】

　　两句讲男女为人处世应达到的标准。"贞"指中正、专一。"洁"指纯净。古谓"贞洁"是女子品德的主要体现，齐家治国平天下，女人起到一大半的作用，女子有良好的德行，则能善教子女。子女教育得好，长大才能成为社会的栋梁。周朝有"三太"，太姜是周朝先祖太王（古公亶父）的夫人，有贞顺之德，生有太伯、仲雍和王季三个儿子，都是大贤。太任是王季（季历）的夫人，其性"端一诚庄"，是周文王（姬昌）的母亲。太姒是周文王的夫人，生养了周武王、周公两位大贤。正因为有品德端正的"三太"，才养育出周初的几大圣贤，成就了周朝八百年政权。现在男子称自己的妻子为"太太"，可能是希望自己的妻子能够效法太姜、太妊、太姒，做一位贤善的女性，其中就有"女慕贞洁"之意。

　　"男效才良"谓男子要以圣贤君子作处世为人的标准。"才"指有能者。"良"指有德者。"才良"即德才兼备者。司马光《资治通鉴》中有著名的《才德论》，谓："才德全尽谓之圣人，才德兼亡谓之愚人；德胜才谓之君子，才胜德谓之小人。"处世要以德为本，以才为用。人有效法的人，则能砥砺身心、提升境界，最终为家国社会做出一番贡献。男女都能不断提升自己的品德、才能，在家庭中各守其位、各行其道，相互配合理解，在社会中有目标，有追求，有责任担当，则能促进家国社会的安定和谐及繁荣富强。

【解字】

nǚ
女

合 22133　合 19951　司母戊方鼎　师虎簋　说文小篆　曹全碑　颜真卿

　　象形字。《说文》："女,妇人也。象形。王育说。"本指女子、女人。《诗经·郑风·出其东门》："出其东门,有女如云。"饶炯《部首订》："女亦妇之通称。但对文则处子为女,自生来言之。出嫁为妇,自适人言之。然均之为人,其形义难别,故造字者,于妇从女帚会意,谓女适人而奉箕帚。于女象柔媚婉弱,与臣象屈伏同意,谓女贵贞节,常两手相掩,敛膝静坐。""女"小篆像女子交手柔婉状,段注："盖象其掔敛自守之状。"徐灏《注笺》："象交手敛衽之状,以别于男子也。"甲骨文像女子交手跽坐形,表示女子贤淑静雅之态,身或左或右,筓或有或无。林义光《文源》："身夭矫,两手交,此女之态。"方濬益《缀遗斋彝器款识考释》："女首一者,筓也。"李孝定《甲骨文字集释》："象跽而两手有所操作之形。女红之事,多在室内也。"商代及西周早期金文,字形与甲骨文基本相同;西周中后期金文,多省足,作中、中毛公鼎,秦隶为书写简便,将交手朝下,表示身体的中竖斜置,作女睡虎地简·法八〇,汉隶横置作女,楷书将表右手的曲笔变作折笔,又将表左手的曲笔变作撇。

　　"女"又专指女儿,《周易·说卦》："巽一索而得女,故谓之长女。"雌雄对称如男女之别,故也指雌性的,顾炎武《日知录》："山东河北人谓牝猫为女猫。"女子相对男子而柔弱,故又指柔弱、幼小,刘师培《左盦外集·物名朔源续补》："小雀谓之女鸥,犹小桑谓之女桑,城上小墙谓之女墙也。"又为星宿名,二十八宿之一,北方玄武七宿的第三宿,有星四颗,潘岳《西征赋》："仪景星于天汉,列牛、女以双峙。"

　　"女"又音 nù,作动词指以女嫁人,《左传·桓公十一年》："宋雍氏女于郑庄公,曰雍姞,生厉公。"

　　"女"又音 rǔ,用作代词,为第二人称,后作"汝",《诗经·郑风·蘀兮》:

"叔兮伯兮,倡予和女。"

| mù 慕 | 墙盘 | 说文小篆 | 桐柏庙碑 | 颜真卿 |

《说文》作"慕",形声字。《说文》:"慕,习也。从心莫声。"指模拟、仿效。徐锴《系传·通论》:"慕亦恋也。恋在内而慕在外。慕犹模也,习也,爱而习玩模范之也。""莫"为"暮"之本字,为日落之时。甲骨文作 粹六八二,以太阳(日)落在草丛(茻)中会傍晚之意。"莫"后用作否定词,表示无、没有。"慕"指内心向往而模拟、仿效,《说文》"莫,日且冥也","且"有将近、几乎义,仿效者力求接近或同于被仿效者,故"慕"从心莫声。张舜徽《约注》:"心悦而效习之谓之慕,犹手抚而规为之谓之摹,语原一耳。"

人羡慕自己仿效的人,故"慕"引申指羡慕、贪慕,《淮南子·原道》:"诱慕于名位。"思慕是内心追慕,故也指思慕,《孟子·万章》:"人少则慕父母。"思慕而难见,则会伤感,故又指悲伤,曹植《卞太后诔》:"百姓歔欷,婴儿号慕。"又用作姓氏,《古今姓氏书辩证》暮韵:"今开封市人有慕氏,不详所出。虢州团练使、郓州总管慕兴,定州人。或作慕容氏。"

| zhēn 贞(貞) | 续五16.4 | 粹505 | 周甲13 | 散盘 | 冲子鼎 | 说文小篆 | 尹宙碑 | 颜真卿 |

繁体作"貞",会意兼形声字。《说文》:"貞,卜问也。从卜,貝以为贽。一曰鼎省声,京房所说。"本义为卜问、占卜。张舜徽《约注》:"古者卜以决疑,贞训卜问,盖亦有取于定断之意。"《周礼·春官·天府》:"季冬,陈玉,以贞来岁之媺恶。"郑玄注:"问事之正曰贞。"卜问须执礼(貝)请卜者占卜,孙诒让《契文举例》"古问卜必用贩以为谢贽,或本用貝,故贩字从貝",《说文》"贩,赍财卜问为贩",故"貞"从卜从貝。桂馥《义证》:"当作鼎声。盖籀文以鼎为貝,本书鼎下云:'籀文以鼎为貞字。'貞当为貝,员之籀文从鼎作鼑,则之籀文从鼎作鼒,此籀文以鼎为貝之证。又,賣之古文作霣,古文当为籀文。""貞"甲骨文作 、,以鼎为貞。又作 、 周甲一一二,金文作

[图]、[图]戎鼎，加"卜"作形符。战国文字作[图]，省鼎足而作两竖，形如小篆[图]（貝），为小篆字形所承，故《说文》以"贞"从"貝"。罗振玉《殷虚文字》："今卜辞中凡某日卜某事，皆曰贞。其字多作[图]，与[图]字相似而不同。或作鼎，则正与许君以鼎为贞之说合，知确为贞字矣。古经注贞皆训正，惟许书有卜问之训。古谊古说赖许书而仅存者，此其一也。又古金文中贞、鼎二字多不别，无鼎[图]字作[图]，旧辅甗贞字作[图]，合卜辞观之，并可为许书之证。"京房是许慎博采通人之一，为西汉今文《易》学京氏学的创始人。郭沫若《卜辞通纂考释》："古乃假鼎为贞，后益之以卜而成鼎（贞）字，以鼎为声。金文复多假鼎为鼎……鼎貝形近，故鼎乃讹变为贞也。"《字源》："鼎为贞的源头、声首与初文。甲骨文中鼎字大量地被借用作贞，其前辞的固定格式'某某卜某贞'、'某某卜某贞'、'某某卜，在某贞'等都离不开貞，后来才为造专字鼎……战国时主流结构的最大变化是声旁鼎远离象形，简化，由原来的鼎声变成鼎省声……《说文》整理为从卜从貝，实际貝是由鼎省变而成，表示鼎声。""卜"是占卜灼龟板裂出的纹路，"鼎"是占卜时煮鼎献神礼器，占卜贞问煮鼎灼龟，故"贞"从卜，鼎省声。京房所说为是。"眞"字也是从卜从鼎，表示占卜献神时的内心真诚。"贞、真"字源相同。

　　"贞"也指《易》卦的下体，即下三爻，《左传·僖公十五年》："蛊之贞，风也。其悔，山也。"杜预注："巽为风，秦象。艮为山，晋象。"孔颖达疏："筮之画卦，从下而始，故以下为内，上为外。此言贞风悔山，知内为贞外为悔。"古人对占卜结果会坚定不移地执行，故又指坚定不移，多指意志或操守，《释名·释言语》："贞，定也，精定不动惑也。"《周易·系辞》："吉凶者，贞胜者也。"忠诚之心多坚定不移，故也指忠诚、真诚，《荀子·子道》："故子从父，奚子孝？臣从君，奚臣贞？审其所以从之之谓孝、之谓贞也。"古称女子未许嫁曰贞，《周易·屯》："女子贞不字。"又指女子从一夫而终，如贞节、贞烈，《史记·田单列传》："贞女不更二夫。"卜问是问于正直无欺的天道，卜问求正确的方向，故又指正，《尚书·太甲》："一人元良，万邦以贞。"正则恰当，故又指当，《楚辞·离骚》："摄提贞于孟陬兮，惟庚寅吾以降。"通

"桢"，〔贞干〕即"桢干"，比喻骨干，《论衡·语增》："夫三公，鼎足之臣，王者之贞干也。"

jié
洁（潔）

潔　絜　潔　潔
说文小篆　爨宝子碑　王羲之　颜真卿

　　繁体作"潔"，形声字。《说文新附》："潔，瀞也。从水絜声。"本义为清洁、干净。《左传·定公三年》："庄公卞急而好潔，故及是。"絜，《说文》："麻一耑也。从糸㓞声。"本义为一束麻。王筠《句读》："絜之为言㓞也，束之便于提挈。"张舜徽《约注》："絜之言结也，谓结束之使不散也。""㓞"指用刀（刀）刻木有纹（丰），治麻先用麻刀去皮，其次捆麻丝为束，然后以刀截其一端使整齐，故"絜"从糸㓞声。一束麻经整理后整齐如一而不散乱，故"絜"引申指整齐、洁净，后作"潔"。段注："束之则不樕（散）曼，故又引申为潔净，俗作潔，经典作絜。""潔"为水洁净（絜），水洁净则通彻如一，故"潔"从水絜声。《玉篇》水部："洁，水也。"为水名，从水吉声。今以"洁"为"潔"之简化字。

　　"洁"也指洁净的东西，柳宗元《瓶赋》："钩深挹洁，淡泊是师。"洁净之物光亮洁白，故又指白、明净，如洁白，南朝梁沈约《谢敕赐绢葛启》："素采冰华，绨文霜洁。"又指德行操守清白，《管子·明法》："如此，则悫愿之人失其职，而廉洁之吏失其治。"又指（语言）简明、精炼，《文心雕龙·议对》："文以辨洁为能，不以繁缛为巧。"

nán
男

男　男　男　男　男　男　男
京津 2122　合 3455　矢方彝　楚上 3　说文小篆　熹平石经　颜真卿

　　会意字。《说文》："男，丈夫也。从田从力。言男用力于田也。"本为男子，与"女"相对。段注："周制八寸为尺，十尺为丈。人长一丈，故曰丈夫。《白虎通》曰：'男，任也。任功业也。'古男与任同音，故公侯伯子男，王莽男作任。"男子身强力壮而能任事，"男、任"声义相近，饶炯《部首订》"男为成人之称。古者三十而娶，受田。男从田力会意，谓其力任田事"，故

"男"从田从力。"力"甲骨文作 ![合二二二六九] 合二二二六九，像耒耜形，或像手臂有力形。徐中舒《甲骨文字典》："![]象原始耒形，从田从力会以耒于田中从事农耕之意，农耕乃男子之事，故以为男子之称。"用力于田，用耒耕田，构字意图皆通。

儿子是未长大的男人，故"男"也指儿子，杜甫《石壕吏》："一男附书至，二男新战死。"又为儿子对父母的自称，欧阳修《泷冈阡表》："男推诚保德崇仁翊戴功臣、观文殿学士。"又为古爵位名，五等爵之一，《礼记·王制》："王者之制禄爵，公、侯、伯、子、男，凡五等。"又为古代"九服"之一"男服"的简称，《尚书·康诰》："侯、甸、男、邦、采、卫。"孔传："男服去王城二千里。"

xiào
效（俲）

![甲786]	![毛公鼎]	![说文小篆]	![曹全碑]	![颜真卿]
甲 786	毛公鼎	说文小篆	曹全碑	颜真卿

形声字，也作"俲"。《说文》："效，象也。从攴交声。"义为摹仿、效法。段注："《毛诗》'君子是则是俲'，又'民胥俲矣'，皆效法字之或体。《左传》引《诗》'民胥效矣'是也。彼行之而此效之，故俗云报效，云效力，云效验。"《周易·系辞》："知崇礼卑。崇效天，卑法地。"韩康伯注："极知之崇，象天高而统物。"孝，《说文》"放也。从子爻声"，马叙伦《说文解字六书疏证》："孝从子者，小儿性善相效，是则效法字初文作孝。""效、孝、敩、教"同源，"敎"字构形指教师持鞭（攴）施教，学生学习效法（孝）。儿童（子）善于模仿效法，《说文》"教，上所施下所效也"，教师执攴（扑）督促学生学习效法，段注"教者，与人以可放也。学者，放而像之也"，或执攴做事而模仿效法，效法与被效法者多有交会，故"效"从攴交声。

效法要付出辛劳，故"效"引申为献出、效劳，《史记·淮阴侯列传》："愿效愚忠。"效法会有成效，故也指功效，诸葛亮《出师表》："受命以来，夙夜忧叹，恐托付不效，以伤先帝之明。"效验是成效的体现，故又指验证、证明，《淮南子·修务》："夫歌者，乐之征也；哭者，悲之效也。"告白要明白有效，故又指告白，《礼记·曲礼》："君车将驾，则仆执策立于马前；已驾，仆展軨，效驾。"郑玄注："白已驾。"效验明白可见，故又指明白，《荀子·正论》："故桀纣无天下,而汤武不弑君,由此效之也。"通"校"(jiào),考查,《尚书·梓材》:"王其效邦君,越御事。"

cái
才

続 1.36　乙 7191　旂鼎　说文小篆　魏王基残碑　颜真卿

会意字。《说文》:"才,草木之初也。从丨上贯一,将生枝叶。一,地也。"以草木芽初出地表示初始。王筠《句读》:"惟才以初为正义,故典籍用才字者皆以为始之通称,不专属草木。"《晋书·谢安传》:"才小富贵,便豫人家事。""才"侧重于初始而言,故不言"生";而"屮"则已生出地面,故言"草木之初生"。徐铉等注:"丨,上下通也。象草木萌芽,通徹地上也。"段注:"《释诂》曰:'初、哉,始也。'哉即才,故哉生明亦作才生明。凡才、材、财、裁、纔字,以同音通用。""才"小篆像草木萌芽刚露出地面,上一横指地,横上出头者为草木芽,下一画像根荄,王筠《句读》:"许君两'一'字,皆指上一,而下一则非一字也。古器铭'在'但作十,犹'哉'作'才'也。●附于一,只是根荄之状耳。"王筠《释例》:"才字,小徐以上一为岐枝,下一为地,非也。段氏以上一为地,是也。以'将生枝叶'指下画,又非也。作此篆者,皆上一长,下一短,地不能短于岐枝,且已生岐枝,何云'将'也? 故知小徐非。枝叶不能在地下,故知段氏非。文登毕恬溪亨曰:'当作十,圆点以象根之上大而下细。'其说近理……至于'将生枝叶',则指丨而言,兼承初字之意。草木必生枝叶,而丨则无之者,惟其初也,故曰'将'。"段注:"一,谓上画也……才有茎出地,而枝叶未出,故曰将。草木之初,而枝叶毕寓焉;生人之初,而万善毕具焉;故人之能曰才,言人之所蕴也。凡草木之字:才者,初生而枝叶未见也;屮者,生而有茎有枝也;屮者,枝茎益大也;出者,益兹上进也。此四字之先后次弟。"林义光《文源》:"古作十孟鼎,从一,一,地也。丨草木初生形,●象种。"

草木萌芽是最初的原本形态,故"才"引申为才质、才性,如天才,《孟子·告子》:"富岁子弟多赖,凶岁子弟多暴,非天之降才尔殊也。"又指才能、才智,徐灏《注笺》:"才、材古今字。因才为才能所专,故又加木作材也。"《诗经·鲁颂·駉》:"思无期,思马斯才。"又指有才能的人,《礼记·文王世子》:"必取贤敛才焉。"同"纔",今用为"纔"的简化字,作副词,如他半夜十二点才睡着、只有用功才能够学好,《水经注·湿余水》:"林鄣邃险,路才容轨。"

liáng
良　　　　合13936　合22049　格伯簋　季良父盉　陶汇3.588　说文小篆　熹平石经　颜真卿

象形字。《说文》:"良,善也。从亯省,亡声。𠁹,古文良。𨈬,亦古文良。𨈬,亦古文良。"指良善、良好。吴僎《释良下》:"许训为善,何也? 良之训不一,而皆可以善尽之。"《诗经·小雅·角弓》:"民之无良,相怨一方。"郑玄笺:"良,善也。""良"甲骨文作𠁹合六六一四白、𠁹怀四九五,徐中舒谓像古人半穴居地室的走廊,为"廊"之本字。半穴居地室通道畅朗,是居住环境良好。"良"战国文字作𨈬齐·陶汇三·一·〇三,为《说文》古文来源。甲骨文又作𠁹合四九五六、𠁹合四九五五,像人从两旁廊道进出房室形。徐中舒《黄河流域穴居遗俗考》:"良为穴居四周的岩廊,也是穴居最高处,故从良之字,有明朗高朗之义。"两边都有走廊的居室通透便利,完善而优良。

良善者多贤明,故"良"引申为贤明,《尚书·益稷》:"元首明哉,股肱良哉,庶事康哉。"又指精善,《左传·襄公二十六年》:"楚师之良,在其中军王族而已。"良善是美好的体现,故又指良好、美好,《左传·襄公三年》:"驾,良邑也。"良善者多身心和悦,故又指和悦,《荀子·非十二子》:"士君子之容,其冠进,其衣逢,其容良。"走廊多狭长,故又指历时久长,如良久,《荀子·成相》:"隐讳疾贤,良有奸诈,鲜无灾。"孟子谓人性本善,故又指先天具有或自然具备的,《孟子·尽心》:"人之所不学而能者,其良能也;所不虑而知者,其良知也。"又用作副词,相当于"的确、果然、很、甚"。

【原文】　知过必改　　得能莫忘
zhī guò bì gǎi　　dé néng mò wàng

【译文】　知道自己的过错,就必定改正;获得成功的时候,不要忘了根本。

【释义】

　　自古以来，"改过"都是重要的修身功课，古人不以无过为善，而以改过为美，故圣贤皆重视改过。改过首先要明辨是非，明辨是非对错后，就要勤于自省，有则改之，无则加勉。人不易发现自己的过错，所谓旁观者清，故知过也赖于别人的提醒，多听父母、师长及身边人的教诲、建议，乐意接受别人指出的过错，才能更好地知过改过。明朝思想家袁黄（袁了凡）著《了凡四训》，劝人积善改过，曾国藩非常推崇《了凡四训》，研读后改号涤生，谓"涤者，取涤其旧染之污也；生者，取明袁了凡之言：从前种种，譬如昨日死；从后种种，譬如今日生也"，将其列为子侄必读之书。《了凡四训》第二篇即"改过之法"，谓改过当发耻心、畏心、勇心等三心，可以参考。

　　"得能莫忘"是说人有所得时，一定不能忘了赖以成就的仁德，要坚守无失，不要得意忘形，丢掉做人的本分。不忘初心，方能善始善终。

【解字】

汤鼎盖　　孙膑264　　说文小篆　　礼器碑　　颜真卿

　　形声字。《说文》："知，词也。从口从矢。"指知道、了解。"从矢"当从《韵会》引作"矢声"。徐锴《系传》："凡知理之速，如矢之疾也。"段注："白部曰：'矯，识词也。从白从亏从知。'按此'词也'之上，亦当有'识'字。知、矯义同。故矯作知。"朱骏声《通训定声》："识也。憭于心，故疾于口。智则为识词。"《尚书·皋陶谟》："知人则哲。""矢"甲骨文作甲三一一七，像箭形。识见渊博者反应敏捷、表达顺畅，出言、理解疾若飞箭（矢），故"知"从口矢声。

　　"知"也指知觉、感觉，《荀子·王制》："草木有生而无知。"对某一项内容深入、全面了解而形成知识，故又指知识，《论语·子罕》："吾有知乎哉？无知也。"又指使知道、告知，如通知，戴复古《南安王使君领客湛泉流觞曲水》："连朝好雨千山润，昨夜新秋一叶知。"有知识则有一定的区别能力，故又指识别、区别，《吕氏春秋·有始》："天地合和，生之大经也。以寒暑日月昼夜知之。"知识记于心，故又指记忆、记住，《论语·里仁》："父母之年，不可不知也。"有学识、经验则能主事，故又指主持、掌管，《字汇》矢部："知，《增韵》主也。今之知府、知县，义取主宰也。"学识深厚者易被赏识，故又指优遇、赏识，《论语·卫灵公》："君子不可小知，而可大受也。"交友前先要认识对方，能识人才能择交善友，故又指交友、交往，《荀子·不苟》："君子易知而难狎。"好友之间内心相知，故又指知己、知交，《左传·昭公二十八年》："遂如故知。"知交感情深厚，故又指相契、要好，《左传·昭公四年》："公孙明知叔孙于齐。"

"知"又音 zhì，知识升华则为智慧，故引申指智慧，同"智"，徐灏《注笺》："智慧即知识之引申，故古只作知。"《礼记·中庸》："好学近乎知，力行近乎仁，知耻近乎勇。知斯三者，则知所以修身。"

guò
过（過）

过伯爵　　过伯簋　　老子甲 50　说文小篆　华山庙碑　　颜真卿

繁体作"過"，形声字。《说文》："過，度也。从辵咼声。"指跨越、经过。吴善述《广义校订》："過本经过之过，故从辵。许训度也，度者过去之谓，故过水曰渡，字亦作度。"马叙伦《说文解字六书疏证》："过为跨之转注字。同舌根破裂音也。"《论语·宪问》："有荷蒉而过孔氏之门者。"咼（ kuā，今读 wāi），《说文》"口戾不正也。从口冎声。"本义为歪斜。冎（ guǎ），《说文》："剔人肉置其骨也。象形。"指剔骨离肉，后作"剐（剮）"。"冎"甲骨文作 （粹一三〇六），像剐去肉留下的骨架。骨架多呈歪斜、分支、岔开状，故"冎"有不正、跨越意。"咼"为口歪斜不正（冎），故从口冎声。"過"指跨越而行（辵），跨越需两腿分开大步越过，段注"大其两股间以有所越也"，跨大步则两腿呈歪斜状（咼），故"過"从辵咼声。简化字"过"从辵从寸。

"过"也指渡过，《尚书·禹贡》："北过降水，至于大陆。"身体超越被跨越之地，故又指超过，《论语·公冶长》："由也好勇过我，无所取材。"走过的路已经过去，故又指过去，曹操《精列》："年之暮奈何，时过时来微。"物给人如物从二人间经过，故又指给予、递给，《论衡·定贤》："邮人之过书，门者之传教也，封完书不遗，教审令不遗误者，则为善矣。"超越本分则为过分，故又指过分、太甚，《荀子·修身》："怒不过夺，喜不过予。"过犹不及，是不足的体现，过分是错误之举，故又指过错、过失，《商君书·开塞》："夫过有厚薄，则刑有轻重。"严重过失则上升为罪恶，故又指罪恶，《礼记·礼运》："以著其义，以考其信，著有过，刑人讲让，示民有常。"又指错误，《战国策·秦策》："计失于陈轸，过听于张仪。"犯错则易被责备，故又指责备，《吕氏春秋·适威》："烦为教而过不识，数为令而非不从。"探望要往过其家，故又指探望、拜访，《诗经·召南·江有汜》："之子归，不我过。"又指转移，如过户。又用作量词，遍、次，陆云《与兄平原书》："前后读兄文，一再过，便上口语。"

必 bì

合175　合14034　走马休盘　南宫乎钟　包127　说文小篆　熹平石经　颜真卿

会意兼形声字。《说文》："必，分极也。从八、弋，弋亦声。"本义指标杆、标准。"必"从八，故言"分"，"分极"指分别、分判的准则，段注："极，犹准也……凡高处谓之极，立表为分判之准，故云分极。"弋（yì），《说文》："橜也。象折木衺锐著形。从厂，象物挂之也。"指木桩，后作"杙"。"弋"小篆作，孔广居《疑疑》："象弋之干，象弋首小枝。"张舜徽《约注》："本书木部橜、橜二篆，并训弋也，即今俗所称木桩。著之于墙，可以挂物；著之于地，可以系牲；著于门中，可以止户：随所施而为用异。""弋"甲骨文作合一九九四六反、合五六七三、合五九〇〇，像下端尖锐的木桩，上旁出者用以挂物、系牲。朱芳圃《殷周文字释丛》："字象橜形，今呼木桩。上象槎枒，所以固之。椓于地上，或以系牲，或以县（悬）物，用途甚广。""弋"为木桩，多用于分界标志或指定方向的标杆，"八"指分别，事物经分别、分判而得其准，王筠《句读》"分别得其极，而后可必。游移两可,不能必也",故"必"从八、弋,弋亦声。徐灏《注笺》:"疑此乃弓柲本字,借为语词之必然耳……弓柲以两竹夹持之,从八,指事兼声耳。""必"甲骨文像矛、戈等器物的柄,为"柲"之初文,本义为柄。金文加下横及两侧两点,为饰笔,小篆承之,两侧之点表示插柄之器孔,拉长同"八",《说文》遂以为从"八"。柄稳定而易把持,有护手之用,故"必"有保、确定义。郭沫若《殷周青铜器铭文研究》:"余谓必乃柲之本字,字乃象形,八声。"

　　标准会得到众人肯定,故"必"引申为肯定、确定,《韩非子·显学》:"无参验而必之者,愚也。"标准为人所坚守而不易改变,故也指坚决、坚定,《荀子·强国》:"其刑罚重而信,其诛杀猛而必,黯然而雷击之,如墙厌之。"又指保证、确保,《荀子·议兵》:"杀戮无时,臣下懔然莫必其命。"标准为人所遵守,故又指信赖、讲信用,《汉书·韩信传》:"且汉王不可必。"又指坚持己见、固执,《论语·子罕》:"毋意,毋必,毋固,毋我。"又用作副词,相当于"一定、必然、必须、必要"。也用作连词,表示假设关系,相当于"假使、如果"。通"毕",全、尽,《墨子·所染》:"五入必,而已则为五色矣。"孙诒让《间诂》:"必,读为毕。"

改 gǎi

合 39468　　合 39465　　改盨　　侯马盟书　　说文小篆　　礼器碑　　颜真卿

　　形声字。《说文》:"改,更也。从攴、己。"本义为变更、更易。更、改双声,二字互训。《楚辞·离骚》:"不抚壮而弃秽兮,何不改乎此度?"王逸注:"改,更也。"改、己上古音皆为见纽之部,"从攴、己"当从徐锴《系传》作"从攴己声"。李阳冰"己有过,攴之即改",徐灏《注笺》"改、变、更并从攴,有所治以改其旧式也",手持工具(攴)使物形(己)变化,故"改"从攴己声。

　　有过错就要改正,故"改"引申为改正,《周易·益》:"君子以见善则迁,有过则改。"文章、衣服等有错误或不合适须修改,故又指修改,如改文章、改衣服,叶圣陶《倪焕之》:"学生作了文,必须认真给他们改。"

dé
得
合 508　　合 8928　　得觚　　智鼎　　说文小篆　　说文古文　　熹平石经　　颜真卿

　　形声字。《说文》："得，行有所得也。从彳寻声。图，古文省彳。"本义为得到、获得，与"失"相对。《周易·乾》："知得而不知丧。"寻（dé），《说文》："取也。从见从寸。寸，度之，亦手也。"本义为获得，同"得"。戴侗《六书故·动物》："貝在手，得之义也。"所言是，"見"为"貝"之变，"寸"为"又"之变。罗振玉《增订殷虚书契考释》："从又持貝，得之意也，或增彳。许书古文从見，殆从貝之讹。"财货（貝）珍宝为众人所求，最能体现获得，所谓"天下熙熙，皆为利来；天下攘攘，皆为利往"，故从又持貝，以取得珍宝财货会获得之意。战国文字作图中山王礜壶、图楚·包山二·一〇二、图宋公得戈，"貝"多省作"目"。虢弔钟（西周晚期）作图，上貝似秦系文字"見"，《说文》遂以为从见，为古文由来。隶书得，"目"之下横分离，与下"寸"相连，上变作"日"。秦系文字作得陶汇五·四三一、得睡二四·一八，与小篆同。"得"指出行（彳）有所得（寻），故"得"从彳寻声。

　　过分获取为贪得，故"得"转指贪得，《论语·季氏》："及其老也，血气既衰，戒之在得。"得到者统称为利益，故又指利益，《论语·子张》："士见危致命，见得思义。"与物相遇方能获得，遇到人是得见其人，故又指相遇、遇到，王安石《赠张康》："昔在历阳时，得子初江津。"与人相契则愉悦，是心有所得，故又指投合、投契，白居易《赠元稹》："所得惟元君，乃知定交难。"晓悟是得其解，故又指晓悟、了解，苏轼《答黄鲁直书》："见足下之诗文愈多，而得其为人益详。"获得则满足，故又指满足，《礼记·王制》："地邑民居，必参相得也。"获得之物能为己所用，故又指可、能够，《论语·述而》："圣人，吾不得而见之矣。"自己能支配所得之物，故又转指控制、驾驭，《韩非子·孤愤》："重人也者，无令而擅为，亏法以利私，耗国以便家，力能得其君，此所为重人也。"合心意者方想得到，故又指适合、适当，《礼记·郊特牲》："阴阳和而万物得。"郑玄注："得，得其所。"又用作副词,表示反诘,相当于"岂、难道",杜甫《次晚洲》:"中原未解兵,吾得终疏放?"通"德",《荀子·解蔽》:"宋子蔽于欲而不知得。"

"得"又读轻声 de,用作助词,表示可能、能够,动作完成;连结表示结果或程度的补语等。

néng
能

合 19703　　合 309　　沈子它簋　哀成弔鼎　　望 1　　说文小篆　华山庙碑　颜真卿

象形字。《说文》:"能,熊属。足似鹿。从肉㠯声。能兽坚中,故称贤能;而强壮,称能杰也。"本指熊属,食肉类哺乳动物。《左传·昭公七年》:"今梦黄能入于寝门。"徐锴《系传》:"坚中,骨节实也。""足似鹿"指小篆字形中"能、鹿"之足相似,徐灏《注笺》:"盖以其从𠂢与鹿篆同也。"徐铉等注:"㠯非声,疑皆象形。"熊类兽强壮有力,耐饥耐寒且捕食有方,故"能"借为能耐、才能、贤能之"能",兽名则以从火之"熊"代替。"熊"从火表示熊熊火势,"能-熊"为用字假借关系,非造字相承增偏旁的古今字。"能"甲骨文像大头、短尾、巨掌的熊形。金文略存熊形。熊的头、嘴之形与肉(𠕎)相似,故小篆变作"肉";金文字形,熊身尾形逐渐上曲,战国文字进一步卷曲作𠃌,与"㠯"𠃌楚王酓志鼎、𠃌楚·望一相同,故小篆变为"㠯",用作声符。

熊(xióng),《说文》:"兽似豕。山居,冬蛰。从能,炎省声。"本义为火光旺盛貌,如烈火熊熊。徐灏《注笺》:"熊之本义谓火光……此当从火能声。假借为能兽字。"《山海经·西山经》:"南望昆仑,其光熊熊,其气魂魂。"郭璞注:"皆光气炎盛,相焜燿之貌。"《史记·天官书》:"熊熊赤色,有光。""熊"之借义多用,本义少用,《尚书·牧誓》:"如虎如貔,如熊如罴。""熊"为火光盛大貌,火之光焰旺盛如能兽强大威猛,故"熊"从火从能。马叙伦《说文解字六书疏证》:"本书熊次于能部之后者,以篆形相似,所谓据形系联也。""熊"初从火从能,为会意字。"熊"借作能兽之"能",假借既久,本义堙没,人多以借义为本义,故《说文》相承,以本义为兽名之熊,以动物熊为本义,遂变其构形,以能为形符,不变形符"火"而将其改造成省声字，谓"熊"从能，炎省声。

熊强壮威猛，耐饥耐寒，故"能"转指才能、技能，《玉篇》能部："能，多技艺也。"《论语·泰伯》："以能问于不能，以多问于寡。"又指有才能的人，《礼记·礼运》："大道之行也，天下为公，选贤与能，讲信修睦。"有才能之人可以任事，故又指能够，《尚书·西伯戡黎》："乃罪多参在上，乃能责命于天？"有才能者必定有精善之处，故又指善于、长于，《礼记·中庸》："君子依乎中庸，遁世不见知而不悔，唯圣者能之。"由善于转指亲善、和睦，《尚书·舜典》："柔远能迩。"也指会有，杜甫《赠卫八处士》："少壮能几时？鬓发各已苍。"又指及、到，《论语·子张》："吾友张也，为难能也。"又用作副词，相当于"乃、就，何其，只、仅"。也用作连词，表示转折或相承，相当于"而"。

"能"又音 nái，三足鳖，《尔雅·释鱼》："鳖三足，能。"

莫（暮）

mò

　　合 10227　合 10729　合 32485　父乙髟莫瓿　夆莫父卣　说文小篆　华山庙碑　颜真卿

会意兼形声字。莫（mù），《说文》："日且冥也。从日在茻中。"本指日落时分，桂馥《义证》："且冥，将冥也。"《诗经·齐风·东方未明》："不夙则莫。"徐锴《系传》："平野中望日且莫将落，如在茻中也。"故"莫"从日在茻中。"茻"亦为声符，徐锴《系传》有"茻亦声"三字。朱骏声《通训定声》："茻、莫亦一声之转。""莫"甲骨文、金文、小篆以太阳（日）落于艸或草莽（茻）中会傍晚之意。日落则阳光不见，昏暗难见外物，故"莫"后借为否定代词、副词，日落本义于"莫"下加日作"暮"。

傍晚天色昏暗，故"莫"转指昏暗，枚乘《七发》："于是榛林深泽，烟云暗莫。"傍晚为白天终尽时，又指晚、一年将尽、时间将尽，《诗经·小雅·采薇》："曰归曰归，岁亦莫止。"又为植物名，即酸模，蓼科，多年生草本，嫩茎叶可食，全草入药，《诗经·魏风·汾沮洳》："彼汾沮洳，言采其莫。"通"幕"，帐篷，《史记·张释之冯唐列传》："斩首捕虏，上功莫府。"

"莫"又音 mò，指安定，《诗经·大雅·皇矣》："监观四方，求民之莫。"

又指广大,《庄子·逍遥游》:"何不树之于无何有之乡,广莫之野。"又指薄、淡漠,《论语·里仁》:"君子之于天下也,无适也,无莫也,义之与比。"陆德明释文:"范宁云:'适莫犹厚薄也。'郑音慕,无所贪慕也。"又用作代词,表示没有什么或没有谁,如莫大之幸,银雀山汉墓竹简《孙膑兵法·月战》:"间于天地之间,莫贵于人。"又用作副词,表示否定、禁止或揣测、反问。

wàng
忘　　　　　　　　　　　　　忘　忘
陈侯午錞　蔡侯钟　老子甲后183　说文小篆　白石神君碑　颜真卿

形声字。《说文》:"忘,不识也。从心从亡,亡亦声。"本义为不记得、忘记。《韵会》引及徐锴《系传》皆作"从心亡声"。"识"音 zhì,记得,张舜徽《约注》:"识即记也,亦读同志。《论语·述而》篇'默而识之',即默而记之耳。"《诗经·小雅·隰桑》:"中心藏之,何日忘之。""亡"指逃亡,金文作 ∪ 毛公鼎,像人逃隐(人)在屈曲隐蔽处(∟)。"忘"指内心不记得,所忘者从内心遗失,如逃亡不见,高田忠周《古籀篇》"亡失无有所以不识也",《约注》"忘之言亡也,谓遗亡不记也",故"忘"从心亡声。

所忘者记不得如从内心遗失,有"遗忘"一词,故"忘"引申为遗失、遗漏,《诗经·大雅·假乐》:"不愆不忘,率由旧章。"遗忘则无,又指无,《史记·平津侯主父列传》:"高皇帝盖悔之甚,乃使刘敬往结和亲之约,然后天下忘干戈之事。"遗忘的内容如被内心舍弃而消失,故又指舍弃,《后汉书·宋弘传》:"臣闻贫贱之知不可忘,糟糠之妻不下堂。"通"妄",《老子》十六章:"不知常,忘作,凶。"

【原文】 wǎng tán bǐ duǎn　　mǐ shì jǐ cháng
　　　　　罔　谈　彼　短　　　靡　恃　己　长

【译文】 不要去谈论别人的是非长短,不要依仗自己的长处而傲慢自大。

【释义】

"罔谈彼短,靡恃己长"是为人处世的重要原则。"短"指缺点,也指是非。"罔"指莫、不要,经常谈论别人的是非长短,有损自己的德行,还会耗损自己的精力、时间,还易引起误会、招惹祸害。因此不要谈论别人的是非,不要恃才傲物。

"靡"指无,相当于"不要"。"长"指长处、优点。《论语·公冶长》:"愿无伐善,无施劳。""伐"指夸耀。颜回不希望夸耀自己的长处,也不将劳累之事强加给别人。如果一个人骄慢,必然会固步自封,也会招致众人厌恶。人若不论人短、不恃己长、谦虚谨慎,就能给人生带来诸多益处。

【解字】

wǎng
罔(网)

合 10514　合 10754　乙 5329　网鼎　说文小篆　说文或体　熹平石经　褚遂良

"罔"为"网"之或体,形声字;"网"是象形字。《说文》:"网,庖牺所结绳以渔。从冂,下象网交文。罔,网或从亡。𦉯,网或从糸。网,古文网。𦊨,籀文网。"用绳线织成的捕鸟兽及鱼的工具。张舜徽《约注》:"段氏注本依《广韵》《太平御览》补'以田'二字于'以渔'二字上,而慧琳《一切经音义》卷六十六、卷七十六所引《说文》,並有'以田'二字,知今二徐本显有挩佚,补之为是。盖初民为网,所以兼取禽、鱼,本部所录诸文,自罩以下,皆取鱼之字,自罗以下,皆取禽之事。亦二者分举。"《周易·系辞》:"作结绳而为罔罟,以佃以渔。"小篆像张网之形,饶炯《部首订》:"文本全体象形,上有纪,下有纲,中有交文,当以籀文网为正。"古文从亡声作"罔","罔"后来主要用作副词,表示否定,"𠕒"为"罔"之省。或体从糸作"𦉯",后作"網",为"网"的通行字,简化字又复其初文作"网"。

"网"也泛指网状物,《楚辞·招魂》:"网户朱缀,刻方连些。"王逸注:"网户,绮文镂也。"张铣:"织网于户上,以朱色缀之。"网目纵横交错,故也指关系纵横交错的组织或系统,《老子》七十三章:"天网恢恢,疏而不失。"网能捕鸟、兽、鱼等,故又指搜罗、收容,《汉书·王莽传》:"网罗天下异能之士。"

"罔"作动词指用网获取,司马相如《子虚赋》:"罔瑇瑁,钩紫贝。"又指搜罗、收取,《商君书·赏刑》:"虽曰圣知、巧佞、厚朴,则不能以非功罔上利。"又指关系纵横交错的组织或系统,《三国志·魏书·陈思王植传》："诚以天罔不可重离,圣恩难可再恃。""罔"从网亡声,音借为"无",指无、没有,《尚书·康诰》："虽尔身在外,乃心罔不在王室。"又指蒙蔽、欺骗,徐灏《注笺》："罔有覆蔽义,故引申为欺罔之称。"《汉书·郊祀志》："知万物之情,不可罔以非类。"又指诬、无中生有,《字汇》网部:"罔,诬也。"遭人陷害者往往被蒙蔽,故又指陷害,《孟子·梁惠王》:"焉有仁人在位,罔民而可为也?"又指不正直,《论语·雍也》:"人之生也直,罔之生也幸而免。"朱熹注:"程子曰:生理本直。罔,不直也,而亦生者,幸而免尔。"又用作副词,相当于"不,别、不要"。通"惘",1. 迷惑无知貌,《论语·为政》:"学而不思则罔,思而不学则殆。"朱熹注:"不求诸心,故昏而无得。"2. 忧愁、失意,宋玉《神女赋》:"罔兮不乐,怅然失志。"

tán
谈 (談譚)

古陶文　　古玺　　说文小篆　　史晨碑　　颜真卿

　　繁体作"談",形声字。《说文》:"談,语也。从言炎声。"本义为对话、谈论。徐锴《系传》:"谈者,和怿而说言之,故《公羊传》曰'以为美谈'。"段注:"谈者,淡也,平淡之语。"《诗经·小雅·节南山》:"忧心如惔,不敢戏谈。"炎,《说文》:"火光上也。从重火。"饶炯《部首订》:"火光上者,谓火飞扬之光上出。"火光上扬则上下皆火,故"炎"从重火。火光上腾则盛大而稳定,故"炎"有盛大、平稳义。人用口言说谈论,心平气和,方能交谈,故"谈"的语义特征指平和、平等的谈话,和谐平等交谈,方能促进沟通、达成共识、增进合作,有盛大、长久、平和、美善之意,《集韵》"炎炎,美辩也",《庄子·齐物论》"大言炎炎",陆德明释文"炎炎,简文云:美盛貌",故"談"从言炎声。"谈"也作"譚",张舜徽《约注》:"谈之为言覃也……覃训长味,因之凡从覃声者,皆有长义深义……谈之从炎或从覃,皆谓言论之深长而有理致足以动人者。"《王力古汉语字典》:"'谈'是平常的随意交谈,'论'是有目的、有条理的商讨。"

　　谈论是彼此表达自己的观点,故"谈"转指言论、主张,《荀子·儒效》:

"慎、墨不得进其谈。"心平气和方能长久交谈,平常的随意交谈最多,故也指恬淡、平淡,马王堆汉墓帛书《十六经》五正:"黄帝于是辞其国大夫,上于博望之山,谈卧三年以自求也。"美善的人事物多被人谈论、扩散,故又指称颂人之美德使其名誉远扬,如美谈,《韩非子·孤愤》:"学士不因,则养禄薄礼卑,故学士为之谈也。"陈奇猷集释引旧注:"谈者,谓为重人延誉。"

bǐ 彼　　郘酅尹钲　石鼓　睡174　说文小篆　史晨碑　颜真卿

形声字。《说文》:"彼,往有所加也。从彳皮声。"为远指代词,与"此"相对。1. 指示代词,那,《周易·小过》:"公弋取彼在穴。"2. 第三人称代词,他、别人、对方,《左传·庄公十年》:"彼竭我盈,故克之。"往来须行走(彳),江沅谓"此言往者,从彳也"。"皮"位于身体外表而有加意,行远为距离加长,"彼"在"此"外,也有加意,徐锴《系传》"彼者,据此而言,故曰'有所加'",故"彼"从彳皮声。张舜徽《约注》:"凡从皮声之字多有加义。往有所加谓之彼,犹逐予谓之贻,盖发谓之髲,寝衣长一身有半谓之被耳。""此"在脚下(止),"彼"在远处(皮)。金文、石鼓文皆以"皮"为"彼",战国文字始加形符"彳"为"彼"。

"彼"通"匪",非,《墨子·修身》:"故彼智无察。"孙诒让《间诂》:"毕(沅)云'彼'当为非。"又通"被",《成阳灵台碑》:"惟大汉隆盛,德彼四表。"

duǎn 短　　睡15.98　说文小篆　熹平石经　颜真卿

形声字。《说文》:"短,有所长短,以矢为正。从矢豆声。"本义为不长,指空间或物体两端之间距离小,《庄子·骈拇》:"凫胫虽短,续之则忧。"慧琳《一切经音义》引《说文》有"不长也"三字。段注:"按此上当补'不长也'三字,乃合'有所长短,以矢为正'说从矢之意也。"徐锴《系传》:"若以弓为度也。"段注:"榘字下曰:'矢者,其中正也。'正直为正,必正直如矢而刻识之,而后可裁其长短。故《诗》曰:'其直如矢。'"王筠《句读》:"矢有五扶七扶之制,故可以代尺。犹匠人度堂室以筵,车人度车以柯也。"徐灏《注笺》:"古者弓长六尺,箭干长三尺,故度长以弓,如《乡射侯》'道五十弓'是也;度短以矢,如'堂前一笴'是也。"朱骏声《通训定声》"横用之器,矢最短;竖用之器,豆最短……长以发喻,短以豆、矢喻",故"短"从矢豆声。

时间的短为短暂,故"短"也指时间不长,《尚书·尧典》:"日短星昂,以正仲冬。"事物以适中为宜,短则不足而长则有余,故又指缺少、不足,《楚辞·卜居》:"夫尺有所短,寸有所长。"缺点是行为不足,故又指缺点、过失,如揭短,《论衡·自纪》:"常言人长,希言人短。"作动词为指出别人的过失,《史记·屈原贾生列传》:"令尹子兰闻之大怒,卒使上官大夫短屈原于顷襄王。"拙劣是水平、能力不足,故又指拙劣、才识凡庸,《晋书·刘琨传》:"以臣愚短,当此至难,忧如循环,不遑寝食。"又指未满六十而死,也指未成年而死,均表示寿命短,《尚书·洪范》:"一曰凶短折。"孔传:"短,未六十。"不擅长是技能不足,故又指不擅长,叶适《播芳集序》:"苏明允不工于诗,欧阳永叔不工于赋,曾子固短于韵语,黄鲁直短于散句。"

靡 mǐ

靡　靡　靡　靡
老子乙前 85　说文小篆　鲁峻碑　颜真卿

形声字。《说文》:"靡,披靡也。从非麻声。"本义为散乱、倒下。段注:"披靡,分散下垂之貌。"徐灏《注笺》:"《史记·项羽本纪》:'项王大呼驰下,汉军皆披靡。'盖披谓分散,靡谓倾倚也。"《左传·庄公十年》:"吾视其辙乱,望其旗靡。"非,《说文》:"违也。""非"金文作𠚤班簋,用鸟飞时分散双翅表排列、相反、相背义。"麻"金文作𪎭仲麻卣,像在屋下(厂)治麻(林)形。"靡"指散乱、倒下,"非"有散乱、违背义,徐锴《系传》"披靡,分也,故取相违之义",麻丝细微,分散且易纷乱,所谓"散乱如麻",故"靡"从非麻声。

物分散下垂则顺势依倚,故"靡"引申为亲顺、顺服,《庄子·人间世》:"凡交,近则必相靡以信。"王先谦集解:"宣云:相亲顺以信行。"物分散下垂则下延,故又指蔓延,《楚辞·天问》:"靡蓱九衢,枲华安居?"王逸注:"言宁有蓱草,生于水上无根,乃蔓延于九交之道。"段注"凡物分散则微细",故又指细腻、细密,《方言》第二:"东齐言布帛之细者曰绫,秦、晋曰靡。"华丽之物多细腻精美,故又指美好、华丽,《庄子·天下》:"不侈于后世,不靡于万物。"物倒下如从原处消失不见,故又指无、没有,《尚书·咸有一德》:"天难谌,命靡常。"又用作副词,表示否定,相当于"没、不",《诗经·小雅·节南山》:"不吊昊天,乱靡有定。"

"靡"又音 mí,指浪费,如奢靡,《周礼·地官·司市》:"以政令禁物靡而均市。"物灭(亡)则多倒下,故又指消灭,《荀子·大略》:"利夫秋豪,害靡国家。"灭则空尽,故又指尽,《荀子·富国》:"以相颠倒,以靡敝之。"房、车等物分散则损坏,又指损坏、磨损,《诗经·周颂·烈文》:"无封靡于尔邦,维王其崇之。"马瑞辰《传笺通释》:"无封靡于尔邦,犹云无大损坏于尔邦也。靡、累以叠韵为训,传训为累,与损坏义近,累于国即损坏于国也。"由散乱引申指分散,《周易·中孚》:"鹤鸣在阴,其子和之,我有好爵,吾与尔靡之。"

恃 shì　羞　恃　恃　恃　恃
　　　　鄦羌钟　古玺　说文小篆　曹全碑　颜真卿

形声字。《说文》:"恃,赖也。从心寺声。"本义为依赖、依仗。《诗经·小雅·蓼莪》:"无母何恃?"陆德明释文:"恃,恃负也。""寺"金文作🜚洗伯寺簋,以手(寸)持"之","之"金文作🜚散盘,像草木(或脚趾)从地面往上(或往前)伸出,充满活力,则"寺"为有力处事,有持取、主宰、有力等义。内心有依赖则充满力量(寺),故"恃"从心寺声。"恃"金文或作寺。

"恃"也指持、矜持,《吕氏春秋·本味》:"士有孤而自恃,人主有奋而好独者。"儿女依赖母亲,故又为母亲的代称,梅尧臣《赠陈孝子庸》:"嗟哉异类犹厚亲,岂彼人兮忘恃怙。"

jǐ
己

| 合549 | 合1488 | 作册大鼎 | 宴簋 | 说文小篆 | 说文古文 | 史晨碑 | 颜真卿 |

象形字。《说文》:"己,中宫也。象万物辟藏诎形也。己承戊,象人腹。𠀆,古文己。"用为天干第六位,与地支相配,以纪年、月、日。古代五行学说,戊己位于十天干中央,中央属土,故许慎承之以为说解,训"中宫"。万物归藏于土,𢀳为诎诎之形,故以形附义而言"象万物辟藏诎形也"。腹部位于人体中央,合于戊己中宫之位,故许慎本《太一经》谓"己承戊,象人腹"。古文与三形近,古有以"己亥"讹为"三豕"者,《吕氏春秋·察传》:"子夏之晋,过卫,有读史记者曰:'晋师三豕涉河。'子夏曰:'非也,是己亥也。夫己与三相近,豕与亥相似。'至于晋而问之,则曰:'晋师己亥涉河。'"朱骏声《通训定声》:"己即纪之本字,古文象别丝之形,三横二纵,丝相别也。"高鸿缙从之,谓"象纵横丝缕有纪之形"。林义光谓"己"甲骨文"象诎诎成形可记识之形",郭沫若谓像"雉之缴",叶玉森谓"其物当为纶索类利约束耳",蒋礼鸿、杨树达谓是"䋆"之初文,朱芳圃谓"象绳索诎绁之形……孳乳为纪。《说文》系部:'纪,别丝也。从糸己声。'别丝谓别理丝缕,系之以绳,使不纷乱也",戴家祥从之。众说纷纭,莫衷一是。"己"形屈曲转折,像人腹包孕胎儿,像中宫容藏万物,像众丝抽散广远,是用简约符号表示抽象涵义,可用以指人、物、时间等。

"己"也用为第一人称代词,自己、本身,指鼻为"自",指腹为"己",《尚书·大禹谟》:"稽于众,舍己从人。"又指纪识、识别,后作"纪",《谷梁传·桓公二年》:"己即是事而朝之。"

cháng
长(長)

| 合17055 | 林2.26.7 | 前7.53 | 寰长鼎 | 墙盘 | 说文小篆 | 曹全碑 | 颜真卿 |

繁体作"長",会意字。《说文》:"長,久远也。从兀从匕。兀者,高远意也。久则变化。亡声。𠄌者,倒亡也。𠕋,古文長。𠕋,亦古文長。"本指空间、时间距离较大者,与"短"相对。《楚辞·九歌·国殇》:"带长剑兮

挟秦弓,首身离兮心不惩。"《孙子·虚实》:"日有短长,月有死生。""兀"为高远意,长久则变化(七),徐铉等注"倒亡者,不亡也,长久之意也",故"長"从兀从七,亾声。朱骏声《通训定声》:"字当训发,人毛之最长者也。𠃊象长发绵延之形,一以束之。从七,久而色变也,与老同意。"张舜徽《约注》:"证之金文长字作𣕚,甲文作𠃊,作𠀀,皆象人披发绵长之形。发在人毛中为最长,古人造字近取诸身,因即以为长短之长耳。许书所收古文二体,亦与金文甲相近,其下皆从人,则散长而在人上者,非发而何? 故知朱说不可易也。""長"甲骨文作𠀀、𠀀,像长发老人拄杖形,以寿长、发长表示长。甲骨文又作𠀀、𠀀七五一、𠀀二〇〇〇,不加拐杖,突出长发。叶玉森《殷虚书契前编集释》:"发长之人则年长,故先哲制長字与老字构造法同。"

远则不近,故"长"引申指远,《诗经·秦风·蒹葭》:"遡洄从之,道阻且长。"长则久,故也指长久、永久,《尚书·盘庚》:"汝不谋长。"又指深远、深长、深厚。物延则长,作动词指引长、延长,《尚书·立政》:"式敬尔由狱,以长我王国。"又指善于、擅长,《孙膑兵法·奇正》:"故善战者,见敌之所长,则知其所短。"又指长处、优点,《战国策·齐策》:"请掩足下之短者,诵足下之长。"长则大,故又指大,《荀子·劝学》:"神莫大于化道,福莫长于无祸。"又用作副词,表示经常,《商君书·算地》:"故兵出粮给而财有余,兵休民作而畜长足。"

"长"又音 zhǎng,老人年龄长,故"长"引申指年长、年高,《国语·晋语》:"齐侯长矣。"寿长则年长,又指年纪较大,《论语·先进》:"以吾一日长乎尔,毋吾以也。"幼儿逐渐长大,故又指长大、成年,《公羊传·隐公元年》:"桓幼而贵,隐长而卑。"何休注:"长者,已冠也。"兄比弟年长,故又指兄,《礼记·祭义》:"立爱自亲始,教民睦也;立敬自长始,教民顺也。"郑玄注:"亲长,父兄也。"兄长排行第一,故又指排行第一,《周易·说卦》:"震一索而得男,故谓之长男。"第一居首位,故又指居首位,《周易·乾》:"元者,善之长也。"孔颖达疏:"谓天之体性生养万物,善之大者莫善施生。元为施生之宗,故言元者善之长也。"又指首领,1.古指天子、方伯、诸侯,《尚书·益稷》:"外薄四海,咸建五长。"孔传:"诸侯五国立贤者一人为方伯,谓之五长。"2.指公卿大夫王子弟食采邑者及公卿之尊者,《仪礼·燕礼》:"若宾若长,唯公所酬。"郑玄注:"长,公卿之尊者也。"3.泛指地方长官,《汉书·高帝纪》:"以沛公为砀郡长。"4.指主官,王安石《上仁宗皇帝言事书》:"其德厚而才高者以为之长,德薄而才下者以为之佐属。"5.称领导人或部队的各级指挥官,如省长、县长、师长。家长为一家之主,故又指家长、长辈,《孟子·万章》:"不挟长,不挟贵,不挟兄弟而友。"为首者掌管事务,故作动词指主管、执掌,《墨子·尚贤》:"故可使治国者使治国,可使长官者使长官,可使治邑者使治邑。"又指为人师长,《诗经·大雅·皇矣》:"其德克明,克明克类,克长克君。"孔颖达疏:"能教诲不倦,有为人师长之德,又能赏善刑恶,有为人君上之度。"尊长爱幼是美德,故又指尊敬、尊重,《礼记·大学》:"上老老而民兴孝,上长长而民兴弟。"出生如同长出,故又指生育、出生,《庄子·天道》:"天不产而万物化,地不长而万物育。"生长则不断长大,故又指生长、成长,《孟子·公孙丑》:"宋人有闵其苗之不长而揠之者。"滋生则不断变大,故又指滋长、助长,《诗经·小雅·巧言》:"君子屡盟,乱是用长。"增长则长进,故又指增长、进益,《周易·泰》:"君子道长,小人道消也。"父母抚养儿女成长,故又指抚养、养育,《诗经·小雅·蓼莪》:"父兮生我,母兮鞠我。拊我畜我,长我育我。"

"长"又音 zhàng,长出的则可能是多余的,故指多余、剩余,《吕氏春秋·观世》:"此治世之所以短,而乱世之所以长也。"事物不断滋长、成长则强盛,故又指强盛,《吕氏春秋·知度》:"此神农之所以长,而尧、舜之所以章也。"

【原文】　信使可覆　器欲难量
　　　　　 xìn shǐ kě fù　qì yù nán liáng

【译文】　诚信合于道义则可使言语复验,器度要像大海般广大而难于斗量。

【释义】

"信使可覆"出自《论语·学而》"信近于义,言可复也",何晏《论语集解》:"复,犹覆也。义不必信,信非义也。以其言可反覆,故曰近义。"邢昺

《论语注疏》:“人言不欺为信,于事合宜为义。若为义事,不必守信,而信亦有非义者也。言虽非义,以其言可反复不欺,故曰近义。云‘义不必信’者,若《春秋》晋士匄帅师侵齐,闻齐侯卒,乃还,《春秋》善之。是合宜不必守信也。云‘信非义也’者,《史记》尾生与女子期于梁下,女子不来,水至不去,抱柱而死。是虽守信而非义也。”刘宝楠《论语正义》:“是信须视义而行之,故此言近于义也。”朱子《集注》:“信,约信也。义者,事之宜也。复,践言也。言约信而合其宜,则言必可践矣。”综上而言,道义是为人处事的最高原则,信当以道义为依归,信符合于道义,则言语可以复验,或言语可以反复言之而无悔。与人约信,亦当遵守道义,如此则可履践其言。故君子必存大义而不拘小信,有背道义之信若尾生者,则应舍弃,无义之信为圣贤所不取。

“器欲难量”谓人要有大格局,心胸气度当如大海般难以用斗估量。人气度广大,则眼光、格局开拓,就能够容人容事,会减少诸多障碍,对人生大有裨益。

【解字】

xìn
信

㝬叔鼎　辟大夫虎符　说文小篆　说文古文　说文古文　北海相景君铭　颜真卿

会意字。《说文》:“信,诚也。从人从言。会意。,古文从言省。,古文信。”本义为诚实不欺。《说文》:“诚,信也。”二字互训。《诗经·卫风·氓》:“信誓旦旦。”孔颖达疏:“言其恳恻款诚。”《礼记·礼运》:“讲信修睦。”孔颖达疏:“信,不欺也。”人所以为万物之性最贵者及三才之一,在于人能参赞天地而化育万物,秉持“仁义礼智信”五种常德,徐锴《系传·通论》:“君子先行其言,然后从之。言而不信,非为人也。”《论语·为政》:“人而无信,不知其可也。”“言”甲骨文作合四五二一、合四四〇正,从舌,在舌上加“一”作为指事符号,表示吐舌发言(一)。人当诚实守信,出言信而不欺,故“信”从人从言。“信”古文作“㐰”,金文作,从人从口,“口、

言"形符互用。王筠《句读》"言者,心之声也",心诚则言信,故古文"信"又从言从心作"訫"。《王力古汉语字典》:"'诚'和'信'都有真实、不虚伪义。但是'诚'偏重在内心的真诚,'信'偏重在言语的真实和能守信约。"

信则实而不虚,故"信"引申为确实、的确,《左传·昭公元年》:"子晳信美矣!"有信者人能信之,故又指相信、信任,《论语·公冶长》:"始吾于人也,听其言而信其行。"人对自己的信仰最具信心,故又指信仰、信奉,《论语·述而》:"述而不作,信而好古。"符契是古代用以取信之物,故又指符契、凭证,《墨子·号令》:"大将使人行,守操信符。信不合及号不相应者,伯长以上辄止之。"应验是言、事有信的体现,故又指证实、应验,《老子》二十一章:"其精甚真,其中有信。"古代使者代表国家传言表信,故又指使者,《史记·韩世家》:"发信臣,多其车,重其币。"信使所携之书,内容代表一国之信,是后世以书信为"信"之由,徐灏《注笺》"(信使)因有诚信之义,又因之信使所赍之书谓之信也",故又指书简、信件,王羲之《杂帖》:"朱处仁今何在?往得其书信,遂不取答。"信息为事物真实的体现,为事物之信,故又指信息、消息,《太玄·应》:"阳气极于上,阴信萌乎下。"表明是述说内心真实情况,故又指表明、明确,《左传·昭公二十五年》:"戮力壹心,好恶同之,信罪之有无。"人有信,他人才能信而助之,故又指保佑、保护,《战国策·秦策》:"而三人疑之,则慈母不能信也。"军队能在一个地方连宿两夜,是相信此地安全,故又指连宿两夜,《左传·襄公十九年》:"信于城下而还。"人凭信立足社会,故又指依靠、凭借,白居易《对酒闲吟赠同老者》:"扶持仰婢仆,将养信妻儿。"准时是守信的体现,故又指按期、准时,《管子·任法》:"如四时之信。"尹知章注:"寒暑之气,来必以时。"事物真实不虚,才能真正了解,故又指知晓,《淮南子·泛论》:"及其为天子三公,而立为诸侯贤相,乃始信于异众也。"人不经意间或日常随意做的事往往是内心真实的反应,故又指任凭、随意,如信手拈来,《荀子·哀公》:"明主任计不信怒,暗主信怒不任计。"引爆装置准确无误,故又指引信、信管,《天工开物·佳兵》:"贯药安信而后,外以木架匡围。"

"信"又音 shēn，通"伸"，伸展，《周易·系辞》："往者屈也，来者信也。"又通"申"，申张、申明，《谷梁传·隐公元年》："《春秋》贵义而不贵惠，信道而不信邪。"信、身音近，故又通"身"，《周礼·春官·大宗伯》："侯执信圭，伯执躬圭。"郑玄注："信，当为身……身圭、躬圭，皆象以人形为琢饰。"

shǐ 使　　甲68　京津2220　戜鼎　十三茱壶　右使车啬夫鼎　说文小篆　华山庙碑　颜真卿

形声字。《说文》："使，伶也。从人吏声。"本义为命令、派遣。"伶"徐锴《系传》作"令"，《集韵》引同。段注："令者，发号也。"《左传·桓公五年》："郑伯使祭足劳王，且问左右。"吏，《说文》："治人者也。从一从史，史亦声。"为古代官员的通称。桂馥《义证》："《周礼》：'吏以治得民。'《管子·明法解》：'奉主法，治境内，使强不凌弱，众不暴寡，万民欢尽其力而奉养其主，此吏之所以为功也。'"官吏受君命理国治人，故训"治人者也"。史即官吏，徐锴《系传》"吏之理人，心主于一也。《书》曰：'克肩一心。'史者为君之使也"，段注"吏必以一为体，以史为用"，徐灏《注笺》"史者，法令掌故之书也。法令必一，乃可施行"，《九经字样》"言其执法如一，又重之在一"，故"吏"从一从史，史亦声。"使"指受君命(令)做事的官吏，故"使"从人吏声。"史"甲骨文作𠂩合二〇〇八八，为君王身边手(又)持文件袋(中)的史官。"吏"甲骨文作𠂇合一六七二，为"史"之分化字，在上加V形区分符号，以"史"为声。金文作𠂤盂鼎，中画上部出头。侯马盟书作𠂧，睡虎地简作𠃊，V变为"一"形。甲骨文"史、吏、使、事"一字，古代左史记言，右史记事，记事者是"史"，治人者是"吏"，吏受令是"使"，所理者是"事"。

"使"也指让、指使，《诗经·郑风·狡童》："维子之故，使我不能餐兮。"使者受君支配，故又指支使、支配，《韩非子·喻老》："重则能使轻，静则能使躁。"君可役使臣民，故又指役使，《论语·学而》："使民以时。"受令者听从发令者，故又指听从、顺从，《诗经·小雅·雨无正》："云不可使，得罪于天子；亦云可使，怨及朋友。"使人则是用人，故又指用，《管子·霸言》："使能则百事理,亲仁则上不危。"官吏受君命出使他国,故又指出使,《论语·子路》:"使于四方,不辱君命,可谓士矣。"出使的人为使者,故又指使者,《史记·项羽本纪》:"数使使趣齐兵,欲与俱西。"又为官名,唐以后特派负责某种政务的官员称"使",如节度使、转运使等。明清常设官职有的也称"使",如中央的通政使,外省的布政使、按察使等。近代以来派驻外国的外交官称"大使"。奴仆听主人之命,故又指佣人、奴仆,《艺文类聚》引孔衍《在穷记》:"皆令婢使辇出,着庭中,恣其所取。"主人任意役使奴仆,有放纵意,故又指放纵,《史记·季布栾布列传》:"复有言其勇,使酒难近。"司马贞索隐:"因酒纵性谓之使酒,即酗酒也。"受令者与发令者之间多有关连,故又用作连词,如同"假若",《论语·泰伯》:"如有周公之才之美,使骄且吝,其余不足观也已。"

kě
可

可　　可　　可　　可　　可　　可
摭续10　合2218　师虘簋　侯马盟书　说文小篆　孔龢碑　颜真卿

会意兼形声字。《说文》:"可,肯也。从口、丂,丂亦声。"指肯定、许可。朱骏声《通训定声》:"许词也。"谓"可"为许可之词。《国语·晋语》:"大夫辞之,不可。"韦昭注:"可,肯也。"丂(hē),《说文》:"反丂也。读若呵。"本指气行舒畅。桂馥《义证》:"'反丂也'者,气舒也。"徐灏《注笺》:"丂者,气有所碍,不得达也。反之则达矣,故反丂为丂。"丂(kǎo),《说文》:"气欲舒出,𠃌上碍于一也。丂,古文以为亏字,又以为巧字。"指气欲舒出貌。段注:"𠃌者,气欲舒出之象,一其上不能径达。此释字义而字形已见,故不别言形也。"人多以口出言表示许可、肯定,"丂"为气欲舒出而上有碍,反丂则无碍而顺,口出言许可的声气顺畅、舒和(丂),故"可"从口从丂,丂亦声。"丂"甲骨文作 丁 合三二六一六、 𠃌 合三六七七七,金文作 丁 丂隻鼎,季旭昇《说文新证》认为像斧柄形,为"柯"本字。"可"甲骨文作 可、𠮩,林义光、高田忠周以为"訶"之初文,高田忠周《古籀篇》:"可字与号吁二字皆合口亏为形也。吁训惊语也,号训痛声,亦皆声气出于口外者也。但可口在丂下，号口在丂上，吤从丂（当为亐）声，自有分别。"何琳仪、戴家祥等谓"可"为"歌"之初文。甲骨文"可"口上之"丂"正反多不别，马叙伦谓"可"本从丂声，不从反丂之"己"，高田忠周谓"丂、己"本一字。综上："丂（己）"为斧柄，表示伐木"丂丂"之实声，加口为"可"表示落实认可。后"可"加木旁为斧柄"柯"，加言为呼号之"詞"，重可为"哥"，再加言为咏唱之"謌"（歌）。人口（口）出气顺畅（己）表肯定，亦通。

事经许可则能施行，故"可"引申为能够，《诗经·秦风·黄鸟》："彼苍者天，歼我良人。如可赎兮，人百其身。"事值得做方能得许可，故又指堪、值得，《诗经·豳风·东山》："町疃鹿场，熠耀宵行。不可畏也，伊可怀也。"被广泛认可的事，多是正确、合理的，故又指是、对，王安石《云山诗送正之》："子今去此来无时，予有不可谁予规？"事物适合则能得到认可，故又指适合，如可口、可人。又为合音"不可"之省，顾炎武《日知录》："古文多以言语急而省其文者……《尚书》'弗慎厥德，虽悔可追'，可上省一不字。"又相当于"所"，《礼记·中庸》："鬼神之为德，其盛矣乎！视之而弗见，听之而弗闻，体物而不可遗。"又用作副词，表示约略、正好、转折、强调等。通"何"，怎么，《左传·定公五年》："国亡矣，死者若有知也，可以歆旧祀？"杨伯峻注："可借为何。"

"可"又音 kè，〔可汗〕也作"可寒、合罕"，古代鲜卑、柔然、突厥、回纥、蒙古等最高统治者的称号，意为王，《木兰诗》："昨夜见军帖，可汗大点兵。"

fù
覆　　覆　　覆　　覆　　覆
　　中山王鼎　　睡 45.7　　说文小篆　　谯敏碑　　颜真卿

形声字。《说文》："覆，覂也。一曰盖也。从襾復声。"本义为翻转、反复。段注："覆、覂、反三字双声。又部反下曰：'覆也。'反覆者，倒易其上下。如襾从冂而反之为凵也。覆与复义相通。復者，往来也。"徐灏《注笺》："復与覆、反与返，古字皆通。还復者，往来之义，亦即反覆之义也。又为覆盖之称。"《荀子·王制》："水则载舟，水则覆舟。"襾（yà），

《说文》："覆也。从冂,上下覆之。"本义为覆盖、包裹。王筠《句读》："冂是正冂,自上覆乎下;凵是倒冂,自下覆乎上。谓包物者反覆裹之也。上加一者,包物必有已时,故以一终之。""襾"小篆作,像上下相互覆裹形。复,《说文》："往来也。从彳复声。"指返回、还。《一切经音义》引《说文》作"復,往来也。谓往来復重耳"。夏(复),《说文》："行故道也。从夊,富省声。"指走在以往走过的路上。"复"为"復"之初文,段注:"彳部又有復,復行而复废矣。疑彳部之復乃后增也。""复"甲骨文作合五四〇九、合四三,像覆(fù,地穴)形,覆,《说文》："地室也。从穴復声。"指地上累土为半穴式房屋。朱骏声《通训定声》："凡直穿曰穴,旁穿曰覆,地覆于上,故曰覆也。"下从,表示人从覆室出入,有往复、重复义。往来(复)要用脚行走路(彳),故"復"从彳复声。"覆"指翻转、反复,"襾"指覆盖、反复,行故道、往来皆有重复、反复义(复),故"覆"从襾復声。

　　器皿翻转则里面的东西会倒出,故"覆"也指倾倒、倒出,《周易·鼎》:"鼎折足,覆公餗。"某些事物翻转会导致灭亡,故又指颠覆、灭亡,《论语·阳货》:"恶利口之覆邦家者。"器皿反过来会覆盖下面,且能隐藏东西,故"覆"又指覆盖、隐藏,《诗经·大雅·生民》:"诞寘之寒冰,鸟覆翼之。"埋伏则身覆于地,故又指伏击、埋伏,《吴子·治兵》:"常令有余,备敌覆我。"由反复引申指重复,《后汉书·班彪列传》:"亦以宠灵文武,贻燕后昆,覆以懿铄,岂其为身而有颛辞也?"复是对来的回应,来回如同反复,故又指回、回复,也作"復",《周易·乾》"终日乾乾,反復道也",王弼注作"覆",阮元校勘记:"《释文》復,本亦作覆。"又指反、反而,《诗经·小雅·节南山》:"不惩其心,覆怨其正。"

qì
器　　　　　　　　器　　器

　　　　　爯卤　　散盘　　说文小篆　　孔龢碑　　颜真卿

　　会意字。《说文》："器,皿也。象器之口,犬所以守之。"指器皿,如陶器、木器。段注:"皿部曰:'皿,饭食之用器也。'然则皿专谓食器,器乃凡器统称。器下云‘皿也’者，散文则不别也。”《说文》“器”属𠺝部。𠺝（jí），《说文》："众口也。从四口。""器"之"𠺝"像众器之口，段注："谓𠺝也，与上文从𠀤字不同。"王筠《句读》："不言从𠺝者，此以形附者也。器皿多有口且种类繁多，故四之。"故以"𠺝"表众器；器或盛饮食以供祭祀，或盛常物以供日用，皆须看护以防侵夺，犬为畜之善守卫者，故"器"从犬从𠺝。沈涛《古本考》："《尔疋·释器》释文引：‘器，皿也。饮食之器。从犬从𠺝声也。’与今本不同。许书象形者，本无其字。𠺝乃部首，且有四口，不得云象器之口。盖古文作‘从犬，所以守之，𠺝声’，元朗所引夺‘所以守之’四字，今本又为二徐妄改耳。"谓"器"从犬𠺝声，形声字，可备一说。

器官如器般众多而各有其用，故"器"转指生物器官、器物部件，如发声器、脏器，《百喻经·搆驴乳喻》："有捉耳者，有捉尾者，有捉脚者，复有捉器者。"器为人所用，人用事当讲求条件、因素，故又指手段、条件、因素，《左传·闵公元年》："亲有礼，因重固，间携贰，覆昏乱，霸王之器也。"又指古代标志名位、爵号的器物，《左传·成公二年》："唯器与名，不可以假人。"鼎为大器，是政权的象征，故又指政权、权力，《周易·序卦》："革物者莫若鼎，故受之以鼎。主器者莫若长子，故受之以震。"心量如器般能容物，故又指器量、器度，《论语·八佾》："管仲之器小哉！"才能如器般有用，故又指才能、能力，《周易·系辞》："君子藏器于身，待时而动。"又指人才，《老子》四十一章："大器晚成。"大器为人珍重，大才受人推重，故作动词指赏识、器重，《三国书·蜀书·诸葛亮传》："刘表长子琦，亦深器亮。"器有形而具体，故又指有形的具体事物，与抽象的"道"相对，《周易·系辞》："形而上者谓之道，形而下者谓之器。"又用作量词，《宋书·张邵传》："孝武遣送酒二器。"

yù 欲　谷阝 𣢇 歠 欲
　　诅楚文　说文小篆　熹平石经　颜真卿

形声字。《说文》："欲，贪欲也。从欠谷声。"本义为欲望，想要达到某种目的或得到某种东西。《礼记·曲礼》:"敖不可长,欲不可从。"孔颖达疏:"心所贪爱为欲。"欠,《说文》:"张口气悟也。象气从人上出之形。"本指疲倦时张口打哈欠。王筠《释例》:"人之欠伸,大抵相连,卬首张口而气解焉。气不循其常,故反之以见意也。"张舜徽《约注》:"即今语所谓呵欠也。凡人坐久思寐,或疲困时,皆然。""欠"甲骨文作 明一八八〇,像人张口打呵欠形。打呵欠是气不足的体现,故"欠"引申指不足、欠缺。"谷"甲骨文作 佚一一三,像水从山谷流出形,下像谷口,上像水流出。张舜徽《约注》:"人欲之起,始于饮食。人非饮食,无以全生。饮食不足,必求于外,而贪慕之心生,此欲字本义也。证以盗字从次临皿,可悟欲字从欠之恉矣。"欲望多生于欠缺、不知足,如山谷之深邃、空虚,欲壑难填。徐灏《注笺》"欠之义引申为欠少,欲之所由生也",段注"欲从欠者,取慕液之意;从谷者,取虚受之意",故"欲"从欠谷声。

　人多想得到自己喜好之物,故"欲"引申为爱、爱好,《论衡·案书》:"人情欲厚恶薄,神心犹然。"饮食男女为人之大欲,故也指色欲,《素问·上古天真论》:"以欲竭其精,以耗散其真。"不正、过度之欲为邪淫,故又指邪淫,《礼记·乐记》:"君子乐得其道,小人乐得其欲。"人多想满足需求、想法,故又指想、想要,如畅所欲言,《礼记·大学》:"古之欲明明德于天下者,先治其国。"饥饿欲食、疲倦欲眠等是人的正常需求,故又指需要,《文子·微明》:"心欲小,志欲大。"人皆愿意满足需求,故又指愿意,《晏子春秋·外篇重而异者》:"寡人甚乐此乐,欲与夫子共之,请去礼。"又用作副词,将、将要,刘淇《助字辨略》:"欲,将也。凡云欲者,皆愿之而未得,故又得为将也。"《汉书·陈胜传》:"胜怒,捕系武臣等家室,欲诛之。"

nán
难(難鶼)

夋季良父壶　归父盘　说文小篆　说文或体　赵君碑　颜真卿

　繁体为"難",《说文》小篆作"鶼",形声字。《说文》:"鶼,鸟也。从鳥堇声。鸛,鶼或从隹。雜,古文鶼。雜,古文鶼。雜,古文鶼。"本为鸟名。

“難”后借表艰难，为常用义，段注：“今为難易字，而本义隐矣。”《玉篇》隹部：“難，不易之称。”“隹、鳥”形符互用。堇(qín)，《说文》：“黏土也。从土，从黄省。”本指黄土、黏土。段注：“从黄者，黄土多黏也。”故“堇”从土，从黄省。“堇”甲骨文作怀一八四、花东二四七、粹五五一，像受缚的正面人形，或在人下加火烧烤，表示受难与忍耐。徐中舒《甲骨文字典》：“象两臂交缚之人形，为献祭之人牲；象焚以祭之形。皆为‘熯’之原字。”上古有捆缚战俘、奴隶焚烧献祭之事，被烧者受煎熬的感觉就是艰难、受难。黏黄土板结如火烧过，故加土为“堇”，有土板结、艰难、难捱、费力等核心义素，故从堇字多有艰难义，“難、艱、勤、謹、嘆、漢（长水艰难流出秦岭）”等字均从堇得音义。“鸛”为鸟名，初当指被捕获烧食的大鸟，故“鸛”从鳥堇声。隹，《说文》：“鸟之短尾总名也。象形。”为短尾鸟的总名。“隹”甲骨文作乙六六〇、铁二三八·三，像头、尾、身、羽俱全的短尾鸟形。马叙伦《说文解字六书疏证》：“金文甲文多隹字。”从鳥字造得相对较晚，《说文》一百一十多个从鳥字大多都是鸟名，常用字较少。从隹字造得较早，短尾鸟飞不高，易被人捕食，《说文》三十多个从隹字中的“難、離、羅、奪、奮、隻、雙、雌、雄、雅”等后来都成为常用字。后从鳥的“鸛”作为鸟名，从隹的“難”用于常用词表示艰难、受难等义。

“难”也指困难、艰难、不容易，《尚书·皋陶谟》：“惟帝其难之。”孔传：“言帝尧亦以知人安民为难。”又指（使）感到困难，《左传·哀公十二年》：“今吴不行礼于卫，而藩其君舍以难之。”又指不可、不好，如难听，《战国策·中山策》：“且张登之为人也，善以微计荐中山之君久矣，难信以为利。”高诱注：“不可信其言以为己利也。”人多厌恶困难，故又指厌恶、忌恨，《战国策·中山策》：“司马憙三相中山，阴简难之。”

“难”又音 nàn，作名词指灾难、忧患、不幸遭遇，《周易·否》：“君子以俭德辟难，不可荣以禄。”人畏惧灾难，作动词指畏惧，《国语·晋语》：“吾难里克，奈何？”人会抵御灾难，故又指抵挡、拒斥，《尚书·舜典》：“柔远能迩，惇德允元，而难任人，蛮夷率服。”孔传：“任，佞。难，拒也。佞人斥远之。”战争会带来严重灾难,故又指兵难,《汉书·项籍传》:"天下初发难。"颜师古注引服虔:"兵初起时也。"仇敌制造灾难而遭人怨恨,故又指怨恨、仇敌,《史记·张仪列传》:"楚尝与秦构难,战于汉中。"责难是勉人作难为之事,也指以言语为难人,故又指诘问、责难,《孟子·离娄》:"如此,则与禽兽奚择哉? 于禽兽又何难焉?"孙奭疏:"既为禽兽,于我又何足责难焉。"争辩是相互发难、辩解,故又指论说、争辩,《吕氏春秋·乐成》:"令将军视之,书尽难攻中山之事也。"

"难"又音 nuó,婀娜、茂盛,《诗经·小雅·隰桑》:"隰桑有阿,其叶有难。"郑玄笺:"枝条阿阿然长美,其叶又茂盛,可以庇荫人。"

liáng 量

合 19822　　合 31823　　量侯簋　　大梁司寇鼎　　两诏椭量　　说文小篆　　魏封孔羡碑　　颜真卿

形声字。《说文》:"量,称轻重也。从重省,曏省声。〇,古文量。"指称量轻重。段注:"称者,铨也。《汉志》曰:'量者,所以量多少也。衡权者,所以均物平轻重也。'此训量为'称轻重'者,有多少斯有轻重,视其多少可辜搉其重轻也,其字之所以从重也。"汉冯衍《显志赋》:"弃衡石而意量兮,随风波而飞扬。"重,《说文》:"厚也。从壬東声。"本指厚实沉重。壬,《说文》:"一曰象物出地挺生也。""壬"甲骨文作〇合一九一〇七,像人挺立土上形。"重"指厚重,人承担重担必当挺立,"東"甲骨文作〇前七·四〇·二,像装满重物的袋子(囊)。人挺身则能承重物,故"重"从壬東声。"重"甲骨文作〇村中南四八三、〇存中南四八三,从人负東,会人背负重物(東)之意,表示沉重、厚重。徐灏《注笺》:"许云'称轻重'者,以篆体从重也。"曏省声,徐灏《注笺》:"据古文作〇,则非曏省明矣。曰、△盖象量器之形,以其形略,故又从重也。"张舜徽从其说,谓"量"之本义为器名。"量"甲骨文从日从東,或在日下加"一"作饰笔,于省吾《甲骨文字释林》:"其从日,系露天量度之义。""東"指称量之物,物装于袋子便于称量。白日明亮,称量物品(東)则看得清、量的准,故"量"从日从東,会称量之意。战国金文作〇,为

《说文》古文由来。日下称量重物,以器量重物,皆可通。

"量"又指度长短、大小、深浅等,《周礼·夏官·序官》"量人",郑玄注:"量,犹度也,谓以丈尺度地。"又指计多少、容积,《庄子·胠箧》:"为之斗斛以量之,则并与斗斛而窃之。"轻重经计算才能准确得知,故又指计算、估量,《左传·宣公十一年》:"量功命日,分财用。"商酌犹如称量事,是斟酌事之轻重大小等因素以求适宜的结果,故又指商酌,如商量,《魏书·范绍传》:"敕绍诣寿春共量进止。"思考要多方比对、计划,如同思想有所称量,故又指思考、考虑,如思量、考量,《后汉书·郭符许列传》:"其多所裁量如此。"

"量"又音 liàng,指测量物体多少的器物,古代多用陶或木材制作,《尚书·舜典》:"协时月正日,同律度量衡。"陆德明释文:"量,斗斛也。"称量物品的器物皆有准则,故也指法度、准则,《管子·牧民》:"上无量,则民乃妄。"称量的器物有限量,故又指容纳的限度,如饭量,《论语·乡党》:"惟酒无量,不及乱。"器度如量器般有容量,故又指器度,蔡邕《郭有道碑文》:"其器量弘深。"称量的物品有一定数量,故又指数量、数目,《周礼·春官·序官》贾公彦疏引《国语·楚语》:"彝器之量。"又引服虔:"量,数也。祭祀之器,皆当其数。"又用为哲学名词,与"质"相对。又为量词的省称。

【原文】 墨悲丝染 诗赞羔羊
mò bēi sī rǎn　shī zàn gāo yáng

【译文】 墨子因白丝染色不能复初而悲伤,《诗经》赞美羔羊毛色纯白不杂。

【释义】

"墨悲丝染"出自《墨子·所染》"染于苍则苍,染于黄则黄。所入者变,其色亦变,五入必(毕),而已则为五色矣。故染不可不慎也"。墨家创始人墨子(翟)路过染坊,看到雪白的生丝在染缸里被染上颜色,发此感叹,说明环境对人影响很大,一定要选择好的的环境,避免有污染的环境。孟母深知环境可以塑造人,故三迁以择良善的环境,为孟子以后大成奠定了基础。善境、善友益人,故当近之;恶境、损友害人,故当远之。

"诗赞羔羊"出自《诗经·召南·羔羊》，是借羔羊洁白的皮毛赞美大夫的节俭与正直。说明人要保持纯净无染的本性，不要受污浊环境和不良风气的影响。

【解字】

mò 墨　　析君戟　　古陶文　　楚帛书　　说文小篆　　袁博碑　　颜真卿

会意兼形声字。《说文》："墨，书墨也。从土从黑，黑亦声。"写字绘画用的黑色颜料。段注："盖笔墨自古有之，不始于蒙恬也。箸于竹帛谓之书。竹木以柒，帛必以墨，用帛亦必不起于秦汉也。周人用玺书印章必施于帛，而不可施于竹木，然则古不专用竹木信矣。"桂馥《义证》："古者，漆书之后，皆用石墨以书，《大戴礼》所谓'石墨相着则黑'是也。汉以后，松烟、桐煤既盛，故石墨遂湮废，并其名，人亦罕知之。"张舜徽《约注》："黑与墨实一语，盖在喉为黑，在唇则为墨矣。古声喉唇恒相转也。"《国语·吴语》："右军亦如之，皆玄裳、玄旗、黑甲、乌羽之矰，望之如墨。"黑，《说文》："火所熏之色也。从炎上出囧。"烧柴做饭，火烟（炎）上出经烟囱（囧）所熏出的颜色为黑色，《说文》"熏，火烟上出也。从中从黑。中黑，熏黑也"，故"黑"从炎上出囧。"黑"甲骨文作☆合二〇三〇五，唐兰谓像面部受墨刑之人。金文作☆铸子叔黑臣簠，像被火熏黑及内有黑灰的烟囱（囧）形。古之烟囱多以土制，火烟在窑洞顶上或烟囱内壁所熏为黑色，其土则变为黑土，桂馥《义证》"墨者，黑土也"。墨为黑色，盖最初之墨为黑土所制，故"墨"从土从黑，黑亦声。

墨色漆黑，故引申为黑色，《左传·僖公三十三年》："遂墨以葬文公，晋于是始墨。"贪污是官吏为政的污点（黑处），故也指贪污、不廉洁，《左传·昭公十四年》："贪以败官为墨。"诗文、书画多以墨写、画，故又指诗文或书画，如翰墨，孟浩然《还山赠湛禅师》："墨妙称古绝，词华惊世人。"木工用墨线取直，故又指木工用以取直的墨线，如绳墨，《庄子·逍遥游》："其大本拥肿而不中绳墨。"绳墨取直，为直线的参照、标准，故又指准则、法度，《史记·老子韩非列传》："韩子引绳墨，切事情，明是非。"又为古代五刑之一，刺刻面额，染黑色作为惩罚的标记，商周叫墨刑，秦汉叫黥刑，《周礼·秋官·司刑》："墨罪五百。"又指墨家，战国时期重要学派，九流之一，墨翟所创，《孟子·滕文公》："天下之言，不归杨则归墨。"通"默"，无声，《荀子·解蔽》："故口可劫而使墨云，形可劫而使诎申。"又通"纆（繲）"，绳索，《史记·南越列传》："成败之转，譬若纠墨。"又用作姓氏，《通志·氏族略》："墨氏，《姓纂》云：孤竹君之后，本墨台氏，后改为墨氏，望出梁郡。战国时，宋人墨翟，著书号《墨子》。"

形声字。《说文》："悲，痛也。从心非声。"本义为悲痛、伤心。段注："憯者，痛之深者也；恫者，痛之专者也；悲者，痛之上腾者也。各从其声而得之。"《诗经·豳风·七月》："女心伤悲，殆及公子同归。""非"指违背，甲骨文作𦫵（戬四二·一〇），以二人或二羽相背表违背义，亦像用鸟飞展双翅表排列、相反、相背义。王襄《簠考》谓是古"北"字。悲生于心，是内心不顺、违逆情绪（非）的体现，徐锴《系传·通论》"心之所非则悲矣。《淮南》曰：得之则喜，失之则悲"，故"悲"从心非声。

人或因怜悯而生悲，故"悲"引申为哀怜、怜悯，柳宗元《捕蛇者说》："貌若甚戚者，余悲之。"有眷恋也会生悲，故又指眷恋、怅望，《汉书·高帝纪》："游子悲故乡。"痛苦则欲人拯救，有怜悯心则愿救人，故又为佛家用语，救人出苦难曰悲，《大智度论》："大悲，拔一切众生苦。"

繁体作"絲"，象形字。《说文》："絲，蚕所吐也。从二糸。"本义为蚕丝，制作丝绸绢帛等织物的原料。丝为蚕所吐，故训"蚕所吐也"，言丝所从来。《尚书·禹贡》:"厥贡漆丝。"糸(mì),《说文》:"细丝也。象束丝之形。读若觅。𢆯,古文糸。"段注:"细丝曰糸。糸之言蔑也,蔑之言无也。"张舜徽《约注》:"细丝谓之糸,犹粟食谓之米,木上谓之末,眉发谓之毛,分枲谓之麻,草之初生谓之苗,皆双声语转,并有细义。""糸"甲骨文作𢆯乙—二四,小篆作𢆮,皆像束丝之形。单丝至纤细而难摹画,纠合束之方成形,故以束丝之形表丝。罗振玉《增订殷虚书契考释》:"𢆯象束余之绪,或在上端,或在下端,无定形。""糸"后作织丝类字的偏旁,简作"纟",今称绞丝旁。饶炯谓糸、絲同字,故"絲"从二糸,二糸表众丝。或谓"絲"从二糸表示聚合的丝线,徐灏《注笺》"蚕所吐为糸,纠合以成丝","丝"甲骨文、金文以两束丝表众丝,高田忠周《古籀篇》:"初制糸字,而后为丝,益多而愈微之意也。初有虫而后有蚰有蟲,又初有屮而后有艸有卉,皆为同例。"幺,《说文》:"小也。"指小、细小,甲骨文作𢆯粹八一六,与"糸"同形,故"幺、糸"当为一字,丝细小,故"糸"分化出"幺",专表小义,"幺、小"上古音声近韵同,故"幺"亦从小得音。丝,《说文》:"微也。从二幺。"指微细、微小,甲骨文作𢆯铁一七八·二,与"絲"形同,故"丝、絲"当为一字,丝细微,故"絲"分化出"丝",专表微义,"丝"亦以"幺"为声符。综上,"幺、糸、丝、絲"同源,"幺"由"糸"分化,"丝"由"絲"分化。"幺、丝"取意于丝之细微形态,为虚;"糸、絲"取象于丝之物品,为实。

丝可做成丝织品,故"丝"引申指丝织物,《史记·平准书》:"高祖乃令贾人不得衣丝乘车。"丝可纺织作帛,故作动词指纺纱织布,郭璞《山海经图赞·中山经》:"不蚕不丝,不稼不穑。"又泛指蚕丝形状的东西,如铁丝,徐灏《注笺》:"凡物之类丝者皆曰丝。"江淹《待罪江南思北归赋》:"桂含香兮作叶,藕生莲兮吐丝。"又为古代八音之一,指弦乐器,因其弦以蚕丝所制,故称,《周礼·春官·大师》:"皆播之以八音:金、石、土、革、丝、木、匏、竹。"郑玄注:"丝,琴瑟也。"蚕丝细微,故又指细微、细小,如一丝不苟。又用作量词,一种计算长度、容量微小物的单位,千分之一分为一丝,《孙子算经》:"度之所起,起于忽。欲知其忽,蚕吐丝为忽。十忽为一丝,十丝为一毫。"又指像丝一样的细纹,如红丝砚、乌丝栏。

染 răn

燦 燦 深 染

说文小篆　史侯家染杯　王羲之　颜真卿

形声字。《说文》:"染,以缯染为色。从水杂声。"指使布帛等物着色。《周礼·天官·染人》:"染人,掌染丝帛。"段注:"缯者,帛也。不言丝者,举帛以该丝也。"徐锴《系传》:"《说文》无杂字。裴光远云:从木,木者所以染,栀、茜之属也;从九,九者染之数也。"严可均《校议》:"杂即杋,古篦字,在竹部。杋从九声,九、染声之转。"染色颜料多取自植物(木),"九"指多,杂多种颜料配出所需颜色,染料与水混合,布帛浸入以染,很多颜色要多次染色才能形成,段注:"《礼》一入为縓,再入为赪,三入为纁,朱则四入,五入为緅,玄则六入,七入为缁。字从九者,数之所究,言移易本质,必深入之也。"林义光《文源》:"染从木在水中,木所以染,即栀、茜之属。从九,缯布置染中皆揉曲之,九揉,曲也。"故"染"从水杂声。

给画上色如染布帛,故"染"引申指书画着色落墨,夏文彦《图绘宝鉴·六法三品》:"笔墨超绝,传染得宜。"布帛经染后颜色浸染其上,故也指浸染、沾污,《左传·宣公四年》:"及食大夫鼋,召子公而弗与也。子公怒,染指于鼎,尝之而出。"病染于身如色染于帛,故又指感染、传染(疾病),《晋书·孝友传》:"始疑疫疠之不相染也。"物经熏蒸会染上颜色、气味,故又指熏染,《尚书·胤征》:"旧染污俗,咸与维新。"布帛经染则颜色与其相连,故又指连累、牵连,《后汉书·宦者传》:"因复大考钩党,转相诬染。"

诗(詩) shī

詩 虹 詩 詩

说文小篆　说文古文　赵宽碑　颜真卿

繁体作"詩",形声字。《说文》:"詩,志也。从言寺声。虹,古文詩省。"本为一种文学体裁,通过精炼而有节奏的语言,集中地反映现实,抒发内心情感。诗言志,为志之表达,故训"志",诗、志上古声近韵同,为声训。《毛诗序》:"诗者,志之所之也。在心为志,发言为诗。"陆机《文赋》:"诗缘情而绮靡,赋体物而浏亮。"　"之"金文作 ✔散盘,像草木(或脚趾)从地面往上(或往前)伸出,充满活力,"寺"从寸之声,则为有力处事使合度,有持取、主宰、有力等义。"詩"是用带韵律节奏的语言把心志(志)表达出来,是有力与法度的语言,故"詩"从言寺声。"詩"古文从心之声,表示发出心声,《释名·释典艺》:"诗,之也,志之所之也。"

　　"诗"也专指《诗经》,本称《诗》,《论语·为政》:"《诗》三百,一言以蔽之,曰:思无邪。"也指赋诗颂歌,《史记·司马相如列传》:"询封禅之事,诗大泽之博,广符瑞之富。"裴骃集解引《汉书音义》:"诗,歌咏功德也。"　"詩"从寺,寺有适度持取义,故又指奉持、承继,《礼记·内则》:"国君世子生……三日,卜士负之,吉者宿斋,朝服寝门外,诗负之。"孔颖达疏:"《诗含神雾》云:诗者,持也。以手维持,则承奉之义,谓以手承下而抱负之。"

zàn
赞(贊)　　贊鼎　　说文小篆　　张寿残碑　　颜真卿

　　繁体作"贊",会意字。《说文》:"贊,见也。从贝从兟。"本指谒见、进见。朱骏声《通训定声》:"玉、帛、雉、羔、雁之属皆贝类,贝者佐见之具。又古士相见、礼宾,必有绍介,主必有将命者,皆佐见之人。故《小尔雅·广诂》:赞,佐也。"兟(shēn),《说文》:"进也,从二先。赞从此。"桂馥以为经典中"赞"字多为"兟"之借字,《义证》:"'进也'者,通作赞。《书·大禹谟》:'益赞于禹曰。'馥谓,进言于禹。《家语》:'游夏不能赞一辞。'亦谓不能进一辞。"　"先"甲骨文作 ✦乙三七九八,脚板(止)在人(儿)之前,表示前进。徐锴《系传》:"进见也,贝为礼也。"徐铉等注:"兟,音诜,进也。执贊而进,有司赞相之。"张舜徽《约注》:"兟从二先,实会二人并进意,斯古者行礼时佐赞之事也,故贊字从之。"古进见(兟)须执礼(贝),故"贊"从贝从兟。

　　古代主客相见必资赞者,故"赞"转指辅佐、帮助,《左传·襄公二十七年》:"大叔仪不贰,能赞大事。"贤才进见君王才能被选拔录用,故又指选

拔、引进，《礼记·月令》："命太尉，赞桀俊，遂贤良，举长大。"官吏进见君主
必有所呈报，故又指报告、告诉，《史记·魏公子列传》："公子引侯生坐上坐，
遍赞宾客。"司马贞索隐："赞者，告也，谓以侯生遍告宾客。"报告必求详
明，故又指明白，《汉书·叙传》："总百氏，赞篇章。"进见须经引领，故又指
导引，《国语·周语》："太史赞王，王敬从之。"又指赞礼、司仪，《淮南子·时
则》："司徒搢朴，北向以赞之。"高诱注："赞，相威仪也。"官吏进见君主多
有所呈报，有参与会见、参与政事意，故又指参与，《史记·孔子世家》："子夏
之徒不能赞一辞。"进见君主者多有称颂之言，故又指称颂、赞美，今为常用
义，刘桢《射鸢》："庶士同声赞，君射一何妍！"又为文体名，以赞美为主，
萧统《文选·序》："美终则诔发，图像则赞兴。"

gāo
羔　　　铁 174.4　甲 649　索諆爵　先秦货币　说文小篆　夏承碑　颜真卿

　　形声字。《说文》："羔，羊子也。从羊，照省声。"本义为小羊。《诗
经·召南·羔羊》："羔羊之皮，素丝五紽。"毛传："小曰羔，大曰羊。"徐灏
《注笺》"小羊味美，为炙尤宜，因之羊子谓之羔"，以火烤羊如同用火照羊，
故"羔"从羊，照省声。徐灏《注笺》："疑羔之本义为羊炙，故从火。"以火
照羊与以火炙羊，构字意图相同。马叙伦《说文解字六书疏证》："本书省
声之字，颇有省其所从得声之字之声旁，而存其形旁者。如茸从聰省声，
家从豭省声，梳从疏省声，监从临省声，頮从翽省声，炊从吹省声，薅从好
省声，取从耴省声，皆非有相传之音不能读，其实造字之时，固未尝如此省
法也，乃传写如此耳。许言某省声者，由有所受之也。"马说诚是。林义光
《文源》："羔小可炮，象羊在火上形。""羔"本从羊从火，以羊在火上炙烤会
小羊意，因读音如"照"（亦从火），故将形符火处理成"照省声"，不变火形
而纳入字音，使"羔"成为形声字。不变字形而处理成"某省声"，是最初会
意字变成形声字的方式之一。

　　"羔"也特指黑羊，《论语·乡党》："缁衣羔裘。"邢昺疏："羔裘，黑羊裘

也。"由小羊转指幼小生物,元好问《种松》:"百钱买松羔,植之我东墙。"

yáng 羊　　　合 7959　　合 20680　　河 387　　丁⿱余羊鼎　　孟鼎　　说文小篆　　尹宙碑　　颜真卿

象形字。《说文》:"羊,祥也。从丷,象头角足尾之形。孔子曰:牛羊之字以形举也。"本指羊,家畜名,哺乳动物,种类较多。羊、祥声近韵同,为声训。徐灏《注笺》:"古无祥字,假羊为之。钟鼎款识,多有大吉羊之文。蠹、義等字从羊者,祥也。"《周易·说卦》:"兑为羊。"孔颖达疏:"王廙云:羊者顺之畜,故为羊也。"徐灏《注笺》:"此篆上象头角,中二画象四足左右分列,下象其尾。"是后视之形。"羊"甲骨文像正面羊头形,上像其角,下像其头面。甲骨文字形,犬、豕、马、象、鹿等动物都画出全身,唯牛、羊只像头形,是因牛、羊为家畜而常见,头部特征明显,且用于祭祀,太牢用牛,少牢用羊,祭时以盘盛放牲首献祭。因砍头祭祀,故牛羊量词用"头"。羊性情温顺,群而不斗,肉质鲜美,有吉祥美善意,故"羞、羑、蠹、美、義"等字从羊。

"羊"引申指吉利,后作"祥",《墨子·明鬼》:"有恐后世子孙,不能敬若以取羊。"谋划、做事周备则完善吉祥,故又指细密、完备,后作"详",马王堆汉墓帛书《战国纵横家书》:"臣愿王与下吏羊(详)计某言而竺(笃)虑之也。"又为十二生肖之一,与十二地支的未相配,《论衡·物势》:"丑、未,亦土也。丑禽牛,未禽羊。"又用作姓氏,《广韵》阳韵:"羊,姓,出泰山,本自羊舌大夫之后。《战国策》有羊千者,著书显名。"

【原文】 jǐng xíng wéi xián　kè niàn zuò shèng
景　行　维　贤　　克　念　作　圣

【译文】 唯有圣贤具有崇高的德行,能够念念思善才能成为圣哲。

【释义】

"景行惟贤"出自《诗经·小雅·车辖》"高山仰止,景行行止",以"高山"喻崇高的道德,以"景行"为明行,即光明正大的行为。朱熹集解:"仰,瞻望也。景行,大道也。高山则可仰,景行则可行。"朱熹释读"景行(háng)"为大路,意谓:仰望高山,行走大路。

"克念作圣"出自《尚书·多方》"惟圣罔念作狂,惟狂克念作圣"。克,能。念,思。圣,明哲者。狂,狂妄者。孔安国注:"惟圣人无念于善,则为狂人。惟狂人能念于善,则为圣人。言桀纣非实狂愚,以不念善,故灭亡。"《千字文释义》:"言人能以五常之道,思之于心,而力行之,则可以造于圣人之域也。"总之,仰慕圣人,效法贤哲,转益多师,念善修身,就会成为智慧明哲之人。

【解字】

jǐng
景（影）

古玺　说文小篆　曹全碑　颜真卿

形声字。《说文》:"景,光也。从日京声。"本义为日光、亮光。张孟阳《七哀诗》注引《说文》作"日光也",段玉裁、王筠、朱骏声皆从之。徐灏《注笺》:"凡光皆有景,故俗语恒言光景。"景训光,故风景犹言风光。《后汉书·班彪列传》:"《宝鼎诗》:岳修贡兮川效珍,吐金景兮歊浮云。"李贤注:"景,光也。""京"甲骨文作 𩠩 前四·三一·六,金文作 𩠩 班簋,像高台上有台观等建筑形。郭沫若《两周金文辞大系图录考释》:"象宫观层屚之形。在古素朴之世非王者所居莫属。王者所居高大,故京有大义,有高义。""景"为日光,日高悬而光浩大(京),故"景"从日京声。

"景"也指太阳,《汉书·叙传》:"含景耀,吐精英。"日光最明,故又指光明、明亮,《诗经·小雅·车辖》:"高山仰止,景行行止。"日光广大,故又指大,上例毛传:"景,大也。"景色赖光而显,故又指景致、景色,范仲淹《岳阳楼记》:"春和景明,波澜不惊。"现象如日光般明显,故又指情况、现象,《汉书·梅福传》:"阴盛阳微,金铁为飞,此何景也?"日光随时间变换推移,故又指时光、光景,谢灵运《登江中孤屿》:"怀新道转迥,寻异景不延。"刘良注:"怀想新知,其道转远,寻求奇异,则光景不长。"日光自上而下,仰望方见,故又指仰慕、仰望,李白《与韩荆州书》:"何令人之景慕,一至于此耶!"

日光照物必有投影,故"景"又音 yǐng,指阴影,后作"影",《颜氏家训·书证》："凡阴景者，因光而生，故即谓为景。《淮南子》呼为景柱，《广雅》云'晷柱挂景'，并是也。至晋世葛洪《字苑》，傍始加彡，音于景反。"所以"彡"表示投在地上移动的影子。

xíng
行　北　㐅　北　彳亍　㣇　行
合4903　甲574　父辛鬹　南疆钲　说文小篆　石门颂　颜真卿

象形字。《说文》："行，人之步趋也。从彳从亍。"指行走。段注："步，行也；趋，走也；二者一徐一疾，皆谓之行，统言之也。《尔雅》：'室中谓之时，堂上谓之行，堂下谓之步，门外谓之趋，中庭谓之走，大路谓之奔。'析言之也。"《诗经·唐风·杕杜》："独行踽踽，岂无他人？"王筠《释例》："'行'下云：'从彳从亍。'吾向以为会意。由今思之，许君即字形言之耳。谓之会意，即失许君意矣。人之行也，必以两足，而步字已从止少矣，于是行字象两足之三属。上两笔，股也；中两笔，胫也；下两笔，趾也。股胫趾皆动，是行象矣。彳亍二字，则由行字分之而各会其意，非行字合彳亍以会意也。"人以两腿行走，彳亍像左右腿，故"行"从彳从亍。"行"小篆像人以左右腿行走形。甲骨文像十字路形，罗振玉《增订殷虚书契考释》："北象四达之衢，人所行也。石鼓文或增文作㣇，其义甚明。"据甲骨文字形，"行"本指道路，音háng，《诗经·豳风·七月》："女执懿筐，遵彼微行。"毛传："微行，墙下径也。""行"兼名、动二义，名词指道路，动词指行走。甲骨文取象四达之衢，是"远取诸物"，小篆取象人两腿行走，为"近取诸身"。先民之初，无道路的概念，而有行走之事之意，行之既久，常行之处即形成道路。

规律为人所遵行，故"行"引申为规律、道理，《周易·复》："反复其道，七日来复，天行也。"孔颖达疏："阳气绝灭之后，不过七日，阳气复生，此乃天之自然之理，故曰天行也。"人行走有所经历，故又指经过、经历，《国语·晋语》："行年五十矣。"走的路为行程，故又指行程，《老子》六十四章："千里之行，始于足下。"行则身动而前进，故又指运行、流动，《论语·阳货》："四时行焉，百物生焉。"水行是往前流动，故又指流通、流行，《左传·襄公二十五年》：“言之无文，行而不远。”事之行为施用，故又指施行，《论语·卫灵公》：“行夏之时。”皇侃义疏：“谓用夏家时节以行事也。”进行赏赐为行赏，故又指赏赐、授予，如论功行赏，《周礼·天官·司裘》：“中秋，献良裘，王乃行羽物。”郑玄注引郑司农：“行羽物，以羽物飞鸟赐群吏。”巡视要行走，故又指巡狩、巡视，《周礼·地官·州长》：“若国作民而师、田、行、役之事，则帅而致之。”贾公彦疏：“师谓征伐，田谓田猎，行谓巡狩，役谓役作。”人多在外行走，行则外出，故又指出行、出动，《左传·僖公五年》：“虞不腊矣。在此行也，晋不更举矣。”前行则离开此地，故又指离开，《左传·僖公五年》：“宫之奇以其族行。”做是身体的行，又指做、从事，如行善，《墨子·经》：“行，为也。”事施行说明能用，人做事表示可担任完成，故又指可以，如行不行？品德施行为德行，故又指行为、德行，《周礼·地官·师氏》：“敏德，以为行本。”郑玄注：“德行，内外之称，在心为德，施之为行。”女子出嫁则行至夫家，故又指出嫁，《诗经·鄘风·蝃蝀》：“女子有行，远父母兄弟。”又为古代通使之官，《管子·小匡》：“隰朋为行。”尹知章注：“行，谓行人也，所以通使诸侯。”又指古诗的一种体裁，徐师曾《文体明辨序说》：“按乐府命题，名称不一：盖自琴曲之外，其放情长言，杂而无方者曰‘歌’；步骤驰骋，疏而不滞者曰‘行’，兼之曰‘歌行’。如古辞《孤儿行》《饮马长城窟行》。”又指汉字的一种字体，即行书。又指日月星辰运行的轨道，《诗经·小雅·十月之交》：“日月告凶，不用其行。”又为佛教术语，表示戒行，指学佛的人遵守戒律刻苦修道的行为，白居易《赠别宣上人》：“性真悟泡幻，行洁离尘滓。”又用作副词，相当于“且、将、即、就”。

“行”又音xìng，指事务，《礼记·坊记》：“民犹贵禄而贱行。”郑玄注：“行，犹事也。言务得其禄，不务其事。”也指行迹，《礼记·乐记》：“闻其谥知其行也。”郑玄注：“谥者，行之迹也。”

“行”又音háng，道路有序陈于地上，故指行列，《诗经·大雅·常武》：“左右陈行，戒我师旅。”辈分有序如行列，故又指辈、班辈，《礼记·祭统》：“夫祭之道，孙为王父尸。所使为尸者，于祭者，子行也。”排行按序进行，故又指排行,《广韵》宕韵:"行,次第。"又用作量词,用于成行的东西,《吕氏春秋·行论》:"泣数行而下。"也为数学名词,矩阵中的横排为"行",纵排为"列"。军队列兵布阵皆有行列,故又指行伍、行阵,《左传·襄公三年》:"晋侯之弟扬干乱行于曲梁。"行业是人职业的路,故又指行业,如三十六行。营业处是物品流通的路,故又指买卖交易的营业处,如米行、银行。

维(維) wéi

宰椃角	虢季子白盘	说文小篆	魏封孔羡碑	颜真卿

繁体作"維",形声字。《说文》:"維,车盖維也。从糸隹声。"指系车盖的绳索。《仪礼·大射》:"中离維纲。"郑玄注:"侯有上下纲,其邪制躬舌之角者为維。"贾公彦疏:"纲与維皆用绳为之。""維"构形指以丝绳(糸)系鸟(隹),古代以系有绳子的箭捕鸟,系在箭上的生丝绳为"缴",马叙伦《说文解字六书疏证》:"'车盖維'非本义,当是以绳系鸟也。"以系有绳子的箭捕鸟为弋射,绳多以丝线(糸)制成,古以丝绳(糸)系箭弋鸟(隹),故"維"从糸隹声。"維"又以丝绳系鸟表示绳子,泛指系物的大绳,又专指系车盖的绳索。

绳可系物,故"維"引申为系、连结,《诗经·小雅·白驹》:"系之維之,以永今朝。"绳是物与物连接的关键,故又引申为纲纪、纲要,《管子·牧民》:"国有四維……一曰礼,二曰义,三曰廉,四曰耻。"物多赖绳維持连接,故又指維持、維护,《韩非子·心度》:"故民朴而禁之以名则治,世知維之以刑则从。"系车之绳各在一角,故又指角落,《史记·律书》:"清明风居东南維,主风吹万物而西之。"又为数学名词,为几何学及空间理论的基本概念,直线是一维的,平面是二维的,普通空间是三维的。通"惟",考虑、计度,《史记·秦楚之际月表》:"維万世之安。"司马贞索隐:"維训度,谓计度令万代安也。"又表示判断,相当于"乃、是、为",《诗经·小雅·无羊》:"众維鱼矣。"又用作副词,相当于"只、仅,岂"。又用作介词,相当于"以、于"。又用作连词,相当于"与"。又用作语气词,用于句中或句首。

xián
贤（賢）

贤父癸觶　　贤簋　　说文小篆　　尹宙碑　　颜真卿

繁体作"賢"，形声字。《说文》："賢，多才也。从貝臤声。"本指才能及德行皆高者。《六书故·动物》："贤，德行道艺逾人者谓之贤。"《尚书·大禹谟》："野无遗贤，万邦咸宁。"戴侗、段玉裁、徐灏等谓本义为多财，《六书故·动物》："賢，货贝多于人也。"臤（qiān），《说文》："坚也。从又臣声。读若铿锵之铿。古文以为贤字。"本义为坚固。臤、坚上古音声近韵同，为声训。"臤"小篆作臤，以手（又）牵臣，臣为弱而被牵者，坚强有力者方能牵制人，故"臤"从又臣声。"臤"甲骨文作 合八四六一、 合一八一一四三，金文作 引鼎，以手（又）使人臣服，横着的目（ ）低头变为竖着的臣（ ），以强力压服，有强者、坚固义。或谓 像以手抉目形。"臤、堅、鏗、賢"皆有坚强、坚固义。"臤"盖"賢"之初文，坚固、坚强自含贤能义，故古以"臤"为"賢"，后加貝作"賢"为贤能义专用字。賢者才能强大、坚实（臤），才德是无形的财富（貝），或谓"賢"指多财（貝），故"賢"从貝臤声。《说文诂林》引吴曾祺："《庄子·徐无鬼篇》云：'以财分人之谓贤。'此其义重分人而言，非其财也……盖谓古者以货贝相贸易，人从而宝之，贤之从貝不过如《诗》所云'既见君子，赐我百朋'之意。古人好善之诚，或转托于物类，以申其郑重分明之旨。"吴说可备参考。

贤者德才美善，故"贤"引申为良、美善，《礼记·内则》："具二牲，献其贤者于宗子。"由多才泛指多，《诗经·大雅·行苇》："序宾以贤。"郑玄笺："谓以射中多少为次第。"贤者德才超出常人，故作动词指胜过、超过，韩愈《师说》："是故弟子不必不如师，师不必贤于弟子。"贤才为人尊崇，故又指崇尚、以为贤，《论语·学而》："贤贤易色。"贤能者多劳，故又指劳累，《诗经·小雅·北山》："大夫不均，我从事独贤。"又用作对人的敬称，如贤弟，《史记·刺客列传》："妾其奈何畏殁身之诛，终灭贤弟之名！"

kè
克　　　 合114　　合20508　　何尊　　 利簋　　说文小篆　华山庙碑　颜真卿

象形字。《说文》：“克，肩也。象屋下刻木之形。亭，古文克。朵，亦古文克。”指胜任。《周易·蒙》：“纳妇，吉，子克家。”孔颖达疏：“即是子孙能克荷家事，故云子克家也。”人多以肩膀负荷重物，荷重犹胜任重物，故训“肩”，徐锴《系传》：“肩者，任也，负荷之名也。与人肩膊之肩义通……能胜此物谓之克。”朱骏声《通训定声》：“以肩任物曰克，物高于肩，故从高省。下象肩形，古文亦象肩形。”王筠《释例》：“克下云：‘肩也。象屋下刻木之形。’二义不甚连属，而所谓刻木者，则以古文朵与录相似也。”商承祚《说文中之古文考》：“乃下录部録字之错简。”徐灏《注笺》：“上象屋，下象柱栌之形。”饶炯《部首订》：“上象屋，下象刻木侧面形以承之。”朱骏声《通训定声》：“又古文朵，疑当为录之古文，许所云刻木录录也。”罗振玉《增订殷虚书契考释》：“象人戴胄形……克本训胜，许训肩，殆引申之谊矣。”朱芳圃《殷周文字释丛》：“字上象胄形，下从皮省。当为铠之初文，亦即甲胄之甲之本字。”甲骨文又作𩰊前六·二〇·三、𩰊掇一·一二〇，商承祚《甲骨文字研究》：“此象人戴胄而持干戈，故有克意。”戴甲胄的武士能克敌制胜，人肩、屋柱能胜任重负，刻木之工能胜任事务，诸说从不同视角分析“克”有能力、胜任的构字意图。

　　制胜是胜任战事，故“克”引申指制胜、攻下（城池），《左传·庄公十年》：“彼竭我盈，故克之。”制服敌人则获胜，故又指约束、制服，如克服困难，《论语·颜渊》：“克己复礼为仁。”攻城、制胜有一定的时间限制，故又指约定，《潜夫论·交际》：“怀不来而外克期。”由制服引申为凌犯，《史记·宋微子世家》裴骃集解引郑玄：“克者，如忮气之色相犯也。”能任事则能成事，故又指完成，《左传·宣公八年》：“雨，不克葬。庚寅，日中而克葬。”任事为能，故又指能，如克勤克俭，《诗经·大雅·荡》：“靡不有初，鲜克有终。”

niàn
念　合12670　合1824　毛公鼎　说文小篆　礼器碑　颜真卿

　　形声字。《说文》:"念,常思也。从心今声。"本义为思念、怀念。《释名·释言语》:"念,黏也,意相亲爱,心黏着不能忘也。"《诗经·大雅·文王》:"王之荩臣,无念尔祖。""今"为现在之时,内心念念不忘,如在今(现在)时刻思念,所谓"念兹在兹",故"念"从心今声。

　　"念"也指思考、考虑,《新唐书·魏征传》:"安不思危,治不念乱,存不虑亡也。"作名词为念头、想法,陶潜《闲情赋》:"惆惆不寐,众念徘徊。"人对思念者有怜爱心,故又指怜爱、怜悯,张相《诗词曲语辞汇释》:"念,犹怜也,爱也。"思于心则多出于口,常常念叨的多是所思念者,故也指连续诵读,看着文字读出声音,《汉书·张禹传》:"欲为《论》,念张文。"王先谦补注引周寿昌:"念,背诵也,今犹云读书为念书。"又为佛教名词,为法相宗别境之一,指记忆,《大乘广五蕴论》:"云何念?谓于惯习事,心不忘失,明记为性。"

zuò
作　铁81.3　颂簋　说文小篆　石门颂　颜真卿

　　形声字。《说文》:"作,起也。从人从乍。"指起立。"从乍"徐锴《系传》及《韵会》引皆作"乍声",段玉裁、王筠、朱骏声等皆从之。张舜徽《约注》:"作字从人,其本义自谓人之由坐卧而起也。本书走部:'起,能立也。'今俗恒称人由坐卧而挺立者曰起身,或曰起来,乃本字本义。许以起训作,意即在此。《礼记·檀弓》'孔子蚤作',《论语》'舍瑟而作',皆用本义也。"乍,《说文》:"止也。一曰亡也。从亡从一。"指忽然、突然,为副词。徐锴《系传》"从一"后有"一,有所碍也"五字,段注:"有人逃亡而'一'止之。其言曰乍,皆咄咄逼人之语也。亡与止亡者皆必在仓猝,故引申为仓猝之称。"故"乍"从亾从一。"乍"甲骨文作 合九〇四正,金文作 盂鼎,曾宪通谓像耒之形,本义为耕作,耒插地翻土,土块乍然立起。吴其昌、裘锡圭谓"乍"从刀砍木,为"柞"之初文,指砍除树木。林义光认为乍"即作之古文"。耒耕作而土起、刀断木而树起,皆有立起、劳作义,后"乍"用于乍然义,本字加人旁为"作",故"作"从人乍声。

兴起是事物的起,故"作"也指产生、兴起,《周易·乾》:"云从龙,风从虎,圣人作而万物睹。"振作是奋起,故又指振作,《左传·庄公十年》:"一鼓作气,再而衰,三而竭。"起立为做事之始,故也指始,《老子》六十三章:"天下难事,必作于易;天下大事,必作于细。"劳作是工作、事业的起,故又指劳动,《尚书·尧典》:"寅宾出日,平秩东作。"孔传:"岁起于东而始就耕,谓之东作。"房屋建造而成(起),又指建造、制作,《尚书·康诰》:"周公初基,作新大邑于东国洛。"创作则产生相应作品,又指创作,《论语·述而》:"述而不作,信而好古。"作品经制作、劳作而完成,故又指作品,如著作、杰作,《文心雕龙·时序》:"然《大风》《鸿鹄》之歌,亦天纵之英作也。"条令、法则等制定而成,故又指制定,《尚书·吕刑》:"度作刑以诘四方。"培育则有所兴起、成就,故又指培育、造就,《尚书·康诰》:"亦惟助宅天命,作新民。"指役使,《仪礼·燕礼》:"小臣作下大夫,二人媵爵。"取得某种身份,则成为相应身份的人,又指充当、当作,《论语·子路》:"人而无恒,不可以作巫医。"事业创立、劳作而成,故又指事情、事业,《周易·益》:"利用为大作。"又指行事规则,《尚书·洪范》:"恭作肃,从作义。"孔颖达疏:"貌能恭则心肃敬也,言可从则政可治也。"充当者与被充当者相似,故又指像、似,庾信《登州中新阁》:"石作芙蓉影,池如明镜光。"

"作"又音 zuō,工场、作坊,《三国志·魏书·孙礼传》:"明帝方修宫室,而节气不和合……礼径至作所,不复重奏,称诏罢民。"

shèng 圣(聖)　　存1376　乙5161　师望鼎　井人妄鼎　说文小篆　孔龢碑　颜真卿

繁体作"聖",形声字。《说文》:"聖,通也。从耳呈声。"以听觉通达敏锐表示通达事理。朱骏声《通训定声》:"耳顺之谓圣。彼教所言耳根圆通,亦此意。"《尚书·大禹谟》:"乃圣乃神,乃武乃文。"孔传:"圣,无所不通。"耳能听四方上下之声,相较眼、鼻等器官,最为圆通,故以耳朵敏锐表示通达。徐锴《系传·通论》:"心通万物之情若耳之通声也。"声入耳则通于心而知其情,《风俗通》"聖者,声也,通也。言其闻声知情,通于天地,条畅万物也",段注"聖从耳者,谓其耳顺",故"聖"从耳。"聖"甲骨文人上突出大耳朵,表示听觉灵敏通达;从口,指倾听从口所发之声。李孝定《甲骨文字集释》:"契文从𦕈,象人上着大耳,从口,会意。聖之初谊为听觉官能之敏锐,故引申训通,圣贤之义又其引申也。"徐中舒《甲骨文字典》:"聲、聽、聖三字同源,其始本为一字,后世分化其形音义乃有别,然典籍中此三字亦互相通用。"林义光《文源》:"象聲出于口入于耳之形……出于口为聲,入于耳为聽,因而通于心者聖也。""聖"金文"人"声化作"壬",《说文》又合"壬、口"为一字作"呈"声。圣(kū),《说文》:"汝颍之间谓致力于地曰圣。从土从又。读若兔窟。"为古代方言字,义同"掘"。人以手(又)持器掘土(土),段注"致力必以手",故"圣"从土从又。宋元时期以"圣"代"聖",今为"聖"之简化字。《宋元以来俗字谱》:"'聖',《古今杂剧》《白袍记》《东聪记》《目连记》《金瓶梅》《岭南逸事》均作'圣'。"

圣者通达超凡,故"圣"也指学识或技艺有极高成就的人,如诗圣,段注"凡一事精通,亦得谓之圣",《抱朴子·辨问》:"世人以人所尤长,众人不及者,便谓之圣。故善围棋之无比者,则谓之棋圣。"古谓圣人智慧德能最高,故又指具有最高智慧和道德者,《论语·子罕》:"固天纵之将圣,又多能也。"圣哲超出常人,故又指聪明、才智胜人,《老子》十九章:"绝圣弃智,民利百倍。"又用于对帝王的尊称,也用以称颂有关帝王及王朝的事物,如圣旨,《史记·秦始皇本纪》:"大圣作治,建定法度,显著纲纪。"古谓神明神圣明通,故又指有关神明的事物,《论衡·自纪》:"以圣典而示小雅,以雅言而说丘野。"又为佛教用语,指证入正道,《大乘义章》:"会正名圣,正谓理也,理无偏邪,故说为正,证理舍凡说为圣矣。"

【原文】　dé jiàn míng lì　xíng duān biǎo zhèng
　　　　　德 建 名 立　　形 端 表 正

【译义】　道德良善,功名事业自有成就;心形诚敬,外表自然就会端正。

【释义】

　　"德建名立"出自《礼记·中庸》"故大德必得其位,必得其禄,必得其名,必得其寿"。德,德行。名,圣贤之名,也指功名。古谓德、名是因果关系,德行建立,名会随之而来。《周易》强调"崇德广业",先有德行修养,然后才可能建功立业。德之言得,修德行才能身心有所得。若无德行,得到的名是虚名,不但不能受用,反而会给自己带来灾殃。因此,要想获取名利,就要勤修德行,而不要着眼于名利本身。《孟子》谓仁义忠信、乐善不倦是天爵,公卿大夫是人爵。古人修仁义忠信等天爵,自然会得到公卿大夫的人爵。这是对"德建名立"很好的解说。

　　"行端表正"指身心端正,外表自然端正。若身心不正,外表再怎么修饰,也会露出破绽,《千字文释义》:"立木以示为表。形端则影亦端,表正则影亦正。言此贤圣之人,惟能建立五常之德,因以有圣贤之名,如形表之端正,则影自随之而不爽。盖修德者,必有名誉,而人不可以不效法之也。"

【解字】

dé
德(悳)　　粹 864　甲 2304　辛鼎　说文小篆　鲜于璜碑　颜真卿

　　形声字,《说文》:"德,升也。从彳悳声。"本义为升、登上。段注:"辵部曰'迁,登也',此当同之……今俗谓用力徙前曰德,古语也。"桂馥《义证》:"古升、登、陟、得、德五字义皆同。"道德之"德"本字为"悳(惪)",会意兼形声字。《说文》:"悳,外得于人,内得于己也。从直从心。悳,古文。"本义为道德,同"德"。中山王鼎:"寡人庸其悳,嘉其力,是以赐之厥命。"悳、得上古音皆属端纽职部,为声训。德施于外则与人惠泽,行于内则己身心有得,故训"外得于人,内得于己"。"直"指正见,即沿直线看到目标。甲骨文作 合二一五三五、 合三二八六七,目上加直线表示直视。正直为《尚书·洪范》"三德"之首，"惪"为内心正直，所谓"直心为德"，"惪"是人心通向天道的直路，故"惪"从直从心。"直"也兼声，惪、直上古音声近韵同。惪加彳作"德"表示直着上登，后"德"通用而"惪"废而不用。

"德"作名词指有道德之人，《尚书·蔡仲之命》："皇天无亲，惟德是辅。"孔传："惟有道者则佑之。"贤德者多惠人，故也指恩泽，《左传·成公三年》："无怨无德，不知所报。"仁德之君以德政利民，故又指德政、善教，《礼记·内则》："降德于众兆民。"有德于人则人感恩，故作动词指感恩、感激，《左传·成公三年》："然则德我乎？"人有德能旺身兴业，故五行说指四季的旺气为"德"，《淮南子·天文》："日冬至，德气为土。"德能感召福庆，故又指福庆、喜庆的事，《礼记·哀公问》："哀公曰：'敢问人道谁为大？'孔子愀然作色而对曰：'君之及此言也，百姓之德也。'"孔颖达疏："言君今问此人道之大，欲忧恤于下，是百姓受其福庆。"五伦八德等是人的德行规范，故又指客观规律，《庄子·天地》："玄古之君天下，无为也，天德而已矣。"成玄英疏："玄古圣君无为而治天下，自然之德而已矣。"规律是事物的内在属性，故又指性质、属性，《庄子·马蹄》："彼民有常性，织而衣，耕而食，是谓同德。"人以德为本，本则居先，故又指始生、事物的开始，《庄子·天地》："物得以生谓之德。"《周礼·地官》郑注"德行，内外之称，在心为德，施之为行"，故又指心意，《尚书·泰誓》："受有亿兆夷人，离心离德；予有乱臣十人，同心同德。"通"得"，德、得同源，《广雅·释诂》："德，得也。"《墨子·节用》："是故用财不费，民德不劳，其兴利多矣。""惪"从直声，故又通"直"，《左传·襄公二十九年》："辩而不德，必加于戮。""植"也从直声，故又通"植"，立木，《礼记·玉藻》："气容肃，立容德，色容庄，坐如尸。"又为黄河之别名，《史记·秦始皇本纪》："更名河曰德水，以为水德之始。"

形声字。《说文》："建，立朝律也。从聿从廴。"（为国家）立法。段

注："今谓凡竖立为建。许云'立朝律也'，此必古义，今未考出。"徐灏《注笺》："凡言建者皆朝廷之事……律，犹法度也。"廴(yǐn)，《说文》："长行也。""廴"由"彳"引长末笔而成，有延长意，故训"长行"。徐灏《注笺》："长行者，连步行也，故从彳而引长之。"聿，《说文》："所以书也。"本义为笔。"聿"为"筆(笔)"之初文，甲骨文作 ![字形] 合二八一六九，以又(手)持笔形。法律用笔书写，国家立法期永久施行，张舜徽《约注》"许云'立朝律'者，即史所称草律定律之事也。盖人类进入阶级社会后，治民者即以法律为驭下之本。子产相郑，而铸刑书；萧何佐汉，作律九章；皆所谓立朝律也。其事必以笔草创之，故建字从聿，聿即笔。律既定矣，期于永行，故又从廴耳"，故"建"从聿从廴。"建"甲骨文、金文像人持木柱类物树立于"乚"内之形，本义为树立、建立，《诗经·小雅·出车》："设此旐矣，建彼旄矣。"孔颖达疏："乃建立彼旄于戎车之上矣。"

立法是建立法律，故"建"引申指建立、设置，如建国、建军，《尚书·周官》："唐虞稽古，建官惟百。"房屋由建筑而成，故又指建筑，《逸周书·作雒》："乃建大社于国中。"立法后要广布天下使人明知，故又指明白布告，《周礼·天官·小宰》："小宰之职，掌建邦之宫刑。"孙诒让正义："凡物建立之则众共见，故引申之，凡明白布告亦曰建。"提建议即创建提议，故又指建议、提出，《汉书·贾邹枚路传》："爰盎等皆建以为不可。"又指封赐、封立，《诗经·鲁颂·閟宫》："建尔元子，俾侯于鲁。"又为星座名，共六星，属斗宿。北斗星斗柄所指也叫建，斗柄每月移指一个方位，周而复始，用十二地支指称一年十二个月为"月建"，故周历以夏历十一月为正月，称"建子"；殷历以十二月为正月，称"建丑"；夏历以一月为正月，称"建寅"，汉以后通用夏历，月大称大建，月小称小建。又为福建省的简称，如建漆、建茶。

名 míng　仈　屳　明　召　召　名

合22056　合2190　合5118　召伯簋　说文小篆　乙瑛碑　颜真卿

会意字。《说文》："名，自命也。从口从夕。夕者，冥也。冥不相见，故以口自名。"本指自称己名，故训"自命"，为动词；名词指人的名字。桂馥

《义证》：“名、命声相近。《广雅》：命，名也。”段注：“《祭统》曰：‘夫鼎有铭。铭者，自名也。’此许所本也。《周礼·小祝》故书作‘铭’，今书或作‘名’。”《楚辞·离骚》：“皇览揆余初度兮，肇锡余以嘉名。”王逸注：“故赐我以美善之名。”人夜间（夕）相见，彼此看不见对方，要以口报己名使对方知晓，故“名”从口从夕。戴侗《六书故·人》：“《周官》：‘中夏教茇舍。辨号名之用，以辨军之夜事。’莫夜则旌旗徽识不可辨，故必谨其号名以相壹，名之文所以从夕也。”张舜徽《约注》：“许君云‘自命’者，谓自呼其名也。古者严男女之防，《礼记·内则》所云‘夜行以烛，无烛则止’。盖所以闲内外者为至密，故禁冥行。冥行则必自呼其名，使人知之，所以厚别远嫌也。此篆说解，足补古代礼制之遗，最为可据……自命谓之名，犹鸟声谓之鸣，语原同也。”戴侗、张舜徽之说，虽非“名”之最初构字意图，却见夜晚以口自命之上古遗俗在后世礼制中的体现。

　　“名”扩大指事物的名称，《论语·阳货》：“多识于鸟兽草木之名。”也指命名、取名，《左传·宣公三年》：“生穆公，名之曰兰。”又指评说、称说，《论语·泰伯》：“大哉，尧之为君也……荡荡乎，民无能名焉！”又指名字叫做，《史记·屈原贾生列传》：“屈原者，名平，楚之同姓也。”又指直呼其名，《礼记·曲礼》：“国君不名卿老世妇。”名号、名义是无形的名，故又指名分、名号、名义，《论语·子路》：“子路曰：‘卫君待子而为政，子将奚先？’子曰：‘必也正名乎！’”声誉是美名，故又指声誉、名声，《礼记·中庸》：“故大德必得其位，必得其禄，必得其名，必得其寿。”郑玄注：“名，令闻也。”人事物大则有名，故又指大，《尚书·武成》：“告于皇天后土，所过名山大川。”孔颖达疏：“山川大乃有名，名、大、互言之耳。”名字、名称由文字记录，故又指文字，徐灏《注笺》：“名必以文，故文字因谓之名。”《仪礼·聘礼》：“百名以上书于策，不及百名书于方。”又指名家，战国时期一种以辩论名实为主的思想流派，《史记·太史公自序》：“（道家）其为术也，因阴阳之大顺，采儒、墨之善，撮名、法之要。”事物种类多以名区分，故又指名目、种类，江淹《别赋》：“是以别方不定，别理千名。”又用作量词，指人或名次，如五名学生、他这次考试得了第一名。通"明",明白、明亮,《墨子·兼爱》:"分名乎天下,爱人而利人者,别与? 兼与?"

立　　合 20332　　合 7363　　史兽鼎　　立爯父丁卣　　望 1　　说文小篆　　史晨碑　　颜真卿

指事字。《说文》:"立,住也。从大立一之上。"本义为站立。饶炯《部首订》:"立者,两足丽地,无所偏倚,义与行对。"段注:"'偯'各本作'住',今正。人部曰:'偯者,立也。'与此为互训。浅人易为住字,亦许书之所无。""偯"指树立,人立则身竖立于地,故训"住(偯)"。桂馥《义证》:"本书无'住'字,'偯'下云:'立也。''尌'下云:'立也。''驻'下云:'马立也。'"《礼记·曲礼》:"立必正方,不倾听。""立"甲骨文、金文、小篆像人(大)正立地(一)上形,徐铉等注"大,人也;一,地也",故"立"从大立一之上。张舜徽《约注》:"《释名·释姿容》云:'立,林也,如林木森然各驻其所也。'此解甚精,明林、立二字声义同原。"

人立则身竖起,故"立"引申指竖起,如立竿见影,《尚书·牧誓》:"比尔干,立尔矛。"建树即建立功绩,故也指建树、成就,《左传·襄公二十四年》:"太上有立德,其次有立功,其次有立言。"《论语·为政》"吾十有五而志于学,三十而立",故也特指三十岁,陶渊明《祭从弟敬远文》:"年甫过立,奄与世辞。"房屋建成则呈竖立状,又指设置、设立,《尚书·周官》:"立太师、太傅、太保。"又指制定、订立,《商君书·更法》:"及至文武,各当时而立法,因事而制礼。"人立于此则在此,故又指存在,诸葛亮《后出师表》:"先帝虑汉、贼不两立,王业不偏安。"又指古代帝王或诸侯即位,《史记·五帝本纪》:"其孙昌意之子高阳立,是为帝颛顼也。"又用作副词,指短暂时间,《荀子·荣辱》:"室家立残,亲戚不免乎刑戮。"

"立"又音 wèi,通"位"。人立处为"位",古立、位同字,后加人旁作"位",《周礼·春官·小宗伯》:"掌建国之神位。"郑玄注:"故书'位'作'立'。郑司农云:立读为位。古者立、位同字,古文《春秋经》'公即位'为

'公即立'。"

形声字。《说文》:"形,象形也。从彡开声。"本义为形象、形体。《周易·系辞》:"在天成象,在地成形,变化见矣。"张舜徽《约注》:"形之本义,自谓图绘实物之形。许云象形,谓象物形也。"彡,《说文》:"毛饰画文也。"指须毛及饰画的花纹。开(jiān),《说文》:"平也。象二干对构,上平也。"构形为二干相并而顶上平齐,"开头山"即平顶山。物与被画之形相同,同则平齐如一,物象经绘画后如"开"之高平明显,徐灏《注笺》"象形者,画成其物也,故从彡。彡者,饰画文也",画物形(彡)使显明(开),故"形"从彡开声。桂馥《义证》谓"形"当从"井声",可备一说。

"形"也指形状、样子,《尚书·说命》:"乃审厥象,俾以形旁求于天下。"孔传:"审所梦之人,刻其形象以四方旁求之于民间。"身体有形而与己密切,故特指身体,《吕氏春秋·去宥》:"人之老也,形益衰,而智益盛。"容貌是身体突出的形体部分,故又指容貌、神色,《谷梁传·桓公十四年》:"望远者,察其貌,而不察其形。"形在外而显露,故又指表现、显露,如喜形于色,《礼记·乐记》:"感于物而动,故形于声。"形容、描写是用语言、写作、图画对事物形态的表达,故又指形容、描写,《列子·天瑞》:"有形者,有形形者。"形体可相互对比,故又指对照、比较,如相形见绌,《淮南子·齐俗》:"故高下之相倾也,短修之相形也,亦明矣。"形多是逐渐生成的,故又指形成,《楚辞·天问》:"上下未形,何由考之。"形势若事态之形,故又指形势,《战国策·西周策》:"周君形不小利,事秦而好小利。"方法犹做事之形,故又指方式、方法,《汉书·爰盎晁错传》:"夫卑身以事强,小国之形也;合小以攻大,敌国之形也;以蛮夷攻蛮夷,中国之形也。"声音犹音乐的形体,故又指声音动静,《礼记·乐记》:"故人不耐无乐,乐不耐无形。"

duān
端（耑）　　**耑　耑　端　端**
　　　　　　睡 34.38　说文小篆　史晨碑　柳公权

　　形声字。《说文》：“端，直也。从立耑声。”本义为直、正。《礼记·玉藻》：“端行，颐霤如矢。”郑玄注：“端，直也。”孔颖达疏：“端行，谓直身而行也。”耑（duān），《说文》：“物初生之题也。上象生形，下象其根也。”本义为发端、顶端。段注：“题者，额也。人体额为最上，物之初见即其额也。古发端字作此，今则端行而耑废。”徐灏《注笺》：“耑之言颠也。”“耑”甲骨文作合二〇〇七〇、合六八四二，金文作义楚鱓，像草木初生之端，上象生形，下象其根。人立则身直而正，如草木初生时顶端之直、正（耑），朱骏声《通训定声》“立容直也”，故“端”从立耑声。

　　“端”也指人的品行端庄正直，《孟子·离娄》：“夫尹公之他，端人也，其取友必端矣。”赵岐注：“端人，用心不邪辟。”草木初生之题（端）位于最高处，故又指顶端、开头，《礼记·礼运》：“故人者，天地之心也，五行之端也。”征兆、原由是事物发生最早的端倪，故又指征兆、原由，《论衡·超奇》：“陈平割肉，丞相之端见；孙叔敖决期思，令尹之兆著。”物体顶末两端各居一头，故又指事物的一头或一方面，《礼记·中庸》：“执其两端，用其中于民。”顶端是物体最高、最远的边界，故又指边际、头绪，《庄子·秋水》：“顺流而东行，至于北海，东面而视，不见水端。”又指思绪、心绪，《世说新语·言语》：“卫洗马初欲渡江，形神惨悴，语左右云：见此芒芒，不觉百端交集。”又指手平举拿物，如端碗、端茶。又指详审，如端详。又指周代的礼服，《周礼·春官·司服》：“其齐服，有玄端素端。”郑玄注：“郑司农云：‘衣有襦裳者为端。’玄谓：‘端者，取其正也。’”又指宫殿或都城的南正门，左思《魏都赋》：“岩岩北阙，南端逌遵。”又用作副词，相当于“正好、特地”。又用作量词，为古代布帛单位，其制不一，《左传·昭公二十六年》“以币锦二两”，杜预注：“二丈为一端，二端为一两，所谓匹也。”又用作姓氏，《姓觿》寒韵：“端，古端氏国，灭于晋，晋大夫食采于端，因氏。《千家姓》云，出端木赐之后，从省文为端氏。《史记》秦有端和。"

biǎo
表（裘）

包 2.262　睡 29.36　说文小篆　说文古文　张迁碑　颜真卿

原作"裘"，会意兼形声字。《说文》："裘，上衣也。从衣从毛。古者衣裘，以毛为表。禓，古文表从麃。"本义为外衣。段注："上衣者，衣之在外者也。"张舜徽《约注》："古者衣裘，毛皆在外。如《新序》所云：'魏文侯出游，见路人反裘而负刍。文侯曰：胡为反裘而负刍？对曰：臣爱其毛。文侯曰：若不知其里尽而毛无所恃邪！'《汉书·匡衡传》云：'是有狐白之裘而反衣之也。'颜注云：'反衣之者，以其毛在内也。'此皆古人衣裘以毛为表之证……古所称上衣，犹今人称外套。"《庄子·让王》："子贡乘大马，中绀而表素，轩车不容巷，往见原宪。"陆德明释文："李云：绀为中衣，加素为表。"徐锴《系传》"古以皮为裘，毛皆在外，故衣毛为表"，段注"古者衣裘，谓未有麻丝，衣羽皮也。衣皮时毛在外，故裘之制毛在外。以衣毛制为表字，示不忘古"，故"裘"从衣从毛，上部连写作"表"。"毛"兼声，上古音"表"属帮纽宵韵，"毛"属明纽宵韵，二字声近韵同。《说文》古文从衣麃声作"禓"。裘（表）－裏（里）为衣的外内相对。

"表"由外衣引申为外、外面，与"里（裏）"相反，如表皮，《尚书·尧典》："光被四表，格于上下。"孔颖达疏："表里内外相对之言，故以表为外。"俞樾《平议》："以其在极外而言则曰四表。"威仪显露在外，故也特指人的威仪文辞，如仪表，《法言·重黎》："或问圣人表里。曰：威仪文辞，表也；德行忠信，里也。"表在外而显著，标识明示于人，故又指作标记的木柱，《管子·君臣》："犹揭表而令之止也。"尹知章注："表谓以木为标，有所告示也。"又指加以标记，《荀子·大略》："水行者表深，使人无陷；治民者表乱，使人无失。"好的仪表有标准、示范作用，故又指标准、仪范，《礼记·表记》："仁者，天下之表也。"计时器是时间的标准，故又指计时器，古代测日影的竿、柱，《淮南子·本经》："天地之大，可以矩表识也。"又指测量某种量的器具，如水表、电表、钟表。又指记载事物、分类排列以便观览的书面材料，如统计表，《史记·三代世表》司马贞索隐引应劭："表者，录其事而见之。"表在外而显露，故又指显扬、表彰，《荀子·大略》："武王始入殷，表商容之闾。"杨倞注："表，筑旌之。"表达是讲明自己的想法，故又指表述，如闲话不表。又为古代奏章的一种，大臣上书皇帝表达心志，是表述之义的名词化，如诸葛亮《出师表》、李密《陈情表》，《释名·释书契》："下言于上曰表。"又指表亲，犹在外的亲人，父亲的姊妹所生的子女，母亲的兄弟姊妹所生的子女都称表亲。又指用纸或丝织品做衬托，把字画或书籍等装潢起来，或加以修补，使美观耐久，后作"裱"。

zhèng 正

合 6993　合 1140　盂鼎　瘵鼎　郭·语 240　说文小篆　史晨碑　颜真卿

会意字。《说文》："正，是也。从止，一以止。古文正从二。二，古上字。古文正从一足。足者亦止也。"指正中、平直、不偏斜。饶炯《部首订》："'正'下云'是也'。'是'下说'直也'，义即相当无偏之谓……《书》云：'无偏无党，王道荡荡；无党无偏，王道平平；无反无侧，王道正直。'亦是意也。"《尚书·说命》："惟木从绳则正，后从谏则圣。"徐锴《系传》"守一以止也"，《大学》"在止于至善"。徐灏《注笺》"一者，建中立极之义，由是而止焉则正矣"，谓止于一为"正"，故"正"从止、一。"正"春秋金文作，"正"上之横为饰笔，为《说文》古文由来，许慎谓上两横（二）为古上字。桂馥《义证》："《申子》：天道无私，是以恒正。""止"指足，止、足形义相近，故《说文》古文从一、足作。"正"甲骨文从止从口，以脚步（止）向城邑（口、●）进发会行进、征伐之意。后"止"上之口、●线条化，变作横，为通行之形。吴其昌《殷虚书契解诂》："'正'之原始本义为征，为行。但象向预悬鹄的之方域进行，故'征'之义其初本未尝固定为军旅讨伐，或巡省邦国，或纵狩郊畿，因皆可通称为'征'也。"吴说较通达，学者多谓"正"为"征"之初文。

中正、平直为多数事物的准则,故"正"引申指合规范、合标准,《论语·子罕》:"吾自卫反鲁,然后乐正,《雅》《颂》各得其所。"又指(人行为)正直、公正,《论语·宪问》:"晋文公谲而不正,齐桓公正而不谲。"作动词指纠正、匡正,《论语·学而》:"就有道而正焉。"又指使端正,《论语·乡党》:"君赐食,必正席先尝之。"又指正法、治罪,《周礼·夏官·大司马》:"贼杀其亲,则正之。"又指决定,《诗经·大雅·文王有声》:"维龟正之,武王成之。"又指官员、君长,《尚书·说命》:"昔先正保衡,作我先王。"又指常例、常法、准则,《管子·八观》:"江海虽广,池泽虽博,鱼鳖虽多,罔罟必有正。"又用作副词,相当于"恰、只、仅,方、刚刚,公然、显然"。

"正"又音 zhēng,农历一年的第一个月,《尚书·舜典》:"月正元日,舜格于文祖。"孔传:"月正,正月。"靶心是靶最正之处,是箭所止之处,故又指射的、箭靶的中心,《小尔雅·广器》:"射有张布谓之侯,侯中者谓之鹄。鹄中者谓之正,正方二尺。"《礼记·中庸》:"射有似乎君子,失诸正鹄,反求诸其身。"通"征",1. 征伐、征戍,《诗经·商颂·玄鸟》:"古帝命武汤,正域彼四方。"2. 赋税、抽税,《管子·戒篇》:"关几而不正,市正而不布。"

【原文】　空谷传声　虚堂习听
　　　　　kōng gǔ chuán shēng　xū táng xí tīng

【译文】　空旷的山谷会把声音传得很远,宽阔的厅堂会把音声传到各处。

【释义】

"空谷传声"指在空幽的山谷里,喊出一个声音,由于回声的缘故,声音辗转传递,如传递号令,山谷会把声音传向远方。萧衍《净业赋》:"若空谷之应声,似游形之有影。"说的正是这种情况。

"虚堂"即空虚的厅堂。习,《说文》:"習,数飞也。"指鸟儿频频试飞,有重叠、了解、熟悉等义。古代的建筑是前堂后室,堂的前面没有遮拦,宽敞空旷,厅堂的位置多是在家宅中间,在堂上说话,声音能传向前后左右各处,家中不同地方的人都能听得清楚。

两句含有两层意思：一，说明环境对人的影响。同样的声音，在空谷、虚堂就能传递久远、听得清楚，在一般地方达不到这个效果。人与和善的环境、良善的人相处，就能全方面受益，所谓"近朱者赤"，反之亦然。二，因为空、虚，声音才能久远传递，人要修谦德，虚心受教，德学就会得到长足进步并流传广远。

【解字】

空　　　　　　　　　　空　空

十一年庠盇夫鼎　说文小篆　史晨碑　颜真卿

形声字。《说文》："空，窍也。从穴工声。"本义为孔、穴，此义今读kǒng。段注："今俗语所谓孔也。"张舜徽《约注》："古之官有名司空者，乃借空为工，谓其主建造营缮之事也。"《庄子·秋水》："计四海之在天地之间也，不似礨空之在大泽乎？"陆德明释文："空，音孔。礨孔，小穴也。"穴，《说文》："土室也。从宀八声。"本指扒出的土室。段注："引申之，凡空窍皆为穴。"《周易·系辞》："上古穴居而野处，后世圣人易之以宫室。""穴"小篆像土室（窑洞）空虚之形，朱骏声《通训定声》："象嵌空之形，非八字。"饶炯《部首订》："古者穿土以居，因厂为屋。"戴侗《六书故·工事》："穴，中虚也。古之居室始于营窟，故工官之长掌邦土居四民曰司空。"古代官制，掌做工之官即司空，司空即司工。善于营窟必精于做工，住房建筑是重要工事之一。孔洞如穴而空，营窟为做工之一，故"空"从穴工声。

孔穴空虚，故"空"引申指空虚、内无所有，《管子·五辅》："仓廪实而囹圄空。"孔洞内有一定的空间，故也指空间、天空，如晴空，《列子·黄帝》："乘空如履实，寝虚若处床。"物尽则空，故又指穷尽、罄其所有，《论衡·薄葬》："竭财以事神，空家以送终。"空则无，故又指无、没有，上官仪《从驾闾山咏马》："桂香尘处减，练影月前空。"作动词指使空虚、使罄尽，韩愈《送温造处士赴河阳军序》："伯乐虽善知马，安能空其群邪？"空则虚而不实,故又指浮泛而不切实际,如空谈,《文心雕龙·神思》:"意翻空而易奇,言征实而难巧也。"空则显得开阔,故又指廓大、广阔,《诗经·小雅·白驹》:"皎皎白驹,在彼空谷。"物经穿透则中间空透,又指穿、通透,《史记·大宛列传》:"然张骞凿空,其后使往者皆称博望侯。"又为道家语,不执着于现实,《后汉书·西域传》:"详其清心释累之训,空有兼遣之宗。"李贤注:"不执着为空,执着为有。"又为佛家语,佛家认为一切事物的现象都有它各自的因和缘,而没有实在的自体,即为"空",《大智度论》:"观五阴无我,无我所,是名为空。"又用作副词,指徒然、白白地,如空跑一趟。

　　"空"又音 kòng,贫穷是财物空乏,故也指穷、贫乏,《论语·先进》:"回也,其庶乎,屡空。"缺少是空乏不足,故又指缺少、短欠,《法言·问神》:"昔之说《书》者序以百,而《酒诰》之篇俄空焉。"间隙无物而空,故又指间隙、间隔,《史记·陈杞世家》:"惠公立,探续哀公卒时年而为元,空籍五岁矣。"人行为、做事有空缺则给人带来可乘之机,故又指空子、可乘之机,《三国志·吴书·周鲂传》:"今此郡民,虽外名降首,而故在山草,看伺空隙,欲复为乱。"又指闲暇时间,如空闲、没空。物腾移则地方空出,故又指腾让出来,如每段开头空两格。

谷　谷　谷　谷　谷　崮　嵜　谷
gǔ
　　合 8395　启卣　格伯簋　上 7·武 2　说文小篆　曹全碑　智永

　　依附象形字。《说文》:"谷,泉出通川为谷。从水半见,出于口。"本义为两山之间的水流。《一切经音义》引作"泉之通川曰谷"。饶炯《部首订》:"泉即原字,谓本原流出之水,至通于川处,皆名为谷,即两山间通流之地。《周礼·匠人》云:'两山之间必有川焉。'是也。"《淮南子·说山》:"江河所以能长百谷者,能下之也。"谷居山间而幽深,从外视之,水经谷则多被崖岸遮蔽,出谷方见,故谓"从水半见,出于口",徐灏《注笺》:"从水半见,谓仈与仝'从水败貌'同意。从口指事,水所从出也。"《部首订》:"口即象两山间之谷。"王筠《句读》:"出于口者,犹云山犹有口也。"王筠《释例》:"泉出通川为谷,固非穷渎不通。然究是深山穹谷,与长江大河不同,故从水半见,为阴厓所蔽亏,不能洋洋满两涘也。""谷"甲骨文、金文、小篆像水(公公)从山谷(口)流出形。

两山之间的水道,《水经注·漾水》:"水出西北天水郡黄卢山腹,历谷南流。"又指两山之间狭长而有出口的地带,《诗经·小雅·十月之交》:"高岸为谷,深谷为陵。"深的坑穴低洼如谷,故又指深的坑穴,《周易·井》:"井谷射鲋。"人遇困境如陷深谷而难以脱身,故又比喻困境,《诗经·大雅·桑柔》:"人亦有言,进退维谷。"通"穀",今为"穀"的简化字,朱骏声《通训定声》:"谷,假借为穀。"1. 粮食的总称,《新语·慎微》:"弃二亲,捐骨肉,绝五谷,废《诗》《书》,背天地之宝,求不死之道。"2. 生长,《诗经·邶风·谷风》:"习习谷风,以阴以雨。"孔颖达疏:"孙炎曰:谷之言穀。穀,生也;谷风者,生长之风。"3. 保养,《老子》六章:"谷神不死,是谓玄牝。"河上公注:"谷,养也,人能养神则不死也。神谓五脏之神也。"又用作姓氏,《通志·氏族略》:"谷氏,有闻于汉;宋登科谷大向、大方,并曹州人;谷大忠,兴仁人;谷椿,衢州人。"

传(傳)
chuán

花东 113　合 9100　散氏盘　说文小篆　谯敏碑　颜真卿

繁体作"傳",形声字。傳(zhuàn),《说文》:"遽也。从人專声。"本义为驿车。段注:"辵部曰:'遽,传也。'与此为互训。此二篆之本义也……按传者如今之驿马。驿必有舍,故曰传舍。"朱骏声《通训定声》:"《尔雅·释言》:'驲、遽,传也。'按:以车曰传,亦曰驲;以马曰遽,亦曰驿;皆所以传达急速之事。"《汉书·高帝纪》:"乘传诣雒阳。"颜师古注:"传者,若今之驿。古者以车,谓之传车,其后又单置马,谓之驿骑。"專(专),《说文》:"六寸簿也。从寸叀声。一曰專,纺專。"本为纺砖,收丝的器具。段注:"《小雅》:'乃生女子,载弄之瓦。'毛曰:'瓦,纺专也。'糸部:'纺,网丝也。'网丝者以专为锤。"徐灏《注笺》:"此疑当以纺专为本义。收丝之器谓之专。”叀(zhuān)，《说文》：“叀小谨也。从幺省；屮，财见也；屮亦声。”本义为纺砖，古代收丝用的一种器具。徐灏《注笺》：“叀即古專字。寸部：‘專，一曰纺叀。’纺专所以收丝。其制以瓦为之。《小雅·斯干》传：‘瓦，纺专。’是也。今或以竹为之。”“叀”甲骨文作合六一四、合补一二六〇，像纺线转动的绕线团(收丝器)。甲骨文“叀”假借为“惠”，为发语词，相当于“惟(维)”。“專”甲骨文作怀一六三〇、前五·一二·一，以手(又)转动线团(叀)纺纱。纺线需手(寸)均匀转动纺专(叀)缠线，故“專”从寸叀声。纺线织布须专心谨慎，古代男耕女织，纺织是较早的专业，故“專”含专业、转动两义，“轉、傳、磚、縛、塼”等字从專声，都有转动、传递义。纺织或制陶都是专门技术，叀、专有专一义，故有“专业”一词。后将写在方板上的文书称为“专”，训为“六寸簿”。古人驾车或骑马传递(專)文书，驿车运转不息，故“傳”从人專声。简化字“专”是“專”草书楷化而成。

　　驿车通过驿站传送命令、消息，故“传”也指驿站、驿舍，《战国策·齐策》：“昔者赵氏袭卫，车舍人不休传。”符信为经常传送之物，故又指符信，《周礼·地官·司关》：“凡所达货贿者，则以节传出之。”郑玄注：“传，如今移过所文书。”驿站由近及远依次设置，文书经驿站依次传递，故又指次序，《史记·秦始皇本纪》：“始皇推终始五德之传，以为周得火德，秦代周德，从所不胜。”司马贞索隐：“传，次也。谓五行之德始终相次也。”又指文字记载、传记，《孟子·梁惠王》：“齐宣王问曰：‘汤放桀，武王伐纣，有诸？’孟子对曰：‘于传有之。’”又指注释或阐述经义的文字，《广韵》线韵：“传，训也。”如《毛诗故训传》《春秋左氏传》，马瑞辰《毛诗传笺通释》：“诂训，第就经文所言者而诠释之，传则并经文所未言者而引申之。”

　　“传”又音chuán，作动词指传授，韩愈《师说》：“师者，所以传道受业解惑也。”又指转达、递送，《孟子·公孙丑》：“速于置邮而传命。”传闻、传说相传而来，故又指传闻、传说，《荀子·非相》：“其所见焉，犹可欺也，而况于千世之传也。”又指传扬、流传，《礼记·祭统》：“有善而弗知，不明也。知而弗传,不仁也。"延续是往下传承,故又指延续、继承,《庄子·养生主》:"指穷于为薪,火传也,不知其尽也。"表达是思想的传递,故又指表达、流露,《抱朴子·外篇》:"而口不传心,笔不尽意。"

shēng
声（聲）　　　合 17158　　合 6016　　合 32926　　粹 1225　　说文小篆　　礼器碑　　颜真卿

　　繁体作"聲",形声字。《说文》:"聲,音也。从耳殸声。殸,籀文磬。"本指乐音。段注:"音下曰:'声也。'二篆为转注。此浑言之也。析言之,则曰生于心有节于外谓之音。宫、商、角、徵、羽,声也;丝、竹、金、石、匏、土、革、木,音也。《乐记》曰:'知声而不知音者,禽兽是也。'"朱骏声《通训定声》:"单出曰声,宫、商、角、徵、羽五声是也;杂比为音,金、石、丝、竹、匏、土、革、木八音是也。"《尚书·舜典》:"声依永,律和声。"孔传:"声谓五声。"《礼记·乐记》:"感于物而动,故形于声。"郑玄注:"宫商角徵羽,杂比曰音,单出曰声。""殸"即"磬",《说文》:"磬,石乐也。从石、殸,象悬虡之形,殳击之也。殸,籀文省。"本义为打击乐器。用石、玉或金属制成,形似曲尺,悬挂在架上。"殸"甲骨文作🐦合二一〇五〇、🐦合八六一三,像以手持物🐦击磬🐦形,像磬饰或磬系。"磬"为石制乐器,故小篆加石作🐦。"殸"声闻于"耳"即"聲",徐锴《系传》"八音之中,惟石之声为精诣,入于耳也深",故"聲"从耳殸声。"聲"甲骨文作🐦🐦,从耳从殸,会以耳闻殸声之意。又作🐦、🐦,从耳从殸从口,"口"指以口发声。简化字取"聲"左上部作"声"。

　　"声"也泛指声音,《诗经·大雅·文王》:"上天之载,无声无臭。"郑玄笺:"天之道难知也,耳不闻声音,鼻不闻香臭。"又指鸣、发声,岳珂《桯史》:"入笙歌于海云,令声钟而转鼓。"声符表示形声字的声音,故又指形声字的声旁,许慎《说文·叙》:"形声者,以事为名,取譬相成,江河是也。"段注:"以事为名,谓半义也;取譬相成,谓半声也。江河之字,以水为名,譬其声如工可,因取工可成其名。"声有高低缓急,故又指声调,音的高低升降,《南齐书·陆厥传》:"平、上、去、入为四声。"言语有声,故又指言语,《史记·乐毅列传》:"臣闻古之君子,交绝不出恶声。"声音向外扩散,故又指张扬,《孟子·万章》:"金声而玉振之也。"朱熹集注:"声,宣也。"名誉显扬在外,故又指名誉,《诗经·大雅·文王有声》:"文王有声,遹骏有声。"郑玄注:"文王有令闻之声。"虎啸、鼓声等有气势,故又指声势,如先声夺人,《尚书·禹贡》:"朔南暨声教。"孔颖达疏:"其北与南虽在服外,皆与闻天子威声文教。"又用作量词,表示声音发出次数的单位,如喜鹊叫了三声。

虚 xū

新甲 3.250　说文小篆　张迁碑　颜真卿

形声字。《说文》:"虚,大丘也。崐崘丘谓之崐崘虚。古者九夫为井,四井为邑,四邑为丘。丘谓之虚,从丘虍声。"本指大丘、土山。段注:"按虚者,今之墟字,犹昆仑今之崐崘字也。虚本谓大丘,大则空旷,故引伸之为空虚。"徐灏《注笺》:"丘、虚古字通,故崐崘丘谓之崐崘虚。"《诗经·鄘风·定之方中》:"升彼虚矣,以望楚矣。"王筠《句读》谓"古者九夫为井"为"引《周官·小司徒》文,说丘之别义"。丘,《说文》:"土之高也,非人所为也。从北从一。一,地也。人居在丘南,故从北。中邦之居,在崐崘东南。一曰四方高中央下为丘,象形。"本义为因地势高而自然形成的土山。《尚书·禹贡》:"桑土既蚕,是降丘宅土。"孔传:"地高曰丘。""丘"甲骨文作 M合一四〇正、M合四二四八、M合五六〇二,像土丘相连形。高鸿缙《中国字例》:"象二峰之形。比山少一峰,谓较小也。""山"甲骨文作M甲三六四二,像群峰相连的山形。"山"有三峰,"丘"唯两峰,"岳"字是山上加丘,山比丘大,岳比山大。"丘"春秋金文作 商丘弔簠、闌丘为鼱造戈,两座丘讹作"北"形,小篆承之作 川,《说文》遂谓"从北从一",又对"北、一"作构形取意的理据分析。"虍(hū)"同"虎",虎为百兽之长(最大),大丘高出平地而显著易见,故"虚"从丘虍声。

《说文》"古者九夫为井,四井为邑,四邑为丘。丘谓之虚"是指古田制，段注：“此又引《小司徒》职文，言丘亦名虚，皆说‘虚’篆从丘之意也。”又指废墟，后作“墟”，今称河南安阳殷商故都为殷墟，徐灏《注笺》：“人所聚居谓之丘虚，国空无人亦谓之丘虚，义相因也。”《逸周书·文政》：“无由不通，无虚不败。”大丘占有一定的面积，故又指区域，《庄子·秋水》：“井蛙不可以语于海者，拘于虚也。”市集多位于空旷之地，故又指市集，柳宗元《童区寄传》：“之虚所卖之。”废墟空旷无物，故又指空虚，《荀子·宥坐》：“中而正，满而覆，虚而欹。”又指使空虚，《老子》三章：“虚其心，实其腹。”又指空隙、弱点，《孙子·虚实》：“水之行避高而趋下，兵之行避实而击虚。”又指不足，《周易·损》：“损益盈虚，与时偕行。”天空虚无空旷，故又指天空，《管子·心术》：“天曰虚。”虚则不实，假则不真，故又指虚假，不真实，《楚辞·九章·惜往日》：“弗省察而按实兮，听谗人之虚辞。”又指体质虚弱，如气虚。又指内心胆怯，如心虚。又为道家用语，指清静无欲的内心境界，《老子》十六章：“致虚极。”又指星名，二十八宿之一，北方玄武七宿“斗牛女虚危室壁”的第四宿，有星四颗，又作“玄枵”次的标志星，《尚书·尧典》：“宵中星虚。”

táng 堂

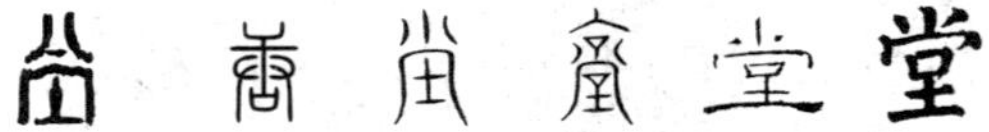

中山王兆域图　说文小篆　说文古文　说文籀文　礼器碑　颜真卿

形声字。《说文》：“堂，殿也。从土尚声。，古文堂。，籀文堂从高省。”指前室，后世也称正寝为堂。段注：“堂之所以称殿者，正谓前有陛四缘皆高起，沂鄂𩰤然，故名之殿。许以殿释堂者，以今释古也。古曰堂，汉以后曰殿。古上下皆称堂，汉上下皆称殿。至唐以后，人臣无有称殿者矣。”《急就篇》：“室宅庐舍楼殿堂。”颜师古注：“凡正室之有基者，则谓之堂。”《论语·先进》：“由也，升堂矣，未入于室也。”皇侃义疏：“窗、户之外曰堂，窗、户之内曰室。”“尚”西周周原甲骨作H一一：二、H一一：二三，构形本义不明，上两横或表示增加、重叠、在上之意。一说画两横（--）在城门顶（冋）表示在上方，同上。“尚、上”音义相通，“尚”比“上”显得庄严，有高出、超过、增加、高尚、崇尚等义。古代殿堂以土石竹木建成，高于地面；

古建筑多坐北朝南,堂为朝南居中的正室,最为宽大,重要活动皆聚于此,为尊贵之地(尚),故"堂"从土尚声。《说文》古文作"坣",段注:"盖从尚省。"籀文作"坣",朱骏声《通训定声》:"从高省,从土,尚声。"殿堂为高大的房屋,《释名·释宫室》"堂谓堂堂,高显貌也",故"坣"从高省从堂。

"堂"转指坛,人工筑成的方形土台,或指屋基,《尚书·大诰》:"若考作室,既底法,厥子乃弗肯堂,矧肯构?"孔传:"子乃不肯为堂基,况肯构立屋乎?"俞樾《平议》:"古人封土而高之,其形四方,即谓之堂。"又指明堂,古代国君行礼、理政、祀神的处所,朱骏声《通训定声》:"堂之高明者曰明堂,宗庙、国学及祀文王、朝诸侯之处皆有之,则皆得称之。"又为古代官吏议事、审案之地,如升堂。又指专门从事某种活动的宽大房屋,如礼堂、食堂。又为同祖父的亲属,如堂兄、堂叔。又用作量词,如一堂课。

习(習) xí

合31670　怀1393　明715　郭·语313　说文小篆　熹平石经　颜真卿

繁体作"習",会意字。《说文》:"習,数飞也。从羽从白。"指鸟频频试飞。饶炯《部首订》:"凡鸟生羽,始不能翥,而但数飞之,故人之重学,取以为名。"《礼记·月令》:"鹰乃学习。"戴侗《六书故·动物》:"习,鸟肄飞也。引之,则凡数数扇阖者,皆谓之习。"学习飞翔是小鸟成长的开始,《部首订》"白,始也。谓其羽始生喜飞而数试之也",故"習"从羽从白。徐锴《系传》作"白声",段玉裁、王筠等从之。郭沫若《卜辞通纂考释》:"此字分明从羽从日,盖谓禽鸟于晴日学飞。"唐兰谓从日彗声,本义为暴干,可备一说。简化字取半羽作"习"。

"习"也指学习,《礼记·学记》:"五年视博习亲师,七年视论学取友。"学习要不断温习,故又指复习、温习,《论语·学而》:"学而时习之。"不断学习会熟练掌握,故又指了解、熟悉,《战国策·秦策》:"尝无师傅所教学,不习于诵。"习惯长时养成,时时伴随,如人不断学习,故又指习惯、习染,《论衡·本性》:"习善而为善,习恶而为恶也。"又指习见的亲近,《吕氏春秋·任数》"习者曰"高诱注:"习,近。"又指作为,《周易·坤》:"直方大,不习无不利。"王弼注:"任其自然而物自生,不假修营而功自成,故不习焉而无不利也。"又用作副词,表示频度,相当于"常常",《汉书·董仲舒传》:"习闻其号,未烛厥理。"通"袭",相因、重复,《尚书·大禹谟》:"龟筮协从,卜不习吉。"又用作姓氏,《广韵》缉韵:"习,姓。出襄阳,晋有习凿齿。"

tīng
听（聽）

合 10936　　合 14295　　合 20017　　王子耴觥　　大保簋　　说文小篆　　熹平石经　　颜真卿

　　繁体作"聽",会意兼形声字。《说文》:"聽,聆也。从耳、悳,壬声。"指用耳朵接受声音。段注:"凡目所及者云视,如视朝、视事是也。凡目不能遍而耳所及者云听,如听天下、听事是也。"张文虎《舒艺室随笔》:"声发于彼而入我耳,谓之听。""耳"甲骨文作⊇铁一三八·二,像耳朵外轮廓形。耳是听觉器官,故"聽"从耳,段注:"耳悳者,耳有所得也。""聽"甲金文作⊇、⊇,像踞跪之人以耳听声形;又作⊇、⊇合九七四反、⊇合一四二九一,从耳从口,表示以耳听口所发之声。季旭昇谓甲骨文"聽、聖"同源,后分化为二字。听(yǐn),《说文》:"笑皃。从口斤声。"本义为开口笑的样子。元代以来,以"听"为"聽"的简化字,《正字通》口部:"听,俗借为聽字省文。"

　　声闻于耳而入于心,故"听"也指听信、听取,《诗经·大雅·荡》:"曾是莫听,大命以倾。"孔颖达疏:"曾于是常事故法莫肯听受用之,由此汝之大命以致倾覆而诛灭。"又指顺从、服从,《国语·周语》:"神是以宁,民是以听。"允许是顺从的体现,故又指允许,《吕氏春秋·知士》:"受为相。十日谢病,强辞,三日而听。"考察须详细听闻,故又指考察,《尚书·洪范》:"一曰貌,二曰言,三曰视,四曰听,五曰思。"孔传:"听,察是非。"审案要听取讼辞,故又指审理(诉讼案件),《论语·颜渊》:"听讼,吾犹人也。"又指治理,《周礼·天官·小宰》:"以听官府之六计。"耳朵主听,故又指耳朵,如闭目塞听。通"声",言语,《吕氏春秋·论人》:"听则观其所行。"于省吾《新证》:"聽应读作聲,聽、聖、聲,古音近字通。"

【原文】　　huò　yīn　è　jī　　　fú　yuán　shàn　qìng
　　　　　　祸　因　恶　积　　福　缘　善　庆

【译文】　　祸患是因为多次作恶积累而成,福气是由于常年行善得到的奖赏。

【释义】

　　两句出自《周易·坤》文言"积善之家必有余庆,积不善之家必有余殃"。"庆"指吉祥、福报。意谓修善积德之家必定会感召大福报,不但自己享用不完,还有余福留给子孙。行事不善的家庭也必定会感召大的灾殃,不但自己受灾,而且还有余灾殃及子孙。这两句话义理很深,谓祸福从根本上讲,非由外来,而是源于自身的感召。所谓天人感应,是指人的行为会影响到自然环境,也会影响自己将来的祸福。

　　祸福皆由渐积而成,《周易·系辞》:"善不积,不足以成名;恶不积,不足以灭身。"故《三国志·蜀书·先主传》谓"勿以恶小而为之,勿以善小而不为"。

　　《千字文释义》:"上节言人事之不爽,修德必获令名,如影之随形表。此节言天道之不爽,为恶得祸,为善得福,如响之赴声也。"

【解字】

huò
祸（禍）　　禍　禍　禍　禍
　　　　中山王壶　说文小篆　熹平石经　欧阳询

　　繁体作"禍",形声字。《说文》:"禍,害也,神不福也。从示咼声。"本义为灾害、灾难,与"福"相对。段注:"祸、害双声。"桂馥《义证》:"《释名》:'祸,毁也,言毁灭也。'《周语》:'不禋于神而求福焉,神必祸之。'《易》象传:'鬼神害盈而福谦。'《左传》:'吾享祀丰洁,神必福我。'又:'小信未孚,神弗福也。'"《礼记·表记》:"君子慎以辟祸。"咼(kuā),今读 wāi,《说文》:"口戾不正也。从口冎声。"本义为歪斜。冎(guǎ),《说文》:"剔人肉置其骨也。象形。"指剔骨离肉,后作"剐(剮)"。"冎"甲骨文作 ㄓ 粹一三〇六,像剐去肉留下的骨架。骨架多呈歪斜、分支、岔开状,故"冎"有不正意。"咼"为口歪斜不正(冎),故"咼"从口冎声。歪则不正,故

"咼"有不善、不正意。古人崇信祖先神灵,认为福由神祐、祸由神降,张舜徽《约注》:"许既训祸为害,又申之以'神不福也'者,所以明此字从示之意。""祸"指神(示)不福而降灾害(咼),故"祸"从示咼声。

犯罪会招致灾祸,故"祸"也指罪过,《荀子·成相》:"罪祸有律,莫得轻重威不分。"作动词指降祸、加害,《尚书·汤诰》:"天道福善祸淫。"遭难是灾祸的体现,故又指遭难、受害,《晏子春秋·外篇重而异者》:"是以鬼神不飨,其国以祸。"通"过",谴责,《诗经·商颂·殷武》:"岁事来辟,勿予祸适。"王引之《述闻》:"祸读为过。"

yīn
因　　合 5651　合 12359　合 21579　陈侯因𰉰镎　蠵鼎　说文小篆　史晨碑　颜真卿

会意字。《说文》:"因,就也。从囗、大。"本义为依靠、凭借。《国语·郑语》:"其民沓贪而忍,不可因也。""囗"是"围"之本字,指一定区域,段注:"为高必因丘陵,为大必就基址,故因从囗、大,就其区域而扩充之也。"朱骏声《通训定声》引江永:"象茵褥(茵席)之形,中象缝线文理……即'茵'之古文,江说是也。'席'篆古文作'𥄂',盖从因厂象形。"谓人(大)依于茵席(囗)之上。"因"甲骨文作 、、掇二·一五八,从人在衣中,《说文》"衣,依也",人凭借衣服遮体、出行,故有因就之意。或谓"因"为"祸"之初文。人(大)依于区域、草茵、衽席、衣服,都能表示依靠、凭借义,构形说解皆可通。

"因"也指沿袭、承接,如因循,《论语·为政》:"殷因于夏礼,所损益,可知也;周因于殷礼,所损益,可知也。"又指顺随、顺着,《庄子·齐物论》:"和之以天倪,因之以曼衍,所以穷年也。"又指亲近,《诗经·大雅·皇矣》:"维此王季,因心则友。"孔颖达疏:"言其有亲亲之心,复广及宗族也。"又指原因、缘故,如前因后果。又指因缘,佛教名词,指能形成事物、引起认识和造就"业报"等现象所依赖的原因和条件,简称为"因"或"缘",王维《胡居士卧病遗米因赠》:"了观四大因,根性何所有?"又表示比况,相当于"犹",《战国策·楚策》:"蜻蛉其小者也,黄雀因是以(已)。"王引之《经传释词》：“因，犹也，声之转也。”又用作介词，相当于“依照、根据、随着，乘、趁、就着，由、经、通过，因为、由于”。又用作连词，表承接关系。

è
恶（惡）　　惡　惡　惡　惡
睡·为2　说文小篆　孔彪碑　颜真卿

繁体作“惡”，形声字。《说文》：“惡，过也。从心亞声。”本义为罪过、罪恶，与“善”相对。《周易·大有》：“有君子以遏恶扬善，顺天休命。”亞，《说文》：“丑也。象人局背之形。贾侍中说，以为次弟也。”本义为丑、难看。段注：“此亚之本义，亚与恶音义皆同。”“亞”小篆作亞，像人驼背之形，王筠《句读》：“丑是事而不可指，借局背之形以指之，非惟驼背，抑且鸡胸，可云丑矣。”“亞”甲骨文作✛合四三、✚合一九九一一、✛屯五〇二，像古代群聚而居的建筑群平面图，四面建筑皆有过道与中间相连。古代建筑、族群居住有次第，故有次第义；由次第引申指次等，次等不好，故有丑义。徐中舒谓“象墓穴四面有台阶之形……墓穴令人心恶”，故有丑义。总之，墓穴、建筑群、人驼背，皆能表示“亞”之次等、丑陋之义。故从亞声字多有不好、不善之意：罪过为“惡”，不能言为“瘂”，以言毁人为“誣”，毒蛇为“蝁”，身倚（倾）为“偓”。恶由心发，“亞”为丑态，恶为过（丑）行，故“惡”从心亞声。

恶为不善之举，故“恶”也指坏、不好，《韩非子·说疑》：“不明臣之所言，虽节俭勤劳，布衣恶食，国犹自亡也。”又指腐坏、凋谢，吴曾《能改斋漫录》引《汉阳春日绝句》：“梅花过尽桃花恶，乞取山樊入净瓶。”丑陋是相貌不好，故又指丑陋，《尚书·洪范》：“五曰恶，六曰弱。”又指厉害、凶猛，《韩非子·八说》：“有恶病，使之事医。”泛指污秽和腐烂之物，《左传·成公六年》：“土厚水深，居之不疾，有汾浍以流其恶。”通“亚”，次等、在后，《周易·系辞》：“言天下之至赜而不可恶也。”陆德明释文：“恶，于稼反。荀（爽）作亚。亚，次也。”

“恶”又音wù，指讨厌、憎恨，《论语·里仁》：“唯仁者，能好人，能恶人。"又指畏惧,《韩非子·八说》:"使人不衣不食而不饥不寒,又不恶死,则无事上之意。"

"恶"又音 wū,代词,表示疑问,相当于"怎么、为何",《左传·桓公十六年》:"弃父之命,恶用子矣!"又用作叹词,《孟子·公孙丑》"恶!是何言也?"赵岐注:"恶者,不安事之叹辞也。"

"恶"又音 ě,〔恶心〕欲呕吐的感觉。

积(積)jī

商鞅量　　睡·效 34　　说文小篆　　夏承碑　　颜真卿

繁体作"積",形声字。《说文》:"積,聚也。从禾責声。"本义为禾谷聚集。段注:"禾与粟皆得称积。"朱骏声《通训定声》:"禾谷之聚曰积。"《诗经·大雅·公刘》:"乃积乃仓,乃裹餱粮。"責,《说文》:"求也。从贝束声。"本义为索取。徐锴《系传》:"责者,迫迮而取之也。"王筠《句读》:"责,谓索求负家偿物也。"索取是强制性求取财物(贝),如刺(束)般给人带来伤害,故"責"从贝束声。"責"甲骨文作𠂤合二一二五四、合二二二二六,从贝束声。束(cì),《说文》:"木芒也。象形。读若刺。"本义为木芒,后作"刺"。段注:"芒者,草耑也。引伸为凡鐵锐之称。今俗用锋铓字古只作芒,束今字作刺,刺行而束废矣。""束"小篆作𣏟,徐锴《系传》:"从木形,左右象刺生之形也。"甲骨文作合二一二五六、合二二一三七,像木上多刺之形,或谓像戟、矛等有刺武器。"積"字构形指聚集禾谷备用,谷物必先收取(責)方能聚集,故"積"从禾責声。简化字"积"从禾只声。

"积"也指积聚之物,《左传·僖公三十三年》:"居则具一日之积,行则备一夕之卫。"杜预注:"积,刍米菜薪。"又指累积、堆叠,《荀子·劝学》:"积土成山,风雨兴焉;积水成渊,蛟龙生焉。"累积则增多,故也指多,《周礼·地官·遗人》:"掌邦之委积,以待施惠。"郑玄注:"少曰委,多曰积。"又指蕴蓄、蕴含,《礼记·乐记》:"和顺积中,而英华发外。"习惯累积而成,故又指习惯的、积久渐成的,《荀子·解蔽》:"私其所积,唯恐闻其恶也。"事物积压则窒塞不通,故又指滞积不通、停止,《庄子·天道》:"天道运而无所积,故万物成;帝道运而无所积,故天下归;圣道运而无所积,故海内服。"通"绩",功业,《荀子·礼论》:"积厚者流泽广,积薄者流泽狭也。"

fú
福

铁 34.4　　乙 2707　　前 4.23.3　　宁叚盖　　蔡姞叚　　说文小篆　　曹全碑　　颜真卿

形声字。《说文》:"福,佑也。从示畐声。"指保佑、降福。《左传·庄公十年》:"小信未孚,神弗福也。"徐锴《系传》训"福"为"备",段注从之。古无轻唇音,"福、备"上古皆属帮纽,二字音近义通,为声训,《礼记·祭统》:"福者备也,备者百顺之名也,无所不顺者谓之备。"以"备"义而言,古称富贵寿考齐备为福,与"祸"相对。《释名·释言语》:"福,富也,其中多品如富者也。"《韩非子·解老》:"全寿富贵之谓福。"《尚书·洪范》:"五福:一曰寿,二曰富,三曰康宁,四曰攸好德,五曰考终命。"畐(富,fú),《说文》:"满也。从高省,象高厚之形……读若伏。"本义为满。"畐"甲骨文作畐合三〇〇六五、畐屯四一九七,像长颈鼓腹容器盈满之形,会盈满完备之意。朱芳圃《殷周文字释丛》:"字象长颈鼓腹圆底之器……畐为盛器,充盈于中,因以象征丰满。"或谓畐像酒器。罗振玉《增订殷虚书契考释》:"从两手奉尊于示前,或省廾,或并省示,即后世之福字。在商则为祭名。祭象持肉,福象奉尊。"综上所述,"福"指以奉尊(畐)献祭祖先神灵(示)而得其赐福保佑,而致诸事顺遂而圆满无缺(畐),故"福"从示畐声。

"福"也泛指幸福、福气,如享福、造福人类,《老子》五十八章:"祸兮福之所倚,福兮祸之所伏。"又指佐助,《管子·小匡》:"祭祀相福,死丧相恤。"又指祭祀用的酒肉,《周礼·天官·膳夫》:"凡祭祀之致福者,受而膳之。"贾公彦疏:"诸臣自祭家庙,祭讫,致胙肉于王谓之致福。"

yuán
缘(緣)

睡·封 22　　说文小篆　　西狭颂　　褚遂良

繁体作"緣",形声字。《说文》:"緣,衣纯也。从糸彖声。"本义为衣服的饰边,作动词指装饰衣边。古代衣边宽约半寸,用以防污损,且增加美观。段注:"此以古释今也。古者曰衣纯,见经典。今曰衣缘,缘其本字,纯其叚借字也。缘者,沿其边而饰之也。"《礼记·玉藻》:"缘广寸半。"郑玄注:"饰边也。"孔颖达疏:"谓深衣边以缘饰之广寸半也。"彖(tuàn),《说文》:"豕走也。从彑,从豕省。""彖"甲骨文作![字形]合一四三五八、![字形]合二一六三三、![字形]合七二八,像豕腹中箭之形,构形与"彑"相近。甲骨文又作![字形]铁六二·一、![字形]粹一二〇,季旭昇谓"彖、希(yì)"同字,为长毛野猪。从彖声字多有长意:檩上长木条为"椽",伸手佐助为"掾",路边矮墙(显得狭长)为"隊",引笔书写为"篆"。衣边饰为布帛所制,要用丝线与衣相连,衣边狭长(彖),故"缘"从糸彖声。

　　"缘"也指器物的边沿,李商隐《赠子直花下》:"屏缘蝶留粉,窗油蜂印黄。"饰边围绕衣边装饰,故又指围绕、缠绕,《水经注·江水》:"江陵城地东南倾,故缘以金堤。"又指循、顺、沿,《韩非子·解老》:"夫缘道理以从事者,无不能成。"又指攀援、攀登,《孟子·梁惠王》:"以若所为,求若所欲,犹缘木而求鱼也。"边饰和衣相连,故又指牵连,孟郊《题陆鸿渐上饶新开山舍》:"乃知高洁情,摆落区中缘。"人与人相连(识)称有缘,故又指机遇、缘分,杜甫《清明》之一:"绣羽衔花他自得,红颜骑竹我无缘。"又用作介词,表示原因。

shàn
善(譱)

員方鼎　　毛公鼎　　说文古文　　说文小篆　　熹平石经　　王羲之

　　《说文》作"譱",会意字。《说文》:"譱,吉也。从誩从羊。此与义美同意。![字形],篆文譱从言。"本义为吉祥、美好。《说文》:"吉,善也。"二字互训。《论语·八佾》:"子谓《韶》尽美矣,又尽善也。"羊为美善之物,《说文》:"羊,祥也。"羊、祥本为一字,后加示作"祥",为吉祥之"祥"专字。誩(jìng),《说文》:"竞言也。从二言。读若竞。"本义为争论。饶炯《部首订》:"言之通义为直言。誩,犹二人直持其说,各不相让,盖争言也。""誩"

小篆作𧦝,以二言相并会争论之意,故"誩"从二言。"譱"字构形指吉善之言,表示吉祥、美善之义,从誩同从言,《类篇》"譱,言也",口、言形义相近,善从言、吉从口,说明造字之始,吉、善皆指美善之言,徐灏《注笺》"吉言为善,故善从言;善言为吉,故吉从口",故"譱"从誩从羊。段注:"我部曰:'義与善同意。'羊部曰:'美与善同意。'按羊,祥也。故此三字从羊。""譱"小篆从言作"善",段注:"据此则譱为古文可知矣。此亦上部之例,先古后篆也。譱字今惟见于《周礼》,他皆作善。"

"善"也指善人、善行,《论语·为政》:"举善而教不能,则劝。"善为正直之举,又指正确,《孟子·尽心》:"善政,民畏之;善教,民爱之。善政得民财,善教得民心。"又指高明、工巧,《老子》二十七章:"善闭,无关楗而不可开;善结,无绳约而不可解。"又指擅长、会,《礼记·学记》:"善歌者使人继其声,善教者使人继其志。"又指和善、慈善,《管子·心术》:"善气迎人,亲如弟兄;恶气迎人,害于戈兵。"又指友好、亲善,《左传·隐公六年》:"亲仁善邻,国之宝也。"又指做好、处理好,《论语·卫灵公》:"工欲善其事,必先利其器。"又指喜爱、认为善,《左传·襄公三十一年》:"其所善者,吾则行之;其所恶者,吾则改之。"人皆称颂美善,故又指称赞,《汉书·霍光传》:"善善及后世,其封光兄孙中郎将云为冠阳侯。"颜师古注:"善善者,谓褒宠善人也。"人皆赞许善好,故又表示应诺,《邹忌讽齐王纳谏》:"王曰:善。"又指赞叹,《左传·昭公十六年》:"孺子善哉,吾有望矣!"又指领悟、熟悉,《礼记·学记》:"不陵节而施之谓孙(逊),相观而善之谓摩。"孔颖达疏:"善,犹解也。"又指妥当地、好好地,如善自保重,《论语·雍也》:"善为我辞焉!如有复我者,则吾必在汶上矣。"又指大,《诗经·大雅·桑柔》:"凉曰不可,覆背善詈。"又指多、好(hǎo),如多愁善感。

qìng
庆(慶)

𡕥　𢄃　𢝫　𢝿　𤜵　慶　慶

合 24474　合 36550　五祀卫鼎　秦公簋　睡·日 34　说文小篆　熹平石经　颜真卿

繁体作"慶",会意字。《说文》:"慶,行贺人也。从心从夊。吉礼以鹿皮为赞,故从鹿省。"本义为祝贺。段注:"贺下曰:'以礼相奉庆也。'是二篆为转注也。贺从贝,故云以礼相奉;庆从夂,故云行贺人。"《周礼·春官·大宗伯》:"以贺庆之礼,亲异姓之国。"贾公彦疏:"谓诸侯之国有喜可贺可庆之事,王使大夫往,以物贺庆之。"段注:"《士冠礼》:'聘礼俪皮。'郑注:'两鹿皮也。'鹿部曰:'礼丽皮纳聘,盖鹿皮也。'"古以鹿皮为上好庆贺吉礼之物,鹿、禄音义同,送鹿皮如同送福禄。"夂"为倒止,脚趾朝下,指行走,执鹿皮发自内心地前行(夂)祝贺,故"慶"从心从夂,从鹿省。"慶"甲骨文、西周中期金文从鹿从心,会执鹿或鹿皮真心庆贺之意。春秋早期金文作 ᵇⁱᵍ、伯其父匦,中部"心"与下表鹿尾的"个"形相合,讹作"文"。秦系文字下部变作"夂"形,《说文》遂谓从夂,并作理据分析,谓"行贺人也"。简化字"庆"为草书楷化而成。

"庆"也指赏赐,《孟子·告子》:"入其疆,土地辟,田野治,养老尊贤,俊杰在位,则有庆,庆以地。"又指福,《周易·坤》:"积善之家必有余庆,积不善之家必有余殃。"积德修善能获福得庆,故又指善,《尚书·吕刑》:"一人有庆,兆民赖之。"孔传:"天子有善,则兆民赖之。"又指值得庆祝的纪念日,如国庆、校庆。

【原文】 尺(chǐ)璧(bì)非(fēi)宝(bǎo) 寸(cùn)阴(yīn)是(shì)竞(jìng)

【译文】 成尺的玉璧虽珍稀却并非真正宝贵,而短暂的光阴则应珍惜而分秒必争。

【释义】

两句语出《淮南子·原道》"圣人不贵尺之璧,而重寸之阴"。《千字文释义》:"天道人事,不爽如此,而人当力行其五常矣……此言尺璧至重,而不以为宝,惟以寸阴当争。而孜孜然修其五常,惟日不足也。"璧很珍贵,直径一尺的璧更为稀有。"寸阴"指一寸光阴,古代日晷利用太阳投射的影子来计时,通常由铜制指针和石制圆盘组成。铜指针叫"晷针",垂直插在圆石盘中心,起立竿表时的作用,又名"表";石制圆盘叫"晷面",盘一周刻有子丑寅卯等十二地支表示十二时辰。太阳运行,投射晷针影子于晷面上,走一寸距离约 3.33 厘米,即"寸阴","寸阴"距离很短,故用其表示时光短暂。

　　珍贵的美玉和短暂的时间相比,古人更看重时间,所谓"惜时如金""一寸光阴一寸金,寸金难买寸光阴"。颜真卿《劝学》:"三更灯火五更鸡,正是男儿读书时。黑发不知勤学早,白首方悔读书迟。"

【解字】

chǐ 尺　　７　尺　尺　尺　尺　尺

中山王兆域图　睡 12.51　青川木牍　说文小篆　华山神庙碑　颜真卿

　　指事字。《说文》:"尺,十寸也。人手却十分动脉为寸口。十寸为尺。尺,所以指尺规榘事也。从尸从乙,乙,所识也。周制,寸、尺、咫、寻、常、仞诸度量,皆以人之体为法。"为古代长度单位,各代制度不一。一尺等于十寸。西汉时一尺等于 0.231 米,今三尺等于一米。按周制,寸、尺、寻、常等长度单位,都以人体不同部位的长度为依据,是造字时"近取诸身"的体现。徐灏《注笺》:"人手却动脉谓之寸,自动脉至曲肘谓之尺,因以为尺寸之度。"古代长度以人体为准则,"尸"指人,"乙"(jué)是指事符号,表示尺的位置所在,指出从人手动脉寸口至大小臂相交的关节处为尺,故"尺"从尸从乙。《说文》禾部"称"下云:"律数:十二秒而当一分,十分而寸。其以为重:十二粟为一分,十二分为一铢。故诸程品皆从禾。""程"下云:"十发为程,十程为分,十分为寸。"张舜徽《约注》:"盖上古度物,长短之制,取则有二:以人发为准者,所谓近取诸身也;以禾秒为法者,所谓远取诸物也。度始于发,成于尺。下析之则为寸分,上累之则为丈引,故度物恒以尺记数。尺之言识也,谓度物十寸,则标识其处。今日木工度材犹然,故许云:'尺所以指尺规榘事也。'尺字从乙,非甲乙字。当读居月切,即乚部之乚,谓钩识也。汉武帝读东方朔上书未尽,辄乙其处,即其事已。《大戴礼记·王言篇》云:'布指知寸,布手知尺,舒肘知寻。'本书寻下云:'度人之两臂为寻,八尺也。'仞下云:'伸臂一寻八尺。'夫下云:'人长八尺,故曰丈夫。'此皆上世以身为度之证。盖所从来远矣,固不始于周也。"

"尺"也指尺子,量长度的器具,如卡尺,《诗经·鲁颂·閟宫》:"徂来之松,新莆之柏,是断是度,是寻是尺。"又指像尺一样的条状物,如戒尺、镇尺。又喻短小或狭小,《孟子·公孙丑》:"尺地莫非其有也,一民莫非其臣也。"又为中医诊脉部位之一"尺脉"的简称,手掌后桡骨高处下为"寸",寸下一指处为"关",关下一指处为"尺"。

璧　bì

花东37　花东196　召伯虎簋　洹子孟姜壶　说文小篆　史晨碑　颜真卿

形声字。《说文》:"璧,瑞玉,圜也。从玉辟声。"本义为圆形玉器。璧正中有孔,边宽为内孔直径的两倍,是古代贵族用作祭祀、朝聘、丧葬时的礼器,也用作装饰品。段注:"郑注《周礼》曰:璧圜象天。"张舜徽《约注》引陈衍:"此处训瑞玉,言其物也;又训圜也,言其形也。"《尔雅·释器》:"肉倍好谓之璧。"邢昺疏:"肉,边也。好,孔也。边大倍于孔者名璧。"《诗经·卫风·淇奥》:"有匪君子,如金如锡,如圭如璧。"辟(bì),《说文》:"法也。从卩从辛,节制其辠也;从口,用法者也。"本义为法度。《说文》谓"卩"指瑞信(符节),后作"節",引申有节制之义。"辛"以刑刀转指罪,许慎谓"从卩从辛"表示法度用以节制(卩)人犯罪(辛);"从口"指执法者,故"辟"从卩从辛从口。"辟"甲骨文作（合一九九○）、（花东二七五,从辛从卩,以刑刀(辛)施刑于跽跪之人(卩)会刑法之意。甲骨文又作（甲一○四六),加口作义符,为通行字形,表示执法者以口陈说罪行。刑法施于罪犯,故也指罪;当依法行刑,故又指法、法度;天子掌最高执法权,故又指天子、国君;官吏为执法者,故又指官吏;法度为治国之本,刑法为治国举措之一,故又指治。璧是圆形玉器,形制有法度(辟),故"璧"从玉辟声。

"璧"也泛指美玉,李斯《谏逐客书》:"必秦国之所生然后可,则是夜光之璧,不饰朝廷。"又用作美称或敬辞,《世说新语·容止》:"潘安仁、夏侯湛并有美容,喜同行,时人谓之连璧。"又如奉璧、璧还。

| fēi 非 | 合 34479 | 合 32126 | 传卣 | 毛公鼎 | 陶汇 3.1237 | 说文小篆 | 张迁碑 | 颜真卿 |

象形字。《说文》:"非,违也。从飛下翄,取其相背。"本义为违背。《论语·颜渊》:"非礼勿视,非礼勿听,非礼勿言,非礼勿动。""飛、非"音同形近,"飛"表示飞行动作,"非"表示鸟羽相背的状态。段注:"谓从飛省而下其翄。翄垂则有相背之象。""非"金文、小篆像鸟飞时两翅分张之形,两翅展开则有违背之义,故训"违"。徐灏《注笺》:"从飛下翄,谓取飛字之下体而为此篆耳。""非"甲骨文像二人相背形,上横或为区别于"北"而加的区分符号,以二人相背会违背之意。上古音"非"属帮纽微部,"北"属帮纽职部,二字声同韵近。"北"甲骨文作⸨合九七四六⸩、⸨合一三七反⸩,与"非"相似。"北、非"形音义相近,原本一字,后由"北"分化出"非",在上加横作区分。金文作⸨班簋⸩,像鸟翅分张形,为小篆所承,因字形改变,所象之形及构字意图随之而变。二人相背、两翅相背,皆合于违背之意。

正义的反面是邪恶,故"非"也指错误、邪恶,《庄子·盗跖》:"强足以拒敌,辩足以饰非。"真实的反面为虚妄,故又指不真实,苏轼《谏买浙灯状》:"近日小人妄造非语。"认可的反面为反对,故作动词指反对、责怪,《荀子·修身》:"故非我而当者,吾师也。"感恩的反面为仇恨,故又指怨恨,《国语·晋语》:"今既无事矣,而非和。"称赞的反面为讽刺,故又指讥刺,《史记·李斯列传》:"非世而恶利,自托于无为。"有的反面为无,故又指无,《尚书·大禹谟》:"后非众,罔与守邦。"孔颖达疏:"君非众人无以守国,无人则国亡。"又用作否定副词,相当于"不、不是",韩愈《师说》:"人非生而知之者,孰能无惑?"又用于疑问句末,表示是非问,相当于"否",《汉书·严朱吾丘主父徐严终王贾传》:"此言与实反者非?"

"非"又音 fěi,通"诽",诽谤,《荀子·解蔽》:"群臣去忠而事私,百姓怨非而不用。"

bǎo
宝（寶）

合 6451　合 17512　小子省卣　邘小子鼎　说文小篆　说文古文　张迁碑　颜真卿

繁体作"寶"，会意兼形声字。《说文》："寶，珍也。从宀从玉从貝，缶声。"本义为珍宝。《说文》："珍，宝也。"二字互训。郭璞《山海经序》："玉石珍瑰之器，金膏烛银之宝。"古人贵玉，以玉为珍宝；贝指财货，也为人所宝；"宀"指珍宝（玉、貝）藏于室家、府库，或谓陶罐"缶"为藏貝、玉者，故"寶"从宀从玉从貝，缶声。宝之言保也，珍宝为人所宝，徐锴《系传》："人所保也。"钟鼎彝器款识多有"子孙永宝"之语，"宝"亦作"保"，宝、保通用。"寶"甲骨文从宀从玉从貝，以玉、貝藏于室家（宀）会珍宝之意。金文加缶作声符，为小篆所承。徐灏《注笺》："缶，古重唇音，与宝近，故用为声。""寶"简化作"宝"。

玉为人所宝，故"宝"也为玉器的总称，《公羊传·庄公六年》："齐人来归卫宝。"又指玉质的信物，《诗经·大雅·崧高》："锡尔介圭，以作尔宝。"帝王印信多为玉制，故又指帝、后、太子等的印信，《新唐书·车服志》："至武后，改诸玺皆为宝。中宗即位，复为玺。开元六年，复为宝。"玉珍贵精美，故又指珍贵的、华美的，《周易·系辞》："圣人之大宝，曰位。"珍宝为人所爱，故又指珍重、珍爱，《尚书·旅獒》："所宝惟贤，则迩人安。"圣贤以道德为宝，故又指善道、美德，《论语·阳货》："怀其宝而迷其邦，可谓仁乎？"钱财为人所宝，故又指货币，如元宝，古代铜钱多谓"某某通宝"，如光绪通宝。又用作敬辞，如三宝、宝眷，杜甫《赠司空王公思礼》："肃宗登宝位。"

cùn
寸

陶汇 5.280　睡 10.14　说文小篆　白石神君碑　颜真卿

指事字。《说文》："寸，十分也。人手却一寸动脈，谓之寸口。从又从一。"为古市制长度单位，十分为一寸，约合 3.33 厘米。人手腕上的动脉为寸口，为中医把脉处。从手腕到动脉的距离为一寸。小篆之"又"为手，"一"为指事符号，指出寸口所在。徐锴《系传》："一者，记手腕下一寸。此指事也。"段注:"却犹退也。距手十分动脈之处谓之寸口,故字从又一。"林义光《文源》:"又,象手形,一识手后一寸之处。"

"寸"距离很短,故也形容极短或极小,如鼠目寸光,《史记·苏秦列传》:"无有分寸之功。"又为中医诊脉部位名,又叫"寸口",赵彦卫《云麓漫钞》:"医书论人脉有寸、关、尺三部,手掌后高骨下为寸,寸下为关,关下为尺。"通"忖",思量,《诗经·小雅·巧言》"他人有心,予忖度之",陆德明释文:"忖,本又作寸,同。"

阴(陰) yīn

合685　合12456　鄘羌钟　说文小篆　华山庙碑　颜真卿

繁体作"陰",形声字。《说文》:"陰,闇也。水之南、山之北也。从𨸏侌声。"本义为阴暗,是"阳"的反面。段注:"闇者,闭门也。闭门则为幽暗,故以为高明之反。"曹植《洛神赋》:"神光离合,乍阴乍阳。"李周翰注:"言神之光彩或明或闇。"水的南面、山的北面为"阴",水之南和山之北是一个地方,水之北即位山之南,反之,山之南即位水之北。《周礼·秋官·柞氏》:"冬日至,令剥阴木而水之。"山之北、水之南日照时少而多阴暗,故为"阴"。"侌"(yīn)为"霒"之古文,《说文》:"霒,云覆日也。从雲今声。"本指云遮日,引申为阴蔽,也作"阴"。徐灏《注笺》:"云翳日而侌也。引申之凡日光所不到者皆为侌。"阴之言隐,日被云、山遮覆而隐。万物莫明于日,日出为昼、为阳,日没为夜、为阴,故古人造字,阴、阳取象于日之隐现,段注:"夫造化侌易之气本不可象。故霒与阴、昜与阳皆假云日山𨸏以见其意而已。""阴"之义为阴暗,"阴"之地则为水之南、山之北。日被云覆盖则天阴暗,此"闇"义所出;日被山(𨸏)遮挡则山北面、水南面阴暗,此水之南、山之北义所出;故"陰"从𨸏侌声。简化字"阴"从𨸏从月,月夜为阴。

"阴"也指背阳的部分,《周礼·考工记·轮人》:"凡斩毂之道,必矩其阴阳。阳也者,积理而坚;阴也者,疏理而柔。"阴暗之地多湿气,故也指潮湿、润泽,《吕氏春秋·辩土》:"下得阴,上得阳,然后咸生。"背阳之地多昏暗,故又指幽暗、昏暗,《楚辞·九歌·大司命》:"壹阴兮壹阳,众莫知兮余所为。"中原、北方地区秋冬两季寒冷,日短夜长,日照少,故又指寒冷或秋冬,《孔子家语·本命解》:"群生闭藏乎阴,而为化育之始。"王肃注:"阴为冬也。"隐藏在内的多阴暗,故又指潜藏在内的,《左传·僖公十五年》:"乱气狡愤,阴血周作。"孔颖达疏:"外为阳,内为阴。血在肤内,故称阴血。"又指不显于外的,如阴德。秘密隐而不宣,故又指秘密的,如阴谋,《汉书·周仁传》:"仁为人阴重不泄。"又指暗地,《战国策·秦策》:"齐、秦之交阴合。"又指月亮,如古称以月相周期安排的历法为"阴历"。又指日影,也用以代指光阴,《晋书·陶侃传》:"大禹圣者,乃惜寸阴,至于众人,当惜分阴。"又指男女生殖器官,《史记·吕不韦列传》:"吕不韦恐觉祸及己,乃私求大阴人嫪毐以为舍人。"又指天空云层密布,阳光罕见或天色阴暗,我国气象部门规定:凡中低云量占全天面积十分之八以上叫阴,如阴转晴,《诗经·豳风·鸱鸮》:"迨天之未阴雨,彻彼桑土,绸缪牖户。"器物镌刻,凹入里面的称"阴",印章凹进去刻的文字为"阴文"。古代哲学认为宇宙中通贯物质和人事的两大对立面为"阴",与"阳"相对,《周易·系辞》:"一阴一阳之谓道。"

"阴"又音 yìn,通"荫",1. 覆荫,《诗经·大雅·桑柔》:"既之阴女,反予来赫。"2. 埋藏,《礼记·祭义》:"骨肉毙于下,阴为野土。"郑玄注:"阴读为依荫之荫,言人之骨肉荫于地中为土壤。"

"阴"又音 ān,沉默,《尚书·说命》:"王宅忧,亮阴三祀。"

shì 是

是	是	是	是	是	是	是	是
	虢季子白盘	毛公鼎	石鼓	陈逆簋	睡·法188	说文小篆	乙瑛碑	颜真卿

会意字。《说文》:"是,直也。从日、正。𣆞,籀文是从古文正。"本义为正、直,与"曲"相对。《周易·未济》:"濡其首,有孚失是。"李鼎祚集解引虞翻:"是,正也。"日光高明,普照天下,为天下之至正,古代定时节以日

为准,故"是"从日、正。张舜徽《约注》:"大抵初民计时,以日为候。日出为旦,日中为午,日西为昃,日冥为昏,如此之类,莫不依日出入以定早晚,日在此即时在此,斯乃是之本义。因引申为是非之是。""是"金文从**早**从止,西周中期金文"易"作**早**蟎鼎,形与**早**近似,**早**盖"易"字,日光照射(易)及脚步(止)前行皆为直线,故从**早**从止会直之意。郭沫若谓**是**为"匙"之本字。

"是"也指对、正确,与"非"相对,陶渊明《归去来兮辞》:"觉今是而昨非。"也指肯定、认为是正确的,《荀子·非十二子》:"不法先王,不是礼义。"又指凡是、任何,杜甫《归雁》:"是物关兵气,何时免客愁?"又指匡正、订正,《国语·楚语》:"昔雍子之父兄谮雍子于恭王,王弗是,雍子奔晋,晋人用之。"又用作代词,1.表示近指,相当于"此、这"。2.表示确指,把宾语提在谓词之前,如唯命是听。又用作副词,相当于"则、就、便、只"。又用作连词,相当于"于是、因此"。通"时",当时、此时,《史记·项羽本纪》:"于是大风从西北而起。"又表示应答,如"是,我马上去办"。

竞(競) jìng

合106　合1478　合27337　㝬史竞殷　㝬钟　说文小篆　杨震碑　智永

《说文》小篆作"競",会意字。《说文》:"競,强语也。一曰逐也。从誩,从二人。"指强、强辩。王筠《句读》:"競只是强,而谓之语者,为其从誩也。经典競字皆训强,不训语。"段注:"競、强叠韵。强语谓相争。"徐灏《注笺》:"《尔雅·释言》:'竞、逐,强也。'《周颂·执竞》篇:'执竞武王。'郑云:'竞,强也。能持强道者,惟有武王耳。'按此竞之本义,强有争胜义,故引申之训逐。"《左传·僖公七年》:"心则不竞,何惮于病。"杜预注:"竞,强也。""競"字构形指二人强烈争辩(誩),故"競"从誩从二人。"競"简化作"竞"。"競"甲骨文像两个头上戴"辛"之人相随或相并,会竞逐之意,上横盖为饰笔。李孝定《甲骨文字集释》:"疑象二人接踵,有竞逐之义。"

比赛是以竞争为方式,故"竞"也指角逐、比赛,《诗经·大雅·桑柔》:

"君子实维,秉心无竞。"竞争之事多繁剧,故又指繁剧,《左传·哀公二十三年》:"敝邑有社稷之事,使肥与有职竞焉。"又用作副词,争着,《楚辞·离骚》:"众皆竞进以贪婪兮。"

【原文】　资父事君　　曰严与敬
　　　　　　zī fù shì jūn　yuē yán yǔ jìng

【译文】　将爱敬父亲之心推及君王,就是上严慈而下孝敬。

【释义】

　　语出《孝经》"资于事父以事母,而爱同;资于事父以事君,而敬同",谓将爱敬父亲的心推及到母亲,亲爱之心一样;把爱敬父亲的心推及到君王,恭敬之心相同。"资父事君"讲父子、君臣之德,五伦以父子关系为第一,实际上包含了五伦关系。《千字文释义》:"上言五常之当修,而所谓五常者,在于人伦之内。盖仁为父子之德,义为君臣之德。长幼之有序,即礼之德;夫妇之有别,即智之德,而信又为朋友之德也。此下十四节,皆言人伦。而人伦之中,莫大于父子君臣,故又别而言之。"

　　"五伦"即"父子、君臣、夫妇、兄弟、朋友"五种关系,《孟子·滕文公》:"使契为司徒,教以人伦:父子有亲,君臣有义,夫妇有别,长幼有序,朋友有信。"五伦是维系社会安定的伦理法则,也是为政、教化的基本目标。五伦关系处理好了,天下就太平祥和。悖逆伦常,后果极其严重。

　　在父子、君臣关系中,强调"严、敬"二字。父严包含了母慈,即"严父慈母",父母对儿女要严格教导,教以规矩、礼仪;同时要慈爱孩子,让其心中充满和善、爱敬。有严无爱、有爱无严的教育方式都有失偏颇,当严、爱结合。君臣关系即领导与被领导关系,强调"君仁臣忠",上级要真心关怀下级,下级要恭敬上级,忠于职守。

【解字】

资(資)
zī

说文小篆　华山神庙碑　颜真卿　赵孟頫

　　繁体作"資",形声字。《说文》:"資,货也。从貝次声。"本义为货财、钱财的总称。《周易·旅》："怀其资,得童仆,贞。"王弼注:"资,货。""次"指顺序、排在前项之后的。"二"居一之后,"欠"指不足、缺乏,皆有次等意,故"次"从欠二声。"次"引申指次第。货物(貝)有贵贱等次之分,按类依次摆放、交易,故"资"从贝次声。

人多积蓄货财以供长久使用,故"资"引申指积蓄,《国语·越语》:"夏则资皮,冬则资绤,旱则资舟,水则资车,以待乏也。"资财能给人提供生活保障,故又指给予、供给,《战国策·秦策》:"王资臣万金而游。"高诱注:"资,给。"资财为人取用,故又指取用,《周易·乾》:"万物资始。"孔颖达疏:"万象之物,皆资取乾元,而各得始生。"资财能救济贫苦,故又指给济、帮助,《韩非子·内储说下》:"资其轻者,辅其弱者,此谓庙攻。"禀赋是人无形的资财,故又指禀赋,人的才智、性情,《荀子·性恶》:"今人之性,生而离其朴,离其资,必失而丧之。"杨倞注:"资,材也。"粮食是最重要的货物,故又指粮食,《左传·僖公三十三年》:"吾子淹久于敝邑,唯是脯资饩牵竭矣。"杜预注:"资,粮也。"又指地位、声望、阅历等,《晋书·帝纪》:"而世族贵戚之子弟,陵迈超越,不拘资次。"又指锋利,《后汉书·李杜列传》:"故陈资斧而人靡畏,班爵位而物无劝。"

fù
父　　￥　￥　￥　𣄼　父　𦣻　文　父
　　合19941　合27442　合26995　父癸鼎　包山126　说文小篆　张迁碑　颜真卿

会意字。《说文》:"父,矩也,家长率教者。从又举杖。"指父亲。父亲以身示范,依法度教子,为规矩的象征,《白虎通》"父,矩也,以法度教子"。父、矩上古音皆属鱼部,为声训。段注:"率同率,先导也。"徐锴《系传·通论》:"鞭朴不可废于家,刑法不可废于国,家人有严君焉,父母之谓也,故于文又举丨为父。又者,手也;丨,杖也。举而威之也。"父为一家之主而掌一家之教,故言"家长率教者",故"父"从又举杖。父、支形音义皆近,为同源字,举杖施教者为父,扑责之举为支。郭沫若《甲骨文字研究》:"金文作𧛙,乃斧之初字。石器时代,男子持石斧以事操作,故孳乳为父母之父。"陈独秀《小学识字课本》谓"举斧以率耕"。罗振玉谓像手持炬;高鸿缙谓像以手把物,为"把"字初文。举杖率教、持斧操作,构字意图皆可通。

"父"也为对男性长辈的统称,如伯父、叔父。也指天子、诸侯对同姓亲族的称呼,《诗经·小雅·伐木》:"既有肥羜,以速诸父。"毛传:"天子谓同姓诸侯,诸侯谓同姓大夫,皆曰父。"

"父"又音 fǔ,对老人的尊称,《方言》第六:"叟、艾,长老也……南楚谓之父。"又是古代对男子的美称,也作"甫",《诗经·大雅·韩奕》:"显父饯之,清酒百壶。"陆德明释文:"父,本亦作甫。"又指从事某种行业者之通称,《庄子·渔父》:"有渔父者,下船而来。"又指天,《尚书·泰誓》:"惟天地万物父母,惟人万物之灵。"

shì 事

| 乙2766 | 佚870 | 矢令方彝 | 智鼎 | 毛公鼎 | 说文小篆 | 曹全碑 | 颜真卿 |

形声字。《说文》:"事,职也。从史,之省声。𢾖,古文事。"本义为职务、职事。上古音,"事"为崇纽之部,"职"为章纽职部,二字声韵皆近,为声训。《国语·鲁语》:"卿大夫佐之,受事焉。"韦昭注:"事,职事也。"《左传·成公十三年》:"国之大事,在祀与戎。""事"甲骨文为"史"之分化字,在上加 V 形区分符号,以"史"为声,同"吏"。罗振玉《增订殷虚书契考释》:"卜辞'事'字从又持简书,执事之象也,与'史'同字同意。""史"字构形为从手(又)持中,"中"为有柄可持的文件袋形,清代皇帝留下奏折(文件)还称"留中"。上古君王出行有左右史跟随,史所记为"史",记史者被君王派往各地处理政务为"吏",所处理事务为"事"。"史"由记录下来的史事扩展指一切历史,"吏"由记史者扩展为官吏通称,"事"由史官的职事扩展指一切事务、事物。

官职皆有相应事务,故"事"转指官职,《礼记·曲礼》:"大夫七十而致事。"孔颖达疏:"致事,致职于君。"又指职业,《论衡·诘术》:"陶氏、田氏,事之氏姓也。"又指事情,《礼记·大学》:"物有本末,事有终始。"不好的事为事故,故又指事故、变故,如平安无事,贾谊《新书·过秦论》:"天下多事,吏不能纪。"侍奉为奉上之事,故又指侍奉,《论语·学而》:"事父母,能竭其力;事君,能致其身。"又指奉行、从事,《论语·颜渊》:"回虽不敏,请事斯语矣。"又指役使,《墨子·七患》:"民无食则不可事。"人被任用则任事,故又指任用,《史记·淮阴侯列传》:"王必欲长王汉中,无所事信。"裴骃集解引张晏:"无事用信。"又用作量词,同"件",如有一事相求。又表示关系或责任,如没你的事。

"事"又音 zì,指树立、建立,《礼记·郊特牲》:"信,事人也。"又指插入、刺入,也作"剚",《商君书·壹言》:"其杀力也,以事敌劝民也。"高亨注:"事读为剚,刺也,杀也。"

jūn 君　合 3272　合 24133　征人鼎　散盘　说文小篆　说文古文　张迁碑　颜真卿

会意字。《说文》:"君,尊也。从尹。发号,故从口。🀀,古文象君坐形。"本义为君王。君王为天下之尊,故训"尊"。上古音,"君"为见纽文部,"尊"为精纽文部,二字声近韵同,为声训。《尚书·大禹谟》:"皇天眷命,奄有四海,为天下君。""尹"指治理、主管,甲骨文作🀀合二二〇八三甲、🀀合二二〇八三甲,以手(又)持笔(丨)书写会治事之义。古代官吏持簿书,执笔记录以治事,故"尹"指治理、主管,又指治事的官长。章太炎《文始》:"春秋君氏亦作尹氏。《荀子》'君畴',《新序》作'尹畴',则尹、君一也。"君王统治(尹)天下,以口发令,故"君"从尹从口。"君"甲骨文由"尹"分化而出。金文作🀀召卣、🀀史颂鼎,为篆文所承。金文另有一组字形,"尹"中之丨移至左侧,作🀀、🀀矢令方彝,后求左右对称,又作🀀、🀀哀成弔鼎、🀀番君簠,战国文字作🀀,为《说文》古文所承,"象君坐形"是汉人所作的理据重构。

诸侯为一国之主,犹一国之君,故又指诸侯,《诗经·大雅·假乐》:"穆穆皇皇,宜君宜王。"君王掌管天下,故又指主宰者,《老子》七十章:"言有宗,事有君。"君王统领百官,作动词指统治,《管子·权修》:"君国不能壹民,而求宗庙社稷之无危,不可得也。"又指封号,战国有四君子:孟尝君、信陵君、春申君、平原君。又为敬称,《战国策·齐策》:"今君有一窟,未得高枕而卧也。"《史记·张丞相列传》:"上曰:君勿言,吾私之。"《周易·家人》:"家人有严君焉,父母之谓也。"

yuē 曰

合 20315　　合 20898　　合 3296　　令鼎　　郘公华钟　　说文小篆　　史晨碑　　颜真卿

指事字。《说文》:"曰,词也。从口乙声,亦象口气出也。"本义为说。皇侃《论语义疏》引《说文》:"开口吐舌,谓之为曰。"《周易·乾》:"子曰:同声相应,同气相求。""词"指语气词,徐锴《系传》:"今试言曰,则口开而气出也。凡称词者,虚也,语气之助也。"张舜徽《约注》:《诗》《尚书》中以曰为语词者,若《尚书·尧典》'曰若稽古帝尧',《诗经·豳风·七月》'曰为改岁'之类是也。亦有用云字为语词者,若《诗经·邶风·简兮》'云谁之思',《郑风·风雨》'云胡不喜'之类是也。""曰"甲骨文从口,"一"为指事符号,表示言从口出,即口说。小篆像开口言说(乙),段注:"人将发语,口上有气。"饶炯《部首订》:"与'只'下说'语已词也。从口,象气下引之形'意同。盖人有所语,张口则气上出,闭口则气下引,皆自然之音义。""曰"金文作𝅘,"一"与右竖相连而上曲,为小篆所承,许慎将"口"上曲线形声化,处理作"乙声"。

"曰"也指"叫做",《礼记·王制》:"国无九年之蓄曰不足,无六年之蓄曰急。"又用作助词,用于句首或句中。又用作发语辞,《尚书·尧典》:"曰若稽古,帝尧曰放勋。"

yán 严（嚴）

默钟　　虢弔钟　　王孙浩钟　　秦公簋　　说文小篆　　西狭颂　　颜真卿

繁体作"嚴",形声字。《说文》:"嚴,教命急也。从吅厰声。𠮿,古文。"本义为紧急、急迫。张舜徽《约注》:"许以'教命急'训严,谓命自上颁,不容怠缓也。故严字自有高义尊义,犹高屋谓之广耳。"《孟子·公孙丑》:"事严,虞不敢请。"焦循《正义》:"严为急。急者,谓不暇也。"叫(xuān),《说文》:"惊嘑也。从二口。"指大声呼叫、声音杂乱,"叫"即"喧"。惊呼则不断呼喊,声多而乱,故"叫"从二口。厰(yín),《说文》:"崟也。一曰地名。从厂敢声。"徒手勇(敢)攀崖(厂)为"厰","厰崟"也作"崟厰",山势险峻貌。督教之命峻急,难免多言、疾呼,段注谓从叫乃"敦促之意",故"嚴"从叫厰声。"嚴"战国金文作𢝋,为《说文》古文所承。季旭昇谓本义为多话,言语夸张,是"譀"字初文。备参。"严"由"嚴"简化而成。

"严"也指严峻、森严,《韩非子·奸劫弑臣》:"其治国也,正明法,陈严刑。"古人从严执教,故又指严厉、严格,《周易·遯》:"君子以远小人,不恶而严。"又指严肃、端庄,《管子·四时》:"其德忧哀、静正、严顺。"又指威严、威武,《诗经·小雅·六月》:"有严有翼,共武之服。"又指尊敬,《礼记·学记》:"凡学之道,严师为难。"又指警戒,明郑晓《皇明北虏考》:"京师解严。"过严则人生畏,故又指畏惧,《孟子·公孙丑》:"无严诸侯,恶声至,必反之。"又指严密,韩愈《进学解》:"《春秋》谨严,《左氏》浮夸。"通"譀",荒诞,《史记·日者列传》:"夫卜者,多言夸严以得人情。"又用作姓氏,《通志·氏族略》:"严氏,芈姓,即楚庄王之后,以谥为氏。因避后汉明帝讳,遂改为严氏。魏晋之际,有复本氏者,故有庄、严二氏行于世。"

"严"又音 yǎn,威武貌,也作"俨",《尚书·无逸》:"昔在殷王中宗,严恭寅畏,天命自度。"陆德明释文:"马作俨。"

yǔ 与（與）

绔铸　乔君钲　包 2.141　睡 24.19　说文小篆　史晨碑　颜真卿

繁体作"與",会意兼形声字。《说文》:"與,党与也。从舁从与。𦥸,古文與。"指党与、朋党。段注:"共举而与之也,舁、与皆亦声。"《汉书·武五子传》:"群臣连与成朋。"颜师古注:"与谓党与也。"舁(yú),《说文》:"共举也。从臼从廾。""舁"小篆作𦥸,臼为两手向下,廾为两手向上,王筠

《句读》"舁则两人共举一物也,四手相向而不交……四手相向,是共舁之状",故"舁"从臼从廾。与,《说文》:"赐予也。一勺为与,此与與同。"本义为赐予,同"與"。刘钊《古文字构形学》:"与字也是一个省形分化字,其所从出的'母字'就是'與'字……金文'與'字作𦥑、𦥑,皆从舁从𠃑。按𠃑即牙字,與字从牙应为声符。古音牙、與皆为鱼部字,故與可从牙得声。而'与'乃是截取𦥑字的部分而成,字音仍沿用'與'字的读音。""與"指朋党,有众多义,"舁"为共举而有众义,"牙"有交互义,众手交互参与,故"與"从舁从与。简化字省"與"作"与"。

朋党之间较为亲密,故"与"也指亲近,《管子·大匡》:"公先与百姓而藏其兵。"又指赞许,《论语·述而》:"与其进也,不与其退也。"朋党之间互相协助,故又指帮助,《老子》七十九章:"天道无亲,常与善人。"又指等待,《论语·阳货》:"日月逝矣,岁不我与。"邢昺疏:"岁月已往,不复留待我也。"又指交往,《论衡·雷虚》:"且天地相与,夫妇也,其即民父母也。"又指给予,《老子》六十三章:"将欲夺之,必固与之。"又用作连词,相当于"和、同"。又用作介词,相当于"被,向、对,以,于"。

用同"举",1. 选拔,《礼记·礼运》:"选贤与能,讲信修睦。" 2. 副词,皆、全,《周易·无妄》:"天下雷行,物与无妄。"王弼注:"与,犹皆也。天下雷行,物皆不可以妄也。"

"与"又音 yú,同"欤",语气词,用在句尾表疑问、感叹或用在句中表停顿。

"与"又音 yù,指参与,《论语·八佾》:"吾不与祭,如不祭。"又指相干、关系,《史记·卫将军骠骑列传》:"人臣奉法遵职而已,何与招士?"司马贞索隐:"与,音预。"

jìng
敬　　　　　　　　　　　　　　　　　　　敬
大盂鼎　　弔趯父卣　帛乙 10.22　说文小篆　史晨碑　颜真卿

会意兼形声字。《说文》:"敬,肃也。从攴、苟。"本指恭敬、严肃、审

慎。段注："肃部曰：'肃者，持事振敬也。'与此为转注。心部曰：'忠，敬
也。''戁，敬也。''憼，敬也。''恭，肃也。''憪，不敬也。'义皆相足。"
徐灏《注笺》："《释名》曰：'敬，警也。恒自肃警也。'灏按：敬有戒谨义，
苟训急敕。敕者，戒也。其义相近，音亦相转。疑苟即古敬字。从苟加
攴，攴，治也，治事肃恭之意。"张舜徽《约注》："许以肃训敬，谓严肃也，
犹今语称认真矣。"《周易·坤》："君子敬以直内，义以方外。"苟(jì)，《说
文》："自急敕也。从羊省，从包省。从口，口犹慎言也。从羊，羊与义、
善、美同意。"指自己急切警戒自己。饶炯谓苟、敬一字，《部首订》："急
敕义为敬，《仪礼·聘礼》云'宾为苟敬'，而以二字连文者，盖析称之曰
苟曰敬。"段注改"从包省。从口，口犹慎言也"为"从勹口，勹口犹慎言
也"。王筠《句读》"谓勹口犹缄口也"，不轻忽出言如慎言，人有警诚则谨
言慎行，谨慎则吉祥(羊)，故"苟"从羊省，从包省，从口。"羌"甲骨文作
𦍋合一六三、𦍋合一九九，从人从羊，羊亦声。"苟"甲骨文作𦍌合二〇三〇、𦍌合
三二二九四、𦍌合二一〇一，从羊从卩，羊亦声。𦍋像带羊角之人侧立形，𦍌像
带角之人踞跪形，二字构形相近，盖"羌、苟"本为一字，羌人多被殷人俘
虏，迫于残害而多臣伏恭敬，故从"羌"分化出"苟"，以羌人踞跪敬服表
恭敬之意，为"敬"之初文。上古音，"羌"属溪纽阳部，"敬"属见纽耕部，
"苟"属见纽职部，三字同源。恭肃则身心谨敕，"敬"有持事敬肃义。有
敬心则律己谨严(苟)，如持棍棒(攴)督己敬慎，故"敬"从攴、苟。金文
𦍌以"苟"为"敬"。又作𦍏，加口、攴作义符，"口"表示以口敬服，如口发
"唯唯"之敬答声。

　　有敬心者做事谨慎，故"敬"引申指慎重，《论语·子路》："居处恭，执
事敬，与人忠。"有敬心则谨慎戒惧以防怠慢，故又指戒备，《诗经·大雅·常
武》："既敬既戒，惠此南国。"郑玄笺："敬之言警也。"有敬心则能尊人，故
又指尊敬，《论语·先进》："门人不敬子路。"又指以礼物表示敬意或谢意，
如敬贺。又指有礼貌地献上(酒、菜、烟、茶等)，如敬茶。又用作谦辞，《史
记·陈涉世家》："徒属皆曰：敬受命。"

【原文】　xiào dāng jié lì　zhōng zé jìn mìng
　　　　　孝　当　竭　力　　忠　则　尽　命

【译文】　孝敬父母要尽心竭力,为国尽忠应鞠躬尽瘁。

【释义】

　　"孝当竭力"出自《论语·学而》"事父母,能竭其力;事君,能致其身"。"忠则尽命"出自《论语·八佾》"君使臣以礼,臣事君以忠"。"孝"是儒家文化的核心之一,孝道进一步扩充,即"忠",强调人在家尽孝,为国尽忠。"竭力、尽命"言孝、忠的践行要竭尽全力。《千字文释义》:"'孝'承上'资父'而言,'忠'承上'事君'而言。"

【解字】

金476　孝卣　虘鐘　郭·语3.61　说文小篆　张迁碑　颜真卿

　　会意兼形声字。《说文》:"孝,善事父母者。从老省,从子。子承老也。"本义为孝敬、孝顺,指善于奉侍父母。《尔雅·释训》:"善父母为孝。""老"甲骨文作𦒿后二·三五·二、𦒻合二〇二八〇,"孝"小篆"子"在下而承上之"老",中国自古崇孝重祭,子孝父母而代代相续,子承老,故"孝"从老省,从子。"老"也为"孝"之声符,"老、孝"上古音皆属幽部,徐锴《系传》有"老省亦声"四字。"孝"金文作𡥈,像子扶老形,会孝顺、孝敬之意。《金文诂林》:"孝之本谊恐非限于父母,诸父诸祖,亦应善事,故从戴发伛偻老人而不必从父也。参扶族中老者,此孝之朔谊。""孝、爻"形近,往往致混,"教"字从"爻"(jiào),不从"孝",隶变之后,"爻"因形近而讹作"孝"。

　　诚敬祭祀是对祖先的孝敬,故"孝"引申为祭祀,《论语·泰伯》:"菲饮食而致孝乎鬼神。"继承、效法先人之志是孝的深层体现,故又指效法,《诗经·鲁颂·泮水》:"靡有不孝,自求伊祜。"郑玄笺:"国人无不法效者,皆庶几力行,自求福禄。"

dāng
当（當）

鄂君启车节　先秦货币　说文小篆　樊敏碑　颜真卿

　　繁体作"當"，形声字。《说文》："當，田相值也。从田尚声。"本义为相当、对等。段注："值者，持也，田与田相持也。引申之，凡相持相抵皆曰当。"《吕氏春秋·孟夏》："行爵出禄，必当其位。""當"字构形指田地相对，或两块田地大小、质量、价值等相当，田地价值相对、相当，则有贵重尊尚意，故"當"从田尚声。简化字"当"乃草书楷化而成。

　　人担任之事与能力、职务相应，故又指担任、充当，《战国策·燕策》："臣闻圣贤之君，不以禄私其亲，不以官随其爱，能当之者处之。"又指承担、承受，《论语·卫灵公》："当仁，不让于师。"朱熹注："当仁，以仁为己任也。"又指主持、执掌，《左传·襄公二十七年》："庆封当国。"杜预注："当国，秉政。"又指遮蔽、阻挡、把守，《左传·昭公二十年》："置戈于车薪以当门。"又指抵敌、抵抗，《公羊传·庄公十三年》："然则君请当其君，臣请当其臣。"又指应当、应该，《史记·齐悼惠王世家》："当断不断，反受其乱。"又用作副词，相当于"尚、还、必定"。又用作介词，相当于"在"。又用作连词，相当于"则，倘、假如"。

　　"当"又音dàng，指主领、典领，《礼记·学记》："鼓无当于五声，五声弗得不和；水无当于五色，五色弗得不章；学无当于五官，五官弗得不治；师无当于五服，五服弗得不亲。"又指适合、恰当、顺当，《礼记·乐记》："夫古者天地顺而四时当，民有德而五谷昌。"郑玄注："当，谓乐不失其所。"又指抵押，《左传·哀公八年》："以王子姑曹当之而后止。"杜预注："复求吴王之子以交质。"又指当铺，翟灏《通俗编·货财》："俗谓质铺曰当。"又指事情发生的那个时候或地方，《史记·酷吏列传》："当时为是，何古之法乎！"又指器物的底部或头部，徐灏《注笺》："当，相抵谓之当，因之瓜底曰瓜当，箫管之底亦曰当。"《商君书·靳令》："四寸之管无当，必不满也。"

jié
竭　　古玉玺　　古玺　　说文小篆　　石门颂　　颜真卿

　　形声字。《说文》:"竭,负举也。从立曷声。"本义为承载。段注:"凡手不能举者,负而举之。"《礼记·礼运》:"五行之动,迭相竭也。"郑玄注:"竭,犹负载也。"曷,《说文》:"何也。从曰匄声。"为疑问代词,相当于"何、什么",《尚书·盘庚》:"汝曷弗告朕。"孔传:"曷,何也。"孔颖达疏:"曷、何同音,故曷为何也。"从曷声字多有高举意:禾举出苗为"稿",特立之石为"碣",负举为"竭",高举为"揭"。高举重物(曷)须站稳垂直向上用力,徐锴《系传》"负而立也",故"竭"从立曷声。张舜徽《约注》:"竭之言揭也,谓高举在肩背也。凡物高举在肩背者,特出显见,故谓之竭,犹特立之石谓之碣耳。"用力举重后当歇息,从曷声字又多有止息意:《说文》:"遏,微止也。""竭,去也。""歇,息也。""愒,息也。"

　　"竭"也指穷尽,《史记·太史公自序》:"夫神大用则竭,形大劳则敝。"颓废为志气的穷尽,故也指颓丧,《左传·庄公十年》:"一鼓作气,再而衰,三而竭。"河水穷尽则干涸,故又指干涸,《国语·周语》:"昔伊、洛竭而夏亡,河竭而商亡。"又指亡,《吕氏春秋·权勋》:"唇竭而齿寒。"又指败、坏,《左传·宣公十二年》:"故曰律否臧,且律竭也。"孔颖达疏:"水之竭似法之败,故云:竭,败也。"又指遏止,《淮南子·原道》:"所谓后者,非谓其底滞而不发,凝竭而不流。"王念孙《杂志》:"竭之言遏也。《尔雅》曰:遏,止也。"

力　　合19801　　合22268　　合22269　　盠羌钟　　中山王鼎　　说文小篆　　史晨碑　　颜真卿

　　象形字。《说文》:"力,筋也。象人筋之形。治功曰力,能圉大灾。"本义为力气,指人和动物筋肉收缩或扩张所产生的效能。筋张缩产生力,故训"筋"。段注:"筋下曰:'肉之力也。'二篆为转注。筋者其体,力者其用也,非有二物。引申之,凡精神所胜任皆曰力。""力"小篆像人体之筋有条理、曲折之形。张舜徽《约注》："下引《周礼》司勋'治功曰力'以广异义，又以'能圉大灾'申释之。凡御大灾，非力不能奏功。下文'劳'篆从力，即其一证。""力"甲骨文像上古耕地用的耒，下部的短横像用脚蹬的横木，裘锡圭谓"力"是"耜"的初文，有力者才能用耒耜耕地，故由"耒"分化出"力"字。

"力"也指力量、能力，如生命力，《左传·隐公十一年》："度德而处之，量力而行之。"又指威力、权势，《孟子·公孙丑》："以力服人者，非心服也。"又指努力、致力(于)，《诗经·大雅·烝民》："古训是式，威仪是力。"又指尽力地、竭力地，如力争上游，《史记·卫将军骠骑列传》："军大捷，皆诸校尉力战之功也。"又指功劳、功效，《周礼·夏官·司勋》："治功曰力，战功曰多。"又指劳动、劳力，《农政全书·农本》："力不失时，则食不困。"又为物理学名词，凡能使物体运动、停止或者发生形变的外因都称为力，如磁力、冲击力。

zhōng 忠

中山王鼎　郭·缁20　郭·忠1　说文小篆　石门颂　蔡襄

形声字。《说文》："忠，敬也。从心中声。"本义为肃敬不懈，尽心竭力。段注："敬者，肃也，未有尽心而不敬者。"段注于"敬也"后补"尽心曰忠"四字。徐灏《注笺》："尽己之谓忠，故忠有诚义。戴氏侗曰：《论语》曰：为人谋而不忠乎？《记》曰：丧礼，忠之至也。'……观于此类者，可以知忠之义矣。反身而诚，然后能忠是也。""中"指内，敬由心发，贾谊《新书·道术》"爱利出中谓之忠"，张舜徽《约注》"忠之言中也，谓肃敬之意存于内者也。凡对人对事，内心肃敬而不疏慢，皆谓之忠也"，故"忠"从心中声。

古经注中，"忠"的训释极为丰富，朱骏声《通训定声》："《孝经》疏引《字诂》：'忠，直也。'《白虎通》：'忠者，厚也。'左文元《传》：'忠，德之正也。'《周语》：'忠，文之实也。'《贾子·大政》：'忠者，德之厚也。'《后汉·鲍永传》：'忠者，义之主也。'《礼记·礼器》：'忠信，礼之本也。'"可知作为八德之一，在先秦时代，忠是重要的道德价值观及为人处世的核心法则。据童书业考证，《左传》全书"忠"字计七十见，可知忠之观念在当时已经相当普遍。通过以上训释，得知“忠”字之义大概可分为对己、对人、特指对君主及国家三个方面。后世也因“忠”之诸义而造“忠诚、忠信、忠正、忠公、忠善、忠义、忠实、忠恕”等词。

忠诚是厚道的体现，故“忠”引申为厚，《楚辞·九歌·湘君》：“交不忠兮怨长。”王逸注：“忠，厚也。言朋友相与不厚则长相怨恨。”忠厚者多能践行恕道，故又指恕，《国语·周语》：“考中度衷，忠也。”通“中”，内心，《墨子·兼爱》：“今天下之君子，忠实欲天下之富而恶其贫。”

zé 则（則）

H11:14　曶鼎　段簋　侯马 185:4　说文小篆　西狭颂　颜真卿

繁体作“則”，会意字。《说文》：“則，等画物也。从刀从貝。貝，古之物货也。，古文则。，亦古文则。，籀文则从鼎。”指按标准划分货物等级。《汉书·叙传》：“《坤》作墬势，高下九则。”颜师古注引刘德：“九则，九州土田上中下九等也。”“刀”是划分工具，“貝”指货物，货物有贵贱之别，按等级属类界划使不混淆，段注“物货有贵贱之差，故从刀介画之”，故“則”从刀从貝。或谓从刀从貝皆指货币，戴侗《六书故·工事》：“刀貝，古之货币也。轻重有则，故取义焉。因之为法则、典则，借为辞助。”张舜徽《约注》：“古以金刀龟贝为币，轻重多少，各有等差。則字从貝从刀，而法则之义出焉。”籀文从鼎作“鼎刂”，段注：“鼎部曰：‘籀文以鼎为貝。’故員作鼏，娟作孀，實作䨏，則作鼎刂。”“則”甲骨文、金文从刀从鼎，刀在鼎上刻字为准则，表示要遵行的法则。

“则”指法典、规章，《尚书·五子之歌》：“有典有则，贻厥子孙。”又指榜样、准则，《诗经·大雅·抑》：“敬慎威仪，为民之则。”又指规律、法则，《管子·形势》：“天不变其常，地不易其则。”又指依照、效法，《诗经·小雅·鹿鸣》：“君子是则是效。”毛传：“是则是效，言可法效也。”又用作量词，多用于文章或艺术品，相当于“章、条”，如一则新闻。又用作副词，相当于“就，即、便，将，仅、只”。又用作连词，表示转折、假设、对比、让步。又用作助词,相当于"之",《礼记·学记》:"人之学也,或失则多,或失则寡。"

jìn
尽(盡)　　合 21960　合 3518　中山王壶　侯马 3:2　说文小篆　史晨碑　颜真卿

繁体作"盡",形声字。《说文》:"盡,器中空也。从皿聿声。"以器中空尽表示空尽、竭尽。"皿"指器,故训"器中空也",说明构字意图,本义就在其中。聿(jìn),《说文》:"火余也。从火聿声。一曰薪也。""聿"同"烬",本指火烧尽后留下的余灰。"盡"甲骨文从皿,以手持刷涤器会空尽之意。罗振玉《增订殷虚书契考释》:"从又持木,从皿,象涤器形。食尽,器斯涤矣,故有终尽之意。"后手持刷形逐渐变作聿,《说文》遂谓从"聿声",将"盡"改造成形声字。简化字"尽"当表示尺之尽头。

器中物用尽则空,故"尽"引申指竭尽、完,《礼记·哀公问》:"今之君子,好实无厌,淫德不倦,荒怠敖慢,固民是尽。"事完则止,故又指终止、终了,李白《春日醉起言志》:"浩歌待明月,曲尽已忘情。"寿终则亡,故又指死,陶潜《归去来》:"聊乘化以归尽。"又指达到极限或使达到极限,《论语·八佾》:"子谓《韶》'尽美矣,又尽善也';谓《武》'尽美矣,未尽善也'。"又指全部使出或用出,《孟子·梁惠王》:"寡人之于国也,尽心焉耳矣。"又用作副词,表示全部,如应有尽有,《左传·昭公二年》:"周礼尽在鲁矣。"

"尽"又音 jǐn,表示力求达到最大限度,如尽早,《礼记·曲礼》:"虚坐尽后,食坐尽前。"

mìng
命(令)　　合 14127 正　命乍寶彝甂　命敦　帛甲 3.10　说文小篆　史晨碑　柳公权

会意兼形声字。《说文》:"命,使也。从口从令。"本义为命令、使命。段注:"令者,发号也,君事也。非君而口使之,是亦令也。故曰命者,天之令也。"朱骏声《通训定声》:"在事为令,在言为命。散文则通,对文则别。""令"指发出命令,甲骨文作合二〇八八、合二〇四六一、合三〇四九、合三三九九,罗振玉《增订殷虚书契考释》:"古文从亼人,集众人而命令之。故古令与命为一字一谊。"林义光《文源》："卩即人字。从口在人上。古作令、孟鼎、作𡆥太保彝，象口发号，人跽伏以听也。""令、命"本一字，甲骨文以"令"为"命"，"命"由"令"分化，西周早期金文始加"口"为义符。上古读复声母 ml-，后分工，发令动作用"令"读 l-，所发之令加口作"命"读 m-。"口"指以口命令，"令"也为声符，故"命"从口从令，令亦声。马叙伦谓"从口令声"，亦通。

　　"命"也指任命、委任，《韩非子·亡征》："出军命将太重，边地任守太尊。"又指古代政府的一种公文，《尚书·顾命》："作《顾命》。"孔传："临终之命曰顾命。"又指礼命、爵命，《论语·先进》："赐不受命而货殖焉。"又指教诲，《孟子·滕文公》："夷子怃然为间曰：命之矣。"赵岐注："命之，犹言受命教矣。"又指告诉，《国语·吴语》："吾问于王孙包胥，既命孤矣，敢访诸大夫。"又指天命、命运，《诗经·周颂·维天之命》："维天之命，于穆不已。"孔颖达疏："言天道转运，无极止时也。"又指生命，《礼记·祭法》："大凡生于天地之间者，皆曰命。"又指寿命，《尚书·西伯戡黎》："我生不有命在天。"孔传："言我生有寿命在天。"有生计才能生存，故又指生计、生存，李密《陈情表》："母孙二人，更相为命。"又指命名，《左传·桓公二年》："晋穆侯之夫人姜氏，以条之役生太子，命之曰仇。"阮元校勘记："《汉书·五行志中》引作'名之曰仇'。案：名，即命也。"通"慢"，轻慢，《礼记·大学》："见贤而不能举，举而不能先，命也。"郑玄注："命读为慢，声之误也。举贤而不能使君以先己，是轻慢于举人也。"

【原文】　临深履薄　夙兴温清
（lín shēn lǚ bó　sù xīng wēn qìng）

【译文】　行事要敬业谨慎；侍奉父母要早起晚睡，使父母冬暖夏凉。

【释义】

　　"临深履薄"出自《诗经·小雅·小旻》"如临深渊，如履薄冰"。"夙兴"出自《诗经·大雅·抑》"夙兴夜寐，洒扫庭内"。"温清"出自《礼记·曲礼》"凡为人子之礼，冬温而夏清，昏定而晨省"。两句是孝道"严、敬"的具体体现,也是"资父事君"的具体落实。

　　"临深履薄"讲君子修身、处事要存警戒恭慎之心,当谨言慎行。这样的状态如在万丈悬崖边走路,冬天在薄冰上前行,有战兢惕厉之心,稍有不慎,就会葬身于深渊、冰河。

　　"夙兴温凊"指儿女要从细节上关心父母,关心老人的衣食住行,使其热天能在凉爽的屋里休息,冷天能在温暖的环境中生活。

【解字】

lín
临（臨）　　合 4299　屯 2080　盂鼎　毛公鼎　诅楚文　说文小篆　曹全碑　颜真卿

　　繁体作"臨",形声字。《说文》:"臨,监临也。从卧品声。"本义为察视、居上视下。《尔雅·释诂》:"监、临,视也。"《诗经·大雅·大明》:"上帝临女,无贰尔心。"郑玄笺:"临,视也。"卧,《说文》:"休也。从人、臣,取其伏也。"指伏身休息。"臣"甲骨文作 合二〇三五四、 合二二三七四、 合六三〇,郭沫若《甲骨文字研究》:"臣、民均古之奴隶也……均象一竖目之形。人首俯则目竖,所以'象屈服之形'者殆以此也。"《说文》谓臣"象屈服之形",故"卧"言"取其伏也"。饶炯《部首订》"卧者或屈伏于床,或屈伏于几,皆休息其形骸,故从人臣,而其义曰休也",故"卧"从人、臣。"临"为居上视下,居上者屈伏其身(卧),方能下视诸物(品),故"臨"从卧品声。"臨"甲骨文像人俯身下视水流形。金文,林义光《文源》:"品众物也,象人俯视众物形。"

　　"临"也指降临,《论语·为政》:"临之以庄则敬。"邢昺疏:"自上莅下曰临。"后常用作敬辞,如光临、莅临。又指统治、治理,《尚书·大禹谟》:"临下以简,御众以宽。"又指进攻,《战国策·周策》:"楚请道于二周之间,以临韩、魏,周君患之。"又指守卫,《战国策·西周策》:"君临函谷而无攻。"又指来到、到达,如双喜临门,《楚辞·远游》:"朝发轫于太仪兮,夕始临乎微闾。"又指接近、靠近,《吴子·料敌》:"赵冲吾北,齐临吾东。"又指面对,《诗经·小雅·小旻》:"如临深渊,如履薄冰。"又指照耀,《诗经·邶风·日月》："日居月诸,照临下土。"又指对着字画模仿,如临摹,姚合《秋夕遣怀》:"临书爱真迹,避酒怕狂名。"又为卦名,卦形为☱☷,兑下坤上,《周易·临》象曰:"泽上有地,临。"孔颖达疏:"泽上有地者,欲见地临于泽,在上临下之义。"又用作副词,表示正当、将要,孟郊《游子吟》:"临行密密缝,意恐迟迟归。"

"临"又音 lìn,哭吊死者,《左传·宣公十二年》:"卜临于大宫。"

shēn
深（突𣸈）　　合 557　　合 18765　　石鼓　　中山王壶　　说文小篆　　华山庙碑　　颜真卿

　　形声字。《说文》:"深,水。出桂阳南平,西入营道。从水罙声。"本为古水名,即今湘江支流之一的潇水,今潇水上源至江华瑶族自治县一段仍称深水。张舜徽《约注》:"古深水亦名邃水,出今广东连山县庐聚山,西北流至湖南零陵县入湘。汉营道县,即今湖南宁远县地,许云西入营道,谓过此至零陵以合于潇湘也。汉南平县在今湖南蓝山县东。"

　　深浅之"深"本字作"突",省作"罙"。《说文》:"突,深也。一曰灶突。从穴从火,从求省。"指从上到下或从外到内的距离大,与"浅"相对。段注:"此以今字释古字也。'突𣸈'古今字,篆作'突𣸈',隶变作'罙深'。水部'𣸈'下但云水名。不言浅之反。是知古深浅字作'罙'。'深'行而'罙'废矣。"《诗经·小雅·小旻》:"如临深渊,如履薄冰。""灶突"指烟囱,段注:"盖灶上突起以出烟火,今人谓之烟囱,即《广雅》之灶窗。今人高之出屋上,畏其焚栋也。以其颠言谓之突,以其中深曲通火言谓之突。"张舜徽《约注》"穴即灶门也。上世取火不易,民间每炊后,必留余炭用热灰温之,再炊时取出,俗称火种,突从又下火,乃手持物拨火之意,而探求之义出焉",故"突"从穴从火,从求省。"罙"为"突"之简形,"深"为"𣸈"之简形。

　　"深"又为"深渊"的省称,《礼记·曲礼》:"不登高,不临深。"也指从上到下或从外到内的距离大,《诗经·小雅·十月之交》:"高岸为谷,深谷为陵。"又指从上到下或从外到内的距离,《仪礼·觐礼》:"诸侯觐于天子,为宫方三百步,四门坛十有二寻,深四尺。"又指(感情)厚,《礼记·乐记》:"是故情深而文明,气盛而化神。"又指深刻、周密,《战国策·赵策》:"父母之爱子,则为之计深远。"玄妙的事理幽深难见,故又指玄妙、精微,《周易·系辞》:"探赜索隐,钩深致远,以定天下之吉凶。"深则不显于外,故又指深藏不露,《周礼·考工记·梓人》:"必深其爪,出其目。"作动词指深入,《左传·僖公十五年》:"晋侯谓庆郑曰:'寇深矣,若之何?'对曰:'君实深之,可若何!'"又指颜色浓,白居易《买花》:"一丛深色花,十户中人赋。"又指茂盛、茂密,常建《题破山寺后禅院》:"曲径通幽处,禅房花木深。"又用作程度副词,相当于"甚、很",《史记·汲郑列传》:"然至其辅少主,守城深坚,招之不来,麾之不去。"

履(屨)

合33283　合33284　五祀卫鼎　佣生簋　说文小篆　说文古文　石门颂　颜真卿

会意字。《说文》:"履,足所依也。从尸从彳从夊,舟象履形。一曰尸声。𩑾,古文履从頁从足。"本义指鞋。《庄子·山木》:"衣弊履穿。"鞋为足所穿而赖以行走之物,故训"足所依也"。身所依为衣,足所依为履。徐灏《注笺》:"从彳从夊,皆于行步取意;𣪠象履形,与舟字相似;从尸亦横人相配,兼取其声。"人(尸)脚板(夊)穿鞋(舟)走路(彳),故"履"从尸从彳从夊从舟。"履"作动词为践、蹋,朱骏声《通训定声》:"古曰舄,曰屦,汉以后曰履,今曰鞵(鞋)。此字本训践,转注为所以践之具也。"徐灏《注笺》:"履,践也,行也,此古义也。""履"作名词指践踏之具,即鞋子,后作"屦";作动词指踩踏、践行。古文"𩑾",从頁与从尸同指人,舟像鞋,故"𩑾"从頁从足从舟。"履"甲骨文像人着履形,下横为指事符号,指出履所在。

屦(jù),繁体作"屨",《说文》"屨,履也。从履省,婁声",本来只是麻、葛、皮制的简易单底鞋,是"履"的一种。"屦"由"履"分化而来,"屦"字的构造从"履"省形,加声符"婁"为形声字。后"履"词义引申繁复,逐渐以行走、实行等动词义为多用。于是,"屦"上升为鞋子的通名,主要作名词。

再后来，"履"又兼作动词、名词，"屦"就逐渐不用了。蔡谟《汉书注》谓"今时所谓履者，自汉以前皆名屦"，是说汉以前动作用"履"，名称用"屦"；汉代以后，又常用"履"代替"屦"，以至"履"兼有动词、名词两义，而"屦"渐不见于文献用例。

人以足（履）踏地、行走，故"履"也指踏，《诗经·小雅·小旻》："如临深渊，如履薄冰。"又指步行，《周易·履》："眇能视，跛能履。"又指穿（鞋），《史记·留侯世家》："因长跪履之。"行走（履）的过程为经历，故又指经历，《后汉书·张衡列传》："亲履艰难者知下情。"领土是行走（履）的范围，故又指领土、疆界，《左传·僖公四年》："赐我先君履，东至于海，西至于河。"杜预注："履，所践履之界。"又指履行、实践，《诗经·小雅·大东》："君子所履，小人所视。"又指行为、操守，《通志·选举略》："操履凝峻，学业宏赡。"礼须践行，故又指礼，《尔雅·释言》："履，礼也。"又为卦名，卦形为☰，《周易·履》象曰："履，柔履刚也。"通"釐"，福禄，《诗经·周南·樛木》："乐只君子，福履绥之。"

bó
薄　　薄　薄　薄　薄

老子乙前161　说文小篆　礼器碑　智永

形声字。薄，《说文》："林薄也。一曰蚕薄。从艸溥声。"本指草木密集丛生处。徐锴《系传》："木曰林，艸曰薄，故云林薄。"段注："林木相迫不可入曰薄，引申凡相迫皆曰薄，如外薄四海、日月薄蚀皆是。"《楚辞·九章·涉江》："露申辛夷，死林薄兮。"王逸注："丛木曰林，草木交错曰薄。"溥，《说文》："大也。从水尃声。"本义为广大、丰厚。"溥"字构形指水广大，"尃"指敷布、散布，水敷布则大，故"溥"从水尃声。尃从甫，甫从父，"父"像手（又）持石斧（丨）形，石斧刃呈扁平展开状，故从甫、尃的字都有展开、铺排的核心义素。草木丛生则繁多茂密（溥）而敷布地面，故"薄"从艸溥声。

草木密集则连接紧密，故"薄"引申为迫近、接近，如薄暮，《尚书·益稷》："外薄四海，咸建五长。"由迫近引申指急、紧迫，《战国策·韩策》："吾得为役之日浅，事今薄，奚敢有请？"又指物体厚度小（口语读 báo），《诗经·小雅·小旻》:"如履薄冰。"厚度小则轻,故又指轻微、小,《周易·系辞》:"德薄而位尊。"又指淡弱,与浓相对(口语读 báo),《庄子·胠箧》:"鲁酒薄而邯郸围。"又指土质贫瘠(口语读 báo),《左传·成公六年》:"郇瑕氏土薄水浅,其恶易觏。"物被削减则轻薄,故又指减轻、减损,《孟子·梁惠王》:"省刑罚,薄税敛。"又指粗陋,《后汉书·郭杜孔张廉王苏羊贾陆列传》:"常敝衣薄食,车马羸败。"又指不厚道,《孟子·万章》:"故闻柳下惠之风者,鄙夫宽,薄夫敦。"又指轻视、看不起,《史记·孙子吴起列传》:"其母死,起终不归。曾子薄之。"又用作助词,用于句首,相当于"夫、且"。又用作姓氏,《通志·氏族略》:"薄氏,《风俗通》:卫贤人薄疑;汉高帝薄夫人。"

夙（㛰）

合 20346 反　　屯 371　　合 21189　　孟鼎　　说文小篆　　孔宙碑　　欧阳询

《说文》小篆作"㛰",会意字。《说文》:"㛰,早敬也。从丮持事,虽夕不休,早敬者也。佀,古文夙从人、囟。佀,亦古文夙,从人、囟。宿从此。"本义为早,有提早、提前之意。"丮"指持事,持事须敬肃,有敬心方能提早做事,故训"早敬"。《诗经·大雅·云汉》:"祈年孔夙,方社不莫。"郑玄笺:"我祈丰年甚早,祭四方与社又不晚。"丮(jí),《说文》:"持也,象手有所丮据也。"本指握持。"丮"甲骨文作前五·三〇·三,林义光《文源》:"象人伸两手持物形。""夕"用半边月亮表示晚上。人日作而夜息,至夜(夕)不休而仍做事(丮),有提早、恭敬之意。段注:"谓日莫人倦,斋庄正齐而不敢懈惰,是乃完今日之早敬,基明日之早敬也。抑夕者夜之通称,未旦而执事有恪,故字从丮夕欤?"故"㛰"从夕从丮。徐灏谓"㛰"之本义为早晨,《注笺》:"月初生时昏莫及晨早往往见之,故《洪范五行传》谓初昏为夕,将晨亦为夕也。夙者,晨起操作之义,故从夕从丮。"《尚书·舜典》:"夙夜惟寅。"孔传:"夙,早也,言早夜敬思其职。"胡光炜《说文古文考》谓"夙"甲骨文:"象人执事于月下,侵月而起,故其谊为早。"或谓甲骨文字形像人跽而捧月之形。"夙"古文作"佀、佀",商承祚以为乃"宿"之初文,字形像人在席旁,表示住宿。

"夙"又指肃敬,《诗经·大雅·生民》:"载震载夙,载生载育。"孔颖达疏:"夙之言肃,自肃戒也。"又指旧、经历时间长,《后汉书·郭杜孔张廉王苏羊贾陆列传》:"伋知卢芳夙贼,难卒以力制。"又指平素、向来,如夙愿,《后汉书·文苑列传》:"惟君明叡,平其夙心。"又指持因果报应观者对前世所种之因的称呼,《宣和画谱》:"幼喜读书,工诗文。至于丹青之技,不学而能,益验其夙世之余习焉。"

xīng
兴(興)　　𠔥　𦥑　𦥔　𣎴　𦥸　𦥷　興

合 19907　甲 1479　兴作宝鼎　兴壶　侯马 156:24　说文小篆　史晨碑　颜真卿

繁体作"興",会意字。《说文》:"興,起也。从舁从同。同力也。"本义为兴起。《周易·同人》:"伏戎于莽,升其高陵,三岁不兴。"孔颖达疏:"亦不能兴起也。""舁"指共举,"同"指同力,桂馥《义证》:"同力则易举也。""興"之构形指众人同心协力有所兴起,众人共事则成就,唐玄度《九经字样》"臼象两手……廾亦是两手,谓众手同力能兴起也",故"興"从舁从同。"興"甲骨文像四手(舁)抬起物品(口、同)之形。商承祚《殷契佚存》:"象四手各执盘之一角而兴起之。"简化字"兴"由草书楷化而成。

"兴"也指起身,《诗经·卫风·氓》:"夙兴夜寐,靡有朝矣。"起则上升,故也指升起,《礼记·乐记》:"降兴上下之神。"孔颖达疏:"谓降上而出下也。"又指选举,《周礼·夏官·大司马》:"进贤兴功,以作邦国。"众人共事则易成功,故又指成功,《国语·楚语》:"教备而不从者,非人也,其可兴乎?"又指办理、创办,《荀子·正论》:"兴天下之同利。"同心共事是兴旺气象,故又指昌盛、繁盛,《诗经·小雅·天保》:"天保定尔,以莫不兴。"又指时兴、流行,韩愈《送宝从事序》:"雪霜时降,疠疫不兴。"

"兴"又音 xìng,指喜爱、喜欢,《礼记·学记》:"不兴其艺。"郑玄注:"兴之言喜也,歆也。"又为诗歌表现手法之一,以他事引起此事叫起兴,省称兴,《周礼·春官·大师》:"教六诗:曰风,曰赋,曰比,曰兴,曰雅,曰颂。"又指譬喻,《周礼·春官·大司乐》:"以乐语教国子,兴、道、讽、诵、言、语。"郑玄注:"兴者,以善物喻善事。"又指兴致、情趣,《晋书·王羲之传》:"乘兴而行,兴尽而反。"

wēn
温(昷溫)

合 137　　合 6653　　老子甲后 249　　说文小篆　张迁碑　颜真卿

形声字。《说文》:"温,水。出犍为涪,南入黔水。从水昷声。"本为古水名,即今贵州省遵义市东的洪江。桂馥《义证》:"'涪'当为'符'。涪属广汉郡,非犍为也。"温和、温暖之"温"本字作"昷"。昷(显,wēn),《说文》:"仁也。从皿,以食囚也。官溥说。"本义为仁慈温和,后作"温"。段注:"凡云温和、温柔、温暖者,皆当作此字,温行而昷废矣。"将饮食(皿)给囚犯食用,是仁慈的体现,故"昷"从皿从囚。"官溥"为许慎博采通人之一。《尚书·尧典》:"直而温,宽而栗。"《史记·五帝本纪》同文裴骃集解引马融:"正直而色温和,宽大而敬谨战栗也。""温"甲骨文像人在皿中温水内洗浴形。

"温"也指暖和,不冷不热,《论衡·寒温》:"近水则寒,近火则温。"又指使暖和,《礼记·曲礼》:"冬温而夏清。"又指温习,《论语·为政》:"温故而知新,可以为师矣。"又指厚、富足,枚乘《七发》:"饮食则温淳甘膬,脭酸肥厚。"李善注:"温淳,谓凡味之厚也。"又指温度,如高温、低温。又用作姓氏,《通志·氏族略》:"温氏,姬姓,唐叔虞之后。晋郤至为温大夫,号温季,因以为氏。"

"温"又音 yùn,通"蕴",1.积藏,《荀子·荣辱》:"其泺长矣,其温厚矣,其功盛姚远矣。"2.宽容、含蓄,《诗经·小雅·小宛》:"人之齐圣,饮酒温克。"孔颖达疏引舒瑗:"包裹曰蕴,谓蕴藉自持,含容之义。经中作'温'者,盖古字通用。"

qìng
清

说文小篆　欧阳询　赵孟頫

形声字。《说文》:"清,寒也。从仌青声。"本义指寒凉。章太炎《新方言·释天》：“福州谓寒为清，若通语言冷矣。”张舜徽《约注》：“今俗称夏令夜凉曰凉清，正读七正切，盖古语也。”“青”金文作 ^青吴方彝盖，从丹从生，是从矿井内取出的如寸生草一样的深绿色。气温冷到零度以下，河水就会结冰，青色色调显明靓丽，视之而清爽醒目，故从青得声的“清、箐、晴、睛、情、精、静”等字都有清凉爽利之意，故“清”从仌青声。

“清”作动词指使清凉，《礼记·曲礼》：“凡为人子之礼，冬温而夏清。”郑玄注：“温以御其寒，清以致其凉。”

【原文】　似兰斯馨　如松之盛
（sì lán sī xīn　　rú sōng zhī shèng）

【译文】　（孝亲之德）像兰花一样馨香远闻，如青松一般万年繁盛。

【释义】

“兰”指泽兰，“盛”指繁盛。两句以泽兰、松树比喻孝亲德行的盛大、美善。古人所说的兰草多指泽兰，香气清幽淡雅。古人多以泽兰之香来作为香气的代表，《周易·系辞》有“其臭如兰”之语。文人雅士以兰花喻君子的德行，多在书斋里摆放兰花，以作修德之用。这里，以泽兰之香比拟人行孝道，喻孝亲之德必定如兰香一样泽惠世人、声闻远扬。《千字文释义》：“孝为百行之原。能孝于亲，则为有德之人矣，故设喻以赞美之。”

松树为常绿乔木，多生于高山之上、悬崖之巅，生命力极其顽强，冬夏不凋，万年常青，故古人常以松树比喻君子的品行，此以松树的昌盛繁茂比喻人行孝道，其德行声誉也会长盛不衰。

【解字】

似（佀）（sì）

伯康簋　　粗侯鼎　　纵横家书320　说文小篆　　智永

《说文》作“佀”，形声字。《说文》：“佀，象也。从人㠯声。”本义为相像、类似。段注：“相像曰相似。”㠯（yǐ），本义为用，后加人作“以”。“㠯”是“巳”的倒写形，二字同源。“巳”像胎儿，《说文》“包”下云：“象人裹妊，巳在中，象子未成形也。”“㠯”甲骨文作 粹八一，金文作 颂簋，像头朝下即将降生的婴儿。"佀"为人之相像,婴儿多与父母相像,张舜徽《约注》:"人之相像者,无逾子女之似其父母,此与肖训骨肉相似同意,故古人言'不肖'亦称'不似'。《礼记·杂记》郑注云'似谓容貌似其父母也',是已。"故"佀"从人㠯声。

"似"也指似乎,《世说新语·品藻》:"论王霸之余策,览倚仗之要害,吾似有一日之长。"又指给予、奉送,贾岛《剑客》:"今日把似君,谁为不平事。"通"嗣",延续、继承,《诗经·小雅·斯干》:"似续妣祖。"

lán
兰(蘭)

蘭　蘭　蘭　蘭
说文小篆　相马经 17 上　张迁碑　颜真卿

　　繁体作"蘭",形声字。《说文》:"蘭,香艸也。从艸闌声。"本义为兰草,指泽兰。菊科,多年生草本,叶卵形,边缘有锯齿。泽兰幽香远闻,故训"香草"。徐灝《注笺》:"经传所谓兰,大抵皆泽兰之类。"张舜徽《约注》:"泽兰属菊科,乃多年生草本,高三四尺,全部有香气,故古人取以为佩。秋末开淡紫色花,花小而形似菊,与今日盆中培植之叶如麦门冬而春花者,或叶如菅茅而秋花者,固迥别也。"《本草纲目》草部:"兰草、泽兰,一类二种也。俱生水旁下湿处,二月宿根生苗成丛,紫茎素枝,赤节绿叶,叶对节生,有细齿。但以茎圆节长而叶光有歧者为兰草;茎微方,节短而叶有毛者为泽兰。嫩时并可挼而佩之。"《周易·系辞》:"同心之言,其臭如兰。"闌,《说文》:"門遮也。从門柬声。"本义为门口的栅栏。柬,《说文》:"分别简之也。从束从八,八,分别也。"指拣择、挑选,后作"揀"。"八"指分别,"柬"从八,故训"分别简之"。《荀子·修身》:"安燕而血气不惰,柬理也。"杨倞注:"言柬择其事理所宜。"王筠《释例》"柬字从八,而八不在外者,于束中柬择之,不可于束外柬择之也",拣择优良、挑选所用之物,皆有分别之意,故"柬"从束从八。"柬"金文作 𣎴 新邑鼎,从束,中二点指拣择,有拣择、约束之义,林义光《文源》:"简编之简、谏诤之谏、栏楯之栏、弩盛之蘭,并有约束义。""闌"是门前的栅栏,有遮蔽约束(束)之用,故"蘭"从門柬声。

泽兰为草本植物,荟聚阑入最醇的香气,故"蘭"从艸闌声。简化字"兰"是草书连笔楷化而成。

"兰"也泛指兰花,兰科,多年生常绿色草本植物,是我国栽培历史悠久的观赏植物,种类甚多。又指木兰,一种香木,《楚辞·九歌·湘夫人》:"桂栋兮兰橑,辛夷楣兮药房。"王逸注:"兰橑,以木兰为橑也。"通"闌",1. 兵阑,即兵器架,《管子·小匡》:"制重罪入以兵甲犀胁、二戟,轻罪入兰、盾、鞈革、二戟。"尹知章注:"兰,即所谓兰锜,兵架也。"2. 栅栏,《汉书·王莽传》:"又置奴婢之市,与牛马同兰。"3. 阻隔,《战国策·魏策》:"晋国之去梁也,千里有余,河山以兰之,有周、韩而间之。"又用作姓氏,《通志·氏族略》:"兰氏,姬姓,郑穆公裔也,穆公名兰,其支庶以王父名为氏。汉有太守兰广。"

斯

形声字。《说文》:"斯,析也。从斤其声。《诗》曰:斧以斯之。"本义为劈开。斯、析上古音声同韵近,为声训。徐灏《注笺》:"戴氏侗曰:'斯,析之细也。'借用有二:其一为辞助……其一与'兹、此'同义,声相近也。"张舜徽《约注》:"本书木部:'析,破木也。'与斯双声,实即一语,故许以析训斯也。今语犹称裂物为斯,俗作撕。湖湘间重读斯,则音近兹矣。凡用斯为语辞者,乃只之假借;用斯为是者,乃此之假借。"《诗经·陈风·墓门》:"墓门有棘,斧以斯之。"毛传:"斯,析也。""其"为"箕"之古文,本义为簸箕。甲骨文作 ▨ 合二〇〇七〇、▨ 合二一〇三一,像簸箕形。古多用斧斤劈物,簸箕(其)由劈竹成篾编织而成,故"斯"从斤其声。

劈木是用斧刃把木撕裂,故"斯"也指扯裂,后作"撕",《广雅·释诂》:"斯,裂也。"王念孙《疏证》:"今俗语犹呼手裂为斯。"木被斧劈则分开,故又指分开,《庄子·则阳》:"斯而析之,精至于无伦,大至于不可围。"物分则相离,故又指离开,《列子·黄帝》:"华胥氏之国……不知斯齐国几千万里。"又用作代词,1. 表示近指,相当于"这、这样",《论语·子罕》:"逝者如斯夫!

不舍昼夜。" 2. 相当于"其",《诗经·大雅·思齐》:"大姒嗣徽音,则百斯男。"又用作连词,相当于"则、而,就、就是"。又用作助词、语气词。又用作副词,相当于"尽、全都"。

xīn 馨

说文小篆　白石神君碑　智永　赵孟頫

形声字。《说文》:"馨,香之远闻者。从香殸声。殸,籀文磬。"本义为香气远闻。慧琳《一切经音义》引作"馨,香之远闻也"。张舜徽《约注》:"香、馨双声,一语之转耳。古声喉唇互转,在唇为芬为芳,在喉则为馨为香矣。馨香即芬芳之声转。"《诗经·大雅·凫鹥》:"尔酒既清,尔殽既馨。"毛传:"馨,香之远闻也。"香(香),《说文》:"芳也。从黍从甘。《春秋传》曰:黍稷馨香。"本义为气味芬芳,与"秽"相对。段注:"(许慎引文)约举《左传·僖五年》文,此非为'香'证,说'香'必从黍之意也。"饶炯《部首订》:"草臭之美者曰芳,谷臭之美者曰香。""香"字构形指黍稷等五谷味道甘甜而香气四溢,《尚书·洪范》:"稼穑作甘。"孔传:"甘味生于百谷。"故"香"从黍从甘,隶省作"香"。"殸"为"磬"之籀文,本义指乐石。"馨"字构形指黍稷等谷物香气(甘)远闻,如磬(殸)声清脆远闻,故"馨"从香殸声。

"馨"也比喻流芳后世的声誉,《晋书·苻坚载记》:"化盛隆周,垂馨千祀。"又指香,李白《古风》之二十六:"秀色空绝世,馨香为谁传。"馨香气味美善,故又指美,《尚书·君陈》:"明德惟馨。"又指使物芬芳,束皙《补亡诗》:"馨尔夕膳,洁尔晨飡。"又用作语助词,有赞美之义,《世说新语·文学》:"田舍儿强学人作尔馨语。"

rú 如

怀1527　屯2672　铁163.1　佚504　　石鼓　说文小篆　乙瑛碑　颜真卿

会意兼形声字。《说文》:"如,从随也。从女从口。"本义为顺从、依照。《礼记·郊特牲》:"妇人,从人者也。幼从父兄,嫁从夫,夫死从子。"郑玄注:"从谓顺其教令。"《大戴礼记·本命篇》:"女者,如也;子者,孳也;女子者,言如男子之教而长其义理者也。"《左传·宣公十二年》:"有律以如己也。"杜预注:"如,从也。"徐锴《系传》"女子从父之教,从夫之命,故从口",段注"从随即随从也,随从必以口。从女者,女子从人者也",故"如"从女从口。上古音,"女"为泥纽鱼部,"如"为日纽鱼部,章太炎谓上古音娘日归泥,故"女"也为"如"字声符,朱骏声《通训定声》:"或曰女亦声。"林义光《文源》:"口出令,女从之。"

　　"如"也指如同,好像,《诗经·郑风·大叔于田》:"执辔如组,两骖如舞。"如同则两者相当,故又指相当,《战国策·宋卫策》:"夫宋之不足如梁也,寡人知之矣。"又指往、去,段注:"凡有所往曰如,皆从随之引伸也。"《左传·隐公五年》:"公将如棠观鱼者。"又指应当,《左传·昭公二十一年》:"君若爱司马,则如亡。"又指不如,俞樾《古书疑义举例·语急例》:"古人语急,故有以'如'为'不如'者。"《左传·僖公二十二年》:"若爱重伤,则如勿伤;爱其二毛,则如服焉。"孔颖达疏:"若爱彼重伤,则不如本勿伤之;若爱其二毛,不欲伤害,则不如早服从之。"又指及、比得上,《战国策·齐策》:"孰视之,自以为不如;窥镜而自视,又弗如远甚。"又指奈,《论语·子罕》:"天之未丧斯文也,匡人其如予何?"何晏注引马融:"其如予何者,犹言奈我何也。"又表示举例,所举例子与所表达内容相同,如例如、比如。又用作连词,表示假设、连接、选择、结果等。又用作助词,用于语末,相当于"然、焉、乎"。通"女(汝)",第二人称代词,《尚书·洛诰》:"王如弗敢及天基命定命,予乃胤保,大相东土。"

sōng
松　　榕　　公　　松　　寶　　松　　松
　　　鄂君启舟节　先秦货币　说文小篆　说文或体　礼器碑　褚遂良

　　形声字。《说文》:"松,木也。从木公声。寶,松或从容。"本义为木名,指松木,松科植物的总称。种类很多,一般为常绿乔木。《礼记·礼器》:"如松柏之有心也,故贯四时而不改柯易叶。"《诗经·郑风·山有扶苏》:"山有乔松,隰有游龙。""背厶为公","公"有公正、率直诸义。松木高大挺拔,树冠巍峨,经冬不凋,古以松柏喻人崇高、公正的品行,或谓公为人爵之长,松为诸木之长,故"松"从木公声。或体从容声作"檈",古文从公声作"枀",容、公声近通用。"松"之作"檈",犹"颂"之作"额"。

　　"松"通"从",依从,《墨子·号令》:"为人下者,常司上之。随而行,松上不随下。"王念孙《杂志》:"松,读为从,言从上不随下也。"

zhī
之

合 5033　　合 2498　　合 17410　　善夫克鼎　　县妃簋　　说文小篆　　史晨碑　　颜真卿

　　会意字。《说文》:"之,出也。象艸过中,枝茎益大,有所之。一者,地也。"以草木长出、滋长表往、到……去。徐灏《注笺》:"之之言滋也,草木滋长也。"孔广居《疑疑》:"草木初出,多两叶对生,及其既长,则枝叶左右参差。故屮象初生之形,而屮象益大有所之也。"《孟子·滕文公》:"滕文公为世子,将之楚,过宋而见孟子。""之"小篆像草木(屮)出地(一)滋长形。罗振玉《增订殷虚书契考释》:"卜辞从止从一,人所之也。《尔雅·释诂》:'之,往也。'当为'之'之初谊。"高鸿缙《中国字例》:"从止从一,一为出发线通象,止为足,有行走意,自出发线而行走,故其意为往也。指事字,动词。周秦间又造適字,《说文》:適,之也。"草木(屮)从地(一)往上长出,脚板(止)从出发地(一)往外走出,皆表示往义,构字意图相同。

　　《说文》"之"与"才、屯、生、出、毛、宋、止、㞢"等字构形同源,皆取草木生发以言字义,借物象以指其事:草木初出地为"才",像初生而枝叶未见;草木初生之难则为"屯",像初生受阻之屈曲;稍长而为"屮",像生而有茎有枝;生出则为"之",像滋长而枝茎益大;既成"之"而言其基址,则为"止",像草木初生之根干;言其生长之盛则为"宋",像枝叶茂盛而分布;言枝叶之顶则为"㞢",上像端而下像根;言生长过程则为"生",像草木生出土上;

"生"而益长则为"出",像草木益滋而上达;草木出叶则为"毛",上像垂叶而下有根;草木之花则为"琴";花开之盛荣则为"華";花叶之垂则为"烝",像花叶之下垂。可见《说文》字形说解精微而不可易,条例明审而不可乱,系统谨严而不可散。

"之"指至、到,《诗经·鄘风·柏舟》:"之死矢靡它。"又指有,《尚书·牧誓》:"古人有言曰'牝鸡无晨',牝鸡之晨,惟家之索。"又用作代词、副词、连词、介词、助词等。通"诸",《孟子·滕文公》:"禹疏九河,瀹济、漯而注诸海;决汝、汉,排淮、泗而注之江。"

shèng
盛　　𥣡　　甚　　盛　　盛　　盛
　　后 2.24.3　　史免簠　　盛季壶　　说文小篆　　礼器碑　　颜真卿

形声字。盛(chéng),《说文》:"黍稷在器中以祀者也。从皿成声。"指放在祭器中供祭祀用的谷物。徐锴《系传》作"黍稷在器中也"。《尚书·泰誓》:"牺牲粢盛。"陆德明释文:"黍稷曰粢,在器曰盛。""盛"作动词指盛放,把物放入器中,段注:"盛者,实于器中之名也。故亦呼器为盛。如《左传》'旨酒一盛'、《丧大记》'食粥于盛'是也。引伸为凡丰满之称。""成"指完成、实现,从戊丁声。郑注《月令》:"戊之言茂也,万物皆枝叶茂盛。"徐灏《注笺》"戊古读曰茂,茂盛者,物之成也;丁壮亦成也",故"成"从戊丁声。谷物成熟方能放入器(皿)中祭祀,故"盛"从皿成声。

器能盛物,故"盛"转指器皿,《礼记·丧大记》:"食粥于盛。"郑玄注:"盛谓今时杯杆也。"也指把饮食或其他东西放进容器中,如盛饭,《诗经·召南·采蘋》:"于以盛之,维筐及筥。"器能容物,故又指容纳,崔豹《古今注》:"城者,盛也,所以盛受人物也。"通"成",《荀子·王霸》:"君者,论一相,陈一法,明一指,以兼覆之,兼照之,以观其盛者也。"杨倞注:"盛读为成,观其成功也。"

"盛"又音 shèng,由盛满转指兴旺,如兴盛,《国语·越语》:"天道盈而

不溢,盛而不骄。"兴旺是盛大气象,故又指壮、强大,《汉书·贾谊传》:"天
子春秋鼎盛。"又指兴起、流行,《文心雕龙·夸饰》:"自宋玉、景差,夸饰
始盛,相如凭风,诡滥愈甚。"事物荟萃体现兴盛,故又指丰富,《论语·乡
党》:"有盛馔,必变色而作。"人多则兴旺,食多则丰盛,故又指众多,《后
汉书·翟酺列传》:"学者滋盛,弟子万数。"草木兴旺则枝繁叶茂,故又指
繁茂,陶渊明《归园田居》之三:"种豆南山下,草盛豆苗稀。"又指显赫,
《孟子·公孙丑》:"自生民以来,未有盛于孔子也。"又指极力,如盛赞。又
指深厚,如盛情。又指赞美,《楚辞·九章·怀沙》:"内厚质正兮,大人所
盛。"又指美好,《韩非子·五蠹》:"盛容服而饰辩说,以疑当世之法而贰
人主之心。"

【原文】 chuān liú bù xī yuān chéng qǔ yìng
川 流 不 息 渊 澄 取 映

【译文】 （孝顺的德行要永远保持,）像江河一样流淌不息;（德行纯洁,）
像深潭清水一般能照见外物。

【释义】

"川流不息"出自《论语·子罕》"子在川上曰:逝者如斯夫,不舍昼夜"。
河流昼夜流逝,永不停息,以此来比喻孝德不可间断,如流水般永不止息。
也比喻孝德可惠及子孙,流芳百世。"渊"指深潭静止之水,"澄"指水的清
净。两句言深潭里清净的止水像镜般照见外景,以"深潭止水"来形容孝
德的纯洁无染。

【解字】

chuān
川

合20319　合21801　佚727　矢簋　帛甲3.12　说文小篆　华山庙碑　褚遂良

象形字。《说文》:"川,贯穿通流水也。《虞书》曰:'浚く《,距川。'
言深く《之水会为川也。"本义为水道,河流。张行孚《释川》:"川训
'贯穿通流水',谓水至川则贯穿通流而无所碍。""川、穿"上古音声同
韵近,为声训。《尚书·禹贡》:"奠高山大川。"孔传:"大川,四渎。"孔

颖达疏："川之大者，莫大于渎。四渎谓江、河、淮、济也。"〈（quǎn），《说文》："水小流也……𤰃，古文〈从田从川。𤰅，篆文〈从田犬声。六畎为一亩。"本指田间小沟。《尚书·益稷》："予决九川距四海，浚畎浍，距川。""〈"《说文》古文作 丿，像田间小水沟形。〈〈（kuài），《说文》："水流浍浍也。方百里为〈〈，广二寻，深二仞。"本指田间较宽大的水沟，也作"澮"。徐锴《系传》："《释名》：'水注沟曰〈〈。〈〈，会也，小水之所聚会也。'"王筠《句读》："〈〈，言水流者，承'〈，水小流也'而言。〈〈倍于〈，其流大也。"饶炯《部首订》："〈〈、川之形，本亦如〈，但有广深之不同，故皆叠〈为意，二之为〈〈，三之为川。〈〈之为言田水所会，其流声浍浍也。""川"甲骨文像河川之形，罗振玉《增订殷虚书契考释》："象有畔岸，而水在中。"

河川皆有源头，故"川"引申为河流的源头，《楚辞·招魂》："川谷径复，流潺湲些。"由水道的宽阔绵长转指山间或高原间平坦的陆地，如一马平川，《乐府诗集·敕勒歌》："敕勒川，阴山下，天似穹庐，笼盖四野。"又特指河神，《论语·雍也》："犁牛之子骍且角，虽欲勿用，山川其舍诸。"朱熹注："山川，山川之神也。"又为四川省的简称，如川剧。

liú
流（㴯）　　𣽎　𣲖　㴕　𣸪　㴑　流　流

石鼓　舒盉壶　上·性19　孙子74　说文古文　说文小篆　曹全碑　颜真卿

《说文》古文作"㴯"，会意字。《说文》："㴑，水行也。从㳡、㐬。㐬，突忽也。𣸪，篆文从水。"本义为水流行。王筠《句读》："谓水之自行也。"㳡（zhuǐ），《说文》："二水也。"二水并流。"㳡"从二水，水亦声。王筠《句读》："盖㳡即水之异文……凡叠二成文者，如粲、焱、从、棘、燚、吅、屾、豩、譶、所等字，皆当与本字无异。"饶炯《部首订》："凡篆文叠体，又因所叠之字为音。必是一字重文，而分用之者也。如部首次从水从欠，而籀文作㰦，则从㳡从欠。部属㴑、㴇，从㳡，从㐬、步。而篆文作流、涉，则从水，从㐬、步，皆可互证其为一字。""㐬"（𠫓，tū）之或体为"去"，指忽然出现，后作

"突"，泛指一切反常逆理之变化。"去"甲骨文作 ，从倒子，表示孩子头朝下顺利产出，朱骏声《通训定声》："子生，首先出，惟到(倒)乃顺。""去、㐬"由孩子出生引申有突然、迅疾、顺畅等义，段注"㐬之本义谓不顺忽出也，引申为突忽，故流从之"，徐灏《注笺》"流从㐬者，取顺而下意，引申之为顺、为下、为移、为放、为散"，故"㳅"从㳄、㐬。小篆从水从㐬作"流"，为通行字。

"流"也指随水漂行，《诗经·小雅·小弁》："譬彼舟流，不知所届。"流水运行不断，故又指移动、运行，《诗经·豳风·七月》："七月流火。"毛传："流，下也。"流水漂浮不定，故又指虚浮，《荀子·致仕》："凡流言、流说、流事、流谋、流誉、流愬，不官而衡至者，君子慎之。"杨倞注："流者，无根源之谓。"流水不断变化，故又指演变、变化，潘岳《悼亡诗》："荏苒冬春谢，寒暑忽流易。"流水至宽阔处向外延展，故又指传布，《孟子·公孙丑》："德之流行，速于置邮而传命。"流水不受约束，故又指放纵，《礼记·乐记》："先王耻其乱，故制雅、颂之声以道之，使其声足乐而不流。"郑玄注："流，谓淫放也。"又指河川、江河里的水，《史记·周本纪》："武王渡河，中流，白鱼跃入王舟中。"泛指像水流的东西，如气流。河流会分道流向各处，故又指品类、等辈，如三教九流。又指部分、分支，《大戴礼记·曾子立事》："观说之流，可以知其术也。"又指河水离开源头后的部分，特指下游部分，《论衡·异虚》："源发，流安得不广？"又为古代的一种刑罚，指如同水流一样把罪人放逐到远方，《国语·周语》："乃流王于彘。"水流向远方，故又指边缘之地，《礼记·王制》："千里之内曰甸，千里之外曰采、曰流。"郑玄注："谓九州之外也，夷狄流移，或贡或不。"又指寻求，《诗经·周南·关雎》："参差荇菜，左右流之。"

bù
![不字形演变] 合 2916　合 20023　花东 321　天亡簋　虢季子白盘　说文小篆　曹全碑　颜真卿

象形字。不(fǒu)，《说文》："鸟飞上翔不下来也。从一，一犹天也。象形。"以鸟飞天穹不下来(看不见了)表示否定。《战国策·齐策》："齐多知，

而解此环不？"王筠《释例》："不、至二字借象形以为指事者也……鸟之奋飞，羽尾必开张，故不字三垂平分也。鸟之将落，其意欲敛，其势犹张，故至字或开或交以见意。"《周易·无妄》："不耕获，不菑畬。""不"小篆之**像鸟飞升展翅形，上"一"指天。罗振玉、王国维谓"不"甲骨文像花萼蒂之形，即"柎"的本字，指草木子房。高鸿缙《中国字例》："不，原意为萼足，象形字，名词。后借用为否定副词，日久而为借意所专，乃另造柎字以还其原。"植物开花后结果实，瓜熟蒂落，"不"由蒂落义转表示否定，也合乎构字意图。

"不"又音 bù，指不是，《礼记·中庸》："苟不至德，至道不凝焉。"孔颖达疏："不，非也。"又用作副词，表示否定，如不行；表示禁止，如不要；用于同一名词或形容词中间，表示不管、不论、不介意，如美不美家乡水；用在动词后，表示不可能，如拿不动等。又用作助词，用来加强语气或凑足音节。

"不"又音 fū，指花萼，后作"柎"，《诗经·小雅·常棣》："常棣之华，鄂不韡韡。"郑玄笺："不，当作柎。柎，鄂足也。"

xī

息

合 20086　　合 2354　　息鼎　　说文小篆　　史晨碑　　颜真卿

会意兼形声字。《说文》："息，喘也。从心从自，自亦声。"本指呼吸气息。段注："口部曰：'喘，疾息也。'喘为息之疾者，析言之；此云息者喘也，浑言之。人之气急曰喘，舒曰息。"《论语·乡党》："摄齐升堂，鞠躬如也，屏气似不息者。""自"本义为鼻子，甲骨文作**甲三九二、**前六·五八·一，像鼻形。心脏跳动与呼吸紧密相关，鼻子（自）是主要的呼吸器官，朱骏声《通训定声》"心气窍于鼻也"，徐锴《系传》"气息从鼻出，会意"，故"息"从心从自，自亦声。

"息"作名词指呼吸时进出的气息，《庄子·逍遥游》："野马也，尘埃也，生物之以息相吹也。"气急曰喘，气舒曰息，人歇息时气息舒畅，故又指休息，《墨子·非乐》："劳者不得息。"国家安定和平，人们才能休养生息，故又指安定、安宁，《吕氏春秋·适威》："桀天子也，而不得息。"休息、安定皆是止而不动，故又指停止，《周易·乾》："天行健，君子以自强不息。"人死亡则停止呼吸，故又指消失，《礼记·中庸》："其人亡，则其政息。"叹气则气息长出，故又指叹气，《楚辞·离骚》："长太息以掩涕兮，哀民生之多艰。"人呼吸相续如不断滋长，故又指滋息、生长，《周易·革》："水火相息。"王弼注："息者，生变之谓也。"儿子为父母生养，如由父母滋生，故又指儿子，《战国策·赵策》："老臣贱息舒祺。"利息由本钱滋生而出，故又指利息，《史记·孟尝君列传》："贷钱者多不能与其息。"

yuān
渊（淵）

后 1.15.2　合 29401　屯 722　沈子它簋　说文小篆　说文古文　熹平石经　智永

　　繁体作"淵"，象形字。《说文》："淵，回水也。从水，象形。左右，岸也。中象水皃。，渊或省水。，古文从口、水。"本义为回旋之水。《说文》"𢌱"下："囘，古文回。回，渊水也。"《篇海类编》地理类水部："水盘旋处为渊。"为之变体，"口"为便于书写，左右各写一曲笔作，旧刻李焘本《说文》"囹"字之"口"分两半书之作，后变曲为直作，为两侧竖线由来，即许慎所谓"左右，岸也"。横置作，即之变形，即"中像水皃"者。外曲者直之，中横置其水，成形。"淵"甲骨文作，像深潭回水之形，为《说文》古文由来。甲骨文又作、，加水作义符，"淵"为回水，故从水。

　　深水下暗流涌动，水才会回旋，故"渊"又指深潭、深池，《周易·乾》："或跃在渊。"水回旋则其下必深，故又指深邃，徐灏《注笺》："回淀之水，其下必深，故渊训深。"《诗经·邶风·燕燕》："仲氏任只，其心塞渊。"深潭汇聚的水多，故又指人或物聚集的处所，《楚辞·招魂》："旋入雷渊，麇散而不可止些。"王逸注："渊，室也。"深潭多在河流上游，由源头急水冲刷而成，故又指源头，《新唐书·第五琦传》："今之急在兵，兵强弱在赋，赋所出以江、淮为渊。"

chéng
澄（瀓）

瀓 瀓 澄 澄

说文小篆　池阳宫行镫　华山神庙碑　颜真卿

本字作"瀓"，形声字。《说文》："瀓，清也。从水，徵省声。"本义为水清澈平静，后作"澄"。张舜徽《约注》："《淮南·说山篇》：'人莫鉴于沫雨而鉴于澄水。'注云：'止水也。'然则澄之训清，盖以不流而清也。凡水动则浊，静则清。水静则平，故可以为鉴也。水平谓之澄，犹心平谓之憕耳。"《楚辞·九章·惜往日》："君含怒而待臣兮，不清澄其然否。"徵（zhēng），《说文》："召也。从微省，壬为徵。行于微而文达者，即徵之。"本指征召。段注"徵，言行于隐微而闻达挺箸于外，是乃感召之意也"，故"徵"从壬，从微省。"瀓"为水清而静，水静止则清澈，清澈则透视内外微小物，故"瀓"从水，徵省声。

水净则清澈，故"澄"泛指明净、清澈，李绅《过钟陵》："龙沙江尾抱钟陵，水郭村桥晚景澄。"水静则清，故又指宁静，《抱朴子·外篇》："灵凤振响于朝阳，未有惠物之益，而莫不澄听于下风焉。"又指使清明、澄清，张庭珪《请勤政崇俭约疏》："愿陛下约心削志，澄思励精。"扩展为凡清净之称，方孝孺《静斋记》："辟小斋于公署之旁，陈书史于左右，公退则敛膝澄坐以养心，名之曰静斋。"

"澄"又音 dèng，使液体中的杂质沉淀分离，使清澈纯净，《世说新语·德行》："叔度汪汪，如万顷之陂，澄之不清，扰之不浊。"

qǔ
取

叹 角 肭 肭 臽 甲 取 取

合 19890　花东 80　合 108　大鼎　九年卫鼎　说文小篆　熹平石经　颜真卿

会意字。《说文》："取，捕取也。从又从耳。《周礼》：'获者取左耳。'《司马法》曰：'载献聝。'聝者，耳也。"本义为捕获、捕取。《诗经·豳风·七月》："取彼狐狸，为公子裘。"《周礼·夏官·大司马》郑玄注："得禽兽者取左耳，当以计功。"古代捕取野兽及战俘有割耳之制，多用手（又）捕取，故

"取"从又从耳。比较而言,"取"为主动,故以手(又)在前取耳,表示获取;"隶"为被动,故以手(又)在后持尾(毛),表示逮住。"取"甲骨文从又取耳,会捕取之意。

"取"也指获得、接受,《礼记·丧大记》:"取衣者亦以箧。"又指收取,《诗经·小雅·甫田》:"倬彼甫田,岁取十千。"又指寻求,袁宏道《经太华》:"不取色态妍,唯求神骨肖。"又指选取,如取法,《论语·公冶长》:"好勇过我,无所取材。"又指治,《老子》四十八章:"取天下常以无事。"又指战胜、收复,杜甫《新安吏》:"我军取相州,日夕望其平。"又指凭借、借助,《周易·系辞》:"爱恶相攻而吉凶生,远近相取而悔吝生。"又用作副词,表示范围,相当于"才、仅",《孟子·尽心》:"杨子取为我,拔一毛而利天下,不为也。"通"娶",《诗经·豳风·伐柯》:"取妻如何?匪媒不得。"又通"聚",聚集,《左传·昭公二十年》:"郑国多盗,取人于萑苻之泽。"

映 yìng　㬎　暎　暎　映

说文新附　王羲之　智永　颜真卿

形声字。《说文新附》:"映,明也,隐也。从日央声。"本义为照。日照则明,故训"明"。郭璞《山海经图赞》:"光彩流映,气如虹霞。"央,《说文》:"中央也。从大在冂之内。大,人也。"本义为中央,《诗经·秦风·蒹葭》:"遡游从之,宛在水中央。""央"甲骨文作㕡(合三〇〇八),小篆作㕡,以人(大)立于界(冂)中会中央之意。"映"指日光照耀,照射是以光源为中心向外映射,故"映"从日央声。

"映"由日照扩展指照映、相映,庾信《咏画屏风》之五:"狭石分花径,长桥映水门。"日光照射则有光影,故又指光影,任昉《落日泛舟东溪》:"交柯溪易阴,反景澄余映。"又指遮蔽,颜延之《应诏观北湖田收》:"楼观眺丰颖,金驾映松山。"

【原文】　róng zhǐ ruò sī　yán cí ān dìng
容　止　若　思　　言　辞　安　定

【译文】　容仪举止若有所思般沉静肃穆,说话审慎稳重而和缓周全。

【释义】

语出《礼记·曲礼》"毋不敬，俨若思，安定辞"，"俨"指矜庄之貌。"容"指仪容，"止"为举止，人之有思，貌必沉静。"言辞"即言语，"安定"即审慎稳重。两句讲人视听言动要合乎礼，礼的核心即"敬"，故《曲礼》首言"毋不敬"。容仪要沉静和善，举止当端庄恭敬。《周易·系辞》谓"言语者，君子之枢机"，言语与祸福紧密相关，故当谨言慎行。

【解字】

róng
容　 **冏　谷　宫　肏　肏　容**

前1.36.6　公朱左师鼎　马王堆帛书　说文小篆　说文古文　颜真卿

会意字。《说文》："容，盛也。从宀、谷。肏，古文容从公。"本义为承载、容纳。徐锴《系传》："此但为容受字，容儿字古作颂也。"《诗经·卫风·河广》："谁谓河广，曾不容刀。"屋（宀）、谷皆空虚而可容盛人或物，故"容"从宀、谷。徐锴《系传》作"从宀谷声"。《说文》古文从公声作"宏"。

容物是留物于内，故"容"引申为收留，《战国策·燕策》："樊将军亡秦之燕，太子容之。"器皿有一定的容量，故又指容量，《论衡·骨相》："察表候以知命，犹察斗斛以知容矣。"大度能容若器皿容物，故又指宽容、原谅，《史记·淮南衡山列传》："兄弟二人不能相容。"又指应当，董仲舒《雨雹对》："然则建巳之月为纯阳，不容都无复阴也。"又指容貌、仪容，代替"颂"（róng）的本义，《诗经·周颂·振鹭》："我客戾止，亦有斯容。"又指修饰、装饰，《诗经·卫风·伯兮》："岂无膏沐，谁适为容？"又指欢喜，《史记·秦始皇本纪》："上不闻过而日骄，下慑伏谩欺以取容。"又指礼仪、仪法，《荀子·大略》："君子听律习容而后士。"又指允许，《左传·昭公元年》："五降之后，不容弹矣。"又指样式，欧阳修《采桑子》："天容水色西湖好。"又用作副词，或许，《后汉书·苏竟杨厚列传》："诸王子多在京师，容有非常，宜亟发遣各还本国。"

zhǐ 止

合 20221　合 20293　合 27321　召伯簋　天卜　说文小篆　曹全碑　颜真卿

象形字。《说文》:"止,下基也。象艸木出有址,故以止为足。"本义为足、脚,后作"趾"。段注:"许书无趾字。止即趾也。"徐灏《注笺》:"凡从止之字,其义皆为足趾……三趾者,与手之列多略不过三同例。"《仪礼·士昏礼》:"北止。"胡培翚正义:"北止,趾向北,首向阳也。""止"甲骨文像带趾头的人足(脚),为"趾"之初文。草木之址、足皆在下而为根基,故"止"引申指下基、地基,后作"阯(址)",即许慎所训,王筠《句读》:"阜部:'阯,基也。或作址。'是许以止为阯之古文也。"《徐霞客游记·滇游日记》:"峋间有颓垣遗构,为玉峰寺废止。"

基址稳固不动,故又指停止,如止步,《韩诗外传》:"树欲静而风不止。"又指静止,《庄子·德充符》:"人莫鉴于流水而鉴于止水。"足至则人到,故又指至、临,《诗经·鲁颂·泮水》:"鲁侯戾止,言观其旗。"人多在住所停留,故又指居处、处所,《墨子·非攻》:"九鼎迁止,妇妖宵出。"作动词指居住,《诗经·商颂·玄鸟》:"邦畿千里,维民所止。"人、物被留则止,故又指留住、拘留,《论语·微子》:"(丈人)止子路宿。"人、物被阻拦则止,故又指禁止、阻拦,《左传·桓公六年》:"少师归,请追楚师,随侯将许之,季梁止之。"又指除灭、医治,《吕氏春秋·制乐》:"无几何,疾乃止。"又指容止、礼貌,《诗经·鄘风·相鼠》:"相鼠有齿,人而无止。"又用作副词,相当于"仅、只"。又用作助词。

ruò 若

合 20057　合 21128　盂鼎　毛公鼎　睡 24.27　说文小篆　曹全碑　颜真卿

会意字。《说文》:"若,择菜也。从艸、右。右,手也。一曰杜若,香艸。"指选择。段注:"《晋语》秦穆公曰:'夫晋国之乱,吾谁使先若夫二公子而立之,以为朝夕之急。'此谓使谁先择二公子而立之,若正训择,择菜引伸之义也。"采野菜时多左手挎篮,右手选采可食野菜(艸),徐锴

《系传》"择之顺手也,故训右。右,手也",故"若"从艸、右。"若"甲骨文像踞跪之人以双手理头发使顺,本义为顺。《诗经·小雅·大田》:"播厥百谷,既庭且硕,曾孙是若。"或谓像踞跪之人(俘虏)散开头发而双手上举,会顺服之意。毛公鼎加口为义符,表示以口应诺,王国维谓"若、诺"一字。以手择菜、以手理顺长发、俘虏举手顺服,均有择理使顺之意,"若"秦系文字作䇂、𦥯,"艸"为𦥑之双手变形,"又"为发及身之变形。

"若"由顺转指相像、如同,《尚书·盘庚》:"若网在纲,有条不紊。"又指到、及,《论语·学而》:"未若贫而乐,富而好礼者也。"又为香草杜若的省称,《楚辞·九章·惜往日》:"自前世之嫉贤兮,谓蕙若其不可佩。"又为传说中的海神名,《庄子·秋水》:"于是焉河伯始旋其面目,望洋向若而叹。"同"奈",《国语·齐语》:"齐国寡甲兵,为之若何?"又用作代词,相当于"你(们)、你(们)的,其、他的,这个、这样"。又用作副词,表示承接或不肯定。又用作连词,表示假设、选择、承接、转折。又用作助词,用在形容词或副词后面,表示事物的状态,相当于"貌、样子";或用于句首。

sī
思

五年龚令思戈　　古陶103　　包78　　说文小篆　　史晨碑　　颜真卿

形声字。《说文》:"思,容也。从心囟声。"本义为思考、想。心思广大,无所不容,故训"容",《论语·为政》:"学而不思则罔,思而不学则殆。"囟(xìn),《说文》:"头会,脑盖也。象形。"本指囟门,在头顶前方正中部位,婴儿头顶骨未合缝的地方。"囟"指头脑,古以心为思维器官,为哲学意义上的主宰者,脑是主思维的器官,思考是心(心)脑(囟)并用的结果,《孟子·告子》"心之官则思",《韵会》"自囟至心,如丝相贯不绝也",朱骏声《通训定声》"思者,心神通于脑",王筠《释例》"人之能记在脑,故有遗忘,则仰而思之,俗谓之问脑",徐灏《注笺》"人之精髓在脑,脑主记识,故思从囟,兼用为声",故"思"从心囟声。张舜徽《约注》:"古人言思,今语则言想。囟、心、思、想四字,皆双声也。"

"思"也指思慕、想念,李白《静夜思》:"低头思故乡。"又指怜哀、悲伤,张华《励志诗》:"吉士思秋,寔感物化。"又特指创作的构思,《新唐书·文艺传》:"画思入神。"又指心绪、情思,王安石《金明池》:"斜倚水开花有思。"又为诗体的一种,严羽《沧浪诗话·诗体》:"以思名者,太白有《静夜思》。"又作助词,用于句首或句中,起凑足音节的作用,《诗经·大雅·文王有声》:"无思不服。"又作语气词,用于句末,相当于"啊",《诗经·周南·汉广》:"汉有游女,不可求思。"毛传:"思,辞也。"

yán

| 言 | 合 3685 | 合 440 | 合 26727 | 伯矩鼎 | 说文小篆 | 乙瑛碑 | 颜真卿 |

形声字。《说文》:"言,直言曰言,论难曰语。从口辛声。"本指说话。段注:"《大雅》毛传曰:'直言曰言,论难曰语。'论,正义作'苔'。郑注《大司乐》曰:'发端曰言,苔难曰语。'注《杂记》曰:'言,言己事。为人说为语。'按三注大略相同。"表达自己意见为言,与他人问答为语。张舜徽《约注》:"所谓'直言'者,但申己意,不待辩论也。'论难'者,理有不明,必须讨论辩难而后解也。"辛(qiān),《说文》:"辠也。从干、二。二,古文上字。"本义为罪过。桂馥《义证》:"从干、二者,犯上有罪。""辛"甲骨文作 合二〇二三六、 合一三七反、 合四〇九〇,像刀类刑具之形,刑刀施于罪犯。郭沫若、商承祚、李孝定等皆谓"辛、辛"本一字而繁简有别。郭沫若《甲骨文字研究》:"辛、辛同字而异音……字乃象形,由其形象以判之,当系古之剖劂。《说文》云'剖劂,曲刀也'。"或谓 像镰刀类工具,为"乂"之初文。言出于口,发言不慎易召罪过(辛),所谓祸从口出,桂馥《义证》"辛声者,慎言之义也",故"言"从口辛声。"言"甲骨文从舌,上加指事符号"一"表开口动舌向外发言,为指事字。金文、小篆口上字形与"辛"同,《说文》遂谓"从口辛声",这是文字符号在古今演变中声化的表现。

"言"也指议论、谈论,《论语·学而》:"赐也,始可与言《诗》已矣。"又指记载,《左传·隐公元年》:"段不弟,故不言弟。"又指问,《史记·扁鹊仓公列传》:"臣意言王曰:才人女子竖何能?"王引之《述闻》:"言王,问王也。"又指陈述、叙述,白居易《琵琶行》:"自言本是京城女。"又指告知、告诉,《韩非子·内储说上》:"赵令人因申子于韩请兵,将以攻魏。申子欲言之君。"又为引文、释语或述说现象的发端词,相当于"就是说"或"意思是",《孟子·告子》:"《诗》云:既醉以酒,既饱以德。言饱乎仁义也。"又指言论、见解、意见,《诗经·小雅·雨无正》:"如何昊天?辟言不信。"又指话、言语,《史记·廉颇蔺相如列传》:"秦贪,负其强,以空言求璧。"又指言辞、辞令、辞章,《左传·襄公二十八年》:"无乃非盟载之言,以阙君德,而执事有不利焉。"又指学说、主张,《孟子·滕文公》:"杨朱、墨翟之言盈天下。"又指口语或文章中的句子,《论语·卫灵公》:"有一言而可以终身行之者乎?"又指著作,《汉书·艺文志》:"若能修六艺之术,而观此九家之言,舍短取长,则可以通万方之略矣。"又用作连词,表示顺接,相当于"乃、便、就"。通"愆",过失,《周易·讼》:"不永所事,小有言,终吉。"又用作助词。

辞(辭)

花东286　辞工丁爵　师虎簋　兮甲盘　说文小篆　说文籀文　曹全碑　柳公权

繁体作"辭",会意字。《说文》:"辭,讼也。从𤔔,𤔔犹理辜也。𤔔,理也。𤲶,籀文辭从司。"本义为讼辞。"从𤔔"当依《系传》作"从𤔔辛","𤔔犹"当依《段注》作"𤔔辛犹"。《尚书·吕刑》:"民之乱,罔不中听狱之两辞。"孔传:"民之所以治,由典狱之无不以中正听狱之两辞,两辞弃虚从实,刑狱清则民治。"𤔔(luàn),《说文》:"治也。幺子相乱,受治之也。读若乱同。一曰理也。𤔔,古文𤔔。"本义为治理。"𤔔"金文作(花东一五九),以两手理丝会治理之意。"辛"甲骨文作(合一六一九七),用刑刀表示刑具、罪人之义。若有诉讼,则应明审案件,进而理清罪过大小,"𤔔辛犹理辜也",故"辭"从𤔔、辛。"辭"金文作,为《说文》籀文由来,诉讼案件为有司掌管,故"𤲶"从𤔔司声。简化字"辞"从辛从舌,谓用言语(舌)辨罪(辛)。

案件双方在陈说讼辞时多有争辩,故"辞"引申指争辩、解说,《礼记·表记》：“故仁者之过易辞也。”也指文辞、言辞，《周易·系辞》：“吉人之辞寡，躁人之辞多。”又指告诉，《周礼·夏官·太仆》：“王不视朝，则辞于三公及孤卿。”又指推辞、辞谢，《尚书·大禹谟》：“禹拜，稽首固辞。”又指辞却、辞退，文天祥《指南录后序》：“于是辞相印不拜。”又指告别、离开，即告辞，李白《早发白帝城》：“朝辞白帝彩云间，千里江陵一日还。”又指遣去，《左传·襄公二十二年》：“辞八人者，而后王安之。”又指责备、斥责，《左传·昭公九年》：“王使詹桓伯辞于晋。”又为古代的一种韵文文体，曹丕《典论·论文》：“王粲长于辞赋。”

安	囪	忿	㝐	囝	囝	宋	安	安
	花东369	合22094	合5373	㬈尊	㬈卣	说文小篆	曹全碑	颜真卿

会意字。《说文》：“安，静也。从女在宀下。”本义为安静。《周易·系辞》：“君子安其身而后动。”孔颖达疏：“故先须安静其身而后动。”女子相对男人为静，室家相对外面为静，女在家中安坐做家务，犹见安静、安定之义，戴侗《六书故·工事》：“室家之内，女所安也。”徐灏《注笺》“女有家，男有室，相安之道也……女归于夫家也”，故“安”从女在宀下。“安”甲骨文以女安坐于室（宀）会安静之意，“女”下笔画，或谓像席。甲骨文又省宀作

𡡓花东二八五。

“安”也指安定、安全，《左传·襄公十一年》：“居安思危。”又指静止，《战国策·秦策》：“必绝其谋而安其兵。”又指稳，杜甫《茅屋为秋风所破歌》：“风雨不动安如山。”安稳则和缓不躁，故又指徐缓，《诗经·小雅·何人斯》：“尔之安行，亦不遑舍。”安稳使人安适，故又指安适、安逸，《论语·学而》：“君子食无求饱，居无求安。”又指妥善，《论衡·自纪》：“世书俗说，多所不安。”又指习惯，《吕氏春秋·乐成》：“舟车之始见也，三世然后安之。”又指安排、安放，《乐府诗集·清商曲辞》：“欢欲见莲时，移湖安屋里。”又指乐意，《孟子·梁惠王》：“寡人愿安承教。”赵岐注：“愿安意承受孟子之教令。”又用作代词，表示疑问，相当于“什么、什么地方”，《礼记·檀

弓》："泰山其颓,则吾将安仰?"又用作副词,表示疑问,相当于"岂、怎么"。又用作连词,相当于"乃、于是"。又用作助词,作后缀,相当于"然"。又用作姓氏,《通志·氏族略》:"安氏,安息王子入侍,遂为汉人,故其族出凉州。《风俗通》:汉有安成。《庐山记》:吴有安高。唐赐抱玉为李氏,其余即安氏也。望出姑臧河内。"

dìng
定　　合 36850　　合 36917　　五祀卫鼎　　曾 10　　说文小篆　　史晨碑　　颜真卿

形声字。《说文》:"定,安也。从宀从正。"本义为安定。"从正"当据《韵会》引及《系传》作"正声"。《周易·家人》:"正家而天下定矣。"正,《说文》:"是也。"义指正中、平直、不偏斜。甲骨文作 〔合六九九三、 合一一四〇正〕,脚步(止)笔直往有定区域(囗)走去,有正直义。室家(宀)是安定、安宁之所,物正则平,人正则安,故"定"从宀正声。

"定"作动词指使安定,曹操《封功臣令》:"吾当要与贤士大夫共定之。"心静则定,故也指镇静、宁静,《论衡·论死》:"人之未死也,智惠精神定矣。"定则止而不动,故又指停止、停息,《诗经·小雅·采薇》:"我戍未定,靡使归聘。"定则止而不变,故又指固定、不变,《荀子·王制》:"夫是之谓定论,是王者之论也。"杨倞注:"定论,不易之论。"又指决定、确定,《礼记·王制》:"论进士之贤者,以告于王,而定其论。"又指审定、订正,《韩非子·显学》:"孔、墨不可复生,将谁使定后世之学乎?"又指必定、一定,《论衡·率性》:"论人之性,定有善有恶。"又指约定、预定,如定货。又指规定,如定时。古代儿女晚上给父母安顿床铺为"定",后用作问安之词,《礼记·曲礼》:"昏定而晨省。"郑玄注:"安定其床衽也,省问其安否何如。"又为佛教用语,指一种无念无欲的境界,《五灯会元·章敬晖禅师法嗣》:"六根涉境,心不随缘名定。"又用作副词,相当于"的确、究竟"。

dǔ chū chéng měi　　　shèn zhōng yí lìng
【原文】　笃　初　诚　美　　　慎　终　宜　令

【译文】　凡事恭敬对待初始,固然美好;但保持恭慎到终点,更当称善。

【释义】

　　两句出自《诗经·大雅·荡》"靡不有初,鲜克有终"。人做事,能恭敬对待开始,走好第一步,固然重要;能够慎终如始,终始如一地把事情完满做成,最为关键。凡事开始容易,坚持到终点很难,《千字文释义》:"故勉人修德,当终如其始也。"

【解字】

dǔ
笃（篤）　篤　篤　篤　篤
说文小篆　尹宙碑　王羲之　赵孟頫

　　繁体作"篤",形声字。《说文》:"篤,马行顿迟。从馬竹声。"本义为马行走缓慢。段注:"顿如顿首,以头触地也。马行箸实而迟缓也。古假借笃为竺字,以皆竹声也。二部曰:'竺,厚也。'笃行而竺废矣。"马迟缓而行则低其首,若人之顿首,故训"马行顿迟"。马行迟则迈步稳健,四蹄踏地有"竹竹(嘟嘟)"重实之声,故"篤"从馬竹声。

　　缓行则脚步稳健,故"笃"引申指坚固,《论语·泰伯》:"笃信好学,守死善道。"又指忠诚、专一,《吕氏春秋·孝行览》:"朋友不笃,非孝也。"高诱注:"笃,信也。"又指丰厚、深厚,《新唐书·白居易传》:"其笃于才章,盖天禀然。"又指敦厚,《史记·五帝本纪》:"尧九男,皆益笃。"又指甚、深,《汉书·隽疏于薛平彭传》:"上以其年笃老,皆许之。"又指(病势)沉重,《史记·范睢蔡泽列传》:"应侯遂称病笃。"

chū
初　創　创　刞　初　初　初　初
合31801　前5.39.8　匽医旨鼎　上·孔16　说文小篆　华山庙碑　颜真卿

　　会意字。《说文》:"初,始也。从刀从衣。裁衣之始也。"本义为开始。"裁衣之始"言"初"之构字意图,以裁衣之始会初始之义,段注:"此说从刀衣之意。"戴侗《六书故·工事》:"木始斤斫,新之义也;衣始裁制,初之义也。"《周易·既济》:"初吉终乱。"以刀裁布是制衣的首道工序,故"初"从刀从衣。吴其昌《金文名象疏证》:"初民之衣,大氐皆兽皮以刀割裁而成,衣之作出于刀,是初义也,故初确系从刀。""初、裁"形义相近,段注:"裁者,衣之始也。"

始则居首,故"初"引申指第一个,如初伏,《周易·乾》:"初九,潜龙勿用。"孔颖达疏:"居第一之位,故称初。"又指第一次,如初版,《史记·平准书》:"初置张掖、酒泉郡。"又指本来、当初,《左传·隐公元年》:"遂为母子如初。"事物发端时微小,故又指最低的(等级),如初级。又为引起追叙往事之词,犹言"原先、早先",《左传·隐公元年》:"初,郑武公娶于申。"孔颖达疏:"杜以为凡倒本其事者皆言初也。"又用作副词,1. 表示时间、频率,相当于"才、刚刚",《尚书·召诰》:"若生子,罔不在厥初生,自贻哲命。"2. 与否定词"无、不"等连用,表示"本来不……、从来不……"的意思,《后汉书·独行传》:"受教三日,初不奉行,废命不忠,岂非过邪。"

chéng
诚(誠)

誠	誠	誠	誠
睡 20.185	说文小篆	乙瑛碑	颜真卿

繁体作"誠",形声字。《说文》:"誠,信也。从言成声。"本义为诚信不欺、真实无伪。徐灏《注笺》:"诚与伪相对,古言诚,今言真也。"《周易·乾》:"修辞立其诚,所以居业也。"孔颖达疏:"诚,谓诚实也。"内心真诚则出言有信,言行信实则易有成,故"誠"从言成声。

又用作副词,相当于"真正、确实",《史记·春申君列传》:"相国诚善楚太子乎?"又用作连词,表示假设,相当于"如果",《淮南子·泛论训》:"诚其大略是也,虽有小过,不足以为累。"

měi
美

美	美	美	美	美	美	美	美
	合 22044	合 31023	后 2.14.9	美爵	中山王鼎	说文小篆	曹全碑	欧阳通

会意字。《说文》:"美,甘也。从羊从大。羊在六畜主给膳也。美与善同意。"指味美可口。《说文》:"甘,美也。"二字互训。段注:"甘者五味之一,而五味之美皆曰甘。引伸之凡好皆谓之美。"羊肉为味之美善(大)者,味美则可进献(给膳),段注:"羊大则肥美。"故"美"从羊从大。王筠《句

读》："凡食品,皆以羞统之,是羊为膳主,故字不从牛犬等字而从羊也。"段注:"《周礼》膳用六牲,始养之曰六畜,将用之曰六牲,马牛羊豕犬鸡也。膳之言善也。羊者,祥也,故美从羊。此说从羊之意。""美、善"构形同意,皆从羊而取其美善之意。"美"甲骨文像人(大)头上有羽毛、花枝类装饰,表示美丽。李孝定《甲骨文字集释》："疑象人饰羊首之形。"以人(大)戴角或毛羽饰物表示美饰、美丽,以羊肉味甘(大)表示美味,构字取材不同,但表美善之义则一。初以人头戴花枝、羊头之类装饰表示朴素的美。后字形断开为"从羊从大",用"羊大为美"来表示膳食之美,角度不同。

"美"也指形貌好看,《孟子·梁惠王》："百姓闻王车马之音,见羽旄之美,举欣欣然有喜色而相告。"又指气质、品质美善,《楚辞·离骚》："纷吾既有此内美兮,又重之以修能。"又指优美、艺术性强,《论语·八佾》："子谓《韶》:尽美矣。"又指精、质量高,《资治通鉴·隋纪》："称器甲之美。"又指肥沃,《韩非子·难》："必壤地美,然后草木硕大。"又指景物佳胜,《庄子·秋水》："以天下之美为尽在己。"又指丰盛,《孟子·告子》："牛山之木尝美矣。以其郊于大国也,斧斤伐之,可以为美乎?"又指成长、成熟,《吕氏春秋·至忠》："今有树于此,而欲其美也,人时灌之则恶之,而日伐其根,则必无活树矣。"又指品德或志趣高尚,《论语·尧曰》："子张曰:何谓五美? 子曰:君子惠而不费,劳而不怨,欲而不贪,泰而不骄,威而不猛。"又指欢喜,《荀子·致士》："美意延年。"杨倞注:"美意,乐意也;无忧患则延年也。"又指称赞、褒奖,《诗经·召南·甘棠》序:"美召伯也。"又指美满、舒服,苏轼《纵笔》:"报道先生春睡美,道人轻打五更钟。"

慎 shèn

师望鼎　大克鼎　邾公华钟　说文小篆　说文古文　爨宝子碑　智永

旧字形作"愼",形声字。《说文》："愼,谨也。从心眞声。𠱱,古文。"本义为谨慎、慎重。《说文》："谨,慎也。"二字互训。《周易·坤》："慎不害也。"孔颖达疏:"曰其谨慎,不与物竞,故不被害也。""眞"金文作⿱𣎳真高，从卜（匕）从鼎（具），表示真诚占卜所求出的真理。"愼"指内心真诚戒慎而不放逸，故"愼"从心眞声。"愼"金文作⿱屯日，为《说文》古文所承，徐锴《系传·通论》："古文中、火、日为慎。中，艸也。日暵之下有火，故当慎之也。"张舜徽《约注》："火之为物，最易兴灾致祸，此即谨慎之义所由起，故慎之古文从火。今人恒称'小心火烛'，即'昚'字本义也。""眞、真"同构异写，都由具鼎（鼎）占卜（卜）变化而来，故"慎"同"愼"，今"慎"通行。

"慎"也用作副词，相当于"确实、务必"。通"顺"，《墨子·天志》："天之意不可不慎也。"孙诒让《间诂》："慎与顺同，上下文屡云顺天意。"

zhōng 终（終）

怀 1481　　合 916　　臧孙钟　　说文小篆　　说文古文　　史晨碑　　颜真卿

繁体作"終"，形声字。《说文》："終，絿丝也。从糸冬声。⿱八一，古文终。"本义是把丝缠紧。章太炎《文始》："絿训急，则终为缠丝急也。"林义光《文源》谓"冬"甲骨文："象两端有结形。"以绳末端打结表示终了。"终"以缠紧丝指治丝之事完毕，"冬"有终结义，故"終"从糸冬声。

"终"也指结局、终止，与"始"相对，为常用义，《周易·系辞》："《易》之为书也，原始要终，以为质也。"又指极、穷尽、达到事物的最大限度，《庄子·天道》："夫道，于大不终，于小不遗，故万物备。"人去世则生命结束，故又指人死亡，《论衡·偶会》："人生百岁而终。"有始有终才算完结，故又指整个、自始至终的，《周易·乾》："君子终日乾乾，夕惕若。"事终则完成，故又指成就、完成，《左传·昭公十三年》："百事不终。"又用作副词，相当于"常、久，终究、毕竟，既"。又用作连词，相当于"纵然、虽"。又用作介词，相当于"从、自，到、至"。

yí 宜

花东 394　　殷甗　　秦公簋　　陶汇 6.194　　包 103　　说文小篆　　史晨碑　　颜真卿

会意兼形声字。《说文》："宜，所安也。从宀之下，一之上，多省声。

，古文宜。，亦古文宜。"指适当、相称。《诗经·郑风·缁衣》："缁衣之宜兮，敝予又改为兮。"朱熹注："宜，称。"甲骨文、金文像二肉在且（俎）上形，本义为菜肴，《尔雅·释言》："宜，肴也。""宜"战国文字省作一肉，小篆承之，徐锴《系传》："一，地也。既得其地，上荫深屋为宜也。"王筠《句读》："上有所庇，下有所著，安之意也。"室内多肉，适合生活，故"宜"从宀多省声。

"宜"也指烹调菜肴，《诗经·郑风·女曰鸡鸣》："弋言加之，与子宜之。"郑玄笺："所弋之凫雁，我以为加豆之实，与君子共肴也。"也指适宜之事，嵇康《述志诗》之一："悠悠非我匹，畴肯应俗宜。"又指应当、应该，诸葛亮《出师表》："不宜妄自菲薄。"又用作副词，表示当然、大概。又用作连词，相当于"且、如"。

lìng　令

合20898　合20461　父辛卣　大保簋　黸羌钟　说文小篆　曹全碑　颜真卿

会意字。《说文》："令，发号也。从亼、卩。"本义为发号施令。段注："发号者，发其号呼以使人也，是曰令。"《诗经·齐风·东方未明》："自公令之。"毛传："令，告也。"亼（jí），《说文》："三合也。从入一，象三合之形。"本义为集合，小篆作亼，以三线相合表集合之意。卩（jié），《说文》："瑞信也。"指瑞信、符节，古代用以证明身份的信物，也作"卪"，后作"節"。小篆作卩，像符节的右半边形。徐灏《注笺》："盖以卩为符之半体，楚金云'象半分之形'，析之为半分，对全体言则曰相合耳。"君王以符节（卩）集众（亼）而令之，故"令"从亼、卩。罗振玉《殷虚书契考释》："古文从亼人，集众人而命令之。故古令与命为一字一义。"林义光《文源》："卩即人字。从口在人上，象口发号，人跽伏以听也。"以符节（卩）集（亼）众令之，以口（亼）令人（卩），构字意图皆通。

"令"作名词指命令、法令，《周礼·秋官·朝士》："犯令者刑罚之。"也指让、使，《战国策·赵策》："故贵为列侯者，不令在相位。"命令以文字记录即诏令,故又为文体名,指帝王的诏令或文告,《史记·秦始皇本纪》:"命为制,令为诏。"万物随季节、气候的转变而变化,如季节号令万物变化,故又指时令,《礼记·月令》:"仲秋行春令,则秋雨不降,草木生荣,国乃有恐;行夏令则其国乃旱,蛰虫不藏,五谷复生。"又指善、美好,段玉裁谓是"灵"之借字,张舜徽谓是"良"之借字,《诗经·大雅·卷阿》:"如圭如璋,令闻令望。"又为对他人亲属的敬称,李白《宣州长史弟昭赠余琴溪中双舞鹤诗以见志》:"令弟佐宣城,赠余琴溪鹤。"又指唱曲,词调、曲调名有小令、令曲,如词中的十六字令。古代君王或官吏能发布命令,故又为官名,1. 古代政府某部门或机构的长官,如《汉书·百官公卿表》有尚书令、大司农令、郎中令等。2. 指县一级的行政长官,《韩非子·外储说左下》:"西门豹为邺令。"又用作连词,表示假设关系,相当于"如果、假使"。

【原文】　róng yè suǒ jī　jí shèn wú jìng
　　　　　荣 业 所 基 　　籍 甚 无 竟

【译文】　孝道是事业成功、福禄显荣的根基;凭借孝道之根,福禄荣功会多至而无止境。

【释义】

　　从此段开始,言具体的事君之事,荣业,显荣的功业。基,基础。籍,凭借。阐明孝道是建功立业、福禄荣显的根基。汉武帝时,以"孝廉"作为官员选拔的制度之一,"孝廉"指孝顺亲长、廉能正直,在家能孝敬父母,做官才能为国尽忠,进而建立功业,所谓"忠臣出于孝子之门"。《孝经·圣治章》谓"不爱其亲而爱他人者,谓之悖德;不敬其亲而敬他人者,谓之悖礼"。

【解字】

róng
荣(榮)　　（字形图）　（字形图）　（字形图）　（字形图）　（字形图）
　　　　　　孟鼎　　荣簋　　说文小篆　史晨碑　蔡襄

　　繁体作"榮",形声字。《说文》:"榮,桐木也。从木,熒省声。"本指梧桐树。"荣"训桐木,特指白桐,其材可作乐器,段注:"见《释木》,按梧下云：'梧桐木。'荣下曰：'桐木。'此即贾思勰青桐、白桐之别也。白桐华而不实，材中乐器；青桐则不中用。"徐灏《注笺》："凡草木之华皆谓之荣，而桐得专其名者，以其华而不实也。俗称华桐，即荣桐。"《尔雅·释木》："荣，桐木。"郭璞注："即梧桐。"熒（荥，yíng），《说文》："屋下灯烛之光。从焱、冖。"本义为火光、光亮。徐锴《系传》："冖犹室也。"屋内之火为灯烛。焱，《说文》："火华也。从三火。"本义为火花、火焰。火盛则光焰显明，故"焱"从三火。"熒"字构形指屋（冖）下灯烛之光（焱），屋内火光明显，为人所常见，段注"以火华照屋会意"，故"熒"从焱、冖。"榮"指白桐，其花粉红或微紫，盛开时鲜艳明亮，灿烂光华如火焰（熒），故"榮"从木，熒省声。"榮"金文像桐花盛开形，或谓像火炬交叉形。

　　"荣"也指草本植物的花，又为花的通称，《楚辞·橘颂》："绿叶素荣，纷其可喜兮。"王逸注："言橘青叶白华，纷然盛茂，诚可喜也。"又指繁茂、盛多，陶潜《归去来辞》："木欣欣以向荣，泉涓涓而始流。"又指荣显、富贵，《吕氏春秋·务大》："三王之佐，其名无不荣者。"又指光荣、美誉，《周易·系辞》："枢机之发，荣辱之主也。"又用作姓氏，《通志·氏族略》："荣氏，周大夫荣夷公，其先食邑于荣……又鲁亦有荣氏。汉有荣广。宋朝有荣諲，为光禄卿，望出乐安上谷。"

yè 业（業）

九年卫鼎　秦公簋　中山王壶　说文小篆　说文古文　华山神庙碑　颜真卿

　　繁体作"業"，依附象形字。《说文》："業，大版也。所以饰悬钟鼓。捷業如锯齿，以白画之，象其鉏铻相承也。从丵从巾，巾象版。《诗》曰：巨業维枞。鈭，古文業。"本指古时乐器架子横木上的大版，刻为锯齿状，用以悬挂钟、鼓、磬等。段注："《周颂》传曰：'業，大版也。所以设枸为悬也。捷業如锯齿，或曰画之，植者为虡，横者为枸。'《大雅》笺云：'虡也，枸也，所以悬钟鼓也。设大版于上，刻画以为饰。'按枸以悬钟鼓，業以覆枸为饰。其形刻之捷業然如锯齿，又以白画之分明可观，故此大版名曰業。業之为言齾也。”王筠《句读》：“捷業叠韵，《汉书·杨雄传》作緁猎，颜注：相差次也。”徐锴《系传》：“鎛钟，凡一层齿缝挂八钟，两层，故云相承。”董莲池据曾侯乙墓钟虡像人形，考证🗲🗲晋公盆像二人托举大版形。简化字“业”只取“業”上部分。

　　“业”也指古代书册的夹板，《礼记·曲礼》：“请业则起。”郑玄注：“业，谓篇卷也。”书册用于学习，故也指学习的内容或过程，如学业，《孟子·告子》：“愿留而受业于门。”又指职业、职务，《国语·周语》：“庶人、工、商，各守其业以共其上。”又指产业、财产，《韩非子·六反》：“受赏者甘利，未赏者慕业。”又指功业、基业，《周易·系辞》：“盛德大业，至矣哉？”又指高大，《诗经·大雅·烝民》：“四牡业业，征夫捷捷。”毛传：“业业，言高大也。”大版的锯齿排列有序，故又指次序、次第，《国语·晋语》：“信于事，则民从事有业。”又指创始，《史记·太史公自序》：“项梁业之，子羽接之。”又指已经，欧阳修《与梅圣俞书》：“然业已至此，当少安之。”又指从事于、以……为职业，白居易《题文集柜》：“我生业文字，自幼及老年。”

suǒ 所

斳　　　　股　　　　乐　　　　所　　　　所　　　　所
庚壶　　　不易戈　　老子甲13　说文小篆　乙瑛碑　　颜真卿

　　形声字。《说文》：“所，伐木声也。从斤户声。《诗》曰：伐木所所。”本为伐木之声，具体描摹伐木的“所所”之声。段注：“伐木声，乃此字本义。用为处所者，段借为处字也，若王所、行在所之类是也。用为分别之词者，又从处所之义引申之……《小雅·伐木》文，首章‘伐木丁丁’，传曰‘丁丁，伐木声’。今按丁丁者，斧斤声；所所，则锯声也。”斤，《说文》：“斫木也。象形。”本义为古代砍物工具。一般用以砍木，与斧相似，比斧小而刃横。徐灏《注笺》：“斧斤同物，斤小于斧。”饶炯《部首订》：“斧刃纵向，伐木者用之，其形与刀同。斤刃横向，斫木者用之，其形与锄同。”“斤”甲骨文作🗡合二一九五四、🗡南坊四·二〇四，像曲柄斧（锛子）形。《诗经·小雅·伐木》：“伐木许许。”“所所”与“许许”皆状伐木之声。上古音“许”为晓纽鱼部，“所”

为生纽鱼部,"户"为匣纽鱼部,三字声近韵同。"所"为伐木声,斤为斧,斫木"户户(许许)"有声,故"所"从斤户声。

古代伐木多用于建造处所(房屋),故"所"引申指处所、地方,《诗经·小雅·出车》:"自天子所,谓我来矣。"又指地位、位置,《左传·襄公二十三年》:"为人子者,患不孝,不患无所。"官吏办案皆有定所,故又指官衙,今用作机关或其机构的名称,如派出所、研究所等。人居有定所则安定,故又指适宜,《周易·系辞》:"交易而退,各得其所。"相当于"时",《墨子·节用》:"其欲蚤处家者,有所二十年处家;其欲晚处家者,有所四十年处家。"王念孙《杂志》:"所,犹时也。言有时二十年,有时四十年也。"又指道理、方法,《礼记·哀公问》:"求得当欲,不以其所。"又指意思、所流露的情态,《汉书·佞幸传》:"上有酒所,从容视贤笑。"王先谦补注:"酒所,犹酒意。"又指认可、可以,《墨子·法仪》:"故百工从事,皆有法所度。"又用在数量词后面,表示约数,《史记·扁鹊仓公列传》:"今庆已死十年所。"又用作代词,相当于"此、这、何、什么"。也用作量词,用于地点、位置,山、岛、建筑物等。也用作连词,表示假设,相当于"若、如果"。也用作助词。

基　　合 6570　　子璋钟　　包 2.168　　说文小篆　　张迁碑　　欧阳询

形声字。《说文》:"基,墙始也。从土其声。"本义为墙脚。筑基为垒墙之始,故训"墙始",王筠《句读》:"今之垒墙者,必埋石地中以为基。"《诗经·周颂·丝衣》:"自堂徂基。"毛传:"基,门塾之基。""其"为"箕"之初文,"其"用作代词,本字遂加竹作"箕"。"其"从丌,丌指下基,张舜徽《约注》"筑墙必先坚治其始基,湖湘间称为墙脚,是已。基之声义,实通于丌。丌者,下基也",古代打地基多用土夯实,墙基位于地(土)下,故"基"从土其声。

"基"泛指一切建筑物的底部、基址,王安石《金陵怀古》:"东府旧基留佛刹,后庭余唱落船窗。"地基为房屋的基础,故又指本、基础,《诗经·小

雅·南山有台》："乐只君子,邦家之基。"打地基为垒墙、盖房之始,故又指
起头、开始,《国语·晋语》："基于其身,以克复其所。"韦昭注："基,始也。
始更修之于身,以能复其先。"又指基业,《尚书·大诰》："天明畏,弼我丕丕
基。"孔传："辅成我大大之基业。"

jí
籍

藉　籍　藉　籍

睡 24.27　　说文小篆　　魏受禅表　　颜真卿

形声字。《说文》："籍,簿书也。从竹耤声。"本义为簿书,有关贡
赋、人事及户口等的档案,相当于现在的登记册、户口册之类。《释名·释
书契》："籍,籍也,所以籍疏人名户口也。"张舜徽《约注》："考《周礼·秋
官·司民》云'掌登万民之数,自生齿以上皆书于版,异其男女,岁登下其死
生',郑注:'版,今户籍也。'是籍之为物,以登录人民户口为本义,犹今之
户口册耳。今人所称籍贯、户籍,皆此义也。"《周礼·夏官·大司马》："乃以
九畿之籍,施邦国之政职。"郑玄注："籍,其礼差之书也。"耤(jí),《说文》:
"帝耤千亩也。古者使民如借,故谓之耤。从耒昔声。"指天子亲耕之田,亲
耕劝农之后,借民力耕种之,后作"藉"。《汉书·文帝纪》："其开藉田,朕亲率
耕。"颜师古注："应劭曰:'古者天子耕藉田千亩,为天下先。藉者,帝王典藉
之常也。'韦昭注:'藉,借也。借民力以治之,以奉宗庙,且以劝率天下,使务
农也。'"王先谦补注："韦本作'藉',正当作'耤'。""耤"甲骨文作𦔩(合九五〇
三、𦔩合九五〇八正),像人持耒耕作之形。借民力耕田为耤,耤之言借;古代文字
多刻写在竹木上,文字借助于笔墨竹简才能书写成籍,故"籍"从竹耤声。

"籍"也指门籍,为写有当事人姓名的小牌子,有事要出入宫门者,皆
有门籍悬于宫门以备案验,《汉书·元帝纪》："令从官给事宫司马中者,得
为大父母父母兄弟通籍。"颜师古注引应劭："籍者,为二尺竹牒,记其年
纪、名字、物色,悬之宫门,案省相应,乃得入也。"又指个人身份、个人与
国家或组织的隶属关系,如国籍、学籍,《战国策·楚策》："(春申君)召门
吏为汗先生著客籍,五日一见。"又指籍贯,韩愈《寄崔二十六立之》："旧

籍在东都，茅屋枳棘篱。"又指书籍，段注："引伸凡箸于竹帛皆谓之籍。"《史记·伯夷列传》："夫学者载籍极博，犹考信于六蓺。"作动词指登记，《汉书·高帝纪》："吾入关，秋豪无所敢取，籍吏民，封府库，待将军。"颜师古注："籍，谓为簿籍。"又指记录，《左传·成公二年》："王以巩伯宴，而私贿之。使相告之曰：非礼也，勿籍。"杜预注："籍，书也。"登记户籍也用于征税，故又指税、征税，《尚书·尧典》大传："知民之缓急，急则不赋籍。"泛指征集，《孙子·作战》："善用兵者，役不再籍，粮不三载。"曹操："籍，犹赋也。"又为古代的一种礼仪，春耕开始时，帝王亲耕于划定的田地，《国语·周语》："宣王即位，不籍千亩。"韦昭注："天子田籍千亩，诸侯百亩。"又指帝王行籍礼躬耕的田地，《国语·周语》："司空除坛于籍。"又用作连词，表示假设。

shèn 甚　　卩　卨　甚　罪　匛　甚　甚

甚鼎　　郭·老甲36　　睡8.7　　说文小篆　说文古文　曹全碑　钟绍京

会意字。《说文》："甚，尤安乐也。从甘、匹。耦也。匛，古文甚。"本义为异常安乐。段注、朱骏声《通训定声》皆作"从甘、匹。匹，耦也"。段注："尤甘也。"徐灏《注笺》："女部：'媅，乐也。'通作耽。《诗经·卫风·氓》篇'无与士耽'，《小雅·常棣》篇'和乐且湛'，皆甚字之本义。从甘、匹，会意，眈其匹耦也，甘亦声。引申之，过于逸乐曰甚；又凡事之过，皆曰甚。""甘"指美味，甲骨文作 甘 合一五七八二，从口含一，"一"为指事符号，表示美味。匹，《说文》："四丈也。从八、匚。八揲一匹，八亦声。"为古代布匹的长度单位，四丈为匹。"匹"金文作 匹 无㠱簋，林义光《文源》："象布一匹数揲之形。"一匹布自两头卷叠而成匹，引申有相当、配合、配偶义。美味为人所爱，人多爱其配偶，段注"人情所尤安乐者，必在所溺爱也"，朱骏声《通训定声》"甘者饮食，匹者男女，人之大欲存焉。故训安乐之大"，故"甚"从甘、匹。古文从口作"罪"，段注："从口犹从甘也。"

"甚"引申指贪爱淫乐,《老子》二十九章:"是以圣人去甚,去奢,去泰。"河上公注:"甚,谓贪淫声色。"尤安乐是安乐的程度深,故又指程度深,段注:"引申凡殊、尤皆曰甚。"《诗经·大雅·云汉》:"旱既大甚,蕴隆虫虫。"尤安乐则超过一般安乐,故又指胜、超过,《论语·卫灵公》:"民之于仁也,甚于水火。"又指密集、浓,《左传·襄公十八年》:"涉于鱼齿之下,甚雨及之,楚师多冻,役徒几尽。"又用作副词,相当于"很、诚"。

wú 无(無霖)

花东 416　合 15996　殷甗　毛伯簋　说文小篆　说文奇字　西狭颂　颜真卿

繁体作"無",《说文》作"霖",形声字。《说文》:"霖,亡也。从亡霖声。天,奇字无,通于元者。王育说:天屈西北为无。"指没有,跟"有"相对。段注:"凡所失者、所未有者,皆如逃亡然也。此有霖字之正体,而俗作無。"《孙子·军争》:"是故军無辎重则亡,無粮食则亡,無委积则亡。"霖(wú),《说文》:"丰也。从林、奭。或说规模字,从大;卌,数之积也;林者,木之多也。卌与庶同意。《商书》曰:庶草繁霖。"本义为茂盛、茂密,后作"蕪",简化作"芜"。段注:"按此蕃霖字也。隶变为無,遂借为有霖字。而蕃無乃借廡或借蕪为之矣。""霖"为林木繁茂,"奭"为"模"字,多则有规模,"奭"从大、卌,亦有累积之义,林木多则茂密,故"霖"从林、奭。没有犹如逃亡不见,众多林木亡失不见,故"霖"从亡霖声。"無"甲骨文像人手持牛尾或花枝跳舞形,本义为舞蹈,借音表示有无之"无"。简化字"无"承用《说文》奇字。

"无"为中国古代哲学概念,指无形、无名、虚无等,或指物质的隐微状态,《老子》四十章:"天下万物生于有,有生于无。"王弼注:"天下之物,皆以有为生,有之所始,以无为本。"两物间空无处为间隙,故又指间隙,《尔雅·释诂》:"无,间也。"郭璞注:"虚、无,皆有间隙。"郝懿行义疏:"无者,有之间也。"又指不是,《礼记·礼器》:"忠信之人,可以学礼。苟无忠信之人,则礼不虚道。"又用作代词,表示不定指的人、事物、时间、处所等,相当于"没有哪个、没有法子",《孟子·梁惠王》:"察邻国之政,无如寡人之用心者。"又作副词,表示否定、反诘、疑问。又作连词,表示条件、假设。又作语助词,用于句首。通"毋",为禁令性副词,相当于"不要",《孟子·梁惠王》:"王无罪岁,斯天下之民至焉。"

jìng
竟　　　　　　　　　　　　　　　竟

村中南 319　合 35224　集成 1000　说文小篆　曹全碑　柳公权

　　会意字。《说文》:"竟,乐曲尽为竟。从音从人。"指乐曲终止。《六书故·人》引《说文》作"乐曲终",《九经字样》:"竟,乐曲终也。"段注:"曲之所止也。引伸之凡事之所止、土地之所止皆曰竟。《毛传》曰:疆,竟也。"《周礼·春官·乐师》:"凡乐成则告备。"郑玄注:"成,谓所奏一竟。"贾公彦疏:"竟则终也,所奏八音俱作,一曲终,则为一成。"音,《说文》:"声也。生于心,有节于外,谓之音。从言含一。"义指乐音。"音"金文作𠶷秦公钟,为"言"之分化字,在"言"下口中加区别符号"一",示音在言中,为指事字。于省吾《甲骨文字释林》:"言与音初本同名,后世以用各有当,遂分化为二。周代古文字言与音之互作常见。"《礼记·乐记》:"情动于中,故形于声。声成文,谓之音。""竟"为乐曲(音)终尽,"人"表终止之意,段注"此犹章从音、十会意。儿在人下,犹十为数终也",故"竟"从音从人。或谓"竟"为音下两直线,乐曲终了则弦不动而直。

　　"竟"由乐曲终扩展指终了、完毕,如竟日,《晋书·谢安传》:"看书既竟,便摄放床上。"乐曲从头至尾演奏完才算结束,故也指自始至终、周遍,《史记·酷吏列传》:"吴楚已破,竟景帝不言兵,天下富实。"由周遍引申指穷究(其事),《汉书·霍光传》:"此县官重太后,故不竟也。"又指疆界,后作"境",《左传·庄公二十七年》:"卿非君命不越竟。"又用作副词,相当于"终于、终究,居然、竟然、径直、直接"。

【原文】　xué yōu dēng shì　shè zhí cóng zhèng
　　　　　学 优 登 仕　　摄 职 从 政

【译文】　学子德学兼优则可出仕,代理官职以参政为民。

【释义】

出自《论语·子张》"子夏曰：仕而优则学，学而优则仕"。学，德学。优，优秀。登仕，出任官职。摄职，代理官职。从政，即从事政务。《千字文释义》："又必俟学古有获之后，知所以致君，知所以泽民，然后可升于朝，而为官、而治理政事也。"

儒家教育主要是"修己治人"，目的在"成己成人"。士子"读书志在圣贤"，目的是成就自己，即"内圣"之学。出仕则"为官心存君国"，《大学》所谓"治国平天下"，要造福社会大众，是成人之学，即"外王"之学。古代学子读书主要是为了做官为民，《礼记·学记》"《宵雅》肄三，官其始也"，指学子入学诵习《诗经·小雅》之《鹿鸣》《四牡》《皇皇者华》三篇君臣宴乐之诗，劝励学子学成而为官治国。《三字经》"幼而学，壮而行；上致君，下泽民"，也是讲幼时学圣贤之教，长大行圣贤之道，学成为官，上可辅佐君王，下可惠泽民众。总之，"志在圣贤"体现了古人的修身志向，"治国平天下"体现了古人学成后为国利民的价值观。历代先贤，大多是亦官亦学、为国为民，如许慎、韩愈、范仲淹、司马光等。

这两句话告诉我们，人求学、做事，先要立远大志向。立志高远、坚定，才有求学的动力，有动力则能精进苦学，日后方能有所成就。我们要效法古人，树立学习圣贤、为国为民的大志，为中国强盛、民族复兴而读书！

【解字】

xué
学（學敩教效覺）　　　　　宁沪 395　铁 157.4　　孟鼎　　沈子簋　说文小篆　说文古文　曹全碑　颜真卿

繁体作"學"，《说文》古文作"敩"（xiào），形声字。《说文》："敩，觉悟也。从教从冖。冖，尚矇也。臼声。𥥗，篆文敩省。"构字意图为教儿童而使其觉悟。《白虎通·辟雍》："学之为言觉也，以觉悟所不知也。"上古音，"学"为匣纽觉部，"觉"为见纽觉部，二字声近韵同，为声训。"学"之本义为学习、接受教育，《尚书·说命》："学于古训乃有获。""冖"指覆盖，物被覆盖则黑暗,心被遮蔽则蒙昧。幼童懵懂而对外界无知,如心智被覆盖(冖),因称幼童为"童蒙"或"蒙童",故曰"冖,尚曚也"。"敎"为古文,"學"为小篆,为通行字,段注:"此为篆文,则敎,古文也。""敎"金文作𢽳,幼童(子)不懂知识(爻)而懵懂(冖),老师施教启蒙,犹伸两手向下(臼)揭去幼童头上之覆(冖),故"敎"从教从冖,臼声。学习若有懈怠,教师手拿教鞭(攴)扑责。《尚书·舜典》:"扑作教刑。"孔安国注:"扑,榎楚也。不勤道业则挞之。"《礼记·学记》:"夏、楚二物,收其威也。"孔颖达疏:"学者不劝其业,师则以夏、楚二物以笞挞之。所以然者,欲令学者畏之,收敛其威仪也。"《说文》:"攴,小击也。"以轻责起到教育、督导的目的。这一套教师督促启蒙孩童接触知识的活动叫做"敎"。古代教学贵严,适度惩责是教育的需求,故"教"从"攴"。古施、受同词,教、学同字,后"敎"分化为"敎、學"二字。

综上,"敎"含老师教导(教)、学生学习(学)、学习方法(效)、学习效果(觉)等四个方面。《说文》:"敎,觉悟也。""教,上所施下所效也。""效,象也。""觉,寤(悟)也。"教师督促启蒙学童接触知识这一套活动是"敎",分开则老师教授是"敎",学童接受是"學",学生学习老师所教知识的方法、过程是"效",学童学懂(见到)知识是"覺"。故"敎(學)、敎、效、覺"是有关教学的音义同源的一组字。"敎"含教人与学习两义,段注:"《兑命》曰:'学学半。其此之谓乎。'按:《兑命》上学字谓教,言教人乃益己之学半。教人谓之学者,学所以自觉,下之效也;教人所以觉人,上之施也;故古统谓之学也。枚颐伪《尚书·说命》上字作敎,下字作学。"教学义之"敎"音xiào,学习、接受教育义之"学"音xué。"學"甲骨文作𦥑,或谓屋下施教之义,宀指教育场所。西周金文作𢽴,承甲骨文而在宀下加子,突出教育、学习的对象是儿童,为《说文》小篆所本。西周金文又作𢽲,在𦥑右加攴,会教育须督责意,为《说文》古文所本。简化字"学",是将"學"上部草写楷化为三点而成。

讲学是常用的教学方式,故"学"引申为讲学,《资治通鉴·汉纪》:"哀王者,帝之少弟,与太子游学相长大。"胡三省注:"游,谓宴游。学,谓讲学。"又指注释、笺疏，《公羊传·隐公元年》注疏："何休学。"陆德明释文："学者，言为此经之学，即注述之意。"效法是学习的普遍方法，故又指模仿，《墨子·贵义》："贫家而学富家之衣食多用，则速亡必矣。"学校是教学、学习的场所，故又指学校，《礼记·学记》："古之教者，家有塾，党有庠，术有序，国有学。"教学以传授学问为主，故又指学问、学识，如德学兼备，《墨子·修身》："士虽有学，而行为本焉。"又指学派、学说，如儒学、墨学。又指学科，为某一门类系统的知识，如文学、史学。教学须讲说，故又指说、讲述，陆龟蒙《鱼具》："见说万山潭，渔童尽能学。"

"学"又音 jiào，教授，后作"教"，《礼记·文王世子》："凡学世子及学士，必时。"郑玄注："学，教也。"

优（優）

^{yōu}

優　隱　優　優

老子乙前89　说文小篆　熹平石经　颜真卿

繁体作"優"，形声字。《说文》："優，饶也。从人，憂声。一曰倡也。"本义为丰饶、充足。徐锴《系传》："饶，宽裕也。"段注："食部饶下曰：'饱也。'……凡有余皆曰饶。"《国语·鲁语》："小赐不咸，独恭不优。"韦昭注："优，裕也。"憂（今作"忧"），《说文》："和之行也。从夂惪声。《诗》曰：布政憂憂。"本义为平和、宽和。朱骏声《通训定声》："经传皆以優为之。""憂"之忧愁义作"慢"，本字为"惪"。惪，《说文》："愁也。从心从頁。"本义为忧愁。"诚于中，形于外"，心有忧虑则体现于头面（頁），所谓"愁眉苦脸"，故"惪"从心从頁。从夂之字皆与行走有关，徐灏《注笺》："许云'和之行'者，以字从夂也。凡言优游者，此字之本义。今专用为憂愁字。"或许散步（夂）能遣散忧愁而使内心平和，故"憂"从夂，惪声。"優"指人富余、宽和，张舜徽《约注》："優之言憂也。夂部：'憂，和之行也。'许训優为饶，亦取宽和之义。叠言之为優優，《尔雅·释言》：'優優，和也。'"故"優"从人憂声。"尤"甲骨文作𠂤铁五〇·一，手（又）上多一点（丶），为赘疣之"疣"的本字。"尤"指特异、突出，优秀者超出常人，故简体"优"从人，尤声。

　　富足是条件优良，故"优"引申为优良，《晋书·束皙传》："参名比誉，谁劣谁优？"又指擅长、胜任而有余力，《论语·宪问》："孟公绰为赵魏老则优，不可以为滕、薛大夫。"邢昺疏："若公绰为之则优游有余裕也。"富足者不忙于谋生而多自得、闲暇，故又指悠闲，《诗经·小雅·采菽》："优哉游哉，亦是戾矣。"郑玄笺："言诸侯有盛德者自安止于是。"身心调和才能悠然自得，故又指协调，《淮南子·原道》："其德优天地而和阴阳，节四时而调五行。"富足之家生活条件丰厚，故又指优厚、优待，《后汉书·李王邓来列传》："（李通）自为宰相，谢病不视事，连年乞骸骨，帝每优宠之。"丰足者财物宽裕，故又指宽大、宽容，《诗经·大雅·瞻卬》："天之降罔，维其优矣。"郑玄笺："优，宽也，天下罗网以取有罪，亦甚宽。"富人多请人管事而少决断，故又指犹豫、少决断，如优柔寡断，《管子·小匡》："人君唯优与不敏为不可。"演员才艺多优于常人，故又指俳优、优伶，用称乐舞、杂耍、戏曲演员，段注："倡者，乐也，谓作妓者，即所谓俳优也。"《国语·晋语》："（献）公之优曰施。"又为古杂戏的一种，《左传·襄公二十八年》："陈氏、鲍氏之圉人为优。"孔颖达疏："优者，戏名也。"

dēng
登　　𤼩　　𤼦　　𤼪　　登　　𤼫　　登　　登

　　　掇1.385　燕664　登鼎　说文小篆　说文籀文　曹全碑　颜真卿

　　会意字。《说文》："登，上车也。从癶、豆。象登车形。𤼫，籀文登从収。"以上车表示升、自下而上。桂馥《义证》："古升、登、陟、得、德五字义皆同。"《周易·明夷》："初登于天，后入于地。"癶（bō），《说文》："足刺癶也。"本为两足相背不顺。小篆作癶，像两脚相背形。徐锴《系传》："两足相背不顺，故刺癶也。"饶炯《部首订》："刺癶古语，谓足动止不自由，形容其行不前貌也。"刺癶脚，即如卓别林式的外八字步形。豆，《说文》："古食肉器也。从口，象形。"为古代食器。形似高足盘，或有盖，用以盛食物，新石器时代晚期开始出现，盛行于商周时。多陶质，也有青铜制或木制涂漆的，后世也作礼器。"豆"甲骨文作𣅀甲一六一三，像高足盛器形。"登"所从之

"豆",乃借"豆"形为"乘石",即登车、上马用的垫脚石,徐锴《系传》:"豆非俎豆字,象形耳。""登"小篆作�,像两脚(𣥠)踏乘石(豆)上车形,"登"训"上车"而"象登车形",故"登"从𣥠、豆。李孝定《甲骨文字集释》:"许解云'𣥠、豆,象登车形'者,谓𣥠立豆上,乃象'登车'之一动作。豆者象乘石之形。今吾湘甲第大门两侧常见两圆形石鼓,分置作八字形。石鼓横置,下有座,侧视之,正作&形。俗谓之圆鼓登,或谓之上马石,即此物也。""登"籀文作𧀒,徐锴《系传》:"两手捧登车之物也。登车之物,王谓之乘石。"故从収。"登"甲骨文也作𧀒前五·二·一,像两手捧食器进献形。"登"后分化出"凳",指无靠背的坐具,"凳"形制如几,故"凳"从几登声,后又加木作"櫈"。钱大昕《恒言录·居处器用类》:"凳,本登字……盖以登床得名,后人稍高之,以为坐具耳……凳,史皆作櫈。"

升则高,故"登"引申为高,《国语·晋语》:"哀名之不令,不哀年之不登。"升迁是官位增高,故又指升迁、提拔,《尚书·尧典》:"畴咨若时登庸。"孔传:"庸,用也。谁能咸熙庶绩,顺是事者,将登用之。"官升高位是功成的体现,故又指实现、完成,《尚书·泰誓》:"尔众士,其尚迪果毅,以登乃辟。"孔传:"登,成也。成汝君之功。"又指成熟,如五谷丰登,《孟子·滕文公》:"当尧之时,天下犹未平,洪水横流,泛滥于天下……五谷不登。"升则高度增加,故又指增加,《国语·周语》:"若皆蚤世犹可,若登年以载其毒,必亡。"韦昭注:"登年,多历年也。"记载是把文字写到书上,故又指记载、刊载,如登记。科考中选是取得高名,故又指科举考试中选,如五子登科。祭祀须进献祭品,故又指进献,《吕氏春秋·仲夏》:"农乃登黍。"高诱注:"登,进。植黍熟,先进之。"名词指祭祀时盛肉食的礼器,《诗经·大雅·生民》:"卬盛于豆,于豆于登。"毛传:"木曰豆,瓦曰登。"

shì 仕

仕斤徒戈　说文小篆　石经论语残碑　颜真卿

形声字。《说文》:"仕,学也。从人从士。"本义为学习政事,见习试用。段注:"古义宦训仕,仕训学。"徐灏《注笺》:"'宦,仕也。'此云:'仕,学也。'是仕、宦皆学习之义。"朱骏声《通训定声》:"犹今言试用也。""从士"徐锴《系传》作"士声"。《说文》:"士,事也。"义指任事,也指任事之人。《说文》谓"士"字构形为"推十合一为士",指能从众多现象(十)归纳出规律(一)的人方能任事。徐灏《注笺》:"士大夫谓之士,学者亦谓之士,皆任事者也。"古人学成为官称"入仕",《论语·子张》"子夏曰:学而优则仕","仕"指人学习政事,士人学成可入仕任事,故"仕"从人,士声。

　　学政事有成则可为官,故"仕"引申为做官、任职,《论语·公冶长》:"子使漆雕开仕。"为官须详察民情,故也指察看、审查,《诗经·小雅·节南山》:"弗问弗仕,勿罔君子。""仕"也为中国象棋棋子名称,红方"士"写作"仕"。通"事",《诗经·大雅·文王有声》:"武王岂不仕。"郑玄笺:"武王岂不以其功业为事乎?"又通"士",《孟子·公孙丑》:"有仕于此,而子悦之,不告于王,而私与之吾子之禄爵。夫士也,亦无王命而私受之于子,则可乎?"焦循正义:"《论衡·刺孟》述此文仕作士……仕与士古多通用。"

shè
摄(攝)

居摄钟　说文小篆　流沙简　张迁碑　颜真卿

　　繁体作"攝",形声字。《说文》:"攝,引持也。从手聂声。"本义为提起、牵曳。段注:"谓引进而持之也。"《论语·乡党》:"摄齐升堂。"朱熹注:"摄,抠衣也。"聂,《说文》:"附耳私小语也。从三耳。"为附耳小声说话。徐锴《系传》:"一耳就二耳也。"附耳私语,双方都能听到,故以三耳相连表示多耳靠近,徐灏谓从三耳乃审听(仔细听)之意,故"聂"从三耳。"攝"指提引而持之,"聂"指三耳相引靠近,皆有牵引、总聚意,故"攝"从手聂声。简化字"摄"是把"攝"下两耳简为两又。

　　摄物则物规整,故"摄"引申为整顿、整饬,段注:"凡云摄者,皆整饬之意。"《仪礼·士冠礼》:"加皮弁如初仪,再醮摄酒。"物持于手则能掌握、控制,故又指代理、兼理,《论语·八佾》:"官事不摄。"又指统领、管辖,桓谭

《新论·识通》:"(汉文帝)总摄纲纪,故遂褒增隆为太宗也。"又指摄取,《鹖冠子·世兵》:"使阴阳相攻,死生相摄。"拘捕是以手持人,故又指拘捕,《国语·吴语》:"摄少司马兹与王士五人,坐于王前。"物收拢方能总握手中,故又指收拢,《庄子·胠箧》:"则必摄缄滕,固扃鐍。"成玄英疏:"摄,收。必须收摄箱囊,缄结绳约,坚固扃鐍,使不慢藏。"又指保养,《老子》五十章:"盖闻善摄生者,陆行不遇兕虎,入军不被甲兵。"又为等韵学术语,即合韵尾相同主元音相近的韵部为一大类,如将二百零六韵归为十六摄。又指夹箝,《论语·先进》:"千乘之国,摄乎大国之间。"

"摄"又音 zhé,折叠,《仪礼·士昏礼》:"执皮,摄之。"胡培翚正义:"敖氏云:先儒读摄为折,则训叠也。今人屈物而叠之谓之折。执皮摄之者,中屈其皮叠而执之也。"

"摄"又音 niè,安静,静谧,《汉书·严助传》:"天下摄然,人安其生。"

zhí 职(職)

侯马盟书　曾姬无卹壶　郳王职剑　睡·效43　说文小篆　华山庙碑　颜真卿

繁体作"職",形声字。《说文》:"職,记微也。从耳戠声。"本义为识、记。段注:"记犹識也,纤微必識是曰職。"王筠《句读》:"言记職其微眇也。"桂馥《义证》:"经典通用从言之識,以此職为官職,又以幟代識,行之既久,遂为借义所夺,今人不知識为幟之正文,職为識之本字矣。"《庄子·缮性》"心与心識",陆德明释文:"向(秀)本作職,云:彼我之心,竟为先職矣。""戠"(zhī)为"識"字初文,本义为标志、记号。林义光《文源》:"戠,即题識本字。""戠"甲骨文作𢦏前四·四·四,金文作𢦏豆闭簋,构形意图应是战车上竖立标志性戈戟(戈),用来表示军队的识别记号或信息标记(音),故"戠"从戈从音。"職"为记识详尽,朱骏声《通训定声》:"五官耳与心最贯,声入心通,故闻读者能记。从耳,与聖同意。"声入于耳,则在心里留下记识,故"職"从耳戠声。简化字"职"是从耳只声。

经典用识记义的"职"表示官职义,有学问善识记者才能处事为官。

职官听讼处事,治理一方,故"职"引申为主宰、掌管,《左传·昭公二十一年》:"夫乐,天子之职也。"由主宰引申为主要,《诗经·小雅·十月之交》:"下民之孽,匪降自天。噂沓背憎,职竞由人。"官员皆有相应职务,故又指职务、分内应做的事,如任职,《周礼·天官·内宰》:"以妇职之法教九御。"郑玄注:"妇职谓职纴组紃缝线之事。"官员有不同职位,故又指职位、执行事务所处的一定地位,如调职,《汉书·循吏传》:"冯翊以霸入财为官,不署右职。"颜师古注:"右职,高职也。"职位有相应事务,故又指职业,《广雅·释诂》:"职,业也。"从业须尽职尽责,故又指职责,如忠于职守,《荀子·成相》:"臣下职,莫游食。"杨倞注:"游食谓不勤于事,素飡游手也。"交税是古代诸侯、官民分内之事,故又指赋税、贡品,《周礼·夏官·大司马》:"施贡分职,以任邦国。"郑玄注:"职,谓职税也。"职务是经常做的事,故又指正常,《汉书·武帝纪》:"有冤失职,使者以闻。"颜师古注:"职,常也。失职者,失其常业及常理也。"

cóng 从(從)

术　習　㕛　訓　従　從

京津 1372　贤簋　说文小篆　说文小篆　华山庙碑　颜真卿

又作"從",会意兼形声字。从,《说文》:"相听也。从二人。"义为听从、随从。徐灏《注笺》:"从、從古今字。相听犹相從。"饶炯《部首订》:"相听从,兼谓言行相随。""从"甲骨文作术[甲一一二四],小篆作㕛,像二人相随形,故"从"从二人。從,《说文》:"随行也。从辵从从,从亦声。"本义为跟随、随行。段注:"以从辵,故云随行。"《论语·公冶长》:"道不行,乘桴浮于海,从我者其由与?""從"甲骨文作术,像二人(从)在路上(彳)相随而行。"彳"像十字交叉大路(行)的左半边,大路供人行走,故"彳"指行走,从彳构形之字皆有行走义,如"往、循、径"等。辵,《说文》:"乍行乍止也。从彳从止。"本义为步履蹒跚,走走停停。"辵"隶变后,楷书、行书进一步简化为"辶",即今走之旁。从辵之字皆与行走有关,如"进、逐、过"等。相听方可随行,故"從"从辵、从,从亦声。"从"是听从,"從"是随行,今"從"又简化为"从"。

　　追者随被追者的路线追赶，故"从（從）"引申为追逐，《尚书·汤誓》："夏师败绩，汤遂从之。"孔传："从，请逐讨之。"又指随着、接着，《左传·隐公六年》："长恶不悛，从自及也。"又指随从者，《世说新语·方正》："在御道逢匡术，宾从甚盛。"随行者前面必有引领者，故又指率、带领，《韩非子·难》："夫六晋之时，知氏最强，灭范、中行而从韩、魏之兵以伐赵。"又指（意见的）听从、依顺，徐灏《注笺》："随行有顺从义，故从训为顺从。"《史记·廉颇蔺相如列传》："臣从其计。"由顺从引申指和顺之道、正常秩序，《左传·哀公二年》："郑胜乱从。"王引之《述闻》："乱从，犹言犯顺。"又指言词顺畅，《左传·昭公十一年》："不昭不从。"跟随别人多是要干一定的事，故又指从事，《管子·正世》："知得失之所在，然后从事。"跟随者以带领者为主，故又指从属的、次要的，如从犯。同宗者多和顺相从，故又指同宗、堂房亲属，《仪礼·丧服》："从父姊妹。"郑玄注："父之昆弟之女。"又指采取某种处理方式或态度，如从速。也用来指汉字所由构成的成分，《说文》："天，颠也。至高无上。从一、大。"徐锴《系传》作"從"，徐铉本作"从"。又用作介词，表示起点、对象、原因、途径等。

　　"從"又音 zòng，同"纵"：1. 南北为纵，东西为横，《诗经·齐风·南山》："蓺麻如之何？衡从其亩。"又特指"合纵"，战国时期六国共同反对秦国的联盟，李斯《谏逐客书》："遂散六国之从。"2. 长，竖，《墨子·备蛾傅》："广从各丈二尺。"3. 放纵，《礼记·曲礼》："欲不可从，志不可满。"

　　"從"又音 zōng，同"踪"，踪迹，《史记·刺客列传》："今乃以妾尚在之故，重自刑以绝从。"司马贞索隐："从，音踪。"

政 zhèng

政　　敢　　政　　政　　政
燕 686　　毛公鼎　　说文小篆　　石门颂　　颜真卿

　　会意兼形声字。《说文》："政，正也。从攴从正，正亦声。"本义为匡正、使正确。徐锴《系传》作"从攴正声"。桂馥《义证》："《周礼》：'司马使帅其属而掌邦正。'注云：'政者，正也。政，所以正不正者也。'"朱骏声《通训定声》："《论语》'有政'马注：'政者，有所改更、匡正。'"攴，《说文》："小击也。"本义为轻轻击打，今作"扑"。"攴"甲骨文作![字形]摭续一九○，像手（又）持棍棒（丨）扑责形。"攴"以轻责起到教育、督导之用，非人身伤害，故训"小击也"。正，《说文》："是也。"义指中、正、不偏斜。"正"甲骨文作![字形]乙一○五四、![字形]甲三九四○，像脚板（止）向城堡（囗）走去，是征伐之"征"本字。古代征伐是光明正大的正义之战，"凡师有钟鼓曰征"。古代君臣为政，乃使自己及百姓皆行正道；为政必先正己，正己治人，皆有督导、督责意（攴），徐锴《系传》："政，正也。子率以正，孰敢不正，《周官》'司马掌邦政'，谓九伐之法也。"故"政"从攴从正，正亦声。

　　"政"也指政治、政事，《尚书·洪范》："八政：一曰食，二曰货，三曰祀，四曰司空，五曰司徒，六曰司寇，七曰宾，八曰师。"孔颖达疏："曰八政者，人主施教于民有八事也。"又指治理（国事），《荀子·王制》："王者之法：等赋、政事、财万物，所以养万民也。"执政者掌握权力，故又指政治权力，《论语·季氏》："天下有道，则政不在大夫。"执政者为一国、一地之长，故又指官长、主事者，如学政，《孟子·梁惠王》："臣闻七十里为政于天下者，汤是也。"俞樾《平议》："政与正古通用……为正于天下者，为长于天下也。"执政者有相应职责，故又指职责，《国语·晋语》："弃政而役，非其任也。"又指政令、政策，《左传·昭公二十年》："政宽则民慢，慢则纠之以猛；猛则民残，残则施之以宽。宽以济猛，猛以济宽，政是以和。"政令是人遵守的法则，故又指法则、标准，《荀子·天论》："顺其类者谓之福，逆其类者谓之祸，夫是之谓天政。"法令不容违犯，故又指禁令，《论语·为政》："道之以政，齐之以刑。"何晏注："政谓法教也。"又为政府的简称，如拥政爱民。通"正"，用作副词，《墨子·节葬》："上稽之尧、舜、禹、汤、文、武之道，而政逆之。"

　　"政"又音 zhēng，通"征"：1.赋税徭役，《周礼·地官·均人》："均人，掌均地政。"郑玄注："地征，谓地守、地职之税也。"2.征伐，《逸周书·作雒》："又作师旅，临卫政殷，殷大震溃。"孔晁注："政，当读为征。"

【原文】 存以甘棠 去而益咏
cún yǐ gān táng　qù ér yì yǒng

【译文】 召公昔时在甘棠树下执政为民,后人存留甘棠愈加怀念歌咏。

【释义】

出《诗经·召南·甘棠》"蔽芾甘棠,勿翦勿伐,召伯所茇。蔽芾甘棠,勿翦勿败,召伯所憩。蔽芾甘棠,勿翦勿拜,召伯所说"。朱熹《诗集传》:"召伯循行南国,以布文王之政,或舍甘棠之下。其后人思其德,故爱其树而不忍伤也。"存,留存。甘棠,木名。去,离。益,增。咏,歌咏。《千字文释义》:"言人臣之事君,必当体君心以爱民。亦如召公之去南国,而人思慕之,留所止之树而不伐,愈歌咏于无穷也。"

召伯,姓姬名奭 shì,周武王的同姓宗室,一说是周文王第五子。召伯辅助周武王灭商后,受封于蓟(今北京),建立臣属西周的诸侯国燕国(北燕),但只派长子姬克去燕国,自己仍留在镐京辅政。因最初采邑在召(今陕西岐山西南),故称召伯、召公。周成王时,他出任太保,与周公旦分陕(今河南陕县)而治,陕以东的地方归周公旦管理,陕以西的地方归召公管理。他接替周公旦在镐京摄政当国,支持周公平定叛乱。当政期间,召公将其辖区治理得政通人和,所以倍受百姓的爱戴。

召公巡行乡邑,曾在一棵甘棠树下办公(在今陕西省岐山县刘家塬中学内),后人存留此树以纪念之。《史记·燕召公世家》:"召公巡行乡邑,有棠树,决狱政事其下,自侯伯至庶人各得其所,无失职者。召公卒,而民人思召公之政,怀棠树不敢伐,哥咏之,作《甘棠》之诗。"《括地志》:"召伯听讼甘棠之下,周人思之。不伐其树,后人怀其德,因立庙,有棠在九曲城东阜上。"据说在 1810 年前后,这棵甘棠树尚在,高达十三米,粗四米许。后经战乱,"甘棠公馆"和甘棠树均被毁,今见者,为后人所植。

《尚书大传》谓"爱人者,兼其屋上之乌",先贤勤政为民,后人都会铭记其功,其所居之地、所用之物多会受到百姓的保护,多有佳话流传。《元史》载,元祐四年(1089)苏东坡任杭州刺史时,曾疏浚西湖,并利用挖出的淤泥葑草堆筑起一条南北走向的堤岸。后人为怀念苏东坡浚湖筑堤的政绩,将此堤称为"苏堤"。"苏堤"在南宋已成为西湖十景之首,名曰"苏堤春晓"。历史上多有类似事迹,可见为官勤政为民,百姓自然会感念传颂。

【解字】

cún　存　　亨　郣　夺　存
　　　　　老子甲103　说文小篆　曹全碑　颜真卿

　　形声字。《说文》:"存,恤问也。从子才声。"本义为问候、省视。段注:"《尔雅》曰:'在,存也。在、存、省,士,察也。'今人于在、存字皆不得其本义。"张舜徽《约注》:"古云恤问,犹今言慰问耳。"《周礼·秋官·大行人》:"岁遍存,三岁遍眺,五岁遍省。"郑玄注:"存、眺、省者,王使臣于诸侯之礼,所谓间问也。""子"甲骨文作𝌑甲二九〇三,像婴儿在襁褓中手外露形。才,《说文》:"草木之初也。"本义指初、始。"才"甲骨文作✝铁一六〇·三,金文作✝兔卣,像草木发芽(中)刚出土(一)形。"才"以草木初出土表初始义,人、事、物初始时多弱小易损,须用心呵护,婴儿(子)尤须体贴照顾,故"存"从子才声。"才声"徐锴《系传》作"在省",严章福《校议议》谓当作"在省声",高田忠周《古籀篇》:"才是古文在字,卜辞金文多皆以才为在。"苗出土就存在了,"在"于才下加土区别于"才";"存"是呵护初生儿,在才下加子区别于"在"。

　　《说文》:"在,存也。""存、在"互训,故"存"也指存在、生存,《公羊传·隐公三年》:"有天子存。"又指保存,《周易·乾》:"知终终之,可与存义也。"孔颖达疏:"既能知此终竟是终尽之时,可与保存其义。"又指观察、审查,《荀子·修身》:"见善,修然必以自存也。"由存问引申指思念,《诗经·郑风·出其东门》:"出其东门,有女如云。虽则如云,匪我思存。"物存是有此物,故又指有,《庄子·则阳》:"若存若亡乎?"成玄英疏:"存,有也。亡,无也。"又指存余,如库存。又指止息、安顿,《汉书·扬雄传》:"矫翼厉翮,恣意所存。"颜师古注:"言来去如鸟之飞,各任所息也。"又指寄托、心怀(某种感情或想法），韩愈《荆潭唱和诗序》："乃能存志乎诗书，寓辞乎咏歌。"

yǐ 以（㠯）

合 21284　甲 393　颂鼎　峄山碑　说文小篆　尹宙碑　颜真卿

　　《说文》作"㠯"，象形字。《说文》："㠯，用也。从反已。贾侍中说：已，意已实也。象形。"本义为使用。段注："用者，可施行也。凡㠯字皆此训。"《论语·微子》："不使大臣怨乎不以。"《说文》："已，已也。四月，阳气已出，阴气已藏，万物见，成文章，故巳为蛇，象形。""巳"像盘蛇形，亦像胎儿盘居母腹形。朱骏声《通训定声》："巳，孺子为儿，襁褓为子，方生顺出为㐬，未生在腹为巳。""巳"后借为地支的第六位，用以纪年，又用为纪月，即农历四月，在十二生肖中巳属蛇，《论衡》："巳，火也，其禽蛇也。""巳"小篆作㠯，像蛇屈曲垂尾形，表示阳气出尽、阴气全藏，引申为尽、停止。止的反面是不止，即为用，王筠《句读》："巳，已也。已，止也。用则不止也。字义与巳反，故字形亦与巳反。"故"㠯"从反巳。贾逵以为"㠯"字像薏苡果实形，本义为薏苡的果实，徐灏《注笺》："㠯之本义为薏苡实，因为语词所专，又加艸为薏苡字。""㠯"甲骨文作㠯、㠯〔合二六〕，像人提物形。又作㠯、㠯〔甲一二六八〕，金文作㠯，或谓像耕地的农具，战国时期加"人"成"以"，隶楷承之，像人用"㠯"形，"耜"字即从"㠯"字出。徐中舒《耒耜考》："铜器以均作㠯，当为耜之象形字。"从"㠯"像薏苡果实及耜的角度而言，为象形字；从《说文》"从反巳"的分析角度而言，朱骏声以为是指事字。一字从不同角度分析，有两种六书属性。各家谓"巳"象胎儿，象曲尾蛇，象薏苡，象耒耜头，都含核心义素"卷曲"，不违背构字意图。人为将巳倒转为㠯，有处置义，加人旁为"以"，多用为含处置义的虚词。

　　君王用事则下令使人完成，故"以"引申指使、令，《战国策·秦策》："向欲以齐事王攻宋也。"认可的事才会施行，故也指认为、以为，《左传·昭公二十五年》："告臧孙，臧孙以难。告郈孙，郈孙以可。"又指做、从事，《论语·为政》："视其所以。"又指率领、带领，《左传·僖公五年》："宫之奇以其族行。"用事必有原由,故又指原由、缘故,《诗经·邶风·旄丘》:"何其久也,必有以也。"又指凭借、仗恃,《韩非子·五蠹》:"富国以农,距敌恃卒。"又指有,《楚辞·九辩》:"君之门以九重。"又指连及,《论语·尧曰》:"朕躬有罪,无以万方。"又指可以、能够,《孟子·滕文公》:"大则以王,小则以霸。"又用作代词,相当于"其、此、这、何、哪里、什么"。又用作副词,相当于"太、甚、亦、也、惟、只、如此、这么"。又用作介词,相当于"用、拿、把、依、按、凭、在、于、从、自、由、因为、由于、以……而论、就……而论、与、同"。又用作连词,表示并列、顺承、条件、因果、目的、假设关系。又用作助词,通"已":1. 完结,停止,《墨子·号令》:"事以,各以其记取之。"2. 副词,表示完成,相当于"既、已经",《国语·晋语》:"其闻之者,吾以除之矣。"

gān
甘

后上 12.4　后下 12.5　先秦货币　说文小篆　北海相景君铭　颜真卿

　　指事字。《说文》:"甘,美也。从口含一。一,道也。"本义指美味。徐锴《系传》:"班固曰:'味道之腴。'物之甘美也。"段注:"羊部曰:'美,甘也。'甘为五味之一,而五味之可口皆曰甘。食物不一,而道则一,所谓味道之腴也。"《尚书·洪范》:"稼穑作甘。"孔传:"甘味生于百谷。""一"作构形时可表多种事物,如"不"上的"一"代表天;"至"下的"一"表地。"甘"字口中的"一"为指事符号,表示美味,朱骏声《通训定声》:"甘者,五味之美。一,味也。"王筠《释例》:"一,则所含之物也……甘为人所嗜,故含之口中,咀味之也。"张舜徽《约注》:"《释名·释言语》:'甘,含也,人所含也。'大氐物之含在人口、不吞不吐者,即为有味之物。"美味食物(一)含于口中(口)不舍得下咽,故"甘"从口含一。

　　甘味以甜为最,甜味为多数人喜爱,故"甘"也指甜,《诗经·邶风·谷风》:"谁谓荼苦,其甘如荠。"又指感觉甜、觉得好吃,《韩非子·说难》:"异日与君游于果园,食桃而甘。"又泛指美味的食物,《孟子·梁惠王》:"为肥甘不足于口与?"人多喜爱美味,故又指爱好某种食物,《尚书·五子之歌》:"甘酒嗜音,峻宇彫墙。"孔传:"甘,嗜,无厌足。"又指美好,《诗经·小雅·甫田》:"以祈甘雨,以介我稷黍,以谷我士女。"人多乐意享用美味,故又指情愿、乐意,《诗经·齐风·鸡鸣》:"虫飞薨薨,甘与子同梦。"郑玄笺:"虫飞薨薨,东方且明之时,我犹乐与子卧而同梦,言亲爱之无已。"又为甘肃省的简称,如陕甘宁。又用作姓氏,《姓觿》覃韵:"甘,《姓考》云:周封王子带于甘,《左传》甘昭公是也。或曰:武王封同姓于甘,《左传》甘伯桓公是也。后以邑为氏。"

táng
棠　　（甲骨文）　　棠　　棠　　棠　　棠
汤弔盘　　古陶　　说文小篆　　张迁碑　　颜真卿

形声字。《说文》:"棠,牡曰棠,牝曰杜。从木尚声。"本义为木名,有两种:一种叫杜,又名杜梨、赤棠、棠梨,果实色赤而味涩;一种叫棠,又名甘棠,果实色白而味甜。段注:"草木有牡者,谓不实者也。《小雅》云:'有杕之杜,有皖其实。' 此牝者曰杜之证也。陆机《诗疏》曰:'赤棠与白棠同耳。但子有赤白美恶,子白色为白棠、甘棠,少酢滑美;赤棠子涩而酢无味。俗语云:涩如杜,是也。' 依陆说是棠、杜皆有子,然种类甚多。今之海棠皆华而不实,盖所谓牡者曰棠也。"王筠《句读》:"颜注《急就篇》曰:牡者曰棠,无子者也;牝者曰杜,有子者也。"朱骏声《通训定声》:"实之白而甘者曰棠,赤而涩者曰杜。"张舜徽《约注》:"棠、杜二字双声,实一语之转耳。故二物浑言自通。下文杜训甘棠,俗亦称为棠梨,是棠、杜本可互名也。海棠有草本、木本两种,花后结小圆实,形似樱桃,亦非全不实者。"《山海经·西山经》:"有木焉,其状如棠。"郭璞注:"棠梨也。"从木之字皆与木有关,如"杨、梨、梁、棠"等。"尚"金文作 尚（尚鼎）,为屋墙壁有窗口而烟气上腾形,因有高出、超过、增加、高尚、崇尚等词义。"尚"与"上"音义通用,有高大、崇尚义。棠树高大,棠梨为人所崇尚喜爱,故"棠"从木尚声。

又通"塘",堤,《列子·黄帝》:"被发行歌,而游于棠行。"《庄子·达生》作"被发行歌,而游于塘下"。又用作姓氏,《通志·氏族略》:"棠氏,姜姓。齐桓公之后,邑于棠,曰棠公,其后为棠氏。"

qù
去

佚 383　哀成叔鼎　说文小篆　熹平石经　颜真卿

形声字。《说文》:“去,人相违也。从大凵声。”本义为离开。段注:“违,离也。”《诗经·大雅·生民》:“鸟乃去矣,后稷呱矣。”凵(qū),《说文》:“凵卢,饭器,以柳为之。象形。”义为盛饭的器皿。“凵”小篆作凵,像柳条或竹篾编的盛饭器皿,徐灏《注笺》:“篆体上敛下侈者,以别于口犯切之凵耳。”“凵”在“去”字中表示上古人半穴居的土穴,或作“口”。“去”甲骨文作,小篆作,像人(大)从家门口“凵(口)”离去形,故“去”从大凵声。或谓“去”像有盖的盛食器,以掀盖离开饭器表离去意,朱骏声《通训定声》:“一说,去亦古凵字,大,其盖也。象形。”可备一说。

人离去则与亲人、家乡相隔,故“去”引申为距离,李白《蜀道难》:“连峰去天不盈尺,枯松倒挂倚绝壁。”离去不见如同消失,故又指失掉、失去,《史记·李斯列传》:“(李斯)说秦王曰:胥人者,去其几也。”离此则去往别处,故又指往(由此处到彼处),李白《赠韦秘书子春》:“终与安社稷,功成去五湖。”再由离去转指过去的,如去年,曹操《短歌行》:“譬如朝露,去日苦多。”又指中古声调平上去入四声之一的去声,现代汉语普通话四声为阴、阳、上、去。放弃之物多丢弃,故又指放弃、丢弃,旧读 qū,《论语·子路》:“善人为邦百年,亦可以胜残去杀矣。”何晏集解引王肃:“去杀,不用刑杀也。”又指撤除、去掉,《周礼·地官·大司徒》:“以荒政十有二,聚万民……六曰去几。”郑玄注:“去几,去其税耳。”

“去”又音 jǔ,指收藏,也作“弆”,《左传·昭公十九年》:“及老,托于纪鄣,纺焉以度而去之。”陆德明释文:“裴松之注《魏志》云:‘古人谓藏为去。’案:今关中犹有此音。”

ér
而

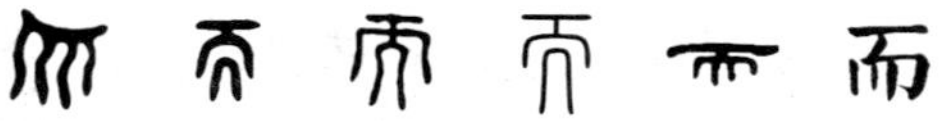

乙 2948　真敖簋　石鼓　说文小篆　曹全碑　颜真卿

象形字。《说文》:“而,颊毛也。象毛之形。《周礼》曰:作其鳞之而。”

本义为颊毛。段注:"颊毛者,须部所谓髯须之类耳……盖而为口上口下之总名。分之则口上为䶒,口下为须。须本颐下之专称,䶒与承浆与颊髯皆得称须。"《周礼·考工记·梓人》:"必深其爪,出其目,作其鳞之而。"郑玄注:"之而,颊颔也。"戴震补注:"颊侧上出者曰之,下垂者曰而,须鬣属也。"或谓"而"为胡须的统称,饶炯《部首订》:"而者,面毛之通称。""而"甲骨文作ℳ,金文作ℿ,小篆作ℿ,徐锴《系传》:"象颊毛连属而下也。"高鸿缙《中国字例》:"而之本意为两颊下垂之毛。其可以上理之长发则称为鬟也。""而"后借为虚词,颊毛之"而"则加"彡"作"髵",为后起加形分化字。胡须下垂貌为"冄(冉)",《说文》:"毛冄冄也。象形。"段注:"冄冄者,柔弱下垂之兒。""冄"金文作𣎆 冉鼎,小篆作𣎆,皆像胡须冉冉下垂形。

胡须多而相连,"而"后多用为表连带义的虚词,本义少用,《周易·明夷》:"君子以莅众,用晦而明。"虞翻注:"而,如也。"又指就是,常与"非"对用,构成"非……而……",《战国策·楚策》:"凡天下强国,非秦而楚,非楚而秦。"又用作代词,相当于"你、你的、此"。又用作副词,相当于"才、只、唯独、犹、还"。又用作连词,表示并列、承接、假设、因果、转折等。又用作助词、语气词等。

"而"又音 néng,同"能",1. 能够,《论语·宪问》:"子路问事君,子曰:勿欺也,而犯之。"何晏注引孔曰:"事君之道,义不可欺,当能犯颜谏争。"2. 安,《周易·屯》:"天造草昧,宜建侯而不宁。"陆德明释文:"郑读'而'曰'能',能犹安也。"3. 才能,《庄子·逍遥游》:"故夫知效一官,行比一乡,德合一君,而征一国者,其自视也亦若此矣!"

铁 223.4　后下 24.3　毕鲜簋　说文小篆　华山庙碑　颜真卿

会意字。《说文》:"益,饶也。从水、皿。皿益之意也。"本义为水漫出器皿,后作"溢"。《六书故·工事》:"水在皿上,溢之意也。"王筠《释例》:"益之水在皿上,则增益之意,即兼有泛溢之意。"《吕氏春秋·察今》:"荆人欲袭宋,使人先表澭水。澭水暴益,荆人弗知,循表而夜涉,溺死者千有余人。"高诱注:"益,长。"水多则溢出器皿,故"益"训"饶",义指富裕。段注:"食部曰:'饶,饱也。'凡有余曰饶。"《史记·货殖列传》:"七十子之徒,赐最为饶益。"皿,《说文》:"饭食之用器也。象形。"本义为器皿,泛指碗碟杯盘一类饮食用器,后为器皿通名。"皿"甲骨文作 ,甲二四七三、 乙六四〇四,像盆类器皿。"益"小篆作 ,王筠《句读》:"从水在皿上。"朱骏声《通训定声》:"从水浮于皿会意。"器皿中水多则满溢,故"益"从水、皿。"益"甲骨文作 ,像水溢出器皿状。李孝定《甲骨文字集释》:"益用为饶益、增益之义既久,而本义转晦,遂别制溢字……此字当以泛溢为本义。""益"小篆上部"水"横置,与八卦中表示水的坎卦☵相似。"盈"从皿、夃,以皿中益多(夃)会盛满、充满意,构形与"益"相似。盈为虚指,益乃实取;充满为盈,满溢为益。溢,《说文》:"器满也。从水益声。"本义指水或其他物体满而向外流出来。水饶多(益)则溢,故"溢"从水益声。"益"为"溢"之初文,自"益"用为丰饶、益多义,本义则"益"加水作"溢",为通行字,徐灏《注笺》:"用为曾益,故溢复加水。"此与"莫-暮、暴-曝"诸字演变相同。

　　水满则溢,人满则骄,故"益"引申指骄傲自满,《庄子·列御寇》:"有貌愿而益,有长若不肖。"俞樾《平议》:"益当作溢,溢之言骄溢也。"水多则满溢,故又指多,《战国策·齐策》:"可以令楚王亟入下东国,可以益割于楚。"器中水不断增加则满溢,故又指增加,如增益,《谷梁传·隐公七年》:"民众城小,则益城。"助人是益人之举,故又指补助,《吕氏春秋·观世》:"与我齐者,吾不与处,无益我者也。"又指利益、好处,如收益,《尚书·大禹谟》:"满招损,谦受益。"又指有益,《论语·季氏》:"益者三友……友直、友谅、友多闻,益矣。"器中水不断上升方能漫出,故又指上进、进取,《论语·宪问》:"非求益者也,欲速成者也。"邢昺疏:"此言童子非求进益者也。"又为卦名,卦形为☲☳,《周易·益》:"益,利有攸往,利涉大川。彖曰:益,损上益下,民说(悦)无疆。"又用作副词,表示更加或逐渐,如精益求精,《礼记·坊记》:"使民富不足以骄,贫不致于约,贵不慊于上,故乱益亡。"

孔颖达疏:"益,渐也。"

yǒng
咏(詠)

咏尊　说文小篆　西狭颂　礼器碑　颜真卿

《说文》作"詠",形声字。《说文》:"詠,歌也。从言永声。"本义为歌唱、曼声长吟。徐灏《注笺》:"咏之言永也,长声而歌之。"《礼记·乐记》:"诗,言其志也。歌,咏其声也。"永,《说文》:"长也。象水至理之长。"以水长流表示长久义。段注:"至者,水脉。理者,水文。""永"小篆作 𣱩,像水长流形。"詠"为歌唱、长吟,吟唱是声音、语言的延长,徐灏《注笺》:"詠之言永也,长声而歌之。"故"詠"从言永声。"言"字从口,言出于口,"言、口"形义相近,二字形符互用,"詠"之作"咏",犹"吟"之作"詥"。

吟咏是诗词重要的创作和演示方法,故"咏"引申为诗词,李白《春夜宴从弟桃花园序》:"不有佳咏,何申雅怀;如诗不成,罚依金谷酒数。"也指用诗词抒写心志,曹操《步出夏门行》:"歌以咏志。"又为诗体名,元稹《乐府古题序》:"后诗之流为二十四名:赋、颂、铭、赞、文、诔、箴、诗、行、咏、吟……皆诗人六义之余,而作者之旨。"又指歌颂,班固《东都赋》:"下舞上歌,蹈德咏仁。"鸟声悠长动听如吟咏,故又指鸟鸣,陆机《悲哉行》:"目感随气草,耳悲咏时禽。"

yuè shū guì jiàn　　lǐ bié zūn bēi

【原文】　乐 殊 贵 贱　　礼 别 尊 卑

【译文】　(周公制礼作乐以治国安民,)礼乐用为区分贵贱尊卑。

【释义】

语出《礼记·曲礼》"夫礼者,所以定亲疏,决嫌疑,别同异,明是非也",《礼记·乐记》"礼义立,则贵贱等矣;乐文同,则上下和矣"。《千字文释义》:"上言父子君臣之伦,至此又推其类而尽言之,因以此二语为发端,言五伦之中,有贵有贱,有尊有卑,而先王制礼作乐,所以殊异而分别之也。"乐,乐教。殊,区别。礼,礼教。别,区分。此"礼、乐"总指礼乐教化,是为了区分和维持贵贱、尊卑等五伦之序。"君臣、父子、夫妇、昆弟、朋友"五伦关系中,客观地存在贵贱尊卑之分:父母为尊则儿女为卑,长者为尊则幼者为卑,君王为贵则臣民为贱等。所谓"卑、贱"是伦常之序的自然体现,不是人格贵贱之意。礼乐教化的尊卑贵贱,强调在人伦关系中各守其分,而非生硬讲求所谓表面平等。不孝父母,目无尊长,是违背人伦关系平等真实含义的。历史经验证明,五伦关系维护得好,社会就和谐稳定;如果造成"父不父、子不子"之类的混乱,必定会导致大乱。《朱子治家格言》所谓"伦常乖舛,立见消亡",就是这个道理。五伦关系的尊卑、贵贱之序,需要礼乐之教来区分和维持。

古代圣王为了长久维持五伦之序,专门制礼作乐以行教化。史载周公制礼作乐,《礼记·明堂位》:"武王崩,成王幼弱,周公践天子之位以治天下。六年,朝诸侯于明堂,制礼作乐,颁度量,而天下大服。"周公是儒家尊崇的圣人,姓姬名旦,周文王第四子。因其采邑封在周(今陕西省岐山),故称周公。周公全力辅佐周武王伐纣灭殷,武王死后,又辅佐其子成王治理国家。周公依据周制,参酌殷礼,首先确立周王为天下共主,称天子。又以天子为大宗,以同姓诸侯与天子为叔伯、兄弟的为小宗,从而形成以血缘关系为联系的"宗法制"。天子之下有诸侯,诸侯又有爵位、等级之分,形成阶梯式的等级尊卑制度。宗法制与等级制相结合,产生出一套完整而严格的礼仪制度。殷周两代,"国之大事,在祀与戎",即祭祀与军旅是治国的两件大事。祭祀有隆重的仪式,出征有不同的乐舞,会盟、饮宴、婚嫁、丧葬等,均有不同的礼乐仪式。这些都是周公制礼作乐的内容,后人称"周礼"或"周公之典",对后来都有深远的影响。在《仪礼》和托名周公所作、实际成书于战国时期的《周礼》中,保存了大量周初的礼乐仪式和典章制度。

今天,我们很难通晓古代礼乐的全部内容,但可以掌握礼乐的精神,成为明伦知礼的人。能够知礼守礼、孝亲尊师、敬重长辈,就会得到礼乐教化的诸多益处。

【解字】

yuè
乐（樂）　　京津 3728　　乐鼎　　召乐父匜　　说文小篆　　曹全碑　　颜真卿

繁体作"樂"，象形字。《说文》："樂，五声八音总名。象鼓鞞。木，虡也。"本义为音乐的总称。古音乐五声为：宫、商、角、徵、羽，为乐的不同声调；八音为：金、石、丝、竹、匏、土、革、木，为奏乐的不同器材。朱骏声《通训定声》："五声八音相比而成乐。"严可均《校议》："鞞当作鼙。"段注："象鼓鼙，谓𢀩也。鼓大鼙小。中象鼓。两旁象鼙也。乐器多矣。独像此者。鼓者春分之音。《易》曰：'雷出地奋，豫。先王以作乐崇德。'是其意也。"《周易·豫》："先王以作乐崇德。""樂"小篆之"白"像鼓，两旁像鼙（军用小鼓），"木"像放鼓的木架，即虡(jù)。樂、壴构形相近，皆像鼓在木架上形。"樂"甲骨文作𣢟，罗振玉《增订殷虚书契考释》："从丝坿木上，琴瑟之象也。或增𣥂以象调弦之器。"即为木制弦乐器之形。甲骨文与篆文字形都是用乐器形制来表示音乐，构字意图相同。

唱、奏是音乐的主要形式，故"乐"引申为唱、奏，《礼记·乐记》："比音而乐之。"乐器用以演奏音乐，故又指乐器，《史记·周本纪》司马贞索隐述赞："太师抱乐，箕子拘囚。"古代演奏音乐的人为乐工，故又指乐工，《论语·微子》："齐人归女乐，季桓子受之，三日不朝，孔子行。"又指儒家六经中的《乐经》，《庄子·天运》："孔子谓老聃曰：丘治《诗》《书》《礼》《乐》《易》《春秋》六经。"又用作姓氏，《急就篇》："乐、禹、汤。"颜师古注："乐氏之先与宋同姓，戴公生乐父衍，是称乐氏……战国时燕有乐毅。"

"乐"又音 lè，古人闻乐则喜，喜则奏乐，故又指快乐，《论语·学而》："有朋自远方来，不亦乐乎！"也指乐于做事，《战国策·楚策》："法令既明，士卒安难乐死。"又指安乐，《诗经·魏风·硕鼠》："逝将去女，适彼乐土。"

"乐"又音 yào，爱好、喜好，《论语·雍也》："知者乐水，仁者乐山。"

"乐"又音 liáo，通"疗"，《诗经·陈风·衡门》："泌之洋洋，可以乐饥。"

郑玄笺："泌水之流洋洋然,饥者见之可饮以疗饥。"

shū 殊 𥻏 殊 㫼 殊 殊

合 17055　　纵横家书 190　　说文小篆　　魏受禅表　　颜真卿

形声字。《说文》:"殊,死也。从歺朱声。汉令曰:蛮夷长有罪,当殊之。"本义为诛斩、杀死。段注:"凡汉诏云殊死者,皆谓死罪也。死罪者首身分离,故曰殊死。引伸为殊异。"今则以"殊"为殊异字,借责备之"诛"为斩杀字。《汉书·高帝纪》:"其赦天下殊死以下。"颜师古注:"斩刑也。"朱,《说文》:"赤心木,松柏属。从木,一在其中。"本义为松柏属赤心木。金文作 𣎳 方鼎,小篆作 𣎵,指事符号"·、一"指出赤心(红树心)在木中。"朱"由赤(红)心木转指大红色。人被杀则血流出,血为红色(朱);人被诛斩则骨肉分离,或遭剐而只剩残骨(歺),故"殊"从歺朱声。《左传》释文引《说文》有"一曰断也"四字,段玉裁、王筠等据而补之。殊、死义近,《说文》:"死,澌也,人所离也。从歺从人。"本义指生命终结,与"生"相对。"死、澌"上古音声同韵近,为声训。段注:"澌为凡尽之称,人尽曰死。"人死则离世,且形神相离,故训"人所离也"。"歺"指剔去肉后的残骨,人死久则惟剩残骨,故"死"从歺从人。饶炯谓"死"为"尸"之或体,《部首订》:"死即尸之或体,人气灭则身僵卧,故尸从人横之指事。人离气则骨肉朽腐,故死从人从歺会意。""死、尸"声义相近,人气绝则死,既死而遗体为尸。"死"甲骨文作 𣦵 前五·四一·三,金文作 𣦵 盂鼎,罗振玉《增订殷虚书契考释》:"此(𣦵)从 𠂆,象人跽形。生人拜于朽骨之旁,死之谊昭然矣。"

被杀则生命断绝,故"殊"引申指断绝,《左传·昭公二十三年》:"断其后之木而弗殊。"被杀则生死异路,故又指不同,《周易·系辞》:"天下同归而殊途。"孔颖达疏:"言天下事终则归于一,但初时殊异其途路也。"被杀则与世永别,故又指区别,《千字文》:"乐殊贵贱,礼别尊卑。"人因特殊缘故才会遭斩杀,故又指特殊、突出,《论衡·知实》:"夫圣犹贤也,人之殊者谓之圣。"特殊则超出平常,故又指超过,《晋书·艺术传》:"法师业行殊群,正当如蝉蜕耳。"又用作副词,表示程度或频率。

guì
贵(貴)　鸟书箴铭带钩　孙子171　说文小篆　孔宙碑　颜真卿

　　繁体作"貴",形声字。《说文》:"貴,物不贱也。从貝臾声。臾,古文
蕢。"本义为价格高,与"贱"相对。《左传·昭公三年》:"国之诸市,屦贱踊
贵。"上古之时,先民以物换物,继而以贝壳作通行货币,故"贝"转指古代
货币,从贝之字皆与钱货有关,如"财、寶、货、贷"等,《说文》:"古者货贝
而宝龟,周而有泉,至秦废贝行钱。"臾(kuì),为蕢(kuì)之古文,《说文》:
"蕢,艸器也。"两手(臼)编物(人)形,指用草、竹编的筐,多用以盛土。《汉
书·何武王嘉师丹传》"以一蕢障江、河",颜师古注:"蕢,织草为器,所以盛
土也。"财货(貝)贵重,用蕢(臾)装运或置于家,故"贵"从贝臾声。《系
传》无"臾,古文蕢"四字。

　　"贵"引申指社会地位高,《周易·系辞》:"卑高以陈,贵贱位矣。"位高
者多受尊敬,故也指尊重,《孟子·万章》:"用下敬上谓之贵贵,用上敬下谓
之尊贤。"敬辞是尊人的体现,故又用作敬辞,犹"尊",如贵姓。贵重之物
多重要,故又指重要,《论语·学而》:"礼之用,和为贵。"贵重之物多受重
视,故又指重视、崇尚,《尚书·旅獒》:"不贵异物贱用物,民乃足。"贵重之
物人多希求,故又指欲、想要,《战国策·东周策》:"贵合于秦以伐齐。"又用
为地名,1. 古州名,汉郁林郡地,唐置南尹州,改曰贵州。2. 旧县名,在今广
西壮族自治区,1988 年改为贵港市。3. 今贵州省的简称。贵州,秦属黔中
郡,汉初为南夷地,后属荆益二州,清置贵州省,治所在贵阳。

jiàn
贱(賤)　王四年相邦张仪戈　睡 52.2　说文小篆　张迁碑　颜真卿

　　繁体作"賤",形声字。《说文》:"賤,贾少也。从貝戔声。"本义为价格
低,与"贵"相对。段注:"贾,今之价字。"徐锴《系传》:"贱之言践,轻也。"
张舜徽《约注》:"《释名·释言语》云:'贱,践也。卑下见践履也。'今湖湘

间称轻贱其物曰糟蹋,亦即践履之意。"《汉书·昭帝纪》:"谷贱伤农。"戋(戔)(cán),《说文》:"贼也。从二戈。"本义为残杀,同"残",段注:"此与殘音义皆同。故殘用以会意。今则殘行而戋废矣。""戋"为"殘"字初文,徐锴《系传》:"兵多则残也,故从二戈。""贱"是货物(貝)价格低(戋),故"賤"从贝戋声。物分则小,或一戈折残为二则小,从戈(戋)声字多有小、少意:水少为"浅",价少为"贱",小阜为"陵",小布为"幓",小锄为"钱",小杯为"琖",细缕为"线",巧言为"諓",浅毛虎为"虥"。"戋"有杀、害义,故"残、践、猠、憯"等从戈(戋)声字,取其杀、害意。

"贱"引申指地位低,《论语·里仁》:"贫与贱,是人之所恶也。"邢昺疏:"无位曰贱。"作动词指使人地位低,《列子·力命》:"若是汝力之所能,奈何寿彼而夭此,穷圣而达逆,贱贤而贵愚,贫善而富恶邪?"位卑者常被轻视,故又指轻视,《尚书·旅獒》:"不贵异物贱用物,民乃足。""自卑尊人"是中国文化的体现之一,"贱"以卑下义用作谦辞,《战国策·赵策》:"老臣贱息舒祺,最少,不肖。"

礼（禮）

后下 8.2　　何尊　　说文小篆　　说文古文　　孔龢碑　　颜真卿

繁体作"禮",会意兼形声字。《说文》:"禮,履也。所以事神致福也。从示从豊,豊亦声。𧤛,古文禮。"本义为敬神,祭神以致福。"履"指鞋,引申为践行;礼为人所践行,故训"履"。上古音"礼、履"皆属来纽脂部,为声训。徐灏《注笺》:"礼之言履,谓履而行之也。礼之名起于事神,引申为凡礼仪之称。"《仪礼·觐礼》:"礼山川丘陵于西门外。"《说文》从示之字多与祭祀有关,如"祭、祀、祝"等。豊(lǐ),《说文》:"行礼之器也。从豆,象形。"本为古代祭祀用的礼器。"豊"甲骨文作𧯄甲一九三三、𧯄宁沪三·四,像豆上盛物祭祀形。王国维《观堂集林》谓"象二玉在器之形,古者行礼以玉"。"豊"为"禮"之本字,后加"示"作"禮",为后起加形分化字,段注:"禮有五经,莫重于祭,故禮字从示。豊者,行礼之器。"故"禮"从示从豊,豊亦声。

张舜徽《约注》:"《礼记·礼运篇》:'夫礼之初,始诸饮食。其燔黍捭豚,污尊而抔饮,蒉桴而土鼓,犹若可以致其敬于鬼神。'然则太古之祭,自以饮食为先。豊之所盛,乃饮食之物耳。自其器言,谓之豊;自其事言,则谓之禮;本一字也。后世专用禮字而豊废矣。""禮"甲骨文作🔣,李孝定《甲骨文字集释》:"以言事神之事则为禮,以言事神之器则为豊,以言牺牲玉帛之腴美则为豐。其始实为一字也。""禮"古文简写作"礼",今简化字"礼"袭用其形。晋爨宝子碑作礼,可见古已有"礼"字形。

祭祀必有仪式,故"礼"也指仪式,如婚礼、军礼,《尚书·说命》:"礼烦则乱,事神则难。"孔传:"事神礼烦则乱而难行。"祭祀必有祭品,古以送礼为礼仪之一,故又指礼物,《礼记·表记》:"无礼不相见也。"礼主敬,礼节体现敬意,故又指礼节、礼貌,《左传·僖公三十年》:"以其无礼于晋,且贰于楚也。"古以礼乐治国,故又指行为准则、道德规范,《礼记·曲礼》:"夫礼者,所以定亲疏,决嫌疑,别同异,明是非也。"又指以礼相待、敬重,《礼记·月令》:"聘名士,礼贤者。"礼之初始于饮食,故又指宴饮,《仪礼·觐礼》:"飨礼乃归。"又为儒家经典名,《仪礼》《周礼》《礼记》合称"三礼",《庄子·天地》:"孔子谓老聃曰:丘治《诗》《书》《礼》《乐》《易》《春秋》六经。"

bié
别（刐）

乙 768.1　　说文小篆　　三公山碑　　颜真卿

《说文》作"刐",会意字。《说文》:"刐,分解也。从冎从刀。"本义为分解。王筠《句读》:"从冎从刀,主臞宰而言……《淮南子》曰:'宰庖之切割分别也。'与许君同意。"冎(guǎ),《说文》:"剔人肉置其骨也。象形。"本义为割肉离骨。"冎"甲骨文作之粹一三〇六,金文作冎冎父囗罍,像剐肉后留下的歪斜骨架形,动词加刀作"刐"。刀用于分解,如庖丁解牛,肉剔除后仅剩下骨架,段注:"冎者,分解之貌。刀者,所以分解也。"故"刐"从冎从刀。"穴、别"音义同。穴(bié),《说文》:"分也。从重八。八,别也,亦声。《孝经说》曰:故上下有别。"本义为分别,段注:"《孝经说》者,《孝经纬》也。后郑注经引纬亦曰某经说……此引纬说字形重八之意也。上别下别则二八矣。"八,《说文》:"别也。"重八,则又分而别之,故"穴"从重八,八亦声。今"别"行而"穴"废而不用。"刖、别"都是用刀割去肉留下骨头,"刖"表动作,"别"表结果与状态。

物分则离,故"别"引申为离别,《楚辞·离骚》:"余既不难夫离别兮,伤灵修之数化。"王逸注:"近曰离,远曰别。"又指明辨、区分,《尚书·毕命》:"旌别淑慝。"孔传:"言当识别顽民之善恶。"区别则有不同,故又指区别、不同,如天壤之别,《礼记·乐记》:"乐者,天地之和也;礼者,天地之序也。和,故百物皆化;序,故群物皆别。"物分则成不同种类,故又指类别,如性别。分别则各自为体,故又指各,《新唐书·郭子仪传》:"属者房琯,称四节度,将别万人,人兼数马。"特别则别于一般,故又指特异、特别,严羽《沧浪诗话·诗辨》:"诗有别才,非关书也;诗有别趣,非关理也。"又指另外,《史记·高祖本纪》:"使沛公、项羽别攻城阳。"作动词指用针等把另一样东西附着或固定在主体物上,如头上别着发卡。又用作副词,1. 表示禁止或劝阻,同"不要",如别动。2. 表示揣测,常跟"是"字合用,犹"莫不、莫非",如别是他不来了吧?又指错写的字,指写成了另外的字,顾炎武《日知录》:"别字者,本当为此字而误为彼字也。今人谓之'白字',乃别音之转。"

尊

zūn

前 5.4.7　三年瘐壶　说文小篆　说文或体　曹全碑　颜真卿

《说文》小篆作"尊",会意字。《说文》:"尊,酒器也。从酉,廾以奉之。《周禮》六尊:牺尊、象尊、著尊、壶尊、太尊、山尊,以待祭祀宾客之礼。尊,尊或从寸。"本义为盛酒礼器,历代形制不一,故许慎引《周礼》六尊以明之。段注:"凡酒必实于尊以待酌者。郑注《礼》曰'置酒曰尊',凡酌酒者必资于尊,故引申以为尊卑字,犹贵贱本谓货物而引申之也。自专用为尊卑字,而别制罇樽为酒尊字矣。"酉,《说文》:"绎酒也。从酉,水半见于上。《礼》有'大酋',掌酒官也。"本义为久酿之酒。段注:"绎之言昔也。昔,久也……然则绎酒谓日久之酒……酉上与谷上正同,皆曰水半见,绎酒糟滓下湛,水半见于上,故像之。""酉"为"酒"之初文,"酋"金文作𦥯丰兮尸𣪘,像绎酒(酉)香溢坛外(八)形。"酋"转指主持献祭的掌酒官,汉用作官名,如许慎为许祭酒。廾(gǒng),《说文》:"竦手也。"本指拱手,段注:"此字谓竦其两手以有所奉也。"甲骨文作𠬞甲一二八七,像两手向上拱合形。廾与奉同。"尊"为盛酒礼器,祭祀时需祭酒官两手高举奉祭,为尊者敬酒需两手敬奉,段注:"廾者,竦手也。奉者,承也。设尊者必竦手以承之。"故"尊"从酉,廾以奉之。或体从寸作"尊",为通行字,张舜徽《约注》:"𡬣本从𠬞,两手奉器也。或体从寸,与从又同,谓一手举器也。"

"尊"也指置酒或盛酒(用于祭奠),《仪礼·士冠礼》:"侧尊一甒醴。"奉酒祭祀体现敬意,徐灏《注笺》:"因奉承之义而为尊敬之称。"故又指敬重、推崇,《论语·尧曰》:"尊五美,屏四恶,斯可以从政矣。"祭酒是两手奉尊于神前,故又指尊奉,《左传·成公九年》:"无私,忠也。尊君,敏也。"受尊敬是被重视的体现,故又指重视,《左传·昭公五年》:"牟夷非卿而书,尊地也。"尊者多贵,故又指尊贵、高贵,《左传·昭公十三年》:"昔天子班贡,轻重以列;列尊贡重,周之制也。"尊者多高而在上,故又指高,《周易·系辞》:"天尊地卑,乾坤定矣。"以敬重义用作敬辞,《礼记·丧服四制》:"贵贵尊尊,义之大者也。"郑玄注:"贵贵,谓为大夫君也。尊尊,谓为天子诸侯也。"《礼记·丧服小记》:"养尊者必易服,养卑者否。"郑玄注:"尊,谓父兄。卑,谓子弟之属。"《三国志·蜀书·马良传》:"尊兄应期赞世,配业光国。"又用作量词,多指尊贵之物,如一尊佛像。

bēi
卑　甲　𤰞　𤰞　卑　卑
京2684　余卑盘　说文小篆　尹宙碑　颜真卿

会意字。《说文》:"卑,贱也,执事也。从𠂇、甲。"本义为身份或地位低下。奴仆地位卑下,以做事为业,故训"执事"。桂馥《义证》:"本书:'婢,女之卑者。''奴、婢皆古之罪人。《周礼》:其奴,男子入于罪隶,女子入于舂槁。''宰,罪人在屋下执事者。'"《孟子·梁惠王》:"国君进贤,如不得已,将使卑逾尊,疏逾戚,可不慎与?”“ナ”即左右之“左”初文。人右手灵便顺遂,故做事以右手为主,左手为副、为辅,主大于副,顺者为尊,故古人尚右卑左,以右为上、为高,以左为下、为卑。“无出其右”即无人超出其上,“左迁”是贬官的委婉说法,“旁门左道”指偏邪之道,“意见相左”指看法不合。“甲”甲骨文作 **十** 后上三·一六,金文作 ⊕ 兮甲盘、中 诅楚文,像盔甲盾牌形。“卑”指卑贱,“ナ”有卑下义,“甲”指人头盔,“ナ”在头(甲)下则表示头低下,如低人一头,有卑下之意,段注:“古者尊又而卑ナ,故从ナ在甲下,甲象人头。”王筠《句读》:“甲象人头,尊也。ナ在甲下,故卑。”故“卑”从ナ、甲。或谓“从ナ、甲”指君王、主人身后手(ナ)执盔甲或团牌(甲)之奴隶或下民。“卑”甲骨文作 𤰃,或谓是奴仆持箕类器具干粗活;金文从攴从田作 𤰮,张舜徽谓会执事于田之意。低在头盔下、执团牌奴仆、干粗活奴隶、耕田者,都是地位低贱的“执事”者,用以解释“从ナ、甲(田)”表示卑贱,都合乎构字意图,不必定于一尊。

　　“卑”由地位卑转指地势低,与“高”相对,《礼记·中庸》:“君子之道,辟如行远必自迩,辟如登高必自卑。”卑贱者衣食粗劣,故也指低劣,《晋书·石崇传》:“广城君每出,崇降车路左,望尘而拜,其卑佞如此。”卑贱者易遭人轻视,故又指轻视,《国语·晋语》:“秦晋匹也,何以卑我?”古人自卑而尊人,故又指谦恭,《周易·谦》:“谦谦君子,卑以自牧也。”孔颖达疏:“解谦谦君子之义,恒以谦卑自养其德也。”卑者身份低微,故又指微小,《孟子·公孙丑》:“管仲得君,如彼其专也;行乎国政,如彼其久也;功烈,如彼其卑也。”赵岐注:“谓不率齐桓公行王道而行霸道,故言卑也。”卑者多弱,故又指柔弱,宋玉《神女赋》:“性和适,宜侍旁;顺序卑,调心肠。”

【原文】　上 和 下 睦　夫 唱 妇 随
　　　　　 shàng hé xià mù　fū chàng fù suí

【译文】　五伦中尊卑上下须和睦相亲,夫妇须同心同德而互相成就。

【释义】

　　“上和下睦”出自《礼记·乐记》“乐文同,则上下和矣”,“夫唱妇随”

出自《关尹子·三极》"天下之理,夫者倡,妇者随"。上,尊长或在上位者。下,晚辈或在下位者。和,睦。睦,敬和。唱,同"倡",倡导。随,跟随。《说文》:"妻,妇与夫齐者也。"可见夫妻同等重要。《千字文释义》:"言五伦虽有贵贱、尊卑、上下之不同,而皆以和谐亲睦为善也。"

中国文化强调"和",《论语·学而》称"礼之用,和为贵",《中庸》言"中也者,天下之大本也;和也者,天下之达道也。致中和,天地位焉,万物育焉"。《周易》六十四卦中,凡是上下和合的卦,多象征吉祥,比如地天泰卦、地山谦卦等。尊卑贵贱是五伦之序,和睦是五伦相处之法,是人与人相交往的重要原则。"仁"字从人从二,是处理好各种二人关系的最高境界。和睦相处可以参考以下方法:一是恭敬而不傲慢;二是感恩而不抱怨;三是多付出而少索求;四是多宽容而常自省。

五伦之道始于夫妇,故首言夫妇之伦。《周易·序卦》:"有天地然后有万物,有万物然后有男女,有男女然后有夫妇,有夫妇然后有父子,有父子然后有君臣,有君臣然后有上下,有上下然后礼义有所错。"夫妇之道有别,《周易·家人》象:"家人,女正位乎内,男正位乎外。""男"从田从力,构字意图指男用力於田,表男主外以养家;"妇(婦)"从女持帚洒扫,"妻"从女从中从又,"又,持事,妻职也",皆指妇女主内而主事持家。《礼记·中庸》谓"君子之道,造端乎夫妇,及其至也,察乎天地"。夫妇各司其职、各安其道,上和下睦,同心同德,则家安国定。

妻子辅助丈夫,并非无原则的听从,如果丈夫有错,妻子应劝勉丈夫改正。贞观六年(632),朝廷为长乐公主李丽质准备嫁妆,李世民对众臣说:"长乐公主,皇后所生,朕及皇后并所钟爱。今将出降,礼数欲有所加。"大臣皆谓"陛下所爱,欲少加之",于是进言请求双倍于永嘉长公主,魏征认为此举逾越了礼制而反对,李世民大怒,回宫把此事告诉了长孙皇后。长孙皇后感叹魏征能"引礼义抑人主之情",对其大加赞赏,特地派人赏赐给魏征绢四百匹、钱四百缗,并传口讯:"听闻你正直,现在见识到了,希望你一直保持,不要改变。"得长孙皇后之助,魏征才能更好地正义直谏而为国尽忠。正因君明、后贤、臣直，大唐初期才成就了"贞观之治"。

【解字】

shàng
上（丄）　　二　二　二　丄　丄　上　上　上
　　　　　甲 1164　屯 505　墙盘　子犯编钟　说文古文　说文小篆　石门颂　颜真卿

　　《说文》古文作"丄"，指事字。《说文》："丄，高也。此古文上，指事也。上，篆文丄。"本义为相对高的空间方位。许慎训"高"，指参照系的高处。《诗经·周颂·敬之》："无曰高高在上。"空间方位"上"，难以具体形象表达，故用抽象符号表示。"上"是典型的指事字，指出上之空间所在，徐灏《注笺》："上、下无形可象，故于一画作识，加于上为上，缀于下为下，是谓指事。《自序》曰'指事者，视而可识，察而见意'也……篆文上，《秦峄山刻石》有之，今摹本尚存，不得谓后人所改。"段注："凡《说文》一书，以小篆为质，必先举小篆，后言古文作某。此独先举古文后言小篆作某，变例也，以其属皆从古文上，不从小篆上，故出变例而别白言之。"古文字上面是短横或一竖。"上"甲骨文下一长横表示坐标，上一短横或竖指示坐标以上的空间。春秋僖公时期的子犯编钟第二钟作丄，战国时期货币文作丨六七，与《说文》古文形同，皆属于六国古文系统。"上"秦系文字皆作上形，可见篆文上传承有自。从视觉角度看，在下的显得大，在上的显得高、小，许慎训丄为"高"，丨像高形，体现形义统一。秦以后，在"丄、丅"之丨上加横作"上、下"，以区别于"丁"等字形。张舜徽《约注》："古初造上下字，立一为崇，指其上则为丄，指其下则为丅。形画之始，以·、以丨、以一标识其处，均无不可。故上下二字，在古文中或作 ᐧ、⸝，或作丄丅，或作二二，本未有定体也。甲骨铜器刻辞中，上字有作二者，他可知矣。惟许书以高训丄，则所采用之古文，必作丄不作二。立一为崇，引而上行，示其高也。亦犹以底训丅，底即今之低字，引而下行，示其低耳。段氏注本，必改古文丄为二，泥矣。"

　　天居最上，故"上"引申为天，《尚书·文侯之命》："昭升于上，敷闻在下。"君王权位最高，故又指君主，《管子·君臣》："民之制于上，犹草木之制于时也。"又指尊长或在上位的人,《论语·学而》:"其为人也孝悌,而好犯上者鲜矣。"何晏集解:"上,谓凡在己上者。"又指在上面的一方,《汉书·东方朔传》:"上乏国家之用,下夺农桑之业。"又指侧畔,《论语·子罕》:"子在川上,曰:逝者如斯夫!"上座的位置尊贵,故又指上首、上座,《礼记·曲礼》:"席南乡北乡,以西方为上。"郑玄注:"上,谓席端也。"又指物体的顶端或表面,如山上、水上。也指等级或质量高的,《孙子·谋攻》:"凡用兵之法,全国为上,破国次之。"以时间来衡量,久远的为上,故又指古、久远,《汉书·百官公卿表》:"然已上矣。"又指重,与"轻"相反,《尚书·吕刑》:"上刑适轻下服。"孔传:"重刑有可以亏减,则之轻,服下罪。"又指从低处到高处、登、升,如上山,《周易·需》:"云上于天。"就平面空间而言,"上"也指往、去,如上学、上门。上升则高度逐渐增加,故又指添加,《论语·颜渊》:"草上之风必偃。"何晏集解引孔安国:"加草以风,无不仆者。"偶然碰到是额外加到身上的,故又指碰到、遭受,如上当。又指进呈、奉献,《庄子·说剑》:"宰人上食。"又指凌驾、欺凌,《国语·周语》:"《书》曰:民可近也,而不可上也。"也表示范围或方面,如书上,《战国策·秦策》:"人生世上,势位富贵,盖可忽乎哉?"又指按规定时间参加,如上班、上课。也指旋紧,如上发条。又指安装,如上螺丝。又指染涂,如上色、上药。又指向上,如上访,《晋书·石崇传》:"臣等刻肌碎首,未足上报。"又用于动词后,表示开始并继续,如大家议论上了;表示达到某种目的或取得某种结果,如考上了大学。

"上"又音 shǎng,汉语声调之一。普通话有阴平、阳平、上声、去声四个调类,中古音有平、上、去、入四个调类,《南齐书·文学传》:"(沈)约等文皆用宫商,以平上去入为四声。"

hé
和（穌盉）　　　史孔和　　　舒盉壶　　　说文小篆　　　熹平石经　　　颜真卿

《说文》作"咊",形声字。咊(hè),《说文》:"咊,相譍也。从口禾声。"本义为声音相应、和谐地跟着唱或伴奏。"咊"为左形右声,"和"为左声右形。"膺"徐锴《系传》作"應"。《周易·中孚》:"鸣鹤在阴,其子和之。"禾,《说文》:"嘉谷也。二月始生,八月而孰,得时之中,故谓之禾。"古代指粟,即今之小米,泛指庄稼。"禾"甲骨文作 ⚘后上二四·九、⚘乙四八六七,像禾结实垂穗形。禾在时节、气候之中生成,有中和、调和之意,故名为"禾"。"和"为人口发出声音的相应适中,"禾"有中和、调和之意,故"和"从口禾声。凡兼容协和、调和得中者,古多名"和",且多从禾声。《说文》龠部:"龢,调也。从龠禾声。读与和同。"指音乐调和得其适中之律。"龠"是口吹三管乐器形,故"龢"从龠禾声。《说文》皿部:"盉,调味也。从皿禾声。"指饮食调和得其适中之味。调味必于器中,故"盉"从皿禾声。"和、龢、盉"虽声义相通,而造字时取意不同,唱和之"和"当用从口之"和",琴瑟之"和"当用从龠(乐)之"龢",和羹之"和"当用从皿之"盉"。今统一用笔画少的"和","龢、盉"弃用。张舜徽《约注》:"古人造字之始,虽各有专名;而用字之际,则竞趋省便。故经传中凡调声调味之字皆但作和也。"

　　"和"由声音相应转为附和、响应,《商君书·更法》:"论至德者不和于俗,成大功者不谋于众。"也指以诗歌酬答或依照别人诗词的体裁作诗词,《列子·周穆王》:"西王母为王谣,王和之,其辞哀焉。"

　　"和"又音hé,指和谐,《礼记·中庸》:"发而皆中节,谓之和。"又指适中、恰到好处,《论语·学而》:"礼之用,和为贵。"又指喜悦,《尚书·康诰》:"周公初基,作新大邑于东国洛,四方民大和会。"孔传:"四方之民大和悦而集会。"也指和顺、平和,如心平气和,《左传·文公十八年》:"高辛氏有才子八人……忠肃共懿,宣慈惠和。"孔颖达疏:"和者,体度宽简,物无乖争也。"又指和平、和解,《孙子·行军》:"无约而请和者,谋也。"又指和睦、融洽,《尚书·皋陶谟》:"同寅协恭,和衷哉。"又指气候温和,《晋书·王羲之传》:"天朗气清,惠风和畅。"又指调和、调治、调校,《周礼·天官·食医》:"食医掌和王之六食、六饮、六膳、百羞、百酱、八珍之齐。"又指汇合、结合,《礼记·郊特牲》:"阴阳和而万物得。"又为古哲学术语,与"同"相对,指要在矛盾对立诸因素的相互作用下实现真正的和谐、统一,《论语·子路》:"君子和而不同,小人同而不和。"又指随着、连同,如和盘托出,李煜《捣练子·秋闺》:"无奈夜长人不寐,数声和月到帘栊。"又指车铃,悬于车轼,一说悬于衡,《诗经·小雅·蓼萧》:"和鸾雍雍,万福攸同。"毛传:"在轼曰和,在镳曰鸾。"朱熹注:"和、鸾,皆铃也。"又用作连词,表示并列关系。又用作介词,相当于"替、给、向、跟、同"。

　　"和"又音huó,作动词,指在粉状物中搅拌或揉弄使粘在一起,如和面。

xià
下

甲636　　长由盉　　说文古文　　说文小篆　　石门颂　　颜真卿

　　《说文》古文作"丅",指事字。《说文》:"丅,底也。指事。下,篆文丅。"本义为低处、底部,与"上"相对。底,《说文》:"一曰下也。"王筠《句读》:"古言上下、高下,不言高低也。"《尚书·太甲》:"若升高,必自下。""下"甲骨文作,短横在长横之下,用抽象符号指示"下"的空间所在。古文作丅,丨像低下之形。桂馥《义证》:"指事者,后人加之。丄字言明,无烦复缀。徐锴本无之,而有'从反丄为丅'五字。"张舜徽《约注》:"许书无低字,底即低也。低则在下,高则在上,故许君以高低说上下。"

　　地居底部,故"下"引申指大地,《尚书·尧典》:"格于上下。"孔传:"至于天地。"也指地表之下,《礼记·檀弓》:"夫子疾,莫养于下,请以殉葬。"又指地位低的人,《周易·系辞》:"君子上交不谄,下交不渎。"侯果注:"上谓王侯,下谓凡庶。"位低者易被轻视,故又指鄙视、轻视,《汉书·地理志》:"周人之失,巧伪趋利,贵财贱义,高富下贫,喜为商贾,不好仕宦。"又指位置低,与"高"相对,《礼记·乐记》:"天高地下。"也指等级、质量低,如下级、下等。又指时间、次序在后的,如下一回、下一个。又指攻克,如同"取下",《战国策·齐策》:"燕攻齐,取七十余城,唯莒、即墨不下。"又指投降,《汉书·郦陆朱刘叔孙传》:"臣知其令,今请使,令下足下。"又指从高处到低处、降落,如下楼。又指去、往,通常指由西往东、由北往南、由上游往下游,如东下、南下、顺流而下。又指退出、离开,如下岗。按规定时间结束工作或学习,是短暂的退出,故也称"下",如下课。谦是自下而尊人,故又指谦让、谦恭,《周易·屯》:"以贵下贱,大得民也。"又指动物生产,如下蛋。又表示属于一定的范围、处所、条件等,如名下。又指正当某个时间或时节,如眼下。又用作量词,如点了一下头、下半筒。

mù
睦

儳匜　　说文小篆　说文古文　魏上尊号奏　颜真卿

　　形声字。《说文》:"睦,目顺也。从目坴声。一曰敬和也。𡼏,古文睦。"以目顺表示和睦、和顺。《尚书·尧典》:"九族既睦,平章百姓。"孔颖达疏:"睦,即亲也。""目"甲骨文作👁 前四·三二·六、👁 后二·三四·五,像眼睛形。坴(lù),《说文》:"土块坴坴也。"本义为大土块的样子,扩展指平而广的土地。段注:"坴坴,大凷之貌。""陆"甲骨文字右旁作𡘲,土块上堆土块表示大土块,战国文字加"土"作𡍮,"坴"又加"阝"作"陆",表示高出水面的广远平地。"睦"字构字意图为目顺,《六书故·人》:"睦,目谐也。凡人之喜愠往往形于面目,故和为睦,乖为睽。"目顺则眼光平和,心平目顺如土地平广(坴),故"睦"从目坴声。古文作"𡼏",段注:"此从古文目,㐬(lù)声也。"

　　"睦"也指敬和,又指调和,《国语·越语》:"五谷睦熟,民乃蕃滋。"

fū
夫

前5.32.1　　大篡　　说文小篆　史晨碑　颜真卿

　　象形字。《说文》:"夫,丈夫也。从大,一以象簪也。周制以八寸为尺,十尺为丈。人长八尺,故曰丈夫。"本义为成年男子的统称。徐灏《注笺》:"丈夫者,男子已冠之称也,故一象其簪。"《诗经·秦风·黄鸟》:"维此奄息,百夫之特。"桂馥《义证》:"《御览》引云:从一,大象人形也,一象簪形,冠而既簪。人二十而冠,成人也,故成人曰丈夫。""夫"甲骨文像人(大)头发插簪(一)形,表示成年男子。高鸿缙《中国字例》:"夫,成人也。童子披发,成人束发,故成人戴簪,字倚大(人)画其首发戴簪形,由丈大(人)生意,故为成人意之夫。童子长五尺,故曰五尺之童;成人长一丈,故曰丈夫;伟人曰大丈夫。许言汉八寸为周一尺,人长汉八尺也。至妻之对曰夫,或丈夫,皆是借用。"林义光《文源》则认为"夫、大"同形,后分二音二义,乃加"一"为"夫"以别于大。张舜徽《约注》:"本书用部:'甫,男子美称也。'与夫双声一语之转耳。古者幼名冠字,既冠而后称甫,犹既冠而后称夫也。"

"夫"指大丈夫,用为男子美称,《左传·宣公十二年》:"且成师以出,闻敌强而退,非夫也。"又指女子的配偶,如夫唱妇随。古代在外劳作者多为男子,故又指从事某种体力劳动的人,如农夫、车夫,《左传·隐公六年》:"为国家者,见恶如农夫之务去草焉。"古代兵士多为男子,故又指对兵士、武士的称呼,《左传·哀公元年》:"夫屯昼夜九日。"又指古代官长,《礼记·郊特牲》:"夫也者,以知帅人者也。""夫"也为"大夫"之省文,《礼记·王制》:"夫圭田无征。"俞樾《平议》:"此'夫'字疑当读为'大夫'二字。古人书'大夫'字,或止于'夫'下积二画,如《峄山碑》'御史夫二臣德'是也……或传写夺去二画,而仅存一'夫'字。"

"夫"又音 fú,用作代词,相当于"他、她、它、他们,那、那个、那些,这、这个、这些"。又指所有的、大家,相当于"凡",《尚书·召诰》:"夫知保抱携持厥妇子,以哀吁天,徂厥亡出执。"孔颖达疏:"夫,犹人人,言天下尽然也。"又用作助词,用于句首或句中。用作名词的前缀,用于表示事物名称的单音词前,后遂与该单音词融合成复音词,如夫容(芙蓉),徐灏《注笺》:"(夫)借为语词,凡花之夫渠、夫容,草之夫须,木之夫栘,鸟之夫不,皆本助语,并无意义,后人相承增偏旁。"又用作语气词,表示感叹、疑问或反诘。

唱(倡) chàng

唱　唱　唱　唱

说文小篆　爨宝子碑　王羲之　颜真卿

形声字。《说文》:"唱,导也。从口昌声。"本义为领唱、领奏,也作"倡",段注:"古多以倡字为之。"《荀子·乐论》:"唱和有应,善恶相象,故君子慎其所去就也。"昌,《说文》:"美言也。从日从曰。"本义为美善、精当。"昌"所从之"曰"指言说,故训"美言也"。美言(曰)和善而溢彩,如同日光盛大光明,故"昌"从日从曰。领唱须出口歌咏或言语,声音美善(昌)

方能作领唱,故"唱"从口昌声。"唱"之倡导义古也作"倡"。倡,《说文》:"乐也。从人昌声。"本义为古代歌舞乐人。"昌"有美善义,古代歌舞乐人歌乐、舞姿美善,故"倡"从人昌声。后"唱"偏于表示唱歌,倡导义用倡优之"倡"表示。

领唱者在先,故"唱"引申为发起、倡导,《国语·吴语》:"越大夫种乃唱谋曰。"也指称赞,《说苑·君道》:"(齐)景公饮诸大夫酒,公射出质,堂上唱善,若出一口。"又指歌唱,如唱歌,王勃《滕王阁序》:"渔舟唱晚,响穷彭蠡之滨。"又指叫、呼,如唱名。又指吟咏诗词,李贺《巴童答》:"非君唱乐府,谁识怨秋深?"

妇(婦) fù

乙8713　妇好鼎　妇好钺　说文小篆　熹平石经　颜真卿

繁体作"婦",会意字。《说文》:"婦,服也。从女持帚,洒扫也。"指已婚妇女。古代男主外女主内,妇女持家,上孝长辈下教儿女,有服侍之义,故训"服"。"妇、服"上古音声同韵近,为声训。段注:"妇主服事人者也。"《释名·释亲属》:"妇,服也,服家事也。"《白虎通·嫁娶》:"妇者,服也。服于家事、事人者也。"帚(zhǒu),《说文》:"粪也。从又持巾埽冖内。古者少康初作箕、帚、秫酒。"义为扫帚。帚有扫除之用,徐锴《系传》:"埽除曰攘除也。"故训"粪",义指扫除。"帚"小篆作,像手(又)持扫帚(巾)在门(冖)内打扫,故"帚"从又持巾埽冖内。"帚"甲骨文作 甲九四四,罗振玉谓像扫帚形。妇主内而持家做事,洒扫是家务的主要事项,是女子四德之"妇功"体现,《说文》"妻"下谓"又,持事,妻职也",故"婦"从女持帚。"婦"甲骨文亦会妇女持帚洒扫之意。"婦、妻"形义相近,赵宧光《说文长笺》:"妇从女持帚,妻从又持中,可以观女人之职。"

"妇"也泛指妇女,《左传·僖公二十四年》:"女德无极,妇怨无终。"妇为丈夫之妻,故又指妻子,《史记·苏秦列传》:"秦惠王以其女为燕太子妇。"又指儿媳,《诗经·卫风·氓》:"三岁为妇,靡室劳矣。"

suí
随（隨）　　　𨷻　　蠵　　随　　隨

睡 8.10　　说文小篆　　石门颂　　颜真卿

繁体作"隨"，形声字。《说文》："隨，从也。从辵，墮省声。"本义为跟从、跟随。《说文》："從，随行也。"二字互训。"墮省声"《系传》作"隋（duò）声"，段玉裁、王筠、朱骏声等从之。《仪礼·聘礼》："使者入，及众介随入，北面东上。""墮"（huī）即隳，《说文》："隳，败城阜曰隳。"义指倒塌的城墙。王筠《释例》："许说连言阜者，以字从阜耳。""隳"之毁坏义音 huī，以"隳"为常用字；坠落义音 duò，以"堕"为常用字。段注："小篆隳作墮，隶变作堕，俗作隳。用堕为嵲落之义，用隳为倾坏之义。""隳"金文作

𨸏 五祀卫鼎，两手（ナ又）堆土（土）为阜（阝）时有散土落下，后改手（ナ）下部为肉（月）坠下。坠落之"坠"，本字作"隊"，《说文》："隊，从高隊也。从自㒸声。"本义指坠落。"隊"指从高处坠落，"阜"为土山，"㒸"金文作 𠂤

录伯簋，像豕中矢形。上古渔猎时代，人追赶野猪（㒸），至山崖无路则野猪坠落，故"隊"从自㒸声。"隊"甲骨文作 𨺅 粹一五八〇、𨸡 菁三·一，从倒子或倒人，示人从山崖坠落之意。坠落之"隊"后从土作"墜"，"隊、墜"简化作"队、坠"。物连续坠落则堆聚，或成行列，段注："物堕于地则聚，因之名队为行列之称。"故"隊"引申指集体的编制单位，如连队。后以"墜"为坠落之"墜"常用字，以"隊"（duì）为连队之"隊"专字。跟随而行（辵）如堕土相随落下（墮），故"隨"从辵，墮省声。

跟随是顺前者而行，故"随"引申为顺应、顺着，《尚书·禹贡》："禹敷土，随山刊木，奠高山大川。"听任为意见的随顺，故也指听任、放任，韩愈《进学解》："业精于勤荒于嬉，行成于思毁于随。"追逐是快速跟随，故又指追逐、追求，《周易·随》："系丈夫，失小子，随有求得，利居贞。"高亨注："随有求得，谓追逐而有所求则得也。"随即用于事情的相随，故又指随即、接着，《史记·留侯世家》："良业为取履，因长跪履之。父以足受，笑而去。良殊大惊，随目之。"又指随便，洪迈《容斋随笔·序》："予老去习懒，读书不

多,意之所之,随即纪录,因其后先,无复诠次,故目之曰随笔。"人以腿脚跟随,故"随"作名词指腿,《周易·咸》:"九三,咸其股,执其随,往吝。"俞樾《平议》:"此爻之辞,与《艮》六二云'艮其腓,不拯其随',文法相似……窃疑随乃髄之假字。古无髄字,故以随为之。"又为卦名,卦形为☳☱,《周易·随》:"随,元亨利贞,无咎。"又为古国名,西周初年分封的诸侯国,姬姓,地在今湖北省随州市,《左传·桓公六年》:"楚武王侵随。"西魏时置随州,治所在今湖北省随州市。隋朝之"隋"省走之(辶)为专名,简化字省"随"右边中工为"随"。

【原文】　外受傅训　入奉母仪
wài shòu fù xùn　rù fèng mǔ yí

【译文】　出外求学要恭受师长的教训,回家则应效法父母的仪范。

【释义】

"外受傅训"出自《礼记·内则》"十年,出就外傅,居宿于外,学书记","入奉母仪"意出《礼记·内则》,孔颖达《礼记正义》:"按郑《目录》云:'名曰《内则》者,以其记男女居室事父母舅姑之法,此于《别录》属《子法》。'以闺门之内,轨仪可则,故曰《内则》。"外,出外。受,接受。傅,老师。训,教导。入,回家。奉,侍奉。仪,仪范。此处"母"代表父母。

这两句话讲为人子弟应尽的本分。《千字文释义》:"此推父子之伦而广言之……言外而在乡党,则承师之教训。入于其家,则奉母之仪范也。""母仪"后表示为母之道,王维《工部杨尚书夫人墓志铭》:"妇道允谐,母仪俱美。"又指人母的仪范,多用于皇后"母仪天下",《古列女传·小序》:"惟若母仪,贤圣有智,行为仪表,言则中义。"

人受父母养育、老师教导,则应"孝亲尊师",《礼记·内则》详细讲述在家侍奉父母的具体细则,可以参考。父母生养我们,老师教育我们,老师和父母同等重要,如果没有老师的教导,我们很难成才,故当尊敬老师。古人言"天地君亲师",老师与父母亲并列,可见师恩之重。

【解字】

wài
外　　卜　　屵　　屵　　外　　外　　外

前 1.5.2　　外弔鼎　　臧孙钟　　说文小篆　说文古文　孔彪碑　颜真卿

会意字。《说文》："外，远也。卜尚平旦，今夕卜，于事外矣。屵，古文外。"指例外、疏远。徐锴《系传》："古者君子重卜者，决疑于神明，当尚早。今夕卜，是于事疏外也。"依许慎意，平旦即天明，占卜以白天为常态、常例，若有意外紧急之事询问，则急不择时，故不待白日而于夜晚（夕）占卜，"于事外矣"乃例外之意。例外、意外之事稀有，较日常之事为疏远，故训"远"。由事的例外、疏远，引申为时间、方位的远。俞樾《儿笘录》："此云'外，远也'，是外之本义为疏外字。"卜，《说文》："灼剥龟也。象灸龟之形。"为殷周时期的一种用火灼龟甲、兽骨取兆以占吉凶的行为。段注："灼剥者，谓灸而裂之。""卜"小篆作卜，像火灼裂龟甲有纹路形。"夕"指夜晚，夜晚占卜则有疏远、例外之意，故"外"从夕、卜。陈梦家《卜辞综述》谓甲骨文卜兆有一定规律，龟甲：左半向右，右半向左；牛骨：右骨向右，左骨向左。季旭昇谓"外"甲骨文之本义为借卜兆别内外。有学者以为，以竖形的兆干为中界，横形的兆枝所向为内，另一面为外。总之，是用占卜的时间、方向来分内外，故字形从卜。

"外"也指关系疏远，《荀子·法行》："无内人之疏而外人之亲。"背叛是关系的疏远，故又指背离、背叛，《史记·赵世家》："群臣皆有外心。"排斥是把人或事推向外，故又指排斥、推卸，《公孙龙子·坚白论》："坚、白、石不相外，藏三可乎？"抛弃是把人或物抛于外，故又指抛弃、鄙弃，《吕氏春秋·有度》："有所通，则贪污之利外矣。"又指外表、外层，与"内、里、中"相对，《周易·兑》："刚中而柔外，说以利贞。"又指某种界限或一定范围的外边，如门外、世外。"外"也指外国，如古今中外。也指非自己所在或所属的，与"本"相对，如外族、外人。又指母家、妻家和出嫁的姐妹、女儿家的亲属，如外祖父、外甥、外孙女等，《尔雅·释亲》："母之考为外王父，母之妣为外王母，母之王考为外曾王父,母之王妣为外曾王母。"郭璞注:"异姓,故言外。"又指外卦,六爻重卦的上三爻,《周易·否》象曰:"内阴而外阳,内柔而外刚。"李鼎祚集解:"崔憬曰:阴、柔,谓坤;阳、刚,谓乾也。"又指外国,如中外,《周礼·夏官·大司马》:"暴内陵外,则坛之。"郑玄注:"内谓其国,外谓诸侯。"又指另外、其他、别的,如外加,《孟子·滕文公》:"外人皆称夫子好辩,敢问何也?"赵岐注:"外人,他人,论议者也。"又指非正式的、不正当的,如外号。

shòu
受　　𢖍　　典　　𦥼　　𦥑　　受　　受
甲 2752　受父乙卣　毛公鼎　说文小篆　史晨碑　颜真卿

　　形声字。《说文》:"受,相付也。从爪,舟省声。"本义为此付彼受。段注:"授者自此言,受者自彼言,其为相付一也。"徐灏《注笺》:"相付者,此付而彼受之也。"《尚书·大禹谟》:"满招损,谦受益。"爪(biào),《说文》:"物落;上下相付也。从爪从又。"本义为给予、付给。"爪"小篆作𦥑,像两手上下相付形,段注:"以覆手与之,以手受之,象上下相付。凡物隊落皆如是观。"饶炯《部首订》:"覆手曰爪,此篆从之,象覆手持物以与人也……又,手也,此篆从之,象以又(手)承其物也。一与一承,其义为相付,故从爪、又,位于上下以指事。"故"爪"从爪从又。"受"是彼此相付(爪),舟船在两岸间往复,如同彼此付物,故"受"从爪,舟省声。张舜徽《约注》:"《周礼》司尊彝 '皆有舟' 郑司农注:'舟,尊下台,若今时承盘。' 是古者承物之器谓之舟,汉谓之承盘,犹今俗称承茶杯之器为茶船耳。受字从爪从舟,金文作𢖍,甲文作𦥼,皆不省,盖像两人各以手传递承盘之意,故许君解之曰相付,而授受之义自见矣。"吴大澂《古籀补》认为"受"像两手持舟(盘)相付形。林义光《文源》:"象相授受形,舟声。授、受二字,古皆作受。"季旭昇谓"受"为登舟授手,人登舟时重心不稳,授手他人,以便搀扶。以上所说构字意图皆可通。

　　"受"也指一方授予,后加手作"授",韩愈《师说》:"师者,所以传道受业解惑也。"有容方能受物,故也指盛、容纳,《周易·咸》:"君子以虚受人。"

禀受也是接受于彼,故又指禀受,《诗经·大雅·假乐》:"受福无疆,四方之纲。"遭受为被动接受,故也称"受",如受挫,《诗经·邶风·柏舟》:"觏闵既多,受侮不少。"接受之物承于他人,故又指收取,《周礼·春官·司干》:"祭祀,舞者既陈,则授舞器,既舞则受之。"郑玄注:"受,取藏之。"又指继承,《史记·李将军列传》:"广家世世受射。"又指保证、监督,《周礼·地官·大司徒》:"令五家为比,使之相保;五比为闾,使之相受。"又指忍受、禁受,如受不了。又指纣,古帝王名,《尚书·西伯戡黎》:"祖伊恐,奔告于受。"

傅

傅	傅	傅	傅	傅
fù				
中山王鼎	孙膑157	说文小篆	孔宙碑	颜真卿

形声字。《说文》:"傅,相也。从人尃声。"本义为辅佐、辅助。《左传·僖公二十八年》:"郑伯傅王,用平礼也。"杜预注:"傅,相也。"尃(fū),《说文》:"布也。从寸甫声。"本义为敷布、散布,同"敷"。甫,《说文》:"男子美称也。从用、父,父亦声。"本义为古代对男子的美称。"甫"甲骨文作 𤰃 前六·三二·一,像田中长有菜苗形,为"圃"之本字。"父"金文作 𦥑 父癸鼎,人手持石斧形,斧口为平展形,故从甫、尃、敷声构形的字都含有核心义素"展开"。"寸"指手,"甫"有展开义,"尃"字构形为用手(寸)铺开物,故"尃"从寸甫声。人得辅佐,德能才可施展而有成就,故"傅"从人尃声。张舜徽《约注》:"傅之言扶也,古言傅相,犹今言扶助也。下文'俌,辅也',与傅盖本一字。本书竹部'簿'古文作医;麦部'麸'或体作麵;是夫声、甫声本通。"

教学是最重要的辅佐,故"傅"引申指教导、教育,《新书·保傅》:"保,保其身体;傅,傅之德义;师,道之教训;三公之职也。""傅"作名词指教师,古时特指帝王的相或帝王、诸侯之子的老师,伊尹教太甲,周公教成王,二人皆称"傅",《礼记·内则》:"十年,出就外傅,居宿于外。"郑玄注:"外傅,教学之师也。"通"附",1. 至,迫近,《诗经·小雅·菀柳》:"有鸟高飞,亦傅于天。"2. 依附,依凭,《左传·僖公十四年》:"皮之不存,毛将安傅?"3. 附着,加上，《韩非子·难势》："毋为虎傅翼，将飞入邑，择人而食。" 4. 附会，强加，《史记·田叔列传》："武帝闻之，以为任安为详邪，不傅事，何也？" 5. 秦汉时称男子著名于籍服王家徭役，《史记·孝景本纪》："男子二十而得傅。" 司马贞索隐引荀悦："傅，正卒也。" 6. 随带，捎带，《史记·韩信卢绾列传》："胡者全兵，请令强弩傅两矢外向。" 又用作姓氏，《广韵》遇韵："傅，姓。本自傅说，出傅岩，因以为氏。"

xùn
训（訓）

毛公旅方鼎　说文小篆　三体石经　孔宙碑　颜真卿

　　繁体作"訓"，形声字。《说文》："訓，说教也。从言川声。" 本义为教导、教诲。徐锴《系传》："训者，顺其意以训之也。" 段注："说教者，说释而教之，必顺其理。" 张舜徽《约注》："《尔雅·释诂》：'训，道也。' 道者导之借字，盖即因势利导之意，乃所谓说释而教之也。" 川，《说文》："贯穿通流水也。" 本义为水道、河流。"川" 有贯穿通达义，四川盆地的水流汇聚穿通三峡流入荆楚平原，故称 "川"。"訓" 是出言教导，教导使人明白通达，如川之贯通、顺畅，故 "訓" 从言川声。

　　告诫是严肃的教导，故 "训" 引申为告诫、申诉，《魏书·高允传》："臣被敕论集往世酒之败德，以为《酒训》。" 训练是教导人实践，故又指训练，《宋史·张浚传》："训新集之兵，当方张之敌。" 教导须依古人典则，故又指典范、准则，《诗经·大雅·烝民》："古训是式，威仪是力。" 郑玄笺："故训，先王之遗典也。式，法也。" 教导须解说明白，故又指解说，《汉书·艺文志》："汉兴，鲁申公为《诗》训故。" 训诂学即解释之学。通 "顺"，顺从，服从，《尚书·康王之诰》："皇天用训厥道。"

rù
入

前 4.29.5　拾 4.15　孟鼎　说文小篆　熹平石经　颜真卿

　　象形字。《说文》："入，内也。象从上俱下也。" 本义为进入，指从外（上）到内（中、下）。段注："自外而中也。" 徐灏《注笺》："《六书精蕴》曰：人象木根入地形,与出象草木上出正相对,木根入地,即自上入下也。"《春秋·隐公二年》:"夏五月,莒人入向。""入"小篆像由上往下而入内形,段注:"上下者,外中之象。""入"金文作▲,林义光《文源》:"象锐端之形,形锐乃可入物也。"可备一说。"入、内"本为一字,"入"为"内"之初文,"纳"由"内"分化。从外进入为"入",进入空间为"内",内里接受则为"纳","入－内－纳"音义同源。

"入"引申指接纳、采纳,《左传·宣公二年》:"谏而不入,则莫之继也。"又指收入、进项,《礼记·王制》:"制国用,量入以为出。"孔颖达疏:"量其今年入之多少,以为来年出用之数。"参与是加入某种活动或群体,故又指参与、加入,如入学、入行。交纳是己物入于所交之处,故又指交纳,《汉书·食货志》:"边食足以支五岁,可令入粟郡县矣。"入则与内相合,故又指契合,《淮南子·主术》:"譬犹方员之不相盖,而曲直之不相入。"又为中古汉语四声调之一,今普通话无入声,一些方言中还存在入声,沈约《四声谱》:"上去入为仄声。"

fèng
奉

| 拾遗 627 | 散盘 | 先秦古币 | 说文小篆 | 孔龢碑 | 颜真卿 |

会意兼形声字。《说文》:"奉,承也。从手从廾,半声。"本义为承受、接受。《说文》:"承,奉也。"二字互训。《尚书·盘庚》:"乃既先恶于民,乃奉其恫,汝悔身何及?"孙星衍疏:"既导民以恶,乃自承其祸,痛悔之无及矣。""廾"为两手向内。奻(pān),《说文》:"引也。从反廾。"本义为攀引。"奻"小篆作₵₵,像两手向外攀引形,由"廾"的两手向内变为向外,故"奻"从反廾。或体从手樊声作"攀",形声字。"半"(fēng)即"丰",《说文》:"丰,艸盛半半也。从生,上下达也。"本义为草木丰盛。段注:"引伸为凡丰盛之称。""丰"小篆作半,像草木生长丰盛貌。草木丰盛则枝叶繁茂而根系发达,段注:"上盛者根必深。"故言"从生,上下达也。""丰"甲骨文作❦甲二九○二,像草茂盛生长形。"奉"为两手恭敬承接,像双手捧丰

收的禾麦(丰)祭神形,恭敬承受、祭祀为兴盛(丰)气象,故"奉"从手从丌,
半声。"奉"金文从丌丰声,至秦才累增"手"作。吴大澂谓金文像两手
奉玉形。"奉"后加手分化为"捧",指恭敬地捧着或拿着,颜师古《匡谬正
俗》:"奉者,皆谓恭而持之。"潘奕隽《通正》:"《礼记·曲礼》:'则两手奉
长者之手。'是捧古作奉。"张舜徽《约注》:"古无轻唇音。奉字古读如捧,
即捧字也。"

　　"奉"也指赞助、辅助,《淮南子·说林》:"人不见龙之飞举而能高者,风
雨奉之。"献物需两手奉上以示敬意,故又指进献,《诗经·秦风·驷驖》:"奉
时辰牡,辰牡孔硕。"毛传:"冬献狼,夏献麋,春秋献鹿豕群兽。"奉物或是
要赐予人,故又指给与、送,《左传·僖公三十三年》:"秦违蹇叔,而以贪勤
民,天奉我也。"又指拥戴、尊崇、跟随,《世说新语·贤媛》:"秦末大乱,东
阳人欲奉(陈)婴为主。"又指信奉、遵循,《左传·哀公六年》:"吾子奉义而
行者也,若我可,不必亡一大夫。"又指供奉、祭祀,《左传·昭公三十二年》:
"社稷无常奉,君臣无常位,自古以然。"又指侍奉、待遇,《孟子·告子》:"向
为身死而不受,今为妻妾之奉为之。"又指保全、保持,《左传·僖公二十八
年》:"芳吕臣实为令尹,奉己而已,不在民矣。"杜预注:"言其自守无大
志。"又指用度、给养,《三国志·魏书·武帝纪》:"(袁绍)土地虽广,粮食虽
丰,适足以为吾奉也。"又指为……效劳、侍候,《管子·国蓄》:"春以奉耕,
夏以奉耘。"又用作敬辞,《尚书·洛诰》:"公称丕显德,以予小子,扬文武
烈,奉答天命。"又指俸禄,后作"俸",《战国策·赵策》:"人主之子也,骨肉
之亲也,犹不能恃无功之尊、无劳之奉,以守金玉之重也,而况人臣乎?"

mǔ
母　
甲230　前8.4.7　司母辛鼎　说文小篆　史晨碑　颜真卿

　　合体象形字。《说文》:"母,牧也。从女,象裹子形。一曰象乳子也。"
本指母亲。段注:"牧者,养牛人也,以譬人之乳子。引伸之,凡能生之以
启后者皆曰母。"上古音,"母"属明纽之部,"牧"属明纽职部,二字声同韵

近,为声训。《诗经·邶风·日月》:"父兮母兮,畜我不卒。""母"小篆像母亲(女)两手抱子形,段注:"襃,襃也。象两手襃子也。"又像母亲给孩子哺乳形,段注:"《广韵》引《仓颉篇》云:'其中有两点者,象人乳形,竖通者即音无。'按此就隶书释之也。"张舜徽《约注》:"许既云'象襃子',又云'象乳子',二义亦实相成,凡乳子者,必置之襃也。""母"甲骨文,季旭昇谓上着横笔表示成年,或中着两点表示乳形。"女、母、毋"形音义皆近,为一字分化,战国时分化出"毋"字,加一画以别之,义为禁止或劝阻,相当于"别、不要",《说文》:"毋,止之也。"

母亲生养儿女,故"母"引申为养育,孟郊《赵记室俶在职无事》:"大道母群物,达人腹众才。"也指家族或亲戚中的长辈女子,如伯母、祖母。母亲能生育,故也指有所滋生的事物,如酒母、字母。能生养者为本,故又指根本、根源,《老子》一章:"无名,天地之始;有名,万物之母。"又指禽兽雌性者或草木结实者,与"公"相对,如麻母、母鸡。又为数学名词,指基数或分数中的分母。

仪(儀)   yí

墙盘　　秦公镈　　说文小篆　　谯敏碑　　颜真卿

繁体作"儀",形声字。《说文》:"儀,度也。从人义声。"本义为法度、准则。徐锴《系传》:"度,法度也。"段注:"度,法制也。"王筠《句读》:"《淮南子·修务篇》:'设仪立表,可以为法则。'此仪表之仪,浑天仪、阳仪、阴仪皆其类。"《国语·周语》:"所以宣布哲人之令德,示民轨仪也。"韦昭注:"仪,法也。""仪"为人仪容举止有法有则,戴侗《六书故·人》:"被服起居、进退动作有则谓之仪。"段注:"古者威仪字作义。"张舜徽《约注》:"古者法度之起,近取诸身,所谓布指知尺,舒肱知寻,十发为程,百步为亩之类,皆是也。故仪字从人而训为度,因引申为仪象、仪刑诸名耳。"義是仪仗队员(人)头戴羊角(羊)手持戈矛(我)形,故"儀"从人义声。

法度是人遵守的典范,故"仪"引申为典范、表率,《荀子·正论》:"上者,下之仪也。"典范为人效法的对象,故又指效法,《诗经·大雅·文王》:"仪刑文王,万邦作孚。"典范为人所欣求,故又指向往,《汉书·外戚传》:"公卿议更立皇后,皆心仪霍将军女。"又指礼节、仪式,《周礼·地官·保氏》:"乃教之六仪。"又指容貌、风度,如仪表堂堂。法度当讲求适宜,故又指适宜、合适,《管子·宙合》:"此各事之仪。"又指看见,《淮南子·说林》:"射者仪小而遗大。"高诱注:"仪望小处而射之。"又指善,《诗经·小雅·斯干》:"无非无仪。"又指仪器,如地球仪,《荀子·君道》:"仪正而景正。"通"义",道义、义理,《诗经·曹风·鸤鸠》:"淑人君子,其仪一兮。"郑玄笺:"淑,善;仪,义也。善人君子其执义当如一也。"

【原文】　　诸姑伯叔　犹子比儿
<small>zhū gū bó shū　yóu zǐ bǐ ér</small>

【译文】　　诸位姑伯叔要把兄弟姊妹所生子女视作自己的儿女,这些子女也要把姑伯叔当作自己的父母。

【释义】

出自《礼记·檀弓》"兄弟之子,犹子也"。诸,众。犹,如同。比,类似。言众位姑姑、伯伯、叔叔等长辈,对待自己的侄子侄女要像自己的儿女一样慈爱。同理,侄子侄女对待他们也要像对待自己的父母一样孝敬,《礼记·礼运》:"故人不独亲其亲,不独子其子。"由此扩充,乃至尊敬、爱护天下的长辈、子女。《千字文释义》:"言兄弟所生之子,与己子同,而得比并于儿也。上文止言'资父',而父子之伦有所未尽。与父同尊者,有师焉;与父同亲者,有母焉。以及诸姑伯叔,皆从父以推者也。至于兄弟之子,则从子以推者也。而父子之伦全矣。"

无论是君王治国还是个人修身,皆须由小及大,逐渐扩充。《孟子》所谓"亲亲而仁民,仁民而爱物""老吾老以及人之老,幼吾幼以及人之幼",把对自己亲人的爱心扩及到人民身上,进而把对人的爱敬扩充到天地万物,就是推己及人的具体体现。

【解字】

zhū
诸（諸）

矢令方彝　今甲盘　说文小篆　熹平石经　颜真卿

　　繁体作"諸"，形声字，《说文》："諸，辨也。从言者声。"区别之词，同"者"。徐锴《系传》："别异之词也。"《尔雅·释训》："诸诸、便便，辨也。"《左传·僖公九年》："以是藐诸孤，辱在大夫。"杨树达《积微居读书记》："诸，与者同。""者"为区别事物之词，徐锴《系传》："凡文有'者'字者，所以为分别隔异也。""諸"字构形指以言语区分辨别（者），"者、諸"一字，"諸"从"者"分化而出，西周金文"者侯"即"诸侯"，段注"诸与者音义皆同"，故"諸"从言者声。张舜徽《约注》："《尔雅·释地》'宋有孟诸'，《史记·夏本纪》作明都，是诸、都二字古读同也。"

　　事物有诸多区别，故"诸"引申为众、各个，《礼记·祭统》："夫义者所以济志也，诸德之发也。"又指凡是，《管子·轻重丁》："诸从天子封于太山、禅于梁父者，必抱菁茅一束以为禅藉。""诸"犹"庶"，亲属的旁支，《礼记·曲礼》："嫂叔不通问，诸母不漱裳。"郑玄注："诸母，庶母也。"又用作代词，相当于"之、其"，《礼记·文王世子》："西方有九国焉，君王其终抚诸。"《春秋繁露·王道》："进善诛恶，绝诸本而已矣。"又用为介词，相当于"于"。又为"之于"合音，苏轼《后赤壁赋》："归而谋诸妇。"又为"之乎"的合音，《论语·子罕》："有美玉于斯，韫匵而藏诸？求善贾而沽诸？"又用作助词，表示语气，相当于"乎"。

gū
姑

妇闑甗　妇姑鼎　说文小篆　熹平石经　颜真卿

　　形声字。《说文》："姑，夫母也。从女古声。"指丈夫的母亲。《释名·释亲属》："夫之父曰舅。舅，久也，久老称也。夫之母曰姑，亦言故也。"《国语·鲁语》："吾闻之先姑。"韦昭注："夫之母曰姑，殁曰先。""姑、故"皆从古声，《白虎通》："舅者，旧也。姑者，故也。旧故之者，老人之称也。"上古母系氏族的两族互婚,新媳妇的姑(婆婆),曾是娘家父亲故有(古)的姊妹(女),故"姑"从女古声。唐代"舅姑"也指公婆,朱庆余《近试上张籍水部》:"洞房昨夜停红烛,待晓堂前拜舅姑。""舅姑"既指出嫁女子的公婆,又指娘家的舅舅和姑姑。

在母系氏族社会向父系氏族社会过渡的初期,孩子还是"只知其母不知其父"。设甲乙两族相互通婚,甲族某女子长成出嫁于乙族某男子,她的母亲曾是乙族女子嫁到甲族生了她,那么乙族上一辈男子都是她母亲的兄弟,也就是她的舅舅;这些舅舅的配偶都是甲族上辈女子嫁到乙族生了她现在的丈夫辈,她们曾经是她甲族父亲辈的姊妹,也就是她的姑姑。现在,她从甲族嫁到了乙族,她丈夫的父亲就是她舅舅之一成为她的公公,她丈夫的母亲就是她姑姑之一成为她的婆婆。也就是说,其时她的公公与舅舅是同一人,只称"舅";她的婆婆与姑姑也是同一人,只称"姑"。后来到了"知其父"时代,为了区别,母之兄弟称"舅"而父之姊妹称"姑",丈夫父母则分别称"公、婆"。

"姑"也指父亲的姊妹,《诗经·邶风·泉水》:"问我诸姑,遂及伯姊。"又指丈夫的姐妹,《焦仲卿妻》:"却与小姑别,泪落连珠子。"妻子的母亲称外姑,《礼记·坊记》:"昏礼,婿亲迎,见于舅姑,舅姑承子以授婿。"又为妇女的统称,《吕氏春秋·先识》:"商王大乱,沈于酒德,辟远箕子,爰近姑与息。"高诱注引《尸子》注:"姑,妇也。息,小儿也。"又指出家的女子,如三姑六婆。又用作副词,姑且、暂且,《左传·隐公元年》:"多行不义必自毙,子姑待之。"又为虫名,蝼蛄,李贺《昌谷诗》:"嘹嘹湿姑声,咽源惊溅起。"

后 2.4.11　鲁伯愈父鬲 说文小篆　史晨碑　颜真卿

形声字。《说文》:"伯,长也。从人白声。"本为长子或兄弟之长,即兄弟伯仲叔季中排行第一者。段注:"《载芟》传云:伯,长子也。"徐灏《注笺》:"伯,兄弟之长也。引申为凡长之称。"《仪礼·士冠礼》:"伯,某甫,仲、叔、季,唯其所当。"郑玄注:"伯、仲、叔、季,长幼之称。"郭沫若《金文余释》:"余谓此实拇指之象形……拇为将指,在手足俱居首位,故白引申为伯仲之伯,又引申为王伯之伯。""白"有显明、首位义,长子、兄长居首位,年龄、地位皆显明,"白、伯"一字,"伯"甲骨文、金文皆作"白",故"伯"从人白声。

"伯"引申为古代统领一方的长官,《左传·僖公十九年》:"诸侯无伯。""伯"也为古爵位名,五等爵位的第三等,《礼记·王制》:"王者之制禄爵,公、侯、伯、子、男,凡五等。"又指在某一方面堪为魁首的代表人物,《庄子·人间世》:"匠伯不顾。"父之兄为伯父,或称伯,《颜氏家训·风操》:"古人皆呼伯父、叔父,而今世多单呼伯、叔。"

"伯"又音 bà,通"霸",诸侯的盟主,《荀子·王霸》:"虽在僻陋之国,威动天下,五伯是也。"也指称霸,《荀子·儒效》:"用万乘之国,则举错而定,一朝而伯。"

"伯"又音 mò,通"陌",田间东西向的小路,《管子·四时》:"修封疆,正千伯。"尹知章注:"千伯,即阡陌也。"

shū
叔　　　　　　　　　　　　
前 1.39.3　　克鼎　　叔卣　　说文小篆　说文或体　颜真卿

形声字。《说文》:"叔,拾也。从又尗声。汝南名收芋为叔。 ,叔或从寸。"本义为收庄稼、拾取。徐锴《系传》:"收拾之也。"《诗经·豳风·七月》:"八月断壶,九月叔苴。"尗(shū),《说文》:"豆也。象尗豆生之形也。""尗"即"菽",豆类的总称,为六谷之一。朱骏声《通训定声》:"尗,古谓之尗,汉谓之豆。今字作菽。菽者,众豆之总名。""尗"小篆作 ,像茎下有实(豆粒)形。"叔"字构形指以手(又)拾豆(尗),故"叔"从又尗声。"汝南名收芋为叔",段注:"言此者,箸商周故言犹存于汉之汝南也。"王筠《释例》:"不引'九月叔苴'而言此者,《豳风》古言犹存其乡,以为荣幸也。《汝坟》被文王之化,沿袭古语,固其所矣。"张舜徽《约注》:"叔从尗声,声中固自有义。凡收获字,皆当以叔为正。自经传假为伯叔字,而本义废矣。

许君末引乡言以证古语犹有存者。其实收叔二字音近,实即一语。"或体从寸作"村",段注:"又、寸皆手也,故多互用。""叔"之作"村"犹"宠"之作"宠"。郭沫若《两周金文辞大系考释》:"以金文字形而言,实乃从又持弋(杙)以掘芋也。用为伯叔字乃出于叚借。"季旭昇《说文新证》:"'督'字从'叔'从'目',会插木于土,以测日影之意。金文叔字从又执弋,小点象土形,故本义为以木桩插土。"

"叔"后指丈夫的弟弟,《尔雅·释亲》:"夫之弟为叔。"又指父亲的弟弟,亦通称父辈中年龄比父亲小的男子,《尔雅·释亲》:"父之昆弟,先生为世父,后生为叔父。"是否因小男孩干不了重活,而干点拾豆掘芋类的轻活,使"叔"转指小男,未可确定。兄弟中排行第三的称"叔",《仪礼·士冠礼》:"伯某甫。仲、叔、季,唯其所当。"郑玄注:"伯仲叔季,长幼之称。"同"淑",善、好,杜甫《汉川王大录事宅作》:"忆尔才名叔,含悽意有余。"通"菽",大豆,《庄子·列御寇》:"子见夫牺牛乎?衣以文绣,食以刍叔。"又用作姓氏,《通志·氏族略》:"叔氏,姬姓,鲁桓公之子叔牙之后……叔牙有罪,饮酖而死,遂立公孙兹为叔氏。"

yóu 犹(猶)

時 獣 猶 猶

存下 731　毛公鼎　说文小篆　范式碑　颜真卿

繁体作"猶",形声字。《说文》:"猶,玃属。从犬酋声。一曰陇西谓犬子为猷。"本为兽名,猴属,也叫犹猢,形似麂,《尔雅·释兽》:"犹如麂,善登木。"郝懿行义疏:"犹之为兽,既是猴属,又类麂形。麂形似麕而足如狗,故犹从犬矣。"《水经注·江水》:"山多犹猢,似猴而短足,好游岩树,一腾百步,或三百丈,顺往倒返,乘空若飞。"犬,《说文》:"狗之有悬蹄者也。象形。孔子曰:视犬之字如画狗也。"本义为狗,古特指猎犬,后犬、狗通名,为人类最早驯化的家畜之一。"犬"甲骨文作 甲四〇二、 戬四一·六,像猎犬形。"酋"金文作 丰兮尸毁,像绎酒(酉)香溢坛外(八)形,表示酒香浓郁而有活力。"犹"为猴属,善攀爬登木,活力大如绎酒(酉)香味上升,故"犹"从犬酋声。《王力古汉语字典》:"猶、猷本为一字,《说文》作猶。后来在'计谋、谋划'以及'道、道术'两个意义上多写作猷,但也有写作猶的。猶的其他意义都不写作猷。"段注:"今字分猷谋字犬在右(猷),语助字犬在左(猶),经典绝无此例。"简化字"犹"从犬尤声。

古多谓犹豫二兽多疑,因表示犹豫不决。段玉裁以双声之理说明此类词语,乃以声见义。段注:"古有以声不以义者,如犹豫双声,亦作犹与,亦作尤豫,皆迟疑之貌。"张舜徽《约注》:"段氏力辟唐人解犹豫二字之曲说,可谓精谛。此等曲说,盖始于六朝。故《水经注》《颜氏家训》皆尝道之。其后《汉书注》《史记索隐》亦沿其误,又不第《礼记疏》《文选注》已也。大抵双声之字,本因声以见义。声有定位,而字无定形。不求诸声而求诸字,势必流于穿凿附会。故知讲明故训,必由双声。双声之理明,则能操简御繁,以类统杂矣。今语称人之寡断者为游移不定,游移,亦即犹豫之语转耳。"联绵词不必穿凿附会解其字形,表示疑惑不决的联绵词有"游移、犹疑、犹豫、由与、容与"等多种写法,不必据形解释"犹豫"为二兽多疑。

"犹"也指同、相似,《诗经·召南·小星》:"肃肃宵征,抱衾与裯,寔命不犹。"同则均等,故又指均、同样,《论语·尧曰》:"犹之与人也,出纳之吝,谓之有司。"何晏集解引孔安国:"谓财物俱当与人,而吝啬于出纳,惜难之,此有司之任耳,非人君之道。"又指可,《诗经·魏风·陟岵》:"上慎旃哉!犹来无止!"又指和悦貌,也作"油",《庄子·逍遥游》:"宋荣子犹然笑之。"陆德明释文:"崔、李云:犹,笑貌。"又用作副词,相当于"已、太,仍、仍然"。又用作连词。

zǐ
子　　前 4.13.1　前 3.4.1　后下 42.7　小子射鼎　说文小篆　说文古文　礼器碑　颜真卿

象形字。《说文》:"子,十一月,阳气动,万物滋,人以为称。象形。𣎴,古文子,从𡿧,象发也。𠔚,籀文子,囟有发,臂胫在几上也。"本义为婴孩,古代指儿、女,今专指儿子。张舜徽《约注》:"推原造字之初,子本象小儿之形,因引申为人之通称。盖子之言兹也,若草木之兹生不已也,故己之所生亦称子。"王筠《句读》:"许君以干支类聚,故以子月为正义,男子为借义。"徐灏《注笺》:"据许释十二辰通例,篆下似夺'滋也'二字,自子滋至亥荄,皆同声相训也。"徐铉引李阳冰:"子在襁褓中,足并也。"古文从巛,巛像发,徐灏《注笺》:"人生而戴发,故古文孳象发。"籀文像婴儿在几上形,于鬯《职墨》:"谓子幼不能行步,未著地也,故在几上。""子、崽"一字,朱骏声《通训定声》:"巽字亦误作崽,《方言》十:崽者子也。湘沅之会,凡言是子者谓之崽,若东齐言子矣。"徐灏《注笺》:"孺子囟不合,故籀文从囟也。籀文下从儿,即奇字人。"《仪礼·丧服》:"故子生三月,则父名之。"郑玄注:"凡言子者,可以兼男女。""子"甲骨文作𰀀,像正面婴儿形;金文作𰀁,像襁褓中伸出手的幼儿形。罗振玉《增订殷虚书契考释》:"𰀀与许书所载籀文𰀂字颇近,但无两臂及几耳。召伯虎敦作有臂而无几,与卜辞亦略同。惟𰀃、𰀄等形则亦不见于古金文,盖字之省略急就者,秦省篆书繁缛而为隶书。予谓古人书体已有繁简二者。"

　　子女长大还会生子,延续不断,故"子"引申为子孙、后代,《荀子·正论》:"圣王之子也,有天下之后也,埶籍之所在也,天下之宗室也。"又特指太子,君位的继承人,《吕氏春秋·慎行》:"王曰:已为我子矣,又尚奚求?"父母爱子,故又指爱,像对子女一样爱护,《礼记·中庸》:"子庶民也。"孔颖达疏:"子,爱也,言爱民如子。"子当孝敬父母,故又指尽儿女之道,善事父母,《论语·颜渊》:"君君,臣臣,父父,子子。"邢昺疏:"子不失子道。"又为我国古代第四等爵位名,《尚书·尧典》:"胤子朱启明。"孔传:"子,爵。"又为古代士大夫的通称,《公羊传·宣公六年》:"子大夫也。"何休注:"古者士大夫通曰子。"又为古代对男子的通称,《诗经·卫风·氓》:"送子涉淇。"古代女子也称"子",《诗经·周南·桃夭》:"之子于归,宜其室家。"毛传:"之子,嫁子也。"泛指人,《诗经·邶风·匏有苦叶》:"招招舟子。"毛传:"舟子,舟人,主济渡者。"又为古人对自己老师的称呼,《论语·学而》:"子曰:学而时习之。"邢昺疏:"古人称师曰子……后人称其先师之言,则以子冠氏上,所以明其为师也,子公羊子、子沈子之类是也。若非己师而称他有德者,则不以子冠氏上,直言某子,若高子、孟子之类是也。"又指先秦百家的著作,及此后图书四部分类(经、史、子、集)中的第三部类,包括哲学、科技和艺术等类书籍,如《老子》《荀子》,《汉书·艺文志》:"凡诸子百八十九家,四千三百二十四篇。"又用作地支第一位,用以纪年、月、日、时,如 1984年为甲子年。纪月指农历十一月。《仪礼·士丧礼》:"不辟子卯。"郑玄注:"子卯,桀纣亡日。"纪时指夜半 11 时至 1 时,《西游记》一回:"子时得阳气,而丑则鸡鸣。"又指动物的幼儿,《后汉书·班超传》:"不入虎穴,不得虎子。"又指植物的果实或种子,如松子、莲子。婴儿幼小,故称细小的物件为"子",如子弹、石子,《孟子·离娄》:"存乎人者,莫良于眸子。"又用作代词,表示第二人称,相当于"你"或"您",《韩非子·难势》:"以子之矛,陷子之楯,何如?"

　　"子"又音 zi,用作助词,作构词后缀,如桌子、两下子、一辈子。

bǐ 比	𠤎	𠤎	𠤎	𠤏	𣬊	比	比
	京都 1822	徵 462	比簋	说文小篆	说文古文	史晨碑	颜真卿

　　会意字。《说文》:"比,密也。二人为从,反从为比。𣬊,古文比。"本指紧密,《诗经·周颂·良耜》:"其崇如墉,其比如栉。""梳篦"本作"疏比",齿之疏者名疏、密者名比。疏比以竹木制,故后分别加木竹作梳篦。二人相随(顺)为"从","比"小篆为�的反面,故曰"二人为从,反从为比",�像二人侧身紧密相挨形,故训"密"。"比"古文像二人(大)正立相并形。"反从为比"以字形言,以义而言亦有相反义,"从"训"相听",相听则和顺,从容之义出,从容之反面则为紧迫、紧密。

　　亲密者多紧密相处,故又指亲密,《论语·里仁》:"君子之于天下也,无适也,无莫也,义之与比。"辅助者与被辅助者亲密,故又指辅助,《周易·比》:"比,辅也。"孔颖达疏:"比者,人来相辅助也。"关系亲密是和睦的体现,故又指调顺、和谐,《管子·五辅》:"为人弟者,比顺以敬。"紧密相连之物多同类,故又指同、齐同,《礼记·乐记》:"郑、卫之音,乱世之音也,比于慢矣。"亲密则和合如一,故又指亲合,《礼记·射义》:"其容体比于礼,其节比于乐。""比"甲骨文像二匕并列形,故又指并列、排列,《战国策·齐策》:"千里而一士,是比肩而立;百世而一圣,若随踵而至也。""比"由密引申为每、连,《礼记·学记》:"比年入学,中年考校。"恶人相处紧密则易为非作歹,故又指勾结、结党营私,《论语·为政》:"君子周而不比,小人比而不周。"朱熹注:"比,偏党也。"又为卦名,卦形为䷇,坎上坤下,象曰:"地上有水,比。"彖曰:"比,吉也;比,辅也,下顺从也。"

ér
儿(兒)

前 7.40.2　　前 8.7.2　　儿鼎　　说文小篆　　鲁峻碑　　颜真卿

　　繁体作"兒",象形字。《说文》:"兒,孺子也。从儿,象小兒头囟未合。"本义为小孩,如婴儿、幼儿。段注:"子部曰:'孺,乳子也。'乳子,乳下子也。《杂记》谓之婴儿。"桂馥《义证》:"魏校曰:囟,顶门也。子在母胎,诸窍尚闭,惟脐内气囟为之通气,骨独未合。既生则窍开,口鼻内气,尾闾为之泄气,囟乃渐合,阴阳升降之道也。"朱骏声《通训定声》:"《苍颉篇》:男曰兒,女曰婴。"《汉书·张汤传》:"汤为兒守舍。"颜师古注:"称为兒者,言其尚幼小也。"儿(rén),《说文》:"仁人也。古文奇字人也。象形。孔子曰:在人下,故诘屈。""儿"即"人"之古文奇字,作形符多屈曲在下部,如"兒、允、充"等。"兒"甲骨文、小篆像婴儿囟门未长合形。"兒、儿"本是二字,今"兒"简化作"儿"。

　　"儿"引申为儿子,韩愈《进学解》:"冬暖而儿号寒,年丰而妻啼饥。"又为尊长对幼辈的称呼,《世说新语·言语》:"恒恐儿辈觉。"也用作轻蔑之称,辛弃疾《贺新郎》:"儿曹不料扬雄赋。怪当年《甘泉》误说,青葱玉树。"儿童长大则为青年,故又指男青年,《史记·高祖本纪》:"发沛中儿,得百二十人。"又用作助词,多用作名词后缀,如花儿、盆儿。

　　"儿"又音ní,指老人牙齿落尽后更生的细齿,后作"齯",《诗经·鲁颂·闷宫》："黄发儿齿。"陆德明释文："儿,齿落更生细者也。《字书》作齯。""兒"又用作姓氏,《通志·氏族略》："兒氏,吴郡有语兒,生而能语,子孙氏焉。"

【原文】 kǒng huái xiōng dì　tóng qì lián zhī
　　　　孔 怀 兄 弟　同 气 连 枝

【译文】 兄弟之间要深切关爱,如连理枝般互依互助。

【释义】

　　出自《诗经·小雅·常棣》"死丧之威,兄弟孔怀"。孔,大,深远貌。怀,思念。孔怀,甚为思念,郑玄笺:"维兄弟之亲,甚相思念。"故后世借"孔怀"为兄弟的代称。此处言兄弟之情在平辈关系中最为亲近,应当相互关怀照顾。兄弟皆禀父母血气所生,同体连根、同气共生。这两句讲述五伦中的兄弟之伦,主旨为"兄友弟恭",即兄长要友爱弟弟,弟弟要恭敬兄长。《千字文释义》:"言兄弟当大相友爱。盖形虽分,而同受父母之气,犹木有歧枝,而合于一本也。"兄弟姊妹和睦友爱,就是孝道的主要体现。

　　历史上兄弟和睦的事迹很多,司马光对哥哥司马旦(康伯)非常关爱,饭后都会问哥哥是否吃饱,怕哥哥饿着。天气稍冷,会问哥哥衣服是否暖和,担心哥哥受凉。《宋史·司马光传》谓其"在洛时,每往夏县展墓,必过其兄旦,且年将八十,奉之如严父,保之如婴儿"。《续齐谐记·三荆同株》载,汉朝京兆有田真兄弟三人,争议分财产。最后唯堂前一株紫荆树无法分割,于是商量把树劈成三份平分。准备伐树的前一晚紫荆树就枯死了,状如火烧。田真见后大惊,对两个弟弟说:"树木同株,闻将分斫,故憔悴,是人不如木也。"三人悲不自胜,决定不再伐树。紫荆树应声复活,荣茂如常,兄弟三人见此场景,深受感化,遂和睦如初。

　　学习经典,一是求解,二是力行。我们学了这两句话,就要落实在生活中,关爱照顾自己的兄弟姊妹。宋法昭禅师曾写过一首描述兄弟情谊的偈子:"同气连枝各自荣,些些言语莫伤情。一回相见一回老,能得几时为弟兄。弟兄同居忍便安,莫因毫末起争端。眼前生子又兄弟,留与儿孙作样看。"

【解字】

kǒng
孔

孔鼎　　虢季子白盘　　石鼓　　说文小篆　　熹平石经　　颜真卿

　　会意字。《说文》：“孔，通也。从乙从子。乙，请子之候鸟也。乙至而得子，嘉美之也。古人名嘉字子孔。”义为通达。段注：“通者，达也。”桂馥《义证》：“本书‘焉’下云：‘燕者，请子之候。’‘嘉’下云：‘美也。’”《汉书·西域传》：“（婼羌国）去长安六千三百里，辟在西南，不当孔道。”乙（yǐ），《说文》：“玄鸟也。齐鲁谓之乙。取其鸣自呼。象形。𠃉，乙或从鸟。”本义为燕子。“取其鸣自呼”，王筠《句读》：“如言鸭能自呼其名也，本象其声而命之名耳。”“乙”小篆作𠃉，像燕子在高空低首展翅飞翔形，段注：“象翅开首竦，横看之乃得。”饶炯《部首订》：“象鸟翩飞上下，远视之形。”或体从鸟作“𠃉”，段注：“俗人恐与甲乙乱，加鸟旁为𠃉。”燕，《说文》：“玄鸟也。籋口，布翅，枝尾。象形。”“燕”为鸟纲燕科各种类的通称。“玄”指黑色，燕子羽毛多呈灰黑色，故训“玄鸟”，桂馥《义证》：“玄乃赤黑色燕羽是也。”“燕”甲骨文作𠃉二七六，小篆作𤑳，皆像燕子上飞之背面形。段注：“燕篆像其籋口、布𢂷、枝尾全体之形。乙篆像其于飞之形。故二篆皆曰象形也。”古人认为乙（燕）是求子的候鸟，有吉祥美善之义，“乙至而得子，嘉美之也”，故“孔”从乙从子。《礼记·月令》：“仲春，玄鸟至，至之日，以大牢祠于高禖，天子亲往。”郑玄注：“高辛氏之世，玄鸟遗卵，娀简吞之而生契，后王以为禖官嘉祥而立其祠焉。变媒言禖，神之也。”段注：“此又以古人名字相应，说孔训嘉美之证，见于《左传》者，楚成嘉字子孔，郑公子嘉字子孔。”“孔”金文，林义光《文源》：“本义当为乳穴，引申为凡穴之称。𠃍象乳形。𠃌就之，以明乳有孔也。”张舜徽《约注》申其义云：“（孔）亦有作𠃌者，见孔鼎，象子连乳头之形。许以通释孔，盖自古旧训而许采之。其意盖谓母子之气相通耳。孔之言涳也，谓乳液直流而出也。孔有嘉义，则与好字训美同意。好从女子，女谓母，子谓儿，母子相拥，亦指就乳言矣。《尔雅·释器》：‘肉倍好谓之璧,好倍肉谓之瑗,肉好若一谓之环。'注家皆以孔训好。肉倍好者,谓边大而孔小者也;好倍肉者,谓孔大而边小者也;肉好若一者,谓边孔适等者也。然则好、孔二字义得相通,由来已旧,以其事类同耳。"谓 𡥀 为婴儿(子)就母乳头孔(乚)吸奶形,既有孔通义,又有嘉美而大义。备参考。

"孔"由通转指洞穴、窟窿,《尔雅·释诂》:"孔,间也。"做事通达须有门径,故又指门径,《春秋繁露·考功名》:"异孔而同归,殊施而钧德。"铜钱中间有孔,故又指铜钱,明田汝成《西湖游览志余·偏安佚豫》:"有连年不收一孔者,皆朝廷自行抱认。"通则大,故又指大,《老子》二十一章:"孔德之容,惟道是从。"由嘉美义转指美好,段注:"通为吉,塞为凶。故凡言孔者,皆所以嘉美之。"又由嘉美引申指孔雀,《楚辞·九歌·少司命》:"孔盖兮翠旍,登九天兮抚彗星。"孔雀即大美之雀。又用作副词,表示程度,相当于"甚、很",《诗经·豳风·七月》:"我朱孔阳,为公子裳。"孔颖达疏:"云我朱之色甚明好矣。"又用作量词,多用作有孔之物,如一孔窑洞、一孔石桥。又为孔子的简称,《韩非子·八说》:"孔墨不耕耨,则国何得焉?"又用作姓氏,如孔丘,《通志·氏族略》:"孔氏,子姓。出宋闵公之后。闵公生弗父何,以有宋而授厉公,三世生正考父……考父生孔父嘉,为大司马……嘉字孔父,后世以字为孔氏,又为孔父氏。自孔父六世而生仲尼……又卫有孔氏,不知所出,为卫世卿……又郑有孔氏,穆公兰之后也。穆公之子十三人,其二皆为孔氏。"

huái
怀(懷) 𠂹 懷 懷 懷

毛公鼎　说文小篆　魏王基残碑　颜真卿

繁体作"懷",形声字。《说文》:"懷,念思也。从心裹声。"本义为思念。段注:"念思者,不忘之思也。"王筠《句读》:"谓怀、念同义也。"《诗经·周南·卷耳》:"嗟我怀人,寘彼周行。"毛传:"怀,思。"裹(huái),《说文》:"侠也。从衣眔声。一曰橐。"本义为怀夹。"衣"金文作 𧘇 此鼎,像上衣形。眔(dà),《说文》:"目相及也。"目见众物,指触及。"裹"有怀夹、怀藏、怀抱诸义,怀夹物品则物与衣相及,故"裹"从衣眔声。思念从心而生,

"懷"字构形指内心怀藏（裹）而思念而不忘，故"懷"从心裹声。简化字"怀"为从心不（否）声。

"怀"指内心思念，心脏在胸前，故也指胸前、怀里，《诗经·小雅·谷风》："将恐将惧，寘予于怀。"恩爱之人会相互思念，故又指恩爱、情意，陶潜《饮酒》之九："问子为谁欤？田父有好怀。"思念是心意的体现，故又指心意、心情，《世说新语·规箴》："仗民望以从众怀。"思念怀藏在内，故又指怀藏，《礼记·曲礼》："赐果于君前，其有核者怀其核。"胎儿在孕妇腹中，故又指怀孕，《论衡·奇怪》："母之怀子，犹土之育物也。"在内则被包裹，故又指包围、囊括，《尚书·尧典》："汤汤洪水方割，荡荡怀山襄陵，浩浩滔天。"安抚是恩情的体现，故又指安抚，《礼记·中庸》："怀诸侯，则天下畏之。"思念而不能见，则易生忧伤，故又指忧伤、哀怜，《诗经·邶风·终风》："寤言不寐，愿言则怀。"又指至、来，《诗经·齐风·南山》："既曰归止，曷又怀止？"又指依附、归附，《尚书·皋陶谟》："安民则惠，黎民怀之。"孔传："爱则民归之。"

xiōng
兄

甲3916　　佚257　　帅鼎　　说文小篆　　熹平石经　　欧阳修

会意字。《说文》："兄，长也。从儿从口。"指兄长、滋长。朱骏声《通训定声》："兄字本训，当为滋益之词。从口在人上，与欠同意，兑、祝皆如此。"张舜徽《约注》："兄字从儿从口，实会人口出纳气息之意。人之出纳气息，原原不绝，靡有已时，故兄字有滋益义……本书水部：'况，寒水也。'况与兄双声，故古人多借况为兄，而兄之本义乃晦，于是专为男子先生者之称矣。"《诗经·大雅·召旻》："彼疏斯粺，胡不自替？职兄斯引。"毛传："兄，兹也。"段注："口之言无尽也，故以儿口为滋长之意。"故"兄"从儿从口。"兄"之滋益、增加义同"况"，音kuàng。林义光谓𠘧"象人哆口形，兄帅教，与'后'同意"。或谓甲骨文𠑺像人跪而张口对天神祝告形，即"祝"之本字。宗法制重视嫡长子继承权，"兄"是家族中主持祭祀祝祷的人，即主祝者，"祝"是祝祷行为，故"祝"从示从兄。

兄比弟年长，故"兄"也指哥哥，《尔雅·释亲》："男子先生为兄，后生为弟。"《诗经·小雅·常棣》："凡今之人，莫如兄弟。"又指亲戚中同辈而年纪比自己大的男性，如表兄、师兄。又为朋友相互间的尊称，如仁兄，《礼记·曲礼》："年长以倍，则父事之；十年以长，则兄事之。"

dì
弟　　　乙 8818　　诔簋　　应公簋　　说文小篆　　说文古文　　熹平石经　　颜真卿

会意字。《说文》："弟，韦束之次弟也。从古字之象。𢎨，古文弟。从古文韦省，丿声。"本义为次第、次序，后作"第"。段注："以韦束物，如辀五束、衡三束之类。束之不一则有次弟也。引伸之为凡次弟之弟、为兄弟之弟、为岂弟之弟。"徐灏《注笺》："革缕束物谓之韦，辗转围绕，势如螺旋，而次弟之义生焉。"《吕氏春秋·原乱》："乱必有弟。"高诱注："弟，次也。"毕沅注："弟，古第字。""弟"甲骨文作𢎨，小篆作𢎨，朱芳圃《殷周文字释丛》："弟象绳索束弋之形。绳之束弋，展转围绕，势如螺旋，而次弟之义生焉。"缠绕的线圈排列有序，有次序义。"弟"用为兄弟之弟后，次第之"弟"则加"竹"作"第"。竹多节而有次第之意，书写竹简也有次第，故"第"从竹，用为序数词。

兄弟排列有序，故"弟"引申指同父母的比自己年龄小的男子，徐灏《注笺》："因之为兄弟，兄弟者，长幼之次第也。"《左传·隐公十一年》："寡人有弟，不能和协。"又指妹，即女弟，《孟子·万章》："弥子之妻与子路之妻，兄弟也。"又为朋友相互间的谦称，如愚弟、小弟。又指弟子、门徒，贾至《工部侍郎李公集序》："可谓孔门之弟，洙泗遗徒。"

"弟"又音 tì，后加心旁作"悌"，1.儒家伦理道德之一，指弟弟敬顺兄长。徐灏《注笺》："弟有顺逊义，故善事兄长为弟，又增作悌。"《论语·学而》："其为人也孝弟。"邢昺疏："孝于父母，顺于兄长。"2.〔恺弟〕同"恺悌"，和易近人，《诗经·大雅·泂酌》："岂弟君子，民之父母。"

^{tóng}
同　　　　　　　　　　　　　　　　同　同　同

京都 3016　沈子簋　石鼓　说文小篆　曹全碑　颜真卿

会意字。《说文》:"同,合会也。从冃从口。"本义为会合、聚集。《诗经·豳风·七月》:"嗟我农夫,我稼既同,上入执宫功。"郑玄笺:"既同,言已聚也。"冃(mǎo),《说文》:"重覆也。从冂、一。"义为多重覆盖。冂(mì),《说文》:"覆也。从一下垂也。"义为覆盖,后作"幂"。"冂"小篆作冂,像巾两头垂下覆盖物体形。段注:"下一覆也,上又加冂,是为重覆。"故"冃"从冂、一。王筠《句读》:"冂又加一,故曰重也。窃疑冃冒盖同字,古人作之,有繁省耳。虽音有上去之别,古无此别也。""冃"小篆作冃,像佩巾两重覆盖形,为帽子雏形。口、鼻等头部所属器官皆被覆于帽子(冃)之下,段注:"口皆在所覆之下,是同之意也。"徐灏谓"口"指器物:"口者,器物也。冃覆之,则会合为一矣。"故"同"从冃从口。或谓"口"指器物之口,"冃"像器物之盖,以盖(冃)合于器身(口),有合会之意,与"會、合"构意同。"同"甲骨文从凡从口。季旭昇谓"凡"为肩舆类工具,一定要二人以上方能抬动,加口或表示喊口号,有同心协力抬起之意。诸说均含会合为一的核心义素,在构形意图上皆可通。

合会之物多相同,故"同"指相同、一样,《周易·乾》:"同声相应,同气相求。"相同则统一,也指统一、齐一,《尚书·舜典》:"协时月正日,同律度量衡。"相合则共为一体,故又指共、共一个,《论衡·书虚》:"舜之与尧,俱帝者也,共五千里之境,同四海之内。"人会合多为共事,故又指参与、一起做事,《孙子·谋攻》:"不知三军之事,而同三军之政者,则军士惑矣。"又指和谐、安定,《礼记·礼运》:"是故谋闭而不兴,盗窃乱贼而不作,故外户而不闭,是谓大同。"又指偕同,《诗经·豳风·七月》:"同我妇子,馌彼南亩,田畯至喜。"又用作副词,共同、一起,《诗经·豳风·七月》:"女心伤悲,殆及公子同归。"

qì
气(氣餼)

前 7.36.2　粹 524　齐侯壶　说文小篆　说文小篆　白石神君碑　颜真卿

又作“氣”,“气”是象形字,“氣”是形声字。《说文》:“气,云气也。象形。”本义为云气。气上升团聚而为云,云散而成气,故训“云气也”。饶炯《部首订》:“气之形与云同。但析言之,山川初出者为气,生于天者为云。合观之,则气乃云之散曼,云乃气之浓敛。说解故以‘云气’释之。”段注:“自以氣为雲气字,乃又作餼为廩氣字矣。”“气”甲骨文、小篆像云气层叠腾升飘浮形。段注:“象云起之貌。三之者,列多不过三之意也。”《部首订》:“气之上出,层叠而升,篆因从积画以象之。”甲骨文“气”又借为乞求之“乞”,于省吾《卜辞求义》:“‘气’字初文作‘三’,降及周代,以其与‘上下’合文及纪数‘三’字易混,上画弯曲作,又上下画均曲作‘气’,以资识别。”氣(xì),《说文》:“馈客刍米也。从米气声……,氣或从既。,氣或从食。”本义指赠送人的粮食或饲料。“气－氣－餼”转相为用。“气”为云气之气本字;经传用“气”为乞求字,又省作“乞”。又借“氣”为云气字,“氣”之本义又加“食”作“餼”,为廩餼之餼。简化字云气字又用“气”,复其初形。

“气”引申为气体的统称,如热气,《庄子·齐物论》:“夫大块噫气,其名为风。”也指节气、气候,《新五代史·司天考》:“周天一岁,四时,二十四气。”也指呼吸、气息,《论语·乡党》:“屏气似不息者。”某些气体有味,故又指气味,庾信《慨然成咏》:“值热花无气,逢风水不平。”人生气时怒火上升如气之腾升,故又指恼怒、生气,《战国策·赵策》:“太后盛气而揖之。”又为中国古代哲学概念,朴素唯物主义认为“气”是形成宇宙万物的最基本的物质实体,又称元气,或称阴阳二气,《周易·系辞》:“精气为物。”孔颖达疏:“谓阴阳精灵之气,氤氲积聚而为万物也。”又指气势,指人的精神状态,《左传·庄公十年》:“夫战,勇气也。一鼓作气,再而衰,三而竭。”也指气力,《史记·周本纪》:“夫去柳叶百步而射之,百发而百中之,不以善息,少焉气衰力倦,弓拨矢钩,一发不中者,百发尽息。"又指作风、习气,多用于贬义,如娇气。又指志气,《国语·楚语》:"夫民气纵则底。"又指意气、感情,《荀子·劝学》:"有争气者,勿与辩也。"又指风尚、风气,王安石《礼乐论》:"礼乐者,先王所以养人之神,正人气而归正性也。"又为后缀,用在形容词后,相当于"样子",如秀气。

lián
连(連)

連	輋	轃	轃	連	連
连迁鼎	古玺	说文小篆	古地图	熹平石经	颜真卿

　　繁体作"連",会意字。《说文》:"連,员连也。从辵从車。"构字意图为车之行,义指连接、连贯。《水经注·江水》:"两岸连山,略无阙处。""员"为"圆"之本字,车靠轮行走,轮为圆形,以转为用,故"员连"之训,指车行时轮子旋转连续、前后连贯、车辙连接之意。盖"连"之言"圆",圆则连接无端、连贯自如。或谓"连"取战车相连之意,亦可通。张舜徽《约注》:"员连二字,盖古人常语,未可擅改。窃意员与圜古通,此云圜连,犹车部军篆下所云'圜围'也。古者包车为军,殆以车连续之以成营居,与造舟为梁事例相类,此连字从车之本义也。小徐《系传》云:'若车之相连也,会意。'斯言得之。顾未道其所以然,因为阐明之如此。"或谓"连"之本义为古时用人拉的车,《管子·海王》:"行服连轺辇者,必有一斤一锯一锥一凿,若其事立。"尹知章注:"连,辇名,所以载任器,人挽者。""辵"为脚板(止)行于路(彳),"连"指车行时轮子连接、连贯,"员连"为战车连属成阵成营,故"連"从辵从車。从连声字多有连接意:《说文》:"莲,芙蕖之实也。从艸连声。"义指莲子。莲子位于蜂窝状的莲房内,徐灏《注笺》:"莲之言连,其房如蜂窝相连属也,因谓其实曰莲。"故"莲"从艸连声。《集韵》仙韵:"涟,风行水成文曰涟。"指风吹水面形成波纹。水纹相连形成涟漪,故"涟"从水连声。鲢鱼鱼鳞细小,连接紧密,故"鲢"从鱼连声。

　　"连"也指联合,《孟子·离娄》:"故善战者服上刑,连诸侯者次之。"连则相续不断,故又指连续,《礼记·曲礼》:"拾级聚足,连步以上。"又指牵连、连累，《韩非子·制分》："禁尚有连于己者，理（里）不得相窥，惟恐不得免。"连则同在一起，故又指连同，苏轼《和述古冬日牡丹》之二："花开时节雨连风，却向霜余染烂红。"又指姻亲关系，《史记·南越列传》："男尽尚王女，女尽嫁王子兄弟宗室，及苍梧秦王有连。"司马贞索隐："连者，连姻也。"又指属，《列子·汤问》："均，天下之至理也，连于形物亦然。"张湛注："连，属也。属于器物者，亦须平焉。"又为军队的编制单位，由排组成，如连队。《王力古汉语字典》："连、联、属、缀。这四个字在连接相续的意义上有共同处……后代逐渐加大了分工的趋势，'连'侧重于线性的连接相续，'联'则侧重于两两联合或向心性的连合。'属'表连属义特别重视起始者和相连事物的连属关系。'缀'的本义是缝合，用于连接义往往带有依附色彩。"

枝 zhī

枝	枝	枝	枝
说文小篆	相马经	晋张朗碑	颜真卿

形声字。《说文》："枝，木别生条也。从木支声。"本义为植物主干分出的茎条。徐锴《系传》："自本而分也，故曰别生。"段注："艸部曰：'茎，枝主也。'干与茎为草木之主，而别生条谓之枝。枝必岐出也，故古枝、岐通用。"《吕氏春秋·求人》："啁噍巢于林，不过一枝。"支，《说文》："去竹之枝也。从手持半竹。"王筠《句读》："去者离也。既手持之，是离于竹之枝也。"王筠《释例》："省竹之半，作𠂇可矣。"竹为多枝植物，故"支"从手持半竹。"支"小篆像手（又）持竹支（个）形。枝由干生，不属于主体，故"支"有分属义，如支队。"枝"为植物分支，在木为"枝"，去木为"支"，故"枝"从木支声。

古代嫡长子以外的宗族子孙如同树木分枝，故也称"枝"，或作"支"，《左传·庄公六年》："《诗》云：本枝百世。"杜预注："《诗·大雅》言文王本枝俱茂，蕃滋百世也。"枝由干分出，故又指分支，《列子·杨朱》："吞舟之鱼，不游枝流。"枝由干分出且多呈分散状，故又指分散，《周易·系辞》："中心疑者其辞枝。"孔颖达疏："中心于事疑惑，则其心不定，其辞分散，若闲枝也。"又用作量词，或作"支"，用于枝条、杆状物或军队，苏轼《惠崇春江晚

景》之一："竹外桃花三两枝,春江水暖鸭先知。"《明史·戚继光传》:"再募
西北壮士,足马军五枝,步军十枝,专听臣训练。"枝条能支撑、保护主干,
树枝、木柱可做支撑之用,故又指支持、支撑,也作"支",《左传·桓公五年》:
"蔡、卫不枝,固将先奔。"杜预注:"不能相枝持也。"又为地支的简称,后作
"支",《广雅·释天》:"甲乙为干,干者日之神也;寅卯为枝,枝者月之灵也。"
通"肢",指四肢,《荀子·儒效》:"行礼要节而安之,若生四枝。"

　　"枝"又音 qí,同"歧",分歧、旁出,《庄子·骈拇》:"骈拇枝指。"成玄英
疏:"枝指者谓手大拇指傍枝生一指,成六指也。"

【原文】　jiāo yǒu tóu fèn　qiē mó zhēn guī
交 友 投 分　切 磨 箴 规

【译文】　交友要选择品行良善及志同道合者,德行学问上须切磋琢磨
以劝善规过。

【释义】

　　出自《诗经·卫风·淇奥》"如切如磋,如琢如磨",毛传:"治骨曰切,象
曰磋,玉曰琢,石曰磨。"《千字文释义》:"此言朋友之伦。交,相合也。友,
朋友也。投,托也。分,情分也。切,割也。磨,砺也。治骨角者,既切而复
磋之;治玉石者,既琢而复磨之。《诗·卫风》云:'如切如磋,如琢如磨。'喻
为学者,已精而益求其精。有所讽谕,以救其失者为箴。规,戒也。言朋
友之合,以情相托。平日为学,则切磋琢磨,相勉以求其精。至于有过,则
讽谕规戒,相救以正其失也。"

　　朋友之伦讲求"朋友有信","信"不仅是信用,还包括信义。人受朋友
的影响较大,交友善则有大益,所谓"亲近善友,如雾露中行,虽不湿衣,时
时有润"。交友不善则有大损。因此,交友须谨慎。交友之道,首先要选择
德行良善的人,不孝顺不善良者很难对朋友真心友好,《孝经·圣治章》"不
爱其亲而爱他人者,谓之悖德;不敬其亲而敬他人者,谓之悖理"。

　　朋友相处之道,概言之有四个方面:第一是劝谏,《孝经·谏诤章》:"士
有争友,则身不离于令名。"人犯错时有朋友劝谏,则能及时改正。第二是

关怀,朋友之间要相互关怀照顾。第三是德行学问的探讨互进,《礼记·学记》:"独学而无友,则孤陋而寡闻。"朋友、同学间的切磋琢磨对提升德学很重要。第四要有"通财之义",人生难免会遇到逆境,当朋友真正遇到困难时,当尽量提供帮助。

【解字】

jiāo
交

甲 806　　交鼎　　说文小篆　　熹平石经　　颜真卿

象形字。《说文》:"交,交胫也。从大,象交形。"以腿胫相交表示交叉、交错。段注:"凡两者相合曰交。"《孟子·滕文公》:"兽蹄鸟迹之道交于中国。"孙奭疏:"猛兽之迹交驰于中国之道。"甲骨文、小篆像正面人(大)两脚相交形,段注:"谓从大而象其交胫之形也。"王筠《句读》:"矢、夭变'大'字之首,交、尣变'大'字之足。""交"取象于腿胫相交,"右"取象于手口相助,"夭、矢"取象于头之屈,都是造字时"近取诸身"的体现。

用于人际关系,"交"指结交、交往,《论语·学而》:"与朋友交而不信乎?"朋友以结交而成,故也指朋友,如知交。又指此予彼受,《礼记·坊记》:"礼非祭,男女不交爵。"郑玄注:"交爵,谓相献酬。"交付是彼此交接的一种,故又指付给、交付,如交卷。道路相交则互相通达,故又指贯通、互相通达,《周易·泰》:"天地交而万物通也。"相交则合并,故又指相并、合在一起,《楚辞·九章·思美人》:"解萹薄与杂菜兮,备以为交佩。"王逸注:"交,合也。言已解折萹蓄,杂以香菜,合而佩之。"又指(时间、地区)交替之际或相交处,《左传·僖公五年》:"其九月、十月之交乎?"也指交配、性交,《礼记·月令》:"(仲冬之月)虎始交。"又用作副词,相当于"交替、更迭,俱、同时,交互、互相"。

yǒu
友

前 8.6.1　　菁 1.1　　墙盘　　说文小篆　　说文古文　　熹平石经　　颜真卿

会意兼形声字。《说文》:"友,同志为友。从二又,相交友也。"本指互助合作,也指合作的人。徐灏《注笺》:"友以相助为义,故从二又。"高鸿缙《中国字例》:"字从二又(手)合作,原为动词,周末渐与朋字同称,遂为名词。"《孟子·滕文公》:"乡田同井,出入相友,守望相助,疾病相扶持,则百姓亲睦。"赵岐注:"出入相友,相友耦也。""又"即左右之"右"本字,小篆作彐,像右手侧面形。"友"小篆以两又(手)相叠表示互助友好,故"友"从二又。"又、友"上古音皆属匣纽之部,故"又"也为声符,朱骏声《通训定声》:"又亦声。""好朋友,手拉手",今朋友见面以握手礼表示友好,也可作为彐形之证。互助合作则成朋友,故引申为朋友,《诗经·小雅·常棣》:"虽有兄弟,不如友生。"志向相同,朋友才能长久,故训"同志为友"。

"友"引申为结交、与……为友,《论语·季氏》:"友直,友谅,友多闻。"朋友当友善相处,故也指亲善、友爱,《周礼·地官·师氏》:"教三行:一曰孝行,以亲父母;二曰友行,以尊贤良;三曰顺行,以事师长。"又指顺从,《尚书·洪范》:"平康正直,强弗友刚克,燮友柔克。"孔传:"友,顺也。世强御不顺,以刚能治之。"也指兄弟相敬爱,《尔雅·释训》:"善兄弟为友。"又指有友好关系的,如友邻、友人。

tóu
投　　投　投　投　投
睡 36.90　说文小篆　曹全碑　颜真卿

会意字。《说文》:"投,擿也。从手从殳。"本义为抛、掷,如投篮。《说文》:"擿,一曰投也。"二字互训。《说文》:"毁,籀击也。""毁、投"音义同。《诗经·小雅·巷伯》:"取彼谮人,投畀豺虎。"殳(shū),《说文》:"以杸殊人也。《礼》:'殳以积竹,八觚,长丈二尺,建于兵车,车旅贲以先驱。'从又几声。"本为古代兵器名,以竹木制成,一端有棱。"殳"有殊离之用,故训"以杸殊人也"。"殳"在古代建于前驱兵车上,长丈二尺,用以撞击、驱离靠近的敌人。"殳"小篆作䷁,像手(又)持杸(几 shū)形,"几"是借形为声,故"殳"从又几声。"殳"与"父、攴"构形、音义皆近。"殳"甲骨文作𠬝乙一一五三、𠬝乙八〇九三,林义光《文源》:"象手持殳形,亦象手有所持以治物。故从殳之字与又、攴同意。"抛、掷物品要用手,古人执殳殊离、投击敌人,故"投"从手从殳。"从殳"《系传》作"殳声",段玉裁、桂馥、王筠、朱骏声皆从之。

光影从光源处投射,故"投"引申为投射,如投影。投掷的多是抛弃之物,故也指抛弃、弃置,《左传·文公十八年》:"投诸四裔,以御螭魅。"又指投奔、投靠,杜甫《石壕吏》:"暮投石壕村,有吏夜捉人。"相投者心意相合,故又指相合,如情投意合,《楚辞·大招》:"二八接舞,投诗赋只。"赠物如投物于人,故又指赠送,《诗经·卫风·木瓜》:"投我以木桃,报之以琼瑶。"寄物如将物抛向对方,故又指寄,如投递。又指挥、甩,《左传·宣公十四年》:"楚子闻之,投袂而起。"又指投入,如投资。

fèn
分　　川　　丷　　少　　丛　　刅　　分

铁 38.4　　粹 119　　鬲攸从鼎　　说文小篆　　熹平石经　　颜真卿

会意字。分(fēn),《说文》:"别也。从八从刀。刀以分别物也。"本义为分开、分割。《说文》:"别,分解也。"二字构形、音义相近。《尚书·舜典》:"分北三苗。"孔传:"分北流之,不令相从。"高鸿缙《中国字例》:"八之本意为分,取假象分背之形,指事字,动词,后世(殷代已然)借用为数目八九之八。久而不返,乃加刀为意符(言刀所以分也)作分,以还其原。殷以来两字分行,鲜知其本为一字矣。""分"指分别,"刀以分别物也","八"亦指分别,故"分"从八从刀。张舜徽《约注》:"分字得义之原,盖起于远古渔猎时之分割兽肉。本书'半'篆下云:'物中分也。从八、牛。牛为物大,可以分也。'八牛非刀不可,半字虽不从刀而刀意在其中。分字从刀,乃就一切分割言之。""分"为动作,"半"为结果。

"分"也指分出、派分,《韩非子·显学》:"儒分为八,墨离为三。"又指支,从主体分出的部分,如分会。物分则相离,故又指离散,《论语·季氏》:"邦分崩离析而不能守也。"何晏集解引孔安国:"民有异心曰分。"又指分配、给予,《史记·李将军列传》:"广廉,得赏赐辄分其麾下。"物分则有所区别,故又指异、区别,《周易·系辞》:"方以类聚,物以群分。"韩康伯注:"方有数,物有群,则有同有异,有聚有分也。"物经分解才会清楚其细节,故又指清楚,《吕氏春秋·察传》:"是非之经,不可不分。"又用作量词,长度尺的百分之一;重量两的百分之一;土地面积亩的十分之一;弧或角度的六十分之一;小时的六十分之一;年利率的十分之一,月利的百分之一。其他计算成绩也用分。又为中国货币单位,人民币一元的百分之一为一分。

"分"(fèn)又指所分之物,整体中的一部分,后加人旁作"份",徐灏《注笺》:"分,分物谓之分,平声;言其所分曰分,去声。此方言轻重之殊。"又指职分,《礼记·礼运》:"男有分,女有归。"又指缘分、命运、机遇,白居易《履道西门》:"豪华肥壮虽无分,饱暖安闲即有余。"又指成分,如水分。又指身份,《礼记·礼运》:"故礼达而分定。"孔颖达疏:"分,谓尊卑之分。"又用作量词,今也作"份",如一份合同。

qiē 切　切　切　切
说文小篆　武威·有司 12　王羲之　颜真卿

形声字。《说文》:"切,刌也。从刀七声。"本义为割、截。《说文》:"刌(cǔn),切也。"二字互训。段注:"二字双声同义。引伸为迫切,又为一切,俗读七计切。师古曰:一切者,权时之事,如以刀切物,苟取整齐,不顾长短纵横,故言一切。"《礼记·少仪》:"牛与羊鱼之腥,聂而切之为脍。"七,《说文》:"阳之正也。从一,微阴从中衺出也。""七"本指切断,后用为数词,六加一的和。许慎以《易》数解七,故曰"阳之正也",段注:"《易》用九不用七,亦用变不用正也。然则凡筮阳不变者当为七。""微阴从中衺出也",段注:"谓乚。""七"甲骨文作十前五·二八·四,为"切"字初文。丁山《数名古谊》:"七古通作'十'者,刌物为二,自中切断之象也……考其初形,则七即切字……'十'本象当中切断形,自借为七数专名,不得不加刀于七,以为切断专字。"刀用以切物,"七"为"切"之初文,故"切"从刀七声。

"切"也指古代加工珠宝器物的工艺,《尔雅·释器》:"骨谓之切,象谓之磋。"也指切磋,指学问上的互相观摩,取长补短,《尔雅·释训》:"丁丁嘤嘤,相切直也。"郭璞注:"丁丁,斫木声;嘤嘤,两鸟鸣。以喻朋友切磋相正。"

"切"又音 qiè,两物相摩擦,《淮南子·俶真》:"可切循把握而有数量。"又为反切的简称。反切是一种传统注音方法,即用两个字相拼注一个字的音,切上字与被切字声母相同,切下字与被切字韵母和声调相同,切除上下字冗余部分,就是被注字的读音,如"同,徒红切"。又指贴近,张舜徽《约注》:"盖以刀断物,刀与物最近,故引申之,切有近义。"《周易·剥》:"剥床以肤,切近灾也。"事情邻近则急迫,故又指紧迫,《论语·子张》:"切问而近思。"又指诚恳,《史记·太史公自序》:"守节切直。"

^{mó} 磨(礳)　　厤　磨　靡　磨

　　　　　说文小篆　石门颂　智永　颜真卿

本字为"礳",形声字。礳(mò),《说文》:"石硙(wèi)也。从石靡声。"为碾碎谷物等的工具。段注:"礳,今字省作磨。引伸之义为研磨。俗乃分别其音,石硙则去声,模卧切,研磨则平声,莫婆切,其始则皆平声耳。"《庄子·天下》:"若羽之旋,若磨石之隧。""靡"指如麻丝散乱、倒下,段注:"披靡,分散下垂之貌。""礳"之构字意图,为磨制石器时细石块、石粉分散下落(靡),故"礳"从石靡声。后省"非"作"磨","磨"作动词指用磨碾碎,如磨面。

"磨"(mó)作动词指磨制石器,《诗经·卫风·淇奥》:"如切如磋,如琢如磨。"毛传:"治骨曰切,象曰磋,玉曰琢,石曰磨。"治石时工具与石相摩擦,故又指摩擦,《论语·阳货》:"不曰坚乎,磨而不磷。"何晏集解:"言至坚者,磨之而不薄。"又指用磨料磨物体使光滑、锋利或达到其他目的,《木兰诗》:"小弟闻姊来,磨刀霍霍向猪羊。"又指磨炼,唐魏元同《请吏部各择僚属疏》:"衰弊乏贤之时,则可磨策朽钝而乘驭之。"治石时间较长,故又指拖延时间,如磨蹭。磨石须反复打磨,故又指切磋、研究,《法言·学行》:"学以治之,思以精之,朋友以磨之。"治石是把不要的地方磨去,故又指泯灭,韩愈《送穷文》:"吾立子名,百世不磨。"又指折磨,遭受困苦和挫折,白居易《春晚咏怀赠皇甫朗之》:"多中更被愁牵引,少处兼遭病折磨。"

zhēn
箴（鍼针）

箴　荿　箴　箴

说文小篆　相马经　熹平石经　沈度

形声字。《说文》："箴，缀衣箴也。从竹咸声。"本指缝衣用的工具，后作"鍼"；俗作"针"，从金从十，用"十"表示针形，简化字从之。段注："缀衣，联缀之也，谓签之使不散。"张舜徽《约注》："太古以木叶兽皮为服，先民制器，先其易者。缀衣之针亦但以竹为之，故其字从竹。迨知用铁器，而冶造之术日精，然后有从金之针，可知针实箴之后起字。许以缀衣箴训箴，犹云缝衣箴也。缀者，联也，谓布帛既裁之后，用箴线联缀使成服章也。今湖湘间犹称缝衣为联衣，盖古遗语矣。"《荀子·赋》："簪以为父，管以为母，既以缝表，又以连里，夫是之谓箴理。"咸，《说文》："皆也，悉也。从口从戌。戌，悉。"指都、全、详尽，用为副词，表示范围。"戌"甲骨文作🔨撫续一七四，弧刃长柄斧类兵器，古时插在村口台前，战时村长台前一呼，壮丁皆来集合上战场，有普遍、协同义，又有全面感知义，故"咸"从口从戌。竹多筋坚硬，故以竹制针，衣服须用针线将散布全都（咸）缝拢，故"箴"从竹咸声。后铁器多用，造从金咸声的"鍼"。

"箴"转指中医用来刺入一定穴位以达到医疗效果的针形器物，后作"鍼（针）"，《山海经·东山经》："又南四百里，曰高氏之山，其上多玉，其下多箴石。"郭璞注："可以为砭针，治痈肿者。"劝人改错如针刺穴治病，故又指规劝、告诫，如《左传·宣公十二年》："箴之曰：民生在勤，勤则不匮。"又为文体的一种，以规戒为表达的主题，《文心雕龙·铭箴》："箴者，所以攻疾防患，喻鍼石也。斯文之兴，盛于三代。"

guī
规（規）

規　槻　規　規

老子甲 20　说文小篆　孔龢碑　颜真卿

繁体作"規"，会意字。《说文》："規，有法度也。从夫从見。"本义为规矩、法度。张舜徽《约注》："许君收入夫部而训为有法度也，其本义自谓以身为度耳。上世分、寸、咫、尺、丈、寻、常、仞，皆以人体为法。所谓十发为程,十程为分,布指知寸,布手知尺,舒肘知寻,是已。大氐取则自然,近取诸身,远取诸物。以身为度,则近取之事也。规字从夫从见,谓谛视人体,取以为法也。凡云规模、规制,皆此义之引申。有法度谓之规,因之以法正人亦曰规,如言规诫、规劝是已。其称圆形为规者,乃借规为圭耳。"《韩非子·饰邪》:"释规而任巧,释法而任智,惑乱之道也。""夫"指成年男子,谛视(见)人体(夫),可取以为法,故"規"从夫从见。一说𫝹为两脚圆规形,用圆规(夫)画出(见)圆,就是要遵循的规范。

"规"作名词指画圆的工具,即今之圆规,《孟子·离娄》:"不以规矩,不能成方员。"规可画圆,故又指圆形,《太玄·玄图》:"天道成规,地道成矩。"又指画圆、加工成圆形,《国语·周语》:"成公之生也,其母梦神规其臀以墨。"由画圆引申为设计、谋划,《商君书·错法》:"明君之使其民也,使必尽力以规其功。"又指劝人守规矩走正道的规劝、谏诤,《左传·昭公十六年》:"子宁以他事规我。"规是画圆的准则,故又指典范,司马相如《难蜀父老》:"必将崇论闳议,创业垂统,为万世规。"又指效法、模仿,韩愈《进学解》:"上规姚姒,浑浑无涯。"通"窥",窥测,《管子·君臣》:"大臣假于女之能以规主情。"

【原文】　仁慈隐恻　造次弗离
　　　　　rén cí yǐn cè　zào cì fú lí

【译文】　仁慈恻隐之心是为人处事的根本,即使处于仓惶逆境时也不能舍离。

【释义】

"恻隐"出自《孟子·公孙丑》"恻隐之心,仁之端也"。"造次"语出《论语·里仁》"君子无终食之间违仁,造次必于是,颠沛必于是"。仁,亲,指以爱心待人。隐,怜。恻,痛惜、悲悯。"隐恻"即"恻隐",见人不幸而生怜悯心,由此而内心痛楚。造次,仓促、匆忙。弗,不。离,背离。言恻隐之心是仁的发端,仁慈之心当保持不变,即使是身处逆境、仓促忙乱之时,也不违离。《千字文释义》:"上言五伦备矣,而五常之德,犹未明指之也,故于此详言之。此言仁之德也……言仁主于爱,而遇不忍之事,则伤之切而痛之深。此乃人之本心,虽当急遽苟且之时,而不可舍去也。按:仁、义、礼、智、信,为五常之德,而仁、义为大,故明指之。犹上文五伦,亦以君臣父子为大也。然仁、义二者,而仁包四德,尤大于义,故又别而言之。犹上文君父并重,而事君之道,资于事父,又以孝为本也。虽其文有详略,而理实贯通,先后差次,截然不紊。读者宜熟玩之。"

　　"仁"是儒家学说的核心范畴,孔子多次谈到仁,据统计,《论语》中出现仁的次数有 110 次之多。孟子认为人性本善,仁慈恻隐之心人人都具备,且以"孺子坠井"之事说明人本性善良,具备恻隐之心。《朱子治家格言》"与肩挑贸易,勿占便宜;见穷苦亲邻,须加温恤",就是恻隐心在生活中的落实。

【解字】

rén
仁　仁　尸　仁　孟　尸　仁　仁
　　前 2.19.1　中山王鼎　说文小篆　说文古文　说文古文　礼器碑　颜真卿

　　会意兼形声字。《说文》:"仁,亲也。从人从二。孟,古文仁从千心。尸,古文仁或从尸。"本义为亲爱。仁者爱人,人对于亲人多相亲爱,故训"亲"。朱骏声《通训定声》:"人亦声。二者,《仪礼》郑注所谓'相人偶'之意。古语'相人偶'者,谐合耦俱,彼此亲密之辞也。"《墨子·经说》:"仁,仁爱也。"《中庸》:"仁者,人也。亲亲为大。""人、仁"音义同源。徐铉注:"仁者兼爱,故从二。"《礼记·经解》:"上下相亲谓之仁。"把各类"二人"关系处理到合适,故"仁"从人从二。或体从尸作尸,王筠《句读》:"尸仍是人,横陈于上耳。"古文从千、心,把各种二人关系处理好了,就是"千人一心"的仁。恕是仁的重要体现,《说文》:"恕,仁也。从心如声。"指推己及人、仁爱。推己及人为恕,《仓颉篇》:"恕,如也。以心度物曰恕。"将己心比人心,"如心为恕",故"恕"从心如声。

　　"仁"扩展为含义极广的道德范畴,其核心是爱人,与人相亲。历来对"仁"多有不同的解释,《论语·阳货》:"子张问仁于孔子。孔子曰:'能行五者于天下为仁矣。'请问之,曰:'恭、宽、信、敏、惠。'"古谓君王当以仁义治国,故又指仁政,《论语·子路》:"如有王者,必世而后仁。"何晏集解:"如有受命王者,必三十年仁政乃成。"又指有仁德之人,《论语·学而》:"泛爱众,而亲仁。"仁者能惠泽于人,故又指恩惠,《晋书·武帝纪》:"方今世运垂平,将陈之以德义,示之以好恶……曲惠小仁,故无取焉。"又用作敬辞,如仁兄。又为果核或果壳最里面较柔软的部分,《字汇》人部:"果核中实曰仁。"

cí 慈

中山王壶　　古玺　　说文小篆　　居延简甲765　　熹平石经　　颜真卿

形声字。《说文》:"慈,爱也。从心兹声。"本义为(上对下)慈爱。徐锴《系传·通论》:"慈者,爱也,广爱也。上安下之词,故曰'养老慈幼',慈之言字养之也。"张舜徽《约注》:"慈与字双声,受义同原。《释名·释言语》云:'慈,字也,字爱物也。'是已。""字"为屋下(宀)有婴儿(子),指生育、养育。《周礼·地官·大司徒》:"一曰慈幼。"郑玄注:"慈幼,谓爱幼少也。"《左传·文公十八年》:"宣慈惠和。"服虔注:"上爱下曰慈。""兹"当作"茲",《说文》:"茲,艸木多益。从艸,兹省声。"本义为草木滋盛丰茂。"兹省声"段注、《系传》《义证》皆作"丝省声"。草木丰茂,则草叶密集生长如丝,故"茲"从艸,丝省声。慈生于心,慈爱纤细绵长,如草木滋盛丰茂(茲),故"慈"从心兹声。

父母对儿女最为慈爱,故"慈"特指父母慈爱子女,《礼记·大学》:"为人父,止于慈。"慈、仁皆是爱人,故也指仁爱、笃爱,《左传·庄公二十七年》:"夫礼乐慈爱,战所畜也。"孔颖达疏:"慈谓爱之深也。"母亲对儿女的慈爱最为深远,故称母亲为"慈",如家慈。又指对父母孝敬奉养,《庄子·渔父》:"事亲则慈孝。"又为佛教用语,佛、菩萨爱护众生,给予欢乐为慈,《智度论》:"大慈,与一切众生乐;大悲,拔一切众生苦。"通"磁",《管子·地数》:"上有慈石者,其下有铜金。"

yǐn 隐(隱)

古玺　　春秋事语66　　说文小篆　　熹平石经　　颜真卿

繁体作"隱",形声字。《说文》:"隱,蔽也。从自慧声。"本义为隐蔽。

徐灏《注笺》：“隐之本义盖谓隔𣅏不相见。”“𣅏”指高大上平的山陵（土山）。㥯（yǐn），《说文》：“谨也。从心㥯声。”本义为谨慎。㥯（yǐn），《说文》：“所依据也。从爪、工。读与隐同。”本义为有所依据，《一切经音义》引作“有所据也”。段注：“此与𣅏部隐音同义近，隐行而㥯废矣。”徐灏《注笺》：“从爪从又，两手执据之也；从工，所据之物也。”“工”《说文》古文作𢒇，像木工所用的工字尺形，“工、巨”一字，“矩”金文作𰇵大伯矩簋，像人（大、矢）手执尺（工）工作形。张舜徽《约注》：“今木工之裁者，其上必先施绳墨，而后两人相对持器以锯裂之，此盖即依据之义所由起，引申为一切依凭之称。凡有依凭，必较安适，故有安稳之义。今俗作安稳，穩亦㥯之后增体。”两手（爪）持物（工）做事，两木匠持器锯木，有所依据而稳妥，故“㥯”从爪、工。谨慎由心而发，谨慎心是做事妥善的凭借（㥯），故“㥯”从心㥯声。物被山陵（𣅏）所遮则隐而不见，谨慎之人言行稳重而少有外显，𣅏、㥯皆有隐蔽意，连用以加强“隱”字之义，故“隱”从𣅏㥯声。简化字省“㥯”中间部分为“急”作“隐”。

隐讳藏而不显，故“隐”引申指隐讳、隐瞒，《论语·子路》：“父为子隐，子为父隐。”微妙多隐而不显，故又指精深、微妙，《周易·系辞》：“探赜索隐，钩深致远，以定天下之吉凶。”幽静处人迹罕至如被隐藏，故又指幽静、安静，嵇康《琴赋》：“且其山川形势，则盘纡隐深。”谜底隐藏于谜语内，故又指隐语、谜语，《史记·滑稽列传》：“齐威王之时喜隐。”忧伤是隐于内的痛苦情绪，故又指忧伤、病痛，《诗经·邶风·柏舟》：“耿耿不寐，如有隐忧。”又指怜惜、同情，《孟子·梁惠王》：“王若隐其无罪而就死地，则牛羊何择焉？”又指穷困，《左传·昭公二十五年》：“政自之出久矣，隐民多取食焉。”又指安定，杜甫《投简梓州幕府兼简韦十郎官》：“幕下郎官安隐无，从来不奉一行书。”又指审度，《尚书·盘庚》：“邦伯师长，百执事之人，尚皆隐哉。”

“隐”又音yìn，凭倚、依据，《庄子·齐物论》：“南郭子綦隐几而坐，仰天而嘘。”成玄英疏：“子綦凭几坐忘，凝神遐想，仰天而叹。”

cè
恻（惻）

江陵简　说文小篆　衡方碑　智永

　　繁体作"惻"，形声字。《说文》："惻，痛也。从心则声。"本义为悲痛、忧伤。玄应《一切经音义》引《说文》："惻，痛也。谓恻然心中痛也。"《周易·井》："井渫不食，为我心恻。"孔颖达疏："使我心中恻怆。""则"指确定等差而作划分，金文作 𠜂 何尊，用刀在鼎上刻画条文，因有法则义。"惻"为悲痛，如刀刻（则）心痛，故"惻"从心则声。

　　"则"有法则、榜样的趋同义，恻隐之心是高度同情心的体现，是人的基本品德之一，《孟子·告子》："恻隐之心，人皆有之……恻隐之心，仁也。"作形容词表示恻隐貌，《颜氏家训·勉学》："恻然自念，思欲效之。"

zào
造（𡥈艁）

颂鼎　颂簋　申鼎　羊子戈　说文小篆　说文古文　礼器碑　颜真卿

　　形声字。《说文》："造，就也。从辵告声。谭长说：'造，上士也。' 𦥑，古文造从舟。"义为成就、功绩。《诗经·大雅·思齐》："肆成人有德，小子有造。"郑玄笺："子弟皆有所造成。"告，《说文》："牛触人，角箸横木，所以告人也。从口从牛。"指告诉、明告。小牛爱顶人撞物，就在其角上绑一根横木，告诉人们要远离，以防被撞伤，故"告"从口从牛。"辵"指行走；人出外（辵）有成就便会向父母师长禀告，以报恩德，如欧阳修官升高位，得朝廷加封，才于父亲去世六十年后撰写《泷冈阡表》以慰告先父，故"造"从辵告声。朱骏声谓"造"之本义当为至，《通训定声》："《小尔雅·广诂》：'造，适也。' '造，进也。'《广雅·释言》：'造，诣也。' 此字从辵，本训当为至。"高鸿缙谓本义为制造，《颂器考释》："𡥈，制造之本字，亦作艁，从宀从舟，告声。言屋或舟均人所制造也。后世通以造访之造代之，久而成习，而𡥈与艁均废。"综合来看，有成就则往告父母；往告父母必至其居所，因而"造"有至、造访义；有成就必有创造，则有创造、制造义。"𡥈、艁"指制造房屋（宀）或船只（舟）而告成功，通写为"造"而有制造义。

"造"由至转指到、去，《尚书·盘庚》："诞告用亶，其有众咸造，勿亵在王庭。"也指(学业等)达到的程度或境界，《孟子·离娄》："君子深造之以道，欲其自得之也。"赵岐注："造，致也。言君子学问之法，欲深致极竟之以知道意。"由不期而访转指仓卒、突然，《礼记·玉藻》："造受命于君前，则书于笏。""造次"与"仓促、仓猝"相同。也指给予生命，多用于表示感恩之词，如再造之恩。又指并列、聚合，也作"艁"，《诗经·大雅·大明》："造舟为梁，不显其光。"孔颖达疏引《释水》李巡注："比其舟而渡曰造舟。"又指制作，《礼记·玉藻》："大夫不得造车马。"又指建立，《新唐书·郭子仪传》："入朝，帝遣具军容迎灞上，劳之曰：国家再造，卿力也。"又指开始，《尚书·伊训》："造攻自鸣条，朕哉自亳。"又指伪造、虚构，《诗经·王风·兔爰》："我生之初，尚无造。"通"曹"，诉讼的双方，《尚书·吕刑》："两造具备，师听五辞。"又通"遭"，遭受，《尚书·文侯之命》："呜呼！闵予小子嗣，造天丕愆，殄资泽于下民。"孔传："言我小子，而遭天大罪过，父死国败，祖业陨隙。"

次　　（篆字形等）　次　次

后下42.6　明1001　史次鼎　说文小篆　说文古文　熹平石经　颜真卿

形声字。《说文》："次，不前、不精也。从欠二声。（古文字形），古文次。"本义为顺序排在前项之后的。徐锴《系传》："不前，是次于上也；不精，是其次也。"段注："不前不精，皆居次之意也。"王筠《句读》："不前者，逗留不进也。精者，择也。不择则粗，是次也。"《左传·襄公二十四年》："太上有立德，其次有立功，其次有立言。""欠"甲骨文作（字形）合一八〇〇八、（字形）明一八八〇，像人张口打哈欠形。打哈欠是气不足、精神欠佳的体现，故"欠"引申指欠缺；"二"居一之后，亦有次等意，故"次"从欠二声。古文作（字形），段注："盖象相次形。"朱骏声《通训定声》："疑本为茨之古文，象茅盖屋次第之形。"

"次"引申指次序、顺序，《新书·六术》："六亲有次，不可相逾。"又指第二、第二的，副、次级的，《穆天子传》卷四："次车之乘。"郭璞注："次车，副车。""次"由不精引申为次等的、质量较差的，如次品，陆羽《茶经·一之源》："笋者上，牙者次。"官职、位置皆有次第，故又指位次、职位，《尚书·胤征》："沈乱于酒，畔官离次。"孔颖达疏："离其所居位次。"次位于首之后尾之前，居中间，故又指中间，《庄子·田子方》："喜怒哀乐不入于胸次。"又指行列、队列，《国语·晋语》："失次犯令，死。"次序依次排列，故又指排列、编次，《吕氏春秋·季冬》："乃命太史，次诸侯之列，赋之牺牲。"又指至、及，《隋书·李密传》："行次邯郸，夜宿村中，密等七人皆穿墙而遁。"又用作量词，表示动作回数，张籍《祭退之》："三次论诤退，其志亦刚强。"

"次"又音 zī，〔次且〕也作"趀趄"，欲进不前的样子，《周易·夬》："臀无肤，其行次且。"陆德明释文："次，本亦作趀，或作跜。《说文》及郑作趀……且，本亦作趄，或作跙。"

fú 弗	甲 660	甲 3919	毛公鼎	说文小篆	北海相景君铭	赵孟頫

会意字。《说文》："弗，挢也。从丿从乀，从韦省。"本义为矫正。徐铉等注："韦所以束枉戾也。""挢"段注作"矫"，徐灏《注笺》："凡弛弓则以两弓相背而缚之，以正枉戾，所谓矫也，矫谓之弗。"丿（piě），《说文》："右戾也。象左引之形。"指从右着笔向左弯曲。段注："戾者，曲也。右戾者，自右而曲于左也，故其字象自左方引之。""丿"小篆作 ㇒，像从右上往左下牵引弯曲形。"丿"为汉字基本笔画之一，俗称"撇"。乀（fú），《说文》："左戾也。从反丿。"指从左着笔向右弯曲。段注："自左而曲于右，故其字象自右方引之。""乀"小篆作 ㇏，与丿相反，从左上往右下牵引弯曲之形。"乀"也为汉字基本笔画之一，俗称"捺"。韦（韦），《说文》："相背也。从舛口声。兽皮之韦，可以束枉戾相韦背，故借以为皮韦。"指背离。"舛"有违背之意，"口"可相背环绕，故"韦"从舛口声。"韦"甲骨文作 🔲 乙二一八八，像守卫者脚板（止）围绕城邑（口）形。"衛"金文作 🔲 弓卫且己爵，像四脚环绕守城形，环绕守卫为"衛"，攻打围绕为"圍"，省左右之"止"（脚）作"韋"。"韋"之相背义，后作"違"，"韋、衛、違"一字分化。皮革柔软结实，可缠绕

物品,"兽皮之韦,可以束枉戾相韦背",故"韦"转指皮革。"丿、乀"是左右弯曲形,中间用皮绳(韦)捆绑固定,防止左右延伸,段注:"丿、乀皆有矫意。韦者,相背也,故取以会意,谓或左或右皆背而矫之也。"故"弗"从丿从乀,从韦省。"弗"甲骨文作 弗、弗,像以韦束物,会矫正意。李孝定《甲骨文字集释》:"字作弗,正象矫箭使直之形。"动词矫正之弗,经传皆以"拂"为之,段注:"今人矫、弗皆作拂,而用弗为不。"

"弗"由不正转用作副词,表示否定,相当于"不",《尚书·尧典》:"九载绩用弗成。"孔传:"功用不成。"

离（離罹）　　　前6.45.4　甲2270　古币　说文小篆　熹平石经　颜真卿

繁体作"離",形声字。《说文》:"離,黄,仓庚也,鸣则蚕生。从隹离声。"本指黄鹂鸟,即黄莺,鸣声悦耳。段注:"离,离黄,仓庚也。各本无'离',浅人误删,如巂周删巂之比。依《尔雅音义》《广韵》补。"张舜徽《约注》:"此鸟亦名黄莺,或曰黄鸟。《诗经·周南·葛覃》所云'黄鸟于飞,集于灌木,其鸣喈喈'者,是也。色美而黄,鸣声悦耳,故人多捕取饲之,以作笼鸟。离黄二字连文,许书说解当有离字。今二徐本无之,盖传写者误以为复举字而径删之矣。下文雡下云'雡黄也',与此一物一名,离、雡实即一字。今鸟名之字通作鹂,而专以离为离合字。"离,《说文》:"山神,兽也。从禽头,从厹从屮。"指传说中的山林精怪,后作"魑"。厹(róu),即"蹂",指兽足践踏地面。段注:"兽形则头足皆兽矣……从屮,若巂字之首,像其冠耳。"故"离"从厹从屮。"从禽头"言"离、禽"字形中部相同,段注:"谓凶也。"黄鹂为鸟类一种,"离"甲骨文作 弗,像以网捕鸟形。或许黄鹂鸣声悦耳而受人珍爱,易被捕捉,离与禽(隹)皆有捕捉义,故"離"从隹离声。黄鹂义之"離"后作"鹂"。鸟被网捕捉,有罹难义,此义后作"罹"。简化字只用"离"。

鸟离网则飞去,故"离"指失去、去掉,《尚书·胤征》:"沈乱于酒,畔官离次。"离去则分开,故也指分开,《史记·封禅书》:"秦始与周合,合而离,五百岁当复合。"又指离别、离开,《周易·乾》文言:"进退无恒,非离群也。"又指叛离,《国语·楚语》:"德义不行,则迩者骚离,而远者距违。"分离则两地相隔,故"离"也指距,如离学校很远。又为八卦之一,卦形为☲,又为六十四卦之一,卦形为䷝,《周易·说卦》:"离为火,为日,为电。"又指明,《广雅·释诂》:"离,明也。"王念孙疏证:"离者,《说卦》传云:离也者,明也。万物皆相见,南方之卦也。圣人南面而听天下,向明而治,盖取诸此也。"又指对等的两、并,《礼记·曲礼》:"离坐离立,勿往参焉。"分离则两地隔绝,故又指断绝,《礼记·学记》:"比年入学,中年考校,一年视离经辨志,三年视敬业乐群。"孔颖达疏:"离经,谓离析经理,使章句断绝也。"鸟被网住为罹难,故指忧愁,《诗经·小雅·四月》:"乱离瘼矣,爰其适归。"通"罹",遭受、遭遇,《周易·小过》:"弗遇过之,飞鸟离之。"孔颖达疏:"过而弗遇,必遭罗网。"

【原文】 节义廉退　颠沛匪亏
jié yì lián tuì　diān pèi fěi kuī

【译文】 道义气节与清廉谦让是立身立业根基,即使身处困苦挫折中也不能有丝毫亏损。

【释义】

此与上两句合讲五常之德"仁义礼智信"。《千字文释义》:"此言义、礼、智、信之德。有所守而不变,谓之节,信之德也。义者,心之制,事之宜也。廉,有分辨,智之德也。退,谦让也,礼之德也。颠沛,倾覆流离之际。匪,非也,亦禁止之辞。亏,缺也。言义、礼、智、信之德,皆人所不能无,虽当倾覆流离之际,而不可亏缺也。《论语》云:造次必于是,颠沛必于是。"

"仁义礼智信"是古今通行的美德,关羽对刘备忠心耿耿,面对曹操的威逼利诱,毫不动摇,是忠义的代表。苏武被匈奴困留十九年,历尽百般磨难,始终不投降变节,终以垂老之躯回归家乡,是气节的代表。历史上践行五常之德的先贤事例很多,清史洁珵辑录《德育古鉴》,专门记录古人践行五常之德的嘉言懿行,可参考。

【解字】

jié
节（節）　

陈纯釜　鄂君舟节　说文小篆　史晨碑　颜真卿

　　繁体作"節"，形声字。《说文》："節，竹约也。从竹即声。"本指竹节。段注："约，缠束也。竹节如缠束之状。《吴都赋》曰：'苞笋抽节。'引伸为节省、节制、节义字，又假借为符卪字。"《史记·龟策列传》："竹，外有节理，中直空虚。""即"甲骨文作 𝌆合三四二五五，林义光《文源》："卪，即人字。即，就也……象人就食之形。"人靠近盛满饭食的食器去吃饭，为接近、达到。太子即位，即刻继承皇位而为帝王。竹是多节的植物，节与节之间距离近（即），故"節"从竹即声。简化字省即留卪，简竹为艹，作"节"。

　　"节"也指树木枝干交接处、草禾茎上生叶的部分，《周易·说卦》："艮为山……其于木也，为坚多节。"又指动物骨骼连接处，如骨节、关节，《庄子·养生主》："彼节者有间，而刀刃者无厚。"季节、节气是两个气候的交接处，故也称"节"，《史记·太史公自序》："夫阴阳四时、八位、十二度、二十四节各有教令。"节日是一年中的关键日子，故又指节日、纪念日，如春节、端午节。礼节是人与人交往（连接）的纽带，故又指礼节，《论语·微子》："长幼之节，不可废也。"事件如经历中的节，故又指事件、事项，如细节，《论语·泰伯》："可以托六尺之孤，可以寄百里之命，临大节而不可夺也。"气节如竹节坚挺不屈，故又指气节、节操，《左传·成公十五年》："圣达节，次守节，下失节。"又指准则、法度，《礼记·曲礼》："礼不逾节，不侵侮，不好狎。"竹节连接两节竹子，有约束作用，故又指控制、限制，《周易·未济》："饮酒濡首，亦不知节也。"节约是约束用度使不浪费，故又指减省、节约，如节水，《论语·学而》："节用而爱人，使民以时。"节在中而不偏不倚，故又指适度，《墨子·辞过》："风雨节而五谷孰，衣服节而肌肤和。"又指符节，古代用以证明身份的凭证，初为截断竹木做成一分为二的信符，王安石《贺韩魏公启》："兼两镇之节麾，备三公之典策。"又用作量词，指分而相连之物，如两节火车。节奏多成段而有规律,故又指节奏、节拍,《楚辞·九歌·东皇太一》:"扬枹兮拊鼓,疏缓节兮安歌。"竹、骨多从节处截断,故又指删节、剪裁,如节录、节选。又为卦名,卦形为☵,《周易·节》象曰:"泽上有水,节。"孔颖达疏:"水在泽中,乃得其节。"又指高峻貌,《诗经·小雅·节南山》:"节彼南山,维石岩岩。"

义 (義儀誼)

甲3445	掇2.49	师旂鼎	墙盘	说文小篆	说文或体	张景碑 颜真卿

　　繁体作"義",形声字。《说文》:"義,己之威仪也。从我、羊。羪,墨翟书義从弗。魏郡有羪阳乡,读若锜。"本指仪表、威仪,后作"儀"。段注:"言己者,以字之从我也……古者威仪字作義,今仁义字用之。儀者,度也。今威仪字用之。誼者,人所宜也。今情谊字用之。""羊"有吉祥美善义,仪表、威仪庄重则体现美善(羊),段注:"威仪出于己,故从我……从羊者,与善美同意。"故"義"从我、羊。"義"甲骨文作𦎫,或谓"義"当为仪仗队员戴羊头饰物(羊)手执兵器(我)形。墨翟书即今传《墨子》,"羪"下部构件"弗"乃"我"之讹变,"義"战国文字所从之"我"或作𢧜、𢦏,与"弗"字形近。张舜徽《约注》:"《尚书·洪范》'无偏无颇'与'遵王之义'为韵;《诗·柏舟》'实惟我仪'与'在彼中河'为韵……是義字古读与俄同也。故其字当从我声,不得以会意解之。"简化字音借"义"加"丶"作"义"。

　　仁义之"义",本字为"谊",繁体作"誼",会意兼形声字。《说文》:"誼,人所宜也。从言从宜,宜亦声。"言词合意适宜,指正确的道理、行为及原则。段注:"誼、義古今字。周时作誼,汉时作義,皆今之仁义字也。其威仪字,则周时作義,汉时作儀。凡读经传者,不可不知古今字,古今无定时,周为古则汉为今,汉为古则晋宋为今。随时异用者谓之古今字,非如今人所言古今籀文为古字,小篆、隶书为今字也……《中庸》云:'仁者人也,义者宜也。'是古训也。""誼"指人所宜,《周易·系辞》谓"言行,君子之枢机",合宜首先体现在言语上,故"誼"从言宜声。又指意义,言词表达心意,《说文·叙》:"会意者,比类合谊,以见指㧑,武信是也。"又指交情,如友谊,江淹《伤友人赋》:"余结谊兮梁门,复从官兮朱藩。"

"义"也指适宜,《周易·旅》:"其义焚也。"陆德明释文:"马云:'义,宜也。'一本作'宜其焚也'。"道义是人行事的法则,故又指正当、正义,《周易·系辞》:"理财正辞、禁民为非曰义。"道义是美善的体现,故又指善、好,《老子》十九章:"绝仁弃义,民复孝慈。"王弼注:"仁义,人之善也。"又指品德的根本、伦理的原则,《孟子·公孙丑》:"其为气也,配义与道。"赵岐注:"义谓仁义,可以立德之本也。"义中之利方能长久,故又指利益、功用,《周易·乾》:"利者,义之和也。"孔颖达疏:"言天能利益庶物,使物各得其宜而和同也。"又指公益性的、为某种公益事业而举办的,如义卖。又指公正,《管子·水地》:"唯无不流,至平而止,义也。"又指行为超出常人的、有正义感的,如义士。又作助词,用于句首,《尚书·大诰》:"义尔邦君,越尔多士,尹氏御事。"

lián
廉　廉　廉　廉
睡 8.9　说文小篆　曹全碑　颜真卿

形声字。《说文》:"廉,仄也。从广兼声。"本义为侧边。段注:"堂之边曰廉。"朱骏声《通训定声》:"堂之侧边曰廉。"徐灏《注笺》:"仄谓侧边也。"《仪礼·乡饮酒礼》:"设席于堂廉东上。"郑玄注:"侧边曰廉。"广(yǎn),是依崖(厂)搭建的室外高大建筑,一面敞开。从广之字皆与房屋有关,如"府、庭、庾、厦、廐、庖"等。厂-广-宀,是古代居住史进化的三大阶段,"厂"是自然形成可以遮蔽居住的崖岸,"广"是依崖岸搭建的半开放建筑,"宀"是全搭建的封闭式房室。兼,《说文》:"并也。从又持秝。"本义指兼并,指同时涉及两件或两件以上的行为或事物。秝(lì),《说文》:"稀疏适也。从二禾。"指禾苗稀疏均匀貌。段注:"禾之疏密有章也。"王筠《释例》:"立苗欲疏,故两禾离立。"故"秝"从二禾。"兼"小篆作🌿,像手(又)持二禾(秝)之形。手持一禾为"秉",手持二禾(秝)为"兼",故"兼"从又持秝。"廉"指堂的侧边,堂边连(兼)着堂的地面与侧面,也连着堂内、堂外,故"廉"从广兼声。

廉侧而直,廉洁是正直的体现,故又指品行正直,《庄子·让王》:"人犯其难,我享其利,非廉也。"侧边地方狭庂,故也指狭窄,段注:"此与廣为对文,谓偏庂也,廉之言敛也。"《齐民要术·耕田》:"凡秋耕欲深,春夏欲浅;犁欲廉,劳欲再。"古代堂基高出地面,侧边矮墙有直线棱角,故又指棱、角,《礼记·聘义》:"廉而不刿,义也。"孔颖达疏:"廉,棱也;刿,伤也。言玉体虽有廉棱而不伤割于物;人有义者亦能断割而不伤物,故云义也。"节俭则用度不宽,故又指节俭,《淮南子·原道》:"不以奢为乐,不以廉为悲。"廉洁则不贪,故又指廉洁,《墨子·修身》:"贫者见廉,富者见义。"价格低则钱少,故又指廉价,如物美价廉,王禹偁《黄州新建小竹楼记》:"以其价廉而工省也。"

退^{tuì}（復）

合34119　中山王壶　说文小篆　说文或体　说文古文　曹全碑　颜真卿

《说文》作"復",会意字。《说文》:"復,卻也。一曰行迟也。从彳从日从夂。𧗷,復或从内。𧗿,古文从辵。"本义为退却。"彳"像十字交叉大路行(𠕁)的左半边,道路为人所行。夂,《说文》:"行迟曳夂夂。"指行走迟缓的样子,后作"绥"。"夂"甲骨文作𝔸乙二一一〇,像倒"止"形。脚趾向下向后的倒止行走,自然行走迟缓。彳、辵皆指行走,倒退则较为迟缓(夂),徐锴《系传》:"日日见夂,是復也。"徐灏《注笺》以为从日取法日行,天左旋,日月右旋,右旋为退,故"復"从彳从日从夂。林义光谓"日"非字,乃束缚之义,绳圈(日)束缚行走(彳夂),不进则退,表示行有所绊而退却。或体作"𧗷",张舜徽谓初文盖作"内",自外入内,有退却之义。甲骨文作𝔸、𝔹合一五四八三,季旭昇谓从簋从夂,以撤去祭品表示退却义。

离去如退走不见,故"退"引申为离去,《老子》九章:"功成、名遂、身退,天之道。"从外往里退是返回,故又指返回,《仪礼·士冠礼》:"主人退,宾拜送。"谦让是退而不争,故又指谦让,《国语·楚语》:"夫子践位则退。"韦昭注:"退,谦退也。"后退则不见于原地,故又指消失、衰减,《左传·昭公三年》："火中，寒暑乃退。"后退动作较慢，故又指迟缓、畏缩，《论语·先进》："求也退，故进之。"朱熹集注："若冉求之资禀，失之弱。"又指退还，如退货。又指脱去、除去，如退皮。

diān
颠（顛顚）　　　合 17310　合 18752　鱼鼎匕　说文小篆　西狭颂　颜真卿

　　繁体作"顛"，形声字。《说文》："顛，顶也。从頁眞声。"本义为人头顶。《说文》："頂，颠也。"二字互训。頁，《说文》："头也。从百从儿。"本义为人头。百（shǒu），即首，甲骨文作 [字形]前六·一七·七，像动物头形。"頁"甲骨文作 [字形]乙八七八〇，李孝定《甲骨文字集释》："古文頁、百、首当为一字。頁象头及身，百但象头，首象头及其上发，小异耳。"从頁的字都与头有关，如"顶、领、颈"等。"眞"金文作 [字形]季眞鬲，"贞"金文作 [字形]散盘，二字形近。"贞"从卜从鼎（貝），指具鼎奉神而占卜的行为，为动词；"眞"从卜（匕）从鼎（具），表示占卜所求出的真理，为形容词。"贞－眞"为一字的二义分形。头为人体最高，天为万物最高，"眞"指真理、天理，即最高的自然规则，故"顛"从頁眞声。"顛"甲骨文作 [字形][字形]，像人从崖（自）上头朝下坠落形，表示坠落、倒仆义。

　　"颠"也泛指物体顶部，《六书故·人》："头之上为颠，引申之则山有颠，木亦有颠。凡高之所极皆曰颠。"《史记·孝武本纪》："东上泰山，山之草木叶未生，乃令人上石立之泰山颠。"物极必反，至顶则降，故又指坠落、陨落，《左传·隐公十一年》："子都自下射之，颠。"杜预注："颠，颠坠而死。"通"蹎"，倒仆，《论语·季氏》："危而不持，颠而不扶，则将焉用彼相矣？"又指颠倒、倒置，《诗经·齐风·东方未明》："东方未明，颠倒衣裳。颠之倒之，自公召之。"

pèi
沛　　　说文小篆　郑固碑　王羲之　颜真卿

　　形声字。《说文》："沛，水。出辽东番汗塞外，西南入海。从水市声。"为古水名，约在今辽宁省境内。"市"即"宋"（pò）之隶变，《说文》："宋，艸木盛宋宋然。象形。八声。"本义指草木生长丰盛繁茂之貌。"八"指分别,草木丰盛则分枝多,故"宋"从中八声。"沛"为水盛貌,流水滔滔如草木丰盛,故"沛"从水宋(市)声。

"沛"也指沼泽,多水草之地,《风俗通·山泽》:"沛者,草木之蔽茂,禽兽之所蔽匿也。"《孟子·滕文公》:"园囿污池沛泽多而禽兽至。"赵岐注:"沛,草木之所生也。"又指水充盛貌,又作"沛沛、滂沛",《孟子·梁惠王》:"诚如是也,民归之,由水之就下,沛然谁能御之?"焦循正义:"刘熙《释名·释水》云:'水从河出曰雍沛。'言在河岸限内,时见雍出,则沛然也……此水之就下,比天下来归,故云沛然而来,谓民之来如水之涌也。"又指丰盛、充足、广阔,《孟子·离娄》:"故沛然德教溢乎四海。"水充盛则流速湍急,故又指迅疾,《楚辞·九歌·湘君》:"美要眇兮宜修,沛吾乘兮桂舟。"王逸注:"沛,行貌。"又为县名,秦置,为泗水郡治,汉改泗水郡为沛郡,移郡治于相,以沛为汤沐邑,称沛县为小沛,故地在今江苏省沛县东,汉高祖刘邦即起于此。

fěi 匪　　巷　　匪　　匪　　匪

中山王壶　说文小篆　石门颂　颜真卿

形声字。《说文》:"匪,器,似竹筐。从匚非声。《逸周书》曰:实玄黄于匪。"本为古代筐类竹器名,后加竹作"篚"。王筠《句读》:"此字经典皆借篚。其仅存者,《春官·肆师》:'共设匪瓮之礼。'而郑君注云:'豆实实于瓮,篚实实于篚,匪其篚字之误与?'是郑君以车苓之篚为匪匪,而以匪匪之匪为是非,徇俗而违古也。"朱骏声《通训定声》:"古者盛币帛以匪,其器隋方。"匚(fāng),《说文》:"受物之器。象形。"本指正方形盛物的器皿。段注:"此其器盖正方。""匚"甲骨文作𐤄甲二六六七,像侧立的筐形。"匚"指框,与"匡、筐、框"同,"匚"也表方形与"方"同。"匚、方、匡、筐、框"同源。"匪"为竹器,"匚"为方形器皿,"非"用鸟翅膀展开表示违背,器皿能够盛放各种(相背)物品,"非"有分开、排列意,竹器是由竹篾分布排列编制而成,故"匪"从匚非声。古文献多用"匪"为"非",表示否定。

"匪"之声符"非"有违意,违背正道是不善之人,故"匪"指行为不正的(人),《周易·比》:"比之匪人,不亦伤乎。"陆德明释文引马融:"匪,非也。"也指抢劫财物、危害人民的坏人,如土匪。又用作代词,相当于"彼",《诗经·小雅·小旻》:"如匪行迈谋,是用不得于道。"又指非,相当于"不是、不",《诗经·齐风·鸡鸣》:"匪鸡则鸣,苍蝇之声。"孔颖达疏:"言鸡既鸣矣之时,非是鸡实则鸣,乃是苍蝇之声耳。"《诗经·大雅·烝民》:"夙夜匪解,以事一人。"或表示关联,用于"非……不……"之类的句式,《诗经·豳风·伐柯》:"伐柯如何? 匪斧不克。取妻如何? 匪媒不得。"通"斐",有文采貌,《诗经·卫风·淇奥》:"有匪君子,如切如磋,如琢如磨。"《礼记·大学》引《诗》作"有斐君子"。

kuī
亏(虧)　　𧇑 𧇒 𧇓 𧇔
　　　　　说文小篆　说文或体　北海相景君铭　颜真卿

繁体作"虧",形声字。《说文》:"虧,气损也。从亏雐声。𧇑,虧或从兮。"本义为气损。段注:"引伸凡损皆曰虧。""亏、兮"皆指气之舒发,故或体从兮作"𧇑"。亏(yú),《说文》:"于也。象气之舒亏。从丂从一。一者,其气平之也。"同"於",用作虚词,段注:"然则以于释亏,亦取其助气。"丂(kǎo),《说文》:"气欲舒出,丂上碍于一也。"指气欲舒出貌。"亏"指气平舒,"丂"为气欲舒出貌,"一"像气平舒形,段注:"气出而平,则舒于矣。"故"亏"从丂从一。后"亏"隶变作"于"。雐(hū),《说文》:"鸟也。从隹虍声。"本义为鸟名,指雐鸟,善飞。鸟(雐)飞久则气力缺损,缺损则飞翔舒迟,徐锴《系传》:"气缺则其出舒迟。"故"虧"从亏雐声。简化字省作"亏"。

"亏"由气损而泛指缺损,《楚辞·天问》:"八柱何当? 东南何亏?"王逸注:"东南不足,谁亏缺之也?"又指毁坏,《诗经·鲁颂·閟宫》:"不亏不崩,不震不腾。"郑玄笺:"亏、崩皆谓毁坏也。"气少则亏,故又指减少,《周易·谦》:"天道亏盈而益谦。"孔颖达疏:"亏,谓减损,减损盈满,而增益谦退。"气损则缺,故又指差欠,《尚书·旅獒》:"为山九仞,功亏一篑。"孔传:

"未成一篑,犹不为山,故曰功亏一篑。"又指损失,如吃亏。也指亏空、蚀本,如自负盈亏。又为侥幸之词,表示借以免除困难,如多亏、幸亏。

【原文】 xìng jìng qíng yì　　xīn dòng shén pí
性　静　情　逸　　心　动　神　疲

【译文】 性情安静能使情绪旷逸,心绪躁动可致精神疲敝。

【释义】

　　这两句总结上文,从心性方面探究人的立德修身之道。性,性情。情,情绪,指喜、怒、哀、惧、爱、恶、欲七情。逸,闲适。心,思维。神,精神。疲,困乏。《千字文释义》:"此总上文五常之德而言。盖天以仁、义、礼、智、信之德赋之于人为性。情者,性之发也。心,载性者也。神者,心之灵也。静者,止于五常而不动也。逸,安也。反于静者为动。疲,劳之极也。言人之修五常者,其性止于仁、义、礼、智、信,而所发之情皆安。其不修五常者反是,心为外物所动,而劳敝其神也。"

　　人内心安静平和,处事就能有序不乱。古圣先贤多处事不惊,有静定的功夫。晚清大儒曾国藩曾给自己制定日课十二条,其中第二条就是静坐,言"每日不拘何时,静坐四刻,正位凝命,如鼎之镇"。内心安定才能控制自己的情绪,《中庸》谓"喜怒哀乐之未发谓之中,发而皆中节谓之和",内心烦乱,情绪就会过头,进而会给自身和他人带来损害。怒伤肝、忧伤肺,这是对自己的伤害;向人发火、恶语伤人,这是对他人的伤害。人内心浮躁紊乱时,即使没做事,精神状态也会显得疲劳;如果内心平和,纵然做很多事,精神上也会感觉愉悦。我们可选择适合自己的方式,如书法、弹琴、读书等,使内心专一安静。

【解字】

xìng
性　　土　牲　牲　性
　　　蔡姑簋　说文小篆　夏承碑　颜真卿

　　形声字。《说文》:"性,人之阳气性善者也。从心生声。"指人的本性,即天生的性情。戴侗《六书故·人》:"命于天,固有诸心曰性。"孟子认为人性本善,《孟子·告子》:"人性之善也,犹水之就下也。人无有不善,水无有不下。"故训"人之阳气性善者也"。《论语·阳货》:"性相近也,习相远也。""生"指出生、生长,小篆作 ,像草木(屮)生出土(土)上形。金文有"生"无"性","性"为后起加形分化字,《孟子·告子》:"生之谓性。"天性生于自然而存于人心,《庄子·庚桑楚》"性者,生之质也",故"性"从心生声。

"性"也指事物的特性、性质,《左传·昭公二十五年》:"则天之明,因地之性。"也指性情、脾性,《国语·周语》:"先王之于民也,懋正其德,而厚其性。"又指性命、生命,《诗经·大雅·卷阿》:"岂弟君子,俾尔弥尔性,似先公酋矣。"郑玄笺:"乃使女终女之性命,无困病之忧。"又指性别,如男性、女性。又指身体,《史记·留侯世家》:"留侯性多病。"又为佛教名词,与"相"对应,指事物的本质,《大智度论》:"性言其体,相言可识……如火,热是其性,烟是其相。"又指生,《左传·昭公十九年》:"民乐其性。"又指一定的范畴和方式,如思想性。

jìng
静(靜)

静卣　毛公鼎　秦公簋　说文小篆　礁敏碑　颜真卿

又作"静",形声字。《说文》:"靜,审也。从青争声。"本义为明审。段注:"采色详审得其宜谓之静……人心审度得宜,一言一事必求理义之必然,则虽綦劳之极而无纷乱,亦曰静,引伸假借之义也。"徐锴《系传》:"丹青,明审也。""青"字从丹从生,是从矿井里取出像生草一样的颜色。争(爭),《说文》:"引也。从受、厂。"本义为争夺、夺取。段注:"凡言争者,皆谓引之使归于己。""爭"小篆作 ,指两手(受)夺一物(厂),徐锴《系传》:"厂,所争也。"故"爭"从受、厂。徐铉等注:"厂,音曳。受,二手也。而曳之,争之道也。""静"指详明得宜,草木的青色明晰可见而养目,争是明确坚定地夺走物品归己,故"静"从青争声。段注以"竫"为安静之"静"本字,《说文》:"竫,亭安也。"段注:"凡安静字宜作竫,静其叚借字也。"

心平则静,故"静"引申指平静、静止,与"动"相对,《韩诗外传》:"树欲静而风不止。"又指安静、宁静,《诗经·邶风·柏舟》:"静言思之,寤辟有摽。"无声则安静,故也指无声,《国语·晋语》:"虽不识义,亦不阿惑,吾其静也。"也指贞静,《诗经·邶风·静女》:"静女其姝,俟我于城隅。"毛传:"静,贞静也。女德贞静而有法度,乃可说也。"又指恬淡、平和,崔融《报三原李少府书》:"撤函敷纸,恬神静讽。"又指清洁,也作"净(淨)",《诗经·大雅·既醉》:"其告维何?笾豆静嘉。"郑玄笺:"笾豆之物,絜清而美。"通"靖",1.图谋,《尚书·尧典》:"静言庸违。"《汉书·王尊传》引作"靖言"。2.止息、平定,《抱朴子·外篇》:"兵革所以静难。"

qíng 情

老子甲 121　说文小篆　史晨碑　颜真卿

形声字。《说文》:"情,人之阴气有欲者。从心青声。"本义为感情、心情。段注:"董仲舒曰:'情者,人之欲也。人欲之谓情,情非制度不节。'《礼记》曰:'何谓人情?喜、怒、哀、惧、爱、恶、欲,七者不学而能。'《左传》曰:'民有好恶喜怒哀乐,生于六气。'《孝经援神契》曰:'性生于阳以理执,情生于阴以系念。'"朱骏声《通训定声》:"《钩命决》曰:情生于阴,欲以时念也;性生于阳,以就理也。阳气者仁,阴气者贪,故情有利欲,性有仁也。"《论衡·本性》:"情,接于物而然者也,出形于外。形外则谓之阳,不发者则谓之阴。""青"从丹从生,是从矿井里取出像生草一样的颜色,转指草木叶子的青绿色。感情、情绪生于心而发于外,如青色充满活力,故"情"从心青声。

情是内心的自然体现,故"情"也指本性,《孟子·滕文公》:"夫物之不齐,物之情也。"也指志向、意志,《焦仲卿妻》:"君既为府吏,守节情不移。"由本性转指常情、常理,《孙子·九地》:"兵之情主速,乘人之不及。"张预注:"用兵之理,惟尚神速。"又指实情、情形,《史记·吕不韦列传》:"于是秦王下吏治,具得情实。"又指真实、诚实,《淮南子·缪称》:"凡行戴情,虽过无怨,不戴其情,虽忠来恶。"又特指爱情,宋玉《神女赋》:"欢情未接,将辞而去。"又指情面、私情,如求情。又指情致、情趣,张籍《和左司元郎中秋居》

之四:"山情因月甚,诗语入秋高。"

yì
逸　　**逆　逸　逸　逸**
　　　　秦子矛　说文小篆　衡方碑　颜真卿

会意字。《说文》:"逸,失也。从辵、兔。兔谩訑善逃也。"指逃脱、逃跑。段注:"此以叠韵为训。亡逸者,本义也。"《左传·桓公八年》:"随师败绩,随侯逸。"兔,《说文》:"兽名。象踞,后其尾形。""兔"甲骨文作 **逸** 甲二七〇,小篆作 **兔**,像短尾兔子形。"辵"指疾走,兔机警善跑而不易被抓,纵被抓也易逃脱,"兔谩訑善逃也",段注:"谩、訑皆欺也……兔善逃,故从兔、辵。犹隹善飞,故夺从手持隹而失之。皆亡逸之意。"王筠《句读》:"兔阳(佯)不动,乘间而逃,善售其欺也。"故"逸"从辵、兔。

跑得快方能逃脱,故"逸"引申指奔跑,《国语·晋语》:"马逸不能止。"被放才能走脱,故也指释放,《左传·成公十六年》:"明日复战,乃逸楚囚。"隐逸者远离人群如逃逸,故又指隐逸,《论语·尧曰》:"兴灭国,继绝世,举逸民,天下之民归心焉。"物品遗失如逃跑不见,故又指散失、亡失,《后汉书·儒林列传》:"采求阙文,补缀漏逸。"隐逸者生活恬淡安适,故又指闲适、安乐,《尚书·无逸》:"生则逸,不知稼穑之艰难。"又指超绝,《三国志·蜀书·诸葛亮传》:"亮少有逸群之才。"过于安乐则易放纵,故又指放纵,《尚书·大禹谟》:"罔游于逸,罔淫于乐。"放纵则易生过失,故又指过失,《尚书·盘庚》:"子亦拙谋,作乃逸。"又指浮靡,《国语·楚语》:"夫阖庐口不贪嘉味,耳不乐逸声。"

xīn
心　　**心　心　心　心　心　心**
　　　　甲 3510　克鼎　散盘　　说文小篆　魏王基残碑　颜真卿

象形字。《说文》:"心,人心,土藏,在身之中。象形。博士说以为火藏。"指心脏。心脏为内脏之一,是人和脊椎动物身体内推动血液循环的器官。徐灏《注笺》:"《五经异义》:古《尚书》说:脾,木也;肺,火也;心,土也;肝,金也;肾,水也。"桂馥《义证》:"颜注《急就篇》:心最在中央,为诸藏之所主。"古文《尚书》以五脏寓五行，五行中，土居中心，万物皆生于土，心也居人体中部，人赖以生存，故以心为土藏。王筠《释例》："心于五藏独象形，尊心也。其字盖本作 ♥，中象心形，犹恐不足显著之也，故外兼象心包络。"徐锴《系传》："心星为大火，然则心属为火也。"段注："土藏者，古文《尚书》说；火藏者，今文家说。"饶炯《部首订》："今文家说为火藏者，五行火空则明，举五藏之运用言也。"古文《尚书》以"心"为土藏，乃就心之重要性而言；今文家以"心"为火藏，乃就心之特性而言。许书兼采而并存，是其兼容并包思想的体现。《列子·汤问》："内则肝、胆、心、肺、脾、肾、肠、胃。""心"甲骨文、金文像心脏形。"心"作偏旁构形时，写在左边作 ♥，楷化作忄，即今竖心旁。

古以心为思维器官，故"心"也为思维的代称，《孟子·告子》："心之官则思。"也指内心，如心里不安，《诗经·小雅·杕杜》："日月阳止，女心伤止。"又指思想、心思，《诗经·小雅·巧言》："他人有心，予忖度之。"又指谋划、思虑，《吕氏春秋·精论》："纣虽多心，弗能知矣。"心脏位于胸腔中部偏左下方，基本属于身体的中间部位，故又指物体的中央，如掌心、核心。又指植物的花蕊、苗尖，简文帝《上巳侍宴林光殿曲水》："林花初堕蒂，池荷欲吐心。"又为古代哲学名词，指人的主观意识，唯心主义哲学家把"心"看作世界的本体，陆九渊《杂说》："宇宙便是吾心，吾心即是宇宙。"又为佛教名词，1. 与"色"相对，泛指一切精神现象，如一切法由心想生。2. 比喻事物的要旨、核心，《佛学大辞典》引法藏《心经略疏》："心之一字是能显之喻，即《大般若》内统摄要妙之义，况人之心藏。"又为星名，二十八宿之一，东方苍龙七宿的第五宿，有星三颗，《诗经·唐风·绸缪》"三星在天"郑玄笺："三星，谓心星也。"

dòng
动（動）

| 毛公鼎 | 江陵简 | 说文小篆 | 说文古文 | 熹平石经 | 颜真卿 |

繁体作"動"，形声字。《说文》："動，作也。从力重声。"𨔝，古文动从

辵。"指行动、为实现某种意图而进行的活动。段注："作者,起也。"《周易·系辞》："拟之而后言,议之而后动。""重"金文作𧰼重鼎,像人背负重物(東即囊)形,表示沉重、厚重。人有力才能从事各种活动,种田、做工的负担都比较重,故"動"从力重声。古文从辵作"運",张舜徽《约注》："凡人起身必行走,故動之古文从辵;行动必用力,故動又从力。"简化字"动"由草书楷化而成。

"动"也指做,对某事物采取行动的泛称,《慎子·威德》："明君动事分功必由慧。"也指改变事物原来的位置或状态,与"静"相对,如流动、移动。又指动摇、震撼,杜甫《茅屋为秋风所破歌》："安得广厦千万间,大庇天下寒士俱欢颜,风雨不动安如山。"又指感应、感动,如感天动地,《吕氏春秋·审应览》："说与治不诚,其动人心不神。"高诱注："动,感;神,化。言不诚不能行其化也。"又指使用,如动笔,《管子·任法》："不事心,不劳意,不动力。"又指起始、发动,如动工,《史记·乐书》："情动于中,故形于声,声成文谓之音。"又指动物,《文心雕龙·原道》："傍及万品,动植皆文。"又指往往、动不动,如动辄得咎,《史记·律书》："且兵凶器,虽克所愿,动亦耗病。"

shén
神

| 克鼎 | 伯戜鼎 | 诅楚文 | 说文小篆 | 徐美人墓志 | 颜真卿 |

形声字。《说文》："神,天神,引出万物者也。从示、申。"指传说中的天神,即天地万物的创造者和主宰者。"申"当据《系传》作"申声"。徐锴《系传》："天主降气以感万物,故言引出万物也。"徐灏《注笺》："天地生万物,物有主之者曰神。"《尚书·微子》："今殷民乃攘窃神祇之牺牷牲。"陆德明释文："天曰神,地曰祇。"申,《说文》："神也。七月,阴气成,体自申束。从臼,自持也。吏臣餔时听事,申旦政也。""申"表示天神,又借作地支字。"申"甲骨文作𠃊佚三二,金文作𠃊丙申角,像闪电闪耀伸缩形。杨树达《增订积微居小学金石论丛》："考'神'字,《宗周钟》作𥘆,《陈肪殷》作𥙿,《说文》十三篇上虫部虹字或体作𧍪,许君云:'籀文虹从申,申,电

也。'又十一篇下雨部云:'電,阴阳激耀也。从雨从申。'据此诸证,知古文申、电同文,文作 𓏬、作 𓏬、作 𓏬,皆象阴阳激耀之形……亦即电字也……盖天象之可异者,莫神于电,故在古文,申也、电也、神也,实一字也。其加雨于申而为電,加示于申而为神,皆后起分别之事矣。《说文》十四篇下申部云:'申,神也。'正谓申为神之初文矣。"示"为祭祀通天神,古谓神通达莫测,能引出万物,闪电(申)伸展,正好表现神之神奇莫测,故"神"从示申声。字形分化,"电"表名词闪电,"申"表动词伸展。故从申声字多有伸展意:如天引为"神",体舒为"伸",声引为"呻",土广为"坤",大带为"绅"等。

"神"也泛指鬼神,《论语·述而》:"子不语怪、力、乱、神。"古指人死后的魂灵为"神",《礼记·乐记》:"幽则有鬼神。"郑玄注:"圣人之精气谓之神,贤知之精气谓之鬼。"又指精神,如凝神,《荀子·天论》:"形具而神生。"杨倞注:"神,谓精魂。"表情是神态的体现,故又指表情、神志,如聚精会神。神神奇莫测,故又指神奇、玄妙,《周易·系辞》:"阴阳不测之谓神。"韩康伯注:"神也者,变化之极,妙万物而为言,不可以形诘者也。"古人敬畏神灵,故又指尊重、珍贵,《荀子·非相》:"宝之珍之,贵之神之。"

疲 pí

古玺　　说文小篆　　王羲之　　颜真卿

形声字。《说文》:"疲,劳也。从疒皮声。"本义为劳累、困乏。张舜徽《约注》:"此谓因劳乏力也。"《左传·成公十六年》:"奸时以动,而疲民以逞。"疒(nè),今称病字头,《说文》:"倚也。人有疾病,象倚箸之形。"本义为疾病,《广韵》麦韵:"疒,疾也。"人生病时多倚靠在椅子或床上休息、养病,故训"倚"。"疒"甲骨文作 𓏬乙七三八、𓏬粹一二六八,像人卧床有脓血或虚汗流出,为生病之状。从疒之字多与疾病有关,如"疾、病、痛"等。皮,《说文》:"剥取兽革者谓之皮。"指剥皮,也指兽皮。桂馥《义证》:"剥皮将以为革也。"王筠《句读》:"言'剥取'者,以字从又也。言'兽革'者,人谓之肤,兽谓之皮,通之则亦曰革也。""皮"金文作 𓏬叔皮父簋,像用手剥下带毛的整张兽皮,一说为手持剥皮铲形。"皮"未治,为卷着的头、身、尾形;"革"已治,金文作 康鼎,为平摊开的兽皮形。人疲劳过度则多躺靠休息,人疲劳则肌肉酸痛,会导致皮肤、面部困倦,故"疲"从疒皮声。

疲劳则心易生厌倦,故"疲"引申为厌倦,《后汉书·光武帝纪》:"我自乐此,不为疲也。"长期疲劳则身体瘦弱,故也指瘦弱,《管子·小匡》:"故使天下诸侯以疲马犬羊为币。"疲劳则难任事,如同懒惰,故又指懒、怠倦,曹操《上书谢策命魏公》:"受性疲怠,意望毕足。"年老则易疲劳,故又指衰老,《燕丹子》:"臣闻骐骥之少,力轻千里,及其疲朽,不能取道。"

【原文】　shǒu zhēn zhì mǎn　　zhú wù yì yí
守　真　志　满　　逐　物　意　移

【译文】　人守五常真性可使神志充盈,追逐声色物欲则会玩物丧志。

【释义】

《千字文释义》:"此申上节而言。性静情逸者,守其仁义礼智信之真性,为能充满其志,而无所亏欠。心动神疲者,盖为声色嗜欲外物所动,引之而去,而意以移,因不能守其五常也。"守,守持。志,神志。满,充盈。逐,追逐。物,外物,指声色物欲。意,志。移,失去。意移指意志丧失。

人能守住五常,则不易被外在物欲所迷惑而丧失本心。《礼记·曲礼》:"傲不可长,欲不可纵,志不可满,乐不可极。"言凡事不能过度,要懂得适可而止。《老子》谓"祸莫大于不知足,咎莫大于欲得",守真、谦退往往是大智慧的表现,一味地追逐物欲,到头来可能事与愿违,得不偿失。布袋和尚有一首诗,体现了守真谦退自然有益的道理:"手把青秧插满田,低头便见水中天。六根清静方为道,退步原来是向前。"

【解字】

shǒu
守　　　　　　
　　合4761　瓶文　　守簋　　说文小篆　晋零陵太守章　颜真卿

会意字。《说文》:"守,守官也。从宀从寸。寺府之事者。从寸。寸,法度也。"本义为官吏的职责、职守。"寺府之事"指"宀"之构形取意,王筠《句读》："(寺府)犹今语衙门。"官吏多在官府(宀)中办事,办事须遵循法度(寸),故"守"从宀从寸。"守"金文作,林义光认为从又(手)持一(丨)在宀下(宀),与从又持丨的"尹"同意,可备一说。

"守"也指操守、节操,《礼记·儒行》："劫之以众,沮之以兵,见死不更其守。"官吏掌管一方政务,故又指掌管,《商君书·君臣》："地广,民众,万物多,故分五官而守之。"职守须始终负责,故又指保守、长期守候,《周易·系辞》："何以守位?曰仁。"官员须遵章办事,故又指遵守,《吕氏春秋·孟春》："乃命太史,守典奉法。"守卫者当保护被守者的安全,故又指保护、防卫,《周易·坎》："王公设险,以守其国。"守物须候在物旁,故又指守候,《周礼·天官·兽人》："时田,则守罟。"又指依靠、依傍,《汉书·严助传》："民得夫妇相守,父子相保。"又指暂时代理职务,唐以后指以官阶低的代理官阶高的职务,《战国策·秦策》："文信侯出走,与司空马之赵,赵以为守相。"高诱注："守相,假也。"又指某一星辰侵入别的星辰的位置,《汉书·天文志》："及五星所行,合散犯守,陵历斗食。"

"守"又音shòu,指诸侯为天子守土,《尚书·舜典》："岁二月,东巡守,至于岱宗,柴。"也指戍守的士兵,《左传·昭公五年》："遗守四千。"又为秦代郡的长官名,汉代更名太守,后世作州、府地方长官的省称,《史记·秦始皇本纪》："分天下以为三十六郡,郡置守、尉、监。"

真(眞) zhēn

真敖簋　季真鬲　说文小篆　说文古文　礼器碑　颜真卿

本作"眞",会意字。《说文》："眞,仙人变形而登天也。从匕从目从乚,八,所乘载也。,古文眞。"指修道成仙的人。后世道家称得道高人为"真人",即修道成仙之义,如元朝道士丘处机被称为"丘真人"。徐灏《注笺》："然自《庄》《列》始有真人之名,始有长生不死而登云天之说,亦寓言耳。后世由此遂合道家神仙为一流,此变形登天之说所由生也。"《庄子·列御寇》："夫免乎外内之刑者,唯真人能之。"段注："变形故从匕目。

独言目者,道书云养生之道,耳目为先。耳目为寻真之梯级。韦昭云:'偓佺方眼。'乚,匿也,读若隐,仙人能隐形也。"故许慎谓"眞"从乚从目从乚,"八"若仙人登天所乘坐的工具。古文像仙人(乚)御气登天(𠤎)形,郭忠恕《汗简》引作𠤎。

　真(眞)、贞同源,"贞"甲骨文作𠧪铁四五·二,金文作𪔂戊鼎,皆从鼎从卜会意,表示具鼎占卜奉神。"贞"是占卜行为,煮鼎占卜享神的具体动作;"眞"是占卜所求出的真理,礼神必真诚,是抽象理念。"贞-眞"为一字的二义分形,后所从的"鼎"变作"贝","眞"上所从"卜"微曲为"匕"形。上古音"贞"端母耕部,"眞"章母真部。"眞"字本义当为真诚,戴侗《六书故》:"经传无'真'字,惟列御寇、庄周之书有之。其所谓真者,犹不过为淳一不杂之称,与今世所谓真伪者同,未始以变形登天为真也。"王筠《句读》:"《庄子》曰:'真者,精诚之至也。'《荀子·劝学篇》:'真积力久则入。'杨注:'真,诚也。'此二事者,当是相传古训。"

　"真"也指天性、本性,《庄子·秋水》:"谨守而勿失,是谓反其真。"也指本来的、固有的,苏轼《题西林壁》:"不识庐山真面目,只缘身在此山中。"又指真实,《庄子·田子方》:"其为人也真。"郭象注:"真,无假也。"又指真诚、诚实,李白《题嵩山逸人元丹丘山居》:"偶与真意并,顿觉世情薄。"又指正,《汉书·景十三王传》:"从民得善书,必为好写与之,留其真,加金帛赐以招之。"颜师古注:"真,正也,留其正本。"又为汉字楷书的别称,《史记·三王世家》:"谨论次其真草诏书,编于左方,令览者自通其意而解说之。"又指精淳,《老子》二十一章:"窈兮冥兮,其中有精;其精甚真,其中有信。"又指身,《庄子·山木》:"见利而忘其真。"又用作副词,的确、确实,《荀子·非十二子》:"此真先君子之言也。"

zhì
志　芺　芔　㞦　志　志
侯马盟书　中山王壶　说文小篆　曹全碑　颜真卿

　形声字。《说文》:"志,意也。从心之声。"本义为意念、心情。戴侗

《六书故·人》:"心之所注为志。"《说文》:"之,出也。"本义为往。"之"小篆作⼳,像草木出地滋长形。志从心中生发(之)而出,徐锴《系传·通论》:"心有所之为志。"故"志"从心之声。

"志"引申为志愿、志向,《论语·公冶长》:"盍各言尔志?"古人多以修身立德为期,故也指德行,《吕氏春秋·遇合》:"凡举人之本,太上以志,其次以事,其次以功。"人皆期望志向满足,故又指向慕、期望,《论语·述而》:"志于道,据于德。"志向、心志当专一,故又指专一,慧能《六祖大师法宝坛经·般若品第二》:"使汝等各得智慧,志心谛听。"又指神志,宋玉《神女赋》:"罔兮不乐,怅然失志。"射箭则意念专注于靶心,故又指箭靶的中心,《尚书·盘庚》:"予告汝于难,若射之有志。"通"识(誌)",徐灏《注笺》:"志在焉则不忘,故因为记念之义,与'识'通用。"1.记住,《荀子·子道》:"孔子曰:由志之,吾语女。"2.记载、记录,《庄子·逍遥游》:"《齐谐》者,志怪者也。"3.叙述、讲述,《荀子·尧问》:"汝将行,盍志而子美德乎?"4.标志、标记,《礼记·檀弓》:"孔子之丧,公西赤为志焉。"孙希旦集解:"葬之有饰,所以表识人之爵行,故谓之志。"5.记事的书或文章,如《三国志》,《周礼·春官·小史》:"小史掌邦国之志。"郑玄注引郑司农:"志,谓记也。《春秋传》所谓周志,《国语》所谓郑书之属是也。"又通"帜",旗帜,《史记·刘敬叔孙通列传》:"设兵张旗志。"裴骃集解引徐广:"一作帜。"

mǎn 满(滿)

五十二病方　说文小篆　郑固碑　颜真卿

形声字。《说文》:"满,盈溢也。从水㒼声。"本义为充盈、充实而没有余地。《说文》:"盈,满器也。""溢,器满也。"《庄子·天运》:"在谷满谷,在坑满坑。"成玄英疏:"至乐之道,无所不遍,乃谷乃坑,悉皆盈满。"㒼(mán),《说文》:"平也。从廿,五行之数,二十分为一辰。㒳,㒼平也。"本义为充实平匀。廿(niàn),二十,小篆作廿,像两个"十"相并形,有平匀义,段注:"五行,每行得廿分,分之适平。""㒳"字形上部平齐,"㒳,㒼平也",故"满"从廿、网。"满"指水盈满于器,故"满"从水㒼声。张舜徽《约注》:"衡物轻重得其平谓之㒼,既平不可复有所增益,故引申有盈溢义,因之水盈溢谓之满耳。湖湘间称物最多曰蛮多,最好曰蛮好,蛮即满之语转。满从㒼声,㒼固读若满也。"

　　满则足,故"满"引申指满足,《尚书·大禹谟》:"克勤于邦,克俭于家,不自满假。"孔传:"满谓盈实;假,大也。言禹恶衣薄食,卑其宫室,而尽力为民执心,谦冲不自盈大。"水满则溢,人满则骄,故又指骄慢,《尚书·大禹谟》:"满招损,谦受益。"孔传:"自满者人损之,自谦者人益之,是天之常道。"又指饱满,《吕氏春秋·审时》:"后时者,茎叶带芒而末衡,穗阅而青零,多秕而不满。"陈奇猷注:"谓多空壳而实不满也。"谷满则成,故又指成就,《吕氏春秋·贵信》:"故《周书》曰:'允哉允哉!'以言非信则百事不满也,故信之为功大矣。"又指达到某一限度,《淮南子·天文》:"地不满东南,故水潦尘埃归焉。"满则全,故又指整个,黄巢《不第后赋菊》:"冲天香阵透长安,满城尽带黄金甲。"又为我国少数民族名,主要分布在辽宁、黑龙江、吉林、河北、内蒙古、北京等地,本女真族后裔,清太祖努尔哈赤改称满洲族,通称满族。

zhú 逐　　甲620　　前6.46.3　　逐簋　　说文小篆　　熹平石经　　颜真卿

　　会意字。《说文》:"逐,追也。从辵,从豚省。"本义为追赶、追逐。《商君书·定分》:"一兔走,百人逐之。"豚(tún),《说文》:"小豕也。从彖省,象形。从又持肉,以给祠祀。"本义为小猪,泛指猪。饶炯《部首订》:"古者祭祀,多用猪子,其名为豚。"段注作"从古文豕"。"豚"甲骨文作乙八六九八,小篆作𤜂,从豕从肉。金文作臣辰卣,《说文》古文作,"从又持肉"表示手持豚献祭。豕,《说文》:"彘也。竭其尾,故谓之豕。象毛足而后有尾。"本指猪,家畜之一。甲骨文作前四·二七·四,像大肚子短尾巴的猪形。五畜中豕性憨拙蠢笨,且体肥肉多,是狩猎时代最易获取的猎物,故"豖、逐、队、墜"等字从豕。追逐猎物要奔跑,小猪是被追猎最多的猎物,张舜徽《约注》:"造字之初,盖既从辵从豕,谓豕亡而人追之也。"故"逐"从辵,从豚省。或谓"逐"当从豕或豕声。"逐"甲骨文作茇,从止从鹿。商承祚《殷虚文字类编》:"此字或从豕,或从犬,或从兔,从鹿;从止,象兽走圹而人追之,故不限何兽。"

"逐"扩展指驱逐、放逐,《史记·李斯列传》:"不问可否,不论曲直,非秦者去,为客者逐。"众人追猎则有竞争意,故又指竞争、争先,《韩非子·五蠹》:"上古竞于道德,中世逐于智谋,当今争于气力。"追逐猎物是为了将其捕取,故又指寻求、追求,《周易·睽》:"丧马勿逐,自复。"打猎是跟着猎物,故又指跟随,《史记·匈奴列传》:"而单于之庭直代、云中,各有分地,逐水草移徙。"又指依次、挨着次序,《史记·秦始皇本纪》:"始皇闻之,遣御史逐问,莫服。"

wù 物	𤘈	牜	𤘩	物	物
	合 23217	合 37089	说文小篆	武威·燕礼 52	衡方碑　颜真卿

形声字。《说文》:"物,万物也。牛为大物,天地之数起于牵牛,故从牛。勿声。"指客观存在的物体。《周易·系辞》:"方以类聚,物以群分。"牛,《说文》:"大牲也。牛,件也;件,事理也。象角头三、封、尾之形。"哺乳动物,牛科,身体大,头有两角,趾端有蹄,尾巴尖端有长毛;草食反刍;力气大,能耕田或拉车;肉、乳可食,角、皮、骨可作器物。牛是体型最庞大的家畜,又是祭祀中最大的牲体,故训"大牲也"。饶炯《部首订》:"牛,古音又读如疑,即牟声之转,盖牛以鸣声得名。""牛"小篆作牜,段注:"角头三者,谓上三岐者象两角与头为三也。牛角与头而三,马足与尾而五。封者,谓中画象封也。封者,肩甲坟起之处。"犁地耕作时,人在牛后,故牜像背视之形。"牛"甲骨文作牜^{甲五二五},金文作牜^{师寰簋},像正面带两角双耳的牛头形,牛、羊多是割下头祭祀,故以头代全体。"勿"为古代大夫、士所建的杂色旗帜,半赤半白,用来麾集人众。先民以耕种为主业,牛体大力壮,用以犁地拉物,作用很大,故以牛作为"物"的代表,段注:"戴先生《原象》曰:'周人以斗、牵牛为纪首,命曰星纪。自周而上,日月之行不起于斗、牵牛也。'按

许说物从牛之故,又广其义如此。""勿"杂色,杂色显眼而用以麾集人众,有显明、盛大意,万物盛大繁多,故"物"从牛勿声。桂馥《义证》:"《尚书考灵耀》:甲子冬至,日月五星皆起于牵牛,若编珠。"张舜徽《约注》:"数犹事也,民以食为重,牛资农耕,事之大者,故引牛而耕,乃天地间万事万物根本。"今多谓"物"之本义为杂色牛,又指牛羊的毛色,《六书故·动物》:"物,牛之毛色也。"王国维《释物》:"古者谓杂帛为物,盖由'物'本杂色牛之名,后推之以名杂帛。"《诗经·小雅·无羊》:"三十维物,尔牲则具。"毛传:"异毛色者三十也。"牛为大物,物大而可分,所分则为"件",《说文》:"件,分也。从人从牛。牛大物,故可分。"义指分、分别。分出来的物、事称为"件",也用作量词,《正字通》人部:"件,俗号物数曰若干。"

　　"物"也指牲畜的种类、品级,《六书故·动物》:"凡畜牲皆以毛物别。"又指形色,《周礼·春官·保章氏》:"以五云之物,辨吉凶水旱降丰荒之祲象。"郑玄注:"物,色也。视日旁云气之色降下也,知水旱所下之国。"又指社会、外界环境,《史记·乐书》:"凡音之起,由人心生也。人心之动,物使之然也。"又指典章制度,《左传·哀公元年》:"复禹之绩,祀夏配天,不失旧物。"又指选择、观察,《周礼·地官·载师》:"掌任土之法,以物地事,授地职,而待其政令。"郑玄注:"物,物色之,以知其所宜之事,而授农牧衡虞。"又为哲学用语,指物质,与表示精神的"心"相对,陈亮《经书发题·书经》:"夫盈宇宙者无非物,日用之间无非事。"又指物产,如地大物博。人为万物之一,故又指人,柳宗元《衡阳与梦得分路赠别》:"直以慵疏招物议,休将文字占时名。"又指神灵、精怪,《史记·天官书》:"所见天变,皆国殊窟穴,家占物怪,以合时应。"

意　yì　　九年卫鼎　老子甲 96　说文小篆　孔龢碑　颜真卿

　　会意字。《说文》:"意,志也。从心察言而知意也。从心从音。"本义为意向、愿望。段注:"志即识,心所识也。"《增韵》志韵:"意,心所向也。"

《管子·君臣》："明君在上，便僻不能食其意。""音"指声音，又指乐音。"言、音"本一字，后音变分化（元－侵），在言字下"口"中加一点区别为音，音是一切音，言是有意义的音。意生于心发于口，以音（言语）传递，"从心察言而知意也"，徐锴《系传·通论》："心音者，察音以知其心也。"《六书故·人》："心之起为意。"故"意"从心从音。在表达词语内容上"意、义"有别：意抽象而义具体，意隐于内而义显于外，意在义先，义是意的客观表达。

"意"由心思引申指志向，《三国志·魏书·杜畿传》："郡中奇其年少而有大意也。"又指考虑、放在心上，《诗经·小雅·正月》："终逾绝险，曾是不意。"又指意义、意思，《周易·系辞》："书不尽言，言不尽意。"作动词指猜测、料想，《管子·小问》："君子善谋而小人善意。"尹知章注："善以意度之也。"又指怀疑，《汉书·文三王传》："于是天子意梁，逐贼，果梁使之。"又指意气、气势，曹操《让县自明本志令》："多兵意盛。"又指感情、情义，杜甫《送李校书》："临岐意颇切，对酒不能吃。"又指内心、胸怀，《汉书·高帝纪》："（高帝）宽仁爱人，意豁如也。"又指记忆，后作"憶（忆）"，《素问·宣明五气论》："心藏神，肺藏魄，肝藏魂，脾藏意，肾藏志，是谓五脏所藏。"王冰注："脾藏意，记而不忘者也。"又指情趣、意味，如诗情画意，《文心雕龙·神思》："登山则情满于山，观海则意溢于海。"又为佛家用语，1.六根之一，全称意根，是意识所赖以发生的依据，《正字通》心部："意，释氏六根，意居终。眼、耳、鼻、舌、身，五根如箭，意如弩，皆起于意，故以意贯之。"2.六识之一，意识的略称，指思量、思虑，《俱舍论》："思量故名意。"

yí
移

移　移　移　移

孙膑134　说文小篆　张景碑　颜真卿

形声字。《说文》："移，禾相倚移也。从禾多声。一曰禾名。"为禾苗婀娜柔顺貌。段注："倚移，连绵字，叠韵，读若阿那。"朱骏声《通训定声》："倚移，叠韵连语。犹旖旎、旖施、檹施、猗傩、阿那也。"或谓构字意图为移栽秧苗，戴侗《六书故·植物》："移，移秧也。凡种稻必先苗之而移之，凡迁移之义取焉。"孔广居《疑疑》:"五谷惟禾必先栽秧而后分移插莳,他谷皆可一种不移,故从禾。""移"为禾婀娜柔顺貌,禾多方能婀娜柔顺;禾苗茂密则要移栽,移栽则变多;故"移"从禾多声。

"移"也泛指移栽、移种,吕温《贞元十四年旱甚见权门移芍药花》:"四月带花移芍药,不知忧国是何人。"又指转移、迁徙,《尚书·多士》:"移尔遐逖。"孔颖达疏:"移徙汝居于远。"又指挪动、搬动,如移步。也指转动、摇动,《礼记·玉藻》:"手足毋移。"移则位置改变,故又指变易、改变,《尚书·毕命》:"既历三纪,世变风移。"赠与是把己物移于他人,故又指赠与、传授,《史记·田叔列传》:"鞅鞅如有移德于我者,何也?"又指归向、靠近,《吕氏春秋·义赏》:"赏重则民移之,民移之则成焉。"移动则去此适彼,故又指去除,《楚辞·大招》:"魂乎归徕,思怨移只。"王逸注:"移,去也。言美女可以忘忧去怨思也。"

"移"又音 chǐ,通"侈",1. 多余,《墨子·非命》:"方地百里,与其百姓,兼相爱,交相利,移则分。"孙诒让《间诂》:"移,古通作侈字,侈亦是有余之义。"2. 大,《礼记·表记》:"容貌以文之,衣服以移之。"孔颖达疏:"又用衣服移大之,使之尊严也。"

【原文】　坚持雅操 jiān chí yǎ cāo　好爵自縻 hǎo jué zì mí

【译文】　人坚守节操进德修业,就会感召美善的爵位。

【释义】

语出《周易·中孚》"我有好爵,吾与尔靡之",谓自己有美酒愿与好友分享。坚持,固守不改,终始如一。雅操,高尚的道德操守,即"仁义礼智信"五常之德。好爵,美好的官爵禄位。縻,系联。言人能够坚守五常之德,敦行五伦之道,则为贤者。如此就能取得君王的举用,官位爵禄自然系于自身。"自縻"谓高官厚禄通过自己修德用能而自然获取,并非向外攀援索求而得。《千字文释义》:"此又总承上文而结言之……谓之坚持,必性静情逸,守其真而志满,不逐于外物,而心动神疲也……言人能固守五常,则为有德之人。王者必举而用之，而美位自系于其身矣。

《孟子·离娄》谓"行有不得者，皆反求诸己"，言人有不如意事，当反身自省，改正不足。自身完善充实，就能感召吉祥如意。遇事不外求，不抱怨，不找客观原因，自我反省而完善自己，是儒家重要的教化。此语勉励我们，实现志愿要勤奋自修，德能不断提升，会促进志愿的实现；反之，自身不努力，只是向外攀求，则很难成功。

从"盖此身发"至"好爵自縻"为第二大段，言君子修身立德、处世为人之道，阐述其要义、次第、方法及内容。此章所担负的是《千字文》的教化功能，能学习、实践并坚守之，则能造就高尚的品格，能使我们终生受益。

【解字】

jiān
坚（堅）　　　𡙷　　堅　　堅　　堅　　堅

古玺　　老子甲84　说文小篆　景北海碑　颜真卿

繁体作"堅"，会意兼形声字。《说文》："堅，刚也。从臤从土。"本义为坚硬。王筠《句读》："泛言之也，故入臤部，若主谓土，则入土部矣。"臤（qiān），《说文》："坚也。从又臣声。"本义为坚固。段注："谓握之固也。""臣"以竖目表示臣服，又表示坚强不屈，《诗经·大雅·卷阿》正义："以其人能坚正，然后可以为人臣。"《白虎通》："臣者，繵坚也，厉志自坚固也。""臤"金文作 𡙷 父癸篇，以手（又）用力下按使人目竖臣服（臣），为坚强、坚固之象，故"臤"从又臣声。"臤、堅"同，土地博厚，最为坚固，房基、树木等深扎土中方能坚固，故"堅"从臤从土。"臤、堅"上古音声近韵同，"臤"也为声符，苗夔《声订》："此亦当从建首字声例，作从臤土，臤亦声。""臤"指坚固，故从臤声字多有刚义：土刚为"堅"，金刚为"鑒"，牛刚（很）为"㹸"，皮刚（厚）为"𩏑"。坚则固，故从臤声字，亦多有固意：持之固为"擊"，如石之固为"磬"，藏之固（强）为"腎（肾）"，缠之固（急）为"緊（紧）"，才、财之固（多）为"賢（贤）"，行之固（缓）为"趣"。"堅"左上之"臣"草书简笔为两竖，成为简化字"坚"。

　　坚硬之物结实耐用，故"坚"引申为坚固、结实，《周易·坤》："履霜，坚冰至。"又指坚固的事物，《墨子·鲁问》："翟虑被坚执锐，救诸侯之患。"强硬是势力之坚，故也指强硬，司空图《故盐州防御使王纵追述碑》："永夷坚敌，累洽仁风。"坚定是意志之坚，故又指坚定，孟郊《择友》："若是效真人，坚心如铁石。"固执是脾性之坚，故也指固执，《荀子·宥坐》："人有恶者五，而盗窃不与焉：一曰心达而险；二曰行辟而坚。"种子饱满则坚实，故又指（植物的种子）饱满，《诗经·大雅·生民》："实坚实好。"孔颖达疏："实皆坚成，实又齐好。"

持　　半　芽　荮　持　持
chí
　　郑公轻钟　孙膑46　说文小篆　华山庙碑　颜真卿

　　形声字。《说文》："持，握也。从手寺声。"本义为握住、拿稳。朱骏声《通训定声》："持者，执也。《礼·射义》：持弓矢审固。""寺"字构形为手（寸）有力伸出（之），含有力义。早期的"寺"或"寺人"是王公的侍卫，是最有力者，后加人旁为"侍"。"持"是以手用力（寺）握持，故"持"从手寺声。

　　持物则能掌握、使用，故"持"引申为掌握、掌管，《论衡·骨相》："君后三岁而入将相，持国秉。"又指主张、保有（思想、见解），《荀子·非十二子》："然而其持之有故，其言之成理。"又指治理，如勤俭持家，《吕氏春秋·察今》："守法而无变则悖，悖乱不可以持国。"外出时贵重之物多随身或手持保管，故又指守、保持，如持之以恒，《吕氏春秋·慎大》："胜非其难者也，持之其难者也。"手持杖可支持身体，故又指支持、支撑，《庄子·渔父》："左手据膝，右手持颐以听。"扶人多以手握其臂膀，故又指扶持、扶助，《荀子·解蔽》："鲍叔、宁戚、隰朋仁知且不蔽，故能持管仲，而名利福禄与管仲齐。"小物多手持携带，故又指携带，《史记·滑稽列传》："其人家有好女者，恐大巫祝为河伯取之，以故多持女远逃亡。"古人多持棍棒、兵器对抗，故又指抗衡、对抗，诸葛亮《后出师表》："欲以一州之地，与贼持久，此臣之未解六也。"

雅 yǎ

雅 　**雅** 　**雅** 　**雅**

睡 32.12　说文小篆　郑固碑　颜真卿

"雅"本读 yā，形声字。《说文》："雅，楚乌也。一名鸒，一名卑居。秦谓之雅。从隹牙声。"本为鸟名，全身多为黑色，嘴大，翼长，脚很有力。常见的有乌鸦、寒鸦等。《小尔雅·广鸟》："纯黑而反哺者谓之慈乌，小而腹下白不反哺者谓之鸦乌，白项而群飞者谓之燕乌。"早期鸟类字多从隹，鸦类鸟叫声"牙牙"，故"雅"从隹牙声。"雅"字声符"牙"拟鸦叫的"牙牙"之声，如"雞"（鸡鸣奚奚）、"鴨"（鸭鸣甲甲）、"呦"（鹿鸣幼幼）等，皆属声符拟声的形声字。

后借"雅"为雅正字，别制"鸦"为鸦名。雅正之"雅"也作"疋"，《说文》"疋……古文以为《诗·大疋》字"。或谓雅正之"雅"为"夏"字假借，张行孚《释雅》："刘氏台拱谓雅之为言夏，雅、夏古字相通。"夏，《说文》："中国之人也。"最初为中原古部族名，相沿用为中国人的称呼，也泛指中国。"夏"金文作 秦公簋，像着盛装而端正手足的正面人形，用指中原华夏地区及华夏族人，与夷、狄、蛮、闽四方之人相区别。

"雅"后借为"疋"或"夏"，音 yǎ，指雅正、合乎规范，《论语·述而》："子所雅言，《诗》《书》、执礼，皆雅言也。"何晏集解引孔安国："雅言，正言也。"又为《诗经》六义之一，《诗经·周南·关雎》序："雅者，正也。言王政之所由废兴也。政有小大，故有小雅焉，有大雅焉。"训诂书多名雅，如《尔雅》《广雅》《通雅》等，合称为"雅学"。《尔雅》即训释使近于雅正，《释名·释典艺》："《尔雅》：尔，昵也；昵，近也；雅，义也；义，正也。五方之言不同，皆以近正为主也。"正、直为人所尚，故又指高尚，《论衡·四讳》："夫田婴，俗父；而田文，雅子也。"正、直美善，故又指美好、艳丽，《史记·司马相如列传》："从车骑，雍容闲雅，甚都。"又为乐器名，《史记·乐书》："治乱以相，讯疾以雅。"裴骃集解引郑玄："雅，亦乐器名，状如漆筒，中有椎。"又指平素的交情，《汉书·谷永传》："质薄学朽，无一日之雅，左右之介。"颜师古注："雅,素也。"又用作敬辞,多用于称对方的情意、举动,陈亮《与应仲实》："官况绝佳,职事简少,儒先生雅宜处之。"又用作副词,相当于"素常、向来、很、极"。通"夏",古代指我国中原地区,《荀子·荣辱》："越人安越,楚人安楚,君子安雅。"王念孙《杂志》引王引之："雅读为夏,夏谓中国也,故与楚、越对文。《儒效篇》:'居楚而楚,居越而越,居夏而夏。'是其证。"

cāo
操

老子乙前 123　　说文小篆　　鲁峻碑　　颜真卿

　　形声字。《说文》："操,把持也。从手喿声。"本义为握持、拿着。段注："把者,握也。操重读之曰节操,曰琴操,皆去声。"《释名·释姿容》："操,抄也。手出其下之言也。"《左传·襄公三十一年》："今吾子爱人则以政,犹未能操刀而使割也。"杜预注："操,持也。"喿(zào),《说文》："鸟群鸣也。从品在木上。"义指群鸟喧叫,今作"噪"。"品"表群鸟以口鸣叫,鸟多集于木,故"喿"从品在木上。群鸟齐鸣则声音杂乱,故"喿(噪)"引申指喧哗、吵闹。操物多是两手共同握持,如群鸟倾力鸣叫(喿),故"操"从手喿声。

　　持物则能掌握此物,故"操"引申为掌握,《管子·权修》："操民之命,朝不可以无政。"手握物多为使用操作,故也指操作、驾驭、驾驶,《庄子·达生》："津人操舟若神。"工作皆有相应操作方式,故又指从事、担任,《孙子·用间》："不得操事者,七十万家。"又指练习、操练,如体操。弹奏类乐器要用手操作,故又指弹奏,《左传·成公九年》："使与之琴,操南音。"又指用某种语言或方言说话,如操法语、操吴方言。又为琴曲或鼓曲名,也作"掺",如古琴曲《文王操》。志节、德行要长久保持,故又指志节、品德,《淮南子·主术训》："穷不易操,通不肆志。"

hǎo
好

甲 301　　铁 152.4　　妇好瓿　　说文小篆　　北海相景君铭　　颜真卿

　　会意字。《说文》："好,美也。从女、子。"义为美好。《诗经·大雅·崧高》："其风肆好,以赠申伯。"张舜徽《约注》："子字象婴儿形,女旁有子,谓母养育之也。妇女以得子为喜,以养子为乐,天下之至美,盖未有逾于是者,因引申为凡美之称耳。”古时君王、百姓皆以得子为嘉美,故“好”从女、子。“子”金文作小子射鼎、墙盘,像幼儿在襁褓中形。“好”甲骨文像母亲(女)抱婴儿(子)形。“保”甲骨文作甲九三六,金文作父丁簋,形与“好”相似,皆像母抱子或背子形,会美好、保养义。“保”为动作,“好”为状态。或谓“好”之本义为女子,或谓本义为殷商女姓。

“好”也指女子貌美,《战国策·赵策》:“鬼侯有子而好,故入之于纣。”善良是美德的体现,故也指为善、优点多,如好人,《礼记·仲尼燕居》:“敢问礼也者,领恶而全好者与?”和睦是关系美好,故又指亲爱、美好,《诗经·卫风·木瓜》:“永以为好也。”完成是事情美善,故又指完成,如功课做好了。健康是身体善好,故又指健康,如身体很好。又指容易,如这道题很好做。又用在某些动词前面,表示效果好,如好看。又表示赞许、同意、结束,如做得很好。又指宜于、便于,《诗经·郑风·缁衣》:“缁衣之好兮,敝予又改造兮。”

“好”又音 hào,作动词,爱好、喜爱,《诗经·小雅·彤弓》:“我有嘉宾,中心好之。”又指容易发生,《尔雅·释草》“竹萹蓄”,郭璞注:“似小藜,赤茎节,好生道旁。”又指玉器中间的孔,《尔雅·释器》:“肉倍好谓之璧,好倍肉谓之瑗,肉好若一谓之环。”郭璞注:“肉,边。好,孔。”

jué
爵

合 22056 合 14768 父癸卣 说文小篆 说文古文 曹全碑 颜真卿

会意字。《说文》:“爵,礼器也。象爵之形,中有鬯酒,又持之也。所以饮。器象爵者,取其鸣节节足足也。,古文爵,象形。”本指古代礼器中的酒器,像雀形,青铜制,有流、鋬、两柱、三足,用以盛酒和温酒,盛行于商周时代。小篆上像雀形,“鬯”表示爵内有鬯酒或酒以鬯为贵,“又”指以手执爵饮酒。徐灏《注笺》:“象侧视之形,右为流,左为尾,中为盛酒之量,上为柱,侧视,故见一柱也。左垂为足,因合于下体而省其二足也。”“中有鬯酒,又持之也”,王筠《句读》:“谓字之下半为会意也。”“器象爵者,取其

鸣节节足足也"，段注："节节足足，雀音如是。"《注笺》："爵之制为雀形者，饮酒贵有节而止足，故取其鸣节节足足而为雀形，命之曰爵也。"古文作𤔲，徐锴《系传》："册，其后尾。冂，其翅也。"甲骨文、金文像酒器形。李孝定《甲骨文字集释》："契文爵字即象传世酒器爵斝之爵。两柱。侧视之，但见一柱，故字只象一柱、有流(倾酒的流槽)、腹空、三尺、有耳之形。"

　　酒器用以盛酒，故"爵"指代酒，《周易·中孚》："我有好爵，吾与尔縻之。"作量词用于酒的计量单位，曹植《箜篌引》："乐饮过三爵，缓带倾庶羞。"古时位高者方能用爵，故又指爵位，《礼记·王制》："王者之制禄爵，公、侯、伯、子、男凡五等。"又指授予爵位，《韩非子·五蠹》："以其有功也爵之。"通"雀"，《孟子·离娄》："为丛驱爵者，鹯也。"

zì
自　　甲 392　　前 6.58.1　　沈子簋　　矢尊　　说文小篆　　熹平石经　　颜真卿

　　象形字。《说文》："自，鼻也。象鼻形。"徐灏《注笺》："自即故鼻字，∨象鼻形，中画(ㅿ)其分理也。""自"为"鼻"之本字，后"自"用于自指代词，本义又加畀声作"鼻"，为鼻子之"鼻"通行字，徐灏《注笺》："因为语词所专，复从畀声为鼻。"甲骨文皆像鼻形，上为鼻根，中部横线为鼻梁横纹，下部两边外突处为软三角区，底部分开上钩处为鼻孔。"自"金文作𦣞，鼻形符号化，上下整齐而不外突；又作𦣝，鼻形进一步演变，下部曲线连接，变为鼻子大体的竖长轮廓形而不显示鼻孔，为小篆所本。

　　"自"后用作代词，表示第一人称，相当于"自己、本身"，徐灏《注笺》："人之自谓，或指其鼻，故有自己之称。"《周易·乾》："天行健，君子以自强不息。"也指开始、开头，《说文》"皇"下云："自，始也。"《礼记·中庸》："知风之自，知微之显，可与入德矣。"又用作副词，相当于"本来、本是，自然地，仍旧、依然"等。"自"由始虚化作介词，表示时间或方位的由始，相当于"从、由"。又用作连词，表示假设、让步、转折关系。

mí

縻　　縻　　綼　　縻　　縻

说文小篆　　说文或体　　赵孟頫　　赵孟頫

　　形声字。《说文》："縻，牛辔也。从糸麻声。綼，縻或从多。"本为牛缰绳。段注："缰本马缰也。大车驾牛者则曰牛缰，是为縻。"张舜徽《约注》："辔、縻析言有别，若浑言之，则皆谓绳索耳。""糸"指蚕所吐的细丝，从糸之字皆与丝绳有关，如"绪、纯、绎"等。缰绳多以麻、丝（糸）制成，故"縻"从糸麻声。或体从多声作"綼"，多丝汇成縻，段注："多声、麻声同十七部。"

　　牛缰绳系于牛鼻而用以牵牛，故"縻"引申为牵系、束缚，苏轼《僧惠勤初罢僧职》："既为物所縻，遂与吾辈同。"扩展指绳索，刘琨《答卢谌》："乃奋长縻。"通"靡"，损失、耗费，韩愈《进学解》："犹且月费俸钱，岁縻廪粟。"同"靡"，散，《汉书·律历志》："其状似爵，以縻爵禄。"